인물로 읽는
세계사
교양 수업
365

인물로 읽는
세계사
교양 수업
365

사토 마사루 감수

김윤정 옮김

한스미디어

감수자의 말

이 책은 365명의 인물에게 스포트라이트를 맞추어 인류 역사의 전체적인 모습을 부각해보고자 만든 책이다. 여기서 소개하는 인물은 모두 인류 역사상 매우 중요한 발자취를 남긴 인물들이다.

내 나라니까 내 나라의 역사를 배우는 것은 이해하지만, 어째서 나와는 상관없는 먼 나라의 역사를 배워야 하는 걸까. 학창 시절 이러한 질문을 떠올려본 사람도 많을 것이다.

세계사를 배우는 것에는 매우 큰 의의가 있다. 왜냐하면 세계사를 알면 알수록 현재 세계 방방곡곡에서 일어나고 있는 갖가지 현상을 실증적이고 객관적으로 바라볼 수 있기 때문이다. 즉, 현대와 과거, 혹은 동시대의 서로 다른 지역을 비교해 그 차이를 명확히 아는 과정에서 지금 매우 당연하다고 생각한 상식이 역사적·지리적으로 보면 반드시 그렇지 않을 수도 있다는 점을 이해하게 된다. 그리고 이러한 경험은 내가 '당연하다고 생각해온 것'들을 재점검함으로써 나와 다른 문화를 가진 사람들에 관한 편견을 바로잡는 것으로 이어져, 결국에는 열린 마음으로 타인을 대하도록 만든다.

지금 우리가 사는, 순식간에 국경을 넘어 사람과 돈, 물건, 정보가 오가는 글로벌 시대에서 가장 중요한 것은 타문화에 대한 이해다. 그리고 타문화를 이해하려면 그 나라의 역사와 문화를 아는 것이 필요하다.

예를 들어 외국인과 비즈니스를 할 때 상대의 역사적, 문화적 배경을 알면 상대와 제대로 소통해 양쪽 모두가 만족하는 합의점을 이끌어낼 수 있다. 그 나라나 민족의 역사를 알면 그 나라 사람만의 인간적 특성을 이해하기 쉽기 때문이다.

또한, 교양이라는 면에서도 세계사를 배우는 것은 중요하다. 최근 리버럴 아츠 (Liberal Arts)가 주목받고 있는데, 이것은 원래 그리스·로마 시대의 '자유 7과(문법, 수사학, 변증법, 산술, 기하학, 천문학, 음악)'에 기원을 두고 있다. 현대에서는 교육 기관에서 배울 수 있는 과목에 한정하지 않고 현대인이 사회에서 살아가기 위해 필요한 일반교양을 의미할 때가 많다. 그렇다면 왜 리버럴 아츠가 필요한 것일까? 바로 폭넓은 교양이 현상을 다양한 시각으로 바라볼 수 있게 만들어주기 때문이다.

그리고 이러한 교양의 핵심이 되는 것은 '고전'과 '세계사' 상식이다. 고전이란 선조들의 뛰어난 지혜가 결집되어 있는 책이다. 그러므로 지금 이 시대에 고전적 교양만큼 든든한 아군은 없다. 우리가 살아가는 이 시대는 과거와 이어져 있기에 선인들의 말씀이 지금 이 시대를 바르게 이해하는 큰 힌트가 되기 때문이다.

또한, 앞서 이야기했다시피 세계사를 알면 과거와 지금을 비교해 세계에 일어나고 있는 현상을 다각적으로 해석하는 데에 크게 도움이 된다.

예를 들어 현재 중동 정세를 정확하게 이해하기 위해서는 이슬람 사회의 종교와 문화가 어떻게 형성되어 왔는지를 알아야만 하며, 미국과 중국의 대립을 이해하기 위해서는 두 나라의 역사에 주목해야만 한다. 그 나라의 국민성을 이해하려면 그 나라의 역사와 문화에 관한 깊은 지식이 뒷받침되어야 한다는 의미다. 이러한 자세는 글로벌 시대를 사는 우리가 반드시 갖춰야 하는 무기다.

이 책은 세계사 속에서 새 시대를 연 혹은 인류사에 어떠한 형태로든 영향을 남긴 인물 365명을 골라 소개하는 책이다(하루에 한 명씩 읽으면 1년 사이 365명 모두를 알 수 있다). 분야도 정치부터 군사, 경제·경영, 철학, 종교, 예술 등 다방면을 아우르고 있어 이 책을 끝까지 읽는다면, 필연적으로 인류사의 전체적인 흐름을 가늠할 수 있을 것이다. 그러고 나면 당신의 사고방식이나 가치 기준에 필연적인 변화가 일어나, 결과적으로 일이나 생활 속 여러 상황에서 좀 더 낫거나 색다른 선택을 할 수 있게 될 것이다(물론 순수하게 교양을 쌓는 것에 대한 기쁨을 느끼는 것도 좋다).

이 책이 타문화에 대한 식견을 높여, 독자들이 자기와 다른 세계에서 다른 가치관을 가지고 살아온 사람들을 유연하게 받아들이는 사고와 감성을 가지는 데에 조금이라도 도움이 된다면 더할 나위 없이 기쁘겠다.

※ 이 책을 출판하기까지 주식회사 패밀리 매거진의 사토 유지 씨의 도움을 많이 받았다. 이 지면을 빌려 감사의 말씀을 전하고 싶다.

사토 마사루

인물로 읽는 세계사 교양 수업 365 체크리스트

☑ 하루에 한 장씩 읽은 인물의 번호를 체크해보세요.

001 ☐	027 ☐	053 ☐	079 ☐	105 ☐	131 ☐	157 ☐
002 ☐	028 ☐	054 ☐	080 ☐	106 ☐	132 ☐	158 ☐
003 ☐	029 ☐	055 ☐	081 ☐	107 ☐	133 ☐	159 ☐
004 ☐	030 ☐	056 ☐	082 ☐	108 ☐	134 ☐	160 ☐
005 ☐	031 ☐	057 ☐	083 ☐	109 ☐	135 ☐	161 ☐
006 ☐	032 ☐	058 ☐	084 ☐	110 ☐	136 ☐	162 ☐
007 ☐	033 ☐	059 ☐	085 ☐	111 ☐	137 ☐	163 ☐
008 ☐	034 ☐	060 ☐	086 ☐	112 ☐	138 ☐	164 ☐
009 ☐	035 ☐	061 ☐	087 ☐	113 ☐	139 ☐	165 ☐
010 ☐	036 ☐	062 ☐	088 ☐	114 ☐	140 ☐	166 ☐
011 ☐	037 ☐	063 ☐	089 ☐	115 ☐	141 ☐	167 ☐
012 ☐	038 ☐	064 ☐	090 ☐	116 ☐	142 ☐	168 ☐
013 ☐	039 ☐	065 ☐	091 ☐	117 ☐	143 ☐	169 ☐
014 ☐	040 ☐	066 ☐	092 ☐	118 ☐	144 ☐	170 ☐
015 ☐	041 ☐	067 ☐	093 ☐	119 ☐	145 ☐	171 ☐
016 ☐	042 ☐	068 ☐	094 ☐	120 ☐	146 ☐	172 ☐
017 ☐	043 ☐	069 ☐	095 ☐	121 ☐	147 ☐	173 ☐
018 ☐	044 ☐	070 ☐	096 ☐	122 ☐	148 ☐	174 ☐
017 ☐	045 ☐	071 ☐	097 ☐	123 ☐	149 ☐	175 ☐
020 ☐	046 ☐	072 ☐	098 ☐	124 ☐	150 ☐	176 ☐
021 ☐	047 ☐	073 ☐	099 ☐	125 ☐	151 ☐	177 ☐
022 ☐	048 ☐	074 ☐	100 ☐	126 ☐	152 ☐	178 ☐
023 ☐	049 ☐	075 ☐	101 ☐	127 ☐	153 ☐	179 ☐
024 ☐	050 ☐	076 ☐	102 ☐	128 ☐	154 ☐	180 ☐
025 ☐	051 ☐	077 ☐	103 ☐	129 ☐	155 ☐	181 ☐
026 ☐	052 ☐	078 ☐	104 ☐	130 ☐	156 ☐	182 ☐

183 ☐	209 ☐	235 ☐	261 ☐	287 ☐	313 ☐	339 ☐
184 ☐	210 ☐	236 ☐	262 ☐	288 ☐	314 ☐	340 ☐
185 ☐	211 ☐	237 ☐	263 ☐	289 ☐	315 ☐	341 ☐
186 ☐	212 ☐	238 ☐	264 ☐	290 ☐	316 ☐	342 ☐
187 ☐	213 ☐	239 ☐	265 ☐	291 ☐	317 ☐	343 ☐
188 ☐	214 ☐	240 ☐	266 ☐	292 ☐	318 ☐	344 ☐
189 ☐	215 ☐	241 ☐	267 ☐	293 ☐	319 ☐	345 ☐
190 ☐	216 ☐	242 ☐	268 ☐	294 ☐	320 ☐	346 ☐
191 ☐	217 ☐	243 ☐	269 ☐	295 ☐	321 ☐	347 ☐
192 ☐	218 ☐	244 ☐	270 ☐	296 ☐	322 ☐	348 ☐
193 ☐	219 ☐	245 ☐	271 ☐	297 ☐	323 ☐	349 ☐
194 ☐	220 ☐	246 ☐	272 ☐	298 ☐	324 ☐	350 ☐
195 ☐	221 ☐	247 ☐	273 ☐	299 ☐	325 ☐	351 ☐
196 ☐	222 ☐	248 ☐	274 ☐	300 ☐	326 ☐	352 ☐
197 ☐	223 ☐	249 ☐	275 ☐	301 ☐	327 ☐	353 ☐
198 ☐	224 ☐	250 ☐	276 ☐	302 ☐	328 ☐	354 ☐
199 ☐	225 ☐	251 ☐	277 ☐	303 ☐	329 ☐	355 ☐
200 ☐	226 ☐	252 ☐	278 ☐	304 ☐	330 ☐	356 ☐
201 ☐	227 ☐	253 ☐	279 ☐	305 ☐	331 ☐	357 ☐
202 ☐	228 ☐	254 ☐	280 ☐	306 ☐	332 ☐	358 ☐
203 ☐	229 ☐	255 ☐	281 ☐	307 ☐	333 ☐	359 ☐
204 ☐	230 ☐	256 ☐	282 ☐	308 ☐	334 ☐	360 ☐
205 ☐	231 ☐	257 ☐	283 ☐	309 ☐	335 ☐	361 ☐
206 ☐	232 ☐	258 ☐	284 ☐	310 ☐	336 ☐	362 ☐
207 ☐	233 ☐	259 ☐	285 ☐	311 ☐	337 ☐	363 ☐
208 ☐	234 ☐	260 ☐	286 ☐	312 ☐	338 ☐	364 ☐
						365 ☐

감수자의 말 … 5

제1장
고대 오리엔트·지중해 세계

제2장
중세·근세 유럽

제4장
현대~두 번의 세계대전과
냉전, 그리고 새로운 시대

제5장
중동과 남·동남아시아

제1장

고대 오리엔트·지중해 세계

쿠푸 왕(Khufu, 기원전 2589년?~기원전 2566년?), 생몰 연대 미상

유명한 대피라미드를 건조한 이집트 왕

기자의 서쪽 사막 고원에 있는 3대 피라미드 중 하나가 쿠푸 왕의 묘다. 기원전 5세기의 그리스 역사가 헤로도토스가 저서 『역사』에서 이거대한 피라미드를 언급할 정도인데, 안타깝게도 이 피라미드를 만든 쿠푸 왕에 대해서는 이집트 제4왕조의 왕이었다는 사실 외에는 많은 것들이 지금까지도 베일에 싸여 있다.

쿠푸 왕의 아버지는 선왕인 스네프루, 어머니는 헤테페레스 1세라고 알려져 있다. 쿠푸 왕은 많은 자식을 두었으며, 아들 제데프레가 왕위를 잇는다. 쿠푸 왕의 치세 기간 역시 명확히 밝혀지지 않은 탓에 23년부터 63년까지 여러 의견이 있다.

유명한 쿠푸 왕의 피라미드에 관해 이야기하자면, 높이는 146.6m(시간이 흘러 지반이 침하하고 돌들이 풍화를 겪으면서 현재 높이는 138.8m), 밑변의 길이는 230m다. 쿠푸 왕이 그 자리에 피라미드를 세우기로 정한 이유는 그곳의 지반이 단단한 암반으로 되어 있어 안정적으로 피라미드를 세울 수 있고, 피라미드의 재료인 석회암을 근처에서 채굴할 수 있었기 때문이라고 한다. 이 사막 고원에는 쿠푸 왕의 피라미드 말고도 두 피라미드가 더 있는데, 카프레 왕과 멘카우레 왕의 피라미드로 알려져 있으며, 모두 이집트 제4왕조에 건축된 것이다. 참고로 카프레 왕의 피라미드 옆에는 스핑크스가 있다.

쿠푸 왕의 피라미드를 두고 어떻게 이렇게 거대한 건축물을 사막 한가운데에 건조할 수 있었느냐는 수수께끼가 남아있는데, 이런 이유로 기원전 2세기 비잔티움의 수학자, 여행자인 필론은 쿠푸 왕의 피라미드를 세계 7대 불가사의 중 하나로 꼽았다. 나머지 여섯 개는 바빌론의 공중정원, 에페소스의 아르테미스 신전, 올림피아의 제우스 상, 할리카르나소스의 마우솔레움 영묘, 로도스섬의 거상, 알렉산드리아의 등대다. 이 중에서 현존하는 것은 쿠푸 왕의 피라미드뿐이다.

쿠푸 왕에 관한 자료가 많지 않아서 그의 역사적 평가에 관해 이야기할 수는 없지만, 그가 이렇게 거대한 피라미드를 건축했다는 사실만으로도 그가 절대적인 권력을 가졌다는 점과 역사에 자신의 이름을 남기려는 야망을 품고 있었다는 점을 알 수 있다. 덧붙여 이처럼 거대한 건축물을 세울 수 있을 정도로 당시 이집트는 높은 건축 기술을 가지고 있었다는 점도 짧게나마 언급하고 싶다.

좀 더 깊이 알고 싶은 독자를 위한 추천 도서 ─────

- 『피라미드 – 거대한 신화의 탐사』, 장피에르 코르테지아니, 시공사
- 『피라미드』, 데이비드 맥컬레이, 한길사

함무라비 왕[Hammurabi, 기원전 1810?~?], 여러 의견 있음
함무라비 법전을 제정한 바빌로니아의 왕

고대 도시 국가 바빌로니아의 세력을 확대해 바빌로니아 왕국의 초대 왕이 된 함무라비 왕. 현존하는 법전 중 두 번째로 오래된 함무라비 법전(가장 오래된 법전은 우르남무 법전)을 제정한 사람으로 유명하다.

　도시 국가 바빌로니아(바빌론 제1왕조)의 왕 신무발리트의 아들로 태어난 함무라비는 기원전 1792년에 왕위를 이어받는다. 기원전 1764년에 라르사를 병합하고, 기원전 1759년에는 마리를 멸망시켰으며, 기원전 1757년경에는 수메르, 아카드 지역 전역을 세력권 내에 둔다. 제국을 세운 후에는 함무라비 법전을 제정하고, 고대 도시 바빌론의 관개 공사를 진행하는 등 도시 문명을 번성시키기 위해 힘썼다. 사망년도는 정확히 알 수 없지만, 기원전 1728년부터 기원전 1686년 사이라고 추정된다.

　일대 제국을 세운 함무라비 왕이지만, 그의 이름이 역사에 기록된 이유는 제국 건설이 아니라 함무라비 법전을 만들었다는 데에 있다. 우르남무 법전의 영향을 받아 만들어졌다고 여겨지는 이 법전의 조문 중에 가장 유명한 것이 '눈에는 눈, 이에는 이'다. 이 규정은 근대법에서 동해보복법(탈리오 법칙)으로 불리는 것으로, 죄형법정주의(범죄로 보이는 행위를 처벌하기 위해서는 법령에 범죄 행위의 내용 및 이에 해당하는 형벌이 명확하게 규정되어 있어야만 한다는 원칙)의 기원이기도 하다.

　하지만 '눈에는 눈, 이에는 이'라는 규정은 '아이가 아버지를 때렸을 때는 그 손을 자른다.'나 '노예가 자유민의 뺨을 치면 그 귀를 자른다.'라는 조항에서 알 수 있듯이, 어디까지나 평등한 위계를 가진 사람들 사이의 규정이라는 점에 주의해야만 한다.

　이외에도 함무라비 법전에는 '강자가 약자를 괴롭히지 않도록, 정의가 고아와 과부에게도 닿도록'과 같은 문장도 적혀 있어, 평등주의만이 아니라 약자를 구제하려는 정신도 담고 있음을 알 수 있다. 이러한 점 때문에 함무라비 법전은 매우 뛰어난 법률로 평가받고 있다.

　함무라비 왕은 대제국을 세웠을 뿐만 아니라 통치에서도 함무라비 법전 제정을 통해 국가와 국민의 생활을 안정시키려 노력했다. 이 정신을 명확히 보여주는 함무라비 법전은 현대에서도 법질서의 기반이 되고 있다.

좀 더 깊이 알고 싶은 독자를 위한 추천 도서 ─────
▪ 『함무라비 법전 : 고대법의 기원』, 윤일구, 한국학술정보

람세스 2세 [Ramesses II, 기원전 1303년?~기원전 1213년?], 여러 의견 있음
고대 이집트 왕국의 영웅적인 파라오

람세스 2세는 고대 이집트 제19왕조의 파라오(왕)로, 인도·유럽계 민족인 히타이트와 전쟁을 반복하다 기원전 1269년에 평화 조약을 맺는다. 이것은 국가 간에 맺은 평화 조약 중에 가장 오래된 것이다. 그리고 후반생에는 아부심벨 신전과 같은 거대 건축물을 다수 세웠다.

세티 1세의 아들로 태어난 람세스 2세는 아버지와의 공동 통치를 거쳐 24세에 파라오에 즉위했다고 알려져 있다. 기원전 1286년경 군대 2만을 이끌고 카데시 전투에서 히타이트의 왕 무와탈리 2세와 대결하는 등 격전을 벌인 끝에 승리하지만, 끝내 히타이트를 팔레스타인에서 몰아내는 데에는 실패한다. 이후 람세스 2세는 히타이트와 평화 조약을 맺어 히타이트의 왕녀를 왕비로 맞아들인다. 기원전 1290년에는 수도를 테베에서 피람세스(람세스의 집)로 옮기고, 테베·룩소르·카르나크 신전을 정비하는 등 왕국 각지에 기념비적인 건축물을 세웠다. 람세스 2세는 66년간 이집트를 통치했으며, 90세에 사망했다고 한다. 유체는 왕가의 계곡(KV7)에 묻혔다.

람세스 2세는 당시 이집트인으로서는 매우 큰 키를 가졌으며, 체구도 컸다. 그래서 카데시 전투에서의 활약을 묘사한 자료에서 엿볼 수 있듯이, 제18왕조의 투트모세 3세와 함께 이집트 왕가 역사상 손꼽히는 위대한 영웅으로 칭송받았다. 이뿐만 아니라 자기 과시욕이 강해 거대 건축물을 다수 건설하며 자신을 신격화했다.

장수를 누린 람세스 2세는 정비 8명과 일설에 따르면 아들 111명, 딸 69명을 두었다고 한다. 이 중에는 아버지인 람세스 2세와 결혼한 딸도 있다고 한다. 한 연구에 의하면 당시 이집트인의 평균 수명이 35세에서 40세였는데, 람세스 2세가 너무 오래 산 탓에 아들과 딸들이 먼저 사망하였고, 이 때문에 후계자를 고르는 데에 어려움이 많았다는 이야기도 전해 내려오고 있다.

람세스 2세의 업적을 두고 다양한 의견이 있지만, 그가 고대 이집트 왕국 역사에 이름을 새긴 왕이라는 사실은 분명하며, 그의 영웅적인 활약 덕분에 이집트 왕국이 히타이트에 패배하는 일은 일어나지 않았다. 또한, 그가 후반생 동안 지은 거대한 건축물이 당시 왕국 국민에게 매우 큰 부담이었다는 점은 사실이지만, 현재 아주 귀중한 역사적 사료로 다뤄지고 있다.

좀 더 깊이 알고 싶은 독자를 위한 추천 도서 ───────

- 『람세스 2세』, 베르나데트 므뉘, 시공사
- 『람세스, 이집트의 가장 위대한 파라오』, 조이스 타일드슬레이, 가람기획

키루스 2세[Cyrus II. 기원전 600년?~기원전 530년?] 기원전 529년에 사망했다는 설도 있다.
고대 오리엔트에 대제국을 세운 왕

아케메네스 왕조 페르시아의 초대 황제인 키루스 2세. 그는 아케메네스 왕조를 열었을 뿐만 아니라 고대 이집트를 제외한 고대 오리엔트(현재의 중동 지역)에 대제국을 세워 역사의 한 페이지에 이름을 남겼다.

키루스 2세는 페르시아 왕국의 국왕 캄비세스 1세의 아들이다. 당시 페르시아 왕국은 메디아 왕국에 종속된 소국이었다. 기원전 552년 메디아에 반기를 든 키루스 2세는 기원전 550년에 메디아를 쓰러뜨린 뒤 통일 왕조로 아케메네스 왕조를 연다. 기원전 547년에는 리디아 왕국을 정복, 다음 해에 새로운 수도 파사르가대를 건설한다. 기원전 540년에는 엘람을, 기원전 539년에는 신바빌로니아를 쓰러뜨렸고, 기원전 537년에는 칙령을 내려 바빌론에 잡혀 있던 유대인 포로들을 해방했다. 이후에도 박트리아, 소그디아나, 사카 등을 정복해 고대 오리엔트에 대제국을 건설했다. 그리고 헤로도토스의 『역사』에 따르면, 마사게타이족과의 전투에서 전사했다고 한다. 키루스 2세의 묘로 알려진 유적이 현재도 파사르가대에 남아있다.

이렇게 보면 키루스 2세의 인생은 원정의 연속이었던 것 같지만, 실제로는 나라를 안정시키기 위한 선정도 많이 베풀었다. 제국을 20주로 나눈 뒤 각 주에 사트랍(총독 혹은 태수)을 두어 민족도 관습도 다른 제국민을 그 주에 적합한 방법으로 분할 통치했다. 그리고 그는 앞서 말한 유대인 해방은 물론 종교의 자유를 인정하는 등 타민족에게 관대한 정책을 펼쳐 높은 평가를 받고 있다. 실제로 키루스 2세의 업적을 기록한 키루스 원통을 보면 그가 많은 민족을 해방하고, 압정을 폐지하는 등 관용적인 통치를 펼쳤음을 알 수 있는데, 이러한 키루스 2세의 행적을 인류 최초의 인권 선언으로 보는 학자도 있다.

고대 그리스 철학자, 군인인 크세노폰은 저서 『키루스의 교육』에서 이러한 키루스 2세의 통치를 매우 높게 평가했다. 유대인들 사이에서도 바빌론에 끌려간 유대인을 해방해준 왕으로 칭송받고 있다. 더불어 많은 이란인이 지금도 키루스 2세를 이란 건국의 아버지로서 존경한다. 하지만 그가 여러 차례 전쟁을 벌여 많은 자국민과 적 병사의 생명을 빼앗은 것 역시 사실이다. 따라서 그의 치세를 냉정한 눈으로 바라볼 필요가 있다는 점을 명심하도록 하자.

좀 더 깊이 알고 싶은 독자를 위한 추천 도서

- 『키루스의 교육』, 크세노폰, 한길사
- 『고대 페르시아의 역사 – 아케메니드 페르시아·파르티아 왕조,사산조 페르시아』, 유흥태, 살림

다리우스 1세(Darius I, 기원전 558년?~기원전 486년)
페르시아 제국의 안정과 번영을 이룩한 왕

다리우스 1세는 아케메네스 왕조 페르시아의 제3대 왕으로, 제국 각지에서 일어난 반란을 진압하고, 서쪽으로는 이집트, 동쪽으로는 인더스강 유역에 이르는 광활한 영토를 통치했으며 그리스로 두 번이나 원정을 떠나기도 했다. 이러한 그의 공적은 베히스툰 비문에 새겨져 있다.

다리우스 1세는 아케메네스 왕가의 방계인 파르티아의 사트랍(총독) 히스타스페스의 아들로, 초대 국왕 키루스 2세의 딸과 결혼했다. 그리고 자신을 제2대 왕 캄비세스 2세의 동생 바르디야라고 사칭하며 왕위를 찬탈한 마고스(사제) 가우마타를 죽이고 기원전 522년에 즉위했다. 이후 엘람, 바빌로니아, 메디아, 케르마, 마르기아나 등지에서 잇따라 발생한 반란을 모두 진압해 통치 기반을 안정시켰다. 여기에 머무르지 않고, 다리우스 1세는 소아시아, 인도 등으로 원정을 떠났다. 기원전 499년에는 그리스로 원정을 가 페르시아 전쟁을 개시한다. 그는 총 두 번 원정을 떠났는데, 성공하지 못하고 기원전 486년에 병사했다.

다리우스 1세의 치세는 다음과 같이 알려져 있다. 사트랍(속주의 행정 장관)은 키루스 2세 시대부터 있었지만, 다리우스 1세는 이것을 확실히 제도화했다. 그리고 순찰관인 '왕의 눈'과 보좌관 '왕의 귀'를 두어 각 지역을 철저히 관리하도록 했다. 또한, 역전제를 실시해 수도 수사, 사르데스와 같은 전국의 요충지를 잇는 국도인 '왕의 길'을 건설했으며, 역참 111곳을 배치했다. 장대한 왕궁이 있었던 새로운 수도 페르세폴리스를 건설한 일도 주목해야 할 업적이다. 이 외에도 다리우스 1세는 군사·세금·화폐 제도를 혁신적으로 개선했다. 특히 다레이코스 금화와 시글로스 은화를 주조한 일은 유명한데, 매우 높은 순도를 가진 두 화폐는 아케메네스 왕조 말기까지 사용되었다. 이러한 통치는 중앙 집권 강화로 이어져 안정된 국가 체제를 만드는 데에 매우 큰 도움이 되었다. 이 모든 다리우스 1세의 업적은 베히스툰 비석과 헤로도토스의 『역사』에도 적혀 있다.

고대 오리엔트 세계에서 강대한 제국을 안정적으로 통치하기 위해 다리우스 1세는 다양한 제도를 정비·개설했으며, 이 제도들은 아무 문제 없이 잘 작동했다. 즉, 통치 능력이 매우 뛰어난 왕이었다고 볼 수 있을 것이다.

더불어 전례 없이 강력하고 전제적인 왕권을 휘둘렀기에 그가 일으킨 페르시아 전쟁은 단순히 페르시아와 그리스 두 나라 간의 전쟁이 아니라, 오리엔트의 전제주의와 그리스의 민주주의의 격돌로 볼 수 있다는 점 역시 역사적으로 중요한 문제라는 것을 잊지 말아야 할 것이다.

좀 더 깊이 알고 싶은 독자를 위한 추천 도서 ────

- 『역사』, 헤로도토스, 숲 등
- 『고대 페르시아의 역사 - 아케메니드 페르시아·파르티아 왕조.사산조 페르시아』, 유흥태, 살림

클레이스테네스 [Cleisthenes, 기원전 510년?~?]
아테네 민주제의 최전성기를 준비한 정치가

기원전 6세기 아테네의 정치가 클레이스테네스. 그는 집정관(알콘)으로서 참주 정치(참주가 국가를 지배하던 정치체제)를 타파하고 여러 민주적 개혁을 실행해 아테네의 민주주의 기반을 만든 인물이다.

클레이스테네스는 명문 가문 출신이었으나, 아테네의 참주 페이시스트라토스와 대립하다 외국으로 망명했다. 페이시스트라토스 사망 이후 귀국해 집정관이 되지만, 페이시스트라토스의 아들인 히피아스가 권력을 쥐자 다시 망명한다. 그리고 스파르타의 왕 클레오메네스 1세의 힘을 빌려 히피아스를 추방한다. 귀국 후에는 이사고라스를 중심으로 한 과두 정치파를 일소한 뒤 다시 집정관에 올라 다양한 민주화 방안을 제출해 아테네 민주화의 토대를 쌓아 올린다. 이후 아테네에서 생을 마감했다고 전해진다.

고대 그리스 세계에서 참주의 출현은 전제정치를 초래해 많은 문제를 일으켰다. 이 폐해를 없애기 위해 솔론이 최초로 개혁을 실행했으며, 이것을 이어받아 발전시킨 사람이 클레이스테네스였다. 그가 없었더라면 아테네의 민주제는 발전하지 못했을 것이며, 페리클레스의 시대도 오지 않았을 것이다. 이러한 이유에서 클레이스테네스는 아테네라는 도시 국가의 역사에서 빼놓을 수 없는 정치인이라고 말할 수 있겠다. 또한, 클레이스테네스의 개혁은 훗날 민주주의 제도의 한 본보기가 되었다는 점도 중요하다.

클레이스테네스가 아테네 민주화를 위해 펼친 핵심 정책으로 세 가지가 있다.

첫 번째는 종래 아테네에 있었던 혈연 중심의 4부족제를 지역 중심의 10부족제로 개혁한 것. 두 번째는 각 부족에서 50인씩을 선발해, 임기 1년의 평의원으로 이루어진 500인 평의회를 조직한 것. 세 번째는 참주 출현을 막기 위해 도편추방제(오스트라시즘)를 창설해 참주가 될 위험이 있는 인물이 6천 표 이상을 받으면 10년간 추방할 수 있게 한 것.

이러한 개혁은 솔론이 시작한 아테네의 민주화에 박차를 가해, 페르시아 전쟁에서 강대한 페르시아 제국군을 상대로 승리를 거머쥘 기반을 만들었으며, 아테네 민주제의 최전성기인 페리클레스 시대의 발판이 되었다. 이러한 의미에서 클레이스테네스의 민주화 개혁은 아테네의 역사를 통틀어봤을 때 획기적이었다고 말할 수 있다. 심지어 아리스토텔레스도 『아테네인의 국제(國制)』에서 클레이스테네스의 정치 개혁을 자세히 언급하면서 그 역사적 의의와 중요성을 높이 평가했다.

좀 더 깊이 알고 싶은 독자를 위한 추천 도서

- 『고대 그리스정치사 사료 – 아테네 스파르타 테바이 정치제도』, 아리스토텔레스 등, 신서원
- 『아테네인 스파르타인』, 윤진, 살림

페리클레스 [Perikles, 기원전 495년?~기원전 429년?]
도시 국가 아테네의 최전성기를 이룬 정치가

페리클레스는 고대 그리스 도시 국가(폴리스) 아테네의 정치인으로, 장군직(스트라테고스)을 오래 지냈으며, 여러 개혁을 통해 아테네의 민주제를 확립해 아테네의 최전성기를 이끌었다고 여겨지는 인물이다. 이러한 이유로 아테네가 전성기를 맞이한 시대를 페리클레스 시대라고 부른다.

페리클레스는 아테네의 정치가이자 장군인 크산티푸스의 아들로 태어났다. 기원전 462년에 귀족 권력의 요람이었던 아레오파고스 회의에서 실권을 쥔 페리클레스는 이후 아테네의 모든 시민이 참여하는 민주제를 추진한다. 그리고 기원전 444년부터 기원전 430년까지 장군직을 수행하면서 아테네의 전성기를 실현한다. 하지만 페르시아 전쟁에서 승리한 아테네가 다른 도시 국가(폴리스)들을 대상으로 지배력을 강화해가자, 타 도시 국가들이 이에 반발해 아테네와 대립한다. 그리고 결국 기원전 431년에 스파르타를 중심으로 한 펠로폰네소스 동맹국과 아테네를 중심으로 한 델로스 동맹국이 맞붙은 펠로폰네소스 전쟁이 발발한다. 페리클레스는 이 전쟁에서 농성 작전을 펼치다 당시 유행한 전염병에 걸려 사망한다.

페리클레스는 집정관의 취임 자격을 농민과 직공에게까지 확대하고, 하급 관리에게 일당을 지급했으며, 빈민의 극장 관람료를 지원하고, 관리 추첨제를 철저히 지키는 등 아테네의 민주화에 크게 이바지해 높은 평가를 받고 있다. 그리고 그는 기원전 451년에 부모가 모두 시민권을 가져야만 자식도 시민권을 얻을 수 있도록 시민권법을 강화했다.

정책과는 별도로 페리클레스는 연설을 무척 잘하는 사람으로 유명했다. "아테네에서 정치에 관심을 가지지 않은 자는 시민으로서의 의미를 가지지 않는 자이다.", "아테네 주민은 부를 추구한다. 하지만 이것은 가능성을 얻기 위함이지, 바보 같은 허영에 취하기 위함이 아니다."와 같은 유명한 연설은 아테네 시민들의 마음을 사로잡았다. 이러한 이유로도 페리클레스는 뛰어난 정치가였다고 볼 수 있다.

아테네의 전성기를 실현한 페리클레스의 정치 수완을 칭찬하는 역사가가 많지만, 그는 민주 정치를 아테네 이외의 도시 국가로 확대하려고 하지는 않았다. 이러한 의미에서 그가 했던 민주적 정치는 불완전한 것이었다고도 말할 수 있다. 그러나 페리클레스가 고대 사회에서 이상적인 민주적 국가를 완성했다는 것은 분명한 사실이다.

좀 더 깊이 알고 싶은 독자를 위한 추천 도서

- 『페리클레스』, 도널드 케이건, 지식향연
- 『그리스의 위대한 연설』, 페리클레스 등, 민음사
- 『그리스인 이야기 1』, 앙드레 보나르, 책과함께

마리우스 [고대 로마](Gaius Marius, 기원전 157년~기원전 86년)
징병제에서 모병제로 개혁을 실시하다

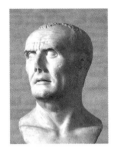

가이우스 마리우스(아들과 구별하기 위해 일반적으로는 대(大)마리우스라고 부른다)는 공화제 로마의 군인, 정치가다. 그는 킴브리·테우토니 전쟁과 같은 대외 전쟁에서 승리를 거두고 로마 군제 개혁을 단행한 인물로 알려져 있다.

마리우스는 이탈리아 중서부 라티움 지방의 도시 아르피눔(현재의 아르피노)에서 같은 이름을 가진 아버지의 아들로 태어났다. 장건한 육체를 가진 그는 군대 생활을 좋아하고 그리스 문화적 교양을 업신여겼다고 한다. 소(小)스키피오의 비호를 받으며 두각을 나타내, 기원전 105년에는 유구르타 전쟁에서 승리한다. 기원전 104년에 마리우스는 집정관이 되었고, 게르만족 계열로 여겨지는 킴브리족과 테우토니족을 상대로 킴브리·테우토니 전쟁을 벌여 승리한다. 그 사이 징병제에서 모병제로의 군제 개혁을 시행한다. 이후 민중파의 리더가 되어 원로원파인 술라와 대립하고 기원전 86년에 집정관으로서 원로원파를 대거 숙청하나 그해에 병사한다.

총 7차례 집정관이 되어 후기 공화제 로마의 정치, 군사를 이끈 마리우스의 최대 공적은 역시 군제 개편이다. 그때까지의 징병제 대신 무산 시민 중에서 지원병을 모집해 직업 군인으로 이루어진 새로운 군을 조직했다. 이 직업 군인들의 활약으로 유구르타 전쟁에서 승리했기에 이후에도 이 제도는 유지되었다. 마리우스의 병제 개혁으로 불리기도 하는 이 군제 개혁은 직업 군인, 용병을 도입함으로써 로마의 군사 기반을 유력자가 사병을 소유하는 체제로 전환시켰다. 즉, 이 개혁으로 인해 로마 공화제를 뒷받침하는, 유산 시민이 중장보병으로 전쟁에 참여한다는 원칙은 종언을 맞이한다. 이렇게 마리우스의 개혁은 군사적 측면만이 아니라 사회, 정치 측면에서도 일대 전환을 가져온다.

마리우스의 군제 개혁으로 로마의 정치 체제는 크게 바뀌어 내란의 일세기가 시작된다. 이러한 의미에서 그는 외적의 위기로부터 로마를 구해낸 영웅임과 동시에 로마에 혼란과 대립을 야기한 리더였다. 이 로마의 혼란을 끝낸 사람이 바로 마리우스의 조카 카이사르다. 마리우스가 군제 개혁을 하면서 여기까지 예상했을 것이라고는 생각하지 않지만, 마리우스 덕분에 공화제에서 제정으로 넘어가는 계기가 마련되었다.

좀 더 깊이 알고 싶은 독자를 위한 추천 도서 ─────

- 『로마 공화정』, 데이비드 M. 귄, 교유서가
- 『폭풍 전의 폭풍 ─ 로마 공화정 몰락의 서막』, 마이크 덩컨, 교유서가
- 『로마사 ─ 공화국의 시민과 민생정치』, 허승일, 나녹

클레오파트라(Cleopatra, 기원전 69년~기원전 30년)
세계사에 새겨진 절세 미인의 비극

세계사적으로 봤을 때 클레오파트라(정확히는 클레오파트라 7세)는 다음 두 가지 이유로 역사에 이름을 남겼다.

첫 번째는 그녀가 이집트 고대 왕조 최후의 여왕이었다는 점이며, 두 번째는 프랑스 철학자 파스칼이 "클레오파트라의 코가 조금만 낮았더라면, 역사는 바뀌었을 것이다."라는 명언을 남겼을 정도로 세기의 미녀였다는 점이다.

클레오파트라가 고대 이집트 최후의 왕조 프톨레마이오스 왕조의 마지막 여왕이었다는 사실은 중요하다. 프톨레마이오스 왕조의 말기에는 왕족 간의 권력 투쟁이 끊이지 않아 혈육끼리 치열한 분쟁이 몇 번이고 일어났으며, 근친혼도 빈번히 이루어졌다. 클레오파트라도 친동생 2명(프톨레마이오스 13세와 프톨레마이오스 14세)과 결혼했다. 클레오파트라는 아버지 프톨레마이오스 12세가 사망한 뒤 프톨레마이오스 13세와 결혼하지만, 그는 카이사르와의 전투에서 전사한다. 곧바로 클레오파트라는 프톨레마이오스 14세와 결혼하나 카이사르와 사랑에 빠져 그의 정부가 된다.

카이사르가 암살당한 뒤에는 그의 부하였던 안토니우스와 결혼한다. 하지만 이 결혼 생활도 오래가지 못한다. 안토니우스는 기원전 31년 악티움 해전에서 옥타비아누스에게 패해 자살하고 이후 클레오파트라도 스스로 목숨을 끊는다. 이처럼 클레오파트라는 동란의 시대 속에서 여러 사람의 비극에 얽혀 살았다.

절세 미녀였다는 점은 카이사르와 안토니우스라는 로마의 용맹한 장군과의 사랑 이야기를 통해 전설화되었다. 클레오파트라는 정치적 격랑에 시달리면서도 사랑을 향한 열정을 일관되게 보여 주었으며, 이러한 점은 그녀의 최후를 통해 확실히 알 수 있다. 옥타비아누스에게 붙잡힌 클레오파트라는 복종을 강요받지만, 이를 거절하고 자결한다. 선물로 가져온 무화과 속에 몰래 들여온 코브라를 이용해 죽었다는 설이 있으며, 시신은 그녀의 유언대로 안토니우스와 함께 묻혔다. 그녀는 아름다운 여왕이었을 뿐만 아니라 비극의 여왕이기도 했다.

좀 더 깊이 알고 싶은 독자를 위한 추천 도서

▪ 「이집트의 여왕 클레오파트라」, 이남고, 시공사
▪ 「명화로 읽는 여왕의 세계사」, 김서형, 뮤즈

칼리굴라(Caligula, 12년~41년)
로마 제국의 거대한 힘을 체현한 폭군

로마 제국 제3대 황제 칼리굴라(본명은 가이우스 율리우스 카이사르 게르마니쿠스(Gaius Iulius Caesar Germanicus)로 칼리굴라는 별칭이다). 그는 '광기의 황제'로서 로마사에 이름을 남겼다.

칼리굴라는 로마 제국의 군인 게르마니쿠스와 대(大)아그리피나의 아들로, 이탈리아 중부의 안치오에서 태어났다. 칼리굴라의 뒤를 이어 황제에 등극하는 클라우디우스의 조카이며, 여동생으로 역시 악명 높은 네로 황제의 어머니인 소(小)아그리피나가 있다. 7세에 아버지가 사망한 뒤로는 여러 친척의 보살핌을 받으며 유소년기를 보낸다. 33년에 재무관이 되었고, 35년에는 티베리우스 게멜루스와 공통 황제로서 황위 후계자로 지명을 받는다. 하지만 37년에 티베리우스 황제가 사망하자 유언을 뒤엎고 칼리굴라만이 황제 자리에 오른다.

초기 그의 치세는 훌륭한 축에 속했다. 병사에게 상을 내리고, 티베리우스 황제 시대의 반역죄와 관련한 서류를 파기하고, 추방자의 귀국을 허용하고, 세금으로 빈민자를 보호하고, 검투사의 시합을 부활시켰다.

그러나 37년에 중병에 걸려 생사의 기로를 헤맨 이후 칼리굴라는 광기의 황제로 변모한다. 장인 마르쿠스 실라누스와 사촌 동생 티베리우스 게멜루스에게 자살을 강요하고, 여러 원로원 의원을 포함한 수많은 사람을 엉뚱한 누명을 씌워 처형시켰다. 그리고 클라우디아 수로, 신(新)아니오 수도를 건설하고, 폼페이우스 극장 같은 대형 건축물을 여럿 세우고, 몇 번이나 외정을 벌여 제국 재정을 악화시켰다. 나아가 자신을 신격화하는 의식도 여러 번 개최했다. 이러한 폭정은 강한 반발을 불러일으켰고, 결국 41년 친위대장에 의해 궁정 안에서 아내, 딸과 함께 암살당한다.

칼리굴라에 관해 동시대인이 적은 역사적 사료로는 필론과 세네카의 기록물이 있는데, 둘 다 칼리굴라의 비정상적인 모습을 강조하고 있다. 성교에 미치고, 기분에 따라 사람들을 처형하고, 극도의 자기애를 가져 낭비벽도 심했다. 이러한 부정적인 측면만이 눈에 띄게 기술되어 있다.

분명히 칼리굴라는 로마사에 남을 폭군이었고, 그렇기에 암살당했다. 하지만 칼리굴라 황제 시대에 로마 제국이 가진 힘은 무척 강대했고, 황제의 힘은 절대적이었다. 이러한 제국의 황제였기 때문에 폭군으로서 그의 이름이 남았다는 점도 중요하다.

좀 더 깊이 알고 싶은 독자를 위한 추천 도서 ─────

- 『풍속으로 본 12인의 로마황제 1』, 수에토니우스, 풀빛미디어
- 『연대기』, 타키투스, 범우 등

네로 (Nero, 37년~68년)
살육과 예술을 좋아했던 로마 제국의 폭군

로마 제국 제5대 황제 네로. 어머니 소(小)아그리피나, 아내 옥타비아, 이복동생 브리타니퀴스, 은사 세네카 등 많은 로마 시민을 죽음으로 몰고 갔으며, 기독교도를 탄압한 폭군으로도 알려져 있다.

네로의 아버지는 도미티우스, 어머니는 소(小)아그리피나다. 네로는 큰아버지인 제4대 황제 클라우디우스의 사위였다. 54년에 클라우디우스가 사망하자 16살이었던 네로가 황위를 이어 로마 제국 황제에 오른다.

황제가 된 초기에는 가정 교사였던 철학자 세네카와 근위대장 부루스의 가르침에 귀를 기울여 명군으로 불렸다. 하지만 점차 폭군으로서의 본성을 드러내 55년에는 이복동생인 브리타니퀴스를, 59년에는 어머니 소(小)아그리피나를, 62년에는 아내였던 옥타비아에게 자살을 강요하고, 65년에는 세네카에게 자살을 명령한다. 이 외에도 많은 원로원 의원을 처형했으며, 64년 로마 대화재가 기독교 교도에 의해 발생했다며 기독교도를 다수 학살했다. 초대 로마 교황 베드로도 네로의 명령으로 책형에 처했다고 전해지고 있다. 하지만 68년에 네로의 악정에 반발한 원로원이 반란을 일으켰고, 네로는 자살로 생애를 마감한다.

네로는 폭군 이미지가 강하지만, 로마 시민에게 선정도 펼쳤다. 예를 들면, 로마 대화재 후에는 불에 강한 로마콘크리트를 사용해 도시를 건설해갔다. 그리고 증가한 국가 지출을 보충하기 위해 화폐 개혁을 단행해 재정 건전화를 꾀했다. 외교적으로도 파르티아와 평화 협정을 맺어 국제 평화에 공헌했다. 예술을 사랑한 황제였던 만큼 예술 활동을 보호했다. 네로가 이런 선정을 베푼 것은 역사적 사실이다.

하지만 네로에 의해 처형, 자살당한 로마 시민, 학살당한 기독교도의 수가 방대했다고 한다. 이뿐만 아니라 마음에 든 사람은 남녀를 불문하고 빼앗았으며, 확실한 근거도 없이 혹은 근거를 조작해 많은 사람을 죄인으로 만들고 이를 처형의 이유로 삼았다.

네로는 로마 황제 중에서도 매우 드문 폭군으로 역사에 기록되었다. 네로는 오만했고, 욕심이 많았으며, 타인을 믿지 않았고, 많은 사람을 죽음으로 몬 폭군이었다. 하지만 그가 행한 정책으로 로마가 안정되었다는 점도 부정할 수 없는 사실이며, 근래에 와서는 재평가도 이루어지고 있다.

좀 더 깊이 알고 싶은 독자를 위한 추천 도서 ─────

- 『연대기』, 타키투스, 범우 등
- 『네로황제연구』, 안희돈, 다락방

마르쿠스 아우렐리우스 안토니누스
[Marcus Aurelius Antoninus, 121년~180년]

로마에 평화를 가져온 오현제 시대 최후의 황제

제16대 로마 황제 마르쿠스 아우렐리우스 안토니누스는 오현제 중 한 사람이었을 뿐만 아니라 스토아 철학에 조예가 깊어 『명상록』을 집필해 철인 군주로 많은 존경을 받았다.

마르쿠스 아우렐리우스 안토니누스는 로마 제국의 귀족 집안에서 태어났다. 3세 때 아버지가 요절해 할아버지가 그를 맡아 키웠다. 이후 하드리아누스 황제의 총애를 받아 136년 수도 장관으로 임명된다. 이 시기부터 스토아 철학자와 교류했다. 138년 하드리아누스 황제 사후, 큰아버지 안토니누스 피우스는 황제가, 마르쿠스 아우렐리우스는 부황제가 되었다. 156년경부터는 점점 쇠약해져 가는 안토니누스 피우스를 대신해 마르쿠스 아우렐리우스와 훗날 공동 황제가 되는 루키우스, 두 사람이 정무를 자주 돌봤다. 161년 안토니누스 황제가 서거하자 마르쿠스 아우렐리우스와 루키우스는 공동으로 즉위한다. 그러나 169년 루키우스가 식중독으로 사망해 마르쿠스 아우렐리우스가 유일한 황제가 된다. 177년 제2차 마르코만니 전쟁을 개시(182년까지 이어짐)하나 180년 전장인 빈도보나(현재의 빈)에서 숨을 거둔다.

마르쿠스 아우렐리우스는 로마 제국에 평화와 안정이 계속 유지되었던 오현제 시대의 마지막 황제로 알려져 있다. 그리고 스토아 철학을 공경해 『명상록』을 쓴 철인 황제라는 점도 역사가들 사이에서 높은 평가를 받고 있다. 이 외에도 많은 업적이 있는데, 원로원제에서 전제군주제로 정치 구조를 완전히 바꾼 사람도 그다. 또한, 게르만인과의 전투를 위해 다른 부족의 게르만인을 용병으로 받아들였고, 이렇게 유입된 게르만인이 급속히 로마화한 것도 그의 시대 때의 일이다. 이러한 역사적 대전환기에 그는 황제로서 로마 제국을 통치했던 것이다.

저서인 『명상록』에 "황제화하지 않도록, 그 색에 물들지 않도록 조심하라."라고 썼을 정도로 마르쿠스 아우렐리우스는 금욕주의적이면서 매우 근면한 성격을 가진 황제였다. 하지만 역사는 그에게 그의 평온한 성품과는 너무나 거리가 먼 동란의 시대를 준비했다. 그러나 그는 생전 여러 문제에 잘 대처해 나갔으며, 반대급부로 그의 사후 로마는 극심한 혼란에 빠진다.

마르쿠스 아우렐리우스가 심취한 스토아학파는 헬레니즘 철학의 한 갈래로, 기원전 3세기 초 키티온의 제논에 의해 시작되었다. 자연과 우주는 로고스라는 이성적인 힘에 의해 정해진 유기적인 존재이며, 인간도 영혼 안에 로고스를 가지고 있다. 그러므로 로고스를 따르며 사는 것이 인간으로서 올바른 삶의 방식이라는 가르침을 설파했다.

좀 더 깊이 알고 싶은 독자를 위한 추천 도서 ────

- 『아우렐리우스의 명상록』, 마르쿠스 아우렐리우스, 메이트북스 등
- 『로마제국 쇠망사』, 에드워드 기번, 민음사
- 『로마 황제 열전 – 제국을 이끈 10인의 카이사르』, 배리 스트라우스, 까치

카라칼라[Caracalla, 188년~217년]
로마의 동방 속주에서 대학살을 벌인 폭군

카라칼라(카라칼라는 별명이다) 혹은 루키우스 셉티미우스 바시아누스(Lucius Septimius Bassianus)는 로마 제국 세베루스 왕조의 제2대 황제다. 칼리굴라, 네로와 함께 로마 제국사에 폭군 중 한 명으로 이름을 남긴 사람이기도 하다.

카라칼라는 원로원 의원으로 훗날 황제에 오르는 셉티미우스 세베루스의 장남으로 태어났다. 어머니는 페니키아인 무녀였다. 로마 제국의 내란을 제압하고 황제에 오른 셉티미우스 세베루스는 209년 카라칼라에게 동생 게타와 함께 차기 공동 황제가 될 것을 명한다. 하지만 카라칼라는 211년에 아버지가 칼레도니아 원정 중에 서거하자 동생과 제국의 주도권을 두고 다투다 끝내 동생을 암살한다. 그리고 단독 황제가 된 뒤에도 권력 강화를 위해 많은 시민을 숙청했다. 211년에는 안토니누스 칙령을 발포해 모든 속주민에게 로마 시민권을 부여하고, 213년에는 고지 게르마니아로 원정을 가 알라만족과 강화를 맺고 국경선의 안정을 가져오는 등 선정도 펼쳤지만, 213년 이후 카라칼라는 동방 속주 주민을 대상으로 학살과 약탈 행위를 반복했다. 216년에는 역사적 건축물인 카라칼라 대목욕탕을 건설하나, 같은 해 떠난 원정 도중 근위병 한 사람에게 암살당했다. 암살 이유는 개인적인 원한 때문이라고 알려져 있다.

카라칼라가 폭군으로 불리는 이유는 앞서 언급한 동방 속주민을 대학살한 행위 때문인데, 그중에서도 역사에 그 잔혹함이 확실히 기록된 사건으로 알렉산드리아 주민 학살이 있다. 이유는 확실하지 않지만, 일설에 의하면 카라칼라가 동생을 암살한 것을 조롱하는 시가 도시에 유행하고 있었기 때문이라고 한다. 어떤 이유에서든 황제의 연설을 듣기 위해 모인 무고한 시민들을 로마 병사들이 참살했을 뿐만 아니라 많은 시민에게서 약탈도 서슴없이 저질렀다. 살해당한 시민의 수가 적어도 1만 5천 명, 많게는 10만 명에 달한다는 연구도 있다.

이처럼 카라칼라는 힘과 공포를 휘두르며 정치한 폭군으로 역사에 이름을 남겼으며, 참혹한 사건을 일으킨 데에 그치지 않고 가치를 낮춘 새로운 화폐를 발행해 인플레이션을 일으키고, 지나친 군비 강화로 재정 압박을 야기하는 등 로마 제국의 기반을 뒤흔들었다. 이 때문에 대목욕탕 건설처럼 로마 시민에게 환영받는 정책을 펼쳤음에도 불구하고 카라칼라를 좋게 평가하는 역사가는 거의 없다.

좀 더 깊이 알고 싶은 독자를 위한 추천 도서 ————

- 『로마제국 쇠망사』, 에드워드 기번, 민음사
- 『로마인 이야기, 12: 위기로 치닫는 제국』, 시오노 나나미, 한길사

디오클레티아누스 [Diocletianus, 244년~313년?]
군인 황제 시대를 끝낸 로마 제국 황제

로마 제국 황제 디오클레티아누스는 '3세기의 위기'로 불리는 군인 황제 시대의 혼란을 종식하고 제국에 안정기를 가져왔다. 또한, 테트라키아(사두정치)를 도입한 황제로도 알려져 있다.

디오클레티아누스 혹은 디오클레스(Diocles, 황제가 되기 전 이름)는 달마티아 속주의 살로나(지금은 크로아티아남부 도시 솔린)에서 244년에 태어났다. 아버지는 해방 노예였다. 디오클레스는 일개 병사로 시작해 프라이펙투스 프라이토리오(친위대 지휘관)까지 승진했다. 그리고 누메리아누스 사후 군대의 추천으로 284년에 로마 황제에 오른다.

286년 막시미아누스에게 황제권을 나누어, 자신은 제국 동방을, 막시미아누스는 서방을 통치하기로 한다. 292년 동·서방 각각에 부황제를 두고 제국을 네 지역으로 나누어 통치하는 테트라키아를 도입한다. 303년 기독교도를 심하게 탄압하고 305년에 제위를 양위한 뒤 은퇴한다. 이후 아드리아해 근처의 아스팔라토스(현재는 크로아티아 제2의 도시 스플리트)에서 양배추를 키우며 여생을 보내다 313년 68세의 나이로 눈을 감는다(311년 66세에 사망했다는 설도 있다.). 중병을 앓다가 자살했을 가능성도 있다.

디오클레스는 긍정적인 평가와 부정적인 평가가 공존하는 황제이기도 하다. 긍정적으로는 군인 황제 시대에 종지부를 찍고, 로마 제국에 안정을 가져온 황제라는 점이 높게 평가받고 있다. 광대한 제국령을 유지하기 위해 테트라키아를 도입해 내란에 신속히 대응할 수 있는 시스템을 만든 것도 그의 통치에 긍정적인 영향을 주었다. 더불어 권력에 집착하지 않고 은퇴해 은둔한 점도 높은 평가를 받고 있다.

하지만 기독교 측에서 보면, 디오클레스는 악마나 다름없는 황제였다. 그가 벌인 탄압은 악명 높은 네로의 탄압 이상의 것으로 로마 제국사상 최대의 학살이 일어났다고 한다. 이처럼 기독교도에게는 그야말로 증오스러운 황제였다.

디오클레스는 노예 계급 출신이면서 황제에까지 오른, 로마 역사상 매우 특이한 이력을 가진 황제였을 뿐만 아니라, 정책도 획기적이었다. 그가 황제로 있었던 동안에는 로마 제국이 영토를 빼앗기는 일이 발생하지 않아 안정을 유지할 수 있었다. 즉, 디오클레스는 '기독교를 박해한 자'와 '뛰어난 통치자'라는 상반된 두 얼굴을 가진 황제였다고 말할 수 있겠다.

좀 더 깊이 알고 싶은 독자를 위한 추천 도서 ──────

- 『로마제국 쇠망사』, 에드워드 기번, 민음사
- 『로마 황제 열전 – 제국을 이끈 10인의 카이사르』, 배리 스트라우스, 까치

015 정치

콘스탄티누스 1세 [Constantinus I, 274년?~337년?]
기독교가 세계 종교로 발돋움하는 계기를 만든 황제

콘스탄티누스 1세는 로마 제국의 분열 상태에 종지부를 찍고 적국을 재통합했다. 또한, 새로운 수도 콘스탄티노플을 건설했으며, 313년에는 기독교를 로마 황제로는 처음으로 공인했다.

콘스탄티누스 1세는 274년경 나이수스(지금은 세르비아 남동부의 니시)에서 군인 콘스탄티우스 클로루스의 아들로 태어났다. 콘스탄티우스는 훗날 로마 제국 서방 황제가 되지만, 306년에 급사해 아들인 그가 콘스탄티누스 1세가 된다. 하지만 황제를 자처하는 사람이 여럿 존재해 다툼은 이후 20년 가까이 계속되고서야 끝났다.

콘스탄티누스 1세는 313년에 밀라노 칙령을 발령하고 324년에 로마 제국을 재통일했으며, 325년 기독교회의 분열에 개입해 니케아 공의회를 열고 아리우스파를 이단으로 규정했다. 330년에는 새로운 수도 콘스탄티노플을 완성하였고 337년경 현재 튀르키예령인 니코메디아에서 병사한다. 65세 전후였다고 추정된다.

콘스탄티누스 1세의 역사적 업적은 크게 나누어 세 가지가 있다. 첫 번째는 테트라키아로 불리는 네 황제에 의한 로마 분할 통치에 콘스탄티누스 1세가 종지부를 찍었다는 점이다. 제국을 재통일해 통치한 공적은 매우 크다.

두 번째는 네로가 탄압을 시작한 이래 로마 제국은 약 300년에 걸쳐 기독교도를 억압해왔지만, 콘스탄티누스 1세는 그 정책을 180도 바꾸어 기독교를 용인했다. 이후 기독교 세력은 급속도로 성장해간다.

세 번째로는 현재 이스탄불로 불리는 콘스탄티노플을 건설했다는 사실이다. 이 도시는 제2의 로마라 불리며 동서무역의 거점이자 난공불락의 요새 도시로써 서로마 제국이 멸망한 후에도 동로마 제국의 수도로 천 년 이상 번영을 이어갔다.

콘스탄티누스 1세는 로마 제국의 재건을 목표로 적극적인 정책을 펼친 황제였다. 그의 새로운 정책은 강대한 로마 제국을 되살렸다.

좀 더 깊이 알고 싶은 독자를 위한 추천 도서 ────
▪ 『콘스탄티누스 황제와 기독교』, 김경현, 세창출판사

▌사토 마사루의 한 마디

313년 밀라노 칙령으로 콘스탄티누스 1세가 기독교를 공인한 사건은 세계사적으로 매우 큰 의미를 지닌다. 이 덕분에 기독교는 체제에 속하는 종교가 될 수 있었다.

유스티니아누스[Justinianus, 483년~565년]
동로마 제국의 최전성기를 연 황제

동로마 제국 유스티니아누스 왕조 제2대 황제인 유스티니아누스. 그는 동로마 제국의 역사에서 최전성기를 실현해 제국의 판도를 확대함으로써 역사에 그 이름을 남겼다.

훗날 유스티니아누스 황제가 되는 페트루스 사바티우스(Petrus Sabbatius)는 483년에 타우레시움(현재의 마케도니아 수도 스코페 근교)에서 농민의 아들로 태어났지만, 황제의 근위대장이 된 삼촌 유스티누스의 양자가 되어 콘스탄티노플에서 역사, 법학, 철학 등을 공부했다. 518년 유스티누스가 동로마 제국 황제 유스티누스 1세가 되었고, 유스티니아누스는 521년에 집정관으로 임명된다.

527년 사망한 유스티누스 1세의 제위를 이어 동로마 제국의 황제 유스티니아누스가 된 그는 529년 이교적인 사상을 가르친다는 이유를 들어 아테네의 아카데미아를 폐쇄했으며 532년에는 니카의 반란을 진압한다. 534년에 유스티니아누스 법전을 편찬하고, 같은 해 반달 왕국을 멸망시켰으며 537년에 하기아 소피아 성당을 콘스탄티노플에 재건한다. 참고로 541년경 페스트가 대유행해 동로마 제국의 인구가 반 가까이 감소했다고 한다. 그럼에도 554년에 그는 거의 모든 이탈리아반도를 평정하고 555년에 동고트 왕국을 멸망시켰으며 565년에 콘스탄티노플에서 서거했다.

유스티니아누스는 명군으로 매우 잘 알려져 있다. 동로마 제국의 영토를 확대하고 분열 전 로마 제국의 영토였던 땅을 대부분 되찾은데다, 유스티니아누스 법전을 편찬했으며, 하기아 소피아 성당과 같은 대규모 건축도 실행했기 때문이다. 또한, 니카의 반란과 페스트 유행이라는 국가적 재난도 잘 추스르는 등 82세로 눈을 감을 때까지 황제의 직무를 끊임없이 수행했다. 하지만 수많은 전쟁과 대규모 건축으로 국가 재정이 악화해 유스티니아누스 사후 동로마 제국은 차츰 쇠퇴의 길을 걷게 되었다. 이러한 이유로 그의 치세를 비판하는 역사가도 적지 않다.

그러나 유스티니아누스가 강대한 게르만인 왕국을 두 국가나 멸망시켰으며, 이탈리아반도를 뒤덮은 혼란을 진정시켰고, 이베리아반도 남부까지 세력을 확대한 업적은 틀림없이 그의 힘으로 이룩한 것이었다. 더불어 문화적으로는 로마법의 체계화를 추진했으며, 종교적으로는 정교회의 힘을 키웠다. 이런 공적을 기려 후세 사람들은 그를 유스티니아누스 대제라고 부르며 찬양했다.

좀 더 깊이 알고 싶은 독자를 위한 추천 도서 ─────

- 『로마제국 쇠망사』, 에드워드 기번, 민음사
- 『비잔틴 제국』, 진원숙, 살림
- 『고대 로마사』, 토마스 R. 마틴, 책과함께

알렉산더 대왕(Alexander the Great, 기원전 356년~기원전 323년)
세계를 지배할 야망을 처음으로 꿈 꾼 대왕

고대 그리스의 영웅 알렉산더 대왕(본래는 알렉산드로스 3세Alexandros III)은 아르게아스 왕조 마케도니아 왕국의 통치자로, 세계를 아우르는 제국을 세울 야망을 품었을 뿐만 아니라 그것을 실현하고자 노력한 왕이었다. 그리스 전역을 통일한 뒤 이집트를 정복하고, 더 나아가 페르시아 제국을 쓰러뜨리고 현재 인도의 갠지스강 유역까지 원정한 위업으로 세계사에 금자탑을 세웠다. 이뿐만 아니라 알렉산더 대왕은 스승인 대철학자 아리스토텔레스의 가르침에 따라 철인 정치(소수의 철학자가 다스리는 정치 형태)를 행했다. 이 점도 역사적으로 중요한 사항이다. 마지막으로 대왕의 원정으로 동양과 서양의 문명이 융합된 헬레니즘 문명이 꽃피울 수 있었다는 점도 특기할 만한 사항이다.

그리스의 거의 모든 지역을 통일한 아버지 마케도니아의 왕 필리포스 2세의 업적을 이어받아 알렉산더 대왕은 동방 원정길에 오른다. 이집트를 점령한 뒤 멈추지 않고 다리우스 3세가 통치하는 페르시아 제국을 공격해 기원전 333년의 이소스 전투, 기원전 331년의 가우가멜라 전투에서 페르시아군을 격파했다. 그리고 아케메네스 왕조 페르시아를 무너뜨린 뒤 그리스, 이집트, 인더스강 유역에 이르는 대제국을 세웠다.

알렉산더 대왕은 용맹한 무장이었을 뿐만 아니라 매우 뛰어난 군사적 전술을 구사한 지휘관이기도 했다. 대왕의 전술은 중앙에 팔랑크스를 두고 측면을 기병, 궁수, 경장보병으로 방어하는 식이었다. 팔랑크스는 훗날 로마 제국군도 채택한, 고대 그리스의 전통적인 진형으로 기본적으로 중장보병으로 구성되었으며, 병사들은 매우 긴 창과 방패를 지니고 밀집해 적의 정면으로 진격하는 진형이었다. 이 진형은 적이 정면에 있을 때 강력한 파괴력을 발휘하지만, 측면이 약하다는 약점이 있었다. 이 약점을 보완하기 위해 기병, 보병 등으로 측면을 방어한 결과 마케도니아군은 적군을 차례차례 격파해 알렉산더 대왕이 세계적인 제국 건설에 더욱 매진할 수 있게 만들어 주었다.

아리스토텔레스로부터 가르침을 받았던 알렉산더 대왕은 군인으로서의 재능이 있었음은 물론 통치자로서도 뛰어났다. 지도자로서 단순히 정복 민족에게 복종을 명령했던 것이 아니라 적극적으로 융화정책을 펼쳤다. 마케도니아 병사와 페르시아인의 결혼을 장려(대왕 본인도 페르시아 제국 황제인 다리우스 3세의 딸 스타테이라와 결혼했다)한 것이 대표적인 예다.

지도자로서의 인격을 잘 알 수 있는 일화도 존재한다. 물 한 방울도 나지 않는 게드로시아 사막을 지나 페르시아로 진군하고 있을 때 물 한 모금을 발견한 어느 병사가 그 물을 왕에게 바쳤다. 하지만 대왕은 "나는 모두와 함께 갈증으로 힘들어하는 쪽을 택하겠다."라고 말하며 그 물을 버렸다. 이 일화는 알렉산더 대왕의 고결함과 자신에 대한 엄격함, 지도자로서의 강한 자각을 명확히 보여주고 있다.

또한, 대왕은 문화적으로 그리스 문화와 오리엔트 문화와의 융합을 중시했다. 그 결과 헬레니즘 문화라는, 동양적인 면과 서양적인 면이 조화를 이룬 문화의 기반이 만들어질 수 있었다. 헬레니즘 문화는 세계 역사상 최초의 코즈모폴리터니즘(세계주의)이라고 볼 수 있는데, 그 전형적인 성과가 간다라 미술이라는 형태로 지금까지도 전해지고 있다. 간다라 미술의 불상은 그리스적 용모에 그리스적 의복을 입고 있을 때가 많다. 동서 세계의 융합이 눈에 보이는 문화적인 형태로 나타난 것이다.

알렉산더 대왕의 위대함을 나타내는 일화도 여럿 남아있다. 특히 유명한 것이 '고르디우스의 매듭' 이야기일 것이다. 페르시아 제국의 고르디움이라는 도시를 정복했을 때 대왕은 도시 중심에 있는 제우스 신전에 봉헌된, '고르디아스의 매듭'으로 묶인 전차 앞으로 갔다. 그곳에는 고르디아스의 매듭을 푼 자가 아시아의 지배자가 된다는 전설이 전해지고 있었지만, 고르디아스의 매듭은 매우 복잡한 매듭이어서 푸는 것이 불가능하다고 여겨졌다. 하지만 대왕은 칼을 꺼낸 뒤 내려쳐 매듭을 잘라버리면서, "운명은 전설에 의해 결정되는 것이 아니라 자신의 검으로 뚫고 나아가는 것이다."라는 말을 남겼다. 그리고 대왕은 전설대로 아시아의 지배자가 되었다.

알렉산더 대왕은 세계 역사상 처음으로 세계 정복을 이루겠다는 야망을 품은 대왕이었다. 이 때문에 대왕의 무력적인 측면이 강조되는 때가 많지만, 통치자로서도 철인 정치를 펼쳤고, 개념조차 존재하지 않았던 코즈모폴리터니즘 세계를 고대에 실현한 왕이었다는 점도 잊어서는 안 되는 중요 사항이다. 그의 군사, 정치 그리고 세계 규모의 문화적 활약은 이후 세계의 역사에 매우 큰 영향을 주어 세계의 양상을 완전히 바꾸어 버렸다. 그야말로 알렉산더는 대왕이라고 불리기에 전혀 손색이 없는, 역사에 남을 위대한 영웅이었다.

좀 더 깊이 알고 싶은 독자를 위한 추천 도서
- 『알렉산더 대왕』, 피에르 브리앙, 시공사
- 『히스토리에』, 이와아키 히토시, 서울미디어코믹스
- 『플루타르코스 영웅전』, 플루타르코스, 숲

사토 마사루의 한 마디
알렉산더 대왕의 가정교사는 아리스토텔레스였다. 대제국을 유지하기 위해서는 사상(철학)이 필수라는 아리스토텔레스의 가르침이 알렉산더 대왕의 국가 경영에 영향을 주었다.

가이우스 율리우스 카이사르 (Gaius Julius Caesar, 기원전 100년~기원전 44년)
암살로 최후를 맞이한 로마의 영웅

공화제 로마의 세력을 확대하고, 삼두정치의 중심인물 중 한 사람이자, 영웅적인 군인이며 위대한 정치가인 카이사르. 권력을 온전히 손안에 쥐려는 순간 암살당해 로마 황제가 되려던 야망을 이루지 못했다. 이 때문에 카이사르는 위인이면서도 비극적인 서사를 가진 인물이 되었다. 그리고 안타까운 마지막도 그의 이름이 역사에 남은 이유 중 하나다.

카이사르 가문은 명문 귀족 가계로, 아버지는 공화제 로마에서 법무관, 아시아 속주의 장관을 지낸 인물이었다.

청소년기의 카이사르에게 큰 영향을 미친 사건이 있다. 당시 로마의 정치 상황은 원로원파인 루키우스 코르넬리우스 술라와 민중파인 가이우스 마리우스가 팽팽히 대립해 권력의 균형이 유지되고 있었다. 그러나 마리우스의 사망으로 권력이 술라 쪽으로 급격히 기울어졌고, 이 때문에 마리우스 파벌에 속해있던 카이사르는 기원전 81년에 소아시아로 망명해야만 했다. 술라 사후에야 로마로 돌아와 착실히 실력을 쌓았고 이후 기원전 60년에 폼페이우스, 크라수스와 함께 세 명의 사적인 정치 동맹, 이른바 제1차 삼두정치를 시작하면서 로마의 군사, 정치를 이끌었다.

카이사르는 갈리아 원정을 떠나 갈리아를 로마 속주로 편입시켰다. 하지만 기원전 53년 파르티아로 원정을 떠난 크라수스의 전사로 삼두정치가 무너져 로마는 카이사르파와 폼페이우스파가 맞붙는 내전 상태에 돌입했으며, 오랫동안 대립이 이어지다 기원전 48년 파르살루스 전투에서 카이사르가 승리를 거머쥐면서 대세는 카이사르 쪽으로 기운다. 이집트로 도망간 폼페이우스는 이집트 국왕 프톨레마이오스 13세에 의해 암살당했다. 폼페이우스를 추격한 카이사르는 이집트에서 프톨레마이오스 13세와 패권을 두고 충돌하고 있던 클레오파트라를 후원하여 그녀가 왕국을 통치할 수 있게 만들어주는 동시에, 절세 미녀라고 불린 그녀와 뜨거운 사랑에 빠진다.

기원전 46년 카이사르는 반대파 세력을 일소하고 로마로 귀환해 클레오파트라를 로마로 불러들인다. 더불어 원로원의 힘을 약화시키고 종신 독재관에 취임해 제정 로마의 기반을 쌓아간다. 이러한 카이사르의 움직임을 경계한 공화파 사람들은 기원전 44년에 원로원 회의가 열리는 폼페이우스 극장과 이어진 회랑에서 카이사르를 암살했는데, 이때 카이사르는 23군데나 상처를 입었다고 한다. 이와 관련해 자신을 찌르기 위해 다가오는 부하 브루투스를 보고 "브루투스, 너마저?"라고 외쳤다는 유명한 일화가 전해지고 있다.

카이사르의 생애를 이야기할 때 군인으로서의 역량이 가장 먼저 언급된다. 그가 갈리아, 이집트, 히스파니아 등으로 원정해 타민족을 차례차례 굴복시킨 덕에 로마는 강력한 나라로 발전할 수 있었다. 이처럼 뛰어난 군사적 재능을 바탕으로 이루어 낸 공적이야말로 그가 로마사에 이름을 새길 수 있었던 첫째가는 이유다.

원로원 의원이 중심인 공화파의 눈으로 보면, 카이사르는 공화제를 파괴한, 증오스러운 인물이었다. 하지만 카이사르가 살았던 시기는 공화제의 정치적 부패가 로마 전체로 파고들던 시대였기에 누군가 대변혁을 일으켜 이러한 정치 상황을 바꿔주길 바라는 기대 심리가 분명 존재했다. 따라서 카이사르는 구체제를 파괴한, 강하고 혁신적인 지도자가 되어 로마를 이끌었다고도 말할 수 있을 것이다. 이러한 의미로 말한다면, 카이사르는 로마 정치 체제를 바꾼 위대한 개혁가이기도 했다.

카이사르의 사생활로 눈길을 돌리면, 클레오파트라와의 로맨스가 가장 널리 알려져 있다. 로마의 최고 권력자와 이집트 여왕의 로맨스지만, 두 사람이 처음 만났을 때 카이사르에게는 아내가 있었고 클레오파트라도 남편이 있었다. 더욱이 클레오파트라는 20세, 카이사르는 50세를 넘긴 나이었다. 이후 두 사람 사이에서 아이가 태어났지만 두 사람의 관계에 로마 사람들은 큰 반감을 품었다. 이 때문에 카이사르를 암살한 이유로 정치적인 이유만이 아니라 위와 같은 윤리적 문제도 얽혀 있을 것으로 보기도 한다.

카이사르는 여러 명언을 남긴 사람으로도 유명하다. 암살 당시에 외쳤다고 하는 말뿐 아니라, 루비콘강을 건너 원로원 측과 내전을 벌이기로 마음먹은 순간 말했다고 하는 "주사위는 던져졌다.", 그리고 기원전 47년 젤라 전투 후 로마로 보낸 "왔노라, 보았노라, 이겼노라."라는 간결한 승리 선언이 유명하며 이 말들은 역사적 명언으로 지금도 많은 사람이 기억하고 있다. 이처럼 카이사르는 행동을 통해 자신의 이름을 역사에 새긴 위대한 영웅이면서 동시에 명언으로도 많은 사람의 뇌리에 깊은 인상을 남긴 위인이다.

로마 제국의 기초를 쌓았지만, 로마인들의 손에 죽임을 당한, 역사의 아이러니한 운명을 살다간 남자, 카이사르. 그의 이름은 로마인뿐만 아니라 전 세계인들의 기억 속에 계속해서 남을 것이다.

좀 더 깊이 알고 싶은 독자를 위한 추천 도서 ────────

- 『갈리아 원정기』, 가이우스 율리우스 카이사르, 숲
- 『내전기』, 가이우스 율리우스 카이사르, 사이
- 『가이우스 율리우스 카이사르』, 에이드리언 골즈워디, 루비박스

옥타비아누스(Octavianus, 기원전 63~14년)
카이사르의 양자이자 로마 초대 황제

후에 로마 초대 황제 아우구스투스(Augustus)가 되는 옥타비아누스. 옥타비아누스는 양부 카이사르의 뒤를 이어 로마를 안정되고 강력한 국가로 만든 것으로 역사에 이름을 새겼다.

옥타비아누스는 기원전 63년에 기사 계급(에퀴테스)의 아버지 밑에서 로마에서 태어났다. 카이사르는 그의 외종조부다. 기원전 44년에 카이사르가 암살당하지만, 다음 해인 기원전 43년 옥타비아누스는 원로원 의원이 되었을 뿐 아니라 행정권을 가진 임페라토르에 오른다. 그리고 그해 볼로냐에서 옥타비아누스, 안토니우스, 레피두스의 제2차 삼두 정치가 성립한다. 기원전 31년에는 악티움 해전에서 안토니우스와 클레오파트라의 연합군을 상대로 승리하고, 다음 해 이집트의 프톨레마이오스 왕조를 무너뜨린다. 그리고 드디어 기원전 27년에 아우구스투스 칭호를 얻어 황제가 된다. 이때부터 제정 로마 시대가 시작된다. 이후 황제 권력과 제국을 강화하는 데에 힘썼으며, 위장병에 시달리다 14년에 이탈리아 중부 노라에서 서거한다. 당시 나이 75세였다.

옥타비아누스와 관련한 역사적 의의 중 가장 중요한 것은 정치 체제로서의 공화제 로마를 끝내고 로마 제국을 세웠다는 점에 있다. 카이사르 사후 옥타비아누스는 로마 내외의 혼란을 종결짓고 초대 황제로서 로마 제국의 발전에 기여했다.

황제가 된 그는 정치적으로 중앙 집권화를 실행하면서 황제의 권한을 확대해갔다. 경제적으로는 화폐 개혁을 단행해 '1 아우레우스 금화＝25 데나리우스 은화＝100 세스테르티우스 동화'라는 화폐 기준을 세웠다. 행정적으로는 로마를 제국의 중심지로 삼고 로마를 14개 행정구로 나누어 범죄와 화재 대책을 철저히 세웠다. 세계 최초로 연금 제도도 도입했다.

외교적으로는 제국의 영토를 확대해 제국의 범위를 서쪽은 이베리아반도, 동쪽은 시리아, 남쪽은 이집트, 북쪽은 라인강에서 도나우강까지 넓혔다. 그야말로 광대한 제국이었다. 더불어 로마 역사상 처음으로 상비군을 편성해 국경 경비를 강화했다.

옥타비아누스는 최초로 로마 제국의 황제에 올랐으며, 로마 제국에 안정과 번영을 가져온 인물이었다. 그는 후세 사람들이 '로마의 평화(팍스 로마나)'라고 부르는 로마 전성기의 토대를 쌓았다. 이 공적은 세계사상 매우 중요한 것이다. 아우구스투스는 '존엄한 자'라는 의미인데, 옥타비아누스는 그야말로 로마 제국의 '존엄한 자' 그 자체였다.

좀 더 깊이 알고 싶은 독자를 위한 추천 도서 ─────

- 『풍속으로 본 12인의 로마황제』, 수에토니우스, 풀빛 등
- 『아우구스투스 연구』, 한국서양고대역사문화학회, 책과함께

한니발(Hannibal Barca, 기원전 247년~기원전 183년 또는 기원전 182년)

로마를 궁지로 몰아넣은 카르타고의 영웅

카르타고의 명장, 포에니 전쟁의 영웅이자 로마를 멸망 직전까지 몰아붙인 한니발 바르카, 통칭 한니발. 한니발은 고대의 대전략가로, 그의 전술은 후세에까지 이어져 내려오고 있다. 그는 포에니 전쟁에서의 활약으로 이름을 역사에 떨쳤다.

포에니 전쟁은 총 세 차례 발발했다. 그중 한니발이 눈부시게 활약한 때는 기원전 219년부터 기원전 201년까지 계속된 제2차 포에니 전쟁이다.

제2차 포에니 전쟁에서 주요 전장이 된 곳은 로마 제국의 중심부인 현재 이탈리아 본토였다. 알프스를 넘어 진군한 한니발의 예상외 전술에 놀란 로마군은 기원전 218년에 일어난 티키누스 전투에서 패한다. 이후로도 한니발군은 로마군을 차례차례 격파해나간다. 하지만 불리한 형세에 처했던 로마군은 지구전으로 시간을 끌며 세력을 점점 회복해 끝내 기원전 202년 자마 전투에서 카르타고군을 상대로 승리를 거머쥔다.

이후 한니발은 카르타고로 귀국해 카르타고 재건에 힘썼으나 정적의 음모에 휘말려 셀레우코스 왕조 시리아로 망명한다. 하지만 셀레우코스왕조마저 로마에 패한 뒤 한니발은 도망 도중 자살한다.

한니발의 전술은 일반적인 예상을 넘어선 것이 많다. 거대 코끼리를 선두에 세우고 알프스를 넘은 것은 물론, 기원전 216년 칸나에 전투에서 선보인 포위 섬멸 전술은 후세에까지 전해 내려오고 있다. 당시 세계 최강이라고 여겨졌던 로마의 중장보병 팔랑크스를 보병으로 정면을, 기병으로 측면과 후면을 포위해 완벽히 궤멸시킨 전술이었다. 이 전투에서 포위된 로마군 6만 중에서 도망쳐 살아남은 병사는 1만 명 정도라고 알려져 있다. 한니발이 얼마나 천재적인 전술가인지를 보여주는 중요한 전투다.

좀 더 깊이 알고 싶은 독자를 위한 추천 도서

• 「칸나이 BC 216 : 카르타고의 명장 한니발, 로마군을 격멸하다」, 마크 힐리, 플래닛 미디어
• 「리비우스 로마사 3」, 티투스 리비우스, 현대지성

스키피오 [대大스키피오] [Publius Cornelius Scipio, 기원전 263년~기원전 183년?]

난적 한니발을 물리친 로마의 영웅

공화제 로마의 군인이며 정치가로, 대(大)스키피오라고 불린 푸블리우스 코르넬리우스 스키피오는 로마를 멸망의 위기에 떨어뜨린 카르타고의 한니발을 물리치고 제2차 포에니 전쟁을 끝낸 로마의 영웅이다.

명문 귀족 가문에서 태어난 스키피오는 젊은 시절부터 두각을 나타냈지만, 그의 이름이 후세에까지 남을 수 있게 만들어준 업적은 역시 제2차 포에니 전쟁에서의 활약일 것이다. 카르타고의 명장 한니발이 로마를 멸망 일보 직전까지 몰아붙였을 때부터 로마군을 이끌어 자마 전투에서 끝내 한니발을 이겼다.

로마와 카르타고의 전쟁인 포에니 전쟁의 제2라운드인 제2차 포에니 전쟁이 기원전 219년에 발발했을 때 스키피오는 17세였다. 로마군은 티키누스, 트레비아, 칸나에 전투에서 한니발이 지휘하는 카르타고군을 상대로 계속해서 패했다. 심지어 기원전 211년 베티스강 전투에서는 스키피오의 아버지와 큰아버지도 전사, 그야말로 절체절명의 위기였다. 이러한 로마의 열세를 만회하고자 스키피오가 직접 지휘관이 되어 군단을 이끌게 된다.

스키피오는 카르타고군의 보급로를 끊기 위해 현재의 스페인에 해당하는 히스파니아로 진격해 카르타고 세력을 무찔렀고, 끝내는 카르타고의 본거지인 아프리카에까지 건너가 카르타고군을 격파했다. 로마의 승리를 결정지은 전투가 기원전 202년에 펼쳐진 자마 전투였다. 이 전투는 로마의 명장인 스키피오와 카르타고의 명장인 한니발이 직접 대결한 전투다. 이전의 전투들로 한니발의 전술을 익힌 스키피오는 칸나에 전쟁에서와는 반대로 카르타고군을 포위, 섬멸해 로마군에게 승리를 안겨주었다. 이 전투 후에 양국이 휴전 조약을 맺어 제2차 포에니 전쟁은 막을 내린다.

스키피오는 구국의 영웅으로 존경을 받으며 정치가로서의 길을 걷는다. 외교적으로 카르타고와 누미디아 분쟁을 조정하는 등 활약을 펼치지만, 말년에는 뇌물 문제로 정적에게 극심한 공격을 받아 실의 속에 생을 마감했다. 로마 역사상 최고의 구국 영웅이었던 것과는 반대로 만년은 너무나 슬픈 선율이 흐르는 쓸쓸함 그 자체였다.

좀 더 깊이 알고 싶은 독자를 위한 추천 도서 ────────

▪ 『아드 아스트라 : 스키피오와 한니발』, 카가노 미하치, 대원씨아이
▪ 『스키피오 아프리카누스』, 바실 리델 하트, 사이

탈레스 [Thales, 기원전 624년?~기원전 546년?]
인간을 자연의 일부로 본 고대 그리스 철학자

플라톤이 그리스의 7 현자 중 한 명으로 예찬한 탈레스는 밀레토스 출신의 이오니아 철학자다. 탈레스는 "만물의 근원은 물이다."라는 말로 철학사에 이름을 새겼다.

탈레스가 저서를 한 권도 남기지 않은 탓에 철학 사상을 정확히 소개할 수는 없지만, 3세기 그리스 철학사가인 디오게네스 라에르티오스가 단편적으로나마 탈레스에 관해 기술한 것이 있어 이를 참고해 기술한다.

철학사적 시점으로 봤을 때, 탈레스가 "만물의 근원은 물이다."라는 말을 했는지 안 했는지는 크게 중요하지 않다. 우리가 주목해야 할 부분은 이 말이 만물의 근원(아르케)이 무엇인지, 즉, 원리를 탐구하고자 하는 자세를 나타낸다는 점에 있다. 왜냐하면 탈레스 이전 시대에는 만물의 기원이나 원인을 신화적이거나 종교적인 요인에서 찾았지만, 탈레스의 발언에는 물리적으로 관찰 가능한 물체를 기초로 모든 사물의 근원을 설명하고자 하는 사색적 태도가 드러나 있기 때문이다.

사물의 기원을 생각한다는 것은 실체가 무엇인지를 생각한다는 뜻이며, 이것은 좀 더 작은, 보다 더 단순한, 더욱 근원적인, 훨씬 큰, 한층 복잡한 진리를 이끌어 내려는 행위로 이어진다. 이러한 사색법은 탈레스가 제창하기 전에는 존재하지 않았던 것으로, 그야말로 철학적 사고를 형성할 수 있는 방법이다.

이 사고법에는 훗날 데카르트가 제창한 진릿값을 철저하게 파고드는 연역적 사고법의 싹이 잠들어 있다. 하지만 탈레스는 연역법적 사고에 그치지 않고 천문학적 관찰을 통한 학문적 탐구, 즉, 귀납적 사고법도 행했다는 점도 눈여겨보아야 할 필요가 있다. 즉, 탈레스는 합리주의적이면서 경험주의적이기도 한 사색을 통해 과학적 세계관을 그리스 세계에 도입했다. 이러한 측면에서 봤을 때 분명히 탈레스는 '최초의 철학자'라고 불리는 데 손색이 없는 철학자라고 말할 수 있을 것이다.

또한, 탈레스는 기자의 피라미드 높이를 비례식을 이용해 계산해냈으며 천문학에도 통달해 일식을 예언하는 등 과학자와 수학자 두 가지 면모를 모두 가지고 있었다는 점도 강조하고 싶다.

좀 더 깊이 알고 싶은 독자를 위한 추천 도서
- 『유명한 철학자들의 생애와 사상』, 디오게네스 라에르티오스, 나남
- 『어메이징 필로소피』, 케빈 캐넌 등, 궁리
- 『희랍 철학 입문 : 탈레스에서 아리스토텔레스까지』, W. K. C. 거스리, 서광사

사토 마사루의 한 마디

최근 소크라테스 이전 시대의 철학이 주목받고 있다. 그중에서도 탈레스를 시조로 한 이오니아의 밀레투스학파가 중요한데, 인간을 자연의 일부로 여겼던 탈레스의 철학은 현대인도 쉽게 이해할 수 있다.

소크라테스 [Socrates, 기원전 469년~기원전 399년]

'무지의 자각'을 외친 서양 철학의 시조

고대 그리스 철학자 소크라테스. 소크라테스는 서양 철학의 기반을 만든 위인으로 알려져 있는데, 저서를 남기지 않아 전해지는 소크라테스의 말은 모두 제자인 플라톤이나 크세노폰이 기록한 것이다. 두 사람의 저서에 따르면 소크라테스의 철학적 의논은 '무지의 자각'에 기반을 둔 산파술(무지를 일깨워 새로운 지혜를 습득하는 것을 돕는 문답법)을 활용해 이루어졌다고 한다.

　무지의 자각이라는 말은 소크라테스의 '나는 아무것도 모른다는 사실을 알고 있지만, 나와 문답을 나눈 상대는 스스로가 무지하다는 사실을 알지 못한다'는 사상을 가리킨다. 즉, 앎의 한계점을 알고, 그에 따라 탐구의 원점을 아는 것을 뜻한다. 이를 통해 소크라테스는 그때까지 확실히 규정되지 않았던 철학적 논증의 범주를 명확하게 만들었다.

　소크라테스에게 무지와 앎은 문답을 통한 산파술로 증명되는 것이다. 자신이 진정으로 믿고 있던 것이 정말로 그러한지를 문답을 주고받으며 명확히 밝히는 것으로, 구체적으로는 어느 주장에 관해 반론하고 그 대답에 또 반론을 제기하는 방식을 반복해 더욱 정확한 답을 이끌어 내는 식이다. 여기에는 변증법적 논리가 전개된다. 참고로 이 방법은 독단론을 배제하는 가장 기본적인 방법이기도 하다.

　그렇다고 소크라테스가 모든 것에 반론을 제기하고 모든 것에 불복한 것은 아니다. 아테네 법정이 "나라가 인정하는 신을 믿지 않고, 새로운 신을 내세웠으며, 청년들을 부패시켰다."라며 그에게 사형 선고를 내렸을 때 소크라테스는 "악법도 법이다."라고 말하며 국외로 도망가지 않고 선고대로 독을 마시고 죽는다. 이것은 소크라테스가 국가가 정하는 질서를 존중했던 철학자였기 때문이다. 소크라테스는 진리를 탐구했지만, 그 탐구의 기반이 되는 국가의 중요성을 부정하지 않았다.

　서양 철학의 학문적 탐구는 소크라테스와 함께 시작되었기에 그는 서양 철학사의 시조로 불리며 기억된다. 더불어서 지금까지도 많은 사람이 그가 열망한 '진리를 탐구하고자 하는 정신'을 존중하고 본받으려 하고 있다.

좀 더 깊이 알고 싶은 독자를 위한 추천 도서 ──────

▪ 『그리스인 이야기 2』, 앙드레 보나르, 책과함께
▪ 『소크라테스의 변론 / 크리톤 / 파이돈』, 플라톤, 숲
▪ 『소크라테스 회상록』, 크세노폰, 숲

플라톤 (Plato, 기원전 427년~기원전 347년)

"이데아가 모든 것을 구축한다."라고 말한 철학자

고대 그리스 철학자 플라톤은 소크라테스를 주인공으로 한 대화 형식의 많은 철학서를 남겼다. 플라톤은 저서를 통해 자신의 철학을 이야기했는데, 그 중심에는 역시 이데아론이 있다. 이 개념은 후세 철학에 지대한 영향을 미쳤다.

이데아는 현실에 존재하는 것이 아니라 현실에 존재하는 것들의 진정한 모습으로 천상계에 존재한다. 현실계에 존재하는 것의 가장 이상적인 모습이라고 바꿔 말할 수도 있을 것이다. 예를 들어 현실에서 원은 이곳저곳에서 다양한 모습으로 무수히 존재하지만, 그 각각의 원을 원이라고 판단하는 이유는 우리가 현실 속 원들의 진정한 모습인 원의 이데아를 알고 있기 때문이라고 플라톤은 주장한다. 참고로 고대 그리스 철학을 이야기할 때 플라톤의 이상주의와 아리스토텔레스의 현실주의 간의 차이점이 중요하게 다뤄질 때가 종종 있는데, 플라톤은 근본 원리에 주목해 자신의 사상을 전개했다고 볼 수 있다.

그렇다고 플라톤이 관념적인 사상만을 탐구한 철학자는 아니었다. 예를 들어 저서 『국가』에서는 이상적인 국가란 무엇인지에 관한 고찰도 다루고 있다. 그리고 소크라테스를 주인공으로 한 대화 형식의 저서에서는 이상 국가를 실현할 조건으로 이데아에 기반을 두고 올바른 정치를 행하는 철인왕(哲人王)의 필요성을 주장하고 있다. 이 철인왕이 반드시 가져야 할 요소로 정의를 꼽으며, 정의가 인간을 행복하게 만든다고 말한다.

더불어 『국가』에서 플라톤은 이성과 지혜를 우선하는 철인 정치제, 기개를 우선하는 명예 정치제, 부에의 욕망이 우선하는 과두 정치제, 자유에의 욕망이 우선하는 민주 정치제, 그리고 가장 좋지 않은 체제인 참주 독재제 등 다섯 가지 국가 체제를 이야기하며 철인왕이 통치하는 이상 국가가 가장 정의로우며 가장 올바른 국가라고 말한다.

이처럼 플라톤은 단순히 관념론적인 이상주의자가 아니라 더 좋은 것을 이데아라는 근본 원리에 따라 설명하고 그 원리를 현실 세계에서도 응용하려 했던 위대한 철학자였다.

좀 더 깊이 알고 싶은 독자를 위한 추천 도서 ──────

- 『국가』, 플라톤, 서광사 등
- 『플라톤전집 1~7』, 플라톤, 숲

아리스토텔레스 [Aristoteles, 기원전 384년~기원전 322년]
학문의 기초를 쌓은 서양 철학의 거인

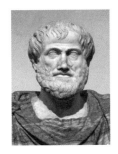

아리스토텔레스는 소크라테스와 플라톤의 사상을 계승·발전시켰을 뿐만 아니라 현대의 많은 학문의 기초를 쌓은 고대 그리스 철학자다. 그가 연구한 학문은 형이상학, 논리학, 윤리학, 정치학, 물리학, 천문학, 기상학, 생물학, 시학 등 대단히 넓은 분야를 아우르고 있는데, 모든 학문은 지혜를 사랑하는 학문인 필로소피아, 즉, 철학으로 통합된다고 아리스토텔레스는 생각했다.

아리스토텔레스의 저서는 전체 중 3분의 1밖에 남아있지 않다. 현존하는 저서로 확인할 수 있는 그의 사상에 따르면, 학문의 체계는 이론(테오리아), 실천(프락시스), 창작(포이에시스) 이렇게 세 가지로 나뉜다. 이론의 학문으로는 자연학과 형이상학, 실천의 학문으로는 정치학과 윤리학, 창작의 학문으로는 시학이 있다고 보았다.

여기서 아리스토텔레스의 학문상 공적을 상세히 검토할 수는 없지만, 논리학에서의 문제와 형이상학에서의 개념의 문제에 관해서는 언급할 필요가 있을 것 같다.

아리스토텔레스는 논리학에서 이론을 전개하는 방법으로 삼단논법과 변증법, 수사법(레토릭) 세 가지를 소개한다. 삼단논법에서는 진릿값(논리학에서 명제로 취할 수 있는 '참'과 '거짓')이 문제의 핵심으로, 예를 들면 '인간은 모두 죽는다.', '나는 인간이다.', '따라서 나는 죽는다.'가 성립된다. 변증법은 개연성을 바탕으로 어떤 결과를 이끌어 내는 것으로 '나는 카레가 먹고 싶다.', '나는 햄버거도 먹고 싶다.', '그래서 나는 카레와 햄버거 둘 다 주문했다.' 같은 식이다. 수사법은 진릿값 밖에서 기능하는 요소로, 예를 들어 '살아있는 화석'과 같은 표현 방식을 말한다.

그리고 아리스토텔레스는 플라톤의 이데아론을 비판하고, 형상과 질료라는 개념을 도입했다. 나무로 집을 지으려 할 때 완성된 집 그 자체가 아니라 집의 소재인 나무가 질료이며, 떠올린 집의 관념이 형상이다. 따라서 형상이라는 개념도 질료라는 개념도 실체(우시아)를 나타내는 것이 아니라 상대적 개념이다. 아리스토텔레스의 철학도 철학사에 큰 영향을 끼쳤다.

좀 더 깊이 알고 싶은 독자를 위한 추천 도서

- 『형이상학』, 아리스토텔레스, 동서문화사 등
- 『정치학』, 아리스토텔레스, 올재클래식스 등
- 『희랍 철학 입문 : 탈레스에서 아리스토텔레스까지』, W. K. C. 거스리, 서광사

사토 마사루의 한 마디

아리스토텔레스 철학에서 중요한 것은 질료와 형상의 관계다. 책상과 나무판의 관계는 책상이 형상, 나무판이 질료다. 나무판과 나무의 관계는 나무판이 형상, 나무가 질료다. 이처럼 질료와 형상의 관계를 훑어가다 보면 형상을 가지지 않는 '제1질료'에 다다른다. 이 제1질료가 존재한다는 사상은 중세 기독교 신학에 강한 영향을 주었다.

에피쿠로스 [Epikouros, 기원전 342년?~기원전 271년?]
마음의 평정에 기반을 둔 쾌락주의를 외친 철학자

고대 그리스 철학자 에피쿠로스. 그는 에피쿠로스주의를 제창한 철학자다. 에피쿠로스주의는 일반적으로 쾌락주의라고 번역되는데, 우리가 흔히 생각하는 쾌락주의가 아니라 정신적인 쾌락을 중시하는 에피쿠로스의 가르침에 기반을 둔 주의다.

에피쿠로스는 사모스섬에서 태어났다. 아버지는 아테네에서 이주온 사람으로 교사였다고 한다. 에피쿠로스는 청년기에 크세노크라테스와 테오프라스토스의 강의를 들었고, 이후 데모크라테스파의 나우시파네스에게서도 가르침을 받았다. 기원전 311년 레스보스섬에 학교를 세우지만 박해받았으며 이후 소아시아의 람프사코스로 건너가 본격적으로 초기 에피쿠로스학파를 형성했다. 기원전 307년에는 아테네로 거점을 옮겨 만인에게 열린 학원을 창설했는데, 제자를 육성하는 데 열심이었다고 전해진다. 기원전 270년에 타계했으며 당시 72세였다 한다.

자연 철학 분야에서 에피쿠로스는 데모크리토스 이론에 따라 세계는 원자와 공허로 구성되어 있다고 보았으며, 감각을 통해 이러한 존재를 파악할 수 있다고 가르쳤다. 또한, 인식에 오류가 발생하는 이유는 감각 때문이 아니라 감각한 것을 판단하는 사고의 잘못으로 발생한다고 주장했다.

오늘날 윤리학 분야에 속하는 에피쿠로스의 가르침을 보면, 쾌락을 추구하는 것이 선이라고 가르치는데, 이것은 끝없이 쾌락을 추구하라는 의미가 아니다. 에피쿠로스는 인간에게는 쾌락을 추구하려는 욕구가 있지만, 욕구에는 식사, 건강, 주거 등과 같이 필요한 것과 호화로운 생활, 명성, 권력 등과 같이 필요하지 않은 것이 있어 인간은 전자를 추구해야만 한다고 이야기한다. 그리고 이러한 태도에 따라 마음의 평정(아타락시아)을 얻을 수 있다고 에피쿠로스는 생각했다. 에피쿠로스의 이러한 사상은 비사회적이라며 같은 시대에 존재한 스토아학파로부터 극심한 비판을 받았다.

에피쿠로스의 사상에는 분명 은둔적인 측면이 있다. "우리에게 빵과 물만 있으면 누가 더 행복한지 신과 겨룰 수 있다."라는 그의 말에서 알 수 있듯이, 타인과의 관계성이나 사회성은 부차적인 것으로 여기면서 개인의 평온만을 뒤쫓았기 때문이다. 하지만 에피쿠로스의 사상은 한 가지 확고한 윤리적 방향성을 제시했다는 의미에서 중요한 가치를 가진다. 그는 이러한 업적과 함께 마르크스의 표현대로 유물론의 선구자 중 한 사람으로서 철학사에 자신의 이름을 새겼다.

좀 더 깊이 알고 싶은 독자를 위한 추천 도서 ────

- 『쾌락』, 에피쿠로스, 문학과지성사
- 『모크리토스와 에피쿠로스 자연철학의 차이』, 칼 마르크스, 그린비

제논 (Zenon, 기원전 335년~기원전 263년)
말보다 행동을 중시한 철학자

키티온의 제논은 스토아학파의 창시자로 알려져 있다. 스토아학파는 헬레니즘 철학의 한 갈래로, 여기서는 스토아학파의 근본적인 사고 방식과 제논과의 관계에 관해 짧게 설명하고자 한다.

제논은 상인의 아들로 태어나 청년기까지 상업에 종사했다. 하지만 22세 때 배가 난파해 표류한 아테네에서, 크세노폰의 『소크라테스의 추억』과 플라톤의 『소크라테스의 변명』을 읽고 철학에 눈떠 키니코스(견유학)파의 크라테스와 함께 철학을 배운다. 이후 독자적인 사상인 스토아학파를 확립한다. 스토아학파의 유래는 제논이 아테네의 스토아 포이킬레(채색 주랑)에서 강의를 했기 때문이라고 전해지고 있다.

스토아 철학의 핵심 사상은 중용이다. 평온하고 조용한 생활을 보내기 위해서는 감정적인 쾌락이나 불쾌에 사로잡히면 안 된다는 점을 중시한 사상이라고 말할 수 있다. 즉, 감정적인 기복이 파괴 충동을 불러일으켜 올바른 판단을 방해하여, 절대 도덕적이며 지적인 현자가 될 수 없게 만든다고 가르쳤다.

더불어 제논은 우주론적 결정론과 인간의 자유 의지와의 관계를 논하면서 자연과 일치하는 의지를 유지할 필요가 있다는 원리를 주장했다. 늙은 자신의 모습 자체가 자연스러운 것이며, 자연법칙에 따라 인생을 끝내야 한다고 생각해 스스로 숨을 멈추고 죽었다는 제논의 마지막 일화에 스토아 철학의 사상이 단적으로 나타나 있다.

제논은 철학을 생활 속에서 실천 가능한 방법 중 하나라고 생각했고, 철학을 가장 잘 표현하는 것은 말의 내용보다도 행동의 내용에 있다고 보았다. 이러한 중용의 정신과 실천적인 철학 원리를 중시하는 모습은 그리스만이 아니라 로마 사상가 세네카와 로마 황제 마르쿠스 아우렐리우스 안토니누스의 사상에도 큰 영향을 끼쳤다.

제논은 철학을 관념의 영역에 두는 것을 거부하고 실생활과의 관계에 따라 충분히 도달할 수 있는 이념을 가진 학문으로 정의 내렸다. 이는 철학의 범주를 넓히고 학문의 기반을 좀 더 현실적으로 만들었다. 제논의 이름이 철학사에 깊이 남은 이유다.

좀 더 깊이 알고 싶은 독자를 위한 추천 도서 ─────

- 『그리스 철학자 열전』, 디오게네스 라에르티오스, 동서문화사 등
- 『스토아주의』, 장바티스트 구리나, 글항아리

스트라본 (Strabo, 기원전 64년?~21년?)
지리학의 기반이 된 역사적 저서를 남긴 철학자

고대 로마 시대의 그리스 지리학자이자 역사학자 그리고 철학자이기도 했던 스트라본. 그는 전 17권으로 이루어진 『지리지(게오그라피카)』를 쓴 저자로 잘 알려져 있다. 이 책은 스트라본 시대의 지중해 세계, 아프리카 남부 등을 알 수 있는 매우 귀중한 자료다.

스트라본은 소아시아 북부에 있는 폰투스 지방 아마세이아(현재의 터키 북부에 있는 도시)의 부유한 가정에서 태어났다. 소아시아의 니사와 로마에서 철학(특히 스토아학파의 사상)과 지리학을 배웠으며 생애 전반에 걸쳐 이탈리아반도, 소아시아, 이집트, 에티오피아 등 많은 지역을 여행했다. 『지리지』는 이 여행의 성과로, 『지리지』 외에도 『폼페이우스 전기』, 『오케아노스론』 등도 집필했다고 전해지지만 『지리지』를 제외한 나머지 저서들은 현존하지 않으며, 애초에 존재하지 않았을 것이라는 의견도 있다. 『지리지』 이상으로 권수가 많아 총 47권에 달했다고 하는 『역사』 또한 현존하지 않는다. 만년에는 고향 아마세이아로 돌아가 그곳에서 생애를 마쳤다고 한다.

스트라본의 이름이 후세에 전해지는 이유는 무엇보다 『지리지』다. 『지리지』는 지중해 해안의 모든 나라, 도나우강 유역, 흑해 연안, 캅카스, 소아시아, 인도, 페르시아, 메소포타미아, 시리아, 팔레스타인, 홍해 연안의 모든 나라의 역사, 경제, 정치 문제, 신화, 풍속, 습관, 동식물의 생태 등을 상세히 담고 있다. 물론 과학적이지 않은 면도 있지만, 역사학, 지리학, 민속학 자료로 매우 높은 가치를 가지고 있는데다 지리학적 묘사도 뛰어나 후세의 많은 학자가 『지리지』를 인용하고 있다.

'지리학의 아버지'로 불리는 스트라본은 세계 각지를 여행하면서 스토아주의 시선으로 자연과 인간의 관계성, 특히 지리와 역사의 관계성을 중심으로 『지리지』에 세계의 양상을 매우 분명하게 기록했다. 이 작품은 지금도 우리의 학문이 진보하는 데 많은 도움을 주고 있다.

플리니우스 (Gaius Plinius Secundus, 23년?~79년)
자연사학의 보급에 공헌한 로마 정치가

고대 로마의 사상가, 자연사학자, 정치가, 군인인 가이우스 플리니우스 세쿤두스(조카 플리니우스와 구분하기 위해 통칭 대大플리니우스). 그는 고대 과학 지식을 집대성해 102권(현존하는 것은 37권)짜리 백과전서 『자연사』를 쓴 인물로 유명하다.

플리니우스는 이탈리아 북부 코무무(현재의 코모)에서 태어났다. 어릴 때 로마로 가서 법률, 문학, 변론술 등을 배웠고 23세에 기병대에 들어가 게르마니아에서 오랫동안 복무했다.

이후 로마 황제 베스파시아누스의 신임을 얻은 플리니우스는 스페인과 아프리카 북부의 재무관으로 부임해 자연사 지식을 쌓았다. 여담으로 이 기간에 31권짜리 『로마사』를 완성했다고 하나, 전해지지 않는다. 말년에 나폴리만 미세눔 기지의 해군 제독으로 부임한 뒤, 베수비오 화산 폭발 현장으로 급히 이동하다 폼페이 근처에서 유독 가스에 질식해 사망한다.

평생에 걸쳐 많은 책을 저술한 플리니우스지만, 현존하는 것은 『자연사』뿐이다. 이 책은 자연과 예술을 한데 아우른 백과전서로, 그때까지 쓴 책 속에서 약 2만 가지 항목을 골라 따로 수록한 것이다. 처음 10권은 77년에 발표했고, 나머지는 플리니우스의 조카 소(小)플리니우스의 손을 거쳐 발간된 것으로 보인다.

『자연사』는 천문학, 지리학, 인류학, 동물학, 식물학, 의학, 광물학, 미술 등 많은 분야의 문제를 다루는데, 플리니우스가 직접 보고 들은 것이 아니라 모두 다른 책의 기술에 근거한 것이다. 그렇다 보니 논평 외에 신빙성이 떨어지는 소문이나 풍문을 기술한 것도 많지만, 고대 지중해 세계를 알기 위한 정보원으로 매우 높은 가치를 가지는 사료다. 또한, 『자연사』는 현대 백과사전의 본보기가 되고 있다는 점에서도 역사적인 책이다.

세계의 정보를 가능한 한 많이 수집하고 이를 요약한 플리니우스의 공적은 높이 평가받아야 하는 것으로 『자연사』가 없었다면 고대인들의 지식이나 사고방식 등을 알 수 없었을 것이다. 이 때문에 플리니우스는 역사의 한 페이지에 확실히 기록되어야 하는 자연사학자로 평가받는다.

좀 더 깊이 알고 싶은 독자를 위한 추천 도서

▪ 『플리니우스 박물지 – 세계 최초의 백과사전』, 플리니우스, 노마드
▪ 『플리니우스』, 야마자키 마리 등, 디앤씨미디어

모세 [Moses, 기원전 1200년?~?]

『구약성서』에 쓰인 유대 민족의 지도자

모세는 고대 이스라엘의 예언자이자 유대 민족의 지도자이기도 했던 인물이다. 『구약성서』에 따르면, 하느님의 명을 받들어 고대 이집트 왕국에서 노예 생활로 고통받던 유대 민족을 이집트에서 탈출시켜 '약속의 땅'으로 이끌었다.

모세는 람세스 2세 시대에 이집트에서 태어났다고 알려져 있다. 하지만 이집트인을 살해해 아라비아반도의 미디안으로 도망가 그곳에서 양치기로 살았다. 그러던 어느 날, 억압받고 있는 유대 민족을 약속의 땅으로 이끌라는 하느님의 계시를 받는다. 이집트 왕국의 파라오는 처음에는 유대 민족의 이동을 막았으나 하느님이 이집트에 열 가지 재앙을 내리자 결국 허락한다. 그러나 전차와 기병으로 이루어진 이집트군을 보내 떠난 유대인들의 뒤를 쫓게 하는 바람에, 유대인들이 도망칠 곳 없는 바다로 몰린 순간 모세가 지팡이를 흔들어 바다를 갈라 길을 만드는 기적을 행했다. 무사히 바다를 건넌 이들을 쫓던 이집트군은 본래대로 합쳐진 바다에 휩쓸려 전멸당한다.

약속의 땅을 향해 사막을 힘겹게 넘어가던 모세 일행은 시나이산에까지 이동했다. 모세가 혼자 이 산에 올라 하느님으로부터 십계명을 받은 이후로도 여정은 오랫동안 이어졌는데, 모세는 안타깝게도 약속의 땅인 가나안의 땅을 바로 눈앞에 두고 눈을 감는다. 당시 나이가 120세였다는 설이 있다.

우리는 흔히 모세가 하느님의 힘을 빌려 일으킨 기적에 주목하지만 이는 종교적으로는 큰 의미가 있어도 역사적으로는 그렇지 않다. 역사적으로는 기적보다 모세가 하느님으로부터 받은 십계명이 법치에 기반을 둔 것이라는 점이 더 중요하다. 십계명은 총 열 개의 율법으로 '1. 다른 신을 믿지 말라. 2. 우상을 섬기지 말라. 3. 하느님의 이름을 함부로 부르지 말라. 4. 주의 마지막 날을 안식일로 정해라. 5. 부모를 존경해라. 6. 살인하지 말라. 7. 간음하지 말라. 8. 도둑질하지 말라. 9. 거짓말을 하지 말라. 10. 남의 물건을 탐내지 말라.'로 이루어져 있다. 읽어보면 십계명에는 법률주의와 윤리가 결합한 법치주의가 바탕을 이루고 있음을 알 수 있다. 인류 역사상 획기적인 율법이다.

모세는 신격화된 존재이기에 실제 그의 업적은 정확히 알 수 없다. 하지만 그가 유대 민족을 데리고 이집트에서 나왔으며 이들을 약속의 땅으로 이끌어 번영의 기반을 만들었다는 것은 틀림없는 사실이라고 본다. 더불어 이 업적으로 기독교만이 아니라 유대교, 이슬람교에서도 중요한 예언자로 존경받고 있다는 점도 언급하고 싶다.

좀 더 깊이 알고 싶은 독자를 위한 추천 도서 ────

• 『이집트인 모세』, 얀 아스만, 그린비

예수 (Jesus, 기원전 6년?~30년?)

하느님의 아들로 알려진 기독교의 창시자

기독교에서 신의 아들이자, 구세주(크리스트)로 받아들여지는 예수. 기독교도에게 예수는 믿고 따라야 할 가장 중요한 존재이자 기독교를 처음 세웠다고 여겨지는 위인이다.

예수는 현재 이스라엘인 베들레헴의 마구간에서 기원전 6년에서 기원전 4년 사이에 성모 마리아의 아들로 태어났다. 양부인 요셉은 목수였다(친부는 하느님으로 본다.).

유대 왕국을 통일한 왕 헤롯은 베들레헴과 그 주변 일대의 2세 이하의 모든 남자아이를 죽이라는 명령을 내린다. 예수 가족은 이 명령을 피해 이집트로 도망간다. 헤롯 사후 예루살렘으로 돌아온 예수는 양부의 일을 도와 솜씨 좋은 목수가 된다. 30세가 됐을 무렵 세례자 요한에게서 세례를 받고 황야에서 40일간 사탄과 싸워 승리한 뒤 포교 활동을 시작한다. 예수는 포교 활동 중 유대교 학자(바리새파와 사두개파 등)들로부터 극심한 비난을 받았으며, 이후 십이 사도와 함께 예루살렘으로 입성하지만 사도 중 한 사람인 가룟 유다의 배신으로 골고다 언덕에서 십자가에 못 박혀 죽는다. 하지만 사흘 만에 부활해 40일 후 제자들 앞에서 승천했다고 한다.

예수는 기독교에서 가장 중요한 신앙의 대상으로, 예수의 포교 과정은 『신약성서』에 자세히 기록되어 있다. 예를 들어 "적을 사랑하고, 박해하는 자를 위해 기도하라."라는 예수의 가르침은 대가를 바라지 않는 사랑인 아가페의 중요성을 나타내고 있다. "보리 한 알이 땅에 떨어져 죽지 않는다면 그저 보리 한 알에 지나지 않는다. 그러나 그것이 죽는다면, 풍성하게 열매를 맺을 것이다."라는 말로는 순교를 통해 퍼져가는 기독교의 모습을 단적으로 읽을 수 있다. 이처럼 예수의 가르침은 구원을 원하는 민중 사이에 퍼져나가 이윽고 민중에게 구세주(크리스트)로 불리게 된다.

기독교는 유대교를 바탕으로 성립된 종교지만 두 종교 사이에는 매우 큰 차이가 있다. 대표적으로 이하의 세 가지를 들 수 있다.

①유대교는 유대 민족만을 위한 종교로서의 특색이 강하지만, 기독교는 인류 전체를 대상으로 하고 있다. ②유대교의 신앙 대상은 야훼(하느님)로 유일하지만, 기독교의 신앙 대상은 하느님, 예수 그리스도, 성령이다(삼위일체설). ③유대교는 계율을 중시하지만, 기독교는 신의 사랑을 중시한다.

초기의 기독교는 로마 제국 황제의 탄압을 받은 탓에 일부 민중들 사이에서만 명맥을 이어갔지만, 그 기간은 그리 길지 않았다. 십이 사도와 바울의 노력 덕에 예수 사후 기독교는 계속해서 확산세를 이어갔으며, 특히 로마 제국의 테오도시우스 황제가 392년에 기독교를 국교로 삼은 이후부터는 폭발적으로 세력을 확장해 유럽 전역을 뒤덮고 세계 종교로 발전한다.

예수가 처음으로 펼친 기독교의 가르침은 유럽 세계의 중심 역할을 했는데, 종교적인 의미로만은 아니다. 유럽의 정신을 형성하는 두 가지 기반으로 헬레니즘과 헤브라이즘이 있다. 헬레니즘은 그리스·로마적인 전통이며, 헤브라이즘은 기독교를 매개로 한 유대적 전통이다. 두 전통 모두 오랜 유럽의 역사 속에서 융합되어 현재 유럽을 구성하는 정체성의 핵심으로, 이 핵심이 없었더라면 유럽의 정치, 법률, 경제, 사상, 예술 등 여러 분야의 발전은 이루어지지 못했을 것이다.

예수의 종교 지도자로서의 역할이 아니라 사상에 초점을 맞춰보면, 함무라비 법전에 적힌 "눈에는 눈, 이에는 이"라는 방식과 "너의 오른뺨을 때린 자에게 왼뺨도 내어주라."는 가르침은 크나큰 차이가 있다. 전자는 현재에도 여전히 사용되는 법적 태도로, 죄와 벌이 동등하도록 만드는 공평성의 원리가 작용하는 데 반해 후자는 법적 태도가 아니라 완벽히 종교적인 태도다. 사랑으로 죄를 용서하고 나아가 자신을 희생하는 종교적 사상을 명확히 드러내는 가르침으로, 바꿔 말해서 예수는 법치적 혹은 법적 이데올로기가 아니라 윤리적 혹은 도덕적인 사상에 바탕을 둔 사상가다.

예수의 가르침으로 시작된 기독교는 창시자의 사후에도 종교적으로 큰 발전을 이루었으며, 정치, 경제, 사회, 문화면으로도 유럽 세계에, 나아가 전 세계에 지대한 영향을 미친 종교가 된다. 예수가 외친 아가페 정신은 지금도 기독교도는 물론 세계의 평화와 조화를 바라는 전 세계인의 마음에 울려 퍼지고 있다.

사토 마사루의 한 마디

사실 1세기 팔레스타인 지역에서 예수라는 청년이 있었다는 것을 증명할 방법은 없다. 하지만 예수가 없었다는 것 역시 증명할 방법이 없다. 기독교도에게 중요한 점은 예수가 구세주(그리스도)라는 것을 믿고, 고해하는 것이다.

바울 [Paul, ?~64년?]

기독교 박해자에서 전도자로의 길을 걸은 성자

기독교 사도 중 한 명인 바울. 『신약성서』에는 그가 쓴 서신이 다수 수록되어 있다. 바울은 엄격한 바리새파의 유대교도로, 처음에는 기독교도를 박해했지만 계시를 받고 기독교도가 된 뒤로는 포교에 힘썼다.

바울은 소아시아의 타르수스에서 태어나 로마 시민권을 가지고 있었다. 예루살렘의 고명한 랍비 밑에서 공부하고 기독교도를 박해했으나, 34년경 신의 계시를 받아 기독교도가 된다. 과거에 박해자였던 만큼 바울은 다른 사도들로부터 쉽게 인정받지 못했지만, 결국 받아들여진 뒤부터 전도 생활을 시작해 소아시아와 마케도니아 등지에서도 적극적인 포교 활동을 펼친다. 하지만 네로가 황제가 된 로마 제국은 기독교도를 심하게 탄압했기에, 예루살렘에서 붙잡힌 후 로마로 호송되어 순교했다고 전해진다.

『신약성서』 속 서신 중 바울이 쓴 것은 '로마서', '코린트서', '갈라티아서' 등 13개에 이른다고 한다. 이 서간들에는 바울의 생각이 명확히 적혀 있다. 바울은 법률이 아닌 신의 은총이 중요하다고 설파한다. 그러면서 예수가 십자가에 못 박혀 죽은 것이 어떻게 속죄의 의미를 가지는지를 강조했다. 이러한 바울의 생각은 살아생전 기독교도들에게 잘 받아들여지지 않았다. 하지만 바울 사후 아우구스티누스의 해석을 거쳐 루터를 비롯한 종교 개혁자들이 확립한 이신득의론(以信得義論, 인간은 신앙에 의해서만 의로워질 수 있다는 생각)의 시조로 추앙받을 정도로 기독교 신학에 큰 영향을 주었다. 뿐만 아니라 각지에 교회를 다수 세우고 그곳을 전도의 거점으로 삼은 장본인이라고도 알려져 있다.

바울은 다른 사도와는 달리 엄격한 유대교도로 기독교도를 박해하는 입장이었다. 또한, 로마 시민권을 가진 지배계층의 인간이기도 했다. 이 모든 것들을 버리고 기독교 전도에 온 힘을 쏟은 사도로서 바울은 사도 중에서 가장 이색적인 존재다. 기독교의 발전과 확대라는 측면에서는 없어선 안 되는 존재였다고 이야기해도 좋을 것이다. 히브리어와 그리스어에 능통했고, 높은 교양도 가진 바울이 사도로 있었기 때문에 기독교가 세계 종교로 발돋움할 수 있었다.

좀 더 깊이 알고 싶은 독자를 위한 추천 도서 ─────

▪ 『바울 신학』, 제임스 던, CH북스
▪ 『바울의 정치신학』, 야콥 타우베스, 그린비

사토 마사루의 한 마디

바울은 생전에 예수와 단 한 번도 만난 적이 없지만, 바울이 없었다면 기독교는 유대교의 한 종파에 지나지 않았을 것이다. 기독교가 세계 종교로 전파되는 과정에 바울의 기여는 더할 수 없이 중요했다.

아우구스티누스(Augustinus, 354년~430년)
신의 나라로 가는 길을 이론적으로 제시한 위대한 신학자

기독교가 로마 제국의 국교로 정해졌을 무렵 기독교를 떠받치는 이론을 완성한 신학자이자 사상가인 아우구스티누스. 더불어『고백』과 『신의 나라』라는 책을 저술한 것으로도 유명하다.

북아프리카의 타가스테에서 태어난 아우구스티누스는 유소년 시절부터 재능을 인정받았다. 기독교도는 아니었지만, 훗날 회심해 기독교의 이론을 정립하는 일에 전념하다 430년에 세상을 떠난다. 여기에서는 그의 중요한 사상으로 '신의 나라와 땅의 나라의 대립 문제' 및 '인간의 자유 의지 문제'에 대해 설명하고자 한다.

첫 번째로 아우구스티누스는 신의 나라와 땅의 나라를 대립적인 것으로 보았다. 신의 나라는 신의 사랑이 가득 찬 순수한 세계이지만, 땅의 나라는 세속적인 더러움에 물든 인간 세계다. 땅의 나라에서 신의 나라로 가는 길을 알려주는 것이 교회지만 교회도 땅의 나라에 있는 만큼 순수하지 않고 똑같이 세속적인 더러움을 가졌다. 그럼에도 땅의 나라의 인간은 교회를 통해서만 신의 나라에 다가갈 수 있다고 아우구스티누스는 주장했다.

두 번째로 아우구스티누스는 자유란 인간이 역사를 이룰 때에 사용하는 능력이지만, 인간이 원죄를 지었기 때문에 자유는 악한 쪽으로 기울어지려는 성향을 가졌다고 보았다. 그러나 비록 이러한 현실 속에서도 인간은 신의 은총으로 신의 나라로 인도받아 자유를 되찾을 수 있다고 생각했다.

아우구스티누스의 사상은 토마스 아퀴나스 같은 신학자는 물론 후세의 많은 철학자에게도 큰 영향을 미쳤다. 특히 아우구스티누스가 전개한 인간의 자유 의지에 관한 사상은 쇼펜하우어나 니체 같은 염세주의적 철학자들 사이에서 높은 평가를 받았다. 아우구스티누스에게 인간의 자유는 어디까지나 신의 은혜를 통해 보장되는 것으로, 신 없이는 인간의 자유는 존재할 수 없는 것이었으나,『신의 나라』에 적힌 '땅의 나라에 있기 때문에 교회조차도 세속적인 더러움에 물들기 쉽다'는 주장은 이후의 종교 개혁자들 사이에서 교회를 비판하는 유력한 논거가 되었다.

좀 더 깊이 알고 싶은 독자를 위한 추천 도서

• 『고백』, 아우구스티누스, 동서문화사 등

사토 마사루의 한 마디

아우구스티누스는 악을 선의 결여로 여겼다. 이른바 스위스 치즈 이론처럼 구멍 뚫린 치즈의 구멍 부분이 악이라는 발상이다. 아우구스티누스는 예수나 바울과 비교해 악에 대한 경계심이 강하지 않았다.

피타고라스 (Pythagoras, 기원전 570년?~기원전 495년?)
만물의 근원은 수의 법칙성에 있다고 본 철학자

사모스섬의 현자로 불린 피타고라스는 고대 그리스 철학자, 수학자면서 비밀주의가 매우 강했던 피타고라스 교단의 교주였기도 했다. 피타고라스의 저서는 현재 한 권도 발견되지 않고 있으며 대강의 내용 역시 알 수 없다. 그의 초상화 또한 후대에 상상으로 그려진 것이라고 한다.

피타고라스는 이오니아 지방의 사모스섬 출신으로, 사모스섬은 에피쿠로스의 출신지이기도 하다. 아버지는 보석 세공사였다. 피타고라스는 지식욕이 왕성해 이집트에서 기하학, 페니키아에서 수학, 카르디아에서 천문학 등 오리엔트 지방에서 다양한 학문을 배웠으며 20여 년 동안 각지를 돌아다닌 뒤 고향으로 돌아갔다. 이때 사모스가 폴리크라테스의 압정 하에 있었기 때문에 이탈리아반도로 이주해 남부의 크로톤에서 피타고라스 교단(종교적 측면과 더불어 학문적 측면도 있었기에 피타고라스학파라고도 불린다.)을 연다. 교단은 도시 유력자의 후원까지 받아가며 번성했지만, 후원자가 정쟁에서 패해 실각하자 교단 역시 시민으로부터 압력을 받았으며, 머지않아 폭도화된 시민들이 교단 시설을 파괴하고 피타고라스도 살해했다고 전해진다.

피타고라스의 사상의 큰 특징은 수를 사용해 만물의 근원을 찾고자 했다는 점이다. 그는 우주의 법칙은 모두 수로 이루어져 있어 계산 가능하다고 주장했다. 오늘날 자연 과학의 바탕이 되는 중요한 사고방식이다.

또한 수학 방면에서 피타고라스는 많은 정리를 발견했는데, 그중에서도 삼각함수의 정리라고도 불리는 피타고라스의 정리가 특히 유명하다. 직각 삼각형에서 직각을 낀 두 변의 길이를 a, b라 하고 빗변의 길이를 c라고 했을 때 세 변의 관계는 $a^2+b^2=c^2$가 된다. 이 정리는 기하학의 기초가 되는 정리로, 이 발견 덕분에 기하학은 큰 발전을 이룰 수 있었다.

피타고라스의 교단이 비밀주의 성격이 강한 조직이었던 탓에 피타고라스는 교단 외부의 사람들로부터 분명 많은 오해를 받았을 것이다. 하지만 확실히 말하건대 그의 교단은 수학적 연구를 통해 만물의 진리에 도달하려는 학문적 탐구를 추구한 교단이었다. 그렇기 때문에 피타고라스가 만든 교단이 신비주의에 물든 교단이었을지언정 그와 교단 사람들이 정립한 철학적 사고나 수학 정리가 인간의 진보에 적잖이 공헌한 것만은 분명하다.

좀 더 깊이 알고 싶은 독자를 위한 추천 도서 ─────

▪ 『유명한 철학자들의 생애와 사상. 1, 2』, 디오게네스 라에르티오스, 나남 등
▪ 『피타고라스의 정리 - 4천년 비밀의 역사』, 엘리 마오, 영림카디널

헤라클레이토스 [Heraclitus, 기원전 550년?~기원전 480년?]
만물은 변화한다는 원리를 강조한 자연 철학자

고대 그리스 철학자이며 자연 과학자이기도 했던 헤라클레이토스는 '만물은 흐른다(Ta panta rhei).'라는 유명한 말을 남긴 것으로 알려져 있다. 이 말은 헤라클레이토스의 대표 저서 『자연에 대해서』에 적혀 있다고 하는데, 안타깝게도 이 저서는 현재 전해지지 않는다.

　헤라클레이토스는 소아시아의 고대 도시 에페소스에서 태어났다. 귀족 계층에 속해 에페소스의 정치에도 관여했다고 한다. 밀레투스 학파의 대표적인 사상가 아낙시만드로스와 피타고라스 학파의 피타고라스로부터 철학을 배웠으며, 이후 독자적인 사상 체계를 구축한다. 그리고 수종에 걸린 뒤 스스로 치료하려 하다가 실패해 사망했다고 전해지고 있다.

　현재 헤라클레이토스의 모든 사상 체계를 알 수는 없지만, 가장 중요시했던 사상적 문제는 "만물은 흐른다."라는 말에 잘 드러나 있다. 변화와 생성을 중시하는 말이다. 물질은 움직이지 않고 그 모습 그대로를 유지(정태적)하는 것이 아니라, 항상 움직이거나 변하고(동태적) 있다는 의미다. 내 눈앞에 있는 책상은 내일도 분명히 지금 이 자리에 있겠지만, 이것은 상황을 일반화해 나온 결과에 지나지 않는다. 실제로는 모든 물질은 항상 변화하고 있고, 변화하기 때문에 사물이 생성될 수 있는 것이다. 훗날 헤겔은 헤라클레이토스의 사상을 높이 평가했으며, 철학사에서 헤라클레이토스를 변증법의 시조로 여기기까지 했다.

　헤라클레이토스에게서는 과학적 사고의 기본 정신도 엿보인다. 과학적 사고의 기본 정신이란 운동과 변화의 기록을 통해 세계를 기술하는 것이다. 즉, 운동과 변화 속에서 아르케(근원)로서의 법칙성을 찾고자 한 과학적 자세를 가지고 있었다는 의미다. "만물은 하나다."나 "하나에서 만물은 시작된다."와 같은 헤라클레이토스의 말들에서도 이러한 모습을 찾을 수 있다. 이러한 이유로 헤라클레이토스는 철학적 위인이었음은 물론 위대한 과학적 사고 방법의 창시자로도 평가할 수 있을 것이다.

　헤라클레이토스의 시대는 철학, 자연 과학, 수학이 학문적으로 구분되지 않았던 시대였다. 그래서 그는 철학적 원리를 추구하면서 자연 과학적 원리도 추구하였고, 이 덕분에 훗날 여러 학문을 발전시키기 위한 기초적 사고를 제시할 수 있었다.

아르키메데스 (Archimedes, 기원전 287년?~기원전 212년)
고대 그리스 시대를 살았던 과학의 거인

고대 그리스의 천재 수학자·과학자였던 아르키메데스. 그는 수학의 정리와 과학적 법칙을 여럿 발견했는데, 그중에서 가장 유명한 것은 아르키메데스의 원리라고 불리는 부력과 관련된 원리로 '유체 속 물체는 그 물체가 대체하는 유체의 중량과 같은 크기의 부력을 위 방향으로 받는다'는, 물체의 비중을 이용한 원리다.

물이 가득 찬 욕조에 들어갔다가 물이 넘치는 광경을 보고 이 법칙을 발견한 아르키메데스가, "알아냈어! 알아냈다고!"라고 외치며 발가벗은 채로 거리로 뛰쳐나갔다는 일화가 남아있을 정도다. 진위는 알 수 없지만 과학자로서의 모습을 명확히 이해할 수 있는 일화임은 틀림없다.

아르키메데스가 발견한 수학 법칙은 포물선 면적 계산법, 원주율 계산식, 구의 부피 계산법 등이 있다. 원주율 계산과 관련해서 다음과 같은 일화가 있다. 기원전 212년에 발발한 제2차 포에니 전쟁에서 로마군이 시라쿠사를 점령했을 때 아르키메데스는 땅바닥에 도형을 그려 원주율을 계산하고 있었다. 로마 병사가 와서 이름을 묻지만 대답하지 않아 결국 병사는 그를 죽였다. 죽어가던 그가 마지막으로 남긴 말은 "도형을 지우지 마시오!"였다고 한다. 그의 과학적 탐구심이 얼마나 강했는지를 알 수 있는 일화다.

과학적 발명 혹은 발견으로는 앞서 소개한 아르키메데스의 원리 외에도 스크루형 펌프 장치인 아르키메데스 나선양수기, 오늘날 크레인에 해당하는 아르키메데스의 발톱 발명 등이 있다. 또한, 아르키메데스의 열광선이라고 불린, 태양광을 청동 거울로 모은 열선으로 적을 공격하는 병기도 만들었다고 하는데 정말로 존재했는지에 관해서는 논란이 있다. 어쨌거나 아르키메데스가 현재의 과학에도 큰 영향을 준 여러 기계 장치를 만들었다는 점은 사실이다.

이와 같은 일화들을 통해 알 수 있듯이 아르키메데스는 고대 세계에서 독보적인 천재 과학자이자 수학자, 즉, 과학의 거인이었다. 그리고 아르키메데스의 발명과 발견은 항상 변치 않고 계속된 탐구심 덕분이었다.

좀 더 깊이 알고 싶은 독자를 위한 추천 도서

- 『아르키메데스』, 셔먼 스타인, 경문사
- 『아르키메데스 코덱스』, 레비엘 넷츠 등, 승산

에라토스테네스 (Eratosthenes, 기원전 276년?~기원전 194년?)
지구의 둘레를 처음으로 계산한 그리스인 학자

에라토스테네스는 헬레니즘 시대의 그리스인 천문학자, 수학자, 지리학자, 문헌학자다. 그는 지구의 크기를 처음으로 측정한 인물로 유명하다.

에라토스테네스는 리비아의 키레네에서 태어나 아테네와 알렉산드리아에서 교육을 받았다고 전해진다. 기원전 255년경 천구의를 발명했으며 기원전 240년에는 엘레판티네섬에서 알렉산드리아까지의 거리와 하지 정오의 태양 고도를 이용해 지구의 둘레를 계산했다고 한다. 기원전 235년경 고대 이집트 왕국 프톨레마이오스 3세의 초대를 받아 알렉산드리아 도서관이 속한 연구 기관인 무세이온 제3대 관장이 된 것으로 여겨지며, 기원전 204년 무렵까지 관장으로 지냈다. 하지만 이후 시력을 잃어 기원전 194년경 식음을 전폐해 결국 아사했다고 한다.

에라토스테네스는 고대의 만능인으로, 여러 학문을 공부한 덕에 엄청난 지식의 소유자였다. 심지어 에라토스테네스는 아르키메데스의 친우이기도 해 서로 학문적으로 다양한 의견을 주고받았다. 안타깝게도 저서는 현존하지 않아 그리스인 천문학자 클레오메데스 혹은 그리스인 지리학자 스트라본의 저작 속에서 언급되는 것만을 통해 에라스토테네스의 공적을 쫓아갈 수 있다.

기록된 업적 중에 가장 잘 알려진 것은 지구의 둘레 계산이다. 에라토스테네스가 계산한 결과 지구의 둘레는 25만 스타디온으로, 현재 단위로 변환한다면, 아티카의 스타디온(1 스타디온 = 185m)을 사용했다고 가정했을 때에는 4만 6,250km가 된다. 이 수치는 지구의 실제 둘레인 4만 km보다 약 16%가 길다. 하지만 이집트의 스타디온(1 스타디온 = 157.5m)을 사용하면 3만 9,375km며, 오차는 약 1%에 지나지 않는다.

에라토스테네스는 지정한 정수 내에 속한 모든 소수를 발견하기 위한 계산법(알고리즘)인 '에라토스테네스의 체'도 발견했다. 그리고 지구 전체의 열대, 온대, 한대 지역을 구분지었다고도 한다.

고대 헬레니즘 세계에서 에라토스테네스는 매우 보기 드문 박학다식한 사람이었으며, 그러한 사람답게 다양한 학술적 발견을 이루었다. 그의 발견은 인류가 발전하는 데에 핵심 역할을 했을 뿐 아니라 최초의 박물관이라고 불리는 무세이온의 관장으로 학술의 발전과 보급을 이끌어 사회적으로도 큰 공헌을 했다.

좀 더 깊이 알고 싶은 독자를 위한 추천 도서 ————

▪ 『사라진 도서관: 알렉산드리아 도서관의 수수께끼』, 루치아노 칸포라, 열린책들

호메로스 (Homeros, 기원전 750년?~?)
유명한 2대 서사시를 쓴 서양 문학의 아버지

고대 그리스의 대시인 호메로스. 호메로스는 2대 서사시『일리아드』와 『오디세이아』를 쓴 것으로 그 이름을 역사에 남겼다. 이 두 작품은 이후 서양 문학에 매우 큰 영향을 주었기에 호메로스는 '서양 문학의 아버지'라고 불린다.

호메로스의 생애는 거의 알려지지 않아서 존재 자체를 의심하는 학자도 있다. 어느 연구에 따르면, 호메로스는 소아시아의 이오니아 지방 출신이었다고 한다. 시각 장애를 가졌다는 설도 있다. 어느 쪽이든 이 설들을 증명하는 사료는 현재 발견되지 않고 있어서 여기에서는 『일리아드』와『오디세이아』를 중심으로 호메로스에 관해 기술한다.

『일리아드』는 트로이 전쟁 10년째의 어느 날, 영웅 아킬레우스가 그리스 왕 아가멤논에게 분노해 전선에서 이탈하는 사건에서부터 시작한다. 이후 아킬레우스가 없는 그리스군과 헥토르가 이끄는 일리아스군이 격돌하고, 끝끝내 전선에 복귀한 아킬레우스와 헥토르가 일대일 대결을 벌인다. 이 대결에서 아킬레우스가 승리하고 헥토르의 장례식을 치르는 장면으로 이야기는 막을 내린다.

『오디세이아』는『일리아드』의 속편인 서사시로, 이타케섬의 왕 오디세이아가 트로이 전쟁에서 승리하고 고향으로 돌아가는 도중에 바다의 신의 노여움을 사 배와 함께 10년 동안 표류하며 겪는 사건과 그 사이 그의 왕국에서 일어난 다양한 이야기가 주요 줄거리다. 10년 뒤 귀환한 오디세이아가 아내 페넬로페와 재회하는 것으로 장대한 작품이 끝난다.

이 두 서사시는 호메로스의 시대에 구전되던 것이 후세에 문서로 만들어졌다는 설이 가장 유력하다. 두 작품 모두 서사시답게 일정한 운율에 맞춰 쓰여 구성이 매우 독특하다. 변화무쌍한 줄거리와 비극적인 사건을 묘사한 방식, 복잡한 이야기 구조 등은 이후 문학 작품들의 플롯 구축에 큰 영향을 주었다.

위에서 언급한 대로 호메로스는 많은 부분이 베일에 싸인 인물이라 실상을 명확히 알기에는 여러모로 어려움이 있다. 하지만『오디세이아』나『일리아드』를 쓴 사람이 호메로스라는 것이 사실이라면, 그는 서양 문학의 원류이며 그로부터 유럽 문학의 역사가 시작되었다고 단언할 수 있을 정도의 대시인이다. 호메로스, 서양 문학의 위대한 시조. 그의 이름은 지금도 찬란히 빛나고 있다.

좀 더 깊이 알고 싶은 독자를 위한 추천 도서

- 『일리아스』, 호메로스, 돋을새김 등
- 『오디세이아』, 호메로스, 돋을새김 등
- 『지금, 호메로스를 읽어야 하는 이유』, 애덤 니컬슨, 세종

베르길리우스 (Vergilius, 기원전 70년~기원전 19년)
3대 서사시를 쓴 고대 로마 최대의 시인

로마 시대 최대의 시인이라고 불리는 베르길리우스. 그는 『농경시』, 『전원시』, 『아이네이스』 3대 서사시를 썼다. 이 작품들은 후세 유럽 문학에 지대한 영향을 미쳤다.

베르길리우스는 로마 속주 갈리아 키살피나의 안데스에서 가난한 집안의 아들로 태어났지만, 어렸을 적부터 교육을 받아 크레모나와 밀라노에서 수사학(변론술), 의학, 천문학 등을 배웠다고 전해진다. 이후 로마로 가 철학을 배우고 네오테리키(현대파)라고 불리는 시인 그룹에 들어가 시를 지었다. 로마 황제 옥타비아누스(아우구스투스)의 눈에 든 뒤에는 황제의 비호 아래 더 많은 작품을 써 내려갔는데, 기원전 19년에 브린디시에서 일사병에 걸려 생을 마감한다. 이때 베르길리우스의 나이는 50세였다고 한다.

베르길리우스는 로마 시대 최대의 시인으로 일컬어지고 있다. 문학상 최고 공적은 대표작인 서사시 세 편을 고대 수사학의 전형적인 세 가지 문체를 사용해 완성한 것에 있다. 즉, 단순체로 쓰인 『전원시』, 중간체로 쓰인 『농경시』, 그리고 숭고체로 쓰인 『아이네이스』가 그것이다. 단순체는 밝고 경쾌하며 재치 있는 문체이고, 중간체는 솔직하며 간결한 문체, 숭고체는 고귀하고 장엄한 문체. 각각의 작품에서 묘사되는 중심인물로 『전원시』는 목자, 『농경시』는 농부, 『아이네이스』는 장군이 등장하는데, 작품 특유의 문체와 대응 관계를 이루고 있다. 베르길리우스가 확립한 수사학상의 규범은 이후의 서양 문학에 큰 영향을 주었다.

베르길리우스의 시는 고대 그리스 시인 호메로스 시의 전통을 이으면서 루크레티우스적 철학관도 반영하고 있다. 이러한 그의 작품은 후세의 시인, 특히 단테에게 엄청난 영향을 미쳤다(단테는 베르길리우스를 고대 문학사상 최대의 시인이라고 여겼으며, 대표작 『신곡』에 베르길리우스를 등장시킨다.).

고대 로마 시대 최대의 시인으로 평가받는 베르길리우스가 확립한 문체는, 그야말로 본보기 중의 본보기로서 많은 사람에게 매우 중요한 표준이 되었다.

좀 더 깊이 알고 싶은 독자를 위한 추천 도서 ─────

• 『아이네이스』, 베르길리우스, 숲 등

■ 사토 마사루의 한 마디 ■

베르길리우스는 특히 중세에 많은 존경을 받았다. 예수 그리스도 이전의 시인이었음에도 교회 역시 긍정적으로 받아들였다. 단테가 『신곡』에서 지옥과 연옥의 길 안내자 역으로 베르길리우스를 등장시킨 것만으로도 이 시인이 중세에 얼마나 높은 평가를 받았는지 짐작할 수 있다.

플루타르코스 [Plutarchos, 46년?~120년?]
『영웅전』으로 위인들의 역사를 기록한 철학자

제정 로마의 오현제 시대에 활약했던 그리스 철학자이자 저술가인 플루타르코스는 『영웅전』(『대비열전對比列傳』)과 『모랄리아』의 저자로 알려져 있다. 저작은 모두 227권에 이를 만큼 많았다고 하나 대부분이 현존하지 않는다.

플루타르코스는 아티카 서부 보이오티아에 있는 카이로네이아의 명문가에서 태어났다고 한다. 아테네에서 수학과 자연 철학을 공부하였고, 카이로네이아의 사절로 로마로 가 트라야누스 황제를 알현했다. 생애 대부분을 카이로네이아에 연 학교에서 강의하며 보냈는데, 저서 대부분은 50세 이후에 쓰인 것이라고 한다.

플루타르코스의 이름이 역사에 새겨진 이유는 역시 『영웅전』 때문이라고 할 수 있다. 『영웅전』에는 솔론, 페리클레스, 알렉산더 대왕, 데모스테네스, 대(大)카토, 카이사르, 키케로, 안토니우스 등 그리스, 로마의 정치가, 군인의 전기가 실려 있다. 이 책은 『대비열전』으로도 번역되는데, 그 이유는 책 속에서 플루타르코스가 성격이나 행동 등이 서로 비슷한 위인들을 두 명씩 짝지어 기술(예를 들어 알렉산더 대왕과 카이사르)하고 있기 때문이다. 이 저작은 문학적으로도 뛰어날 뿐만 아니라 역사적 사실을 충실히 담고 있어 사료로써도 활용되고 있다. 여담으로 이 책에 쓰인 사실을 바탕으로 셰익스피어가 『율리우스 카이사르』, 『안토니우스와 클레오파트라』, 『코르넬리우스』를 집필했다.

플루타르코스의 또 다른 중요 저서인 『모랄리아』는 정치, 철학, 종교에 관한 수필(수상록)로, 수필의 효시로 여겨진다. 프랑스의 몽테뉴와 라블레가 이 작품에 큰 영향을 받았다고 한다.

플루타르코스는 역사학적으로 중요한 저서를 남겼을 뿐만 아니라 플루타르코스가 구사한 문체와 내용 구성 방법은 훗날 문학이나 철학의 저술 방법에 큰 영향을 주었다. 이러한 의미에서 그는 위대한 저술가였다고도 말할 수 있다. 더불어 여러 나라를 여행하며 많은 사람을 만나 견문을 넓히고 공부에 힘쓴 행동 하나하나가 작품 속에 고스란히 녹아들었다는 점 역시 기억해둘 만하다.

좀 더 깊이 알고 싶은 독자를 위한 추천 도서 ─────
- 『플루타르코스 영웅전』, 플루타르코스, 현대지성 등
- 『모랄리아』, 플루타르코스, 한길사

헤로도토스 (Herodotus, 기원전 485년? ~ 기원전 425년?) 여러 의견 있음, 생몰 연대 미상
학문으로서 역사학의 기반을 세운 역사가

헤로도토스는 고대 그리스의 역사가다. '최초의 역사학자', '역사의 아버지'라는 별칭대로 그는 신화와 전승이 아닌 학문으로서의 역사 연구의 선구자로 이후 역사학 연구에 큰 영향을 주었다.

헤로도토스의 생몰년은 정보가 없어서 정확히는 알 수 없으나 기원전 430년 이전에 사망한 것은 확실하다. 소아시아 카리아 지방의 할리카르나소스 출신으로 명문가 자제였던 헤로도토스는 참주 리그다미스 치세 시대에 사모스섬으로 망명했고, 이후 아테네, 투리오이 등에 살며 크림, 우크라이나 남부, 페니키아, 이집트, 바빌로니아 등 많은 곳을 여행했다. 이 여행을 바탕으로 현존하는 원본으로서는 가장 오래된 역사서인 『역사』를 저술했다. 그리고 아테네 혹은 투리오이에서 사망했다고 추측된다.

헤로도토스의 이름이 역사에 남은 가장 큰 이유는 저서 『역사』 덕분이다. 이 책에는 페르시아 전쟁이 같은 시대를 산 사람의 시선으로 기록되어 있다. 더불어 역사라는 의미로 '이스토리아'라는 단어를 처음으로 썼는데, 이 단어에서 영어의 히스토리(History, 역사) 그리고 프랑스어의 히스토리에(Histoire, 역사, 역사학)가 파생되었다.

헤로도토스가 보여준 역사학에 대한 공헌은 후세 사람들에게 높이 평가받았다. 예를 들어 로마 시대의 정치가이자 철학자였던 키케로는 『법률에 대하여』에서 최초로 헤로도토스를 '역사의 아버지'라고 부르며 경의를 표하고 있다. 하지만 헤로도토스의 서적은 신화적 요인도 역사로써 조금 다루고 있고, 정확성도 그다지 높지 않고, 상식 밖의 기술도 다룬다는 문제점이 있다. 이 때문에 헤로도토스보다 조금 뒤에 등장한 투키디데스의 중립적이고 객관적이며 실증적인 저술 쪽을 높이 평가하는 역사학자도 많다.

하지만 헤로도토스의 『역사』라는 대작이 없었더라면, 역사라는 거대한 문제를 기술해 나간다는 학문적 태도가 발전해 갔을지는 의문이다. 이러한 측면에서 보면, 헤로도토스가 역사학에 미친 영향은 지대했다고 말할 수 있으며, 이런 이유로 그는 역시 '역사의 아버지'라고 불리기에 적합한 인물임은 확실하다.

좀 더 깊이 알고 싶은 독자를 위한 추천 도서 ─────

▪ 『역사』, 헤로도토스, 숲 등

투키디데스 [Thucydides, 기원전 460년?~기원전 400년?]
『펠로폰네소스 전쟁사』를 쓴 고대 역사학의 거장

 고대 그리스의 역사가 투키디데스. 그는 펠로폰네소스 전쟁에서 장군으로 종군했을 뿐만 아니라 후세에 남을 역사서『펠로폰네소스 전쟁사』를 썼다. 그는 헤로도토스와 함께 고대 그리스의 2대 역사가로 존경받고 있다.

투키디데스는 기원전 460년경에 아테네의 유력 귀족의 아들로 태어났으며(역사가 오로로스의 아들이라는 설도 있다.) 청소년기에는 페리클레스파에 들어가 자연 철학자 아낙사고라스 밑에서 공부했다고 한다. 기원전 431년에 아테네와 스파르타 사이에서 펠로폰네소스 전쟁이 발발한 뒤, 기원전 424년에 아테네의 장군이 되지만 이때 지휘한 작전이 실패해 외국으로 추방당했다. 이후 20년간 망명 생활을 보내다 기원전 404년 펠로폰네소스 전쟁이 아테네의 패배로 끝난 후에야 귀국을 허락받는다. 이후로는 저술 활동에 전념했으며 기원전 400년경에 아테네에서 생애를 마감했다고 한다.

투키디데스는 아테네의 군인으로 트라키아 지방의 암피폴리스 구원 작전을 지휘했으나 실패한다. 실패의 책임을 지고 외국으로 추방되는 처벌을 받은 것을 계기로 유럽사에서 매우 중요한 역사서인『펠로폰네소스 전쟁사』를 집필한다. 이 책은 제목대로 펠로폰네소스 전쟁을 다룬 책으로, 총 8권으로 되어 있는데 기술은 기원전 411년이 마지막으로 미완인 채 끝났다. 사실 전달을 중요시했던 투키디데스는 기록의 대상을 엄격하게 정해 정치와 군사 분야로 한정 짓고, 면밀히 검토한 사료를 바탕으로 사건을 분석해 가능한 한 사실을 정확하고 공평하게 서술했다. 내용상으로도 장대한 문체와 아테네 쪽으로 치우치지 않은 평등한 시점이 잘 어우러져 있다. 이러한 이유로『펠로폰네소스 전쟁사』를 고대 역사서의 최고 걸작으로 평가하는 역사가도 많다.

투키디데스의『펠로폰네소스 전쟁사』는 종종 '역사의 아버지'로 불리는 헤로도토스의『역사』와 비교된다. 일화 중심이고, 정확성이나 객관성이 결여된 내용이 많은『역사』에 비해『펠로폰네소스 전쟁사』는 객관적인데다 사료를 기반으로 정확하고 세세하게 쓰였다는 점에서『역사』보다 높이 평가받곤 한다.

고대 역사학의 거장인 투키디데스. 서양의 실질적인 역사 연구는 투키디데스로부터 시작되었다고 말해도 지나치지 않다. 치밀한 역사 연구를 거쳐 쓰인『펠로폰네소스 전쟁사』는 지금도 그 빛을 발하고 있다.

좀 더 깊이 알고 싶은 독자를 위한 추천 도서 ─────

- 『펠로폰네소스 전쟁사』, 투키디데스, 숲 등
- 『투퀴디데스, 역사를 다시 쓰다』, 도널드 케이건, 휴머니스트

제2장

중세·근세 유럽

클로비스(Clovis, 465년~511년)
가톨릭으로 개종해 기독교적 세계를 쌓은 국왕

375년 게르만 민족 대이동 후 게르만 민족의 한 갈래인 프랑크인은 5세기에 갈리아(현재 프랑스 북서부, 벨기에)로 세력을 확대하고 있었다. 프랑크인 클로비스는 481년에 프랑크족의 두 지족(支族)을 통일하고, 프랑크 왕국의 초대 국왕이 되며 메로빙거 왕조를 열었다(클로비스 1세).

클로비스는 서로마 제국 멸망(476년) 후에도 갈리아에 남아있던 로마인을 486년 수와송 전투에서 이긴 뒤, 북갈리아도 통일해 로마의 갈리아 지배를 끝냈다. 하지만 그가 세계를 바꿨다고 말할 수 있는 이유는 위의 공적과 더불어 다음과 같은 영단을 내렸기 때문이다.

496년 클로비스는 아타나시우스파 기독교(가톨릭)로 개종해 세례를 받는다. 아타나시우스파는 삼위일체설(아버지인 신, 아들인 예수, 성령 이 세 가지 위격은 본질적으로 같다는 설)을 주장해 로마 교회가 인정한 정통파 기독교다. 클로비스가 가톨릭으로 개종함으로써 유럽에 진정한 의미에서의 기독교적 세계가 출현한 것이다.

그때까지 게르만 민족의 왕 중에 기독교로 개종한 사람은 있었으나, 모두 아리우스파라는 이단이었기에, 이러한 의미에서 클로비스의 개종은 획기적인 사건이었다. 당시 갈리아 영역에 살던 사람들 중에는 가톨릭 신자가 대다수였기 때문에 클로비스의 개종은 로마계 시민의 지지를 얻을 수 있었다.

이 시기 서로마 교회는 동쪽의 콘스탄티노플 교회와 수위권(首位權, 교황의 권한)을 두고 대립하고 있었다. 그래서 로마 교회는 클로비스의 군사력이 필요했고, 클로비스 또한 서고트족을 굴복시켜 지배 영역을 넓히고 싶었기에 로마계 시민의 지지를 얻는 동시에 타 게르만 민족을 강력한 힘으로 견제 및 통제하기 위해 정통파 아타나시우스파를 널리 보급하는 것이 중요하다고 생각했다.

양측이 손을 맞잡은 덕분에 유럽에서는 오랫동안 로마 가톨릭교회의 지배가 존속되었다. 16세기 종교 개혁으로 프로테스탄트가 탄생하기까지 로마 가톨릭은 매우 강력한 영향력을 유럽 전역에 펼쳤으며, 지금도 상당한 영향력을 유지하고 있다.

좀 더 깊이 알고 싶은 독자를 위한 추천 도서 ────────

• 『메로빙거 세계』, 패트릭 J. 기어리, 지식의풍경

레오 3세 [비잔틴 제국] (Leo III, 685년~741년)
성상 금지령을 내려 동서 교회의 대립을 일으킨 동로마 황제

레오 3세의 원래 이름은 코논(Konon)이다. 청년 시절 유스티니아누스 2세의 식민 정책으로 트라키아로 이주했다는 점 외에 초기 그의 경력은 불확실한 점이 많다. 경력이 밝혀지는 때는 아나스타시우스 2세의 명으로 아나톨리콘 테마(Thema, 지방 행정 제도로 각지의 군사령관이 군정과 민정을 함께 보는 것)가 된 이후다.

　동로마 제국(비잔틴 제국)은 7세기 이후 우마이야 왕조의 이슬람 세력에 자주 영토를 위협받았다. 한편 제국 내에서는 717년에 테오도시우스 3세가 퇴위하고 동로마 제국 이사우리아 왕조의 초대 황제로 레오 3세가 즉위했다. 즉위 직후 수도 콘스탄티노플이 우마이야 왕조에 포위되는 위기를 겪지만, 불가리아군의 원조를 받은 레오 3세가 군대를 직접 지휘해 우마이야 왕조를 격퇴한다. 이렇게 황제로서 더없이 좋은 스타트를 끊은 레오 3세는 시칠리아 테마의 반란도 제압해 치세를 안정시키는 등 동로마 제국을 번창시켰다.

　레오 3세는 내정으로는 『로마법 대전』을 요약, 개정판을 발행했다. 동시에 726년에 역사적으로 유명한 성상 금지령(우상 숭배 금지령)을 내려 성상 파괴 운동(이코노클래즘)을 개시했다. 성상(우상)이란 기독교 신앙을 위해 만들어진 예수와 마리아, 그 외 성인의 상을 말한다. 그때까지는 조각상이나 이콘이라는 회화 형태로 남아 대중에게 신앙의 대상이 되었다. 하지만 처음부터 성상을 인정하지 않는 이슬람 세력의 영향(그들의 비웃음)도 있어 성상 숭배 논쟁을 거쳐 레오 3세는 금지령을 단행한다. 이로 인해 성상 숭배를 금지하지 않는 서로마 가톨릭(로마 교황)과 대립하여 기독교회의 분열이 시작되었다.

　이 동서의 분열은 11세기 무렵 가장 극심해져 그리스정교의 본격적인 시작으로 이어진다. 실제로 그리스정교회는 자신을 로마 가톨릭에서 갈라져 나온 종파가 아니라 1세기부터 시작된 정통 교회라고 주장하고 있다.

　성상 금지를 내린 표면적인 이유는 기독교의 근원으로 돌아가려는 것에 있지만, 앞서 이야기했듯이 이슬람 세력의 영향이 컸으며, 실제 제국 내에서 민중 신앙의 형태로 자리 잡았기 때문도 있다고 한다. 또 다른 이유로는, 이 엄격한 금지령에 저항하는 교회가 있으면, 이들의 재산이나 영토를 몰수해 황제의 재력과 권력을 강화하려 했기 때문이라고도 한다.

　하지만 동로마 제국에서 성상 숭배가 계속 금지되지는 않았으며, 교회의 저항도 있어서 이콘과 같은 형태의 기독교 문화로 남았다. 이콘이란 문자 그대로는 성상이라는 뜻이지만, 실제로는 성인이나 천사 등을 그린 것이다.

좀 더 깊이 알고 싶은 독자를 위한 추천 도서 ─────

▪ 『살아남은 로마 비잔틴 제국』, 이노우에 고이치, 다른세상

카롤루스 대제(Carolus Magnus, 742년~814년)
현대 서유럽의 기반을 쌓아 올린 황제

현재 유럽 여러 나라의 영토가 정해지기까지 다양한 전환점이 있었다. 예를 들어 삼십년 전쟁 후 1648년에 체결한 웨스트팔리아(베스트팔렌) 조약은 종종 역사상 중요한 계기로 꼽힌다. 세계 최초의 근대적 국제 조약이라고 불리는 이 조약으로 유럽의 영토가 결정되어 주권 국가가 탄생했다.

그럼 이 조약 이전의 유럽은 어떠한 세계였을까.

원래 서유럽은 기원전 서로마 제국의 지배를 받았다. 하지만 게르만 민족의 침공으로 서로마 제국은 476년에 멸망한다. 이후 이 영토를 메우듯 무력으로 세력을 넓힌 나라가 원래 게르만 민족 중 하나였던, 클로비스가 481년에 세운 프랑크 왕국이다.

클로비스의 프랑크 왕국은 북갈리아(현재 프랑스 북서부, 벨기에)에 건국된 최초의 왕국으로 메로빙거 왕조를 열었다. 클로비스 편에서 언급했듯이 클로비스는 496년 가톨릭으로 개종해 로마 가톨릭과 이어지면서 더욱 세력을 넓혔다.

메로빙거 왕조는 궁재(재상) 카롤루스 마르텔이 이슬람 세력을 격퇴한 751년까지 계속된다. 같은 해 마르텔의 아들인 피핀(소小피핀)이 왕위에 올라 카롤링거 왕조가 탄생한다. 피핀은 로마 교회와의 관계를 더욱 깊게 하고자 756년에 게르만 민족의 지배를 받던 랑고바르드 왕국(현재의 북이탈리아)으로부터 도시 라벤나를 탈환하고, 이 도시를 로마 교황에게 헌상한다. 흔히 말하는 '피핀의 기증'이다.

당시 유럽 세계의 판세를 보면, 동쪽 지역은 오래전부터 동로마 제국의 지배하에 있던 데에 비해 서쪽 지역은 프랑크 왕국이 로마 교회와 손잡고 지배력을 점점 강화해가고 있었다. 바꿔 말하면 서로마 제국 멸망 후 군사와 경제적인 기반이 없어 랑고바르드족 등의 침략에 속수무책이었던 로마 교회가 힘이 있는 프랑크 왕국에 기댄 것이라고도 할 수 있다.

이런 시대에 등장한 인물이 카롤루스 대제다. 독일어로는 칼 대제, 프랑스어로는 샤를마뉴 대제라고 부른다. 두 가지 언어로 읽는 법이 남았을 정도로 그는 현대 독일과 프랑스를 중심으로 한 지역을 지배해 두 나라의 역사에 매우 중요한 인물이 되었다. 여기에서는 '카롤루스'로 통일해 기술한다.

피핀의 아들이었던 카롤루스는 768년에 왕으로 즉위하자마자 프랑크 왕국의 영토 확장을 꾀한다. 앞서 말한 랑고바르드 왕국을 정복한 그는 남쪽으로는 현대 북이탈리아, 동쪽으로는 동로마 제국과 슬라브 여러 부족과의 경계, 서쪽으로는 피레네, 북쪽으로는 현대 북프랑스, 북독일 등 서유럽의 많은 지역이 속한 광대한 지역을 지배했다.

이처럼 서로마 제국 멸망 후 최초로 서유럽을 지배한 국왕으로서도 충분히 역사에 남을 만하지만, 카롤루스의 업적과 역사적 중요성은 여기에서 그치지 않는다. 카롤루스는 800년

로마 교황 레오 3세에게서 '황제'의 칭호를 부여받아 서로마 제국의 계보를 잇는 황제가 되었다. 이렇게 '카롤루스 대제'로 우뚝 서면서 기독교의 수호자라는 지위를 얻어 로마 가톨릭 교회와 왕국과의 결합을 한층 더 강하게 만들었다(이 때문에 카롤루스 대제를 신성로마 제국의 초대 황제로 보는 견해도 일부 있으나 오토 1세를 초대 황제로 보는 견해가 대다수다.).

이 배경에는 앞서 이야기한 기독교의 심각한 동서 분열 상황이 있었다. 726년의 동로마 (비잔틴) 제국의 성상 금지령 이후 동서 기독교회의 대립은 심화했다. 동로마 제국 아래에서 확고한 권위를 유지하는 동로마 교회에 대항하기 위해 서로마 교회도 정치, 군사, 경제적으로 지원해줄 세력이 필요했다. 카롤루스를 황제로 임명한 데에는 이처럼 동쪽으로부터 독립하려는 움직임이 바탕이라고 여겨진다.

이 시대 동·서로마 교회의 다툼은 오늘날에도 중요하게 다뤄지는 문제다. 여담이지만, '동'이나 '서'라는 명칭은 후세의 역사가들이 편의에 따라 붙인 것으로 당시에는 양쪽 모두 자신을 '로마 교회'라고 불렀다. 이 때문에 서로마가 카롤루스를 황제로 임명하기 위해서는 동로마의 양해를 구할 필요가 있었는데, 동로마 제국은 처음에는 인정하지 않다가 812년이 되어서야 겨우 인정해주었다.

이렇게 현대 서유럽 지역의 대부분은 카롤루스 대제의 프랑크 왕국을 통해 형성되며 서유럽 세계를 이루었다. 고대 로마, 게르만 민족, 가톨릭이라는 세 요인이 하나로 합쳐진 세계가 성립된 덕에 비로소 로마 가톨릭이 서유럽 지역의 정통 종교로 정착할 수 있었고, 나아가 동로마 제국의 그리스정교와 경쟁할 기반이 마련되었다. 황제와 교황이라는 세속 권력과 교권의 두 가지 권력이 나란히 서는 계기도 되었다.

카롤루스 대제 사후 프랑크 왕국은 843년의 베르됭 조약, 870년의 메이르선 조약에 의해 세 지역으로 분할된다. 동프랑크(독일), 서프랑크(프랑스), 중부 프랑크(이탈리아)가 그것이다. 이 기반이 그의 시대에 만들어졌으므로, 이런 의미에서 카롤루스 대제는 현재 서유럽의 기초를 세운 위인이라고 말할 수 있겠다.

좀 더 깊이 알고 싶은 독자를 위한 추천 도서

• 『스토리 세계사 5 : 중세편 2 – 유럽의 시작부터 중세와 근대의 갈림길까지』, 임영태, 21세기북스

오토 1세 (Otto I, 912년~973년)

교황과의 권력 투쟁에서 이긴 초대 신성로마 제국의 황제

카롤루스 대제 덕분에 전성기를 맞이한 프랑크 왕국이지만, 앞서 언급했듯이 대제 사후 왕국은 분열한다. 843년 베르됭 조약, 870년 메이르선 조약으로 동프랑크, 서프랑크, 중부 프랑크 세 왕국으로 분할된다. 이 세 왕국은 각각 현대 독일, 프랑스, 이탈리아의 토대이다.

동프랑크 왕국의 오토 1세는 936년 국왕에 즉위했다. 그는 동프랑크 왕국의 영토를 수호하고 넓히기 위해 싸웠다. 동남쪽에 위치한 마자르인(현재 헝가리인)과의 싸움에서 승리한 뒤 북동에 위치한 슬라브 세력도 제압했다. 영토를 넓히는 동시에 해당 지역에 가톨릭 신앙을 퍼뜨렸으며, 로마 교황의 명을 받고 남쪽(현재 북이탈리아)으로 원정을 떠나기도 했다.

이처럼 동프랑크 왕국의 영토를 확장한 오토 1세는 타민족의 공격을 받은 로마 교황을 구해준 뒤 962년에 로마 교황으로부터 황제의 지위를 부여받았다. 세계사에서는 이때를 신성로마 제국의 설립과 신성로마 제국의 초대 황제(오토 대제) 탄생으로 보는 것이 일반적이다.

오토 1세는 이탈리아의 국왕이기도 했지만, 그의 제국인 신성로마 제국은 주로 지금의 독일 지역에서 번성했다. 이 제국은 1806년 나폴레옹 전쟁 때까지 존속한다.

오토 1세는 교황으로부터 황제의 지위를 받았음에도 불구하고 황제를 따르지 않는 자는 교황이 될 수 없다는 권리를 주장했다. 당시의 교황 요한 12세는 당연히 오토 1세와 대립했으나 협력자를 얻지 못해 그대로 폐위되었다.

이후 약 100년간 황제가 교황을 지배하는 시대가 계속됐다. 황제(제국)가 교황보다 우위에 있으며 정책, 교회 인사 등을 지배한 것을 '제국 교회 정책'이라고 하며, 이 시대는 11세기까지 이어진다. 11세기에 들어와서야 관계가 역전되어 교황의 권력이 더욱 커졌는데, 1077년 겨울눈이 내리던 카노사 성문에서 황제가 무릎을 꿇고 교황에게 용서를 빈 '카노사의 굴욕'이 유명하다. 교황이 강력한 권위를 휘두르는 시대는 13세기경까지 계속된다.

좀 더 깊이 알고 싶은 독자를 위한 추천 도서 ─────

▪ 『결코 사라지지 않는 로마, 신성로마제국』, 기쿠치 요시오, 다른세상

리처드 1세(Richard I, 1157년~1199년)
제3차 십자군 전쟁에서 활약한 '사자왕(라이언하트)'

영국(잉글랜드) 왕가의 역사는 1066년 노르만 정복까지 올라간다. 노르망디 공인 기욤이 대브리튼섬을 공격해 왕에 오른 뒤(윌리엄 1세) 연 노르만 왕조는 프랑스 귀족인 앙주 백작 앙리가 1154년에 헨리 2세가 되어 플랜태저넷 왕조를 열 때까지 계속되었다. 리처드 1세는 헨리 2세의 아들로 플랜태저넷 왕조의 제2대 국왕이다. 그는 사자의 심장을 가진 왕이라는 의미의 사자(심)왕(Richard the Lionheart)이라고 불릴 정도로, 좋게 말하면 용맹하고 과감한, 나쁘게 말하면 전쟁광인 국왕이었다.

리처드 1세가 주목받은 것은 1189년의 제3차 십자군 원정 때문이다. 1096년에 제1차가 시작된 십자군 원정은 이슬람 세력과 싸워 기독교의 성지이기도 한 예루살렘을 탈환하자는 목표 아래 서유럽의 많은 나라가 참가했다. 교황 그레고리오 8세는 아이유브 왕조의 창시자인 살라딘이 정복한 예루살렘을 되찾고자 십자군을 요청했으며 제3차 십자군 원정에는 프랑스 왕과 신성로마 제국도 참가했다.

하지만 나라 간의 연계가 잘 이루어지지 않아 힘든 전쟁이 이어졌다. 리처드 1세의 분투에 힘입어 예루살렘 왕국의 수도였던 아크레를 함락시키는 등 전과를 올리지만, 예루살렘을 탈환하는 데에는 실패한다. 1192년 휴전 조약이 체결되어 기독교 신자의 예루살렘 순례가 허용되었는데, 살라딘 측에서는 오히려 살라딘을 이슬람 세계를 구한 영웅으로 평가하고 있다.

리처드 1세로 이야기를 돌리면 십자군 전쟁을 끝내고 조국으로 돌아가던 그는 도중 폭풍을 만나 표류한다. 그리고 이 전쟁으로 관계에 균열이 생긴 신성로마 제국의 포로가 되어 막대한 몸값을 치르고 풀려난다. 귀국 후에는 잉글랜드령 노르망디(현재의 북프랑스)를 지키기 위해 출병했다가 프랑스군과의 전투 도중 전사한다. 파란만장한 인생이었다.

리처드 1세 사후 동생인 존이 왕이 되지만 악정을 펼쳐 1215년 국왕의 권리를 제한하는 마그나 카르타(대헌장)가 발포된다. 이후 영국은 프랑스와 백년 전쟁(1337년~1453년)을 개시했는데, 전쟁에서 패한 뒤에는 내전인 장미 전쟁(랭커스터 가문(붉은 장미)과 요크 가문(흰 장미)의 전쟁)이 일어났으며 요크 가문의 리처드 3세를 쓰러뜨린 랭커스터 가문에서 1485년 헨리 7세가 왕위에 올라 튜더 왕조가 새로이 열린다.

좀 더 깊이 알고 싶은 독자를 위한 추천 도서 ─────

▪ 『김태권의 십자군 이야기 5』, 김태권, 비아북

필리프 4세(Philippe IV, 1268년~1314년)
교황을 유폐하고 절대왕정의 기초를 만든 국왕

중세 서유럽에서 로마 교황의 존재는 절대적이었다. 하지만 서유럽을 지배하던 왕 중에는 교황에 반기를 든 왕도 있고, 때로는 교황보다 우위에 설 때도 있었다. 오토 1세가 대표적인 인물로, 10세기부터 11세기 전반까지 신성로마 제국의 오토 1세가 휘두른 권력은 교황을 상회했다.

프랑스의 카페 왕조의 왕 필리프 4세도 교황의 권력에 반발한 대표적인 인물이다. 프랑스의 왕조는 서프랑크 왕국에서 갈라져 나왔는데, 카롤링거 왕조의 지배를 받다가 위그 카페가 987년에 카페 왕조를 열었다. '프랑스 왕국'은 여기서부터 시작되었다고 한다.

중세 시대에 오랫동안 프랑스 지역을 지배한 카페 왕조 제11대 국왕으로, 13세기 후반을 다스린 필리프 4세 시대에 로마 교황의 권위는 이미 떨어지고 있었다. 주원인은 사실상 교황의 강제하에 이루어진 여러 차례의 십자군 원정이 전과를 거의 올리지 못해 원정에 참여했던 나라들이 피폐해졌기 때문이었다.

이러한 상황에서 필리프 4세는 성직자에게서 세금을 거뒀다(백년 전쟁이 다가오던 시기로, 영국과의 전쟁 비용을 모으기 위해서였다.). 당시 로마 교황 보니파시오 8세가 반발했지만, 필리프 4세는 1303년 교황을 로마 근교의 아나니에서 체포한 뒤 퇴위하도록 압박했다. 분노한 보니파시오 8세가 쇼크로 사망한 사건이 아나니 사건이다.

1309년 필리프 4세는 로마 교황 클레멘스 5세를 옹립한 뒤 로마에 있던 교황청을 남프랑스 아비뇽으로 옮겼다. 이것을 '교황의 아비뇽 유수'라고 한다. 이 사건은 교황의 권위를 결정적으로 실추시킴과 동시에 왕권을 드높여 절대왕정이 탄생하는 계기가 된다. 아비뇽 유수는 1377년에 끝났으나 이후 로마와 아비뇽에서 각각 교황을 선출하는 바람에 교황 2명이 정통성을 두고 대립하게 되어, 1417년까지 서방 교회의 대분열(The Great Schism)이 이어졌다.

한편 이 시대 기독교 순례자 보호 등을 위해 여러 기사수도회가 만들어졌는데, 필리프 4세는 그중에서도 대표적인 성전 기사단을 탄압하다 끝내 이들에게 이단의 혐의를 씌워 1312년 해산시켰다. 사후 얼마 지나지 않아 카페 왕조는 멸망하고 발루아 왕조가 탄생한다.

코시모 데 메디치(Cosimo de' Medici, 1389년~1464년)
르네상스를 비호하고 발전시킨 사업가·정치가

14~15세기경 피렌체에서 본격적으로 시작된 르네상스는 많은 예술가를 배출했다. 하지만 화가는 그리고 싶은 대로 그린다고 평가를 받을 수 있는 것이 아니다. 그들을 비호해주는 사업가가 필요했다. 피렌체에서 13세기경부터 재산을 축적한 명가로 메디치 가문이 있다. 14세기 말 이후 은행업도 시작한 메디치 가문은 로마 교황과 각 나라에 투자해 금융업으로 매우 큰 부를 쌓은 뒤 공화정하에서 강력한 권력을 손에 넣는다. 이 시대의 대표자가 코시모 데 메디치다.

아버지 조반니의 뒤를 이어 피렌체의 실질적 최고 권력자가 된 코시모는 그 막대한 재력과 뛰어난 정치 수완으로 피렌체를 더욱 발전시켰을 뿐만 아니라 예술가와 학자도 보호했다. 예술가를 위해서라면 아낌없이 돈을 쓴 것과 달리 생활은 검소했다고 하며, 이러한 이유로 피렌체에서는 코시모를 '피렌체의 아버지'라고도 여긴다.

코시모는 고대 그리스 문화를 재부흥시키기 위해 '플라톤 아카데미'도 설립했다. 그와 함께 본격적인 르네상스가 시작되어 새로운 시대가 꽃피었다고 해도 과언이 아니다.

코시모가 비호한 예술가는 조각가 도나텔로, 기베르티, 화가 프라 안젤리코 등 모두 초기 르네상스를 대표하는 뛰어난 예술가다.

코시모의 손자 로렌초 데 메디치(1449년~1492년)도 역시 초기 르네상스에서 전성기 르네상스가 시작되는 시대의 예술가와 인문학자를 후원했다. 그의 후원 아래 미켈란젤로와 같은 위대한 예술가가 탄생했으며 예술이 발전할수록 메디치 가문의 권력도 강해졌다.

하지만 로렌초의 시대에 이미 엄청난 적자를 기록중이던 은행 때문에 메디치 가문의 권위는 떨어지기 시작했고, 결국 로렌초의 말년 피렌체의 새로운 세력으로 등장한 도미니코 수도회의 수도사 지롤라모 사보나롤라(1452년~1498년)에 의해 메디치 가문은 추방당한다. '신의 인도'를 외치던 사보나롤라 신권정치의 시작이다. 하지만 사치를 금하고 예술 작품을 소각하는 그의 정치는 오래가지 못했으며 1498년에 사보나롤라는 피렌체 시민들에 의해 교수형 후 시신 화형을 당한다. 이후 메디치 가문은 부활하지만, 왕년의 세력을 보여주지는 못하고 르네상스도 머지않아 막을 내린다.

좀 더 깊이 알고 싶은 독자를 위한 추천 도서 ──────

• 『메디치 가문 이야기』, G. F. 영, 현대지성

엔히크 항해 왕자(Prince Henry the Navigator, 1394년~1460년)
15세기 대항해시대의 막을 연 포르투갈의 왕자

엔히크 항해 왕자가 살았던 15세기는 대항해시대였다. 서유럽에서는 13세기 마르코 폴로 이후 동양에의 관심이 높아짐과 동시에 이슬람에 대한 레콩키스타(국토 회복 운동)가 커져갔으며 자연스레 기독교 세력을 한층 더 넓히려는 의식도 높아졌다. 여기에는 원양 항해술이 진보한 영향도 크다. 향신료를 찾는 시민이 점점 늘어나자 나침반을 갖춘 대형 선박이 속속 건조되어 대서양과 인도양에까지 진출할 수 있게 되었다.

이런 배경이 있어 이 시대에 아프리카 남부를 거쳐 인도양에까지 다다른 항해자 바스쿠 다가마가 등장한 것도 당연한 귀결이다. 하지만 포르투갈인인 다가마나 이탈리아의 콜럼버스보다도 먼저 항해 사업에 뛰어든 개척자가 있었으니, 바로 포르투갈의 엔히크 항해 왕자다.

왕자라지만 66세까지 살았으며, 현존하는 초상화를 보면 왕자라는 칭호는 어울리지 않아 보이지만, 그래도 그는 포르투갈의 왕자로서 아프리카 항해에 도전했다. 물론 주목적은 순수한 탐험이 아니라 금을 찾는 것이었다.

엔히크 항해 왕자는 1415년 오늘날의 모로코에 있는 세우타를 공략해 이슬람 세력을 몰아냈지만 그 이상은 저항에 막혀 나아갈 수 없었다. 그래서 아프리카 서해안으로 탐험 방향을 바꾼다. 그의 탐험은 성공했는데, 아프리카 최서단 베르데곶을 지나는 아프리카 항로를 발견해낸데다 아프리카 대륙의 남단을 돌아 인도양으로 가는 경로가 가능함을 보였다.

이 항해에서 왕자는 원래 목적인 금만 얻은 것이 아니라 원주민을 노예로 끌고 왔다. 혐오스러운 '노예사냥'도 벌였다. 이 때문에 그를 평가하기란 쉽지 않다.

포르투갈의 대항해시대는 이후 본격적으로 펼쳐졌다. 1488년 바르톨로메우 디아스(1450년~1500년)가 아프리카 희망봉 도달, 1498년 바스쿠 다가마가 인도 항로를 발견한 일 등이 이때의 일이다. 더불어 콜럼버스 역시 1492년에 신대륙(미국)을 발견했다. 이와 같은 흐름은 15세기 이후 지중해 국가의 쇠락과 포르투갈이나 스페인 같은 대서양 해안 국가의 부흥으로 이어진다.

여담으로 엔히크 해양 왕자는 사실 뱃멀미가 심해 자신이 직접 항해에 참여한 적은 거의 없다고 전해진다.

좀 더 깊이 알고 싶은 독자를 위한 추천 도서 ────

▪ 『대항해시대의 탄생』, 송동훈, 시공사

헨리 8세 (Henry VIII, 1491년~1547년)

영국 교회를 독립시켜 절대왕정을 강화한 왕

장미 전쟁 후인 1485년, 튜더 왕조를 일으킨 헨리 7세의 뒤를 이어 튜더 왕조의 2대 국왕이 된 인물이 헨리 8세다. 1509년부터 1547년까지 재위했다. 재위 도중 독일에서 루터에 의한 종교 개혁(1517년)이 일어난다. 이에 헨리 8세는 기독교 신자로서 루터에게 반론하는 논문을 발표해 교황으로부터 '신앙의 옹호자'라는 칭호를 받는다.

그의 시대에는 후계자를 얻는 일이 그 무엇보다도 중요했다. 건강한 남자아이를 낳는 것은 황실 여성의 의무였다. 첫 번째 아내인 캐서린이 아이를 낳지 못한다는 이유를 들어 헨리 8세는 이혼을 바랐다. 사실 당시 그는 시녀인 앤 불린과 사랑에 빠졌고, 앤 불린은 헨리 8세의 아이를 가진 상태였다. 하지만 기독교는 교리상 이혼을 일절 인정하지 않기에 헨리 8세는 기독교와 점차 대립한다.

결국 마지막까지 이혼을 허락하지 않은 기독교 대신 영국 왕의 말을 무조건 따르는 교회를 만들 수밖에 없다고 생각한 그는 영국의 교회를 로마 교회로부터 독립시킨다. 더는 교황을 따르지 않으며 상납금도 내지 않는 교회를 창시한 것이다. 그리고 여기에 반대한 대법관 토머스 모어(『유토피아』를 쓴 인문학자)를 처형한다. 이 일련의 흐름을 영국의 종교 개혁이라고 부른다. 이 과정 대부분은 왕의 독단이 아니라 의회와 의견을 나눈 뒤에 이루어진 것으로, 이 점을 높이 평가하는 의견도 있다.

한편 그는 스코틀랜드와 웨일스를 통치해 영국이라는 하나의 주권국가를 형성했다. 더불어 아일랜드에 아일랜드 왕국을 세운 뒤 아일랜드의 초대 국왕으로 즉위하기도 했다. 이러한 흐름 속에서 영국의 절대왕정이 확립되었고, 이는 영국이 유럽의 강국으로 거듭나는 계기가 되었다.

헨리 8세는 좋은 후계자를 남기려는 욕망이 매우 강해 앞서 소개한 앤 불린이 여자아이(훗날 엘리자베스 1세. 엘리자베스 1세 항목 참조)를 낳은 뒤 다른 아이를 낳지 못하자 간통죄를 씌워 런던탑에서 처형했다.

헨리 8세가 맞이한 왕비는 모두 6명이었다. 당시 영국은 여성 국왕을 인정하기 전이었기 때문에 어떻게든 남자아이를 얻기를 갈망했다. 그런데도 태어난 남자아이들은 모두 조산으로 죽어 결국 여자아이만이 여럿 남았다.

어떤 이유에서든 여섯 번이나 아내를 바꾸고 그중 두 명을 처형시킨 그의 행동에는 현대의 상식으로는 이해할 수 없을 정도의 이상한 집착과 호색 그리고 잔인함이 엿보인다.

좀 더 깊이 알고 싶은 독자를 위한 추천 도서 ──────

- 『근대 초기의 영국』, 허구생, 한울
- 『튜더스 – 세계사를 바꾼 튜더 왕조의 흥망사』, G. J. 마이어, 말글빛냄

카를 5세[카를로스 1세] (Karl v, 1500년~1558년)

종교 개혁 시기 신성로마 제국과 스페인에 군림했던 황제[국왕]

13세기 이후 유럽에서 가장 강력한 권위를 가진 왕가로 합스부르크 왕가가 있다. 이 왕가는 머지않아 신성로마 제국(현재의 독일) 내에서 권력을 강화해 많은 황제를 배출한다.

이 가문에서 나온 신성로마의 황제 막시밀리안 1세(1459년~1519년)의 장남 펠리페 1세는 스페인 왕국의 여왕 후아나(훗날 정신병을 앓아 미친 여왕이라 불리게 된다)와 결혼한다. 이 둘 사이에서 태어난 아들이 카를 5세(카를로스 1세)로, 스페인 왕 카를로스 1세로 1516년에 즉위한 뒤 신성로마 제국의 황제 카를 5세로도 1519년 즉위한다. 서유럽에서 프랑스를 포위하듯 동쪽과 서쪽을 합스부르크 왕가가 지배한 셈이다. 즉위 후 얼마 지나지 않아 카를 5세는 이탈리아를 두고 프랑스와 전쟁을 벌였다(이탈리아 전쟁).

지금으로부터 500년쯤 전인 이 시대에는 독일에서 루터가 종교 개혁을 시작(1517년)해 변혁의 물결이 유럽을 강타하고 있었다. 이에 카를 5세는 1521년 보름스 회의를 열고 루터를 소환해 주장을 철회하도록 명령한다. 그러나 루터가 황제의 압력에 굴하지 않자 분노한 카를 5세는 루터를 추방하고 그를 지지하는 귀족들을 탄압해, 결국 종교 전쟁을 불러일으켰다. 1546년, 루터의 종교 개혁에 영향을 받아 발발한 독일의 농민 전쟁에서 카를 5세는 신교파를 제압할 수 없었다. 결국 아우크스부르크 화의(1555년) 체결로 기독교와 함께 루터파도 인정받게 되었다.

카를 5세 시대는 대항해시대이기도 했다. 스페인 왕이기도 했던 그의 아래서 많은 개척자가 탄생했다. 마젤란은 이 시기에 서쪽을 돌아 아시아로 가는 항로를 개척했으며, 태평양을 횡단해 필리핀까지 도달했다. 이어서 코르테스가 멕시코의 아즈테카 제국을 정복했고 피사로도 페루의 잉카 제국을 정복했다. 아메리카 대륙의 지배자가 된 이들 덕에 카를 5세는 그야말로 광대한 영토를 다스렸다.

카를 5세는 말년 스페인과 네덜란드의 땅은 아들인 펠리페 2세(펠리페 2세 참조)에게, 신성로마 제국의 땅은 동생인 페르디난트에게 물려줬다. 이 때문에 합스부르크 왕가는 스페인계와 오스트리아계로 갈라졌지만 동시에 스페인 합스부르크 왕가의 황금기(해가 지지 않는 제국)가 열린다.

좀 더 깊이 알고 싶은 독자를 위한 추천 도서 ──────

- 『명화로 읽는 합스부르크 역사』, 나카노 교코, 한경arte
- 『합스부르크, 세계를 지배하다』, 마틴 래디, 까치글방

카트린 드 메디시스(Catherine de Médicis, 1519년~1589년)

기독교와 개신교 간 전쟁의 중심이 된 이탈리아 출신의 왕비

'메디시스'라는 명칭은 '메디치'를 프랑스식으로 읽은 것이다. 이름 그대로 그녀는 이탈리아의 메디치 가문 출신으로 프랑스 발루아 왕조의 국왕인 앙리 2세와 결혼한 왕비다.

하지만 앙리 2세는 1559년 마상창 시합에서 오른쪽 눈을 꿰뚫리는 사고를 당한 후 10일 동안 극심한 고통에 시달리다 죽는다. 참으로 비참한 최후였다. 같은 시대를 살았던 노스트라다무스가 "늙은 사자가 젊은 사자에게 패배할 것이다."라고 이 사고를 예언했다고 한다.

앙리 2세 사후 카트린이 옹립한 장남 프랑수아 2세는 다음 해 요절했다. 뒤이어 차남 샤를 9세를 즉위시키고 그녀는 섭정이 되어 정치의 실권을 잡았다.

그녀가 살았던 시대는 종교 전쟁으로 어수선한 시대였다. 1517년 루터의 종교 개혁으로 탄생한 개신교(프로테스탄트, 신교)는 급속도로 힘을 키워 자연스레 기독교(가톨릭, 구교)와의 대립이 날로 심각해졌다. 카트린은 1562년 개신교도인 위그노(칼뱅파)를 다스리기 위해 이들의 신앙의 자유를 인정하는 칙령을 발포했는데, 기독교파인 기즈 공이 반발해 같은 해 개신교도를 학살하는 사건을 일으키는 바람에 신구 기독교도가 맞붙은 위그노 전쟁이 시작된다.

40년 가까이 계속된 위그노 전쟁 중 기독교 측에서 1572년 파리의 개신교도를 대학살(성 바르톨로메오 축일의 학살)하는 사건이 일어났는데, 이 때문에 카트린의 정치적 입지가 좁아졌으며 영국과 스페인까지 휘말린 위그노 전쟁은 점점 더 큰 전쟁으로 번져간다.

카트린은 이 혼란을 해결하지 못한 채 사망한다. 샤를 9세의 뒤를 이어 국왕이 된 카트린의 4남 앙리 3세도 암살당해 결국 1589년 발루아 왕조는 단절되었으며, 이후 나바라 왕국의 앙리가 즉위(앙리 4세)해 부르봉 왕조를 연 것이 프랑스의 절대왕정의 시작이다.

앙리 4세는 원래 개신교 신자였지만, 기독교를 유지한다는 선언서에 서명하고 왕이 되었다. 위그노 전쟁은 앙리 4세가 1598년에 내린 낭트 칙령을 계기로 기독교와 개신교 양쪽이 타협하는 것으로 끝이 난다. 낭트 칙령은 역사상 처음으로 개인의 종교의 자유를 인정한 왕령이었다.

좀 더 깊이 알고 싶은 독자를 위한 추천 도서

• 「카트린 드 메디치」, 장 오리외, 들녘
• 「프랑스 위그노 이야기」, 앨리슨 그랜트 등, 가르침

펠리페 2세 [Philip II, 1527년~1598년]
'해가 지지 않는 제국'을 세운 스페인 절대왕정의 국왕

16세기 초반 합스부르크 왕가 카를 5세는 스페인 왕국의 왕좌(카를로스 1세)에 앉음과 동시에 신성로마 제국의 왕좌에도 올랐다(카를 5세 참조). 이때는 항해 기술이 극적으로 진보해 콜럼버스 같은 사람들에 의해 신항로가 계속해서 발견되던 대항해시대였다. 지리적으로 지중해부터 대서양까지 지배하고 있던 스페인은 이제 아메리카 대륙에서 필리핀에 이르는 광대한 지역을 지배하에 두었다. 그리고 유럽에서도 네덜란드(오늘날의 벨기에 포함)를 지배해 '해가 지지 않는 제국'이라고 불리는 시대의 막을 열었다.

펠리페 2세는 아버지인 카를 5세의 유산을 계승하고 발전시킨 국왕이다. 그는 1580년 포르투갈 왕가가 단절된 것을 이용해 포르투갈 국왕에의 권리를 주장하였고, 결국 포르투갈을 병합해 이베리아반도 전역을 손에 넣는다. 포르투갈은 1549년에 스페인인 선교사 프란치스코 하비에르를 일본에 파견하는 등 스페인과 마찬가지로 대항해시대에서 이익을 얻은 나라였지만, 스페인 앞에서는 이렇다 할 저항도 하지 못한 채 흡수되어버린다.

펠리페 2세는 독실한 기독교 신자였으며 동시에 국왕의 절대왕정을 확립한 인물이었다. 그의 지휘 아래 기독교(구교) 정책이 강화되어, 개신교(프로테스탄트, 신교)에 가까운 영국 정교회를 국교로 한 영국과의 대립이 심화된다(당시 영국은 후술할 바와 같이 국왕 메리 1세의 영향으로 기독교로 기울었으나, 결국에는 헨리 8세 때부터 존속한 영국 국교회로 돌아간다.).

펠리페 2세의 치세는 종교 전쟁의 시기이기도 했다. 위그노 전쟁이 발발(카트린 드 메디시스 참조)한 뒤 개신교도를 대상으로 한 성 바르톨로메오 축일의 학살(1572년)이 일어났는데, 웃지 않는 국왕이라고 불린 펠리페 2세가 학살 소식을 듣고 처음으로 웃었다는 설도 있다.

펠리페 2세의 스페인이 막강한 영향력을 발휘할 수 있었던 것은 '무적함대'라고 불린 해군이 있었기 때문이었다. 무적함대의 명성은 대항해시대 때 전 유럽에 퍼졌으나, 그 기간은 오래가지 못했다.

펠리페 2세는 전쟁이 끊이지 않았던 16세기에 유럽 국가들과의 미묘한 힘의 균형에 고심했다. 그에게 가장 성가신 나라는 영국이었다. 영국 국교회를 만들어 기독교 세계에서 떠난 이 신흥국을 어떻게 다룰 것인지가 펠리페 2세의 가장 큰 고민거리였다.

1554년 펠리페 2세는 잉글랜드 여왕 메리 1세와 결혼한다. 블러디 메리(피로 물든 메리)라는 별명을 가진 그녀와의 결혼은 정략결혼이었지만, 두 사람 모두 기독교 신자였기에 같은 정치적 입장을 가지고 있었다. 하지만 남녀 관계는 정치적인 이유만으로 흘러가기 어려운 법. 남자아이가 태어나지 않은 이유도 있고, 성격이 맞지 않은데다 무엇보다 메리 1세의 외모에 대한 불만이 쌓여 결국 두 사람은 사실상 별거 상태로 지냈다. 그리고 머지않아 메리 1세는 병사한다.

펠리페 2세는 일찍 죽은 메리 1세의 뒤를 이어 영국 여왕이 된 엘리자베스 1세에게 구혼했다. 절대왕정을 대표하는 양국 국왕 간의 교섭이었다. 하지만 엘리자베스 1세는 펠리페 2세의 구혼을 거절하고 평생 독신으로 지냈다(연인은 있었던 것으로 전해진다. 엘리자베스 1세 항목 참조).

엘리자베스 1세는 결코 쉬운 상대가 아니었다. 언니인 메리 1세와 달리 영국 국교회를 믿은 그녀는 네덜란드가 기독교인 스페인으로부터 독립하기 위해 1568년에 일으킨 네덜란드 독립 전쟁에서 네덜란드를 지원했다. 나아가 스페인 선박을 대상으로 한 해적 행위를 장려하는 등 영국과의 동맹을 고려하던 펠리페 2세를 비웃다시피 도발했다.

여기에 분노한 펠리페 2세는 1588년 무적함대 130척을 파견해 영국과의 해전을 시작한다. 흔히 말하는 '아르마다 해전'인데, 영국은 스페인의 대규모 무적함대를 해적선처럼 재빠르게 움직일 수 있는 배들로 응수해 패퇴시켰다.

펠리페 2세의 재위 기간인 43년 동안 황금시대를 맞이했던 스페인이었지만, 그 끝은 매우 빠르게 다가왔다. 아버지 카를로스 1세 시대부터 있었던 차용금에 더해 아르마다 해전에서의 패전으로 제해권 상실, 오스만 제국에도 패전, 그 외 궁정 유지비와 신대륙에서 유입된 다량의 은 때문에 발생한 인플레이션으로 경제가 혼란에 빠지는 바람에 그의 통치 말년 스페인의 위용은 급속도로 추락한다.

펠리페 2세 사후 스페인 합스부르크 왕가는 프랑스와의 전쟁에서도 패한다. 거듭된 근친혼으로 병약한 왕이 배출된 것도 왕가의 약체화를 가속했다. 그리고 이윽고 1707년 스페인 계승 전쟁을 거쳐 부르봉 왕가에 왕위가 넘어가면서 스페인 합스부르크 왕가는 종말을 고한다(스페인 부르봉 왕가는 현재도 존재한다.).

정치적으로 어두웠던 17세기 스페인 합스부르크 왕가였지만, 예술에서만큼은 다른 모습을 보였다. 바로 스페인에서 꽃핀 바로크 예술이다. 16세기 펠리페 2세의 시대에 이미 그 지위를 공고히 한 엘 그레코는 후기 마니에리스모 화가로서 많은 대표작을 남겼다. 17세기에 들어와서는 바로크의 거장 벨라스케스가 대두한다. 궁정 화가가 된 그는 펠리페 2세의 손자인 펠리페 4세 아래에서 『라스 메니나스(시녀들)』를 대표로 한 여러 뛰어난 작품을 남겼다. 펠리페 2세 말기 이후 쇠퇴했던 스페인 합스부르크 왕가였지만, 예술의 세계에서만큼은 절대 그렇지 않았다.

좀 더 깊이 알고 싶은 독자를 위한 추천 도서
• 『지중해 : 펠리페 2세 시대의 지중해 세계』, 페르낭 브로델, 까치

이반 4세(Ivan Ⅳ, 1530년~1584년)
16세에 황제가 되어 후에 전제정치를 펼친 이반 뇌제

16세기에는 매력적인 국왕이 무척 많다. 여기서 매력적이라는 단어는 반드시 선정을 베풀었다는 의미는 아니다. 때로는 악정을 행하고, 잔인한 일면을 보이는 등 절대 존경할 수는 없지만, 눈에 띄는 존재감을 드러내는 인물을 가리킨다. 러시아의 이반 4세는 그 대표적인 인물이다.

그를 소개하기에 앞서 러시아의 역사를 거슬러 올라가 보자. 러시아는 862년 노르만인이 남하해 세운 노브고로드 국가가 기원이다(류리크 왕조). 이후 882년에 더욱 남하한 노르만인은 키예프(현 우크라이나)에 키예프 대공국을 건립한다. 이 과정에서 노르만인은 슬라브로의 동화가 진행됨과 동시에 그리스정교를 접하면서 동로마 제국과도 가까운 관계를 맺는다. 하지만 '타타르의 멍에'라고 불리는, 1240년부터 1480년에 걸쳐 몽골족이 러시아를 지배하는 시기를 겪었고, 1480년 몽골의 지배로부터 독립한 나라가 모스크바 공국이다. 이반 3세는 독립을 진두지휘했을 뿐 아니라 지방분권이었던 당시 통치 체제를 모스크바를 중심으로 한 중앙 집권으로 바꿔 러시아 국가의 기초를 닦았다.

이런 시대에 태어나 제위에 오른 인물이 이반 4세다. 이반 3세의 손자인 그는 모스크바 대공국의 정세 속에서 1547년 16세에 차르(황제)를 칭하면서 러시아의 절대왕정인 차리즘(러시아 황제를 가리키는 차르를 중심으로 한 전제정치 체제)의 기반을 쌓았다.

이반 4세는 차리즘 구축에 방해가 되는 국내 대귀족을 억누르기 위해 농민의 이동을 단속해 농노제를 강화하는 등 여러 정책을 이용해 한층 더 강한 중앙 집권 국가를 향해 거침없이 나갔다. 이러한 이유로 그는 '이반 뇌제(영어로는 Ivan the Terrible)'라고 불리며 사람들에게 경외심을 불러일으켰다.

실제로 그의 주도 아래 영토는 확장되었다. 당시 러시아 동부를 지배했던 몽골인의 카잔 칸국을 1552년 공략하는 등 주위의 모든 국가를 병합한다. 이 때문에 영토의 회복, 확장을 위한 전쟁이 끊이지 않았다. 또한 이반 4세는 공포 정치를 감행했다. 친위대를 신설해 자신에게 반대하는 귀족이나 제후를 붙잡아 처형하고 영지를 몰수했다. 이때의 모습은 매우 비정상적이어서 모종의 인격 파탄자를 보는 듯했다고도 한다. 실제로 그는 여러 책략을 구사해 정적을 죽였는데 필요하다면 친척마저도 가차 없이 제거했다.

1581년은 이반의 광기가 절정에 달했던 때로, 사랑하는 황태자 이반을 쇠지팡이로 때려 죽인다. 이 사건은 19세기 러시아 사실주의 회화의 거장 일리야 레핀의 손을 거쳐 『이반 뇌제, 아들을 죽이다. 1581년 11월 16일』이라는 유명한 작품으로 재탄생한다. 이반 4세는 크게 후회했으나, 이후로도 그의 폭정과 공포 정치는 멈추지 않아 뇌제라는 명칭에 걸맞은 잔학함을 보였다.

앞서 이야기했듯이 이 시대의 유럽에는 개성적인 국왕이 많았다. 이반 4세와 영국의 엘리자베스 1세, 스페인의 펠리페 2세 등이다. 절대왕정하에서 권력을 마음대로 휘두른 이들 중에서도 이반 4세는 특히나 어두운 기록을 남긴 국왕이다.

이반 4세는 엘리자베스 1세에게 구혼하지만 여왕은 펠리페 2세 때와 마찬가지로 거절했다. 여성으로서의 매력은 차치하고 당시 영국이 유럽의 판세를 결정지을 정도로 강력한 국력을 가진 나라여서 너도나도 우방으로 끌어들이려 했음을 잘 알 수 있는 대목이다. 여왕은 결혼하지 않고 영국의 발전을 택했다(엘리자베스 1세 참조).

이반 4세를 다룬 여러 매체의 작품을 통해 그의 모습을 확인할 수 있지만, 예술적으로 가장 뛰어난 것은 영화 『폭군 이반』이라고 할 수 있다. 20세기 영화의 거장 예이젠시테인(예이젠시테인 참조)의 대표작인 이 작품은 표현주의적이라도 할 수 있는 음영 메이크업으로 이반의 잔혹함을 한층 더 생생히 표현했다.

총 2부작으로 이루어진 이 작품은 1부에서는 이반 4세를 나름 호의적으로 그리지만, 2부에서는 아무렇지 않게 정적을 숙청하는 독재 정치가적인 면모를 그린다. 제작 당시 소련의 스탈린의 모습(스탈린 참조)과도 겹쳐 보인 탓에 스탈린은 이 영화의 3부 제작을 막았다고 한다.

16세기는 지금보다도 생명의 가치를 가벼이 여겼을 때다. 이러한 시대였기 때문에 이반 4세가 등장할 수 있었던 것일지도 모르지만, 20세기의 히틀러나 스탈린, 폴 포트의 모습에서와 마찬가지로 단순히 시대 탓으로 돌릴 수 없는, 비판해야 할 독재 권력자의 비정함과 잔학성을 발견할 수 있다.

이반 4세 사후 1598년에 류리크 왕조는 단절된다. 그리고 오랫동안 차르의 자리를 노린 귀족들의 다툼이 이어지다 1613년에 미하일 로마노프가 로마노프 왕조, 1917년에 발생한 러시아 혁명으로 쓰러질 때까지 지속하는 왕조를 일으켰다.

좀 더 깊이 알고 싶은 독자를 위한 추천 도서
• 『러시아의 역사 (상)』, 니콜라스 V. 랴자놉스키 등, 까치

엘리자베스 1세(Elizabeth I, 1533년~1603년)
영국 절대왕정의 절정기를 이끈 처녀 왕

1485년 장미 전쟁 이후 헨리 7세가 영국에 튜더 왕조를 열었고, 이 왕조를 발전시켜 절대왕정을 추진한 인물이 헨리 8세다(헨리 8세 참조). 헨리 8세 사후 에드워드 6세를 거쳐 메리 1세가 국왕의 자리에 앉았다(재위 1553년~1558년). 메리 1세는 개신교 성직자 300명을 화형에 처하는 등 신교를 무자비하게 탄압하여, 잔혹한 행위 때문에 '블러디 메리(피에 물든 메리)'라는 별명을 남겼다.

엘리자베스 1세는 헨리 8세와 시녀 앤 불린 사이에서 1533년에 태어났다. 스무 살 무렵, 잔혹하기로 유명했던 메리 1세가 반란 혐의로 그녀를 런던탑에 유폐했지만 목숨까지는 빼앗지 않았다. 무사히 살아남은 엘리자베스는 1558년 메리 1세가 병사한 후 여왕으로 즉위한다.

그녀는 즉위하자마자 영국의 독자적인 교회인 국교회의 손을 잡고 통일법과 수장법(국왕지상법)을 제정해 국왕을 최고 통치자로 삼았다. 또한, 국교회의 기도법을 개신교 방식으로 통일시키면서 국왕이 국교회의 최고 권력자임을 다시 한번 확인하여, 헨리 8세부터 시작된 영국의 종교 개혁을 완성했다.

당연히 로마 교황은 영국의 이러한 움직임에 반발하였고, 영국과 로마 교황의 골이 깊어져가는 와중에 영국의 남은 기독교 세력은 메리 스튜어트(1542년~1587년)를 잉글랜드의 여왕으로 옹립하려 했다. 스코틀랜드 여왕(스코틀랜드의 메리)이었던 그녀는 엘리자베스 1세를 상대로 왕위 계승권을 주장하지만 패하고, 스페인과 손을 잡고 암살을 기도했다며 엘리자베스 1세에 의해 처형당한다. 처형당한 이유로 그녀가 엘리자베스 1세에게 "당신은 그래봤자 (시녀인) 앤 불린의 자식이다."라고 말했기 때문이라는 설도 있지만 허구로 여겨진다.

엘리자베스 1세가 기독교와 단절한 데에는 자신이 헨리 8세의 정통 계승자임을 과시하기 위해서이기도 했다. 기독교 교의를 따르면 그녀는 왕권을 인정받을 수 없었기 때문이다. 엘리자베스 1세는 기독교 세력을 일소하고 개신교에 가까운 국교회를 강화해 로마 가톨릭교회와 완전히 갈라서는 것으로 권력의 기반을 다졌다.

엘리자베스 1세가 '세계를 바꿨다'고 평가받는 이유는 이처럼 국교회를 견고히 했으며, 대외적으로도 승리했기 때문이다. 덕분에 영국은 중앙 집권화에 박차를 가해 절대왕정의 전성기를 맞이하였고 나아가 '대영 제국'의 기초를 쌓았다. 사실 이 시기는 아직 정식으로 스코틀랜드를 합병하지 않았기에 정확히는 '잉글랜드'지만, 편의상 '영국'이라고 표기하겠다. 당시 영국은 인구도 적은 유럽의 이류 국가에 지나지 않았다. 그렇기에 대외적으로 거둔 승리는 큰 의미가 있었다.

엘리자베스 1세가 거둔 승리의 상대는 스페인이다. 기독교 세력을 일소하고 국교회의 나라가 된 영국인 만큼 기독교 국가인 스페인과의 관계가 좋을 리 없었다. 때마침 스페인의 지배에서 벗어나려 한 네덜란드(오늘날의 벨기에 포함)가 독립 전쟁(1588년~1648년)을 일으키자, 영국은 네덜란드를 지원한다. 이에 화가 난 스페인은 '무적함대'라 불리는 해군을 동원해 영국을 공격한다. 격렬한 전투였지만, 영국의 제독 프랜시스 드레이크가 불붙인 선박을 적에게 돌진시키는 해적식 전술을 구사한 데 이어 행운도 더해져 영국군이 승리한다. 이 승리로 영국은 해양 제국으로 가는 길이 열렸으며, 반대로 '해가 지지 않는 제국'이었던 스페인은 몰락하기 시작한다(펠리페 2세 참조).

더불어 대항해시대인 16세기, 영국도 엘리자베스 1세의 치세 아래 신대륙으로 진출하기로 한다. 1600년에는 동인도회사를 설립해 신대륙의 부를 유입하면서 경제적으로는 그레셤을 기용해 중상주의를 추진했으며, 여왕이 특별히 신임한 신하 월터 롤리가 북미에 식민지를 건설, 엘리자베스 1세를 기리는 의미로 그곳의 이름을 버지니아라고 명명했다.

그리고 셰익스피어와 시인 에드먼드 스펜서 등 문학·연극계에 뛰어난 작가들이 등장해 문화가 부흥(셰익스피어 참조)하여 이 시대(16세기 후반)를 영국 르네상스라고 부른다.

엘리자베스 1세는 69세에 사망할 때까지 결혼하지 않은 것으로 알려져 있다. 젊을 때 결혼하는 것이 당연한 시대에, 정략결혼이 일상다반사였던 왕가에서 그녀는 내로라하는 강국으로부터의 구혼을 어물쩍 잘 넘기고(스페인의 펠리페 2세, 러시아의 이반 4세로부터 구혼을 받았다) 외교적으로 잘 대처해 평생 독신으로 살았다. '처녀 왕(버진 퀸)'이라고 불리우며 의회에서 "나는 영국과 결혼했다."라고까지 말한 그녀였지만, 애인은 있었다고 한다. 엘리자베스 1세는 1603년에 눈을 감았으며 독신인 만큼 뒤를 이을 후계자가 없어 튜더 왕조는 단절된다. 이후 스코틀랜드의 왕 제임스 찰스 스튜어트가 뒤를 이어 제임스 1세가 되면서 스튜어트 왕조가 시작된다.

좀 더 깊이 알고 싶은 독자를 위한 추천 도서

- 『근대 초기의 영국』, 허구생, 한울
- 『튜더스 – 세계사를 바꾼 튜더 왕조의 흥망사』, G. J. 마이어, 말글빛냄
- 『제국의 태양 엘리자베스 1세』, 앤 서머싯, 들녘
- 『엘리자베스 여왕의 왕국』, 타임라이프북스, 가람기획

크롬웰[Oliver Cromwell, 1599년~1658년]
청교도 혁명을 일으켜 국왕을 처형한 독재적 호국경

1603년 엘리자베스 1세가 서거했다. 후계자가 없어 튜더 왕조가 단절된 이후 스코틀랜드에서 시작된 스튜어트 왕조가 잉글랜드를 같이 지배하는 형태가 된다(동군연합). 이때의 국왕이 제임스 1세로, 왕권신수설을 주장한 그는 국왕도 법을 따라야만 한다고 주장한 의회와 대립하다 1625년에 사망한다. 그 뒤를 이은 찰스 1세는 아버지 제임스 1세의 사상을 이어받아 전제정치를 펼쳤다.

이 시절 스코틀랜드와 아일랜드에서 반란이 일어나는 등 반발이 계속되었으나, 왕이 절대적 권력을 가져야 한다고 믿는 찰스 1세는 의회와 날카롭게 대립한다. 하지만 권력을 키워 온 의회 앞에서 국왕의 권위는 흔들렸고, 왕을 향한 국민들의 불만도 높아져만 갔다.

시대의 흐름을 읽지 못한 찰스 1세는 무모할 정도로 강경한 태도를 보이며 의회와 대치한다. 1628년 영국 의회가 의회의 동의 없이는 과세할 수 없다는 내용의 '권리 청원'을 찰스 1세에게 제출하자 찰스 1세는 일단 승인하지만, 곧바로 이를 파기하고 의회를 해산시킨다. 이 사건을 계기로 왕을 향한 의회와 국민의 분노가 한층 거세졌다.

이때 의회를 이끈 인물이 올리버 크롬웰이다. 젠트리(평민이지만 부유한 지주) 출신인 그는 종교적으로는 경건한 청교도였다. 크롬웰은 '철기대'를 조직해 국왕군을 격파하고 1649년 국왕 찰스 1세를 사로잡아 처형하여 청교도 혁명을 성공시켰다. 이로써 영국은 왕정에서 공화제로 바뀐다(잉글랜드 공화국 수립).

크롬웰은 이후 호국경이 되어 공화제를 추진하는데, 국민의 평등권을 요구한 수평파를 탄압하고 왕당파와 기독교도 엄격하게 통제하는 등 군사 독재적 정치를 행한 탓에 국민의 지지를 잃었다. 1658년 크롬웰이 병사한 지 얼마 지나지 않아 공화정이 무너지고 1660년 찰스 2세가 즉위해 왕정복고가 이루어졌다.

좀 더 깊이 알고 싶은 독자를 위한 추천 도서 ―――

▪ 『영국 혁명과 올리버 크롬웰』, 주연종, 한국학술정보

■■■ 사토 마사루의 한 마디 ■■■

크롬웰은 자신은 신에게 선택받은 자라는 의식을 강하게 가지고 있었다. 이것은 개신교 개혁파(칼뱅파)의 특징인데, 나는 절대적으로 옳다는 신념을 가졌기 때문에 관용을 전혀 베풀지 않았다. 극단적인 정의감은 무서운 법이다.

루이 14세(Louis XIV, 1638년~1715년)
절대왕정의 극치, 부르봉 왕조 최전성기를 누린 '태양왕'

1589년 앙리 4세가 연 부르봉 왕조에서는 절대왕정이 확립되어 있었다. 그의 후계자가 루이 13세다. 그의 밑에서 『삼총사』로 친숙한 재상 리슐리외가 활약했다. 이 시기 프랑스는 삼십년 전쟁(1618년~1648년)에 휘말린 상태였지만, 기독교 국가였음에도 불구하고 합스부르크에 대항하기 위해 신성로마 제국 측에 섰다.

41세에 사망한 루이 13세를 이어 즉위한 인물이 루이 14세(재위 1643년~1715년)였다. 5세에 즉위했던 만큼 그가 할 수 있었던 일은 없었고, 실질적으로 재상 마자랭이 나라를 다스렸다. 도중 귀족들이 프롱드 반란을 일으켰지만, 마자랭은 우수한 재상이었기에 이를 진압한 뒤 삼십년 전쟁 후인 1648년 베스트팔렌(웨스트팔리아) 조약으로 영토를 넓히면서 왕권을 높였다. 1661년 마자랭이 사망하자 루이 14세는 "짐이 곧 국가다."라고 말하며 재상이나 귀족의 도움 없이 혼자서 정치, 외교를 펼치기 시작했다. 바로 '태양왕'의 탄생이다. 이때부터 왕권신수설에 기반을 둔 절대왕정이 절정에 달한다.

이 시대 재무장관 자리에 오른 콜베르는 국가 재정 재건을 위해 중상주의를 채택하였고, 수입 관세를 높여 국내의 산업을 보호했다. 종교적으로는 1598년 낭트 칙령을 폐지해 위그노(신교도)를 추방했다. 하지만 기독교를 중시한 이 정책은 잘못된 판단으로, 점차 경제에 악영향을 끼쳤다. 한편, 프랑스는 영토를 확장하기 위해 침략 전쟁을 반복했다. 네덜란드와 영국, 스페인과도 싸웠지만 투입한 군비와 병력을 보충할 정도의 전리품(신영토)을 얻지 못해 훗날 재정 파탄을 야기한다.

또한, 문화적으로는 파리 근교에 호화찬란한 베르사유 궁전을 건설(1661년)하고 대궁전에 많은 귀족을 모아 국왕이 이들을 지배하는 형태를 만들어 냈다. 이 건축비를 국민의 세금으로 충당했기에 국민의 반발이 높아졌고, 이는 결국 1789년 프랑스 혁명으로 이어진다.

프랑스 절대왕정의 시대인 17세기에 영화를 누린 루이 14세의 치세였지만, 국가의 번영을 지탱하기 위한 재정적인 부담은 계속 쌓이고 있었다.

루이 14세의 머리카락은 가발이었고 키가 작아(160cm 정도) 항상 굽이 높은 신발을 신었다. 초상화에는 이러한 허구의 그가 그려져 있다.

좀 더 깊이 알고 싶은 독자를 위한 추천 도서

• 『루이 14세와 베르사유 궁정』, 생시몽, 나남

마리아 테레지아(Maria Theresia, 1717년~1780년)
오스트리아의 근대화를 이끌고 프로이센에 맞선 '여제'

18세기 이미 신성로마 제국의 권위는 뼈대만이 남아있는 상태였다. 당시의 정세를 살펴보면 합스부르크 왕가는 현재의 오스트리아 땅을 지배하면서 신성로마의 황제 지위를 유지하고 있었고, 프로이센(프러시아)은 신성로마 제국 동부에 왕국을 세우고 부국강병을 추진하면서 영토를 더 넓힐 기회를 노렸다. 이 시기를 대표하는 인물이 두 명 있다. 한 명은 프로이센의 프리드리히 2세이고, 다른 한 명은 합스부르크 왕가의 마리아 테레지아다. 서로가 서로의 호적수였다고 해도 과언이 아니다.

1558년 카를 5세 사후 스페인과 오스트리아로 갈라진 합스부르크 가문이었지만, 1700년 펠리페 2세의 죽음과 함께 스페인 합스부르크 왕가는 단절되어 오스트리아의 합스부르크만 남았다.

오스트리아 합스부르크 왕가는 1648년 베스트팔렌(웨스트팔리아) 조약으로 약해졌지만, 17세기 후반 오스만 제국을 격파해 헝가리를 탈환한다. 1701년 오스트리아 합스부르크 국왕인 카를 6세가 군주를 잃은 스페인 합스부르크 왕가의 왕위 계승권을 주장하며 스페인 계승 전쟁을 일으켰다가 패배한다. 이 사건으로 스페인 집권은 단념하고, 1740년 장녀인 마리아 테레지아가 오스트리아를 중심으로 한 광대한 영토와 이에 기반을 둔 강한 국력을 물려받아 치세를 시작한다(재위 1740년~1780년).

카를 6세 사후 1740년 마리아 테레지아는 23세에 오스트리아 왕위를 이었다. 그리고 여기에 불만을 가진 프로이센과의 사이에서 오스트리아 계승 전쟁이 발발한다. 이때 프로이센 국왕이 프리드리히 2세다(프리드리히 2세 참조).

이 전쟁에서 프로이센군은 오스트리아 영내의 공업 지대 실레지아(독일어로는 슐레지엔, 현재 폴란드)를 빼앗는 데에 성공하지만 1748년의 엑스라샤펠 조약(아헨 조약)으로 마리아 테레지아는 오스트리아, 보헤미아(현 체코), 헝가리의 상속을 인정받는다.

마리아 테레지아는 오스트리아 계승 전쟁 이후 근대화에 힘썼다. 중앙 집권화를 진행함과 동시에 부국강병을 위한 징병제를 시행했다. 병원을 설치하고 의무 교육을 실시했으며 빈 시내에 쇤브룬 궁전을 개축했다. '마리아 테레지아 옐로우'라고 불리는 노란색 궁전은 외견은 바로크, 내면은 로코코 양식으로 지어졌다.

나라를 안정시켰다는 의미에서 그녀는 합스부르크 역사를 바꾼 인물이기도 하다. 오스트리아에서는 지금도 그녀를 '국모'라고 칭송하는 목소리가 많다.

이러한 마리아 테레지아에게 프리드리히 2세는 언제나 눈엣가시 같은 존재였다. 프로이센에 대항해 실레지아를 되찾으려는 의미도 더해 그녀는 200년간 숙적이었던 프랑스(당시 왕은 루이 15세)와 손을 잡는다. 이것을 외교 혁명이라고도 부른다. 합스부르크 왕가는 기본적으로 정략결혼을 통해 관계를 쌓아나가는 가문이라, 이때도 막내딸 마리 앙투아네트를 프랑스의 루이 16세의 왕비로 보내 프랑스를 아군으로 끌어들이는 데에 성공한다.

1756년 프로이센과 오스트리아 사이에 칠년 전쟁이 발발하자 프로이센은 영국과 손을 잡았으며, 오스트리아는 프랑스, 러시아의 손을 잡았다. 하지만 당시 러시아에서는 여제 엘리자베타가 급사하고 표트르 3세가 뒤를 이었는데, 그는 프리드리히 2세를 숭배한 탓에 프로이센과 평화 협정을 맺고 전쟁에서 이탈한다.

칠년 전쟁은 프로이센과 영국의 승리로 1763년에 막을 내렸다. 이 승리로 프로이센은 유럽에서의 권력을 강화해 독일 통일의 길을 걷고, 영국도 북미 대륙과 인도 등을 핵심으로 한 식민지 정책을 계속해서 펼쳐나가며 한층 더 번영했다. 반면 칠년 전쟁에서 패한 프랑스는 재정 악화 상태에 빠지게 되고, 결국 후술할 프랑스 혁명이 일어나는 원인이 된다.

이야기를 마리아 테레지아로 돌리면, 그녀의 남편은 프란츠 1세였다. 그는 아내와 함께 오스트리아와 신성로마 제국의 공통 통치자였지만, 실권은 마리아 테레지아가 쥐고 있었다(프란츠 1세는 정치에 흥미가 없었다고 한다). 부부 사이가 좋아 프란츠 1세가 사망하자 마리아 테레지아는 남은 평생 상복을 입고 지냈다고 한다.

그녀는 1736년 결혼한 후 20년에 걸쳐 16명의 아이를 낳았다. 당시 출산 휴가가 있었을지 모르겠지만 육아 휴가는 없었을 테니 정말 굉장히 건강했던 여성이라고 말할 수 있을 것이다. 참고로 흔히 그녀를 부를 때 '여제'라는 호칭을 붙이지만, 실제로 신성로마 제국의 황제가 된 적은 없기 때문에 엄밀히 말하면 잘못된 호칭이다.

그녀의 아들로 뒤를 이어 황제가 된 요제프 2세는 신성로마 제국의 황제(재위 1765년~1790년)로서 다양한 개혁을 주도했다. 종교 관용령이나 농노제 폐지 등이 대표적이다. 이러한 자세를 보인 덕에 '계몽전제군주'라고 불린다.

좀 더 깊이 알고 싶은 독자를 위한 추천 도서
- 『마리아 테레지아』, 김장수, 푸른사상
- 『여왕의 시대』, 바이하이진, 미래의창

예카테리나 2세 [Ekaterina II, 1729년~1796년]
러시아 제국을 강국으로 이끈 '대제'

러시아의 미하일 로마노프는 1613년 로마노프 왕조를 열었다. 이후 얼마 동안 차리즘(차르(황제)를 중심으로 한 전제정치 체제) 아래에서 안정된 치세가 이어진다. 그 사이 1670년에 농민 스텐카 라진이 반란을 일으키나 진압되었고, 이후 농노제는 한층 더 강화되었다.

1700년 표트르 1세 시대에 대북방 전쟁이 발발한다. 스웨덴의 패권을 둘러싸고 스웨덴과 반스웨덴 동맹(북방 동맹) 나라들이 맞붙은 이 전쟁에서 러시아가 승리해 1721년에 뉘스타드 조약을 맺었고, 결국 발트해마저 제압해 명실공히 '러시아 제국'이 되었다.

예카테리나는 독일 소귀족의 딸이다(러시아인이 아님). 선대의 연으로 표트르 1세의 손자인 표트르 3세와 결혼했는데, 남편 표트르 3세가 1762년 황위를 이으면서 그녀 역시 황후 자리에까지 올랐다. 하지만 시대도, 남편도 예상대로는 움직이지 않았다.

당시 유럽은 오스트리아와 프랑스, 러시아가 손을 잡고 프로이센과 영국과 싸우고 있었다(칠년 전쟁). 하지만 표트르 3세가 프로이센 왕 프리드리히 2세의 숭배자여서 즉위하자마자 칠년 전쟁에서 이탈해버리는 바람에, 프로이센은 한층 더 강력해진 반면 러시아의 발전은 늦어졌다. 패자가 될 기회를 제 발로 찬 격이다.

이렇게 무능했던 표트르 3세와 아내 예카테리나의 사이는 좋지 않았다. 표트르 3세와는 대조적으로 총명했던 그녀는 러시아어와 러시아 문화를 공부해 러시아에 녹아들려고 했다.

1762년 공식 석상에서 표트르 3세로부터 바보 취급을 당한 예카테리나는 근위부대와 반표트르파 귀족들과 함께 쿠데타를 일으켜 표트르 3세에게 퇴위를 강요했다. 병약했던 표트르 3세는 이를 받아들였고, 예카테리나가 예카테리나 2세로서 러시아 황제로 즉위했다.

예카테리나 2세 아래 러시아는 급속도로 발전한다. 실제로는 독일인 여제지만 지금도 '예카테리나 대제'라고 부를 정도의 존재가 되었다. 러시아에서 대제로 불리는 인물은 표트르 1세와 그녀 정도다.

학구심이 강했던 그녀는 러시아어만이 아니라 정치, 사상 등도 공부했다. 프랑스인 사상가 볼테르와 디드로와도 교류해 사상적으로 많은 영향을 받았기에 그녀는 계몽전제군주의 대표 인물로 꼽힌다. 17세기는 계몽전제군주의 시대였는데, 대표적 인물은 모두 '2세'라는 명칭이 붙은 국왕이나 황제였다.

하지만 계몽전제군주로서 그녀가 행했던 내정은 절대 진보적이지 않았고 오히려 반동적이라고 하는 편이 옳다. 1773년에 농노제 폐지를 주장하는 푸가초프의 난이 일어나자 곧바로 진압했다. 이후 반동적인 행보가 훨씬 강해져 농노제 역시 강화되었다. 더불어 급진적 개혁자들을 탄압하고 귀족 중심의 정책을 펼치기도 했다.

한편 외교적으로는 표트르 1세의 러시아 제국 확장 노선을 답습해 남하 정책을 펼쳤다.

1768년 오스만 튀르크 제국과 맞붙은 러시아 튀르크 전쟁을 열었고, 1774년에는 퀴췩 카이나르자 조약으로 크림 칸국의 보유권을 획득했으며 1783년에는 끝내 크림 칸국을 병합해 크림반도를 손에 넣었다. 이는 러시아에게 아주 큰 의미를 갖는 사건이었다. 러시아는 부동항(겨울에도 바다가 얼지 않는 항구)을 얻고 싶어 했는데, 흑해에 생긴 크림반도의 부동항을 통해 한층 더 강력한 남하 정책을 펼칠 수 있었기 때문이다.

예카테리나 2세는 서쪽으로는 강국이 된 프로이센과의 전쟁을 멈추고 우호 관계를 쌓았다. 이 과정에서 러시아가 프로이센과 함께 폴란드를 세 부분으로 나눠 그중 한 곳을 지배했기에 폴란드가 큰 피해를 보았다. 그때까지 역사상 무대 위에 오른 적이 없던 유럽의 소국 폴란드는 예카테리나 2세와 프리드리히 2세의 미묘한 세력 신경전에 끊임없이 시달렸으며, 150년 후에는 나치 독일의 지배를 받고 그 뒤로는 소련의 지배를 받았다. 강대국 사이에서 나라를 유린당한 폴란드 국민은 지금도 러시아에 강한 반감을 품고 있다(냉전시절에 함께 싸웠음에도 불구하고 폴란드의 대러시아 감정은 좋지 않다).

예카테리나 2세에 다시 집중하면 뛰어난 역량을 가졌던 여제는 러시아 제국의 영토를 넓히고 강국의 반열에 올리는 데 성공하며 세계의 판도를 바꾸었다. 현재 상트페테르부르크에는 장엄한 예카테리나 궁전과 함께 세계 굴지의 미술관인 에르미타시 미술관이 있어 많은 관광객을 불러 모으고 있다.

여담으로 예카테리나 2세는 남편이 애인을 두자 자기도 많은 애인을 두었는데, 수가 10명이 넘었다고 한다.

좀 더 깊이 알고 싶은 독자를 위한 추천 도서

• 『예카테리나 서한집』, 예카테리나 2세, 읻다
• 『명화로 읽는 여왕의 세계사』, 김서형, 뮤즈

사토 마사루의 한 마디

예카테리나 2세는 혈통으로는 독일인이다. 러시아어도 결혼한 뒤에 배웠다. 독일계인 그녀가 러시아 민심을 장악할 수 있었던 데에는 러시아가 국민 국가가 아닌 제국이었기 때문이다. 지도자가 어느 민족인지는 러시아인에게 본질적인 문제가 아니다. 소련 시대에 조지아인(그루지야인)이었던 스탈린이 독재자가 될 수 있었던 것도 러시아 제국의 전통이 소련에 계승되었기 때문일 것이다.

프리드리히 2세(프로이센 왕)(Friedrich II, 1712년~1786년)
부국강병을 진행해 독일 제국으로의 길을 연 계몽전제군주

독일은 오랜 기간 신성로마 제국의 지배를 받았으나, 시간의 흐름에 따라 이 체제는 무너져갔다. 제국의 남동쪽으로는 합스부르크 왕가가 영토를 넓히고 있었고, 북동부 쪽에는 1701년 프로이센(프러시아) 왕국이 성립되어 영토를 확장했다. 1806년이 되면 오스트리아 황제가 그 지위를 이었던 신성로마 제국이 멸망해, 결국 프로이센이 독일 통일의 모체가 된다.

이러한 프로이센 왕국에서 1740년 프리드리히 2세가 즉위한다(참고로 신성로마 제국의 황제 중에도 프리드리히 2세가 있지만 다른 사람이다.). 프리드리히 2세는 볼테르 등 명사의 문학, 사상, 음악에 심취해 즉위 후에는 중상주의 정책과 부국강병 정책을 펼쳤다.

더불어 "군주는 국가의 첫째가는 하인이다."라는 말을 남기면서 관료제를 정비하고 산업을 육성하는 데에 힘썼다. 덕분에 그의 치세하에 산업이 크게 발전하며 프로이센은 유럽 최강국으로 가는 계단을 차근차근 올라가기 시작했다.

그는 17세기에 위(군주)로부터의 근대화를 계획한 '계몽전제군주'의 대표적인 인물로 나라에 공헌해 프리드리히 대제라고도 불린다. 앞서 언급한 프랑스인 볼테르와도 오랫동안 교류를 나누었고, 베를린 근교에 로코코식으로 상수시 궁전을 지어 문인이나 예술가를 초빙해 문학을 장려하는 등 문화적으로도 많은 발전을 이루었다. 종교적으로는 신앙의 자유를 인정했다. 군사적으로는 합스부르크 왕가(이 시기 오스트리아를 중심으로 중부 유럽을 지배했다.)에 대항했고 1740년 오스트리아 계승 전쟁에 참전해 마리아 테레지아의 계승에 딴지를 걸어 끝내 슐레지엔(현재 폴란드)을 할양받았으며, 1756년의 칠년 전쟁에서도 승리해 영토를 착실히 넓혀나갔다. 이러한 과정을 밟으면서 프로이센은 크게 발전해 최종적으로는 1871년 프로이센-프랑스 전쟁에서도 승리를 거머쥔다. 이후 프로이센 왕국에서 독일 제국(제2제국)으로 국명을 바꾼다.

좀 더 깊이 알고 싶은 독자를 위한 추천 도서

- 『독일 통합의 비전을 제시한 프리드리히 2세』, 김장수, 푸른사상
- 『이야기 독일사』, 박래식, 청아출판사

오도아케르 [Odoacer, 434년~493년]
서로마 제국을 무너뜨린 중세 초기의 용병대장

로마 제국은 395년에 동서로 분열했는데, 그중 서로마 제국은 오래 가지 못했다. 강대한 게르만 민족이 침공했기 때문이다. 서로마 제국은 어떻게든 살아남으려 했지만, 게르만 민족이 가진 강력한 무력 앞에서는 속수무책이었다. 게르만에는 여러 세력이 있어 어느 한 세력을 공략하는 데 성공한다고 해서 제국의 시대가 되살아날 수도 없었다. 451년경 북방 훈족의 아틸라 왕(헝가리 주변에서 부흥했던 부족의 장)이 동로마 제국을 공격해 많은 로마인이 공포에 떠는 혼란한 상황 속에서, 서로마 제국에서는 용병대장이었던 오도아케르가 서로마 황제를 추방하여 476년 서로마 제국은 멸망한다.

오도아케르는 동로마 제국으로부터 서로마 총독 칭호를 얻는다. 하지만 일개 용병이 그 넓은 지역을 안정적으로 다스릴 리가 없었다. 시대가 불안정했던 탓도 있어서 도와주기로 했던 동로마 황제가 오도아케르 같은 인물을 신경 쓸 이유도 없었다.

5세기 동고트 왕국을 지배했던 군인으로 테오도리크가 있다. 게르만 민족 중 하나인 고트족의 인물이자, 동로마 제국에서 자란 테오도리크는 오도아케르를 몇 번이나 공격했다. 그리고 끝내 493년 테오도리크는 교섭을 통해 오도아케르를 굴복시킨 뒤 이를 축하하는 연회에서 그를 암살하고, 5세기 말 패자 자리에 올랐다. 테오도리크는 497년에 이탈리아 왕으로 인정받아 동고트 왕국의 왕이 된다.

여기까지 읽었다면 오도아케르까지 쓰러뜨린 테오도리크가 정말 굉장한 무장이었다고 생각할 것이다. 하지만 테오도리크는 로마 앞에서는 무력해 오도아케르를 암살한 뒤 곧장 동로마 제국에 복종하며 기독교(로마 교황과는 다른 아리우스파)도 받아들였다.

어찌 됐든 게르만 민족은 결과적으로 서로마 제국을 멸망시켰지만, 동로마 제국 앞에서는 게르만 민족을 앞에 둔 서로마 제국과 마찬가지로 그저 고개를 숙여야만 했다. 이러한 의미에서 이 시기 가장 중요한 인물은 오도아케르며 다음으로 중요한 인물이 그를 쓰러뜨린 테오도리크라고 말할 수 있겠다.

피사로 [Francisco Pizarro, 1478년~1541년]
잉카 제국을 멸망시킨 비겁한 정복자

 15세기는 대항해시대였다. 이탈리아 출생의 콜럼버스는 스페인 여왕의 지원을 받아 1492년에 서쪽을 돌아 신대륙을 발견한다. 또한 1498년에는 포르투갈인 바스쿠 다가마가 남아프리카의 희망봉을 돌아 나가는 방식으로 인도 서안에 있는 캘리컷(현재의 코지코드)에 도착한다. 이 결과로 열린 인도 항로를 통해 후추 같은 상품이 유입되었고, 이는 포르투갈 경제를 윤택하게 만들었다.

16세기에 들어오면 포르투갈인 마젤란이 스페인 왕 카를로스 1세 아래서 남아메리카 대륙을 남하해 마젤란 해협을 통과하고 태평양을 북서로 횡단해 필리핀에 도착한다(1521년).

이러한 신항로에 정복자(콩키스타도르)들은 기꺼이 뛰어들었다. 그들은 이기적이었다. 재화, 향신료 등을 손에 넣고, 선주민족에게 기독교 신앙을 강요해 그 나라를 지배하기 위해 신대륙으로 향했다.

가장 먼저 중남미로 간 인물은 스페인 지방 귀족 출신인 프란시스코 피사로였다. 그는 잉카에 엘도라도(황금향)가 있다는 말을 듣고 현재의 페루로 향했다. 과연 안데스산맥에는 고도의 국가 기구와 정비된 도로망 등 높은 문명을 이룩한 잉카 제국이 있었다.

피사로는 당시 잉카 제국 황제 아타우알파에게 기독교로의 개종을 강요했다. 그리고 이것을 거부한 아타우알파를 포획, 유폐시킨 뒤 제국에 막대한 몸값을 요구했다. 제국은 몸값을 지불했으나, 피사로는 약속을 어기고 황제를 처형한 뒤 수도 쿠스코를 점령해 잉카 제국을 멸망시켰다(1533년).

또한 피사로군은 수천 명을 학살하고 잉카 제국민들을 노예화했으며 여성들을 강간하고 첩으로 삼았다. 뿐만 아니라 식량을 착취하다 끝내 잉카 제국민들을 죽이는 등 극악한 짓을 일삼으며 남미에 스페인 식민지를 세웠다.

피사로는 1535년 신수도 리마를 세우고 카를로스 1세(카를 5세)로부터 후작위를 받지만 1536년 아타우알파를 무고하게 죽인 죄로 카를로스 1세로부터 사형을 선고받는다. 이후 피사로는 같은 스페인 정복자 알마그로와 대립하다 그를 처형하나, 이에 앙심을 품은 알마그로의 아들에 의해 1541년 끝내 암살당한다.

좀 더 깊이 알고 싶은 독자를 위한 추천 도서 ─────

• 『태양의 제국, 잉카의 마지막 운명』, 마이클 우드, 랜덤하우스코리아

코르테스[Hernan Cortés, 1485년~1547년]
아스테카 제국을 멸망시킨 잔학한 정복자

15세기 대항해시대를 맞이해 16세기 신대륙 정복 제1인자의 자리에 앉은 나라는 스페인이었다. 콜럼버스와 마젤란 등이 스페인 왕실의 협력을 받아 신항로를 발견했기 때문이다.

시대는 16세기 초반. 기독교 왕국 스페인의 카를로스 1세는 자신의 종교 가톨릭을 포교하겠다는 명목으로 대규모 병력을 신대륙 정복을 위해 보냈다.

이러한 정복자(콩키스타도르) 중 대표적 인물이 하급 귀족 출신의 코르테스다. 그는 1506년 쿠바 원정에 나서 쿠바를 정복하고 통치했으며, 1519년에는 당시의 총독 디에고 벨라스케스(17세기 스페인 화가와는 다른 사람)의 명령을 무시하고 병사를 이끌고 진군해 멕시코만을 따라 내려가다 유카탄반도로 들어갔다.

당시 그곳에는 아스테카 문명이 있었다. 수도 테노치티틀란으로 진군한 코르테스군을 본 아스테카 왕 몬테수마 2세와 인디오들은 코르테스를 빛의 신 케찰코아틀의 화신이라고 여겨 숭배했다. 얼마 동안 그곳에 머물던 코르테스는 쿠바에 남아있는 잔당을 쫓기 위해 약간의 군사만을 남기고 일단 돌아갔다. 이후 쿠바에 남아있던 불안의 불씨를 모두 끄고 테노치티틀란으로 돌아온 코르테스는 그동안 스페인군이 아즈텍군을 학살했음을 알게 된다. 이 사건에 분노한 아즈텍인들이 반란을 일으키는 바람에, 사태를 수습하려 했던 아스테카의 몬테수마 2세도 아즈텍인에게 살해당했고 스페인인도 약 1천 명 정도가 살해당했다.

일단 테노치티틀란에서 탈출한 코르테스는 1521년 태세를 정비해 5만 이상의 병력으로 테노치티틀란을 포위하고 총공격을 가해 함락시킨다. 이로써 아스테카 제국은 멸망했다. 도시의 주민들은 대부분 학살당했으며, 살아남은 주민들은 노예가 되었고, 많은 여성이 강간당했으며 재화도 약탈당했다.

코르테스는 정복한 땅을 소유해 1523년에는 카를로스 1세(카를 5세)로부터 총독으로 임명된다. 이후 (현재 미국의) 캘리포니아를 탐험했고 1540년에는 카를로스 1세를 따라 알제리 원정도 갔다. 과거의 행위를 지금의 시각으로 재단하기는 어렵지만, 신대륙 식민지 대부분이 이러한 폭력에서 형성되었다는 점만큼은 잊어서는 안 될 사실이다.

좀 더 깊이 알고 싶은 독자를 위한 추천 도서
• 「코르테스 멕시코제국 정복기」, 에르난 코르테스, 나남

마키아벨리 (Niccolò Machiavelli, 1469년~1527년)
정치에 합리주의를 도입한 정치 사상가

이탈리아의 정치 사상가로 유명한 니콜로 마키아벨리. 그는 피렌체 공화국의 외교관, 군사 이론가이기도 하다. 그가 쓴 『군주론』은 르네상스기 정치사상서의 최고봉이라고 일컬어진다.

마키아벨리는 피렌체에서 태어났다. 아버지는 귀족으로 법률가였다. 그가 어렸을 때의 피렌체는 메디치 가문이 독재를 펼치던 시대였지만, 1494년에 메디치 가문이 추방당하면서 격동의 시대로 접어든다. 1498년에 마키아벨리는 피에로 소데리니 정권 아래에서 제2서기국장이 된다. 그리고 1499년에 시작하는 피사 원정의 실질적인 작전 입안과 지도를 맡지만, 용병에게 의존한 탓에 실패한다.

이후 마키아벨리는 시민군 창설을 시도한다. 그러다 1513년에 메디치 가문 요인 암살 미수 사건인 보스콜리 사건에 관여했다는 혐의로 체포되었다가 특별 사면된다. 풀려난 뒤 은거 생활을 하며 『군주론』을 쓰기 시작해 1516년 피렌체의 참주 로렌초 데 메디치에게 바치고, 1520년에는 『피렌체사』를 집필하기 시작했다. 1527년에 메디치 가문이 또다시 피렌체에서 추방되자 마키아벨리도 같이 추방되었고, 이후 실의의 나날을 보내다 복막염으로 피렌체에서 사망했다. 당시 나이 58세였다.

마키아벨리에 관해 이야기하기 위해서는 먼저 『군주론』을 설명할 필요가 있다. 이 책은 총 26장으로 되어 있으며, 역사상 존재했던 여러 군주를 비교, 고찰해 올바른 군주상을 제시한다. 마키아벨리는 국가를 공화국과 군주국으로 크게 나누고, 군주국의 정치에 관해 논술한다. 당시 분열되어 있던 이탈리아를 통일하기 위해서는 강력한 힘을 가진 군주가 필요하다고 생각했기 때문이다. 그는 사자의 힘과 여우의 교활함을 갖추어 독재자로서 강력한 통치력을 펼칠 수 있는 군주만이 이탈리아를 통일할 수 있다고 생각했고, 정치 목적을 위해서라면 도덕을 무시하고 권모술수를 쓰는 것도 필요하다고 강조했다. 이러한 그의 사상은 근대 정치학의 기반이 되었다.

『군주론』에서 전개된 사상은 마키아벨리주의로 불리며 후세 사상가와 정치학자 등에게 큰 영향을 주었다. 스위스의 사상가 루소는 인민에게 군주라는 것의 본질을 가르쳐주는 책이라며 매우 높게 평가했다. 또한 몽테스키외와 헤겔도 마키아벨리의 사상을 지지했다. 그의 사상에 매료된 사람 중에는 당연히 정치가들도 많았는데, 프랑스 왕국의 리슐리외 추기경은 마키아벨리 이론을 실천해 국익이라는 현실적인 측면에서 정치를 행했다.

또한, 마키아벨리는 정치 이론만이 아니라 『전술론』 같은 군사 이론서도 남겼다. 그는 전술 관련 저술 속에서 용병에 기대지 않는 상비군제에 의한 시민군의 필요성을 설파하고 있다. 더불어 조직적인 군대를 만들기 위해 단계적으로 발전된 군사 훈련이 필요하다는 점도 강조한다. 이러한 마키아벨리의 군사 이론은 근대 군사 이론의 토대가 되었다.

마키아벨리의 군사 이론은 무척 훌륭해 후세의 이론에 많은 영향을 끼쳤지만, 마키아벨리의 군사 지휘관으로서의 능력은 실제로 군사 작전을 여러 번 실패하는 등 그다지 뛰어나지 못했다. 좋은 예가 피사 원정 작전이다. 피사를 피렌체의 정치, 경제의 생명선으로 여겼던 마키아벨리는 피사 공략을 그 무엇보다도 중요시해 군대를 파견하지만, 공략에 완전히 실패했다.

위대한 사상가, 전술가로의 측면이 부각될 때가 많은 마키아벨리지만, 실제 마키아벨리의 인생은 실패와 좌절의 연속이었다는 점을 잊어서는 안 된다. 그는 전술가로서도 정치가로서도 몇 번이나 실각했다. 이러한 과정을 겪었기에 더 나은 지배와 더 나은 군사 태세에 관해 깊이 고찰할 수 있었다는 사실을 상기할 필요가 있다.

『군주론』을 비롯한 마키아벨리의 책은 정치, 경제, 군사를 종교나 도덕으로부터 분리해 현실주의에 따라서 해야 할 일을 상세히 검토했다는 평가를 받을 때가 많다. 그럼에도 그의 현실주의는 이탈리아 통일이나 올바른 통치와 같은 이상주의적 갈망을 근간에 두고 있다. 바꿔 말하면, 이상주의에 기인한 현실주의적 특질을 보인다고 해도 좋을 것이다.

니콜로 마키아벨리는 이탈리아가 자랑하는 위대한 정치 사상가로서, 그의 저서는 정치 분야에 근대적 합리주의와 현실주의를 도입해 유럽 세계를 새로운 방향으로 이끌었다.

좀 더 깊이 알고 싶은 독자를 위한 추천 도서
- 『군주론』, 마키아벨리, 더스토리 등
- 『How to Read 마키아벨리』, 모리치오 비롤리, 웅진지식하우스
- 『마키아벨리 평전』, 로베르토 리돌피, 아카넷

사토 마사루의 한 마디
마키아벨리는 외교관으로서 핵심 역할을 맡았다. 야심을 일로 실현하지 못해 "앞으로 두고 보자. 내 능력을 인정받고 말 테다."라는 강력한 상승 의지를 지니고 있었다. 이것이 『군주론』이라는 특별한 책을 쓴 동기가 되었다.

몽테뉴 (Michel de Montaigne, 1533년~1592년)
유명한 많은 격언을 후세에 남긴 모럴리스트

미셸 드 몽테뉴는 『수상록』의 저자로 알려진, 16세기 프랑스 모럴리스트(인간의 행동이나 존재 양식을 엄밀히 관찰해 기술하고자 한 사상가)다. 그의 격언집에는 "나는 무엇을 알고 있는가?" 등 유명한 말이 적혀 있다.

몽테뉴는 원래 법관이었지만, 샤를 9세, 앙리 3세의 시종으로도 일하며 프랑스 국내에서 종교 전쟁을 일으키던 기독교와 개신교 사이를 화해시키기 위해 노력했다. 하지만 가장 큰 업적은 사상가로서 남긴 저서 『수상록』이다. 앞서 소개한 "나는 무엇을 알고 있는가?" 그리고 "무지를 고치고 싶다면 무지를 고백해야만 한다."와 같은 문구에서 알 수 있듯이, 『수상록』 전체를 관통하는 사상은 자신의 사고의 불확실함을 나타내는 회의론적 사상이다. 몽테뉴는 이 책 속에서 우리는 우리가 세운 추론을 신용할 수 없음을 강조하고 있다. 왜냐하면, 인간은 진정한 의미에서 자신의 사고를 제어할 수 없기 때문이다. 이러한 시각에서 그는 인간이 동물보다 우월하다고 분명히 판단할 수 있는 이유는 존재하지 않는다고 주장한다.

이러한 회의론은 허무주의가 아니라 진리를 확실히 파악하기 위한 사고방식으로, 훗날 데카르트가 주창한 방법적 회의로 이어진다는 점에서 평가할 만하다. 이런 흐름은 근대 사상으로 발전해가는 역사적 흐름 속에서 몽테뉴의 사상이 큰 역할을 했음을 보여준다.

하지만 몽테뉴의 사상과 논술의 전개 방식은 체계적이지 않다는 점도 언급해야 할 필요가 있다. 주관적인 경험이나 고전 문헌을 많이 인용하면서 간결하고 압축된 형식의 문장을 구사하는 작문법은 근대 합리주의 철학의 논술 방식과는 상당히 다르다.

몽테뉴는 종교 전쟁으로 인한 광란의 시대 속에서 후세에 남을 책을 썼으며, 관용의 정신을 가지고 사물을 확실히 파악하는 것을 중시했다. 또한, 안이하게 정의를 휘두르는 자를 믿어서는 안 된다고 특별히 설파하기도 했다. 이러한 몽테뉴의 모럴리스트적 자세는 지금도 여러모로 본받아야 할 자세라는 것을 강조하고 싶다.

좀 더 깊이 알고 싶은 독자를 위한 추천 도서 ─────

▪ 『수상록』, 몽테뉴, 메이트북스 등
▪ 『몽테뉴의 에세』, 로베르 올로트, 고려대학교출판문화원

프랜시스 베이컨(Francis Bacon, 1561년~1626년)
실험과 관찰: 귀납법의 아버지

영국의 철학자 프랜시스 베이컨이 『신기관(노붐 오르가눔)』에 쓴 "아는 것은 힘이다."라는 격언은 유명하다. 영국 경험론의 핵심적인 사고를 나타내며, 귀납법적 탐구 방법의 확립을 드높이 선언했다는 의미로 사상사에 새겨진 말이기 때문이다. 이 때문에 베이컨은 영국 경험론의 창시자로서 사상사에 중요한 자리를 차지하고 있다.

"아는 것은 힘이다."라는 말은 인간이 귀납법에 의거해 자연계에 있는 다양한 대상을 탐구하고, 이로써 대상의 근본 성립 과정과 구조를 명확히 이해하게 되어, 결과적으로 자연계를 지배할 수 있게 된다는 의미다. 자연의 힘을 두려워하던 시대에서 인간이 자연을 통제하는 근대라는 새로운 시대정신으로 넘어가는 큰 전환점이 표현된 명언이다.

귀납법의 특징은 실험과 관찰을 통해 진리를 발견한다는 점에 있다. 이 탐구 방식은 현실에 일어나는 현상을 과학적이며 다각적인 시선으로 검증해 그 현상의 근본적인 원인에 최종적으로 다다르는 것이 최종 목표다. 이러한 이유로 이 방식에서는 실험 결과를 많이 쌓아 나가는 것에 큰 의미가 있다.

인간이 가진 능력의 진보는 수많은 우상(편견, 이돌라)을 없애는 것으로 실현할 수 있다고 베이컨은 생각했다. 그는 이 편견이라는 것을 '종족의 우상:인간의 감각의 착각에 의해 일어나는 편견', '동굴의 우상:인간 개개인이 가진 습관, 관습 등에 기인하는 편견', '시장의 우상:타인과의 소통이 잘 이루어지지 않는 과정에서 나타나는 편견', '극장의 우상:권위나 전통을 무비판적으로 용인해 발생하는 편견' 등 네 가지로 나누어 우상을 극복하기 위해서는 지식이 절대적으로 필요하다고 강하게 주장했다.

이러한 베이컨의 과학적 자세는 영국 경험론의 기반을 구축했으며 그의 사고 방법을 본받아 많은 위대한 학자들이 학문 세계를 크게 발전시켰다. 이것이 베이컨을 영국 경험론의 시조라고 부르는 이유다.

좀 더 깊이 알고 싶은 독자를 위한 추천 도서 ─────

- 『수필집』, 프랜시스 베이컨, 문예출판사 등
- 『신기관』, 프랜시스 베이컨, 한길사 등

데카르트 (René Descartes, 1596년~1650년)
근대 유럽의 사상 기반을 세운 철학자

르네 데카르트는 프랑스를 대표하는 철학자임과 동시에 "나는 생각한다. 고로 존재한다."라는 말을 한 인물로 알려져 있는데, 이 말은 근대적 자아의 확립을 선언하는, 철학사상 매우 중요한 의미를 가진다.

데카르트는 프랑스 중서부에 있는 라에에서 태어났다. 아버지는 부르고뉴 고등법원 평정관이었다. 병약했던 어머니는 데카르트를 낳은 지 1년 1개월 만에 세상을 떠서 할머니의 손에 자랐으며, 10세에 예수회 학교인 라플레슈에 입학해 우수한 성적으로 졸업하고, 푸아티에 대학에서 법학과 의학을 공부해 1614년 법학사 학위를 받고 졸업한다. 이후 네덜란드로 건너가 1618년에 네덜란드 총독인 마우리츠의 군대에 들어간다. 1623년부터 1625년에 걸쳐 베네치아, 로마를 여행했으며 이후 잠시 파리에 머물다가 네덜란드로 이주해 『세계론』을 썼는데, 갈릴레오의 종교 재판 소식을 듣고 자신도 의심받을 수 있다고 생각해 출간을 단념했다. 1637년에는 『방법서설』을, 1641년에 『성찰』을, 1644년에는 『철학 원리』를, 1649년에는 『정념론』을 출간했으며 1649년 스웨덴 여왕 크리스티나의 초빙을 받고 스웨덴으로 갔다가 다음 해 감기가 폐렴으로 번져 사망한다.

프랑스에서는 근대의 막이 열리는 때를 1637년이라고 본다. 이 해는 데카르트가 처음으로 라틴어가 아닌 프랑스어만을 사용해 쓴 학술서인 『방법서설』(이 책의 정확한 제목은 『이성을 올바르게 이끌고 모든 학문의 진리를 탐구하기 위한 방법의 서설, 그리고 이 방법에 관한 소론 굴절광학, 기상학, 기하학』으로, 줄여서 『방법서설』이다.)을 완성한 해다. 『방법서설』은 근대적 질서란 무엇인지, 근대적 자아란 무엇인지를 다룬, 철학사에서 빼놓을 수 없는 중요한 서적으로, 이 근대적 자아를 단적으로 나타내는 말이 "나는 생각한다. 고로 존재한다."다.

『방법서설』은 '양식(良識)은 만인에게 가장 공평하게 나뉘어 있다.'는 문장으로 시작한다. 이 양식이 체계화된 것이 이성이며, 이성적인 상태에 있는 것을 가장 중요하게 여기는 사상이 합리주의다. 서양의 합리주의에 따르면 이성이란 만물을 구성하는 질서의 법칙임과 동시에 만물을 더 좋은 방향으로 이끄는 법칙이기도 하다. 그렇다면 이 법칙의 근본 원리는 무엇일까. 데카르트는 이 어려운 문제를 해명하기 위해 방법적 회의라는 탐구방식을 이용했다. 방법적 회의란 조금이라도 의심 가는 것이 있으면 남김없이 배제하는 과정을 반복해 마지막으로 남는 하나를 찾아내는 탐구 방법이다. 데카르트는 이 방법으로 의심스러운 것을 모두 배제하다 보니 마지막에 남은 것은 지금 이 탐구를 수행하고 있는 '생각하는 나'임을 발견했다. 즉, '생각하는 나'라는 존재는 방법적 회의로도 의심할 수 없는 이성의 근본 원리이자 모든 사고적 탐구의 원점이라는 뜻이다.

이렇게 '생각하는 나'라는 이성의 근본 원리는 진리를 추구하기 위한 원점일 뿐만 아니라 이것은 주체적인 자유를 가진 자아이기 때문에 더 좋은 방향으로 인간의 진보를 이끄는 과학적 탐구의 핵심이기도 했다. 그래서 자유롭고 자주성을 가진 자아의 발견은 개개인을 이루는 중심을 발견한 것에 그치는 게 아니라 사회와 국가라는 공동체의 기본을 이루는 존재의 발견이기도 했다. 이러한 데카르트의 발견과 함께 근대라는 빛의 시대가 찾아오게 된다.

방법적 회의는 연역법의 일종이다. 연역법은 실험 결과를 바탕으로 실증적 판단을 내리는 사고 방법인 귀납법과는 달리, 언제나 사고를 통해 진위를 확정해나가는 탐구 방법이다. 이러한 이유에서 이 방법에서는 '나'라는 가장 단순한 실체(근본 원리)에서부터 추리를 시작해 나가며, 나 외의 대상은 모두 방법적 회의를 통해 증명해간다.

연역법은 '명증', '분석', '종합', '매거(枚擧)'라는 네 가지 기본 법칙으로 이루어진다. 명증은 참으로 증명된 것 말고는 받아들이지 않는 것이며, 분석은 고찰 대상을 가능한 한 잘게 쪼개는 것이며, 종합은 가장 단순한 것부터 시작하는 것이며, 매거는 증명을 견실하게 확인하는 것이다. 또한, 데카르트는 연역법이 가장 잘 실현된 학문을 기초학이라 불렀는데, 수학이 이에 해당한다고 주장했다.

데카르트는 17세기 유럽 사상의 중심에 있는 사상가이지만, 그의 사상에는 합리주의라는 강한 기반이 있었다. 합리주의는 그저 유럽 철학사에서의 근본이념이기만 한 것이 아니다. 합리적 정신은 과학적, 정치적, 사회적, 경제적인 활동에 절대 없어서는 안 될 핵심 기반이기도 했다. 하지만 합리적 정신이 발휘되려면 이성을 중심으로 한 자유로운 활동이 전제되어야 했다. 이러한 이유로 합리적 정신은 프랑스의 계몽주의 사상으로 이어져 프랑스 혁명의 이데올로기적 뒷받침이 되었다.

데카르트는 근대를 명확한 형태로 제시한 사상가이자, "나는 생각한다. 고로 존재한다."라는 말로 서양의 근대를 연 인물이다. 프랑스 정부는 데카르트의 공적을 기리는 의미에서 파리 제5대학에 '르네 데카르트 대학'이라는 별칭을 붙였다.

좀 더 깊이 알고 싶은 독자를 위한 추천 도서
- 『방법서설』, 르네 데카르트, 돋을새김 등
- 『성찰』, 르네 데카르트, 문예출판사 등

흐로티위스 (Hugo Grotius, 1583년~1645년)
네덜란드가 낳은 위대한 '국제법의 아버지'

휘호 흐로티위스는 네덜란드의 법학자, 정치가다. 그는 자연법에 기초해 국제법의 기반을 만든 것으로 역사에 이름을 남겼다. 이 공적으로 그를 '국제법의 아버지'라고 부른다.

흐로티위스는 1583년 델프트 시장의 아들로 태어났다. 11세에 레이던 대학교에 입학한 신동으로 14세에 졸업하고 16세에 변호사가 되어 이후 법무관과 행정관 같은 공직에 몸담았다. 1609년에는 『해양 자유론』을 출간하고, 1619년에는 아르미니우스파와 고마루스(또는 호마루스)파의 신학 논쟁에 휘말려 종신형을 받아 루베스테인 성에

유폐되지만, 1621년 파리로 도망가 루이 13세의 비호를 받으며 저술 활동에 전념한다. 1625년에는 주요 저작 중 하나인 『전쟁과 평화의 법』을 간행한다. 그리고 프랑스 주재 스웨덴 대사를 지내다 1645년에 물러나 스웨덴으로 돌아가는 도중 배가 난파해, 독일 로스토크에 겨우 다다르지만 난파의 영향으로 쇠약해져 사망한다.

흐로티위스의 역사적 업적은 법률 분야에 있다. 그는 『해양 자유론』과 『전쟁과 평화의 법』에서 자연법사상을 국제법학에 적용해 인간만 아니라 국가도 자연권을 가진다고 주장하면서 해양과 하천의 자유항행권, 자유무역 권리의 중요성을 강조했다. 이러한 생각은 근대 국제법으로 이어져 국제법을 체계화하는 바탕이 되었다.

흐로티위스가 이러한 주장을 펼친 데에는 당시 해양을 지배하려 한 대국 스페인의 움직임에 대항해 네덜란드와 영국 같은 신흥국이 해양은 자연법에 따라 만인이 자유롭게 사용할 수 있게 열려있다는 점을 강조하던 시대 배경이 있었다. 그러므로 흐로티위스의 주장이 확실히 중립적인 시각에서 이루어졌다고 볼 수는 없지만 흐로티위스의 저작으로 강국의 이해만 생각한 국제법이 아니라 중립적이고 만인에게 평등한 국제법이라는 기본 이념이 만들어진 것은 분명하다.

근대적 기본의 확립은 사상과 정치, 경제나 예술 같은 분야만이 아니라 법 분야에서도 진행되고 있었다. 법 중에서도 특히 국제법 분야에서 흐로티위스가 매우 큰 공헌을 했음은 명백하다.

사토 마사루의 한 마디

흐로티위스가 『해양 자유론』을 썼던 이유는 당시 제국주의 대국이었던 스페인과 포르투갈이 해양을 자국의 영역으로 보고 지배하려고 했기 때문에 이에 반발하기 위함이었다. 물론 흐로티위스는 자신의 조국인 신흥 제국 네덜란드의 국익 증대를 생각하고 있었다.

파스칼 (Blaise Pascal, 1623년~1662년)
인간 존재의 위대함을 이야기한 만능형 철학자

블레즈 파스칼은 단장집『팡세』의 저자로 유명한 프랑스 철학자이면서 동시에 과학자, 수학자이다.『팡세』에 적힌 글 중에 가장 잘 알려진 잠언(아포리즘)은 "인간은 생각하는 갈대다."일 것이다. 이 잠언은 파스칼의 사상을 단적으로 드러내 주는 말로, 여기서는 이 말을 중심으로 파스칼에 관해 이야기한다.

　행정관의 자녀로 태어나 어렸을 적부터 학문에 흥미를 느끼고 뛰어난 연구를 했던 파스칼. 위에서 소개한 단장의 첫 부분에서 파스칼은 "인간은 하나의 갈대일 뿐이다. 자연 속에서 가장 약한 존재다. 하지만 그것은 생각하는 갈대다."라고 말한다. 하나의 갈대는 흘러가는 강물에 아무런 저항도 할 수 없고 그저 떠다니는 약하고 무력한 존재다. 이 갈대가 인간이라면 인간이란 얼마나 작고 미약한가. 이렇게 인간의 부정적인 면을 제시한 뒤 파스칼은 하지만 인간에게는 생각을 할 수 있는 매우 멋진 능력이 있음을 강조하면서 "그러므로 우리의 모든 존엄성은 생각하는 것에서 비롯한다."라고 이야기한다. 생각하는 능력은 자연계에서 인간만이 가진 특권이라는 것이다.

　생각할 수 있다는 것은 먼저 생각하는 주체가 존재한다는 것이 전제되어야 한다. 그리고 그 주체는 물리적으로 독립해있을 뿐만 아니라 정신적으로도 자유롭게 사색할 수 있는 자립적인 존재여야만 한다. 그러므로 사고한다는 것은 주체성을 가지고 자유롭게 생각의 폭을 넓힐 수 있는 존재자가 행하는 행위다.

　파스칼은 이러한 비유적 잠언을 통해 근대 사회의 중심이 되는, 주체적으로 사고하는 근대적 자아를 가진 인간의 중요성을 강하게 표현했다. 즉, 인간은 약한 존재이지만, 사고할 수 있기 때문에 세계를 바꿀 힘을 품고 있으며, 나아가 새 시대를 열어가는 것이 가능하다는 것을 명확히 밝힌 것이다. 그러므로 파스칼은 근대 시민 사회의 사상적 기반을 다진 개척자 중 한 사람이라고 이야기할 수 있다.

　또한, 파스칼은 수학자로서는 "원에 내접하는 육각형의 대변을 연장하면 연장선의 교점은 일직선 위에 있다."라는 파스칼의 정리를 발견했고, 물리학자로서는 "밀폐 용기 내의 유체는 그 용기의 형태와 관계없이 어느 한 점에서 받은 단위 면적 당 압력을 그대로 용기 내의 다른 모든 부분으로 전달한다."라는 파스칼의 원리를 발견해 인류의 진보에 크게 공헌했다.

좀 더 깊이 알고 싶은 독자를 위한 추천 도서 ─────
▪『팡세』, 블레즈 파스칼, 집문당 등

스피노자(Baruch de Spinoza, 1632년~1677년)
서양 철학사에서 눈에 띄게 빛나는 '근대 철학의 거성'

17세기 네덜란드의 위대한 철학자인 바뤼흐 데 스피노자. 스피노자는 유복한 유대인 상인의 자녀로 암스테르담에서 태어났다. 유대교의 종교 지도자인 랍비가 되기 위해 공부했지만, 가업을 이을 생각에 고등 교육은 받지 않았다. 그러나 유대교에 비판적인 시각을 갖게 되어 파문당하고, 이 때문에 유대 사회와 단절된다. 1664년에는 네덜란드 공화주의자 요한 드 비트와 교류했고, 1670년 익명으로『신학 정치론』을 발표하는데, 이 책은 1674년 금서로 지정된다. 1675년 주요 저서인『윤리학』의 발표를 단념한다(이 책은 그의 사후 친구가 간행한다.). 그리고 1677년 헤이그 근교의 스헤베닝언에서 폐 질환으로 44세에 사망한다.

스피노자의 가장 중요한 저서인『기하학적 순서로 증명된 윤리학(에티카)』(이하『윤리학』)에는 그의 사상의 정수가 담겨있을 뿐만 아니라 지금도 많은 철학자에게 영향을 주는 여러 가지 생각이 적혀 있다. 스피노자는『윤리학』에서 사물의 근본 원인을 규명하고 있는데, 이 근본 원인을 자기 원인이라고 이름 붙인다. 그는 자기 원인이 실체, 신, 자연과 동일하며, 신은 무한의 속성을 가지고 있고 자연은 신이 가진 무한의 속성의 한 모습이라고 주장했다. 즉, 신이야말로 만물의 내재적인 원인이며, 여기에서 신의 자유라는 것을 이끌어낼 수 있다는 것이다.

"우리가 자유라고 말하는 것은 자기 본성의 필연성에 의해서만 존재하고, 그것을 자신의 본성에 따라 행하려는 것을 의미한다."라고 그는 쓰고 있는데, 앞서 쓴 내용으로 이 말을 해석한다면, 신과 자연은 자기 원인으로 존재하고 있기 때문에 자유로우며, 자기 원인을 가진 존재는 무한성을 내포하고 있다고 이해할 수 있다.

그렇다면 인간이라는 존재는 어떠할까. 인간은 유한한 시간을 사는 존재로 자기를 존속시키는 힘인 코나투스의 원리에 지배당하고 있다고 스피노자는 말한다. 코나투스란 원래 노력, 충동, 경향, 성향, 약속이라는 뜻을 가지는데, 스피노자는 '사상(事象)이 본래 가진, 자신을 계속 존재시키고, 더 드높이려는 성향'이라는 의미로 이 단어를 사용했다. 그리고 스피노자는 "모든 것의 정의는 그것이 존재하고 있음을 단언하는 것이기 때문에 부정하지 않는다."고 생각했다. 이러한 자기 파괴에의 저항을 스피노자는 '인간이 계속 존재하려는 코나투스'라고 정식화했다. 여기까지만 읽어도 알 수 있듯이, 코나투스는 이러한 힘을 표현하기 위해 스피노자가 가장 많이 사용한 개념어였다. 심지어 스피노자는 물체에 관해서 설명할 때도 코나투스를 사용해, 물체는 외적인 힘의 활동 없이는 파괴되지 않으며, 운동과 정지도 흐트러지지 않는 한 무기한으로 계속 존재할 수 있는 코나투스를 가지고 있다고 주장했다.

그럼 이번에는 인간과 자기 원인과의 관계성 문제로 대해 이야기해보자. 인간의 감정은 '욕망', '기쁨', '슬픔' 세 종류로 이루어져 있는데, 외부 원인으로 발생하는 기쁨이 사랑이며,

외부 원인으로 발생하는 슬픔이 고뇌라고 스피노자는 생각했다. 그리고 이러한 감정을 제어할 수 없는 점이 인간이 굴종하는 원인이며, 인간은 이성을 따름으로써 처음으로 이 굴종으로부터 해방되어 자유로워질 수 있다고 논술했다. 그리고 스피노자는 본디 자유로울 수 없는 인간이 자유를 얻기 위해서는 이성을 바탕으로 신을 직접적으로 인식하는 직관지(直觀知)를 획득하는 것이 필요하며, 직관지를 획득해 자유롭게 되는 것에 도덕적인 의의가 있다고 설파한다.

스피노자가 가진 신에 대한 개념은 기독교적인 신도, 유대교적인 신도 아닌 신즉자연, 다시 말해 신으로서의 자연, 자연으로서의 신이라는 점이 매우 중요하다. 이러한 신은 범신론적인 신이며 비인격적인 신이다. 그래서 당시 유럽의 유신론자들은 스피노자를 무신론자라고 비판했다. 신을 범신론적으로 이해하지 못했던 시대였다.

"만물을 영원의 상(相) 아래서 본다."는 스피노자의 말은 여러 사상에 대한 그만의 기본적인 존재 이해 방식인데, 데카르트처럼 심신이원론이 아닌 정신보다 신체를 중시했다는 점도 그만의 특색이다.

스피노자의 사상은 데카르트, 라이프니츠와 함께 17세기 근대 합리주의 사상의 대표적인 이론으로 일컬어지며 철학사에 찬연히 빛나는 업적을 남겼다. 칸트, 피히테, 헤겔과 같은 독일 관념론자와 마르크스, 들뢰즈 같은 후대의 많은 철학자에게 커다란 영향을 끼쳐 지금도 공적을 높이 평가받고 있다. 특히 코나투스 이론을 중심으로 한 동적 존재론은 그때까지의 정태적(靜態的)이고 이원론적인 존재론을 사상적으로 뛰어넘었음을 나타내는 것으로 지금도 계속 회자되고 있다.

좀 더 깊이 알고 싶은 독자를 위한 추천 도서

- 『에티카(윤리학)』, 스피노자, 책세상 등
- 『신학정치론』, 스피노자, 서광사 등
- 『스피노자의 철학』, 질 들뢰즈, 민음사

사토 마사루의 한 마디

스피노자의 범신론적 세계관은 1980년대에 포스트모던 사상이 유행하는 과정에서 재평가받아 지금에 이르고 있다. 현대는 스피노자주의의 영향 아래에 있다고 해도 좋다.

몬테스키외 (Charles de Montesquieu, 1689년~1755년)
사회 정치 체제의 '삼권분립'을 외친 계몽주의자

프랑스의 계몽사상가 샤를 드 몬테스키외(본명은 샤를 루이 요셉 드 스콩다 Charles Louis Joseph de Secondat). 삼권분립을 강하게 주장한 공적으로 정치사, 사상사에 이름을 깊이 새겼다.

몬테스키외는 1689년에 보르도 근처에 영지를 가진 법복 귀족 스콩다 남작의 장남으로 태어났다. 쥬이 학원에서 공부한 뒤 보르도 대학으로 진학해 법학사가 되었고 1713년 아버지가 사망해 남작위를 물려받는다. 1714년 보르도 고등법원 참사가 된 뒤 1721년 익명으로 풍자소설 『페르시아 인의 편지』를 발행했으며, 보르도 고등법원직을 그만두고 학구 생활에 들어가 1728년에 아카데미 프랑세즈의 회원이 된다. 이후 1734년에 『로마인의 위대함과 쇠퇴의 원인에 관한 고찰』, 1748년에 『법의 정신』, 1750년에 『법의 정신 변호론』을 간행했으며 1755년 66세의 나이로 파리에서 사망한다.

몬테스키외는 계몽주의를 발전시켰는데, 그중에서도 그의 저서 『법의 정신』이 미합중국 헌법과 프랑스 혁명에 지대한 영향을 미쳤다. 특히 행정, 입법, 사법 세 가지 권력이 집중되지 않고 각각 독립해야만 한다는 삼권분립제도를 이 책에서 강하게 주장한 것으로 유명하다. 삼권분립 외에도 입헌주의, 노예제 폐지, 시민적 자유의 강조 등도 이 책을 통해 주장했다. 즉, 근대 민주주의 체제의 기초가 되는 원리 전체를 체계적으로 논술한 것이다. 근대 정치 체제가 이 책에 쓰인 원리를 본받아 확립되었을 정도이기에 법적, 정치적, 사상적인 의미는 매우 큰 책이다.

몬테스키외는 정치, 법, 사상과 관련한 일만을 했던 것은 아니고, 문학 작품도 몇 점 썼다. 미비한 정치 체제나 사회적 모순을 날카로운 시선으로 바라보는 소설들로, 전근대적 지배 체제를 능숙하고 재치 있는 문체로 비판하여 그의 계몽주의적 진보주의 정신이 드러나 있다.

프랑스 계몽주의의 거대한 한 축을 담당한 그의 사상은 서구 근대의 초석이 되어 이후 민주주의라는 새로운 체제를 구축하는 데에 견고한 핵심이 되었다.

좀 더 깊이 알고 싶은 독자를 위한 추천 도서
- 『법의 정신』, 몬테스키외, 동서문화사 등

사토 마사루의 한 마디

교과서에는 몬테스키외가 권력분립(사법, 입법, 행정의 삼권분립)을 강조한 인물로 소개되나, 그는 권력분립보다도 교회나 길드(동업자 조합)와 같이 중간 단체에 국가에 대항하는 힘이 있다고 생각했다.

디드로 [Denis Diderot, 1713년~1784년]

『백과전서』의 편집자인 계몽주의 작가

프랑스의 계몽사상가 드니 디드로. 그는 철학자이자 작가이자 미술 평론가이기도 했는데, 그의 가장 잘 알려진 역사적 업적은 달랑베르와 함께한 『백과전서』의 편집 작업이다.

디드로는 프랑스 북동부의 랑그르에서 태어났다. 아버지는 유복한 칼 장수였다. 1728년부터 파리에서 공부해 소르본 대학에서 신학을 배웠다. 1735년에 졸업했지만, 정식 일자리를 구하지 못해 수학과 영어를 가르치는 가정교사 일을 하며 생활했다. 1745년 달랑베르와 함께 『백과전서』 집필을 시작하면서 본격적으로 저작 활동을 펼쳤다.

디드로의 주요 저서는 『철학 단상』(1746년), 『맹인에 관한 서간』(1749년), 『라모의 조카』(1761년~1764년), 『달랑베르의 꿈』(1769년) 등이다. 1751년에는 프로이센 과학 아카데미 외국 회원이 되었고 1773년에는 친분이 두터웠던 예카테리나 2세의 초빙을 받아 러시아를 방문했다. 그러다 1784년 폐동맥 혈전증으로 파리에서 사망했다.

앞서 이야기한 대로 디드로의 가장 큰 공적은 『백과전서』 편집이다. 이 책의 간행은 과학적 비판 정신의 교화, 구체제의 폐해 고발, 기독교의 문제점 비판, 민주주의와 경제활동의 중요성 강조 등 다양한 특질을 가진 계몽주의 사상에 위대한 족적을 남겼다. 디드로와 달랑베르 외에 이 책의 집필자로는 볼테르, 몽테스키외, 루소, 엘베시우스, 콩디약, 돌바크, 케네, 튀르고 등 100명이 넘는 쟁쟁한 인물들이 참여했으며 이들이 쓴 글들은 동시대의 계몽 군주만이 아니라 후대 사람들에게도 큰 영향을 주었다.

디드로가 남긴 문학 분야에서의 공적에도 주목해야 할 필요가 있다. 그의 문학 작품에는 계몽주의 정신이 강하게 반영되어 있기 때문이다. 헤겔은 본인의 저서인 『정신현상학』에서 디드로의 대표작인 『라모의 조카』에는 성실한 의식과 추락한 의식의 대립이 나타난다며 극찬하고 있다. 헤겔이 이성을 가진 존재들의 운동적 전개를 보고 자기 변증법의 본보기로 삼았다는 이야기도 있을 정도다.

디드로는 『백과전서』를 세상에 내놓음으로써 이성적인 사고의 중요성을 설파하고 자유와 평등 정신의 고귀함을 강력하게 주장했다. 이러한 생각은 그의 문학 작품에도 명확히 묘사되어 있다.

좀 더 깊이 알고 싶은 독자를 위한 추천 도서 ─────

- 『라모의 조카』, 드니 디드로, 고려대학교출판부
- 『지식의 사회사 1 – 구텐베르크에서 디드로까지』, 피터 버크, 민음사

그레고리오 7세 [카노사의 굴욕] (Gregorius VII, 1020년?~1085년)
신성로마 제국 황제를 무릎 꿇린 교황

제157대 교황 그레고리오 7세. 그는 신성로마의 황제 하인리히 4세가 카노사에서 무릎을 꿇은(카노사의 굴욕 사건) 요인을 만든 교황으로 잘 알려져 있다. 또한, 그는 교황의 권력을 강화하고 교황령을 확대한 것으로도 유명하다.

후에 그레고리오 7세가 되는 힐데브란트는 1020년경에 토스카나 지방의 가난한 집의 자녀로 태어났다고 한다. 로마의 산타 마리아 수도원에서 교육을 받은 힐데브란트는 레오 9세 아래에서 교황청의 정무를 담당한다. 레오 9세 사후에도 여러 교황을 섬기다 1073년에 알렉산데르 2세의 선종 후 교황으로 선출되어 그레고리오 7세가 된다. 로마 가톨릭교회의 성직자 서임권을 두고 그레고리오 7세는 하인리히 4세와 대립하다 1077년에 황제를 파문시키는데, 이 사건의 여파로 후에 황제가 교황에게 용서를 구하느라 무릎을 꿇는, 카노사의 굴욕이라고 불리는 사건이 발생한다. 하지만 그레고리오 7세는 1082년에 황제 측의 반격에 밀려 로마에 유폐당했으며, 이후 시칠리아섬으로 도망가 실의에 빠져 지내던 중 1085년 살레르노에서 눈을 감는다.

그레고리오 7세는 그레고리오 개혁이라고 불리는 개혁을 단행했다. 성직매매(시모니아)와 성직자 결혼(니콜라이즘)을 강력하게 비난하면서 매매로 얻은 성직을 무효화했으며, 아내를 둔 성직자는 해임한 뒤 추방했다. 그리고 그때까지 신성로마 제국 황제와 국왕, 영주 같은 세속의 권력자가 가졌던 성직자 서임권을 로마 교황이 임명하는 것으로 바꾸는데, 이 문제와 관련해 앞서 언급한 카노사의 굴욕 사건이 일어나게 된다.

그레고리오 7세의 개혁으로 로마 교황의 힘은 더욱 강력해졌다. 하지만 로마 교황과 신성로마 제국 황제, 각국 왕후와의 대립 관계에서 로마 교황은 좀 더 시간이 흐른 뒤에야 완전히 우위를 점하게 된다.

그레고리오 7세는 냉정하고 엄격한 성격의 소유자로, 성직매매나 성직자의 결혼이 빈번히 발생해 타락해가던 기독교 세계를 엄정하게 바로잡아 나갔다. 하지만 그 준엄함이 황제 및 왕후들과 격한 대립을 불러와 비극적인 말년을 보낼 수밖에 없었다.

좀 더 깊이 알고 싶은 독자를 위한 추천 도서
- 『서양 중세의 교황권』, 장준철, 혜안
- 『유럽 중세교회의 향연 1』, 이영재, 혜안
- 『교황의 역사』, 호르스트 푸어만, 길

인노켄티우스 3세 (Innocentius III. 1160년?~1216년)
권력의 전성기에 군림했던 로마 법황

제176대 교황 인노켄티우스 3세. 그가 교황이었던 시대는 "교황은 해, 황제는 달"이라는 그의 말이 보여주듯 교황권이 절정에 달했던 때였다.

훗날 인노켄티우스 3세가 되는 로타이레 디 세니는 1160년경 이탈리아 중부 가비냐노의 명문 귀족 가문에서 태어났다. 파리 대학에서 신학을, 볼로냐 대학에서 법학을 공부한 그는 1190년 추기경이 되고, 8년 뒤인 1198년에는 37세의 젊은 나이에 교황이 됐다. 1202년 제4회 십자군 원정을 제창했으며 1209년에는 잉글랜드 왕 존을 파문했다. 같은 해 남프랑스에 알비 십자군을 파견했고, 1210년 신성로마 제국 황제 오토 4세를 파문했다. 1215년에는 제4회 라테란 공회의를 개최했다. 다음 해인 1216년 교황령이었던 페루자에서 발열로 사망했다. 당시 55세였다고 전해진다.

인노켄티우스 3세는 신성로마 제국의 황제 선출에 간섭해 오토 4세를 퇴위시켰을 뿐만 아니라 왕비와의 이혼 문제로 프랑스 국왕 필리프 4세를, 캔터베리 주교 문제로 영국 국왕 존을 파문했다. 이처럼 당시 유럽 강대국의 왕이라도 인노켄티우스 3세의 위광을 따르지 않을 수 없었다. 또한, 인노켄티우스 3세는 제4차 십자군 원정과 알비 십자군 파견을 시행했는데, 이는 종교적인 문제라기보다 로마 가톨릭의 권력 강화를 위해 시행한 것이었다고 볼 수 있다.

현실 권력에 관여한 일들을 살펴보면, 인노켄티우스 3세는 종교인보다는 현실에 깊이 관여하려는 정치인으로서의 모습이 훨씬 강했던 교황이었음을 알 수 있다. 이러한 면은 앞서 언급한 제4차 라테란 공회에서 그가 한 "교황은 태양, 황제는 달"이라는 발언에서 단적으로 드러난다. 종교적 측면보다 정치적 측면을 중시하는 로마 가톨릭 내 움직임은 이후 가톨릭의 종교적 타락을 야기해 개신교의 종교 개혁을 부른다.

교황이 황제보다 위라는 인식을 가지고 권력의 판도를 좌지우지한 그의 행동은 신의 세계보다 현생을 더 중시한다는 의미로, 이는 성경의 가르침에 반하는 것이다. 교황이 이러한 생각을 하고 있었기에 기독교는 종교적으로 강화되지 못하고 오히려 혼란에 빠지게 된다. 곧 교회를 덮치는 혼란의 시대를 보지 못한 채 인노켄티우스 3세는 세상을 떠났다.

좀 더 깊이 알고 싶은 독자를 위한 추천 도서 ─────

• 「교황의 역사」, 호르스트 푸어만, 길

토마스 아퀴나스(Thomas Aquinas, 1225년?~1274년)
기독교에 논증법 증명을 도입한 신학자

중세 유럽 기독교 신학의 핵심 이론을 구축한 이탈리아인 토마스 아퀴나스. 그는 당시 신학 이론을 주도한 매우 총명한 사상가로, 나폴리 대학, 쾰른 대학, 파리 대학 등 당시 유럽의 명문대학에서 공부하며 자신의 핵심 이론을 정립해 나갔다.

그의 주요 저서인 『신학대전』은 스콜라 철학의 대표적인 저서로, 이 책에서 토마스 아퀴나스는 기독교 신학에 아리스토텔레스의 논리학적 사고방식을 도입해 기독교의 진리를 증명하고자 했다. 예를 들어, "예수가 가난한 자로 태어난 것이 예수에게 마땅한 일이었는가?"와 같은 문제를 제일 먼저 설정한다. 그리고 "하느님은 옳은 일을 하신다. 그러므로 예수가 가난한 삶을 산 것은 가난한 삶의 방식이 올바른 삶의 방식이었기 때문이다."는 것과 같은 토론이 이루어진다. 마지막으로 논증을 요약해 "예수의 목적은 하느님의 말씀을 퍼뜨리는 것이었다. 그러기 위해서는 가난한 생활이 더 적합했다."라고 결론을 내리는 것이다.

성경에 쓰인 내용이 참임을 아리스토텔레스의 삼단논법이나 변증법을 응용해 증명하는 것으로, 이 방법을 사용함으로써 증명이 더욱 명확하고 이해하기 쉬워졌기에 성경이 신앙의 원점임을 더욱 강조할 수 있게 되었다.

토마스 아퀴나스가 사용한 이 논증은 스콜라 철학의 바탕을 이루는 사고방식으로, 중세 신학 발전에 크게 이바지했다. 특히 스콜라 철학에서는 변증법을 중시하므로, 명제(테제)를 제시하고 이에 대한 반증(안티테제)을 내세운 뒤 마지막으로 두 가지 사항을 정리(진테제)하는 과정을 반복해 논증이 점차 견고해져 가는 것에 의미가 있다고 여겼다(헤겔 참조).

토마스 아퀴나스의 사상은 신학이나 철학에만 영향을 미친 것이 아니다. 그는 신이 이 세상에 질서와 법칙을 부여했다며 영원법을 제창했는데, 여기서 이성에 의한 법질서라는 자연법의 개념이 만들어졌다. 이것도 기억해 둘 가치가 있는 업적이다.

좀 더 깊이 알고 싶은 독자를 위한 추천 도서 ─────

- 『토마스 아퀴나스』, 요셉 피퍼, 분도출판사
- 『중세와 토마스 아퀴나스』, 박주영, 살림
- '신학대전 시리즈', 토마스 아퀴나스, 바오로딸

마르틴 루터(Martin Luther, 1483년~1546년)

종교 개혁을 주장하고 개신교를 성립시킨 신학자

마르틴 루터가 살았던 15세기 후반부터 16세기 전반의 유럽에서 기독교, 즉, 로마 가톨릭의 영향력은 여전히 엄청났다. 하지만 16세기에 들어서면서 독일 교회의 권력은 타락해갔다. 심지어 본래는 신앙에 의해서만 죄를 용서받아 진정한 기독교인이 될 수 있는데도 불구하고 가톨릭교회는 면죄부를 대규모로 판매하면서 면죄부를 사면 죄를 면할 수 있다고 외쳤다. 루터는 교회의 이런 움직임을 강력히 반대했지만, 교회는 루터의 주장을 인정하지 않고 오히려 파문했다. 파문당한 루터가 종교 개혁의 일환으로 설립한 것이 개신교(프로테스탄트)다. 이러한 루터의 종교 개혁은 종교사상 매우 중요한 사건이다.

개신교의 중심사상은 무엇일까? 바로 성서 중심주의와 신앙의인설이다. 성서 중심주의란 신앙의 중심은 성경 속에 있으므로 인간의 죄 사함은 면죄부(속죄증서)로 실현될 수 없고, 성경을 깊이 있게 읽는 것으로만 가능하다는 생각이다. 그리고 신앙의인설이란 올바른 인간이 되기 위한 방법은 신앙을 통해 신의 은총을 얻는 것뿐이라는 것이다. 이러한 생각은 기독교 본연의 가르침을 되찾으려는 루터의 강한 의지를 느끼게 해준다.

세계사적으로 봤을 때 루터의 종교 개혁은 1524년에 발생한 독일 농민 전쟁의 발단이 되기도 했다. 성서에 적혀 있지 않은 것에 신앙은 없다는 루터의 생각은 그의 옛 동지였던 토마스 뮌처를 지도자로 둔 농민들이 일으킨 대규모 반란의 이데올로기적 뒷받침이 됐다. 영주와 교회가 성경에 나오는 가르침을 외면하고 농민들을 괴롭혔기 때문이다. 루터는 이 전쟁을 일으킨 뮌처와 농민들을 강하게 비판했지만, 그들의 사상 바탕에 루터의 종교 개혁 정신이 있었던 것은 분명하다.

루터는 바르트부르크성에 숨어 있을 때 에라스무스가 번역한 라틴어·그리스어 성경을 독일어로 번역한 것으로도 알려져 있다. 이 독일어 성경은 언어학사적 측면에서 독일어 발전에 지대한 영향을 끼쳤다.

좀 더 깊이 알고 싶은 독자를 위한 추천 도서

- 『마틴 루터, 그리스도인의 자유』, 마틴 루터, 키아츠
- 『루터』, 김성식, 한울
- 『마르틴 루터의 단순한 기도』, 마르틴 루터, IVP

사토 마사루의 한 마디

루터는 반유대주의적 경향을 가지고 있었다. 이러한 이유에서 히틀러는 루터를 존경했다. 체코의 개신교 신학자 요세프 L. 흐로마드카는 루터의 극단적인 주관주의에 나치즘의 기원이 있다고 지적했다.

후스 (Jan Hus, 1370년?~1415년) 1369년에 태어났다는 설도 있음.
기독교 사회를 해체한 종교 개혁자

얀 후스는 체코 출신의 종교 사상가로 종교 개혁의 필요성을 주장하며 개신교 운동의 선구자가 된 인물이다. 그는 세속화한 가톨릭 권력에 과감히 맞서며 기독교의 바른 모습을 찾기 위해 노력했다.

체코 서부 보헤미아 지방의 후시네츠에서 가난한 농민의 아들로 태어난 후스는 프라하 대학에서 공부했으며 1396년 학술 석사 학위를 받았다. 1402년에는 프라하 대학의 학장을 지냈고 프라하의 베들레헴 예배당에서 설교사로도 일했다. 그러다 옥스퍼드 대학교수 존 위클리프의 철학서가 프라하에 들어오자 후스는 위클리프의 사상에 강하게 공감해 교회 개혁의 필요성을 자각한다. 그는 특히 면죄부 판매를 맹렬히 비판했는데, 이 같은 개혁 움직임에 반응해 1414년에 열린 콘스탄츠 공의회에서 후스는 이단자로 간주되어 이듬해 화형에 처해진다.

사후에도 그의 가르침은 널리 사람들의 지지를 받았다. 그리하여 1419년, 후스파와 십자군이 맞붙은 후스 전쟁에서 후스파가 십자군을 격퇴하는, 역사적으로도 큰 의미를 지닌 사건의 도화선이 되었다. 또 보헤미아뿐 아니라 오늘날의 폴란드, 헝가리, 크로아티아, 오스트리아에도 후스의 가르침이 퍼져 나갔다.

후스의 종교 사상은 쉽게 말해 성경 중심주의다. 성경에 쓰인 것을 믿고, 성경에 쓰이지 않은 것은 비록 로마 가톨릭의 권력자가 주장한 것일지라도 비판하고 따르지 않았다. 특히 십자군의 비용을 마련하기 위해 고안된 면죄부의 판매를 후스는 강하게 비판했다.

후스는 화형에 처해지기 직전 "위증자들이 내가 설파했다고 고발한 가르침이 사실 내가 설파한 것이 아니라는 것을 하나님께서는 알고 계신다. 내가 쓰고 가르치고 퍼뜨린 하나님의 말씀 속 진실과 함께 나는 기꺼이 죽으리라."라고 말했다고 하는데, 이 말에서 알 수 있듯이 후스는 강한 신념을 가진 사람이었다. 그는 어떤 강력한 압박을 받더라도 거짓된 힘에 절대 굴하지 않고 올바른 기독교의 가르침을 따르고자 했다.

■ 사토 마사루의 한 마디

체코의 신학자들은 15세기 후스의 제1차 종교 개혁과 루터, 츠빙글리, 칼뱅이 이끈 16세기 제2차 종교 개혁을 합쳐서 보지 않으면 종교 개혁의 본질은 이해할 수 없다고 이야기한다. 기독교 사회의 해체라는 점에서 종교 개혁은 중요한 의미를 가지지만, 아시아에서는 과소평가되어 있다. 이와 관련해서는 『종교개혁 이야기』(사토 마사루 저, 바다출판사)를 꼭 보길 바란다.

좀 더 깊이 알고 싶은 독자를 위한 추천 도서

- 『종교개혁 이야기』, 사토 마사루, 바다출판사
- 『체코 종교개혁자 얀 후스를 만나다』, 토마시 부타, 동연

프란치스코 하비에르 [Francis Xavier, 1506년~1552년]
아시아에 기독교를 전도한 선교사

스페인 선교사인 프란치스코 하비에르는 예수회 창립 멤버 중 한 사람이자 아시아에 기독교를 전파한 인물로 유명하다.

하비에르는 과거 이탈리아반도에 있었던 나바라 왕국의 수도인 팜플로나 인근 성에서 태어났다. 아버지는 귀족으로 나바라 왕국의 재상이었다. 하지만 소국이었던 탓에 나바라 왕국은 곧 스페인에 병합된다. 하비에르는 1525년에 파리 대학에 입학해 이냐시오 데 로욜라를 알게 되고, 1534년에 하비에르, 로욜라를 비롯한 7명이 파리의 몽마르트르 성당에 모여 '몽마르트르의 맹세'를 하고 예수회를 만든다.

1537년 사제가 된 하비에르는 다른 예수회원 3명과 함께 1541년에 인도의 고아를 향해 출발해 1542년에 도착, 이후 인도에서 포교 활동을 시작했다. 1545년에는 말라카, 1546년에는 말루쿠제도에서 포교 활동을 이어갔고 1549년에 일본으로 건너가 2년여 포교 활동을 펼친 뒤 1551년에 고아로 돌아왔다. 이후 중국에서 포교하기 위해 출발하지만, 광둥성 상촨섬에서 열병에 걸려 생애를 마감했다. 당시 46세였다.

하비에르는 주로 기독교를 아시아에 적극적으로 전도한 것으로 이름이 알려져 있지만, 아시아 각국의 문화와 교육의 향상에도 크게 기여했다. 인도에서는 말라얄람어나 타밀어로 된 기도서와 교리서를 편집하고 각지에 학교도 세웠다.

그리고 하비에르는 일본에 처음으로 기독교를 전파했을 뿐만 아니라 시계, 안경, 오르골, 망원경, 와인과 같은 서양의 물품들을 처음으로 소개한 인물이라고도 알려져 있다. 하비에르의 일본 방문과 관련해 기독교 포교라는 종교적인 측면이 강조되지만, 이처럼 그때까지 일본에 전혀 알려지지 않았던 서양의 다양한 물건이나 음식을 일본에 가져온 것 또한 역사적으로 의미가 있다.

하비에르는 예수교라는, 훗날 기독교에서 거대한 세력을 갖게 되는 한 종파를 창시한 공적을 세우고, 나아가 광범위한 포교 활동도 펼쳤다. 그의 이러한 활동이 없었더라면 아시아 국가에 기독교가 보급되는 일은 일어나지 않았을지도 모른다.

좀 더 깊이 알고 싶은 독자를 위한 추천 도서 ─────

▪ 『프란치스코 하비에르』, 김상근, 홍성사

장 칼뱅(Jean Calvin, 1509년~1564년)

기독교를 개혁하고 이중 예정론을 설파한 신학자

프랑스의 신학자 장 칼뱅은 기독교를 개혁하는 데에 평생을 바쳤으며 개신교의 일파인 개혁파 교회에 큰 영향을 주어 프랑스, 네덜란드, 스코틀랜드까지 그의 가르침이 널리 퍼졌다.

장 칼뱅은 프랑스 북부의 누아용에서 태어났다. 아버지는 법률가였고, 칼뱅은 14세에 파리로 가 철학과 신학을 배웠다. 이후 오를레앙 대학과 부르주 대학에서 법학을 공부했고 1533년경 개종했다. 1536년에는 대표 저서 『기독교 강요』를 발표했다. 이 시기 전제적인 기독교를 비판하는 종교 개혁에 가담했다는 이유로 프랑스 정부로부터

쫓겨나 제네바로 도망갔는데, 1541년부터 약 30년에 걸쳐 제네바에서 신권 정치를 펼치며 교회의 개혁을 이끌었다. 이후 그는 1564년에 제네바에서 사망했다. 54세였다.

칼뱅의 사상은 철저한 성서 중심주의를 근간에 두고 있는데, 그가 제창한 사상을 가장 잘 표현하고 있는 것이 '이중 예정론'이다. 이것은 애초에 구제받는 인간과 파멸하는 인간이 정해져 있다는 교리다. 그러면서 그는 둘 중 어느 쪽이 될지를 정하는 자는 신뿐이라고 주장했다. 그래서 인간이 신에게 절대복종하는 신앙을 보이기 위해서는 현세에서 주어진 천직을 성실하게 수행해가는 것밖에 없다고 주장했다.

막스 베버는 칼뱅의 예정설이 자본주의의 발전과 큰 관련이 있다고 생각해 글로 풀어냈는데, 그것이 바로 『프로테스탄티즘의 윤리와 자본주의 정신』이다. 이 책에서 그는 칼뱅적 사고를 가진 칼뱅주의 개신교 신자는 현세에서 돈을 벌기 위한 직업적 노력을 부정하지 않기에 기독교 신자와는 달리 이러한 노력을 적극적으로 펼칠 수밖에 없다고 이야기한다. 이것이야말로 자본주의가 발전할 수 있는 원동력이므로 자본주의에서 칼뱅주의는 매우 핵심적인 사상이라고 베버는 주장했다.

사토 마사루의 한 마디

칼뱅은 신은 인간이 태어나기 전부터 선택받아 구원받는 사람과 선택받지 못해 파멸하는 사람을 예정한다고 생각했다. 이것을 이중 예정론이라고 부른다. 이중 예정론과 관련해 "그렇다면 아무것도 하지 않아도 된다고 생각하게 되지 않는가?"라는 비판이 있지만, 이는 잘못된 비판이다. '아무것도 하지 않아도 된다.'라는 발상을 가진 것 자체가 그 사람이 선택받지 못했다는 증거가 되기 때문이다. 선택받은 인간은 그것을 신에게 감사해하고, 자신의 능력을 타인을 위해 사용하는 것을 당연하게 받아들인다고 칼뱅은 생각했다.

좀 더 깊이 알고 싶은 독자를 위한 추천 도서 ─────

- 『기독교 강요』, 장 칼뱅, 디아로고스 등
- 『장 칼뱅의 생애와 사상』, 알리스터 맥그래스, 비아토르

마테오 리치(Matteo Ricci, 1152년~1610년)

동서 문화 교류를 위해 노력한 예수교 선교사

마테오 리치는 이탈리아인 예수회 선교사로, 프란치스코 하비에르가 이루지 못했던 중국에서의 기독교 포교 활동을 실행한 인물로 알려져 있다. 또한 중국에 많은 서양 기술을 가져오고 서양 세계에 중국 문화를 소개하기도 했다.

마테오 리치는 이탈리아 중부 마체라타에서 약제사의 아들로 태어났다. 이후 1571년에 가톨릭교회 수도 회원 양성 기관인 노비시아도에 들어간다. 1572년에 콜레지오 로마노(로마대 신학교)에 입학하고, 1578년에 인도의 고아로 파견된다.

1587년에는 마카오로 건너가 다음 해 포교를 시작하여, 1594년에 중국을 포함한 최초의 세계지도인 『만국여도』를 그렸고 1596년에는 기독교 가르침을 담은 『천주실의』를 쓴다. 1601년에 베이징에서 명의 황제인 만력제를 알현하고 베이징에서의 체류를 허락받는다. 1602년에는 세계지도인 『곤여만국전도』를 작성했으며, 유클리드 기하학의 중국어 번역서 『기하원본』도 간행한다. 또한, 유럽 각국에 중국 문화를 소개하기도 했다. 그러다 1610년 베이징에서 58세의 나이로 눈을 감는다.

마테오 리치는 중국에서 기독교를 전도했을 뿐 아니라 서양의 여러 학문과 문화를 가져왔다. 세계지도는 그중 하나다. 그리고 서양의 지리학, 천문학, 기하학 관련 서적을 번역해 서양의 수학, 측량법 등을 중국에 전파했으며, 지구본, 시계와 같은 물건도 중국에 소개했다. 그의 신자 중에는 서광계, 이지조, 구태소 등 당시 명왕조의 지식 계층의 인물이 다수 있었는데, 마테로 리치는 이들에게 큰 영향을 주었다.

중국의 문화를 적극적으로 흡수했던 마테오 리치는 서구 세계에 중국 문화를 적극적으로 소개했다. 그는 중국에서 시행하고 있던 과거시험 제도를 소개해 유럽이 필기시험 제도를 도입하는 데에 큰 영향을 미치기도 했다.

좀 더 깊이 알고 싶은 독자를 위한 추천 도서

- 『천주실의』, 마테오 리치, 서울대학교출판문화원
- 『마테오 리치』, 히라카와 스케히로, 동아시아

구텐베르크 (Johannes Gutenberg, 1400년~1468년)
활판인쇄기를 발명한 독일 기술자

요하네스 구텐베르크는 신성로마 제국의 금세공사이자 인쇄업자였다. 그는 활판인쇄기를 발명한 인물로 유명하다.

구텐베르크는 1400년경 현재 독일에 있는 마인츠에서 금세공사 혹은 무역상인(이에 관한 정확한 정보가 없다.)의 아들로 태어났다. 그가 어떤 유소년기를 보냈는지는 밝혀지지 않았지만, 구텐베르크의 자손이 마인츠 대주교의 조폐소장 지위를 세습한 것으로 봤을 때 뛰어난 금속 가공 지식과 기술을 가지고 있었다는 점은 확실하므로 그도 마찬가지였을 것으로 파악된다. 당시 마인츠에서는 귀족과 시민 사이에서 분쟁이 자주 발생한 탓에 구텐베르크 가족은 1411년 마인츠를 떠났다. 이후 구텐베르크는 튀링겐의 에르푸르트 대학에 입학했을 가능성이 높다.

1430년에 마인츠로 돌아온 그는 뛰어난 금속 가공 기술을 살려 화폐 주조 장인으로 활약했다. 하지만 형제간의 다툼으로 1433년경 스트라스부르로 이주했다. 이곳에서 포도 짜는 기계를 개량해 활판인쇄기를 발명했다. 1444년경 다시 마인츠로 돌아와 1450년경 인쇄소를 차리고 1452년부터 1456년경에 『42행 성서』를 인쇄했다. 하지만 1462년 주교 간 대립에 휘말려 마인츠의 인쇄소를 잃고 1465년 아돌프 대주교의 종자로 고용됐다. 1468년 마인츠에서 사망한다. 약 70세였을 것으로 생각된다.

구텐베르크가 발명한 활판인쇄기는 역사적으로 봤을 때 정보의 발달을 가속한 엄청난 발명이었다. 활판인쇄기가 발명되기 전에 책은 손으로 베껴 쓰거나 목판으로 인쇄해서만 만들 수 있었기에 매우 비싼 물건이었다. 이러한 이유로 지식은 부유층만의 소유물이었다. 하지만 구텐베르크의 인쇄기는 출판물의 대량 생산을 가능케 하였고, 값싼 책의 출현을 촉진해 지식을 시민들에게 확산시키는 데에 크게 공헌했다. 만약 구텐베르크의 발명이 없었더라면 인간의 진보는 훨씬 늦어졌을 것이다. 대량 생산과 대량 소비라는 자본주의가 기능하기 위해서는 구텐베르크가 발명한 인쇄기 같은 상품 생산 기계가 절대적으로 필요하기 때문이다.

좀 더 깊이 알고 싶은 독자를 위한 추천 도서

▪ 『위대한 발명가 구텐베르크』, 제임스 럼포드, 아일랜드
▪ 『지식의 사회사 1 – 구텐베르크에서 디드로까지』, 피터 버크, 민음사

코페르니쿠스(Nicolaus Copernicus, 1473년~1543년)
'지동설'로 과학을 크게 바꾼 천문학자

폴란드의 천문학자이자 가톨릭 사제이기도 했던 니콜라우스 코페르니쿠스. 그는 당시의 주류였던 천동설을 부정하고 지동설을 주장했다. 이 발견은 '코페르니쿠스적 전환'으로써 역사에 새겨졌다.

코페르니쿠스는 폴란드 중북부에 있는 토룬에서 부유한 상인의 아들로 1473년에 태어났다. 그가 10세가 되던 때 아버지가 사망해 외삼촌인 사제 밑에서 자랐다. 1491년에 크라쿠프 대학에 입학해 천문학에 흥미를 갖게 되지만, 1495년에 중퇴했다. 1496년에 이탈리아의 볼로냐 대학에서 법학을 배운 뒤 일단 귀국했다가 1501년 다시 이탈리아로 가 파도바 대학에서 의학을 배웠다. 마지막으로 1503년 페라라 대학에서 법학 박사 학위를 받는다. 귀국 후에는 바르미아에서 사제로 일하며 천체 관측도 했다. 1510년에 처음으로 지동설을 발표했고 1516년에는 성당 참사회 재산 관리 담당관이 되었다. 1528년에 『화폐주조 방법』에서 '악화가 양화를 구축'한다는 설을 주장한다. 1542년에 뇌졸중에 걸려 신체 오른쪽이 마비되지만, 여기에 굴하지 않고 1543년에 『천구의 회전에 관하여』를 출판하려 애쓰다가, 출간 직전 플라우엔부르크에서 사망했다.

코페르니쿠스의 이름이 과학사에 새겨진 이유는 뭐니 뭐니 해도 그가 지동설을 제창했기 때문이다. 지동설이란 태양 주위를 지구를 포함한 행성이 돌고, 지구 주위를 달이 돌고 있다는 이론이다. 이는 현대 과학이 증명한 태양계 행성의 운동과 일치한다. 하지만 당시는 지구를 중심으로 태양과 달과 같은 별이 운동한다는 천동설이 기독교의 교리로까지 받아들여진 상태였다. 따라서 천동설을 반대하면 이단자로 처벌받았다.

이러한 시대였음에도 불구하고 코페르니쿠스는 과학적인 천체 관측에 기초해 사실을 계속 탐구했고, 그 결과를 공표했다. 이 모든 과정이 가지는 의미는 매우 크다. 독일 철학자 칸트는 그의 학문 정신을 기리며 진리라고 생각됐던 것이 크게 바뀌는 현상을 '코페르니쿠스적 전환'이라고 불렀다. 이 밖에도 코페르니쿠스는 영국의 경제학자 그레셤보다 먼저 "악화는 양화를 구축한다."라는 주장을 펼쳐 경제학의 발전에도 크게 기여했다.

좀 더 깊이 알고 싶은 독자를 위한 추천 도서
• 『천체의 회전에 관하여』, 니콜라우스 코페르니쿠스, 서해문집

사토 마사루의 한 마디
코페르니쿠스의 지동설로 사물을 바라보는 시각, 사고의 기본적 구조(패러다임)가 변화했다. '코페르니쿠스 혁명' 덕분에 세계관이 중세에서 근대로 발전할 수 있었다.

갈릴레오 갈릴레이(Galileo Galilei, 1564년~1642년)
지동설을 증명한 이탈리아의 대천문학자

이탈리아의 천문학자, 물리학자인 갈릴레오 갈릴레이를 유명하게 만든 것은 지동설을 주장한 갈릴레오가 이단 심판에서 유죄를 받고, 지동설을 포기해 자유의 몸이 됐을 때 말했다고 하는 "그래도 지구는 돈다."는 말일 것이다. 이 말을 갈릴레오가 진짜로 했는지 확실한 증거는 없어서 일화로 전해지고 있지만, 그의 강한 과학적 신념을 단적으로 드러내고 있는 말이라는 점은 분명하다.

천문학자로서 갈릴레오의 이름이 역사에 새겨진 이유는 지동설을 뒷받침하는 관성의 법칙을 발견한 데에 있다. '모든 물체는 외부에서 힘을 가하지 않는 한 멈춰 있는 물체는 정지 상태를 이어가고, 운동하고 있는 물체는 등속운동을 계속한다'는 법칙이다. 훗날 뉴턴에 의해 완성되는 이 법칙의 발견은 지동설의 큰 근거가 되었다.

또한, 천체 망원경을 사용해 관측하는 방법을 일반화한 사람도 갈릴레오로, 이 방법으로 목성의 위성인 갈릴레오 위성을 발견했으며 금성의 위상 변화와 태양의 흑점을 자세히 관측하는 데에도 성공했다.

물리학자로는 같은 길이의 진자라면 작게 흔들릴 때든 크게 흔들릴 때든 왕복 시간은 동일하다는 진자의 등시성을 발견했다. 그리고 자유낙하하는 물체의 속도는 물체의 중량과는 관계없으며, 물체가 낙하할 때 떨어지는 거리는 낙하 시간의 제곱에 비례한다는 낙하 운동의 법칙도 발견했다. 이 발견들은 현대 과학의 기초가 되었다.

이처럼 갈릴레오는 과학적 정신으로 여러 법칙을 발견하고 실증했는데, 당시는 기독교의 권위가 강력했던 탓에 지동설을 증명해냈음에도 교회의 압력 때문에 지동설을 번복할 수밖에 없었다.

갈릴레오는 근대 과학의 기반이 되는 발견과 실증 연구를 통해 후세에까지 그 이름을 남긴 위대한 과학자로서 이후 과학의 발전에 크게 기여해 과학의 새로운 길을 개척했다.

좀 더 깊이 알고 싶은 독자를 위한 추천 도서

- 「갈릴레오가 들려주는 별 이야기」, 갈릴레오 갈릴레이, 승산
- 「갈릴레오 갈릴레이」, 이무현, 사이언스북스

케플러(Johannes Kepler, 1571년~1630년)
케플러 법칙을 제창한 위대한 천문학자

요하네스 케플러는 독일의 저명한 천문학자로, 케플러의 법칙을 제창한 인물이다. 그리고 그는 수학자이기도, 자연 철학자이기도, 점성술사이기도 했다. 이처럼 케플러는 17세기 과학 혁명을 대표하는 위인 중 한 명이다.

케플러는 신성로마 제국의 바일데어슈타트에서 선술집 경영자의 아들로 태어났다. 신학교에서 공부한 뒤 장학금을 받고 튀빙겐 대학교 신학과에 입학한다. 그 사이 가업이 기울어져서 아버지는 용병이 되었고, 케플러가 17세가 된 때에 사망했다. 튀빙겐 대학에서 천문학 강의를 들은 케플러는 천문학에 큰 흥미를 갖게 되어 대학을 졸업한 후에는 현재의 그라츠 대학에서 수학과 천문학을 가르쳤으며, 1596년에 『우주의 신비』를 썼다. 이 책에서 케플러는 태양을 중심으로 수성, 금성, 지구, 화성, 목성, 토성이 다섯 개의 정다면체에 순차적으로 외접, 내접하면서 그 거리를 유지한다고 주장했다. 1599년에 덴마크 천문학자 브라헤의 초대를 받아 프라하로 이주한 그는 1601년 브라헤가 사망하자 그의 정확한 관측 자료를 이어받았다. 그 자료를 토대로 1609년에 케플러 제1법칙과 제2법칙이 담긴 『신천문학』을 발표했다. 1619년에 내놓은 『우주의 조화』로는 케플러 제3법칙을 발표했다. 1627년에 일종의 천문학 데이터 표인 루돌프 표까지 완성했으나, 안타깝게도 3년 뒤인 1630년 독일의 레겐스부르크에서 병사했다.

케플러는 케플러 법칙으로 과학사에 빼놓을 수 없는 인물이다. 이 법칙은 총 세 가지이다. 제1법칙은 "행성은 태양을 초점 중 하나로 둔 타원형 궤도로 움직인다.", 제2법칙은 "행성과 태양을 이은 선분이 단위 시간당 차지하는 면적은 일정하다.", 제3법칙은 "행성의 공전주기 제곱은 궤도의 긴 반지름의 세제곱에 비례한다."이다. 이 법칙들은 지동설을 증명하고 나아가 태양을 도는 행성의 궤도가 원이 아닌 타원임을 분명히 보여주어 과학 연구에 일대 변혁을 불러일으켰다.

케플러는 코페르니쿠스의 지동설을 증명한데다가, 코페르니쿠스도 규명하지 못했던 태양계 행성의 궤도가 타원형이라는 사실도 증명해냈다. 이 발견은 인류의 과학적 진보에 크게 이바지했다. 이처럼 케플러의 공적은 천문학의 세계를 한층 더 활짝 열었다.

좀 더 깊이 알고 싶은 독자를 위한 추천 도서 ─────

• 『행성 운동과 케플러』, 제임스 R. 뵐켈, 바다출판사

보일(Robert Boyle, 1627년~1691년)
보일의 법칙을 발견한 현대 과학의 선구자

로버트 보일은 17세기에 활약했던 아일랜드의 과학자, 자연 철학자다. 그는 보일의 법칙을 발견한 것으로 유명한데, 그 외에도 많은 연구를 해 현대 화학의 기초를 만들었다.

보일은 아일랜드를 영지로 가진 코크 백작 리처드 보일의 아들로 태어났다. 이튼 칼리지에 입학해 공부하다가 1641년에 이탈리아로 가 갈릴레오 밑에서 공부했다. 1644년에 귀국한 뒤에는 과학 연구에 몰두해 훗날 영국 왕립 협회가 되는 런던 이학 협회의 일원이 된다. 1659년에 진공 펌프를 개량하는 데 성공하고 다음 해에는 음(音)이 전달되는 과정에서 공기가 어떻게 관여하는지를 밝혀냈다. 1660년에는 보일의 법칙을 발표하고 1661년에는 저서『회의적인 과학자』를 써 고대 그리스의 관념적인 원소관을 비판했다. 이처럼 많은 과학적 활약을 보여준 보일이지만, 안타깝게도 1691년에 사망했다. 병명은 알 수 없다.

보일이 발견한 것 중 가장 널리 알려진 것은 보일의 법칙으로, 이것은 '일정 온도에서 기체의 압력과 부피는 반비례한다'는 법칙이다. 이 법칙은 온도의 변화를 고려하지 않고 있어 훗날 프랑스인 과학자 자크 샤를이 보강해 보일-샤를의 법칙으로 확립었다. 즉, '온도가 일정할 때 기체의 압력과 부피는 반비례하고 압력이 일정할 때 기체의 부피는 온도에 비례한다'가 완성된 것이다.

보일은 이 법칙 외에도 앞서 소개한 대로 독일 과학자 오토 폰 게리케가 발명한 진공 펌프를 개량한 것으로도 유명하다. 더불어 아리스토텔레스 같은 고대 그리스 현인들의 "화학 반응은 공기, 흙, 물, 불, 네 가지 요인의 작용에 의해 일어난다."는 주장은 틀렸으며, 미세한 입자의 움직임에 의해 일어난다는 화학적 주장을 펼쳤다.

이렇게 보일은 현대 화학의 기초가 되는 발견과 주장을 해 인류의 과학적 진보에 크게 공헌했다. 영국 체험론의 전통에 따라 실험을 반복함으로써 증명해간다는 귀납주의적인 방법을 주로 사용하여, 보일은 주장과 발견은 물론 방법에서도 근대 화학의 근본적인 정신을 실천했다고 말할 수 있다. 로버트 보일, 그의 이름은 많은 공적과 함께 과학사에 확실히 새겨져 있다.

좀 더 깊이 알고 싶은 독자를 위한 추천 도서

• 『위대한 과학자들』, 앤드루 로빈슨, 지식갤러리

뉴턴 (Isaac Newton, 1642년~1727년)
3대 발견으로 근대 과학의 기틀을 마련한 과학자

영국의 수학자, 물리학자, 천문학자인 아이작 뉴턴. 그는 여러 발견과 발명으로 근대 과학의 아버지라고 불린다. 수많은 업적 중에서 특히 알려진 것은 만유인력의 법칙이다.

뉴턴은 농원을 경영하는 아버지 밑에서 태어났지만, 아버지는 그가 태어나기 3개월 전에 사망했으며 3세 때 어머니가 재혼해 그는 할머니 손에 자랐다. 장성한 뉴턴은 농장 경영보다 학문에 더 흥미를 갖게 되어 케임브리지 대학에 입학하고, 훗날 과학 분야에서 뉴턴의 3대 업적을 이룩한다.

그의 3대 업적이란, '만유인력의 발견', '미적분법의 발견', '빛의 분석'이다. 첫 번째는 사과가 떨어지는 것을 보고 발견했다는 일화가 있지만, 사실인지 아닌지는 알 수 없다. 다만 '모든 사물은 서로 끌어당기는 힘을 가지고 있다'는 법칙의 발견이 고전역학을 확립하는 데 중요한 기반이 된 것은 확실하다. 두 번째는 증감의 비율을 나타내는 미분과 어느 범위의 합계를 나타내는 적분의 법칙성을 발견했다는 의미다. 세 번째는 프리즘을 사용한 실험으로, 하얀 빛은 다른 일곱 가지 색이 합쳐져 이루어진 것이라는 발견이다. 세 가지 발견 모두 근대 과학과 수학을 크게 발전시켰다.

뉴턴은 과학, 수학적으로 공헌했을 뿐만 아니라 하원의원으로도 선발되었고 나아가 왕립 조폐국 감사도 맡았다. 조폐국 감사였을 때 위조지폐 제작이 급감했다는 기록도 남아있다. 더불어 연금술 연구도 진행했다. 이처럼 뉴턴은 정통 과학 실험만 했던 과학자가 아니라 다방면으로 연구를 수행했으며 사회적인 활동도 많이 한 과학자였다.

뉴턴은 사실 굉장한 괴짜로, 집념이 매우 강한 성격의 소유자였다는 설이 있다. 이것이 사실인지 아닌지는 제쳐두더라도, 많은 논쟁과 재판 투쟁을 벌인 것은 사실이다. 미적분 발견을 둘러싼 라이프니츠와의 재판, 빛의 성질을 두고 벌인 후크의 파동성과 뉴턴의 입자설 논쟁 등은 자기주장을 굽히지 않았던 뉴턴의 완고함을 엿볼 수 있는 사건이다. 이러한 문제가 있었음에도 이름은 세계적으로 알려져 있다. 3대 발견을 시작으로 한 과학적 공적은 지금도 변함없이 빛나고 있다. 뉴턴의 위대함은 1705년에 자연 과학 분야에서의 업적으로 영국 역사상 처음으로 기사 작위를 받은 것만을 봐도 알 수 있다.

좀 더 깊이 알고 싶은 독자를 위한 추천 도서

- 『프린키피아(전3권)』, 아이작 뉴턴, 교우사
- 『아이작 뉴턴의 광학』, 아이작 뉴턴, 한국문화사
- 『아이작 뉴턴』, 필립 스틸, 초록아이

라이프니츠 (Gottfried Leibniz, 1646년~1716년)
미적분법을 발견하고 단자론을 제창한 학자

고트프리트 라이프니츠는 독일의 철학자, 수학자다. 그가 제창한 단자론(모나드론)은 사상계에 큰 영향을 미쳤다. 그는 근대 합리주의 이론을 대표하는 철학자로 매우 유명하지만, 미적분법을 발견하는 등 수학자로도 많은 업적을 남겼다.

라이프니츠는 1646년에 철학 교수의 아들로 라이프치히에서 태어났다. 아버지는 그가 6세 때에 사망했다. 1661년에 라이프치히 대학에 입학해 수학, 철학, 법학을 공부하고 1667년에 알트도르프 대학 법학 박사를 취득한다. 1675년에는 미적분법을 발견하고 1714년에 『단자론』을 간행했다. 하지만 1716년에 통풍이 원인이 되어 하노버에서 70세의 일기로 세상을 뜬다.

라이프니츠의 이름을 드높인 업적은 철학 분야에서는 단자론의 제창이고, 수학 분야에서는 미분법의 발견이다.

단자론에 대해서는 다음과 같이 설명할 수 있다. 단자(모나드)는 그 이상 쪼개지지 않고, 크기도 형태도 없는 단순한 실체다. 이것은 보편적으로 존재하며 거기서 일어나는 모든 변화는 내적 원리에 의거한다. 이것을 라이프니츠는 "단자에는 창이 없다."라고 표현했다. 또한, 단자는 상호 간에 인과관계가 없으며, 이 관계는 신이 미리 설정한 예정 조화 때문에 일어난다. 이렇게 라이프니츠의 생각은 모든 사상의 생성을 힘의 움직임이라는 측면에서 파악하기에 역동설이라고 불렸다.

또한, 라이프니츠가 뉴턴과는 다른 방법으로 미적분법을 발견한 사건은 수학사에 길이 남을 업적이다. 그리고 미분과 적분에 관련한 대다수 표기법도 라이프니츠가 제창한 것이다.

라이프니츠는 철학적으로도 수학적으로도 각각의 역사에 남을 위대한 이론을 만들어 내어 인류 역사의 진보에 매우 크게 공헌했다. 이러한 이유로 그는 근대 과학의 확립에서 없어서는 안 될 학자였다고 말할 수 있다. 그의 연구 성과는 우리의 학문을 발전시켜 근대적 합리 정신의 핵심 중 하나가 됐을 정도로 매우 큰 의미가 있다.

좀 더 깊이 알고 싶은 독자를 위한 추천 도서 ─────

• 「모나드론 외」, 라이프니츠, 책세상

사토 마사루의 한 마디

라이프니츠의 '단자론(모나드로지)'을 정치에 적용해보면, 복수의 블록이 하나의 목표를 향해 정진하는 모습이 된다. EU(유럽연합), 유라시아 공동체(러시아 푸틴 대통령이 제창한 것), 대동아공영권은 모두 단자론에 기반을 둔 이념이다.

라부아지에 (Antoine Lavoisier, 1743년~1794년)
단두대의 이슬로 사라진 근대 화학의 아버지

프랑스의 화학자 앙투안 라부아지에. 그는 질량 보존의 법칙을 발견하고 산소, 수소, 질소를 명명하여 화학사에 자신의 이름을 남겼다. 이외에도 여러 업적을 남겨 '근대 화학의 아버지'라고도 불린다.

라부아지에는 18세기 파리의 부유한 변호사의 아들로 태어났다. 1761년에 파리 대학으로 진학해 법학을 배우고 1763년에 졸업했다. 1764년에는 변호사 시험에 합격해 고등법원 법학사가 된다. 그리고 파리 대학에서 법학을 배울 때 자연 과학에도 흥미를 느껴 자연 과학 관련 강의를 여럿 들었던 경험을 살려, 1776년 프랑스 아카데미에서 모집한 '도시의 도로에 가장 적합한 야간 조명법'이라는 주제의 논문에 응모해 1등에 뽑혔다. 1768년에는 세금징수원이 되었다.

1769년 물을 유리 용기에 넣은 뒤 밀폐 상태에서 101일 동안 끓인 뒤 정확한 무게를 재는 실험(펠리컨 실험)을 통해 당시 많은 사람이 믿었던 '물은 흙이 될 수 있다'는 통설이 잘못되었음을 증명했다. 1774년에 '화학 반응 전후로 물질의 총 질량은 변화하지 않는다'는 질량 보존의 법칙을 발견한다. 1779년에는 산소를 명명한다.

1787년 공동 집필로 새로운 화학 용어를 쓴 『화학 명명법』을 출판하였고 1789년에 『화학 원론』을 발간해 현재 우리가 원소라고 부르는 것의 개념을 처음으로 제시했다. 하지만 이렇게 많은 활약을 펼친 그 앞에 어둠이 내려앉는다. 같은 해 프랑스 혁명이 일어난 것이다. 1793년 혁명 정부의 세금징수원 전원 체포 방침에 따라 체포되고, 1794년 열린 혁명 재판에서 사형을 구형받아 단두대로 보내져 사형당한다. 이때 재판장이 "공화국에 화학자는 필요 없다."라고 말했다는 일화가 전해진다.

라부아지에는 다수의 화학적 발견을 이루어내 이후 화학의 진보에 크게 공헌했다. 특히 화학의 기본 원리가 된 질량 보존 법칙을 발견한 것과 연소 반응에서 산소의 역할을 확인한 것은 매우 중요한 업적이었다. 하지만 공식 직업이 세금징수원이고 화학자가 아니었다는 것이 그가 사형당한 원인이 되었다. 위대한 화학자의 생명을 구하기 위해 재판에서 화학자로서 그가 세운 업적을 변호사가 강조했지만, 이 호소는 무시당했고, 결국 그는 단두대의 이슬로 사라졌다. 그렇지만 그가 화학사에 남긴 업적은 지금도 위대한 업적으로 많은 사람의 칭송을 받고 있다.

좀 더 깊이 알고 싶은 독자를 위한 추천 도서
• 『HOW? 화학의 아버지 라부아지에』, 맹은지 등, 와이즈만북스

단테 (Dante, 1265년~1321년)
『신곡』을 낳은 세계 문학의 거장

르네상스 최대의 시인으로 칭송받으며 역사에 남은 서사시 『신곡』을 쓴 단테는 이탈리아의 피렌체에서 태어났다. 그는 『신곡』 외에도 『신생』, 『향연』, 『속어론』 같은 작품을 썼으며 이탈리아 문학사만이 아니라 세계 문학사에서 찬연히 빛나는 작가이다.

그의 최고 걸작으로 일컬어지는 『신곡』은 지옥편, 연옥편, 천국편 세 가지 부분으로 나뉘어 있는데, 각각의 부분은 33가, 34가, 34가라는 총 100개의 운문으로 이루어진 노래로 구성되어 있다. 줄거리를 간략하게 소개하면, 깊은 숲속을 헤매던 단테가 그가 존경하는 고대 로마의 시인 베르길리우스와 만나 그와 함께 지옥과 연옥을 여행하면서 갖가지 죄를 저지른 인간들이 어떻게 되는지를 목격한다. 그리고 천국에서는 베르길리우스와 헤어지고 영원의 처녀 베아트리체의 인도를 받아 천상계에 올라 마지막에 신을 만나게 된다.

『신곡』은 당시 상식이었던 라틴어로 쓰이지 않고 토스카나 방언으로 쓰인 작품으로, 이 작품의 문체가 이탈리아어의 기본이 됐을 정도로 이탈리아어 역사에 남긴 의의가 매우 크다. 또한 보카치오, 괴테, 발자크, 엘리엇, 제임스 조이스 등 세계의 여러 작가에게 매우 큰 영향을 주었다.

문학 분야만이 아니라 회화 분야에도 영향을 주었는데, 시스티나 예배당에 있는 미켈란젤로의 『최후의 심판』은 『신곡』에서 영감을 받아 그려진 것이라고 한다. 보티첼리와 달리 등도 『신곡』을 극찬하면서 기꺼이 이 작품의 삽화를 그렸다. 조각 분야에서도 로댕이 『신곡』을 바탕으로 『지옥의 문』을 제작했으며 음악에서도 차이콥스키와 리스트가 이 운문 작품과 관련한 음악을 작곡했다.

이처럼 『신곡』은 르네상스의 문예 복고의 문을 활짝 연 작품으로서의 의미를 가졌을 뿐만 아니라 후세의 여러 예술에 절대적인 영향을 주었다. 이러한 이유에서 이 작품의 작가인 단테는 세계 문학에서 가장 중요한 작가 중 한 사람으로 평가받으며, 현재까지도 그의 명성은 사그라들지 않고 있다.

좀 더 깊이 알고 싶은 독자를 위한 추천 도서

- 『신곡』, 단테 알리기에리, 열린책들 등
- 『단테 『신곡』 강의』, 이마미치 도모노부, 교유서가

보카치오(Giovanni Boccaccio, (1313년~1375년)
르네상스기를 대표하는 이탈리아의 작가

조반니 보카치오는 르네상스를 대표하는 이탈리아의 시인, 작가다. 다수의 문학 작품을 썼는데 그중에서 특히『데카메론』이 유명하다.

보카치오는 1313년에 피렌체의 상인의 아들로 태어났다. 사생아이며 출생지가 피렌체라고 알려져 있으나 파리라는 설도 있다. 1325년 나폴리에서 견습 상인이 되지만, 그곳에서 문학에 눈을 떠『여신 디아나의 사냥』과 같은 초기 작품을 쓴다. 이후 피렌체로 돌아와 1348년부터 1351년까지『데카메론』을 쓴다. 1375년 이탈리아 중부의 체르탈도에서 울혈성 심부전으로 사망한다.

보카치오는 이탈리아 르네상스의 유명한 인문주의자로 여겨지는데, 그의 이름을 세계 문학사에서 빛나게 한 것은 역시『데카메론』이다. 이 책은 페스트 유행으로 피렌체 교외의 한 저택으로 피난 온 남녀 10명이 지루함을 달래고자 한 사람이 하루에 한 이야기, 총 10일 동안 주고받은 이야기를 모은 액자식 구성의 이야기(초서 참조)로 되어 있다.

이들의 이야기는 비극적인 것, 희극적인 것, 외설적인 것, 고귀한 것 등 여러 주제와 소재로 이루어져 있으며 등장인물도 왕후 귀족부터 서민에 이르기까지 다양하다. 이야기의 장소도 유럽은 물론 중근동을 넘어 아프리카에까지 이른다.

그리고 이야기 속에는 인간성의 진리를 적나라하게 드러내는 사실주의적인 측면과 함께 유머, 에로티시즘이 적절히 섞여 있다. 이렇게 풍성한 이야기가 재치 있으면서도 완급이 잘 조절된 화법으로 펼쳐져, 발표됐을 당시는 물론 지금까지도 계속해서 높은 평가를 받고 있다.

『데카메론』은 이탈리아만이 아니라 유럽의 많은 작가에게 영향을 미쳤다. 실제로 초서의『캔터베리 이야기』나 마르그리트 드 나바르의『엡타메롱』이『데카메론』으로부터 영감을 받아 쓰인 책이다. 이후에도 발자크가『인간희극』에서『데카메론』의 액자식 이야기 구성을 바탕으로 더욱 큰 연속극을 만드는 등 세계 문학에 계속해서 영감을 주었다.

보카치오, 인문주의 르네상스가 꽃피운 큰 꽃송이. 그의 소설은 세계 문학을 움직이는 강한 흐름이 되어 지금도 생생히 살아있다.

좀 더 깊이 알고 싶은 독자를 위한 추천 도서 ─────
• 『데카메론』, 조반니 보카치오, 살림 등

초서 (Geoffrey Chaucer, 1343년?~1400년) 1340년에 태어났다는 설도 있음.

영시의 아버지, 영어를 문자 언어로도 사용한 작가

제프리 초서는 잉글랜드 왕국의 시인이자, 처음으로 중세 영어(1066년 노르만 정복 이후부터 15세기 후반까지 사용된 영어의 명칭)를 사용해 문학 작품을 쓴 인물로 유명하다. 이 공적으로 초서는 '영시의 아버지'로 불리고 있다.

초서는 런던의 부유한 와인 상인의 아들로 태어났다. 상류계층과 관계를 쌓아 세관 간부, 치안 판사 등 여러 관리직에 올랐고, 켄트 주 의회 의원으로도 일한 적이 있다. 백년 전쟁에 참전했다가 프랑스군에 붙잡혀 포로가 되지만, 에드워드 3세가 몸값을 내주어 석방된다.

이후 초서는 이탈리아의 인문학자 페트라르카와 친분을 쌓고 그의 영향을 받아 소네트 형식의 시를 영문학에 도입한다. 1400년 10월 25일에 사망했다고 여겨지나 이를 증명하는 것은 비석뿐이다.

초서가 자신의 이름을 역사의 한 페이지에 남길 수 있었던 이유는 역시 그가 쌓은 문학적 업적 덕분이다. 그중에서 특히 미완의 대작『캔터베리 이야기』에 주목할 필요가 있다. 이 이야기는 도입부의 이야기를 바깥 테두리로 두고 그 안을 짧은 이야기로 채워나가는 액자식 구성으로 이루어져 있다. 이야기 속에 담긴 생생한 인간상과 유머 그리고 초서의 날카로운 인간 관찰은 탁월하다. 그래서 이 이야기를 중세 영어를 대표하는 문학 작품이라고 평가하는 영문학자들이 많다.『캔터베리 이야기』외에도 초서는『공작부인의 책』,『새들의 의회』, 『트로일로스와 크리세이데』,『선녀의 전설』등 많은 작품을 남겼다.

초서의 작품은 동시대의 전형적인 문학 작품과는 달리 중세 문학의 정점이자 동시에 르네상스, 근대 문학의 원류가 되었다고도 볼 수 있다. 표현 방식, 문체, 사상, 그 외의 부분에서 중세적 전통에 따르면서도 끊임없이 그로부터 탈피해 계속해서 변모해가는 세계를 사실적으로 묘사하고 있다.

영시의 아버지라는 평가에 대해서도 한 번 짚고 넘어가 보자. 이 시대 잉글랜드 궁정에서는 프랑스어가 사용되었으며 문학 작품도 라틴어 혹은 프랑스어로 쓰였지만, 초서는 중세 영어로 이야기를 써 내려갔다. 이러한 저술 활동은 영어가 문어로서 성숙해가는 데에 매우 중요한 초석이 되었다. 이것이 초서가 영시의 아버지(이 시대의 이야기는 산문이 아니라 운문으로 쓰였다.)라고 불리는 이유다.

좀 더 깊이 알고 싶은 독자를 위한 추천 도서

• 『캔터베리 이야기 세트』, 제프리 초서, 올재클래식스 등

에라스무스 (Desiderius Erasmus, 1469년?~1536년)
종교 개혁에 영향을 준 문인주의의 거장

네덜란드의 철학자, 신학자인 데시데리위스 에라스무스. 그는 『우신예찬』의 저자로 알려져 있는데, 토머스 모어와 마르틴 루터 등 당대의 여러 지식인과 교류하고 종교 개혁에도 관계했다.

에라스무스는 고명한 사제의 아들로 로테르담에서 태어났다. 어렸을 적부터 사제가 되기 위한 교육을 받아 1487년에는 스페인의 성 아우구스티노 수도회에 들어가 라틴어 고전을 두루 섭렵했다. 1492년에 사제 서품을 받고 1499년에는 잉글랜드로 건너가 존 콜릿, 토머스 모어, 헨리 8세 등과도 교류했다. 1506년에는 이탈리아로 갔고 1511년에 『우신예찬』을 출판했다. 1535년에 토머스 모어가 처형당하자 큰 충격을 받고, 다음 해인 1536년에 스위스의 바젤에서 숨을 거뒀다.

에라스무스의 핵심 저서 『우신예찬』은 풍자소설로, 이 소설에서 에라스무스는 경묘하고 재치 있는 문체를 사용해 당시 지배 계층이었던 왕후 귀족은 물론 교황을 포함한 성직자, 신학자, 철학자, 문법학자들을 통렬히 비판했다. 이 때문에 가톨릭교회에서 이 책을 금서로 지정했다.

에라스무스의 종교 비판은 가톨릭에만 그치지 않았다. 처음에 그는 루터의 종교 개혁을 지지했지만, 개신교 운동이 과격해지자 루터도 비판하여 두 사람은 다투게 된다. 이처럼 에라스무스는 가톨릭에 대해서도 개신교에 대해서도 비판할 점은 비판했기 때문에 두 종교 모두로부터 적대자로 받아들여졌다.

하지만, 인문주의자 에라스무스의 중용 정신과 높은 도덕성은 지금도 높이 평가받고 있다. 종교적 측면으로 봤을 때 그의 성서 중심주의는 루터를 시작으로 하는 개신교의 종교 개혁파에 큰 영향을 미쳤다. 따라서 에라스무스는 비판 정신과 진지한 신앙을 통해 역사에 그 이름을 새긴 위인이었다고 말할 수 있겠다.

좀 더 깊이 알고 싶은 독자를 위한 추천 도서 ─────

- 『우신예찬』, 에라스무스, 열린책들 등
- 『에라스무스 평전』, 슈테판 츠바이크, 원더박스
- 『개혁의 주창자들 : 위클리프부터 에라스무스까지』, 두란노아카데미 편집부, 두란노아카데미

토머스 모어 (Thomas More, 1478년~1535년)
이상 국가를 그리고 법을 존중한 사상가

영국의 사상가, 법률가인 토머스 모어. 그가 1516년에 쓴 『유토피아』
는 16세기 당시 이상적 국가에 관해 쓴 저서로 그의 이름을 역사에
남긴 중요한 책이다. 여기서는 이 책에 쓰인 내용을 중심으로 모어의
생각을 뒤쫓아보려 한다.

런던의 법률가의 아들로 태어난 모어는 스스로 법률가의 길을 선택
해 법률가가 된다. 1529년에 대법관이 되지만, 국왕의 이혼 문제로
헨리 8세와 대립하다 1535년 반역죄로 처형당한다.

모어가 『유토피아』에서 말하는 이상 국가의 뛰어난 점은 의료비의
무료화 같은 충실한 복지 정책, 안락사 허용, 신앙의 자유, 변호사의 부재와 법률의 단순화,
도박이나 사냥, 점성술 금지 등이 있다. 이러한 생각에는 자유와 평등의 정신을 중시하는 근대
정신의 맹아가 보인다.

이 책에는 "전쟁은 가축이 하기에 어울리는 일이다. 하지만 어떤 가축도 인간만큼 전쟁하
지는 않는다."는 말이 있어 모어가 전쟁을 강하게 반대했음을 알 수 있다. 모어가 살았던 시
대는 군주를 정점에 둔 강력한 국가체제가 세워지고 있던 시대이자, 과학의 발달 등으로 인
해 전쟁에서 참혹한 살육이 더 빈번하게 일어났던 시대였다. 이러한 사회의 어두운 면을 부
정하고 더 좋은 국가를 만들어 국민 전체가 행복해지는 사회의 실현을 모어가 바라고 있었
다는 점은 의심할 바가 없는 사실이다.

『유토피아』에서 그려진 이상적 국가에는 공산주의적이면서 자유롭고 평등한 정신이 실
현된 제도가 많이 등장하지만, 노예의 필요성을 인정하고 있다는 점이나 여성의 사회적 권
리를 제한하는 등 오늘날의 시각으로는 구시대적인 측면도 존재한다는 점도 강조할 필요가
있을 것이다. 그래서 모어의 유토피아 국가론은 지금의 시대에서는 적합하지 못한 부분도
다수 보인다.

하지만 이상 국가의 형태를 확고한 자세로 제시한 모어의 책 『유토피아』는 인류의 진보라
는 점으로 보면 역사에 이름을 남길 가치가 충분한 작품이다. 그리고 참수형에 처해질지언
정 법의 중요성을 국왕 앞에서도 흔들림 없이 주장했던 모어의 자세 역시 고결하며 위대한
행동이었음을 반드시 기억해두자.

좀 더 깊이 알고 싶은 독자를 위한 추천 도서
- 『유토피아』, 토머스 모어, 을유문화사 등
- 『토마스 모어와 유토피아』, 카를 카우츠키, 동연
- 『토마스 모어 : 정의담론과 그의 죽음』, 조명동, 혜안

라블레 (Francois Rabelais, 1494년?~1553년) 최근에는 1483년에 태어났다는 설이 유력하다.

프랑스 르네상스기를 대표하는 문호

프랑수아 라블레는 프랑스의 16세기 인문주의자이자, 작가, 의사이기도 했던 인물이다. 프랑스 르네상스기의 최고 걸작으로 일컬어지는, 해학과 풍자가 한데 잘 어우러진 문학 작품『가르강튀아와 팡타그뤼엘』의 작가로 잘 알려져 있다.

라블레는 프랑스 중서부의 시농 근처의 수일리라는 작은 마을에서 태어났다. 아버지는 법복귀족으로 변호사였다. 라블레는 베네딕트회의 수도원에서 초등 교육을 받고 1511년경 프란체스코 수도회에 들어간 후 각지의 대학을 돌아다니며 공부해 1530년경에 의사가 된다.

1532년『팡타그뤼엘』을 발간했으며 이탈리아로 갔다가 귀국한 뒤『가르강튀아』를 발표하지만, 1543년 파리 대학으로부터 금서 처분을 받는다. 그리고 1546년에『제3의 서』를, 1552년에『제4의 서』를 발표한 뒤 다음 해인 1553년에 사망했다고 한다. 파리의 생폴 교회에 묻혔다고 알려졌지만 묘는 존재하지 않는다.

라블레를 유명하게 만든 것은 뭐니 뭐니 해도 그의 문학 작품이다. 주요 저서인『가르강튀아와 팡타그뤼엘』은 총 다섯 권으로 되어 있는데(『제5의 서』는 라블레가 아닌 다른 사람이 썼다는 설도 있다.), 가톨릭교회로부터 극심한 비판을 받았음에도 불구하고 모두 당시 독자들의 열렬한 지지를 받았다. 이 작품은 민중적인 웃음과 강렬한 풍자가 특징으로, 러시아의 문예 평론가 바흐친은 이 작품 속에 다성성(소설 안에 그려진 많은 의식과 목소리가 하나로 어우러지는 것이 아니라 각자 확고한 가치를 가지고 각각의 독자성을 유지한 상태)의 원형이 있다며 이를 매우 높게 평가했다. 이처럼 유머와 자유로운 정신으로 채색된 프랑스 르네상스기를 대표하는 획기적인 서적이었다.

라블레는 인문주의자로서 가톨릭교회를 중심으로 한 당시 구폐적 사상을 날카로운 시선으로 비판하면서 인류가 새로운 진보의 시대를 향해 나아가야 한다는 점을 강조했다. 이는 중세의 족쇄를 벗어나 근대로 향하려는 시대정신이 표현된 것이라고도 볼 수 있다.

프랑수아 라블레, 의사이자 문학자였던 인물. 민중의 벗이자 가톨릭교회의 적. 자유를 추구하면서 비속함도 칭송한 정신. 라블레는 그야말로 인문주의의 시대성을 반영한 진정한 문호였다.

좀 더 깊이 알고 싶은 독자를 위한 추천 도서

- 『가르강튀아와 팡타그뤼엘』, 프랑수와 라블레, 문학과지성사 등
- 『프랑수와 라블레의 작품과 중세 르네상스의 민중문화』, 미하일 바흐친, 아카넷

셰익스피어(William Shakespeare, 1564년~1616년)
엘리자베스 1세의 치세에 꽃 핀, 역사상 최고의 극작가

셰익스피어는 세계적으로 매우 유명한 영국의 시인, 극작가다. 셰익스피어는 같은 시대의 이탈리아 화가 카라바조(1571년~1610년)와 달리 실제로 살인은 하지 않았지만, 그의 작품을 유심히 보면 핵심 등장인물 중 누군가는 꼭 죽는다.

같은 해 이탈리아에서는 갈릴레오 갈릴레이가 태어났다. 그리고 그의 말년에 일본에서는 도쿠가와 이에야스가, 스페인에서는 근대 문학의 효시 세르반테스가 사망했다. 한국은 조선 왕조 숙종 시대였다. 갑자기 무슨 뜬금없는 소리인가 싶겠지만, 이들 모두 셰익스피어와 같은 시대를 산 사람들이었다는 것을 알아두었으면 하는 바람에 적어보았다.

셰익스피어는 튜더 왕조의 엘리자베스 1세 시대 때 태어났다. 엘리자베스 1세 설명에도 적혀 있듯이 16세기 영국은 정치적으로나 경제적으로나 비약적으로 발전하고 있었다. 엘리자베스 1세는 절대왕정을 강화하고 스페인의 무적함대를 이겨 제해권을 거머쥐었으며 신대륙에도 진출했다. 이러한 영국의 황금시대를 문화적으로 장식한 인물이 셰익스피어다.

셰익스피어는 영국의 버밍엄 근교의 스트랫퍼드어폰에이번에서 태어났다. 그는 런던에서 성공한 뒤에도 고향과 그곳에서의 추억을 무척 소중히 여겼다. 18세에 그는 앤 해서웨이와 결혼한다. 하지만 그녀는 좋은 아내라고는 말할 수 없는 사람이어서 셰익스피어가 고생을 많이 했다고 한다. 실제로 8세 연상인 그녀와는 이른바 '속도위반'으로 결혼하지 않았나 생각된다. 아내에게 불만이 상당히 많았는지 셰익스피어는 유언으로 딸에게 재산의 대부분을 물려주면서 아내에게는 '두 번째로 좋은 침대'만을 남겼다고 한다.

셰익스피어는 1592년경 런던에 진출해 극작가의 길을 걸었으며 이후 1612년에 은퇴할 때까지 20여 년 동안 세계적으로 유명한 명작을 차례차례 배출했다.

초기 작품으로는 『헨리 6세』, 『말괄량이 길들이기』, 『리처드 3세』 등이 있다. 이때의 작품들은 역사극 또는 희극이다. 그리고 1595년경에는 세계적으로 유명한 비극적 러브스토리인 『로미오와 줄리엣』을 발표했다. 한편 『베니스의 상인』, 『뜻대로 하세요』, 『십이야』, 『한여름 밤의 꿈』과 같은 경쾌한 희극도 발표했다. 『베니스의 상인』에서는 배금주의를 풍자하기도 했다.

이후 그의 창조 세계는 더욱 깊이를 더해 중후한 비극으로 나아간다. 후반생에 해당하는 17세기 초반에는 4대 비극을 발표했다. 바로 『햄릿』, 『맥베스』, 『오셀로』, 『리어왕』이다. 만년에는 로맨스 극인 『템페스트』, 『겨울이야기』 등을 발표했다.

현대에도 셰익스피어의 작품은 고전으로서 높은 평가를 받고 있다. 복잡하고 다양한 등장인물을 다채롭게 그려냈으며, 비극 속에서는 실의에 빠진 등장인물의 내면까지도 섬세하게 묘사했다. 근대 문학은 16세기에 시작되었다고 여겨지는데, 당연히 그 선두에는 셰익스피어가 있다고 평가받는다.

특히 그의 위대함과 천재성을 세상에 널리 알린 요소가 바로 극 중에서 나오는 주옥같은 대사다. 그의 작품에서 등장하는 명대사는 지금도 여러 매체에서 인용되고 있으며, 많은 영문학자가 초기 근대 영어의 도달점으로써 셰익스피어의 명언을 언어학적으로 연구하고 있다. 애초에 이 시대는 인문주의가 팽창하고 활판인쇄가 보급된 시대다. 이러한 배경을 바탕으로 영어로 번역된 성서도 발간되어 영어 문화가 꽃피우고 있었다. 여러 언어로 번역되어 현대에도 살아 숨 쉬고 있는 그의 대표적 대사를 여기에 적어보면,

『햄릿』 – "사느냐 죽느냐 그것이 문제로다.", "간결함이야말로 지혜의 정수다.", "돈은 빌리지도 꾸지도 말아라. 돈을 빌리면 친구도 돈도 잃는다."

『베니스의 상인』 – "빛난다고 해서 모두 금은 아니다."

『오셀로』 – "가난하나 만족하면 넉넉한 부자지만, 부자지만 가난해질까 두려움에 떠는 사람은 겨울처럼 앙상해지는 법이다."

『맥베스』 – "내 손은 저 넓디넓은 푸른 바다를 빨갛게 물들여 전부 핏빛으로 바꿀 것이다.", "인생은 걸어가는 그림자에 불과하다.", "지금 내 눈앞에 있는 공포마저 상상 속의 공포보다 무섭지 않다."

『리처드 3세』 – "말, 말을 다오. 말을 가져오면 내 왕국을 주겠네."

『율리우스 카이사르』 – "운명은 별이 정하는 것이 아니다. 우리의 마음이 정하는 것이다."

참고로 그의 대표작 중 하나이기도 한 『리처드 3세』에서의 리처드 3세는 장미 전쟁 때의 영국 국왕이었다. 셰익스피어의 작품에서는 잔인한 국왕으로 그려졌지만, 실제로는 그렇지 않았다고 하며 리처드 3세 사후 튜더 왕조가 열렸다.

셰익스피어의 작품은 지금도 전 세계의 극장에서 상연되고 있다. 특히 영국 배우이자 영화 감독이었던 로런스 올리비에는 셰익스피어 연극을 위해 태어난 사람이라고 불렸을 정도로 일인자였다. 연극만이 아니라 영화로도 많이 만들어졌는데, 올리비에의 『햄릿』이 높은 평가를 받았다.

이 외에 영화화된 대표적인 작품으로는 오손 웰스의 『오셀로』가 있다. 『맥베스』는 구로사와 아키라가 일본을 무대로 번안한 『거미의 성』이 세계적으로 유명하며, 『리어왕』도 영화화가 많이 이루어졌는데 그중에서 장뤼크 고다르의 『리어왕』이 특히 인상 깊다.

좀 더 깊이 알고 싶은 독자를 위한 추천 도서 ─────

• 『눈으로 보는 셰익스피어』, 히라마쓰 히로시, 인서트

세르반테스 (Miguel de Cervantes, 1547년~1616년)
『돈키호테』를 쓴 근대 문학의 거장

미겔 데 세르반테스는 스페인의 작가로, 세계 문학의 명작 『돈키호테』를 쓴 작가로 유명하다. 이 소설은 세계의 수많은 작가에게 영향을 주었다.

세르반테스는 1547년에 마드리드 근교의 알칼라 데 에레나스에서 가난한 외과 의사의 아들로 태어났다. 거의 교육을 받지 못하고 스페인 각지를 떠돌아다니다 마드리드에서 인문학자인 로페스 데 오요스 밑에서 학문을 배웠다.

1570년에 군대에 들어가 다음 해에 레판토 해전에 참전했는데, 이때 왼팔을 다쳐 쓸 수 없게 된다. 1575년에는 해적에게 붙잡혀 알제리에서 노예로 지내다 1580년에 해방되는 등 파란만장한 전반생을 보냈다. 1585년에 첫 작품 『라 갈라테아』를 출판했다. 이후 무적함대의 식량 징발원과 징세관으로 일했다. 1605년에 『돈키호테』를 출간해 큰 인기를 끌었고, 1615년에는 『돈키호테 속편』을 발행했다. 그리고 69세 때 당뇨병으로 인한 질병으로 마드리드에서 사망한다. 다음 해인 1617년에 『사랑의 모험(원작 페르실레스와 시히스문다의 고행)』이 출간되었다.

세르반테스의 역사적 공적은 바로 『돈키호테』를 세상에 내놓았다는 것이다.

전편과 후편으로 나뉘어 있는 이 소설에 관해 이야기하자면, 장편소설 『돈키호테』는 근대화가 진행되는 세계에서 여전히 중세 세계에 머물러있는 기사 돈키호테와 그의 종자 산초의 희극적인 여행을 담은 이야기다. 풍차를 거인으로 착각한 돈키호테가 말과 함께 풍차를 향해 돌격하고 시골 처녀를 귀족 부인이라고 여기며 기사의 맹세를 하는 등 상식을 벗어난 행동을 저지르면서 여행을 이어가는 두 사람의 모습을 우스꽝스럽게 그려내고 있다. 하지만 후편의 마지막에 쇠약해진 돈키호테는 정신을 차리고 자신의 바보 같은 행동에도 곁에 있어준 산초에게 용서를 구한다. 산초는 또 함께 여행을 떠나자고 답한다. 하지만 돈키호테는 숨을 거둔다.

이 소설은 단순한 희극이 아니라 공상 소설, 모험 소설, 연애 소설 등 훗날 문학이 발전하면서 세분화되는 많은 장르의 요소가 매우 잘 어우러진 특징을 가지고 있다. 또한 전체적으로는 익살스러운 양상을 띠고 있지만, 소설의 마지막은 비극적이다. 이러한 다원적인 요소가 잘 녹아들어 완성된 풍부한 이야기가 『돈키호테』를 세계 문학 속에서 빛나는 진정한 금자탑으로 만들었다.

좀 더 깊이 알고 싶은 독자를 위한 추천 도서

- 『돈키호테』, 미겔 데 세르반테스, 문예출판사 등
- 『세르반테스의 돈키호테 읽기』, 박철, 세창출판사

몰리에르(Moliere, 1622년~1673년)
귀족 사회를 풍자한 프랑스 3대 극작가 중 한 명

유럽의 근대 문학은 16세기 말부터 17세기 초반에 쓰인 세르반테스의 『돈키호테』로부터 시작되었다고 여겨진다. 이 작품에서 주인공의 심리, 갈등, 성장이 처음으로 그려졌기 때문이다.

프랑스에서는 16세기에는 르네상스의 영향을 받은 라블레의 작품이 많은 사람의 사랑을 받았지만, 17세기에는 고전주의로 회귀한다. 때는 절대왕정 시대, 왕과 귀족이 힘을 가진 시대였기에 질서와 균형, 조화, 우아함, 기품을 주제로 한 작품군이 주를 이루었다.

하지만 한편으로 몇몇 고전 극작가들은 활력 넘치는 서민의 모습을 가진 인물을 등장시켜 이들을 통해 귀족 사회를 풍자하기도 했다. 이러한 점에서 단순히 고전주의로 돌아갔다고 할 수 없으며, 쇠퇴했다고도 볼 수 없다.

이 시대 프랑스에는 3대 고전 극작가가 있었다. 대표적인 인물이 몰리에르(본명은 장 바티스트 포클랭Jean Baptiste Poquelin)다. 몰리에르의 대표작으로는 『타르튀프』, 『인간 혐오』가 꼽히는데, 『타르튀프』는 위선으로 가득 찬 사기꾼을 그린 작품으로 악덕 종교인들도 풍자했다. 당시 루이 14세와 기독교 신자들은 이 작품에 불쾌감을 느껴 상영을 공개적으로 금지했으며 수년이 지나서야 금지조치가 해제되었다. 『인간 혐오』는 위선적인 상류 귀족을 날카롭게 묘사하면서 위선을 증오하며 우울증을 앓고 있는 주인공(귀족)이 사회에 좌절해 점점 인간 혐오자가 되어가는 모습을 그리고 있다. 여기서 나온 '미장트로프'라는 단어는 사람을 싫어하는 사람이라는 뜻으로 지금도 쓰이는 말이다. 그 외 대표작으로 『수전노』, 『상상으로 앓는 사나이』, 『동 쥐앙』 등이 있으며, 귀족을 주인공으로 쓴 희극들은 귀족을 풍자하면서 동시에 시민(유산 계급, 부르주아지)의 대두를 예견했다.

17세기 프랑스의 3대 고전 극작가로는 몰리에르 외에 코르네유(1606년~1684년), 라신(1639년~1699년)이 있다. 코르네유는 스페인의 청년 기사가 주인공인 『르 시드』를 남겼다. 라신은 『앙드로마크』와 『페드르』 같은 고대 그리스를 무대로 한 작품을 남겼다. 라신은 몰리에르나 코르네유와는 달리 격조 높은 고전극을 목표로 삼았으며, 그의 작품 속 대사는 가장 아름다운 프랑스어로도 평가받고 있다.

18세기가 되자 사상적으로 고전주의는 비판받는다. 민주주의적인 계몽사상과 본능이나 정념이 해방된 자유로운 문학이 탄생해 근대 문학이 본격적으로 번성한다.

좀 더 깊이 알고 싶은 독자를 위한 추천 도서 ─────
- 『몰리에르 희곡집』, 몰리에르, 서문당 등

스위프트 (Jonathan Swift, 1667년~1745년)
인간 사회의 모순을 발견하고 풍자한 영국 문학의 거인

조너선 스위프트는 1667년 아일랜드의 수도 더블린에서 태어났다. 영국계 아일랜드인(당시 아일랜드는 영국의 일부)인 그는 영국과 아일랜드 사이에서 고민하다 만년에는 아일랜드의 독립과 자유를 위해 펜을 들어 싸웠다.

17세기의 영국 문학계는 정치계와 마찬가지로 크게 흔들리고 있었다. 16세기 셰익스피어의 활동 덕에 크게 번영했던 문학이었지만, 그가 죽고 난 뒤 눈에 띄는 인재는 나타나지 않았다. 그러던 와중에 17세기 초반 신을 향한 깊은 숭경을 표현한 문학이 등장한다.

바로 개신교 문학의 걸작이라고 불리는 밀턴의 『실낙원』, 버니언의 『천로역정』이다. 두 작품 모두 종교색이 강한 작품이면서 주체성을 가진 강한 인간의 모습이 그려져 있다. 이러한 의미에서 영국 문학은 착실히 진화해가고 있었다고 말할 수 있을 것이다. 그리고 이것을 이어받아 18세기에 더욱 인간적인 작품이 탄생한다. 대니얼 디포의 『로빈슨 크루소』가 그것이다(1719년).

17세기~18세기의 영국은 왕의 권위가 흔들리던 시대였다. 두 번의 혁명을 겪으며 의회가 권력을 거머쥐었지만, 결국에는 왕이 권력을 되찾았다. 이렇게 권력자가 휙휙 바뀌던 시대에서 문학자는 사람의 변하기 쉬운 모습을 목격했고, 권력의 어리석음을 알았다. 그리고 이 경험이 『로빈슨 크루소』를 거치며 무르익다 드디어 열매를 맺는데, 바로 스위프트의 『걸리버 여행기』다.

이 여행기에서 걸리버는 다양한 나라를 방문하는데, 방문할 때마다 상식과는 다른 세계가 걸리버의 눈 앞에 펼쳐진다. 이를 빗대 스위프트는 당시 사회를 강하게 풍자했다. 이러한 의미에서 이 책은 근대 문학의 걸작이자 동시에 정치학 입문서의 역할도 한다.

참고로 『걸리버 여행기』 제3편에는 '하늘을 나는 라퓨타'가 등장한다. 미야자키 하야오는 여기서 영감을 얻어 『천공의 성 라퓨타』를 제작했다.

스위프트는 원래 성직자였지만, "인간을 미워하는 종교는 있어도 서로를 사랑하는 종교는 없다."라고 역설했다. 이러한 아이로니컬(역설, 반어적)한 대사에서도 스위프트의 예리한 통찰력을 엿볼 수 있다.

좀 더 깊이 알고 싶은 독자를 위한 추천 도서 ───────

▪ 『걸리버 여행기』, 조너선 스위프트, 문학수첩 등

귀도 다레초(Guido d'Arezzo, 991년~1050년)
새로운 기보법을 고안해 낸 음악의 발명가

중세 이탈리아반도의 역사를 정리하면 다음과 같다. 476년 서로마 제국이 멸망(오도아케르 참조)하고, 6세기에는 동로마 제국의 테오도리크가 동고트 왕국을 건립한다. 그리고 동로마 제국 황제 유스티니아누스 1세(대제)가 동고트 왕국을 굴복시켜 이탈리아반도를 동로마 제국의 땅으로 만들었다.

이후 게르만인의 랑고바르드 왕국이 이탈리아반도를 지배하지만, 교황령만큼은 손에 넣지 못했다. 774년 프랑크 왕국의 카를 대제가 로마 교황의 요청으로 북이탈리아를 침공해 랑고바르드 왕국을 멸망시킨다(카를 대제 참조). 더불어 그 뒤 843년, 870년의 조약으로 프랑크 왕국은 3분할되어 이탈리아의 원형이 탄생했다.

962년 오토 1세는 신성로마 제국 황제에 즉위한 뒤 한동안 로마 교황과 대립했다. 한편 북이탈리아의 피렌체와 밀라노 등은 신성로마 제국 안에서 독립적인 도시로 발전해간다. 베네치아는 이미 독립해 도시국가가 된 상태였다.

서론이 길어졌는데, 귀도 다레초가 태어난 때는 이러한 시대였다. 그는 10세기 말에 피렌체 근방의 아레초에서 태어나 자랐다.

다레초는 중세 이탈리아의 음악 교사였다. 원래는 수도사로 수도원에 귀속되어 있었는데, 어느 날 성가대가 그레고리오 성가를 매우 힘들게 암기하는 모습을 보고 그가 새로운 암기법을 고안해냈다. 바로 네 개의 선 위에 사각형의 음표를 그리는, 현대로 이어지는 악보 기보법의 원형이었다. 더욱이 그는 '도레미파솔라시'라는 음계명도 발명했다. 따라서 우리가 초등학교에서 배우는 이 음계명은 이탈리아어로 된 것이며, 다른 나라에서는 다른 이름으로 배운다.

다레초의 발명 덕분에 음악 세계는 극적으로 발전한다. 당시는 중세 음악이 주류였지만, 이윽고 15세기경에는 르네상스 음악이 탄생한다. 나아가 바로크, 고전파, 낭만파 그리고 국민악파를 거쳐 현대 음악에 이르게 된다.

좀 더 깊이 알고 싶은 독자를 위한 추천 도서 ─────

▪ 『도레미 ─ 최초로 악보를 만든 구이도 다레초 이야기』, 수잔 L.로스, 미래아이

101 음악

바흐 [Johann Sebastian Bach, 1685년~1750년]

17세기 바로크 시대를 살았던 근대 음악의 아버지

요한 제바스티안 바흐는 음악 일가로 유명한 가문에서 태어났다. 그는 바로크 음악을 완성했으며 고전파의 창시자로서 서양 음악의 기초를 다져 '음악의 아버지'로 알려졌다. 그리고 현대에서는 베토벤, 브람스와 함께 '독일의 3대 B'로서 이름을 올리고 있다.

바흐의 작품은 바로크다운 화려하고 호화로운 음악이지만, 한편으로 개신교에 기초한 엄격한 교회 음악을 작곡하기도 했다. 더불어 대위법(독립성을 가진 복수의 선율로 멜로디를 결합해 나가는 기술)을 사용해 깊고 강한 음악을 남겼다. 대표작으로는 합주곡인 『G 선상의 아리아』로 알려진 『관현악 모음곡』, 성악곡(칸타타)인 『마태 수난곡』 등이 있다.

앞서 이야기한 대로 바로크의 거장으로(고전파의 창시자로서) 널리 음악의 기초를 쌓아 음악 세계를 바꾼 그인데, 20세기 후반 이후부터는 새로이 재평가가 이루어지고 있다.

과학서 중에 호프스태터가 쓴 『괴델, 에셔, 바흐』(1979년)라는 책이 있다. 이 책에서 저자는 불완전성 원리를 발견한 수학자 괴델과 눈속임 그림을 그린 화가 에셔, 대위법의 대가인 바흐를 동시에 논하고 있다. 에셔의 작품 중에는 위에서 아래로 떨어진 물이 자연스레 위로 거슬러 올라가 다시 아래로 떨어지는, 물의 흐름이 끊어지지 않고 계속 순환하는 그림이 있다. 바흐의 카논(같은 선율을 복수의 성부가 다른 시점에서 시작해 모방 연주하는 폴리포니(다성음악)의 한 양식)도 1회마다 높은 음조로 조를 바꾸는데, 다단조에서부터 올라가기 시작해 다시 다단조로 올라간다. 이렇게 이론상으로는 성립할 수 없음에도 전체적으로 보면 성립하는 그들의 작품 속에는 포스트모던 사상의 싹이 움트고 있다. 실제로 이들의 작품에는 '자기 참조(self-reference)'나 '탈구축' 성향이 엿보이며, 인공지능의 한계도 시사해 현재도 많은 지지를 받고 있다.

한편 장 마리 스트로브와 다니엘 위예 부부가 감독한 영화로 『안나 막달레나 바흐의 연대기』(1968년)가 있다. 모든 극적 장치가 과감히 배제되어 바흐의 음악과 그의 아내의 독백만이 정밀한 영상 속에 흐르는 이 작품은 높은 평가를 받았다. 이 작품에서 나오듯이 바흐는 만년에 시력을 잃고 병사했다.

좀 더 깊이 알고 싶은 독자를 위한 추천 도서

- 『바흐 : 천상의 음악』, 존 엘리엇 가디너, 오픈하우스
- 『요한 제바스티안 바흐 교회 칸타타』, 이기숙, 마티

하이든 (Franz Joseph Haydn, 1732년~1809년)
빈고전파의 또 다른 대표적인 인물이자 교향곡의 아버지

유럽의 음악사는 문학사나 미술사와 겹치는 부분이 많다. 하지만 서로 미묘하게 달랐던 시대도 있었다. 비슷하므로 함께 외워도 좋지만, 다른 부분도 있으니 유념하자.

유럽의 음악사 중 중세 이후를 보면, 르네상스(15세기~16세기), 바로크(17세기~18세기 중반), 고전파(18세기 중반~19세기), 로코코(18세기 중반), 낭만파(19세기), 국민학파(19세기), 근대음악(20세기), 현대음악(20세기~)이 이어진다.

고전파는 문학에서는 17세기 프랑스에서 몰리에르 등에 의해 퍼졌다. 이 흐름을 지나 음악에서는 18세기에 절정기를 맞는다. 고전파의 일인자는 모차르트다(모차르트 참조).

오스트리아의 잘츠부르크에서 태어나 빈에서 활약했던 천재 음악가 모차르트. 그보다 조금 일찍 오스트리아 북동부에서 태어나 그 재능을 발휘한 인물이 프란츠 요제프 하이든이다. 그 역시 고전파를 대표하는 작곡가다. 실제로 이들은 빈에서 활약했고, 이 두 사람에 베토벤(베토벤 참조)까지 포함해 '빈고전파'라고도 부른다(하이든과 모차르트는 교류가 있었다고 전해진다.).

하이든은 어렸을 적 성가대의 일원이었지만, 머지않아 작곡가로 전향한다. 이후 음악성을 인정받아 여러 작품을 발표함으로써 모국 오스트리아(당시는 신성로마 제국)에서 명성을 드높인다. 이후 영국을 방문해 더욱 명성을 떨치지만, 말년에 귀국한다. 이때 시대는 19세기에 돌입했다. 그는 1809년 나폴레옹에게 점령당한 빈에서 숨을 거둔다.

고전파 음악은 이성을 중시한 18세기 계몽 시대를 배경으로 악곡의 균형감과 합리적인 전개를 중시했다. 이 시대에 소나타 형식이 발전했으며, 장르로는 교향곡, 협주곡, 피아노 소나타, 현악 4중주곡 등이 만들어졌다.

하이든은 이러한 시대적 배경 속에서 교향곡만 세어도 104곡이나 남겨 '교향곡의 아버지'라고도 불린다. 이 작품들은 지금도 명곡으로 자주 연주되고 있다.

더불어 하이든이 작곡한 현악 4중주 제77번의 제2악장에 가사를 붙인 『신이시여, 황제 프란츠를 보호하소서!』는 현재 독일의 국가로도 사용되고 있다.

좀 더 깊이 알고 싶은 독자를 위한 추천 도서

• 『고전파 음악』, 홍세원, 연세대학교출판부

모차르트 (Wolfgang Amadeus Mozart, 1756년~1791년)

우미하고 화려한 로코코의 별 그 자체였던 천재 작곡가

서양 고전파 음악을 대표하는 오스트리아의 음악가 볼프강 아마데우스 모차르트. 그는 교향곡, 협주곡, 피아노 소나타 등 평생 600곡 이상 (단편적인 것까지 포함하면 900곡 이상이라고 한다)을 작곡해 서양 음악사에 그 이름을 빛내고 있다.

모차르트는 1756년 잘츠부르크에서 태어났다. 아버지도 음악가였다. 그는 유아 때부터 음악 영재 교육을 받았고, 5세 때에 처음으로 작곡을 했다고 한다. 어렸을 적에는 아버지와 함께 잘츠부르크 대주교 밑에서 일했다. 1769년부터 1771년까지 이탈리아를 여행했는데, 이때 볼로냐의 조반니 바티스타 마르티니 신부에게 대위법과 폴리포니 기법을 배웠다. 1770년에는 로마 교황으로부터 가톨릭 신앙을 전파하는 데 뚜렷한 공헌을 했거나 무훈, 저작 활동 또는 기타 혁혁한 활동을 통해 교회의 영광을 빛내는 데 공헌한 사람에게 주어지는, 교황이 수여하는 기사 훈장인 황금 박차 훈장을 받았다. 1777년에는 활동 거점을 잘츠부르크에서 만하임으로 옮겼다. 1786년에 『피가로의 결혼』을, 1787년에 『돈 조반니』를 작곡했고, 1788년에 『주피터 교향곡』, 1791년에 『마술피리』를 작곡했다.

모차르트 작품의 일반적인 특징으로는 로코코 양식의 색채가 강하다는 점을 꼽을 수 있다. 특히 전기의 작품은 장식음이 많고 경쾌하며 우아한 선율의 곡이 주를 이루기에, 그의 음악을 듣는 청중은 밝고 화려한 멜로디에 빠져들게 된다. 예를 들면 『피가로의 결혼』 제2막 중 『사랑이란 어떤 것일까』는 앞서 적은 특징을 잘 나타내고 있다. 후기로 가면 모차르트는 경쾌함보다도 깊이와 중후함을 추구하는 듯 보다 종교적인 색채를 강하게 드러낸다. 이러한 특징은 최후의 작품 『레퀴엠』 제1악장의 드라마틱한 구성에서 단적으로 나타나 있다.

그의 작품들이 한결같이 우아하고 아름다운 데에 반해 모차르트의 인간상은 천박하고 외설스러웠다고 알려져 있다. 지적인 것은 좋아하지 않았고, 정신적으로도 상당히 치졸했다는 증언이 많다.

하지만 그의 음악은 로시니, 쇼팽, 차이콥스키, 드뷔시 등에게 엄청난 영향을 주었으며, 음악의 세계뿐만이 아니라 문학에서도 스탕달, 푸시킨, 헤세 등에게 영향을 주었고, 미술에서도 들라크루아, 르누아르, 클레 등이 그의 영향을 받았다. 천재 모차르트는 그야말로 감미로운 예술 세계의 기반을 닦은 대작곡가였다.

좀 더 깊이 알고 싶은 독자를 위한 추천 도서 ────

• 『모차르트의 편지』, 볼프강 모차르트, 서커스
• 『모차르트, 그 삶과 음악』, 제러미 시프먼, 포노

베토벤(Ludwig van Beethoven, 1770년~1827년)
서양 클래식 음악의 진정한 거장

루트비히 판 베토벤은 하이든, 모차르트와 더불어 빈고전파를 대표하는 독일 작곡가이자 서양 음악의 거장으로 지금도 그 이름을 전 세계에 떨치고 있다.

베토벤은 1770년에 궁정 가수의 아들로 신성로마 제국(현 독일)의 본에서 태어났다. 어렸을 적에는 아버지로부터 음악 스파르타 교육을 받았다. 1787년 어머니가 사망하자 알코올 중독에 걸린 아버지를 대신해 집안을 책임지기 위해 여러 가지 일을 했다. 1792년에는 하이든의 제자가 되어 빈에서 살기 시작했는데, 난청이 점점 심해져갔다.

1798년에 『피아노 소나타 제8번 비창』을, 1801년경에 『피아노 소나타 제14번 월광』을 썼다. 이후 자살을 결심하나 단념하고 한층 더 작곡에 매진한다. 1803년부터 1804년에 걸쳐 『교향곡 제3번 영웅』을, 1807년부터 1808년에 걸쳐 『교향곡 제5번 운명』을 작곡하지만, 1810년 40세 무렵에 청력을 완전히 상실하고 만다. 이후 1823년에 『장엄 미사 D 장조』를, 1824년에 『교향곡 제9번 D 단조』를 완성한다.

베토벤은 음악의 거장이라는 명칭에 걸맞게 여러 장르의 곡을 다수 작곡했다. 이들은 초기, 중기, 후기 이렇게 3기로 나눌 수 있다. 작곡을 시작하고 1802년 무렵까지의 초기는 밝고 활동적인 작품이 많은데, 고전주의 형식에 충실한 작품을 작곡했다. 1802년경부터 1817년경에 이르는 중기의 작품은 정열적이고 변화무쌍하며 낭만주의적인 특징을 가지고 있다. 1818년 이후 후기 작품들은 화음을 사용해 중후한 음악성을 추구하고 있다.

이러한 베토벤의 작품은 낭만파 음악에 큰 영향을 주었을 뿐만 아니라(베토벤을 초기 낭만파 작곡가로 보는 연구자도 있다.) 브람스, 드보르자크, 쇤베르크, 쇼스타코비치 등 많은 작곡가에게 영향을 주었고, 지금도 그 영향력은 전혀 사그라지지 않고 있다.

천재적인 음악가답게 베토벤이 가졌던 음악을 향한 열정은 너무나도 강렬했다. 청력을 잃었음에도 계속해서 작곡 활동을 펼쳐 위대한 작품을 다수 만들어 낸 베토벤. 그는 음악 세계에서 그야말로 진정한 거장이었고, 그가 남긴 수많은 작품은 음악사에서 계속 찬란하게 빛을 발하고 있다.

좀 더 깊이 알고 싶은 독자를 위한 추천 도서 ─────

▪ 『베토벤의 생애』, 로맹 롤랑, 포노 등
▪ 『베토벤』, 최은규, 아르테

얀 반에이크 (Jan van Eyck, 1395년~1441년)
본격적인 유채화를 탄생, 완성시킨 15세기 플랑드르 화가

유채화를 처음으로 그린 사람이 15세기의 얀 반에이크라고 알려진 때가 있었다. 하지만 여러 연구를 통해 이는 사실이 아니며, 이미 10세기 말에는 유화구가 발명되어 있었다는 것이 통설이다. 유채화의 시초라는 타이틀은 빼앗겼지만, 이 같은 오해를 당연히 받을 정도로 얀 반에이크의 유채화는 뛰어났다. 그럼 먼저 그를 낳은 배경부터 알아보자.

15세기 네덜란드(오늘날의 벨기에 포함)의 플랑드르 지방에서는 모직물 공업이 발전하면서 이미 시민 계급이 대두해 풍요로운 사회를 이루고 있었다. 이윽고 17세기 바로크 시대가 되자 경제는 한층 더 번성해져 시민들이 화가에게 자신의 초상화를 의뢰하는 일이 빈번해졌다. 물론 굳이 17세기까지 가지 않아도 15세기 플랑드르 화가를 대표하는 반에이크 형제는 시민들의 요구에 따라 초상화나 종교화를 그려 그 이름을 진작부터 알리고 있었다.

반에이크 형제는 형이 후베르트, 형보다 더 시대를 대표하는 화가로 알려진 동생이 얀 반에이크다. 이들은 종종 함께 그림을 그리기도 했는데, 벨기에 헨트의 바보 성당에 걸린 『헨트 제단화』가 두 사람이 공동으로 그린 대표적인 작품이다.

부유한 상인의 의뢰로 그려진 이 작품은 종교화임에도 불구하고 아버지이신 신과 성모 마리아, 성 요셉 모두 화려한 보석으로 치장한 모습으로 등장하며, 시대 배경이 잘 드러나 있다. 또한 눈부신 색채로 뒤덮여 있어 본격적으로 유채화가 탄생했다는 사실을 알리는 작품이다. 물감의 발색은 뛰어나며, 질감도 정교하고 세밀하게 묘사되어 있다. 얇고 투명한 물감을 몇 번이고 겹겹이 칠한 투명기법으로 투명감 있는 화면을 완성했다. 이러한 모든 노력이 합쳐져 일반적인 중세 회화에서는 찾아볼 수 없는 높은 사실성을 가진 작품이 탄생했다. 더불어 이 작품에서 반에이크 형제는 풍경에 공기 원근법(색과 콘트라스트를 사용한 원근법)을 적용했는데 이는 다 빈치보다도 80년이나 더 앞선 것이다.

얀은 『재상 니콜라 롤랭의 성모』 등에서도 공기 원근법을 사용해 안쪽으로 깊이 있는 공간을 표현했다. 대표작 『아르놀피니 부부의 초상』에서도 그림 안에 유화이기에 가능한, 미묘한 음영을 동반한 볼록거울의 일그러진 공간을 그려 넣었다. 이러한 그림으로 그는 (넓은 의미에서) 북방 르네상스의 거장으로서 평가받는다(전성기 고딕에 포함되기도 한다.).

좀 더 깊이 알고 싶은 독자를 위한 추천 도서
• 『반에이크의 자화상』, 엘리자베트 벨로르게, 뮤진트리

보티첼리 (Sandro Botticelli, 1444년~1510년)
신화를 주제로 세기의 걸작을 남긴 르네상스 초기 대표 화가

유럽의 미술은 대부분 고대 그리스 미술, 로마 미술에서 시작된다. 중세에 들어오면 초기 기독교 미술이나 비잔틴 미술(동로마 제국 내)이 번성한다. 그리고 서유럽은 초기 중세 미술, 로마네스크를 거쳐 고딕에 이른다. 오늘날에는 고딕의 시대였던 14세기경까지를 중세로 보며, 15세기경에 시작되는 초기 르네상스와 함께 미술의 근대가 시작된다고 본다.

르네상스란 그리스 로마 시대에 탄생한 미술의 부활·재생을 의미한다. 즉, 중세와 고딕의 예술을 부정하고 고전으로 돌아가자는 운동이다. 이 운동으로 미술의 양식은 몇 가지 점에서 크게 변한다.

첫 번째는 작품의 모티프이다. 중세 회화가 기독교의 종교화 일색이었던 데 반해 그리스 신화 등을 모티프로 삼은 르네상스 이후부터는 초상화 같은 그림도 폭넓게 그렸다. 그리고 원근법을 사용함으로써 높은 사실성을 가진 그림도 그리게 되었다. 이 덕분에 신의 장엄함과 신이라는, 손에 닿지 않는 2차원적 세계를 그리는 것이 목적이었던 중세에서 해방되어 더욱 현실적인 3차원의 인간 세계를 그리기 시작한다. 이것은 인간성을 회복해가는 과정이기도 했다.

산드로 보티첼리는 이 르네상스 초기를 대표하는 화가다. 그는 신플라톤주의의 영향과 함께 이탈리아 피렌체의 메디치 가문의 비호를 받으며 활약한다. 메디치 가문 아래에서 당시의 피렌체는 부를 많이 쌓아 번영했다. 이 영향을 받아 보티첼리 전반생의 화풍은 매우 우아하며 화려하다.

그의 대표작은『봄(프리마베라)』과『비너스의 탄생』이다. 두 작품 모두 그리스 신화를 모티프로 그린 작품이기에 이러한 의미에서도 르네상스를 대표한다.『봄』에는 비너스와 다른 신들, 무수히 많은 꽃과 풀(꽃만 190종류라고 한다)이 정교하게 그려져 있어 높은 사실성과 함께 뛰어난 장식성을 자랑한다. 또 다른 대표작인『비너스의 탄생』은 캔버스에 그려진 최초의 대작으로 의미를 가진다.

말년에 보티첼리는 이 시기에 만연했던 교회와 세속의 도덕적 부패를 맹렬히 비난한 사보나롤라의 영향을 강하게 받아 자신이 세속적인 그림을 그렸다며 괴로워했다. 그러던 와중 사보나롤라가 화형당하자 충격을 받아 1501년에 종교화『신비의 탄생』을 마지막으로 붓을 꺾었고, 이후 끝내 빈곤하게 살다가 생애를 마친다.

좀 더 깊이 알고 싶은 독자를 위한 추천 도서

▪『산드로 보티첼리』, 바르바라 다임링, 마로니에북스
▪『BOTTICELLI – 산드로 보티첼리』, 도미니크 티에보, 열화당

레오나르도 다 빈치(Leonardo da Vinci, 1452년~1519년)
르네상스가 낳은 만능형 천재 예술가

이탈리아의 르네상스기를 대표하고 르네상스의 3대 거장 중 한 사람으로 알려진 천재 레오나르도 다 빈치는 『모나리자』와 『최후의 만찬』 같은 회화 작품을 남긴 화가로 유명한데, 사실 그의 재능은 회화에만 머물지 않았다.

그의 공적은 수학, 음악, 건축학, 토목공학, 해부학, 물리학, 유체역학, 지리학, 지질학 등 다양한 분야에 걸쳐 있다. 그야말로 르네상스기 최고의 천재였다고 말할 수 있다. 여기서 그의 유산을 다 소개하는 것은 불가능하니, 간략하게나마 화가로서의 다 빈치, 다음으로 발명가·연구가로서의 다 빈치를, 그리고 르네상스에서 그의 위치에 관해 알아본 뒤 마지막으로 후세 사람들이 그를 어떻게 평가했는지를 이야기하고자 한다.

화가로서 그는 미술사에 길이 남을 걸작을 몇 점이나 그렸는데, 다 빈치는 풍부한 학식을 바탕으로 자신의 회화 작품에서 독창적인 오브제 배치, 치밀한 계산을 거친 인물 표정과 감정 표현 및 자세, 섬세한 색조 묘사 등 빼어난 재능과 기술을 선보였다. 이러니 그가 '신의 손을 가진 남자'라고 불린 것도 어찌 보면 당연하다.

미술 역사상 최고의 걸작으로 불리는 다 빈치의 대표작인 『모나리자』를 예로 들어보자. 1503년부터 1506년에 걸쳐 제작되었다고 여겨지는 이 작품은 정확한 구도, 눈속임 기법, 신비스러운 미소 등 많은 부분에서 끊임없이 감상자의 흥미를 끈다. 이 작품만 보아도 다빈치가 얼마나 천재라는 단어에 어울리는 인물이었는지를 알 수 있다.

발명가·연구자로서의 그를 이야기할 때 제일 먼저 언급해야 하는 부분은 그가 해부학적 연구를 열심히 한 것으로 유명하다는 점인데, 실제로 상세한 해부도를 다수 남겼고 해부학에 관해 손수 쓴 원고도 남아있다.

그는 단순히 인간의 신체 기관을 그린 것이 아니라 각 기관의 기능적인 측면도 치밀하게 관찰했다. 이에 더해 노화에 따른 신체의 변화나 생리학적 관점으로 본 감정 표현도 기록했다. 그런 그가 발명 또는 고안한 장치들로는 자동실감개, 철사 강도 검사기, 수압 펌프 같은 실용적인 것은 물론 박격포, 전차, 헬리콥터 같은 병기도 있다. 그가 발명하거나 고안한 기계는 근대 과학의 발전에 크게 기여했다.

이렇게 다방면으로 활약한 천재 다 빈치는 외부와 담을 쌓고 자신만의 세계에 빠진 화가나 연구가가 아니었고, 사회적으로 다각적인 관계를 쌓은 인물이었다는 점도 강조할 필요가 있다.

화가로는 스승인 베로키오와 동문 선배에 해당하는 보티첼리, 정치 관련자로는 당시 피렌체를 지배하고 있던 로렌초 메디치, 밀라노공 루도비코 스포르자, 발렌티노공 체사레 보르자, 프랑스 국왕 프랑수아 1세, 철학자 피치노와 피코 델라 미란돌라, 수학자 루카 파치올리 등 당대의 쟁쟁한 명사들과 친분을 쌓았다. 다 빈치는 예술 분야만이 아니라 정치, 군사 학문 부분에서 르네상스기의 중심에 위치한 인물이었다.

이러한 다 빈치를 후세 사람들은 어떻게 평가하고 있을까. 그의 재능은 생전에 이미 높이 평가받았다. 말년에도 프랑스 국왕 프랑수아 1세로부터 극진한 대접을 받았고, 국왕이 그의 창작 활동을 아낌없이 원조해줬다는 점만 보아도 알 수 있다. 그리고 그의 명성은 당대인 르네상스기는 물론 지금까지도 쇠퇴할 기미가 보이지 않는다.

특히 그가 그린 『모나리자』는 다 빈치의 대명사로 불릴 정도의 작품으로 전 세계 수많은 사람에게 알려진 회화 작품이 되었다. 그만큼 위대한 작품이기에 마르셀 뒤샹과 살바도르 달리 같은 다다이스트(모든 사회적·예술적 전통을 부정하고 반이성反理性, 반도덕, 반예술을 표방한 예술 운동을 신봉한 사람들)나 초현실주의 작가들은 『모나리자』의 캐리커처를 그렸고, 앤디 워홀은 『모나리자』가 30장 인쇄된 실크스크린 작품을 발표했다. 그리고 이 모든 작품마저 큰 화제가 되었다.

이처럼 다 빈치는 역사상 정말 보기 드문 만능형 대천재였다. 그리고 그 중에서 그의 명성을 지금도 빛나게 하는 것은 역시 화가로서의 재능이었다고 볼 수 있을 것이다.

좀 더 깊이 알고 싶은 독자를 위한 추천 도서 ─────

▪ 『레오나르도 다 빈치』, 월터 아이작슨, 아르테

미켈란젤로[Michelangelo Buonarroti, 1475년~1564년]
이상적인 인체 표현을 추구하면서 세기의 대작을 제작한 화가

　전성기 이탈리아 르네상스의 3대 거장은 다 빈치, 라파엘로, 미켈란젤로 부오나로티다. 이 3명 중에서 가장 나이가 어린 라파엘로가 다른 두 사람에게 존경심을 가졌던 것에 비해 미켈란젤로는 두 사람(특히 다 빈치)에게 라이벌 의식을 가지고 있었다. 한편 만능 천재 다 빈치가 인간을 포함한 삼라만상에 흥미를 느끼고 종종 자신의 작품 배경에 이러한 면을 드러냈던 데에 비해 미켈란젤로는 조각, 회화, 건축, 시 등에서 걸작을 남기면서도 어디까지나 인간의 이상적인 육체미를 추구했다는 대조적인 면을 지닌다.

　미켈란젤로는 토스카나주의 카프레제에서 태어났다. 이후 피렌체로 가 예술가로서 출발한다. 하지만 1494년 그를 후원하던 로렌초 메디치가 사망함과 동시에 수도사 사보나롤라가 등장해 극단적인 신권정치를 펼치자 자유로운 예술 활동을 할 수 없게 된다(코시모 데 메디치 참조).

　미켈란젤로는 로마의 추기경에게 인정받아 로마로 옮겨간 뒤 1496년 조각『바쿠스』를 발표하지만, 이 작품은 나체상이었기에 추기경은 작품을 받지 않고 거부했다. 이후 조각『피에타』를 발표한다. 이 작품은 인간의 느낌이 물씬 풍기는 아름다운 성모상으로 높은 평가를 받고 있다. 사보나롤라의 처형을 계기로 미켈란젤로는 피렌체로 돌아온다.

　이후 1504년 조각『다비드』를 발표했으며, 같은 해 피렌체의 베키오 궁전에 장식될 벽화『카시나 전투』제작을 시작한다. 반대편 벽에는 다 빈치의『앙기아리 전투』가 장식될 예정이었지만, 두 사람 모두 도중에 피렌체를 떠났기 때문에 미완성으로 끝났다.

　1508년에는 로마 교황 율리우스 2세의 명으로 바티칸 시스티나 예배당의 천장화를 그리기 시작해 1512년에 완성했다. 프레스코(화법의 일종)로 그려진 이 세기의 대작은 성서의『창세기』에 기초한 아홉 장면으로 구성된 작품이다.『낙원 추방』과 아버지이신 신과 아담의 손가락이 서로 맞닿는『아담의 창조』가 유명하다.

　이후 조각과 건축 설계 등을 하다가 1534년에 로마 교황 클레멘스 7세의 의뢰를 받아 시스티나 예배당의 제단화로『최후의 심판』을 그렸는데, 이 대작은 1541년에 완성되었다. 1546년에는 바티칸의 산피에트로 대성당의 개축 설계를 의뢰받았으며, 이후에도 미켈란젤로는 창작 의욕을 불태우며 말년까지 회화와 건축 등의 제작, 설계를 하면서 당시에는 매우 드물게 88세까지 천명을 누렸다.

　미켈란젤로는 까다롭고 편협한 성격을 가져 제자가 거의 없었다. 당시는 많은 제자를 두고 공방에서 제작하는 경우가 많았지만, 미켈란젤로는 거의 혼자서 작품에 매달렸다. 또한 동성애자라는 설이 있을 정도로, 다 빈치와 마찬가지로 평생 결혼하지 않았다.

　한편 미켈란젤로는 주위에 자신의 본업을 소개할 때 화가보다 조각가라고 말했다고 한다.

이런 점에서도 그가 얼마나 인간의 신체상에 흥미를 느끼고 있었는지를 알 수 있다. 여기서 그의 대표작을 다시 한번 살펴보려 한다.

『구약성서』의 이야기에서 영감을 받아 만들어진 조각 『다비드』는 조화롭고 힘찬 인간상을 정확한 인체 지식에 기반을 두고 구현한 작품이다(단, 신체의 각 부분은 균형 있게 그려지지 않았다).

이 작품에서 명확히 알 수 있듯이 그의 작품 대부분은 인간의 탄탄하고 굳센 근육을 강조해 표현한 것들이다. 이것은 헬레니즘 조각(기원전 4세기~기원전 1세기)에서도 볼 수 있다. 하지만 이후 신을 절대시했던 중세의 회화에서는 결코 찾아볼 수 없는 모습이기에, 이러한 의미에서도 미켈란젤로는 신체의 이상적인 미의 세계를 구현한 예술가라고 말할 수 있겠다.

미켈란젤로보다 먼저 신체의 이상적인 미를 추구한 인물로 초기 르네상스 때의 조각가 도나텔로(1386년~1466년)가 있다. 도나텔로도 작품 『다비드』를 남겼는데, 아름다운 육체미를 가져 르네상스 조각다운 작품으로 평가받는다. 하지만 미켈란젤로와 도나텔로의 두 『다비드』를 비교하면, 같은 이름의 조각일지언정 미켈란젤로의 것이 더 힘차, 미켈란젤로가 육체미를 추구했다는 사실을 더 명확히 느낄 수 있다.

그림에서도 그의 이러한 경향은 도드라지게 드러난다. 프레스코화 『최후의 심판』에서 예수는 중앙 위쪽에서 손을 올리고 죽은 자들에게 심판을 내리고 있다. 예수 주위로 성모 마리아와 성인들이 그려져 있는 데 반해 아래쪽에는 지옥에 떨어지는 죽은 자들의 모습이 그려져 있다. 묘사된 인물은 400명 이상으로 여겨지는데(이들 대부분이 나체) 예수와 성인들은 격투사처럼 두꺼운 가슴팍을 가진 근육질의 남성으로 등장한다.

미켈란젤로의 대표작으로는 이 외에도 『성가족』과 같은 그림도 있다. 이 작품에서 볼 수 있는, 몸을 한껏 비튼 인체상은 마니에리스모라는 차세대의 예술에 영향을 주었다. 미켈란젤로의 후기 작품도 마니에리스모로 분류되기도 한다. 마니에리스모는 미켈란젤로의 양식을 모방하기만 했을 뿐 창조성이 결여된 양식으로 오랫동안 비판받아왔지만, 20세기 이후 재평가받고 있다(엘 그레코 참조).

좀 더 깊이 알고 싶은 독자를 위한 추천 도서
- 『미켈란젤로의 생애』, 로맹 롤랑, 범우사 등
- 『미켈란젤로 부오나로티』, 조반니 파피니, 글항아리
- 『미켈란젤로와 교황의 천장』, 로스 킹, 도토리하우스

뒤러(Albrecht Dürer, 1471년~1528년)
뛰어난 자화상을 남긴, 북방 르네상스가 낳은 독일 회화의 아버지

르네상스는 이탈리아에서 태어나 다 빈치를 비롯한 여러 미의 거인을 낳았다. 이와 거의 같은 시대에 이탈리아(알프스)보다 북쪽에 있는 나라들에서도 새로운 예술 경향이 등장한다. 이것을 북방 르네상스라고 한다(넓은 의미의 북방 르네상스는 15세기 전반의 얀 반에이크도 포함하지만, 좁은 의미에서는 15세기 말 이후로 본다.).

북방 르네상스의 대표 작가인 독일의 알브레히트 뒤러는 15세기 말부터 16세기 초반에 걸쳐 두 번의 이탈리아 여행을 통해 이탈리아 르네상스를 접했다. 이 만남으로 이탈리아에서 시작된 르네상스가 독일에 본격적으로 전해지게 된다.

뒤러는 르네상스의 회화 이론(이상적인 인체 표현과 공간 표현)과 뛰어난 사실성을 독일 회화에 도입했다. 또한 그는 유채화뿐만 아니라 목판화와 동판화, 수채화 등 다양한 작품을 남겼다.

동판화인 『멜랑콜리아 1』은 날개 달린 인간이 제도용 컴퍼스를 손에 들고 생각에 잠겨 있는 모습을 그렸다. 다양한 해석이 이루어진 이 작품 속에는 뒤러의 인문주의적 사상에 기반을 둔 정밀한 기교가 정말 탁월하게 드러나 있다. 수채화의 대표작은 『산토끼』로, 자연을 자세히 관찰한 흔적이 엿보이며 높은 사실성을 자랑한다.

유채화로는 자화상을 많이 그렸다. 그중에서도 1500년에 그린 『자화상』은 어두운 배경에 예수 그리스도를 보는 듯한 느낌이 들게 자신의 얼굴을 그렸다. 그가 이렇게 그린 이유는 그의 신앙심을 나타냄과 동시에 자신을 예수에 비유하면서 이상적인 인간상을 표현하려고 했기 때문이다. 정면을 보고 거의 좌우 대칭으로 그려진 이 작품은 한 번 보면 잊을 수 없게 만드는 박력을 가져 서양 회화 역사상 자화상의 최고 걸작으로 불린다.

참고로 뒤러와 같은 북방 르네상스기를 지낸 동시대 사람으로 크라나흐와 홀바인 그리고 조각가인 리멘슈나이더가 있다.

이 시기 발생한 루터의 종교 개혁(1517년)으로 대두한 개신교는 종교 미술을 부정했다. 이 때문에 주로 종교화를 그렸던 홀바인 등이 초상화에 주력하기 시작했다. 다만, 뒤러 자신은 눈을 감을 때까지 신성로마 황제의 초상화와 성인화 등을 그리며 살았다고 전해진다.

좀 더 깊이 알고 싶은 독자를 위한 추천 도서 ────

- 『인문주의 예술가 뒤러』, 에르빈 파노프스키, 한길아트
- 『알브레히트 뒤러』, 노르베르트 볼프, 마로니에북스

라파엘로 (Raffaello Santi, 1483년~1520년)
르네상스 양식을 완성한 궁극적 조화미

지금으로부터 500년 전은 르네상스의 전성기였다. 15세기 후반의 보티첼리까지를 초기 르네상스라고 하고, 15세기 말부터 16세기 전반까지 활약했던 다 빈치 이후를 전성기 르네상스라고 부른다. 전성기 르네상스의 3대 거인은 다 빈치와 미켈란젤로와 라파엘로다. 라파엘로는 연상의 두 사람으로부터 많은 것을 배웠고, 이를 뛰어넘으려 노력했다.

다 빈치가 과학적으로 정확한 비례를 가진 인체 표현과 배경인 자연에까지 관심을 두고 그렸던 것에 반해 미켈란젤로는 이상적인 인체 표현을 중심으로 창작 활동을 펼쳤다. 라파엘로는 이들의 영향을 받으면서도 이들 너머의 세계를 그리려 했다. 즉, 우아하고 섬세한 인물상과 그 배경마저 높은 수준으로 조화를 이루는 미의 세계였다. 이러한 라파엘로의 작품을 두고 르네상스 양식의 완성이라고 평가하는 전문가도 많다. 이러한 면은 후술할 그의 대표작 『아테네 학당』에서도 잘 드러나 있다. 더불어 『의자에 앉은 성모』나 『초원의 성모』 등에서는 다 빈치의 『모나리자』 등과는 다르게 친근하고 사랑스러운 성모 마리아와 어린 예수의 모습이 그려져 있어 따뜻한 사랑을 느낄 수 있다.

라파엘로는 일찍이 부모와 사별했지만, 좋은 집안에서 태어났고 부모의 유산도 많이 물려받았다. 미남이었기 때문에 37세에 사망할 때까지 여성들의 인기가 끊이지 않았다고 한다.

이에 반해 똑같이 젊었을 시절 미남이었던 다 빈치는 동성애자라는 설이 있다. 그가 그린 여성 대부분은 손이 닿지 않을 듯한 신비스러운 아름다움이 넘쳐흐른다. 한편 역시 동성애자라는 이야기가 있는 미켈란젤로가 그린 여성들은 단단한 근육을 가진, 어떤 의미로는 남성적인 미를 가졌다. 하지만 미켈란젤로가 어머니를 일찍 여의었던 탓일까, 때로는 『피에타』처럼 부드러우면서 모성적인 아름다움을 추구한 작품도 남겼다.

이 두 사람과 비교했을 때 어떤 의미로는 행복한 생애를 보냈다고도 볼 수 있는 라파엘로의 작품에서는 현대인도 비교적 쉽게 감정 이입을 할 수 있는 부드러운 조화의 미를 찾을 수 있다.

라파엘로는 건축 작품을 포함해 많은 대표작을 남겼는데, 특히 주목해야 할 작품은 로마 바티칸 궁전에 남아있는 『아테네 학당』(1509년~1520년)이다. 고대 그리스 철학자를 그린 이 회화 안에는 자신을 포함한 르네상스 3대 거장이 등장한다. 이 작품에서도 인물과 배경이 치밀하게 결합한 조화의 미를 자아내었다.

좀 더 깊이 알고 싶은 독자를 위한 추천 도서 ──────

- 『라파엘로』, 크리스토프 퇴네스, 마로니에북스
- 『라파엘로』, 임영방, 서문당

브뤼헐(Pieter Bruegel, 1530년~1569년)
우의에 찬 풍속·풍경화를 그린 16세기 플랑드르의 기재

네덜란드(현재 벨기에, 네덜란드)에서는 15세기 전반 초기 플랑드르 화가 얀 반에이크가 이탈리아 르네상스에 큰 영향을 미쳤다. 하지만 16세기가 되자 네덜란드의 화가들은 도리어 이탈리아 전성기 르네상스를 자신들이 추구해야 할 예술의 기준으로 삼았다. 이러한 시대에 또다시 네덜란드에서는 뛰어난 화가 두 사람이 등장해 미술계에 이름을 남긴다. 한 사람은 히에로니무스 보스, 또 한 사람은 피터르 브뤼헐이다.

보스는 『쾌락의 정원』과 『성 안토니우스의 유혹』 등을 대표작으로 남겼다. 특히 세 폭짜리 제단화(왼쪽에 천국, 정 중앙에 현세, 오른쪽에 지옥)인 『쾌락의 정원』은 무수히 많은 기묘한 생물, 괴물들이 그려져 있어 몽환적이면서 기괴한 이미지로 가득 차 있다. 이 작품은 보스가 사망하고 십수 년 뒤에 태어난 브뤼헐에게 강한 영향을 주었다.

브뤼헐의 대표작 『죽음의 승리』는 보스가 그렸던 지옥과 비슷한 이미지의 그림으로, 엄청난 숫자의 해골과 기괴한 생물들에 참수당하기 직전인 사람까지 등장해 종말의 분위기가 물씬 풍기는 세계를 담았다. 여기에는 인간에게 죽음은 필연적이라는 것을 인식해야만 한다는 교훈이 담겨있다. 또한, 성서를 바탕으로 그린 『바벨탑』도 대표작이다. 이 작품을 통해 그는 거만해진 인간은 벌을 받는다는 교훈을 전한다.

이처럼 브뤼헐은 교훈이나 속담, 풍자, 우의를 포함한 작품을 많이 그리면서 한편으로는 『농부의 결혼식』 같이 농민의 생활을 그린 작품도 남겼다. 여기서 그는 단순히 농민의 모습을 따스한 시선으로 그리는 데에 멈추지 않고, 조야한 농민에게 인간의 어리석음을 투영해 이를 교훈 삼으라는 의도도 담았다.

그는 풍경화에서도 뛰어난 기술을 선보였는데, 『월력도 연작 : 사냥꾼의 귀가(1월)』는 전원 풍경화의 최고 걸작으로 일컬어진다. 간결하면서 힘 있는 구도는 이 풍경화에만이 아니라 그의 화풍 전반에 걸쳐 보이는 특징이다.

이처럼 브뤼헐은 보스의 영향을 받아 몽환적인 작품을 남겼을 뿐만 아니라 풍속화나 풍경화 등 여러 장르에서, 특히 교훈이나 우의를 담은 뛰어난 작품을 여럿 남겼다. 그야말로 기재라고 불리기에 전혀 손색없는 화가였다.

좀 더 깊이 알고 싶은 독자를 위한 추천 도서 ───

• 『브뤼겔 – 농민과 풍자의 화가』,피에르 스테릭스 등, 도서출판성우

엘 그레코 (El Greco, 1541년~1614년)
마니에리스모를 대표하는 그리스 태생의 거장

15세기 이탈리아에서 번성한 르네상스는 16세기 전반 무렵부터 그 양식에 변화가 일어난다. 17세기 전반까지 계속된 이 시대의 예술 경향을 마니에리스모라고 한다(이 시대 다음으로 바로크가 탄생한다.).

원래 마니에리스모는 이탈리아어 '마니에라(양식)'에서 유래한, 현재의 '매너리즘'의 원어인 단어다. 과거에 이 단어는 창조성을 잃은 모방 양식이라는 의미로 부정적으로 사용되었다. 특히 16세기의 전성기 르네상스 이후에 나타난 화가들이 미켈란젤로가 만들어 낸 '틀'을 그저 반복하고 모방하기만 했다고 보아 이를 비판하기 위해 사용되었다. 하지만 20세기에 들어와 이러한 마니에리스모 예술의 재평가가 이루어졌다.

넓은 범위에서 미켈란젤로의 후반기 작품도 포함하고 있는 마니에리스모의 대표적 작가로는 이탈리아의 폰토르모와 파르미자니노를 꼽는다. 이들의 작품에는 목이나 팔을 비정상적으로 늘인 탓에 부자연스럽게 보이는 인물들과 신체를 극도로 비튼 자세 등이 보인다. 극단적인 원근법 등도 사용해 반자연주의적인 화풍을 지녔다고도 말할 수 있다. 사실주의가 고대부터 감상자들에게 호평을 받아온 것처럼, 이러한 반사실주의도 특유의 비현실성으로 감상자들을 놀라게 해 감상자들의 마음을 사로잡았다. 엘 그레코도 비사실적으로 늘인 신체 등 독특한 화풍으로 회화사에 이름을 남겼다.

그리스의 크레타섬에서 태어난 엘 그레코('그리스인'이라는 뜻. 본명은 도메니코스 테오토코풀로스Domenikos TheotokoPoulos)는 베네치아에서 수업을 받고 스페인으로 건너가 대표작을 창작한 뒤 눈을 감았다.

그의 최고 대표작은 『오르가스 백작의 매장』이다. 세계 3대 회화로도 일컬어지는 이 작품(벨라스케스 참조)의 하단 부분은 매장되고 있는 오르가스 백작이 있는 현세, 상단 부분은 예수와 성모 마리아와 성인들이 있는 천국으로 나뉘어 있어 역동적인 공간 구성을 느낄 수 있다. 여기에 그려진 인물들 모두 긴 팔 등을 가지고 있어 배경이 배제된 비현실적 공간과 함께 마니에리스모의 특징을 보여주고 있다. 한편, 이 작품에는 대담한 필치와 여러 색채가 멋지게 조화된 모습을 볼 수 있다. 그레코는 정밀한 음영과 함께 청색 배경처럼 선명한 색채 표현을 구사한 화가로서 자주 언급된다.

좀 더 깊이 알고 싶은 독자를 위한 추천 도서 ————
- 『엘 그레코』, 미하엘 숄츠 헤젤, 마로니에북스

카라바조 (Michelangelo Merisi da Caravaggio, 1571년~1610년)
극적인 빛과 어둠의 대비로 바로크의 문을 연 '악동'

15세기 전반에 태어난 이탈리아 르네상스는 16세기 마니에리스모를 거쳐 16세기 말부터 바로크 시대로 들어간다. 이 시대의 선구자가 된 인물이 미켈란젤로 메리시 다 카라바조다.

카라바조는 행실이 나빴기 때문에 인생도 파란만장했다. 밀라노에서 태어난 그는 싸움을 벌인 탓에 로마로 이주했다. 로마에서 화가로서 성공을 거두기는 했지만, 매우 불안정했던 성격 탓에 끝내 1606년 문제를 일으켜 사람을 죽이게 된다. 살인범으로 지명 수배를 받은 그는 로마의 사법권이 닿지 않는 나폴리로 도망간다. 이후 몰타로 옮겨갔다가 거기서도 싸움을 일으켜 투옥되었는데, 이윽고 탈옥해 시칠리아섬으로 도망친다. 시간이 흐른 뒤 재능을 아까워한 교황의 사면을 받지만 로마로 돌아오는 도중 병사한다.

바로크에는 몇 가지 특징이 있는데, 빛의 효과를 추구했다는 점이 제일 두드러진다. 카라바조는 어두컴컴한 배경을 바탕으로 등장인물에게 빛을 비추어 그 극명한 대비를 통해 긴장감을 이끌어내는 명암법을 가장 효율적으로 사용하여 새로운 회화의 시대를 연 화가라고 볼 수 있다. 빛과 어둠의 강렬한 명암 대비를 활용하는 작풍은 이후 17세기 바로크 화가 렘브란트로 이어진다(렘브란트 참조). 르네상스시기에도 명암법(키아로스쿠로)은 성행했지만, 카라바조는 보다 명암을 선명히 한 화면 속에서 인물을 매우 사실성 있게 그려내었다.

대표작 『성 마태오의 소명』에서는 어둠 속을 꿰뚫는 한 줄기 빛과 이 빛을 통해 예수에게 지목받은 마태오의 모습이 극적으로 그려졌다. 작품 속 성인들은 보통의 인간으로, 마치 풍속화처럼 극도로 사실적인 모습으로 등장하고 있다. 그림임에도 이 작품은 빛 때문에 스포트라이트를 받는 무대의 한 장면처럼 비춰지기도 한다. 나아가 그는 인물을 표현할 때 높은 사실성과 더불어 연극성까지 부여해 마태오와 주변 인물들이 가진 내면의 갈등마저 읽을 수 있도록 했다. 그때까지의 종교화 대부분은 성자들을 거룩하게 그린 데 반해 카라바조는 현실적인 서민의 모습을 빌려 성인을 그렸다. 이것은 성스러움을 세속화한 것이 아니라 현세에 신이 존재함을 표현하고자 한 것으로, 보다 친근한 존재로서의 신을 그리려 했다는 의미이기도 하다. 카라바조는 종교화뿐만 아니라 풍속화, 초상화, 신화화(神話畫)도 그렸으며 그 외 대표작으로는 『바쿠스』, 『과일 바구니를 든 소년』, 『다메섹 도상에서의 개종』, 『로레토의 성모』 등이 있다.

좀 더 깊이 알고 싶은 독자를 위한 추천 도서 ─────

- 『카라바조의 비밀』, 질 랑베르, 마로니에 북스
- 『카라바조 : 빛과 어둠의 대가』, 로사 조르지, 마로니에북스

루벤스 [Peter Paul Rubens, 1577년~1640년]
17세기 바로크를 대표하는 플랑드르의 '화가의 왕'

미술의 세계는 15세기 전반 무렵에 발생한 르네상스에서 마니에리스모를 거쳐 16세기 말부터는 바로크에 이른다. 17세기에 전성기를 누린 바로크는 네덜란드(현재의 벨기에 포함)에서 꽃피워 위대한 화가를 배출해냈다. 그중 한 명이 페테르 파울 루벤스다.

바로크의 어원은 포르투갈어 '일그러진 진주'로 그때까지의 미술 양식에서 탈피한다는 의미가 담겨있다. 바로크의 특징으로는 극적이며 대담한 화풍을 꼽는다. 루벤스가 극적 효과를 추구하는 모습은 바로크의 선구자인 카라바조에게서도 보인다.

카라바조보다 6세 어린 플랑드르(현재 벨기에)의 화가 루벤스는 카라바조의 영향을 받으면서도 그와는 다른 방향으로 바로크의 역사를 써 내려갔다.

루벤스의 수많은 대표작 중에서도 안트베르펜 대성당의 제단화인 『십자가를 세움』과 『십자가에서 내림』이 유명하다. 아동 문학 작품인 『플란더스의 개』에서 소년 네로가 마지막에 본 그림이 이 『십자가에서 내림』이다. 십자가에 걸리는 그리스도와 십자가에서 내려지는 그리스도를 그린 두 작품 모두 역동적으로 기울어진 사선 구도로 그려졌다. 르네상스 시기까지의 구도가 삼각형을 기본으로 한 것과 다르게 때로는 비스듬히 관통하는 구도를 사용한 것 또한 바로크의 특징 중 하나다.

또한, 이 거대한 두 작품에서는 미켈란젤로의 영향을 받은 근육질의 그리스도가 등장한다. 이렇게 등장인물의 격렬한 감정 표현과 더불어 풍부한 색채와 명암에 의한 극적 구도는 보는 사람들로 하여금 압도당하게 만든다. 이러한 제단화는 17세기 플랑드르에서 가톨릭을 부흥시키려는 움직임에 발맞춰 많이 그려졌다.

루벤스는 전반적으로 웅장하고 활력에 넘친 대작을 많이 그리는 한편, 풍부하고 찬란한 색채와 부드러운 필치도 구사한, 회화사에서 빼놓을 수 없는 거장이다. 그는 신화화, 종교화, 풍경화, 초상화 등 여러 장르를 종횡무진 누비며 활약했고, 이에 걸맞게 전반적으로 많은 작품을 남겼다. 인기 화가였던 그는 몰려드는 주문을 처리하기 위해 공방을 조직해 공방의 작품도 많이 남겼다.

그리고 궁정 화가로서 일하기도 했으며, 외교관으로도 활약해 '왕의 화가이자 화가의 왕'이라고 불리기도 했다.

좀 더 깊이 알고 싶은 독자를 위한 추천 도서 ─────
▪ 『루벤스의 그림과 생애』, 야콥 부르크하르트, 한명출판사

벨라스케스 (Diego Velazquez, 1599년~1660년)

스페인 회화의 황금시대를 연 바로크의 궁정 화가

16세기 스페인은 합스부르크 왕가 아래서 '해가 지지 않는 제국'을 세운다.

하지만 1588년 아르마다 해전에서 '무적함대'가 영국에게 패한 뒤부터 스페인의 국력은 떨어지기 시작했다. 이러한 상태에서 17세기를 맞이한 스페인에는 디에고 벨라스케스라는 거장이 태어나 스페인 회화의 황금시대가 열린다.

벨라스케스는 국왕 펠리페 4세에게 인정받아 궁정 화가로서 생애를 보낸다. 그가 궁정 내에서 그린 대표작『라스 메니나스(시녀들)』는 회화사에 길이 남을 걸작이다. 실제로『라스 메니나스』는 세계 3개 회화 중 하나로 꼽힌다.

참고로 이 '세계 3대 회화'는『라스 메니나스』외에 엘 그레코의『오르가스 백작의 매장』, 렘브란트의『야경』, 다 빈치의『모나리자』총 네 작품 중에 서로 조합을 바꿔가면서 언급된다.

『라스 메니나스』라는 이 대작은 스페인의 왕녀 마르가리타를 중심으로 한 집단 초상화다. 이 작품에는 커다란 캔버스를 앞에 둔 벨라스케스 자신과 거울 그리고 시녀(여궁)들이 그려져 있는데, 이들 모두 한 방향(전방)을 향해 시선을 보내고 있다. 이것은 감상자인 우리에게 보내는 시선임과 동시에 본래 감상자 쪽에 서 있어야 하는 사람, 즉, 펠리페 4세 국왕 부부에게 보내는 시선이다. 이 점은 화면 중앙 왼쪽 옆에 걸려있는 거울에 국왕 내외가 비치고 있다는 사실에서도 드러난다.

그리고 화가마저 감상자 쪽으로 향한 채 그림을 그리고 있다. 이 복잡한 구조 때문에 모델＝국왕≒감상자라는 해석이 가능해져, 이 그림 앞에 선 감상자는 자연스레 화면 중앙 공간에 빨려 들어가게 된다. 이 작품에서 화가가 누구를 그리고 있는지에 관해서는 국왕 부부가 아닌 화가의 눈앞에 있는 왕녀라고 보는 등 다양한 해석이 이루어지고 있다.

이렇게 재밌는 구조는 물론, 바로크만의 특징인 명암의 대비가 적용되어 높은 사실성도 갖추고 있다는 점 역시 짚고 넘어가야 할 부분이다.

좀 더 깊이 알고 싶은 독자를 위한 추천 도서 ————

▪『디에고 벨라스케스』, 노르베르트 볼프, 마로니에북스
▪『프라도 미술관』, 다니엘라 타라브라, 마로니에북스

렘브란트 (Rembrandt van Rijn, 1606년~1669년)

17세기 네덜란드 바로크의 거장이자 빛의 마술사

17세기 바로크를 대표하는 화가로 3명을 들 수 있다. 스페인의 벨라스케스와 남네덜란드의 루벤스, 북네덜란드의 렘브란트 반 라인이다.

네덜란드에서 남북의 차이는 꽤 크다. 북부(네덜란드)가 스페인으로부터 독립한 한편, 남부(벨기에)는 스페인령인 채로 남았다. 스페인과 마찬가지로 가톨릭을 믿은 남부에서는 종교화가 그려져 남네덜란드 출신인 루벤스도 뛰어난 종교화를 남겼다. 이에 반해 북부 네덜란드에서는 종교 미술을 부정하는 개신교의 세력이 강해, 경제가 발전하면서 등장한 부유한 시민이 이해하기 쉬운 회화를 추구했다. 이에 따라 초상화 외에 풍경화, 풍속화, 정물화의 발전이 이루어졌다. 특히 그때까지 천대받았던 풍경화와 정물화가 다수 그려지게 된 것이 17세기 바로크의 특징이다. 렘브란트는 이러한 시대 속에서 집단 초상화 분야에서 뛰어난 작품을 남긴다. 바로 『아경』이다.

대작 『아경』은 세계 3대 회화 중 하나로 불릴 정도의 작품이다(벨라스케스 참조). 시민 민병대의 의뢰를 받아 그려진 작품이지만, 기념사진을 찍을 때처럼 사람들이 정렬해있지 않고, 얼핏 보면 무질서하게 뭉쳐있는 사람들을 그린 것처럼 보인다. 한편 시민들은 생생하고 현장감 넘치는 모습이다. 더불어 강렬한 명암 대비를 통해 스포트라이트를 받는 듯한 극적 공간이 생성되어 있다. 이 작품만이 아니라 렘브란트의 작품 대부분에서 빛과 어둠에 의한 극적 효과를 활용한 바로크 회화의 특징이 나타나 있다. 이렇게 대단한 평가를 받는 『아경』은 평등하게 인물을 그리지 않았다는 이유로 당시에는 주문자로부터 매우 나쁜 평가를 받았다.

그의 대표작은 이 외에도 『니콜라스 튈프 박사의 해부학 강의』가 있다. 이것도 집단 초상화로 볼 수 있는데, 전형적인 기념사진 방식을 따르지 않고 해부 실습을 하는 의사와 시신을 중심으로 이 광경을 보는 학생들을 극적으로 그려냈다. 절개된 근육과 힘줄은 정확한 의학적 지식에 따라 그려져 작품의 의의가 크다.

렘브란트는 개인 초상화와 자화상도 많이 남겼다. 의복의 세세한 장식을 높은 기술로 그린 한편 일관되게 사용한 적갈색 계열의 색채 아래서 묘사된 미묘한 인간의 표정 역시 어둠 속에서 빛을 받아 떠오른다. 또 다른 대표작이자 북네덜란드 화가로서는 드물게 그린 종교화 『성 베드로의 부인』에서는 성서를 주제로 인간의 내면도 그려냈다.

좀 더 깊이 알고 싶은 독자를 위한 추천 도서

• 『렘브란트』, 마리에트 베스테르만, 한길아트
• 『렘브란트 : 영원의 화가』, 발터 니그, 분도출판사

요하네스 페르메이르(Johannes Vermeer, 1632년~1675년)
17세기 네덜란드의 일상 풍속을 그린 정밀한 빛의 화가

페르메이르가 직업 화가가 된 때는 17세기 중반 즈음으로, 네덜란드가 최고로 번영했던 시기였다. 개신교 나라였던 네덜란드에서는 가톨릭 종교화를 경원하는 대신 부유한 시민의 의뢰를 받은 풍속화가 선호되었다. 페르메이르도 이러한 시대의 흐름 속에서 서민의 일상을 모티프로 한 풍속화를 주로 그렸다(초기에는 종교화도 그렸다.).

페르메이르는 생전부터 높이 평가받은 화가로, 당시 고가였던 라피스 라줄리(청금석, 검푸른 색의 돌)를 원료로 한 울트라마린(청)색을 사용해 대표작『진주 귀걸이를 한 소녀』등을 그렸던 사람으로 알려져 있었다. 이 청색을 '페르메이르 블루'라고도 부르며, 이 외의 대표작으로는『우유를 따르는 여인』,『레이스를 뜨는 여인』등이 있다.

페르메이르의 풍속화 대부분에는 한 사람 혹은 소수의 인물(주로 여성)이 그려져 있다. 그 인물은 우유를 따르거나 편지를 쓰거나 읽는 섬세한 일상 행위를 한다. 이처럼 소박한 모티프를 사용하면서도, 흰 점을 나란히 찍어 하이라이트 효과를 내는 기법을 구사한 화면에서는 따뜻한 빛이 방 안을 가득 채워 일상생활을 초월한 정밀하고 치밀한 아름다움을 느낄 수 있다.

풍속화는 과거에 종교화보다 가치가 떨어지는 그림으로 취급당했지만, 네덜란드에서 번성한 바로크는 근대 회화의 새로운 가능성을 이끌어냈다. 17세기 네덜란드의 회화는 페르메이르보다 나이가 많았던 바로크 거장 렘브란트를 시작으로 많은 화가를 배출했다. 이들은 풍속화 이외에도 풍경화, 정물화, 초상화, 역사화 등 다양한 장르의 작품을 남겼다.

14세기부터 16세기까지 꽃을 피운 르네상스는 그때 정확한 원근법 없이 그려진 중세 종교화에서 화가를 해방시켰지만, 여전히 종교화를 모티프로 그렸던 경우가 적지 않았다. 하지만 페르메이르 같은 화가들이 등장한 덕분에 일상을 담은 풍속화가 한 단계 더 높은 수준으로 발전했다.

네덜란드의 델프트 밖으로 거의 나가지 않았던 그는 작품을 적게 남겨서 현존하는 작품 수는 35작 전후라고 하며, 진짜 그의 작품인지 진위를 알 수 없는 작품도 많다.

좀 더 깊이 알고 싶은 독자를 위한 추천 도서 ──────
- 『베르메르, 방구석에서 그려낸 역사』, 귀스타브 반지프, 글항아리
- 『베르메르, 매혹의 비밀을 풀다』, 고바야시 노리코 등, 돌베개

마르코 폴로 [Marco Polo, 1254년~1324년]
『동방견문록』을 쓴, 신시대의 막을 연 모험가

이탈리아의 모험가 마르코 폴로는 『동방견문록』(이 제목으로 알려졌지만, 원래 제목은 『세계의 기술』)의 저자로 알려져 있다. 그는 해외 무역으로 돈을 번 베네치아 상인의 아들로 태어났다고 전해진다. 아버지의 가업을 이어 상인이 된 마르코 폴로는 1271년에 동생과 함께 실크로드를 거쳐 동방으로 향하는 대여행을 시작했다. 이때 원의 수도 대도(현재의 베이징)에까지 와 원의 황제인 쿠빌라이 칸을 알현한다. 쿠빌라이 칸의 융숭한 대접을 받은 마르코 폴로는 17년간 원에 머무른 뒤 1295년에 베네치아로 돌아갔다. 하지만 마르코 폴로는 베네치아와 제노바와의 전쟁에 참전했다가 제노바 군에 붙잡혀 수 개월간 포로 생활을 보내야 했다. 이때 마르코 폴로가 한 이야기를 글로 엮은 책이 『동방견문록』이다.

마르코 폴로의 여행으로 당시 거의 알려지지 않았던 아시아 국가들의 귀중한 정보가 유럽으로 퍼져나갔다. 아시아 국가들의 정치 형태, 풍속과 문화, 도시 묘사, 화폐, 언어 등 다방면에 걸친 정보였다. 또한, 중국의 도자기, 방위 자석, 스파게티의 원형인 면 제작법도 마르코 폴로가 가져온 것으로 알려져 있다. 『동방견문록』에는 그가 황금의 나라 지팡구로 유럽에 처음 소개한 일본에 관한 내용도 있는데, 이처럼 부정확한 면도 많은 정보였지만 유럽인들의 지식욕을 크게 자극해 이국을 향한 강한 동경심을 불러일으켰다.

마르코 폴로의 이 책은 신세계를 발견하기 위해 대항해시대를 종횡무진 누비던 서구 모험가들의 열정에 불을 붙이는 효과도 가져왔다. 유럽 내부 국가 간의 통상이나 정치 관계만이 아니라 먼 미지의 나라와 외교 관계를 맺고 교역을 하기 위해, 혹은 군사적인 정보 수집을 목적으로 많은 모험가가 마르코 폴로처럼 긴 여행에 나섰다. 물론 이들의 여행은 마르코 폴로와는 달리 해로를 이용한 모험이었다. 나침반이 보급되어 바다에서의 항해가 훨씬 안전해졌기 때문이다. 이처럼 마르코 폴로는 모험가였을 뿐만 아니라 신시대를 열기 위한 거대한 초석을 쌓은 인물이었다.

좀 더 깊이 알고 싶은 독자를 위한 추천 도서
• 『마르코 폴로의 동방견문록』, 마르코 폴로, 사계절

사토 마사루의 한 마디

『동방견문록』에서 마르코 폴로는 당시 고려였던 한국을 까오리(Cauli)로 적고, 일본은 지팡구라고 적었는데 일본을 두고 이교도(비기독교 신자)에게는 인육을 먹는 습관이 있다고 적었다. 이 편견은 지금도 서양인이 생각하는 일본인의 이미지에 악영향을 끼치고 있다.

잔 다르크 (Jeanne d'Arc, 1412년?~1431년)

프랑스를 위기에서 구한 오를레앙의 소녀

오를레앙의 소녀 잔 다르크는 프랑스를 구한 영웅으로, 지금도 프랑스 국민들의 깊은 존경을 받고 있다. 그녀의 인생은 겨우 19년밖에 되지 않는 짧은 기간이었지만, 그 일생은 고난과 허무, 슬픔의 연속이었다.

프랑스 왕위 계승권을 둘러싸고 발발한 백년 전쟁의 후반, 잔은 농민의 딸이었지만 12세 때 영국군을 격퇴하고 왕태자 샤를을 랭스로 데려가 프랑스 왕위에 오르게 하라는 신의 음성을 듣는다. 이 당시 프랑스 영토의 절반은 영국군의 점령하에 있었고 오를레앙도 포위되어 있었다. 이러한 위기 속에서 신으로부터 계시를 들은 잔 다르크가 등장해 프랑스군을 승리로 이끌고 끝내 영국군을 물리쳤다. 프랑스군의 상징적인 존재가 된 그녀는 이후의 전투에서도 계속 승리해갔다. 왕태자 샤를도 랭스에서 대관식을 올리고 샤를 7세가 되면서 열세였던 프랑스군은 곧 전쟁의 주도권을 완전히 쥐게 된다.

하지만 잔 다르크는 1430년 영국군과 동맹을 맺은 부르고뉴 공작 군대와의 전투를 위해 콩피에뉴로 가는 도중 적군에게 붙잡힌다. 영국 측에 넘겨진 그녀는 루앙에서 이단 심문 재판을 받게 되는데, 이 재판은 영국 측의 의도만 반영되었기에 결국 그녀는 이단자로 선고받아 화형에 처해진다. 그녀 사후에도 프랑스군은 영국군을 점점 몰아붙여 1453년 카스티용 전투에서 프랑스군이 승리를 거둠으로써 영국군을 완전히 프랑스 밖으로 내쫓는 데 성공한다.

잔 다르크는 프랑스를 구한 영웅이었지만, 최후는 너무나도 비극적이었다. 그 어떤 죄도 저지르지 않았음에도 악마의 목소리를 듣고 행동했다며 유죄 판결을 받고 화형당했기 때문이다. 그러나 잔 다르크가 평생 프랑스를 사랑하고 신을 진실하게 믿었다는 것은 부정할 수 없는 사실이다. 그래서 그녀는 지금도 프랑스를 구한 사람으로 사람들의 기억 속에 남아있다.

마젤란(Ferdinand Magellan, 1480년~1521년)

서쪽을 돌아 세계 일주를 달성한 항해자의 리더

15세기에 펼쳐진 대항해시대는 유럽 나라들이 식민지와 재화 등을 획득하기 위해 바다 너머의 세계를 향해 나아가던 시대였다. 15세기 말의 항로 개척 역사를 살펴보면 다음과 같다.

1488년 바르톨로메우 디아스가 동쪽으로 항해하다 아프리카 최남단 곳인 희망봉을 발견한다. 1492년에는 콜럼버스가 서쪽 항로를 통해 중미 산살바도르에 도착한다. 그리고 1498년 바스쿠 다가마가 동쪽 항로로 인도의 서안 캘리컷에 도착해 인도 항로가 열렸다.

이처럼 항로를 개척하면서 유럽은 착실하게 지배 영역을 넓혀갔다. 특히 콜럼버스가 서쪽 항로로 아메리카 대륙을 발견한 사건은 큰 의의를 지닌다. 서쪽에 광대한 대지가 있고, 그 지역을 손에 넣어 국가를 발전시킬 수 있다는 사실을 모두가 깨달았기 때문이다.

페르디난드 마젤란은 포르투갈의 귀족이었지만, 포르투갈 국왕과 대립했던 탓에 대신 스페인 왕가에 접근했다. 당시 스페인 국왕은 카를로스 1세(카를 5세)였다. 마젤란은 그를 설득해 서쪽으로 돌아가는 대항해를 승인받는다. 참고로 이 시대 이미 포르투갈은 향신료 무역으로 번성한 대국이었다.

1519년 스페인 세비야에서 출항한 마젤란은 대서양을 횡단한 뒤 남하하기로 정한다. 그리고 남아메리카 대륙 동해안을 그대로 남하해 기어코 태평양으로 이어지는 최남단 해협을 발견했다. 현재 마젤란해협이라고 불리는 곳이다.

마젤란은 그 상태에서 태평양을 북서로 횡단해 1521년 오늘날의 필리핀에 도달했다. 당시 이 지역에는 이슬람계열 선주민이 있었다. 마젤란은 기독교(가톨릭)의 이름을 내세우며 이들과 싸우다 부족의 반격에 당해 필리핀에서 사망했다. 필리핀이란 이름은 스페인 황태자 펠리페(훗날 펠리페 2세)를 따서 지은 이름으로, 이에 걸맞게 지금도 기독교 신자가 많다.

마젤란 사후에도 남은 일행은 서쪽으로 나아갔다. 그리하여 1522년 이들 일행은 스페인으로 돌아올 수 있었다. 지구가 둥글다는 사실이 증명되는 순간이었다.

좀 더 깊이 알고 싶은 독자를 위한 추천 도서

▪ 『위대한 항해자 마젤란』, 베른하르트 카이, 한길사
▪ 『대항해시대의 탄생』, 송동훈, 시공사

콜럼버스 [Christopher Columbus. 1451년~1506년]

'의욕에' 불타 서쪽으로 진출해 아메리카 대륙을 발견한 개척자

15세기에 시작된 대항해시대는 넓은 의미로 17세기까지 계속됐다. 이러한 시대가 찾아온 요인은 무엇일까.

첫 번째로는 아시아에 대한 정보가 유입되어 사람들의 호기심이 커졌다는 점에 있다. 13세기 몽골의 침략, 1271년부터 시작된 마르코 폴로의 동방 여행 등으로 유럽인은 유럽 밖에 광대한 대륙이 있다는 사실을 알게 되었다.

두 번째로는 종교적인 이유다. 이슬람에 대항해 레콩키스타(복수의 기독교 국가들의 이베리아반도 재정복)가 펼쳐짐에 따라 기독교를 신대륙에 전하려는 의식이 강해졌다. 16세기 중반부터 루터의 종교 개혁(1517년)으로 인해 위신이 떨어지기 시작한 가톨릭이 사태의 해결책을 신대륙에서 찾으려 한 것도 이유 중 하나다. 이러한 움직임의 대표 주자였던 예수회의 프란치스코 하비에르는 아시아에 기독교를 전했다(그는 가톨릭 성인으로 추대되었다.).

세 번째로 원양 항해술의 발달이 있다. 나침반이 발명되었고 위도 항법도 발전했으며 배의 속도도 상승했다. 네 번째로는 유럽의 식생활이 변화해 육식이 중심이 되었다는 점이다. 이 때문에 향신료의 수요가 폭발하면서 신대륙을 발견해 지배하에 둘 필요가 있었다.

다섯 번째로는 13세기 말에 성립한 이슬람 제국, 오스만 튀르크다. 1299년 소아시아에 세워진 이 제국은 14세기에 번영하고 1402년 앙카라(현재 터키) 전투에서 티무르에게 패한다. 이로 인해 오스만 튀르크가 일시적으로 약해지자 그 틈을 놓치지 않고 옆 나라인 동로마 제국이 다시 세력을 떨치지만 그야말로 아주 잠깐으로, 결국 오스만 제국의 강력한 힘 앞에 동로마 제국은 멸망한다(1453년). 콜럼버스는 이 사건이 발생하기 2년 전에 태어났다.

동로마 제국을 쓰러트리면서 전성기를 맞이한 오스만 제국의 영토는 16세기에 서아시아는 물론 동유럽 나아가 북아프리카에 이를 정도로 정말 드넓었다. 이 제국에 지지 않기 위해, 그리고 자신들의 부와 종교 포교를 위해 탐색한 끝에 유럽에 대항해시대가 열린 것이다.

이 시대에 여러 개척자가 바다를 건넜다. 15세기 초반에는 포르투갈의 엔히크 항해 왕자가 아프리카 서안에서 남부까지 진출했다(엔히크 항해 왕자 참조). 동쪽 항로로는 1488년 바르톨로메우 디아스가 아프리카 최남단 곳인 희망봉을 발견한다. 이 발견 덕분에 1498년 바스쿠 다가마가 희망봉을 돌아 인도의 서안에 도달함으로써 인도 항로가 열렸다(피사로 참조).

콜럼버스가 서쪽 항로를 이용해 신대륙을 발견하고자 다짐한 때는 15세기 후반이었다. 이탈리아 제노바에서 태어난 콜럼버스는 천문학자 토스카넬리의 영향을 받아 지구 구체설을 믿었다(당시는 대다수가 지구 구체설을 믿고 있었다). 콜럼버스는 대서양을 지나 서쪽으로 계속 가면 황금의 나라 지팡구(일본)에 도착하고, 인도에도 동쪽 항로보다 더 빨리 도달할 수 있을 것으로 생각했다.

콜럼버스는 처음에 포르투갈 왕에게 가 도움을 구했다. 하지만 동쪽을 돌아가는 인도 항로를 이미 발견한 당시 포르투갈은 콜럼버스의 제안을 거절했다.

결국 그의 제안을 받아들인 나라는 이사벨 여왕(재위 1479년~1504년)이 지배하고 있던 스페인이었다. 이사벨 여왕은 콜럼버스의 제안을 긍정적으로 받아들였지만, 그녀의 남편은 콜럼버스를 못 미더워했다. 하지만 시대가 요동쳐 1492년 그라나다가 탈환되면서 레콩키스타가 완료되어, 이슬람 세력이 이베리아반도에서 일소되었다. 이 일대 사건으로 스페인의 기세가 한껏 달아오르자 여왕은 콜럼버스의 항해를 허락한다. 콜럼버스 역시 의욕에 불타올랐다.

콜럼버스는 기함인 범선 산타마리아호에 타 인도를 향해 출항했다. 대서양은 다른 해양과는 달리 섬이 적고, 여기저기서 거친 파도가 몰아치는 위험한 곳이다. 콜럼버스를 비롯해 지구가 구체임을 믿고 있던 승무원이 대부분이었지만, 아무리 나아가도 대지가 보이지 않자 이들도 긴 항해에 불안해지기 시작했다. 의욕에 가득 찼던 콜럼버스도 출발한 지 69일째가 되자 끝내 초조한 기색이 역력해져 결국 각오한다. "사흘만 더 기다려보고도 육지가 나타나지 않는다면 돌아가겠다." 그리고 사흘 뒤, 이들은 산살바도르(성스러운 구제자)섬을 발견한다. 콜럼버스는 이곳이 인도라고 죽을 때까지 믿었다고 한다. 지구를 실제보다 더 작게 생각했던 것이다. 현재 서인도제도 바하마에 해당하는, 이 미합중국 동쪽의 작은 땅에서 선주민족과 만나 이들을 인도인이라고 부른 콜럼버스는 미개해 보이는 그들을 멸시하며 "좋은 노예가 되겠군."이라고 말했다.

이윽고 오늘날의 쿠바에까지 항해하는 데에 성공한 콜럼버스였지만, 스페인으로부터 명령을 받아 귀국한다. 이후 콜럼버스는 더 많은 금은과 향신료를 찾아 신대륙으로 진출했으나 원주민을 학살했을 뿐 아무것도 손에 넣지 못했다. 여기서도 그의 서양인으로서의 오만함이 엿보인다.

그가 개척한 항로는 이후의 역사에 큰 영향을 끼친다. 바로 식민지 개발과 제국주의 시대의 도래다.

좀 더 깊이 알고 싶은 독자를 위한 추천 도서 ────────

▪ 『콜럼버스 항해록』, 크리스토퍼 콜럼버스, 서해문집 등

칼럼 1
동·서 동시대인 연대기

"알고 보니 아무런 관련 없는 이 사람과 저 사람이 동시대 사람이었더라." 라고 알게 될 때가 종종 있다. 관련해 동서의 동시대인을 연대기적으로 적어보겠다.

먼저 기원전부터. 기원전 558년경에 태어난 다레이오스 1세는 기원전 551년에 태어난 공자와 동시대인이다. 이 시대 아케메네스 왕조 페르시아 제국이 세워졌고 중국은 전국시대였다. 그리고 기원전 549년 무렵에 자이나교의 창시자인 마하비라도 태어났다. 석가(붓다)의 탄생은 기원전 5세기경이라고 알려졌지만, 기원전 563년에 태어나 마하비라와 동시대를 살았다는 설도 있다. 이것이 사실이라면 공자와 석가도 동시대인이 된다.

중국에서는 맹자가 기원전 372년에 태어났으며 그리스에서는 알렉산더 대왕의 가정교사로 유명한 아리스토텔레스가 기원전 384년에 태어났다. 지식의 체계를 세운 인물들이 거의 동시에 태어났다는 점이 눈에 띈다.

그리고 기원전 247년에 한니발, 기원전 235년에 대스키피오가 탄생했다. 기원전 232년에는 항우가 태어났다. 제2차 포에니 전쟁에서 활약한 카르타고의 장군과 이를 격파한 로마 장군, 이 두 사람이 항우와 유방(기원전 256년 출생)이라는 두 무장과 거의 같은 시대 사람이라는 것도 흥미롭다. 유방은 기원전 247년에 태어났다는 설도 있는데, 만약 그렇다면 한니발과 같은 나이가 된다. 사면초가라는 고사성어를 탄생시킨 초한 전쟁(기원전 206년~기원전 201년)도 제2차 포에니 전쟁(기원전 219년~기원전 201년)과 시기적으로 겹친다.

기원후를 보면, 동로마 제국의 레온 3세가 685년에 탄생했다. 당의 현종 황제도 같은 해에 태어났다. 그리고 701년에 당나라 시인 이백이, 712년에 두보가 태어났고 719년에는 양귀비도 태어났다. 중국의 황금시대다.

한편 1130년에 남송 시대의 유학자 주희가 태어났으며, 1138년에는 살라딘이 탄생했다. 1394년 포르투갈의 엔히크 항해 왕자가 탄생하고 바로 다음 해인 1395년에 플랑드르 화가 얀 반에이크가 태어났다. 이 시기 아시아에서는 조선 왕조의 세종대왕이 1397년에 탄생했다. 1400년 무렵에는 구텐베르크가 태어났다. 아직 그가 어렸을 적인 1412년경에 프랑스에서 탄생한 잔 다르크는 겨우 19세의 나이로 1431년에 화형에 처해지며 죽음을 맞는다. 이후 일본에서 오닌의 난(1467년~1478년)이 일어나고 있을 때 뒤러(1471년)와 미켈란젤로(1475년)가 태어났다. 참고로 이때 다 빈치는 이미 재능을 만개하고 있었다. 엘리자베스 1세가 태어난 해는 1533년. 일본의 오다 노부나가보다 한 살 위 누나였다.

　1600년 이후를 보면, 뉴턴이 1642년에, 라이프니츠가 1646년에 태어났다. 중국에서는 1654년에 청나라 제4대 황제에 오르는 강희제가 태어난다. 애덤 스미스의 탄생년은 1723년, 칸트는 1724년이다. 애덤 스미스가 고전 경제학을 대표한다면, 칸트는 독일 관념론을 완성한 인물이다. 대조적이지만, 문자 그대로 같은 시대를 산 인물들이었다. 모차르트가 태어난 때가 1756년인데, 어렸을 적 한 살 위인 마리 앙투아네트에게 자신의 아내가 되어달라고 말했다고 한다. 이들과 거의 동시기에 『가나가와 해변의 높은 파도 아래』로 유명한 우키요에의 대표적인 작가 가쓰시카 호쿠사이가 탄생(1760년)했다.

　그리고 시대는 19세기로 향한다. 19세기부터는 전 세계가 교류하기 시작해 동시대인을 소개하는 것도 의미 없게 된다.

제3장

근대의 개막과 진전

조지 워싱턴 [George Washington, 1732년~1799년]
미국 건국의 아버지이자 미국 초대 대통령

미합중국 초대 대통령 조지 워싱턴. 그는 미국 독립 전쟁의 총사령관이자 독립 전쟁을 승리로 이끈 미국 건국의 아버지다. 조지 워싱턴은 에이브러햄 링컨, 프랭클린 루스벨트와 함께 역사에 남은 위대한 미국 3대 대통령으로 높은 평가를 받고 있다.

워싱턴은 영국계 이민 4세로, 버지니아주에서 흑인 노예를 이용한 플랜테이션 농업을 경영하는 아버지 밑에서 태어났다. 워싱턴은 정식 교육을 받지 않았다. 측량 기사로 일을 시작했다가 형이 죽자 농장을 물려받았고, 이후 버지니아 시민군에 입대해 프랑스군과 싸웠다. 미국 독립의 요구가 높아지던 가운데 1774년에 제1회 대륙 회의 의원으로 선출됐다. 하지만 워싱턴은 당초 독립에는 신중한 자세를 취했다. 이랬던 그가 독립 지원파가 된 데에는 토머스 페인의 『상식』이 큰 영향을 주었으리라 여겨진다.

1775년 끝끝내 미국 독립 전쟁이 시작되었다. 이 전쟁이 시작되기 직전 영국 본토는 설탕법, 인지법 등의 법률을 제정해 식민지 미국에서 많은 세금을 받아내려 했으나, 대규모 반대 운동에 막혀 철회해야만 하는 상황에 몰려 있었다. 차법(Tea Act)으로 값싼 차가 미국에 대량으로 유입되자 1773년에 미국 식민지인들이 동인도 회사의 차 적재물을 대량으로 바다에 던져버린 보스턴 차 사건이 발생한다. 이런데도 식민지를 대상으로 한 본토의 압박 정책이 완화되지 않자 1775년에 렉싱턴 콩코드 전투를 시작으로 독립 전쟁의 포문이 열린다. 곧 대륙군이 편성되었고 총사령관에 워싱턴이 임명되었다.

1776년에 미국 독립 선언을 발표하지만, 롱아일랜드 전투, 브랜디와인 전투 등에서 워싱턴군은 패배했다. 그러나 1777년 새러토가 전투에서 승리한 대륙군에 프랑스, 스페인, 네덜란드가 군사적으로 원조를 해주면서 전황은 미국 독립에 유리하게 전개되기 시작한다.

그리고 1781년 요크타운 전투에서 워싱턴이 이끄는 대륙군과 로샹보 장군이 이끄는 프랑스군에 콘월리스 장군의 영국군이 항복해 미국 독립이 사실상 결정되었다. 이후 1783년 파리 조약을 통해 영국도 미국의 독립을 승인한다.

독립 운동과 관련한 모든 과정에서 매우 중요한 역할을 해낸 워싱턴은 1789년 미합중국 헌법에 따라 초대 대통령으로 취임했다. 워싱턴을 지지하는 선거인 투표율이 100%에 달했는데, 이 득표율은 워싱턴 이외에 역사상 그 누구도 받아본 적이 없다. 워싱턴은 해밀턴을 대표로 한 강력한 중앙 정부의 필요성을 외친 연방파와 제퍼슨을 대표로 한 주의 힘을 존중해야 한다고 주장하는 반연방파의 대립을 조율하면서, 두 세력의 균형을 도모하기 위해 노력했다. 외교적으로는 유럽 나라들의 대립에 휘말리지 않고 중립적인 입장을 고수했다. 이 정책은 훗날 먼로 정책의 기반이 되었으며, 3선 대통령이 되어달라는 요청을 고사한 일로 이후 미국 대통령의 임기는 2기까지만 허용되는 제도가 만들어졌다.

하지만 워싱턴에게는 흑인 노예 긍정과 미국 원주민 학살이라는 어두운 면도 존재한다는 점 역시 상기해야 할 필요가 있다. 그는 흑인 노예 다수를 부리던 농장주였고, 죽을 때에는 317명의 흑인 노예를 소유하고 있었다고 전해질 정도로 노예제에 반대하는 의견을 낸 적이 없었다. 원주민 학살에 관해서도 워싱턴은 원주민을 '맹수'라고 부르며 철저히 탄압했다. 민족 정화 정책을 외치며 원주민 학살 명령 대부분을 지시한 것도 역사적 사실이다. 특히 독립 전쟁 중 실행한 이로쿼이 부족 초토화 작전은 악명 높다. 40개 이상의 마을을 파괴하고 수많은 원주민을 학살했다.

워싱턴은 미합중국 초대 대통령이기에 신격화된 부분도 많다. 워싱턴이 어렸을 적 손도끼로 아버지가 아끼는 벚나무를 베었고, 이를 솔직히 고백하자 아버지가 용서해줬다는 벚나무 일화도 사실이라는 증거가 전혀 없다. 그를 신격화하기 위한 요소라고 봐야 할 것이다.

실제로 워싱턴은 군인으로서도 크게 뛰어나지 않았고 정치가로서도 조정자에 머무르며 적극적인 정책을 펼쳐나가거나 하지 않았다. 그리고 노예 긍정론자이자 원주민 학살자였다. 그런데도 그가 미국 역사에 이름을 남길 수 있었던 이유는 그 없이 미국은 독립을 쟁취할 수 없었다는 매우 중요한 역사적 사실 때문이다.

좀 더 깊이 알고 싶은 독자를 위한 추천 도서 ─────

▪ 「미국 독립 전쟁」 김형곤, 살림
▪ 「조지 워싱턴」 김형곤, 선인문화사

루이 16세(Louis XVI, Louis Auguste de France, 1754년~1793년)
단두대 위에서 생애를 마친 부르봉 왕조 최후의 왕

태양왕 루이 14세의 피를 잇고, 마리 앙투아네트를 왕비로 맞이해 마리아 테레지아를 장모로 둔 루이 16세. 그는 프랑스 혁명으로 단두대의 이슬로 사라진, 프랑스 부르봉 왕조의 마지막을 장식한 왕으로 역사에 이름을 남겼다.

훗날 루이 16세가 되는 루이 오귀스트는 루이 15세의 장남 루이 페르디낭 왕태자와 폴란드 왕 아우구스트 3세의 딸인 마리 조세프 드 삭스의 3남으로 태어났다. 3남이었지만, 형과 아버지의 죽음으로 1765년 왕태자가 된다.

1770년 15세였던 루이 오귀스트는 14세인 마리 앙투아네트와 결혼한다. 1774년 할아버지인 루이 15세가 사망하자 루이 16세로서 왕위에 올랐고, 이후 1789년 7월 14일에 프랑스 혁명이 발발해 베르사유 궁전에서 파리로 연행된다. 1791년에 가족과 함께 파리를 탈출하려 했으나 미수로 끝나(바렌 사건) 튈르리 궁전에 갇혀 지내는 상태가 된다. 1792년에 혁명 전쟁이 시작되자 루이 16세는 탕플 탑에 유폐되었으며, 1793년 국민공회는 루이 16세의 처형을 결정하고 콩코르드 광장 단두대에서 그를 처형한다. 루이 16세는 자신의 처형을 구경하러 온 군중들에게 "프랑스인들이여, 짐은 무고하게 죽는다."라고 외쳤다고 한다.

루이 16세는 무능한 왕이었다는 평가를 받을 때가 많은데, 실제로는 국가 안정을 위해 많은 노력을 기울였다. 루이 14세, 루이 15세의 확장 정책으로 파탄 직전에까지 몰린 국가 재정을 어떻게든 살려보고자 튀르고와 네케르 같은 유능한 경제학자를 등용해 재정 건전화를 꾀했다. 또한, 미국 독립 전쟁을 지지해 미국을 위해 많은 원조를 보냈다. 1780년에는 고문을 폐지하고 1783년에는 삼부회를 소집하는 등 많은 노력을 펼쳤으나 재정을 비롯해 실행하려 했던 거의 모든 개혁이 실패로 돌아갔다.

루이 16세는 프랑스 혁명이 타도해야만 하는 앙시앵 레짐(구체제)의 상징으로 역사에 그 이름을 남겼지만, 실제로는 폭군이었다기보다 상냥한 왕이었다. 하지만 혁명전쟁 중 로베스피에르는 국민공회에서 "국가가 살기 위해서 루이는 죽어야만 한다."고 말했다. 루이 16세가 써내려갈 수밖에 없었던 비극적인 역사는 로베스피에르의 이 말에 명확히 드러나 있다.

좀 더 깊이 알고 싶은 독자를 위한 추천 도서 ──────

• 'Liberte : 프랑스 혁명사' 시리즈, 주명철, 여문책

마리 앙투아네트[Marie Antoinette, 1755년~1793년]
혁명의 폭풍 속에 사라진 아름다운 왕비

1789년 7월 14일에 프랑스 혁명이 발발했을 당시의 프랑스 국왕 루이 16세의 왕비인 마리 앙투아네트는 그 미모와, 콩코르드 광장 단두대의 이슬로 사라진 비극적 삶으로 역사에 이름을 남겼다.

마리 앙투아네트는 프랑스 왕국과 어깨를 나란히 한 당시 유럽의 대국인 신성로마 제국 황제 프란츠 1세와 그의 황후이자 제국의 공동 통치자인 마리아 테레지아의 딸로 마리아 안토니아 요제파 요안나 폰 합스부르크-로트링겐(Maria Antonia Josepha Johanna von Habsburg-Lothringen)이라는 이름으로 태어났다.

프랑스와의 외교 관계 개선을 위해 왕태자 루이(훗날 루이 16세)와 정략결혼한 1770년, 이때 그녀는 겨우 14세였다. 루이 16세와의 결혼 생활은 순탄치 않았으나, 1778년에 장녀 마리 테레즈 샤를로트가 태어났다.

하지만 이미 프랑스에는 혁명의 폭풍이 불어 닥칠 조짐이 보이고 있었다. 그리고 1789년 끝내 거센 폭풍이 몰아쳐 모든 것을 집어삼켰다. 마리 앙투아네트는 외국 출신 왕비라는 점도 있어 낭비가 심했고 민중을 경시했다고 알려졌으며, 이 때문에 혁명을 일으킨 민중에게 적으로 간주되었다. 지어낸 이야기라고는 하나 베르사유 궁전에 빵을 얻기 위해 몰려든 민중을 향해 "빵이 없으면 케이크를 먹으면 되지."라고 말했다는 일화가 전해질 정도로 그녀는 민중에게 증오의 대상이었다.

혁명군이 승리하고 있던 1791년에 루이 16세 국왕 일가는 국외로 도망가려 했으나 결국 실패로 끝난다. 이것이 바렌 사건이다. 이 사건으로 왕과 왕비에 대한 반감은 더욱 격해졌다. 1792년에 혁명 전쟁이 시작되자 마리 앙투아네트는 루이 16세와 함께 탕플 탑에 유폐되었다. 그리고 혁명 재판에서 단두대형을 선고받는다.

1793년 콩코르드 광장에 설치된 형장에는 많은 민중이 모여들었다. 단두대 앞으로 끌려 나오다 사형집행인(무슈 드 파리)의 발을 밟고 만 마리 앙투아네트는 "죄송합니다, 무슈. 고의는 아니었어요."라고 말했다. 이것이 그녀가 남긴 마지막 말이었다. 비극의 왕비는 이 말처럼 고의가 아닌 운명의 장난으로 죽음을 맞이한 것일지도 모른다.

좀 더 깊이 알고 싶은 독자를 위한 추천 도서 ─────

- 『마리 앙투아네트 베르사유의 장미』, 슈테판 츠바이크, 청미래
- 『마리 앙투아네트 운명의 24시간』, 나카노 교코, 이봄

링컨[Abraham Lincoln, 1809년~1865년]

노예를 해방하고 '인민의, 인민에 의한, 인민을 위한' 정치를 추구한 미국 제16대 대통령

미합중국은 1775년에 영국과 독립 전쟁을 벌였다. 1776년에 독립 선언을 발표하고 1783년에 독립을 인정받았으며 19세기에 들어서면서 발전에 발전을 거듭했다.

한편 유럽에서는 나폴레옹 사망 후 빈 체제가 구축되었다. 이에 대해 1823년 미국의 먼로 대통령이 먼로 선언을 발표하였는데, 먼로 선언이란 유럽과의 상호 불간섭을 표명한 외교 방침이었다. 이로써 한층 자유로워진 미국은 대륙 서쪽 지역을 개발하기 시작했다. 원주민의 토지를 빼앗는 등 과격한 방식도 마다하지 않으며 19세기 중반에는 태평양에까지 지배 영역을 넓혔다.

1830년대에는 미국 서부 출신자 잭슨 대통령 아래서 민주당이 탄생했다. 이 시대는 미국에 민주주의가 크게 확산된 시대라고 보지만, 흑인과 원주민과 여성에게는 권리가 주어지지 않은 시기였다. 한편 잭슨에 반대하는 사람들이 영국의 정당을 따라서 훗날 공화당이 되는 휘그당을 설립하여, 1840년에는 공화당과 민주당 양당 시대를 맞이한다.

에이브러햄 링컨이 정치에 등장한 때는 바로 이러한 시대였다. 링컨은 켄터키주 출신으로, 1834년에 휘그당원으로 일리노이 주의회 의원에 당선됐다. 이때 변호사 자격도 획득했다. 그리고 연방 하원 의원에 선출된 1846년에 미국이 미국·멕시코 전쟁을 벌여 승리하는데, 이에 대해 그는 전쟁 반대 연설을 펼쳐 일부 애국주의자로부터 비난을 받았다. 더불어 링컨은 정의감이 강한 변호사이기도 해 가난한 자들에게도 최선의 변호를 해주었다.

이윽고 1850년대에 들어와 노예 제도의 찬반을 두고 북부와 남부가 대립한다. 당시 미국 남부는 농업 지대가 많았는데, 특히 목화를 재배하는 대농장이 많았다. 흑인 노예는 이러한 대농장에서 귀중한 생산을 담당하는 일꾼임과 동시에 생산 비용을 낮추는 핵심 요인이었다. 낮은 가격으로 상품을 생산하기 위해서 남부의 백인은 자유무역과 노예제의 존속 및 발전을 원했다.

이에 반해 북부는 상공업이 발전해 백인 노동자가 중심인 지역이었다. 이러한 세계에서 값싼 노동력을 제공하는 노예가 유입된다면, 백인 노동자들의 생존이 위험해지는 것은 불 보듯 뻔한 일이었다. 실제로 백인 노동자의 생산 비용이 높아질수록 북부 지역의 상품 가격도 올라갔다고 한다. 그래서 북부의 경영자들은 상품을 팔기 위한 보호무역의 필요성을 주장했다. 그 결과 북부는 노예제를 반대하고 남부는 노예제를 찬성했는데, 이 같은 태도를 보인 이유는 자신들의 이익에 근거한 바가 크며, 그렇기에 북부가 노예 제도를 꼭 인도적인 관점에서 반대했다고만은 볼 수 없다.

링컨은 당초 노예 제도의 점진적 폐지론자(즉시 폐지가 아닌)였지만, 1850년대의 노예 반대

운동에 영향을 받아 공화당에 입당했고, 머지않아 노예제 반대를 강력하게 주장했다. 이후 대통령 선거에서 승리해 제16대 대통령에 취임했다. 이로써 남북은 결정적으로 대립하게 되어 결국 1861년 남북 전쟁이 발발한다.

전쟁 초기에는 남군이 우세했다. 이에 북군의 최고 사령관이었던 링컨은 땅을 개간하면 소유해도 좋다는 '홈스테드법'을 1862년에 발표하여 서부 농민의 지지를 확보했다. 그리고 같은 해 '노예 해방 선언'을 해 국제 여론도 북부 쪽으로 기울게 했다.

이윽고 1863년 7월에 개시된 게티즈버그 전투에서 북군의 그랜트 장군이 남군의 리 장군을 격파해 정세를 단번에 역전시킨다. 같은 해 11월에 링컨은 게티즈버그에서 연설한다. 바로 '인민의, 인민에 의한, 인민을 위한 정치'를 이야기한 연설이다. 이 연설을 통해 민주주의의 원칙을 설파함으로써 링컨은 세상을 바꿨다.

남북 전쟁은 1865년 남군이 항복해 북군의 승리로 끝을 맺었고 당시 300만 명으로 추산되던 흑인 노예의 해방이 이루어졌다. 하지만 이 해방은 순조롭게 진행되지는 않았으며, 흑인에의 차별은 그때는 물론 지금까지도 여전히 남아있다.

링컨은 1865년에 남북 전쟁이 끝난 직후 광신적인 남군 지지자의 손에 암살당했다. 그럼에도 그는 노예제를 폐지하고 국가를 재통일했으며 민주주의를 지킨 '위대한' 대통령으로 지금도 많은 사람의 존경을 받고 있다.

이만큼 훌륭한 실적을 쌓은 대통령 링컨이지만, 원주민들에 대해서는 차별적인 태도를 보였다고 한다. 할아버지가 원주민에게 살해당했기 때문이라고도 하는데, 아무튼 링컨의 원주민 정책은 흑인 정책과는 완전히 반대였다고 말할 수 있다. 지배를 강화한 백인에게 대항해 폭동을 일으킨 원주민들을 무력으로 진압함과 동시에 주모자 수십 명을 처형시키기도 했다.

역사를 후세의 눈으로 바라보는 것은 어려운 일이다. 현대에서는 비상식적이고 비인도적이어도 그 시대에서는 상식일 때도 있다. 역사 인식은 끊임없이 변하고 있다. 중요한 것은 신빙성 있는 정보를 조금이라도 더 많이 찾아낸 뒤 하나의 신념에 치우치지 않고 판단하는 자세다. 100% 완벽한 정치가는 없는 법이다.

좀 더 깊이 알고 싶은 독자를 위한 추천 도서

• 『링컨의 연설과 편지』, 에이브러햄 링컨, 이산
• 『데일 카네기의 링컨 이야기』, 데일 카네기, 더클래식 등
• 『미국 남북전쟁』, 김형곤, 살림

로베스피에르 (Maximilien Robespierre, 1758년~1794년)
혁명을 추진하고 공포 정치를 펼친, 두 얼굴을 가진 남자

막시밀리앙 로베스피에르, 그는 프랑스 혁명을 추진한 정치가이자 혁명 후의 프랑스를 지도한 인물이다. 하지만 그의 정치는 극단적인 민중탄압(공포정치)으로 치달아 결국 테르미도르 반동이 발생했고, 이후 열린 국민공회에서 로베스피에르의 단두대형이 결정되었다.

로베스피에르는 프랑스 북부의 아라스에서 변호사의 아들로 태어났다. 1780년에 루이 르 그랑 학교를 우수한 성적으로 졸업하고 다음 해부터 아라스에서 변호사 활동을 시작한다. 1789년에 삼부회가 소집되자 의원으로 당선된다. 이후 자코뱅파 의원이 된 그는 뛰어난 연설 재능을 살리며 두각을 나타낸다. 1791년에 공화국 헌법이 제정됐을 때는 잠시 정치인을 그만두고 언론인으로서 활약하기도 했다.

1792년에 프랑스는 혁명 전쟁에 돌입한다. 그는 지롱드당 지도부의 방침에 불만을 가진 자코뱅파의 리더로서 1793년 국민공회에서 지롱드파를 일소하고 독재 정치를 실시하였으며, 공포 정치를 펼쳐 에베르와 당통 등 혁명 공헌자도 다수 처형했다. 하지만 이 극단적인 정책은 반발을 불러와, 1794년 테르미도르의 반동으로 체포된 뒤 콩코르드 광장에서 단두대의 이슬로 사라졌다.

로베스피에르는 혁명 이후 한때 프랑스 혁명 전쟁과 내정 혼란을 수습하고 이상적인 공화국을 실현하기 위해 노력했다. 그는 루소의 사상을 존중해 루소가 바랐던 민주주의 국가를 세우려 했다. 하지만 "덕 없는 공포는 죄가 되고, 공포 없는 덕은 무력하다."라는 로베스피에르의 말이 단적으로 나타내듯이, 그의 정치는 민주주의 실현을 위해서라면 어떤 일이든 서슴지 않는 극단적 면을 지녔다. 그래서 그에게 대적하는 사람은 차례차례 단두대로 보내졌으며, 민중의 적대감을 산 끝에 그는 국민공회의 이름으로 처형되었다.

로베스피에르가 없었다면 지금의 프랑스 공화국은 존재하지 않았을지도 모른다. 이러한 의미에서 그는 프랑스 역사에 명확히 기록되어야 하는 중요한 정치가인 것은 확실하다. 하지만 민주주의 체제를 세우기 위해 그가 벌였던, 상상 이상으로 과격한 이상주의적 행동은 국민의 지지를 얻지 못했다. 혁명의 이상 추구와 공포 정치, 서로 모순되는 측면을 동시에 가진 지도자가 로베스피에르였다. 그의 36년의 인생은 프랑스 공화국의 격동의 시대 그 시작과 끝을 함께 했다.

좀 더 깊이 알고 싶은 독자를 위한 추천 도서

- 『로베스피에르, 혁명의 탄생』, 장 마생, 교양인
- 『로베스피에르 – 자유와 덕』, 김경근, 전북대학교출판문화원

빅토리아 여왕[Queen Victoria, 1819년~1901년]
대영제국의 황금시대에 64년간 군림했던 여왕

영국 왕실 중에는 의외로 오랜 기간 유지된 왕조가 없다. 영국 왕조의 흥망을 보고 있노라면 눈이 어지러울 정도다. 1066년 노르만 왕조 이후를 봐도 1154년 플랜태저넷 왕조, 장미 전쟁으로 랭커스터 가문과 요크 가문이 짧은 기간 왕좌에 앉은 후 1485년에 튜더 왕조가 열린다. 엘리자베스 1세 때에 번영을 누린 이 왕조도 단절되어 1603년에 스튜어트 왕조로 넘어간다. 스튜어트 왕조의 시대에 청교도 혁명과 명예 혁명이 일어나지만 왕정은 곧 복고된다. 하지만 이 왕정도 1714년에 단절된다.

1714년 독일의 하노버 선제후 조지가 영국 왕 조지 1세가 되어 즉위했으며 이때부터 하노버 왕조가 시작되었다. 영어를 거의 구사할 수 없었던 그의 아래서 내각 책임제가 성립되어 정당 정치가 정착했는데, 이후 19세기에 들어와 빅토리아 여왕이 태어났다(왕위 1837년~1901년). 이후 빅토리아 여왕은 세계 각지를 식민지화 혹은 반(半)식민지화해 번영을 누렸던 대영제국을 상징하는 여왕으로 알려져 있다.

여왕의 치세 때 이미 영국은 18세기부터 진행된 산업 혁명과 이와 발맞춰 탄생했다고 하는 자본주의경제 덕에 엄청난 발전을 구가하고 있었다. 빈부 격차가 심해졌지만, 높은 기술력 덕분에 생산력은 그 어느 나라보다도 월등해 '세계의 공장'이라고까지 불렸다. 정치적으로는 디즈레일리의 보수당과 글래드스턴의 자유당, 이렇게 양당이 성립됐다.

한편 견고한 식민지 경영 덕분에 1877년에는 영국령 인도 제국이 세워져 빅토리아 여왕은 인도 황제도 겸하게 되었다. 이 외에도 1851년 제1회 만국박람회를 런던에서 개최했고, 세계 최초로 지하철을 건설했다.

더불어 그녀의 시대에는 문화도 무르익었다. 문학에서는 찰스 디킨스, 조지 엘리엇, 오스카 와일드, 알프레드 테니슨, 로버트 브라우닝, 여기에 잊어서는 안 되는, 성경에 버금가는 베스트셀러로 꼽힌다는 '셜록 홈스' 시리즈의 저자 코넌 도일 등이 있다. 회화에서는 초기에는 윌리엄 터너, 후기에는 라파엘전파와 윌리엄 모리스 같은 디자이너가 탄생했다.

빅토리아 여왕은 '순백의 웨딩드레스'를 전 세계에 퍼뜨린 인물로도 알려져 있다. 당시까지 흰색으로 된 웨딩드레스는 매우 드물었는데, 빅토리아 여왕이 결혼식에서 새하얀 드레스를 입은 것이 계기가 되어 순백의 드레스가 신부의 대명사로 세상에 널리 퍼지게 된다.

좀 더 깊이 알고 싶은 독자를 위한 추천 도서 ─────

• 『내가 여왕이다』, 캐럴리 에릭슨, 역사의아침

비스마르크 (Otto von Bismarck, 1815년~1898년)
프로이센을 통일하고 독일 제국을 세운 철혈 재상

오늘날 유럽의 강대국을 꼽자면 영국, 프랑스, 이탈리아, 러시아, 독일을 들 수 있다. 이 나라들이 근대 국가의 모습을 갖춘 시기는 그리 늦지 않지만, 그래도 19세기 중반 이후에 근대 국가의 반열에 오른 나라도 있다.

영국과 프랑스는 절대왕정을 지나 혁명의 시기를 겪긴 했으나 그 동안 영토 대부분을 보전하면서 비교적 부드럽게 근대 국가로 변모했다. 특히 영국은 산업 혁명을 겪으며 경제적으로 급성장해 19세기에는 강대한 세력을 갖췄다.

하지만 이에 반해 18세기에서 19세기 전반 독일과 이탈리아는 이러한 흐름에 뒤처져 있었다. 이는 에도 막부의 주도로 쇄국, 봉건제도를 고수했던 일본도 마찬가지였다. 이 나라들은 19세기 전반에 겨우 근대 국가로서 통일, 성립한다. 이처럼 비슷한 시기에 비슷한 과정을 거친 독일, 이탈리아, 일본 3국 사이에서 공통점을 찾는 역사학자도 많다.

독일의 중세 이후의 역사는 프랑크 왕국과 동프랑크 왕국 및 신성로마 제국을 빼놓고는 이루어질 수 없다. 이와 관련한 부분은 카를 대제와 오토 1세에서 상세히 소개했으니 참조해 주길 바란다.

어쨌든 이러한 시대를 거쳐 현재의 독일 대부분이 신성로마 제국의 영토 안에 포함되었다. 실제로 이때 신성로마 제국의 영토는 현재 독일을 능가하는 크기였다. 하지만 신성로마 제국은 명성만 유지하고 있었을 뿐 절대적인 지배권을 가지지는 못했다. 그래서 마치 중국의 춘추 전국 시대처럼 제국 내에서 많은 제후가 탄생했다.

그중 남서부에 해당하는 현재 오스트리아 근방에서 세력을 키운 가문이 합스부르크 가문이었다. 이들은 카를 5세를 시작으로 신성로마 제국의 제위를 오랫동안 차지했다. 한편 북서부에 해당하는 지역에서는 프로이센(영어 명칭 프러시아) 왕국이 힘을 키우고 있었다.

프로이센 국왕으로 '대왕'이라고 불린 계몽전제군주 프리드리히 2세(1712년~1786년)는 전쟁에서의 거듭된 승리로 영토를 계속 넓혀나갔다. 이 시대 이미 유명무실했던 신성로마 제국 내에서 프로이센의 영향력은 점점 커져갔으며 여러 사건을 겪고도 지위가 전혀 흔들리지 않았다.

한편 19세기 초반에 등장한 프랑스 황제 나폴레옹은 유럽 대부분을 지배했다. 이 과정에서 1806년 마침내 신성로마 제국이 멸망하는데, 나폴레옹도 곧 실각해 현대 독일과 오스트리아 땅은 여전히 프로이센과 합스부르크 가문의 영향력 아래에 놓이게 되었다.

비스마르크가 태어난 때는 이러한 19세기 초반이었다. 그는 융커(프로이센의 유복한 지주층) 집안에서 태어났다. 얼마 지나지 않아 프로이센 의회의 의원이 되었고 외교관도 역임했다. 이 무렵 이미 독일을 어떻게 통일할 것인지가 핵심 문제로 부상하고 있었다. 대독일주의라고

하는 오스트리아를 중심으로 한 통일안과 소독일주의라고 하는 오스트리아를 배제한 통일안 두 가지 안이 팽팽히 맞섰다(오스트리아는 독일어가 공용어). 당시 비스마르크는 소독일주의를 지지했다.

정치가로서 출세가도를 달린 그는 1862년 프로이센 왕 빌헬름 1세로부터 수상에 임명됐다. 이때 남긴 말이 "철과 피만이 통일을 가져다준다."다. 이 말 때문에 지금도 그를 '철혈재상'이라고 부를 때가 많다. 여담이지만, 그의 발언을 해석해보면, '철'은 총과 군함 같은 무기, '혈'은 병사(의 피)를 의미한다. 그는 강력한 군사력으로 프로이센을 번영시켜 독일 제국을 세우려 했다. 지금으로 말하자면, 강성 군국주의자라고 할 수 있겠다.

실제로 재상(수상)이 된 뒤의 그는 군사적 행동을 열심히 펼쳤다. 1864년 덴마크 전쟁에서 승리했고, 1866년에는 프로이센-오스트리아 전쟁을 일으켜 압승을 거두었다. 그리고 이때 패배한 오스트리아에서는 오스트리아-헝가리 이중 제국이 탄생해 마자르인(헝가리인)의 권력이 강해졌다.

1870년 프로이센-프랑스 전쟁에서도 승리한 비스마르크는 다음 해인 1871년 염원하던 독일 제국을 세우며 초대 수상에 오른다(황제는 빌헬름 1세). 이로써 세계의 열강 속으로 독일이 파고들었다. 물론 그 혼자 모든 성공을 이룬 것은 아니고, 그중에서도 군사적으로 그를 든든하게 뒷받침해준 천재 몰트케 장군의 활약이 절대적이었다.

한편 독일과 프랑스는 인접한 강국으로 기본적으로 서로 사이가 나빴다. 근래가 예외적인 시기라고 볼 수 있다. 비스마르크도 예외는 아니어서, 그는 프랑스의 움직임을 항상 예의주시했다. 나폴레옹 3세를 도발하여 앞서 언급한 대로 1870년에 프로이센-프랑스 전쟁을 일으켰고, 이 전쟁에서 승리해 프랑스로부터 자원이 풍부한 알자스로렌과 배상금을 전리품으로 빼앗았다. 두 나라의 대립은 제2차 세계대전까지 이어졌다.

한편 비스마르크는 외교에도 뛰어나 1873년 독일은 러시아, 오스트리아와 삼제 동맹을 맺는다. 이 동맹이 약화하자 오스트리아, 이탈리아와 1882년에 삼국 동맹을 맺어 프랑스를 경계했다.

내정으로는 사회주의자 진압법 등을 제정하고 노동자를 탄압하고 언론을 통제하는 한편 사회 정책도 추진했다. 그의 이 모순적인 정책은 '당근과 채찍'이라고도 불렸다.

1888년 빌헬름 1세 사망 후 프리드리히 3세를 지나 빌헬름 2세가 즉위하는데, 비스마르크는 빌헬름 2세와 식민지 정책 등을 두고 대립하다 결국 사임한다.

좀 더 깊이 알고 싶은 독자를 위한 추천 도서 ────

- 『비스마르크 평전』, 강미현, 에코리브르
- 『비스마르크 ─ 독일 제국을 구축한 정치외교술』, 이이다 요스케, 한울

루트비히 2세[Ludwig II, 1845년~1886년]
의문의 죽음을 당한 바이에른의 아름다운 '미치광이 왕'

독일 남부에는 바이에른 왕국이 있었다. 이 나라는 1805년 나폴레옹 전쟁 때 신성로마 제국(다음 해에 소멸)과 맺은 조약에 따라 왕국으로 인정받았다. 그리고 바이에른 왕국은 1871년 세워진 독일 제국(비스마르크 참조)에 통합되지만, 조건부로 자치가 인정되었다. 루트비히 2세는 이러한 나라의 4대 국왕이었다.

　루트비히 2세는 19세의 나이로 즉위했다. 큰 키에 이른바 꽃미남이었던 이 국왕은 신화를 탐독하는 한편 바그너가 대표하는 낭만파 음악에 몰두했다. 18세기부터 19세기 초반에 유행했던 고전파에서는 균형 잡힌 음악이 중시됐지만, 19세기 고전파의 뒤를 이어 번영한 낭만파는 감정 표현을 강하게 내세웠다. 철학자 니체는 바그너의 음악이 그리스 비극을 상기시키는 디오니소스적 예술에 해당하며 독일의 정신을 일깨워준다고 극찬했으며('디오니소스적'의 반대는 '아폴론적') 거기에는 '도취'가 있다고 했다.

　루트비히 2세는 바그너에게 빠져 그를 뮌헨으로 초대했다. 루트비히는 동시에 루이 14세도 동경해 바로크 건축의 걸작인 베르사유 궁전을 본떠 여러 개의 궁전을 지었다. 그중에서도 노이슈반스타인성은 화려하고 웅장해 현재도 많은 관광객이 찾는 명소다. 이 성은 요새라기보다 궁전이어서 성으로서의 구실은 거의 하지 못한다.

　아름다움에 너무 도취했기 때문일까. 국왕 루트비히 2세는 점점 기행을 보이기 시작한다. 가신들은 정신적으로 문제가 있는 그를 결국 폐위시킨다. 1866년 프로이센-오스트리아 전쟁에서 패해 프로이센에 배상금을 물어줘야 하는 와중에 여러 성을 지어 나라의 경제 상태를 불안정하게 만들었고, 왕 자신도 쇠약해진 것이 폐위된 원인이다.

　폐위 직후 감금당한 루트비히 2세는 근처 호숫가에서 의사와 함께 익사체로 발견되었다. 사고로 처리되었지만, 자살인지 타살인지 진실은 아무도 모른다.

　루트비히 2세의 가문인 비텔스바흐 가문은 미남, 미녀를 많이 배출한 것으로 유명하다. 바이에른의 엘리자베트(오스트리아 황제 프란츠 요제프 1세의 아내, 시씨라는 별명으로 잘 알려져 있다)도 비텔스바흐 출신이다. 루트비히 2세보다 조금 먼저 태어난 이 희대의 미녀는 루트비히 2세와 자기 여동생의 약혼을 주선한 뒤 그의 곁을 떠났는데, 루트비히 2세는 평생 결혼하지 않았으며 여성에게 흥미를 느끼지 않았다고도 한다. 그의 생애를 그린 영화로는 루키노 비스콘티의 『루트비히』가 유명하다.

시몬 볼리바르 (Simon Bolivar, 1783년~1830년)
남미의 나라들을 독립시키기 위해 싸웠던 영웅

시몬 볼리바르는 남미 여러 나라의 독립을 위해 정말 많은 노력을 한 혁명가, 정치가, 군인이다. 이 때문에 그는 남미 사람들로부터 '해방자'로도 불리고 있다. 또한, 그는 독립한 남미 여러 나라의 대통령도 역임했다.

시몬 볼리바르는 베네수엘라의 수도인 카라카스의 명문 귀족 가문에서 태어났다. 1799년에 공부를 위해 유럽으로 건너가 1802년에 귀국했다. 그리고 다시 유럽으로 가 1804년에 나폴레옹 밑에서 일하다 1807년에 귀국했으며 이 무렵부터 조국의 독립을 위해 움직이기 시작한다. 1811년 의회가 독립을 선언한 뒤 독립파가 스페인군과 충돌할 때, 시몬 볼리바르는 독립을 위해 철저히 항전해야 한다는 내용의 카르타헤나 선언을 발표한다. 1813년에는 독립을 선언하지만, 곧바로 스페인군의 반격에 맞서야 했다. 1819년 시몬 볼리바르군은 보야카 전투에서 승리하고 같은 해 그란 콜롬비아(현재의 콜롬비아, 베네수엘라, 에콰도르, 파나마를 포함한 나라)의 성립을 선언한다. 이후 그의 군대는 에콰도르로 진군해 에콰도르도 독립시킨다. 나아가 1824년 그는 페루를 독립시키고 1825년에는 볼리비아도 독립시켰다(볼리비아의 국명은 시몬 볼리바르에서 딴 것이다.). 같은 해 그는 그란 콜롬비아, 페루, 콜롬비아의 국가 원수가 된다. 하지만 1830년에 그란 콜롬비아는 분열하게 되고, 이에 크게 낙담한 시몬 볼리바르는 콜롬비아의 산타마르타에서 장티푸스에 걸려 사망한다.

'해방자'라는 별칭처럼 시몬 볼리바르는 남미의 독립을 위해 반평생을 바친 군인, 정치가였다. 그가 존재하지 않았다면, 남미 나라들의 독립은 이루어질 수 없었다고 해도 과언이 아니다. 그는 정열적이었으며 이상주의자였다. 프랑스에서 몽테스키외와 루소의 사상을 접한 뒤 남미에 이상적인 공화국을 세우기 위해 힘썼다. "인민에게 선택받은 지도자보다 지도자를 선택한 인민을 나는 천 배 더 신뢰한다."라는 그의 말은 이러한 점을 여실히 드러내고 있다.

시몬 볼리바르, 남미의 독립을 위해 스페인군과 여러 차례 맞붙어 끝내 승리를 거머쥔 영웅. 또한 인민이 주권자임을 알고, 민주주의적으로 공화국을 설립하기 위해 노력했던 정치가. 그의 이름은 남미 민중들 속에 지금도 깊이 새겨져 있다.

좀 더 깊이 알고 싶은 독자를 위한 추천 도서

- 『시몬 볼리바르』, 헨드릭 W. 반 룬, 서해문집
- 『독립과 나라 세우기』, 시몬 볼리바르, 동명사

나폴레옹 보나파르트(Napoléon Bonaparte, 1769년~1821년)
신시대를 개척한 해방자이자 독재자

훗날 나폴레옹 1세가 되는 나폴레옹 보나파르트는 프랑스 혁명이 낳은 영웅이자, 유럽 전역을 지배하려고 했던 독재자이기도 하다. 그는 세계사 속에서 낡은 질서를 무너뜨리고 자유를 가져온 해방자와 민중을 억압하고 괴롭힌 지배자라는 두 가지 얼굴을 가진 위인으로 남아 있다.

코르시카섬에서 태어난 나폴레옹의 아버지는 원래 판사였지만, 신귀족이 되어 나폴레옹과 그 형을 데리고 프랑스 본토로 옮겨가 그곳에서 교육을 받게 했다. 나폴레옹은 1779년에 브리엔느 육군 유년 학교에, 1784년에는 육군사관학교 포병과에 입학했다.

1789년에 발발한 프랑스 혁명은 그의 운명을 크게 바꿨다. 혁명 후 프랑스는 유럽의 모든 나라를 대상으로 전쟁을 벌이게 되는데, 이때 나폴레옹이 활약한다. 1794년 툴롱 포위전에서 이름을 날린 그는 이탈리아 원정, 이집트 원정에 참전했으며, 이후 파리로 돌아와 로베스피에르가 실각한 후 권력을 장악한 총재 정부에 반기를 들고 1799년에 11월 9일 쿠데타(당시 프랑스 혁명력으로 안개달(브뤼메르) 18일에 일어났다고 해 '브뤼메르 18일 쿠데타'라고도 한다.)를 일으켜 정부의 실권을 쥐었다. 그리고 1804년 황제에 오른다.

이후에도 예나 전투, 아우스터리츠 전투에서 승리해 영국과 러시아를 제외한 전 유럽에 걸친 대제국을 세웠다. 하지만 러시아 원정이 실패로 끝나고, 제6차 대(對)프랑스 동맹(유럽 국가들이 나폴레옹을 막기 위해 손을 잡은 동맹)이 결성된 후인 1813년 라이프치히 전투에서마저 동맹군에게 패하자 나폴레옹은 퇴위를 선언하고 동맹국에게 투항한다. 동맹국은 나폴레옹을 엘바섬으로 유형 보내지만, 나폴레옹은 동맹국이 내분으로 혼란에 빠진 틈을 노려 섬을 탈출해 권력을 되찾는다(1815년 3월). 그러나 같은 해 6월 웰링턴 장군이 이끄는 연합군과 맞붙은 워털루 전쟁에서 또다시 패배('백일천하'라고 부른다.)했고, 이후 세인트헬레나섬으로 보내져 1821년 사망할 때까지 남은 일생을 이 섬에서 보낸다. 나폴레옹의 죽음은 관련해서 독살설, 위암설 등 여러 설이 있을 정도로 수수께끼에 쌓인 부분이 많아 지금도 논란이 계속되고 있다.

나폴레옹의 생애를 보면, 인생 대부분이 전쟁으로 얼룩져 있다는 것과 많은 전투에서 프랑스군을 승리로 이끌었다는 점을 함께 알 수 있다. 그가 근대전의 천재였기 때문으로, 전술을 살펴보면 "가장 좋은 군대는 싸우는 군대보다 오히려 걷는 군대다."라고 그가 한 말에서 나타나듯이 나폴레옹은 기동력을 중시하고, 병력을 움직이는 군대로 파악했다. 이것은 그야말로 근대적인 생각이었다. 더불어서 그는 포위전에 강했는데, 일부러 한 곳을 약점처럼 보이게 노출해 적의 공격을 집중시킨 뒤 그곳을 지키면서 적의 후방을 돌아 적을 포위해 섬멸하는 전술을 사용했다. 이처럼 나폴레옹은 당시 일반적인 전술과는 다른, 매우 독자적이면서 획기적인 전술을 사용해 훗날 카를 폰 클라우제비츠가 『전쟁론』에서 전술의 대변혁을 가져왔다며 자세히 분석했을 정도다.

나폴레옹은 군인으로만이 아니라 정치가로도 많은 개혁을 단행했다. 나폴레옹 법전 제정도 그중 하나다. 이 법전은 국민의 법 앞에서의 평등, 국가의 비종교성, 경제활동의 자유, 신앙의 자유 등을 명시해 근대 시민 사회의 실현을 위한 법적 기반이 된 민법전으로, 프랑스만이 아니라 그 외 여러 나라가 근대화된 민법을 제정하는 데에 큰 영향을 미쳤다.

또한, 프랑스 혁명이 가진 자유와 평등이라는 정신이 나폴레옹 전쟁으로 유럽 각국에 퍼진 것도 역사적으로 봤을 때 매우 중요한 사건이다. 프랑스 혁명의 정신에 기초해 나폴레옹은 각 나라에서 영주의 지배와 노예제를 타파하고 그 자리에 헌법과 의회를 두었다. 이러한 이유에서 유럽 여러 나라에서 나폴레옹을 해방자로 보는 시선이 지금도 존재한다. 나폴레옹을 "말 위에서 도시를 살펴보는 황제를, 그 시대정신을 나는 보았다."라고 형용한 헤겔의 말도 위대한 해방자로서의 나폴레옹의 모습을 명확히 표현하는 것이라고 말할 수 있겠다.

하지만 한편으로 나폴레옹이 일으킨 전쟁 때문에 목숨을 잃은 사람이 유럽 통산 200만 명 이상이라고 한다. 이처럼 거대한 인적 손실은 당시로써는 엄청나게 충격적인 사건이었다. 그리고 화가 프란시스코 고야는 나폴레옹군이 반란을 일으킨 스페인 민중을 총살하는 광경을 그린 작품 『1808년 5월 3일』에서 반역을 저지른 자에게는 일말의 자비도 베풀지 않는 지배자로서 나폴레옹이 보인 잔학성을 담았다. 이처럼 비참한 전쟁을 수차례나 반복한 파괴자, 점령자, 탄압자로서의 면모도 부정할 수 없는 사실이다. 그렇지만 나폴레옹이 없었더라면, 세계사는 완전히 다른 방향으로 흘러갔을 것이라는 점 역시 역사적인 사실이다.

나폴레옹은 파란만장한 인생을 보냈을 뿐만 아니라 해방자와 지배자라는 모순된 두 가지 측면을 융합한 특질을 지녔기에 프랑스가 낳은 위대한 영웅이자 동시에 대살육자로서 세계사에 그 이름을 영원히 남겼다.

좀 더 깊이 알고 싶은 독자를 위한 추천 도서 ─────

▪ 『나폴레옹의 불멸의 페이지』, 옥타브 오브리, 살림
▪ 『나폴레옹 나의 야망은 컸다』, 티에리 랑츠, 시공사

벤저민 프랭클린 (Benjamin Franklin, 1706년~1790년)
미국 독립에 힘쓴 만능형 정치가

미국 독립을 위해 노력하고 외교관으로서 미국 독립을 실현한 벤저민 프랭클린. 그는 정치가로서만이 아니라 저술가로도, 신문 발행인으로도, 과학자로도 역사에 이름을 남긴 인물이다.

프랭클린은 보스턴의 가난한 양초 장인의 아들로 태어났지만, 인쇄업으로 막대한 부를 쌓아 1726년 식민지 시대 때 가장 많이 읽혔던 『펜실베이니아 가제트』지를 매수하고, 1731년에는 미국 최초의 공공 도서관인 필라델피아 조합 도서관을 건설한다. 이외에도 펜실베이니아 식민지 의원, 식민지 우편 국장 등을 역임하면서 행정관 및 정치가로서의 경력을 쌓았다. 또한, 1776년 토머스 제퍼슨과 함께 미국 독립 선언문의 초안을 쓰고 이 선언문에 최초로 서명한 정치가 5명 중 한 사람이 된 데 이어, 같은 해 프랑스로 가 프랑스 왕국의 미국 독립 전쟁 협력과 참전을 얻어내는 데에 성공한다. 프랑스의 미국 독립 전쟁 참전은 전황을 뒤바꿀 중대한 외교적 사건이었다. 1783년 독립 전쟁의 종식을 논의하기 위한 파리 조약을 맺기 위해 건너간 미국 대표 중 한 명이기도 하다.

프랭클린은 정치, 경제 분야에서의 활약으로 '양키의 아버지' 혹은 '대표적인 미국인'으로 묘사되곤 하는데, 과학자로서도 인류에게 많은 공헌을 했다. 전기의 대류를 증명한 뒤 피뢰침을 만들었을 뿐 아니라 유리로 만든 악기 글라스 하모니카, 열효율이 좋은 프랭클린 스토브(난로), 원근 양용 안경, 흔들의자 등 생활을 풍요롭게 해주는 많은 물품을 발명했다.

저술가로서 프랭클린이 남긴 유명한 책은 '프랭클린의 열두 가지 덕목'이라고 불리는 이상 실현을 위한 격언이 쓰인 『자서전』으로, 미국만이 아니라 현재도 많은 나라의 많은 사람이 읽고 있는 책이다. 이러한 그의 공적에 감사를 표하기 위해 오늘날 미국의 100달러 지폐에는 프랭클린의 초상화가 인쇄되어 있다. 그는 미국에서 가장 사랑받는 위대한 인물 중 하나다.

좀 더 깊이 알고 싶은 독자를 위한 추천 도서 ───────

▪ 『프랭클린 자서전』, 벤저민 프랭클린, 범우 등

호레이쇼 넬슨(Horatio Nelson, 1758년~1805년)
트라팔가르 해전에서 영국을 구한 제독

영국의 해군 제독 호레이쇼 넬슨. 그는 영국 함대의 총사령관으로 트라팔가르 해전에서 프랑스와 스페인 연합 함대를 상대로 승리해 나폴레옹군의 영국 진출을 저지함으로써 역사에 이름을 남겼다.

넬슨은 영국 노포크주 번햄소프에서 목사의 아들로 태어났다. 12세에 영국 해군에 들어가 1777년에 사관이 되고 1784년에 부사령관으로서 소앤틸리스제도에서 복무했다. 1794년 프랑스 혁명 전쟁 중 칼비 공략전에서 오른쪽 눈의 시력을 잃는다. 그리고 1796년에는 카나리아제도 테네리페섬 공략전에서 오른팔을 잃는다. 그런데도 1798년 나일 해전에서 프랑스 해군을 격파했고 1801년 코펜하겐 해전에서 덴마크와 노르웨이 해군을 상대로 승리를 거머쥔다. 1805년에는 수적 열세에도 불구하고 트라팔가르 해전에서 프랑스와 스페인 해군을 격파해 나폴레옹의 영국 본토 상륙을 저지했다. 하지만 안타깝게도 넬슨은 이 해전에서 전사했다.

넬슨은 영국 해군 역사상 가장 위대한 명장으로 일컬어지고 있다. 그의 전술은 영국 해군에 많은 승리를 안겨줬는데, 특히 트라팔가르 해전에서의 전술은 전쟁사에 남을 가치가 충분하다고 알려져 있다. 트라팔가르 해전에서 넬슨은 '영국은 귀관 모두가 자기의 의무를 다할 것을 기대한다(England expects that every man will do his duty.).'라는 신호기를 올리고 넬슨 터치라고 불린 전술을 사용했는데, 이것은 적 함대의 중앙부를 11자로 선 아군 함대가 돌진해 적 함대를 분단, 돌파하고 그렇게 분단되어 우왕좌왕하는 적 함대를 공격하는 전술이었다. 프랑스와 스페인 해군은 이 해전에서 1척이 격침, 8척이 나포되었으며 총 4천 명의 전사자를 기록한 데 반해 영국 해군의 피해는 손실함 0척, 전사자 수 400명이었다. 영국 해군의 완벽한 승리였다.

넬슨은 항상 함 앞에 서서 지휘하는 용감한 지휘관이었다. 이러한 지휘 스타일 때문에 오른쪽 눈, 오른쪽 팔을 잃고 끝내는 목숨마저 잃게 되지만, 선두에 서서 지휘하는 그의 모습에 부하들은 용기를 얻을 수 있었다. 넬슨의 활약은 영국을 궁지에서 구해냈다. 트라팔가르 해전에서의 승리는 나폴레옹군의 기세를 꺾었고 끝내 프랑스군의 영국 진출을 막았다. 이것은 단순히 한 해전에서의 승리를 의미하는 것이 아니라 세계사의 흐름에 매우 큰 전환점을 가져왔다. 그래서 넬슨은 위대한 영웅으로서 지금까지도 영국 국민의 깊은 존경을 받고 있다.

좀 더 깊이 알고 싶은 독자를 위한 추천 도서 ──────
• 「전투함과 항해자의 해군사」, 전윤재 등, 군사연구

가리발디 [Giuseppe Maria Garibaldi, 1807년~1882년]
이탈리아 통일을 위해 전력한 위대한 투사

주세페 가리발디는 이탈리아 통일 운동에 깊이 관여해 이탈리아 왕국 설립에 많은 공헌을 한 군인이다. 그는 카밀로 카보우르, 주세페 마치니와 함께 '이탈리아 통일 삼걸'로 불린다.

가리발디는 프랑스 제1제정 시기 니스에서 태어났다. 아버지는 무역 상인이었다. 1833년에 이탈리아 통일을 목표로 한 청년 이탈리아당의 일원이 된다. 동시에 혁명을 꾀하는 카르보나리(숯장이당)에도 들어간다. 1834년 반란을 일으키지만, 실패로 끝나 프랑스로 망명한다. 1836년에는 남미로 가 대전쟁이라고 불린 우루과이 내전에 참가해 게릴라전 전술을 구축하고, 1848년에 이탈리아로 귀환한 뒤 로마 공화국 성립에 전력하지만, 가리발디가 이끄는 군대는 프랑스군에 패하고 그는 뉴욕으로 도망쳤다.

1854년에 다시 이탈리아로 다시 돌아온 그는 잠시 농장을 경영하다, 1859년 이탈리아 통일 운동이 다시 일어나자 사부아 왕가가 이끄는 사르데냐 피에몬테군에 가담해 오스트리아군을 격파한다. 1860년 시칠리아에서 일어난 반란을 기회로 가리발디는 붉은 셔츠단(천인대)이라고 불리는 의용대를 결성해 시칠리아를 제압한 뒤 나폴리로 진군해 1866년 베네치아를 오스트리아로부터 탈환하는 데 성공한다. 1870년에는 로마 교황령을 회수하고 프랑스 제3공화정을 지지하는 의용군으로서 프로이센군과 싸웠고, 이후 사르데냐의 카프레라섬에서 여생을 보내다 1882년 사망했다. 75세였다.

위의 기술을 보면 가리발디가 이탈리아 통일 과정에서 맡은 역할은 그야말로 막중했다. 지금도 이탈리아 국민은 그를 국민적 영웅으로 여긴다. 그는 남미 브라질의 독립 전쟁을 위해서도 싸웠고, 프랑스 제3공화정을 위해서도 싸웠으며, 나아가 만년에는 보통 선거제 실현을 위한 노력도 펼쳤다. 이러한 행보는 가리발디가 단순한 국가주의자가 아니라 자주독립으로 더 나은 국가를 설립하려 한 투사였다는 점을 확실히 나타내고 있다.

이러한 그의 자세는 자유와 평등을 추구하고 타국에 지배받지 않는 나라를 만들겠다는 그의 강한 의지와 행동에서도 명확히 드러나 있다. 가리발디는 패배로 인해 몇 번이나 외국으로 도망가면서도 많은 싸움을 이겨냈고, 끊임없이 조국의 통일을 위해 싸운 영웅이었다. 그의 이탈리아를 향한 마음과 불굴의 정신 덕분에 지금의 이탈리아가 존재한다고 해도 과언은 아닐 것이다.

애덤 스미스 [Adam Smith, 1723년~1790년]
보이지 않는 손을 논한 자유방임주의 경제의 시조

18세기 후반에 산업 혁명이 일어난 영국에서는 근대화가 진행되어 자본가와 도시 노동자와 함께 자본주의 사회가 탄생하고 있었다. 그리고 경제학도 이 시대에 이미 존재했다. 대표적인 예가 애덤 스미스의 『국부론』으로 대표되는 고전파 경제학이다.

원래 17세기의 절대왕정 아래에서는 중상주의가 중시되었다. 프랑스의 루이 14세의 치세가 대표적으로, 절대왕정의 비호를 받는 일부 대상인에게 특권을 주고 보호무역을 통해 국부의 증대를 꾀하는 정책이다. 스미스는 이 중상주의 정책을 비판하면서 국가의 통제와 규제를 줄여야만 한다고 주장했다. 시장경제에서는 아무런 개입 없이도 자유 경쟁을 통해 자연스레 생산성이 높아지고 국부 역시 자연스럽게 쌓인다는 의견이다.

시장경제는 수요와 공급에 의해 성립된다. 수요 측(소비자)은 싼 가격에 상품을 사고 싶어 한다. 싸면 많이 사지만, 비싸면 사지 않는다. 반대로 공급 측(기업 등)은 높은 가격에 팔고 싶어 한다. 하지만 팔리지 않으면 가격도 생산성도 내려갈 수밖에 없다. 그래서 상반된 입장을 가진 양측의 타협에 따라 가격과 생산량이 결정된다. 이것이 시장 원리다. 스미스는 여기에는 절대적인 조정 능력이 있어 내버려 두어도 적정한 가격이 알아서 정해지고, 시장경제도 잘 기능한다고 주장했으며, 이러한 시스템을 가진 시장에 정부가 개입하면 오히려 경제도 사회도 혼란에 빠진다고 보았다. 이 절대적인 조정 능력이 바로 '(신의)보이지 않는 손'이다.

정부는 어디까지나 경찰이나 소방, 국방 등 최소한의 일만 하면 된다. 이러한 생각은 '작은 정부' 사상으로 현대에도 영향을 주고 있다. 나라는 경제에 개입하지 않고, 이를 위한 예산도 가지지 않고, 세금(법인세 등)을 적게 매기고, 사회 보장에는 돈을 쓰지 않는다는 생각이다. 이것은 20세기 후반 이후에 (주로 영국과 미국에) 등장하는 신자유주의의 근거가 되기도 했다. 스미스의 계보를 잇는 경제학자로는 밀턴 프리드먼과 프리드리히 하이에크가 있다. 이와 반대로 자본주의의 틀 안에서 '큰 정부'를 추구하는 것을 케인스주의라고 하며 이것을 넘어 모든 것을 국가가 주도하는 것을 마르크스주의라고 한다.

스미스의 사상은 트리클 다운(낙수 효과. 자유롭게 놔두면 빈곤층에게도 돈이 흘러간다.)이라는 이론으로 이어진다. 현대에 이를 지지하는 의견도 있지만, 현실적이지 않다는 의견 쪽이 강하다. 확실히 '작은 정부'를 주장하는 정부들을 보면 빈부의 격차는 커져만 가는 것이 현실이다.

좀 더 깊이 알고 싶은 독자를 위한 추천 도서
- 『지금 애덤 스미스를 다시 읽는다 : 도덕감정론과 국부론의 세계』, 도메 다쿠오, 동아시아

앨프레드 마셜 [Alfred Marshall, 1842년~1924년]
'수요 곡선'으로 시장의 균형을 가시화한 신고전파 경제학자

애덤 스미스 이후 영국에서는 다음과 같은 고전파 경제학자가 등장한다.

토머스 로버트 맬서스(1766년~1834년)는 『인구론』의 저자로 명망 높다. 이 책에 따르면 사회는 언젠가 인구 과잉에 부딪혀 식량 부족과 빈곤이 발생하며, 이는 사회 제도를 개선하는 것만으로는 해결할 수 없다고 주장했다.

한편 데이비드 리카도(1772년~1823년)는 각국이 비교적 우위를 점하는 상품을 중점적으로 수출함으로써 자유무역이 가능하다고 논했다. 그리고 이를 설명하기 위해 주장한 노동 가치론(인간의 노동으로 상품 가치가 결정된다.)은 마르크스 등에게 영향을 주었다. 또 다른 한 명, 존 스튜어트 밀(1806년~1873년)은 고전파 경제학자이지만, 사회주의에도 관심을 가져 정부의 재분배를 통한 사회 개혁도 설파했다. 밀은 경제학자였으며 동시에 철학자이기도 했다.

이러한 흐름 속에서 19세기 중반에는 이미 독일에서 마르크스가 등장해 노동 가치설에 기반을 두고 자본주의경제를 분석했다(마르크스 참조).

한편 19세기 후반에 프랑스인 레옹 발라(1834년~1910년)와 영국인 윌리엄 스탠리 제번스(1835년~1882년), 오스트리아인 카를 멩거(1840년~1921년) 등이 한계 효용론을 주장했다. 이것은 쾌락의 '효용'에 따라 가치가 정해진다는 이론이다. 라면이 아무리 맛있어도 두 그릇, 세 그릇 먹다 보면 그사이 식욕이 떨어져 라면의 가치도 떨어진다. 이것이 효용론(한계 효용 체감의 법칙)의 기본으로, 노동 가치론과는 다른 사고방식이다.

이러한 경제 이론을 받아들인 영국인 경제학자가 마셜이다. 그는 신고전파 경제학의 대표자다. 그는 고전파 경제학처럼 시장경제를 정적인 균형 상태로 보는 것이 아니라 어디까지나 동적인 것으로 파악했다.

그는 발라 들이 주장한 수요자 측을 중시한 방식과 고전파의 공급자 측을 중시한 방식을 합쳐 수요 공급 이론을 분석했다. 이로써 가격의 탄력성(가격이 바뀜으로써 팔림새가 크게 변하는 상품과 그다지 변하지 않는 상품이 있다.)과 같은 이론을 만들어냈다. 가격이 세로축, 수량이 가로축인 수요 곡선도 마셜이 창시한 것이다.

더불어 시장에서의 머니 서플라이(화폐 공급량)를 나타낸 '마셜의 K'도 유명하다. 이것은 현재에도 중앙은행의 화폐 공급량을 논할 때 사용된다.

마셜은 현실에서 동떨어진 경제 이론은 '단순한 소일거리'에 지나지 않는다고 지적하며, 빈곤과 같은 문제를 진지하게 다뤄 케인스 등에게 영향을 미쳤다.

좀 더 깊이 알고 싶은 독자를 위한 추천 도서 ————
▪ 『경제학 세계 명저 30선』, 마쓰바라 류이치로, 지식여행

존 로크 (John Locke, 1632년~1704년)
영국 경험론과 민주주의 사상의 아버지

영국 경험론의 아버지로 불리는 존 로크는 영국의 철학자, 정치학자다. 그는 『인간오성론』, 『통치이론』 등을 써서 17세기 유럽의 사상 및 정치 이론에 큰 영향을 주었을 뿐만 아니라 후세의 민주주의 이론과 철학 이념에도 막대한 영향을 남겼다.

로크에 의하면 인간은 타블라 라사(tabla rasa, 백지) 상태로 태어나기에 생득적으로 관념이라는 것을 가지고 있지 않다. 우리의 관념은 체험에 의해 획득하는 것이다. 그래서 로크에게 지식은 부차적인 것이었다. 경험을 중시하는 그의 사상은, 많은 실험을 통해 그 모든 실험을 관통하는 법칙을 끌어내려 한 베이컨의 귀납법적 탐구 방식과 연장선에 있다.

로크의 철저한 실험 중시 사고방식이 잘 드러나 있는 책이 그의 주요 저서 『인간오성론』이다. 이 책 속에서 로크는 오성(悟性)을 구성하기 위한 관념은 감각 현상과 이에 대한 심리적 작용으로 인해 발생하는 것이며, 그 자체가 아무리 복잡해도 모두 경험에서 유래하는 것이라고 말한다. 로크의 사상 속에서 볼 수 있는 감각이나 지각을 중시하는 측면은 우리가 주목해야 할 사항이다. 데카르트적 합리주의에서는 이성적인 것을 궁극적인 진리(제일의)로 보기 때문에 지적인 논증이 가장 핵심이고, 감각이나 지각은 회의의 대상이 된다. 이에 비해 로크의 사상에서는 경험의 기반이 되는 것이 감각과 지각인 이상 이들은 의심해야 할 대상이 아니고 오성의 기반을 형성하기 위한 가장 중요한 것으로 보았다.

정치 이론으로 넘어가면, 로크는 모든 국민의 '승인'을 얻어 설립된 것이 정부라고 보았다. 그리고 행정권·입법권·사법권이라는 삼권은 분립되어야 한다고 주장하면서 정부는 이 삼권을 지키기 위해 존재하며, 모든 국민과의 계약을 통해서만 존재할 수 있다고 보았다. 국민에 관해서는 개개인이 자연권을 일부 방치함으로써 정부에게 사회의 질서를 지키기 위한 힘을 부여할 필요가 있다고 강조했다. 또한, 정부가 반동적인 자세를 취할 경우 국민은 저항권을 가진다고도 주장했다.

좀 더 깊이 알고 싶은 독자를 위한 추천 도서

- 『통치론』, 존 로크, 돋을새김 등
- 『존 로크의 인간 오성론 읽기』, 안병웅, 울력
- 『존 로크의 정치사상』, 송규범, 아카넷

볼테르 (Voltaire, 1694년~1778년)
프랑스 계몽주의를 대표하는 문학자, 사상가

18세기 프랑스를 대표하는 계몽주의 철학자이자 문학가였던 볼테르 (이 이름은 필명으로, 본명은 프랑수아 마리 아루에François-Marie Arouet다). 그는 계몽의 시대의 오피니언 리더로서 여론을 대표해 프랑스 혁명으로의 길을 열었다.

볼테르는 1694년에 파리에서 유복한 공증인의 아들로 태어났다. 1704년부터 1711년까지 파리의 명문 학교 루이 르 그랑에서 공부했다. 매우 우수한 학생이었으나, 문학자가 되기로 마음먹는다. 1717년 섭정이었던 오를레앙 공을 조롱하는 시를 써 바스티유 감옥에 투옥되었고, 1718년에 운문 비극『오이디푸스』를 써서 큰 인기를 얻었다. 1726년에는 영국으로 건너가 2년 뒤인 1728년에 귀국한 뒤 1732년 비극『자이르』를, 1734년에 편지 형식의 사상서『철학 서간』을, 1747년에 소설『자디그』를 간행했다. 1750년부터 1753년까지 2년 동안 프로이센에서 프리드리히 2세의 시종으로 있다가 1754년에 스위스로 갔고, 1759년에는 철학 소설『캉디드』를 간행했다. 1763년에 철학서『관용론』, 다음 해에『철학 사전』을 출간했다. 1778년 28년 만에 파리로 돌아오지만, 피로와 노령으로 인한 쇠약으로 파리에서 사망했다. 83세였다.

볼테르는 계몽주의의 핵심 사상가로, 그의 계몽주의적 특징을 살펴보면 다음과 같다. 그의 사상 중심에는 인간의 합리성을 존중하고 자유를 중시하는 자세가 있다. 이 사상에 따라서 그는 당시의 종교적, 정치적인 부패를 철저하게 비판했다. 이 때문에 당시 프랑스 권력자와 성직자 양쪽 모두로부터 몹시 미움을 사 여러 번 투옥되었으며 심지어 국외 추방도 당했다.

이러한 볼테르의 계몽주의는 그만이 아니라 드니 디드로, 달랑베르, 루소와 같은 당시의 사상가들도 공통으로 안고 있던 거대한 철학적 흐름이지만, 이들 중에서도 볼테르는 핵심적인 리더였다. 그리고 그의 사상은 후에 일어나는 프랑스 혁명의 핵심 기반이 되었다.

그의 저서『캉디드』의 마지막은 "우리의 정원을 가꾸어야만 한다(Il faut cultiver notre jardin.)."는 말로 끝나는데, 이것은 계몽의 빛을 프랑스라는 나라 전체에 혹은 인류 전체에 비추려는 그의 결의가 표현된 것이 아니었을까. 이처럼 볼테르는 근대 시민 혁명으로의 길을 활짝 연 사상가였다.

좀 더 깊이 알고 싶은 독자를 위한 추천 도서

- 『캉디드』, 볼테르, 돋을새김
- 『인간 볼테르』, 니컬러스 크롱크, 후미니타스
- 『루소와 볼테르』, 강대석, 푸른들녘

루소 (Jean-Jacques Rousseau, 1712년~1778년)

프랑스 혁명의 초석이 된 정신을 이야기한 사상가

18세기 스위스의 사상가 장 자크 루소는 대표적인 계몽주의 사상가로, '계몽주의는 인간이 존재함에 있어 이성이 가장 중요하다고 여기는 것'이라고 생각한 인물이었다. 그는 이성에 기초해 인간이 더 잘 살아가기 위해서는 어떻게 해야 하는지에 관한 문제를 깊이 생각해 『사회계약론』, 『에밀』 등의 저작을 남긴 인물로 유명하다.

루소는 시계 장인의 아들로 제네바에서 태어났다. 어렸을 적에는 병약했지만 총명한 아이였다고 한다. 1722년 10세 때 아버지가 고소 당해 도망가는 신세가 되면서, 루소는 고아나 다름없는 처지가 되어 부자유한 기숙 생활을 한다. 이후 제네바에서 조각가의 제자가 되지만, 그곳에서 도망쳐 방랑하다가 루소에게 큰 영향을 주는 바랑 부인과 만난다. 하지만 바랑 부인의 애인으로 사는 삶은 순탄하지 않았고 결국 파리에서 음악 교사로 일하면서 집필 활동을 펼쳤는데, 생활 자체는 궁핍했다. 그러다 38세 때 아카데미가 연 논문 대회에서 그가 쓴 「학문 예술론」이 입상하면서 사상가로서의 길을 걷게 된다. 1778년에 요독증으로 사망할 때까지 추방, 망명, 귀국 등 여러 사건을 겪으면서도 『사회 계약론』, 『에밀』 등 여러 명저를 남겼다.

훗날 프랑스 혁명에 커다란 영향을 미치는 그의 사상을 살펴보면 다음과 같다. 국민은 국가를 발전시켜 보다 나은 나라를 만들려는 일반 의지를 갖췄다. 그리고 국가 통치자의 의지는 일반 의지가 아니라 명백한 특수 의지이며 이것은 국민 전체의 지향성과 같지 않다. 하지만 국민은 사회를 더욱더 좋게 만들기 위해 통치자를 고르고, 통치자는 사회를 더욱더 좋게 만들기 위해 국민에게 약속한다. 즉, 여기에는 사회 계약이 존재해 통치자는 계약에 따라 국민의 일반 의지를 존중하면서 국가를 운영해나가야만 한다. 또한 국가의 구성원인 국민 모두는, 설령 그 국민이 통치자라고 하더라도 국민인 이상 정해진 법 아래에서 평등하다는 점을 루소는 강조했다.

이처럼 루소의 국가에 대한 생각은 민주주의 체제를 존중한 것이며 인간이 태어나면서부터 가지는 이성을 포기해 노예로 전락하는 일이 발생하지 않는 사회를 실현하고자 한 사상이라고 볼 수 있다. 이러한 이유로 그는 프랑스 혁명의 초석을 쌓은 인물로서 파리의 팡테옹에 볼테르와 나란히 묻혀 있다.

좀 더 깊이 알고 싶은 독자를 위한 추천 도서 ━━━━━

• 『사회계약론』, 장 자크 루소, 범우 등
• 『인간 불평등 기원론』, 장 자크 루소, 세창출판사 등
• 『루소와 볼테르』, 강대석, 푸른들녘

칸트 (Immanuel Kant, 1724년~1804년)

독일 관념론의 창시자이자 근대 철학의 거성

독일 관념론의 기틀을 마련하고 서양 철학사에 큰 족적을 남긴 근대 철학의 거장 이마누엘 칸트. 그는 『순수 이성 비판』, 『실천 이성 비판』, 『판단력 비판』이라는 3대 비판서를 발간해 인식론의 전개에 엄청난 공적을 남겼다. 또한 도덕·윤리학적 문제에 관해서도 많은 저서를 남겨 후세에 큰 영향을 주었다.

칸트는 동프로이센의 쾨니히스베르크(현재 러시아의 칼리닌그라드)에서 마구 기술자의 아들로 태어났다. 1740년 쾨니히스베르크 대학에 입학해 라이프니츠와 뉴턴을 연구했다. 1746년 아버지가 사망해 더는 학비를 낼 수 없게 되자 대학을 그만두고 가정교사로 일하며 생계를 꾸려나갔다. 1755년 쾨니히스베르크 대학에서 철학 박사 학위를 취득한 그는 같은 대학에서 초빙 강사로 일하기 시작한다. 1770년에 쾨니히스베르크 대학의 윤리학, 형이상학 정교수가 되었고, 1781년에 『순수 이성 비판』을, 1788년에 『실천 이성 비판』을, 1790년에 『판단력 비판』을 출간해 철학자로서의 권위를 쌓아나갔다. 이를 바탕으로 1786년에는 쾨니히스베르크 대학 총장에 취임했으며 1804년 노령으로 인한 쇠약으로 사망한다. 그가 마지막으로 남긴 말은 "괜찮군(Es ist gut.)."이었다.

칸트가 일군 체계는 너무나 방대해 짧은 지면으로는 간략하게 소개하기도 불가능하다. 그래서 여기에서는 그가 인식론을 대한 기본자세와 실천적 도덕론만을 최대한 짧게 설명하려 한다.

칸트의 인식론은 다음과 같이 말할 수 있다. 인간의 인식은 감성과 오성(지성) 두 가지 형식이 선험적(아프리오리)으로 갖춰진 것으로, 감성은 단순 직관으로 공간과 시간을 파악하는 것이며 오성은 모든 경험의 전제가 되는 네 가지 범주에 속한 12개의 개념으로 나타낼 수 있다. 네 가지 범주란 (1)양, (2)질, (3)관계, (4)양상이며 (1)은 단일성·다수성·전체성, (2)는 실재성·부정성·제한성, (3)은 실체성·인과성·상호성, (4)는 가능성·현존성·필연성이라는 개념을 내포한다. 의식은 이 두 가지 인식 형식에 따라 현상을 파악하지만, 그것은 현상 그 자체, 즉, '사물 자체(Ding an sich)'가 아니며 '사물 자체'는 인간이 인식할 수 없다고 칸트는 생각했다.

실천적인 도덕이라는 측면을 칸트는 어떻게 생각했을까. 그는 우리가 의무로서 행하는 행동만이 순수하게 도덕적으로 올바르다고 보았다. '순수하게'라는 것은 경험이 아니라 이성만으로 그것이 올바른지를 판단할 수 있다는 의미로, '순수하게 도덕적으로 올바른' 것은 인간이 인간으로 있는 이상 누구나 받아들이지 않을 수 없는 궁극적인 도덕 원리를 말한다. 왜냐하면 이성이야말로 인간을 인간으로 만드는 근본적인 것이면서, 모든 인간이 똑같이 갖추고 있는 것이기 때문이다. 그래서 칸트는 어떤 행동이 올바른 이유는 바람직한 목적을 완수하기 때문이라는 목적론적인 행동을 도덕의 범주에서 배제했다. 다른 말로 설명하면, 모든 사람이 어떤 상황에서도 행해야 하는 올바른 행동이란 '바람직한 목적을 달성하려면 ~을 해라'라는 조건부 지시가 아니라 그저 '~해라'처럼 조건 없는 지시가 되어야만 한다고 칸트는 주장했다. 의무이므로 한다는 것이 도덕적 행위라고 칸트는 생각한 것이다.

그러므로 도덕적 행위란 행동 규칙으로서의 격률(주관적으로만 타당한 실천적 원칙)로밖에 나타나지 않는 것이며 그 기본적인 격률로써 칸트는 '너의 행위의 격률을 너의 의지에 따라 보편적인 자연법칙으로 삼으려는 것처럼 행동하라.'는 정언명령(定言命令)을 제시했다. 이 개념은 무조건 '~해라'라고 의무를 명하는 절대적 명령법이다. 정언명령에 의한 명령법이야말로 우리가 가진 보편적인 도덕에서의 기본적인 원리라고 칸트는 주장했다.

정언명령의 반대가 가언명령(假言命令)이다. 정언명령이 절대성을 가진 것에 반해 가언명령은 '~라면 ~해라'라는 조건부 명령법으로, 가언명령은 항상 그래야만 한다는 원리가 결여된 탓에 도덕의 기본 원리가 될 수 없다고 칸트는 생각했다. 예를 들어 '행복해지고 싶다면 거짓말을 하지 않도록 하라'는 가언명령은 경험론적인 격률에 지나지 않고, '행복'과 '거짓말을 하지 않는다' 사이에 필연적인 관계성은 존재하지 않는다. 이처럼 경험론적 측면은 도덕에는 적합하지 않다는 점을 칸트는 강조했다.

칸트는 인간에게 가장 중요한 이성이라는 것이 대체 무엇인가라는 문제도 매우 깊이 고찰해 근대 인식론의 기반을 확립했다. 더불어 실천적 도덕이라는 문제에 대해서도 매우 명확하게 접근했다. 또한, 칸트는 3대 비판서에서만이 아니라 『계몽이란 무엇인가』, 『도덕 형이상학 원리』, 『영원한 평화를 위해』 등의 저서를 통해서도 우리에게 필요한 다양한 인식론적, 실천적, 도덕적 문제를 탐구했다. 그의 이러한 철학적 탐구는 근대 철학을 완성의 길로 이끌었으며 독일 관념론의 이상적 기반이 되었다.

좀 더 깊이 알고 싶은 독자를 위한 추천 도서 ───

▪ 『순수이성비판』, 칸트, 박영사 등
▪ 『영원한 평화를 위해』, 이마누엘 칸트, 지식을만드는지식
▪ 『칸트철학 입문』, W. O. 되에링, 중원문화

벤담(Jeremy Bentham, 1748년~1832년)
영국 공리론의 기반을 쌓은 사상가

영국 공리주의의 대표적 사상가 제러미 벤담. 그가 사용한 '최대 다수의 최대 행복'이라는 말은 영국 공리주의의 기본 정신을 단적으로 나타내는 말로 잘 알려져 있다.

벤담은 1748년에 런던에서 변호사의 아들로 태어났다. 어릴 때부터 신동이라 불리며 1760년 12월 옥스퍼드 대학에 입학했으며, 1763년에 문학 학사를, 1766년에 문학 석사 학위를 취득하고, 1769년에는 변호사 자격증도 획득했다. 이후 1776년에 『정치론 단편』을, 1787년에 『고리대금 변호론』을, 1789년 『도덕과 입법의 원리 서설』

을 발표했다. 그 뒤에도 계속해서 1791년에 『파놉티콘』, 1830년에 『헌법전』을 간행했다. 그리고 2년 뒤 런던에서 84세의 일기로 눈을 감았다.

벤담의 역사적 공헌은 크게 보아 영국 공리주의의 기반을 만들었으며, 민주주의제도의 확립을 위해 노력했다는 점, 두 가지를 들 수 있다. 첫 번째에 관해서 이야기하면, 그의 공리주의는 영국 경험론의 전통을 이어받아 현실적인 이익을 중시하는, '최대 다수의 최대 행복'이라는 말로 대표되는 사상이다. 바꿔 말하면, 사회 전체에 이득을 주는 것을 최우선으로 두어야만 한다는 생각을 담고 있다. 또한, 선을 쾌락(또는 행복)과 동일시하고 쾌락은 계측 가능하다고 보는 측면을 강조하는 양적 쾌락주의를 중심 원리로 두는 이론이다.

두 번째 공헌으로, 벤담은 인민주권 입장에서 여성을 포함하는 보통 선거제를 주장해 민주주의 제도의 근대화에 큰 영향을 주었다. 이러한 벤담의 사상은 존 스튜어트 밀, 토머스 호지스킨, 헨리 시지윅 같은 영국의 공리주의자들에게 영향을 주는 것으로 끝나지 않았다. 벤담이 제안한, 한 곳에서 모든 곳을 볼 수 있는 감시 시스템인 파놉티콘은 프랑스 현대 사상을 대표하는 철학자 미셸 푸코에게 영향을 주어, 푸코는 이 시스템을 깊이 연구한 『감옥의 탄생』을 썼다.

벤담은 근대적인 공리주의 사상에 기초해 사상과 법 제도를 상세히 탐구했다. 이 연구는 후세의 정치, 법률, 사상 분야에 큰 변혁과 영향을 주었으며, 그의 사상은 서양 세계의 핵심 이데올로기 및 사회 시스템이 세워지는 데 필요한 초석이 되었다.

좀 더 깊이 알고 싶은 독자를 위한 추천 도서

- 『도덕과 입법의 원칙에 대한 서론』, 제러미 벤담, 아카넷
- 『파놉티콘 : 제러미 벤담』, 제러미 벤담, 책세상
- 『제러미 벤담과 현대』, 강준호, 성균관대학교출판부
- 『벤담과 밀의 공리주의』, 제러미 벤담 등, 좁쌀한알

쇼펜하우어 [Arthur Schopenhauer, 1788년~1860년]
긍정적 허무주의를 중시한 철학자

19세기 전반에 활약했던 독일 철학자 아르투어 쇼펜하우어. 그는 인식론적으로는 칸트의 사상을 계승했으나, 동시대의 대철학자인 헤겔과는 완전히 다른 사상을 전개해 나갔다. 쇼펜하우어의 사상 중심에 있는 것은 주체의 의지였다. 여기서는 그의 사상이 단적으로 드러나 있는 주요 저서『의지와 표상으로서의 세계』속 주장을 중심으로 쇼펜하우어에 관해 알아보고자 한다.

쇼펜하우어는 유복한 상인의 아들로 단치히(현재는 폴란드의 그단스크)에서 태어났다. 학문에 뜻을 두어 괴팅겐 대학에 입학한 그는 처음에는 의학부에 입학했지만, 얼마 지나지 않아 철학 연구로 방향을 돌린다.

쇼펜하우어는『의지와 표상으로서의 세계』에서 말하듯이, 세계를 '현상의 발생을 주체가 바라보는 표상으로서의 세계'라고 생각했다. 그리고 그 근저에서 기능하는 것은 맹목적인 생존 의지라고 주장했다. 즉, 경험적인 현상은 모두 비합리적이며 이 세계에서 주체의 의지는 끊임없이 다른 주체의 의지와 대립을 일으킨다고 보았다. 그래서 산다는 것은 동시에 고통을 받는다는 의미이고 이 고통에서 벗어나기 위해서는 의지의 절멸 또는 체관(諦觀) 외에는 없다고 주장한다. 쇼펜하우어의 허무주의(니힐리즘)가 강하게 반영된 부분이라고 할 수 있겠다.

하지만 그는 허무주의의 부정적인 시점만 이야기하지는 않는다. 생이 절망으로 가득 차 있다고 해도 우리는 진리를 탐구할 수 있다. 우리의 생이 절망으로 가득 차 있기 때문에 진리가 있을 수 있는 것이다. 이처럼 쇼펜하우어는 자신의 사상 속에 긍정적인 허무주의를 확실히 제시하며 허무주의가 가진 적극적인 측면을 강조했다. 그는 "인생은 짧지만, 진리는 길다. 자, 진리를 논하자."라는 말을 남기기도 했다.

쇼펜하우어가 활동할 때 유럽 사상계는 헤겔의 철학 체계에 너무나 큰 영향을 받은 탓에 쇼펜하우어의 사상은 동시대인의 관심을 그다지 받지 못했다. 하지만 니체로 인해 그의 사상이 재발견된 뒤로 다시 주목받게 되었다. 사상사의 흐름에서 쇼펜하우어의 사상을 보면, 그가 헤겔 사상의 안티테제로써 이성 중심주의적 세계관에 의문을 제기했다는 점에서 매우 큰 의의를 지닌다고 볼 수 있다.

좀 더 깊이 알고 싶은 독자를 위한 추천 도서 ────

- 『의지와 표상으로서의 세계』, 쇼펜하우어, 집문당
- 『유쾌하고 독한 쇼펜하우어의 철학 읽기』, 랄프 비너, 시아

헤겔(Georg Wilhelm Friedrich Hegel, 1770년~1831년)

'변증법'을 구사한 독일 관념론의 완성자

독일 관념론의 완성자로 불리는, 18세기 후반부터 19세기 전반에 활약한 게오르크 빌헬름 프리드리히 헤겔. 그는 자유로운 주체가 이성을 기반으로 실현해가는 다양한 체계에 대해 고찰해갔다. 그리고 『정신 현상학』, 『대논리학』, 『엔치클로페디』, 『법철학 강요』 등의 대저를 저술해 근대 사상 체계를 정리함으로써 사상사에 길이 남을 금자탑을 세운 철학자다.

헤겔은 신성로마 제국(현재의 독일) 슈투트가르트에서 공무원의 자녀로 태어나 1788년에 튀링겐 대학에 입학해 철학과 신학을 배운다. 이때 횔덜린, 셸링과 친밀한 관계를 쌓았고, 졸업 후 베른과 프랑크푸르트에서 가정교사를 하면서 연구 활동을 계속한다. 1801년 예나 대학의 초빙 강사가 된 후 1807년에는 『정신 현상학』을, 1812년부터 1816년에 걸쳐 『대논리학』을, 1817년에 『엔치클로페디』를 간행한다. 1816년 하이델베르크 대학의 정교수가 되나 1818년에 베를린 대학으로 직장을 옮겨 1821년에 『법철학 강요』를 발표하였고, 1829년에 베를린 대학 학장이 된 후 1831년 콜레라에 걸려 61세로 생을 마감한다(사인을 다르게 보는 의견도 존재한다.).

헤겔 이론의 최대 특징은 변증법에 있다. 변증법은 정(테제), 반(안티테제), 합(진테제) 세 항의 관계를 도식화한 것으로, 다음과 같이 나타낼 수 있다. 먼저 테제와 안티테제가 대립한다. 그리고 그 대립 관계가 변동, 즉 '지양(止揚)'됨으로써 하나로 합쳐져 진테제를 만들어낸다. 헤겔의 초기 철학의 주요 저서인 『정신 현상학』에서는 이 정반합이 의식을 가진 주체 안에서 전개되는 양상을 상세히 검토한다. 또한, 그의 후기 철학 이론이 제시된 『역사 철학 강의』(헤겔 사후 발간된 저서)에서는 국가 차원에서의 변증법적 전개를 보여준다.

마르크스는 이 변증법적 도식화를 계층 간 대립의 역사적 전개 분석에 응용해 마르크스 변증법을 구축했고, 이 이론에 기초해 일어난 러시아 혁명이 세계 첫 사회주의 국가를 탄생시켰다. 그 뒤로 사회주의 국가가 차례차례 탄생하는데, 사회주의 국가는 헤겔의 국가론에서는 전혀 다루지 않았던 국가였다.

헤겔의 후기 이론의 대표 저서인 『법철학 강요』도 한번 짚어볼 필요가 있다. 헤겔은 이 저서에서 객관적 정신은 가족, 시민사회, 국가와 같이 자유로운 인간의 행위에 의해 만들어지는 공동체의 실현 속에서 나타나는 것이라고 적고 있다. 이 공동체는 추상적 법, 도덕, 인륜 세 가지 단계로 구분할 수 있고, 단계가 전개됨에 따라 개별성과 보편성이 통합되어 간다고 헤겔은 주장한다. 인륜도 가족, 시민사회, 국가 3단계로 나눌 수 있다고 보았으며, 『법철학 강요』는 이 생각에 기초해 제1부 추상적 법, 제2부 도덕, 제3부 윤리로 구성되어 있다.

가족이란 애정으로 이루어진 작은 공동체 안에서 실현되는 형식에 의한 주체와 객체의 통일을 의미하며, 시민사회는 시장에서의 욕망에 근거한 노동의 체계이고, 국가는 시민사회의 욕망 체계를 포섭하면서 입법권과 집행권 등을 이용해 보편성을 실현하기 위해 시민의 이기성을 감시한다. 또한 인간 사회가 성숙한 단계에 접어들어 충분히 고찰가능한 상태에 있기 때문에 이런 분석이 가능하다고, 헤겔은『법철학 강요』에서 주장하고 있다.

헤겔은『법철학 강요』서문에서 "미네르바의 부엉이는 황혼이 내려앉을 무렵에서야 날기 시작한다."고 썼다. 이 말은 철학은 현실이 성숙한 후에야 뒤늦게 나타나며, 현실이 완성된 후에야 비로소 철학의 왕국이 건설된다는 점을 표현한 것으로, 철학이 가진, 탐구 대상의 전체적인 양상을 종합적으로 분석하는 측면을 단적으로 나타내는 말이기도 하다.

헤겔 철학은 후세에 매우 큰 영향을 미쳤다. 앞서 마르크스가 헤겔 사상을 계승하고 발전시켰다는 점을 이야기했지만, 헤겔에게 영향을 받은 사상가는 마르크스만이 아니다. 키르케고르, 마르킨 하이데거, 장 폴 사르트르, 자크 라캉, 에마뉘엘 레비나스, 폴 리쾨르 등의 철학자들이 적지 않은 영향을 받았다.

레비나스가『어려운 자유』에서 "헤겔의 사상을 앞에 두고 쉽게 목소리를 내기는 어렵다. 사고가 매우 신중해질 뿐만 아니라 언어가 결핍된 것처럼 느껴지기 때문이다."라고 썼다. 그만큼 헤겔의 체계는 강대하고 견고하여, 헤겔을 통하지 않고서 서양 철학을 논하는 것은 불가능하다.

좀 더 깊이 알고 싶은 독자를 위한 추천 도서

- 『정신현상학』, G. W. F. 헤겔, 글항아리 등
- 『법철학』, G. W. F. 헤겔, 지식을만드는지식 등
- 『헤겔』, 찰스 테일러, 그린비
- 『헤겔 & 마르크스 : 역사를 움직이는 힘』, 손철성, 김영사

사토 마사루의 한 마디

헤겔은 『법철학 강요』 서문에서 "(지혜를 상징하는)미네르바의 부엉이는 황혼이 내려앉을 무렵에서야 날기 시작한다."라고 지적했다. 역사적인 사건을 인식할 수 있는 때는 그 사건이 완전히 끝나고 난 뒤라는 의미다. 현실에서 고군분투하고 있는 사람은 그 역사적 의미를 알 수 없다.

밀 (John Stuart Mill, 1806년~1873년)
자유와 행복의 질을 중시한 사상가

19세기 영국 철학자, 정치학자, 경제학자인 존 스튜어트 밀. 그는 영국 공리주의의 기본적인 개념을 제시했다고 알려졌는데, 자유와 윤리성을 중시하는 태도가 그 기반이 되었다.

밀은 자유란 개인의 발전에 필요 불가결한 것으로 보고, 정부나 여론의 간섭을 계속 받으면 인간은 마음속에 있는 판단하는 힘을 제대로 행사할 수 없다고 생각했다. 따라서 정말로 인간다운 인간이 되기 위해서는 인간 한 사람 한 사람 모두 자유롭게 생각하고 말할 수 있는 상태가 반드시 뒷받침되어야 한다고 주장했다. 『공리주의론』 속에 쓰여 있는 "만족한 바보로 있기보단 불만족한 소크라테스로 있는 쪽이 낫다."는 문장이 이러한 생각을 명확하게 나타낸다.

심리적 만족이나 행복감이라는 문제에 대해 벤담이 '최대 다수의 최대 행복'을 언급하며 양적인 측면으로 다루었던 데에 반해 밀은 위의 문장에서처럼 양적인 측면보다 질적인 측면의 차이를 중시했다.

밀은 자유의 문제를 다루면서 국가 권력과 마주하는 개인의 자유가 가장 중요하다고 말한다. 그리고 국가 권력이 개인의 자유를 방해하는 것이 허용되는 경우는 문제가 되는 개인이 타인에게 실질적으로 해를 입혔을 때만으로, 그 외의 개인적인 행위에 대해서는 자유가 절대적으로 보장되어야만 한다고 주장한다. 또한 민주주의라는 정치 제도는 대중에 의한 다수파의 독선적 행위가 발생할 위험성이 있다고 보아 이 제도를 경계할 필요가 있다고도 말했다.

더불어 밀은 경제학적 측면으로 자유 지상주의자(리버테리언)였다. 즉, 경제적 자유와 개인적 자유, 두 자유 모두 인정하는 입장으로, 현재 세계의 주요 시류인 경제적 자유만을 중시하는 신자유주의(네오리버릴리즘)와는 다른 사상을 가지고 있었다. 이러한 그의 경제 이론 속에는 타인에게 위해를 가하지 않는 범위 내에서 개인의 자유로운 행동을 방해하는 법이나 제도 장치 등을 정치적으로 정부가 배제할 필요가 있다는 주장이 명확히 드러나 있다.

사상사적으로 보면 밀은 영국 경험론의 전통과 서양 합리주의의 전통 두 가지를 모두 가지고 자유를 중시했다고 말할 수 있을 것이다. 경제학적으로도 그러한 입장을 고수하여 오늘날의 자본주의와 민주주의에 커다란 영향을 주었다.

좀 더 깊이 알고 싶은 독자를 위한 추천 도서 ─────

- 『자유론』, 존 스튜어트 밀, 더클래식 등
- 『공리주의』, 존 스튜어트 밀, 현대지성
- 『존 스튜어트 밀 자서전』, 존 스튜어트 밀, 문예출판사 등
- 『벤담과 밀의 공리주의』, 제러미 벤담 등, 좁쌀한알

키르케고르 (Søren Aabye Kierkegaard, 1813년~1855년)
절망을 극복하려 했던 실존주의 철학의 선구자

19세기 전반의 덴마크 철학자 쇠렌 키르케고르는 실존주의의 선구자로 불린다. 주요 저서인 『죽음에 이르는 병』 속에서의 "죽음에 이르는 병이란 바로 절망을 말한다."라는 문장이 키르케고르를 단적으로 나타내고 있다.

키르케고르는 코펜하겐의 유복한 상인의 가문에서 태어났는데, 아버지는 엄격한 성품에 열렬한 기독교 신자였다. 코펜하겐 대학에서 신학과 철학을 공부한 키르케고르의 사상은 19세기 세계의 어두운 양상을 선명하게 반영하고 있으며, 그의 사상을 관통하는 한 가지 핵심적인 개념이 바로 '죽음'이다.

그는 이 세계에서 아무리 가능성과 이상을 추구해봤자 죽음이 가져다주는 절망을 피할 수 없다고 생각했다. 그리고 그 절망은 오직 신에 의해서만 구제받을 수 있다고 주장했다. 또한 세계나 역사를 이성의 법칙에 따라 모두 해명하려고 한 헤겔의 철학을 비판하고 인간의 삶에는 이성의 법칙으로는 환원할 수 없는 고유의 본질이 있다고도 설파했다.

이러한 키르케고르의 사상은 "죽음에 이르는 병이란 절망을 말한다."라는 문장이 나타내는 것처럼 고독하게 죽음과 마주한 단독자로서 주체가 가져야 하는 모습을 추구하는 것이었다. 그래서 유일하게 혼자서 세계와 마주하는 주체로서의 인간은 헤겔의 변증법이 보여주는 '이것도 저것도' 같이 모든 것을 아우르는 사고를 행하는 것은 불가능하며 '이것이냐 저것이냐(저서 제목이기도 하다.)' 같은 선택적 사고를 행할 수밖에 없다고 본다. 즉, 유한한 주체가 자신에 대한 부정성과 직면했을 때 추상적 관점에 기초해 지양하는 것은 불가능하며, 부정성과 모순을 피하지 말고 자신의 고유한 삶 속에서 그 문제를 진지하게 받아들이고 맞서 싸워 해결해야 한다고 주장했다. 키르케고르는 "절망이란 자기의 상실이다."라고 말하면서, 자기의 상실은 나만이 아니라 신과의 관계도 상실하는 것이므로 절망은 죄가 된다고도 보았다.

인간이 존재하는 방식을 고찰한 키르케고르의 사상은 20세기 전반의 핵심 사상이 되는, 주체성에 관한 문제를 오로지 이성의 문제로 환원할 수는 없다고 본 실존주의 사상의 문을 활짝 열었다. 이처럼 키르케고르는 새로운 반헤겔적 시대정신의 초석을 다짐으로써 철학사에서 중요한 족적을 남겼다.

좀 더 깊이 알고 싶은 독자를 위한 추천 도서

- 『죽음에 이르는 병』, 쇠렌 키르케고르, 세창출판사 등
- 『마음의 철학자 – 키르케고르 평전』, 클레어 칼라일, 사월의책
- 『키르케고르 읽기』, 이명곤, 세창출판사

사토 마사루의 한 마디

키르케고르는 절망적인 상황에 있음에도 불구하고 그것을 깨닫지 못한 상태를 '비본래적인 절망'이라고 규정했다. 자신이 어떤 상황에 놓여 있는지를 확인하는 것이 두려워서 오히려 유쾌하게 사는 태도가 비본래적인 절망이다.

카를 마르크스 (Karl Marx, 1818년~1883년)

프롤레타리아트 (무산 계급, 노동자)를 위한 세계를 바란 사람

마르크스가 어떤 사람이었는지를 말하는 것은 결코 쉬운 일이 아니다. 그는 철학자였으며 경제학자이기도 했고 언론인이기도 했으며 나아가 혁명가이기도 했기 때문이다.

19세기 전반 프로이센 왕국의 유대인 부르주아 가정에서 태어난 마르크스는 처음부터 철학자나 혁명가가 되려 하지는 않았다. 대학에서 법학을 공부하다가 헤겔 철학에 경도되었으나, 헤겔 철학에 의해 완성된 근대 철학 체계는 뛰어넘어야 할 커다란 벽으로 작용했다. 헤겔의 변증법은 정치와 사회 문제에도 적용가능한 획기적인 이데올로기 장치였지만, 이것은 철두철미하게 관념론적인 장치였다. 마르크스는 『자본론』에서 "변증법은 헤겔과 관련해서는 거꾸로 서 있다. 그 신비한 껍질 속에 숨어 있는 합리적인 핵심을 발견하려면 그것을 바로 세워 놓아야만 한다."라고 썼다.

마르크스가 사회주의 사상에 남긴 최대 공헌은 인간의 역사가 계급 투쟁의 역사임을 보여준 데에 있다. 『공산당 선언』 속에서 마르크스는 인간의 역사는 자유민과 노예, 귀족과 평민, 지주와 농노라는 억압자와 피억압자의 끊임없는 대립으로 이루어져 있다고 주장했다. 그리고 산업 구조가 크게 바뀌어 공업화가 눈에 띄게 진행된 19세기는 부르주아지(자본가, 유산 계급)와 프롤레타리아트(노동자, 무산 계급)가 대립하는 시대라고 마르크스는 분석했다.

부르주아지는 생산 수단과 소유로 이루어지는 경제 구조가 변화함에 따라 지방에 있던 농민의 땅을 빼앗아 이들을 프롤레타리아트로 만들었다. 이 때문에 인구는 점점 도시에 집중된다. 그리고 대규모 공장을 경영하는 부르주아지는 자신의 공장에서 일하는 프롤레타리아트가 생산한 상품에서 막대한 이익을 얻지만, 프롤레타리아트에게는 최저한의 임금만 지급했다. 이렇게 얻은 이익은 자본주의의 확대·재생산의 원리에 따라 더 큰 이익을 추구하는 데에 사용되었기에 프롤레타리아트에 대한 착취는 더 심한 착취를 낳았다. 따라서 자본주의 체제 아래서는 부르주아지가 자본주의의 발전에 발맞춰 점점 부를 쌓는 반면 프롤레타리아트는 점점 가난해진다.

마르크스는 자본주의 체제의 모순을 깨기 위해서는 프롤레타리아트 전원이 하나가 되어 부르주아지의 착취로부터 자신을 지키고 최종적으로는 권력을 쥐어야만 한다고 생각했다. 이처럼 권력 투쟁을 외치며 전 세계 프롤레타리아트의 힘을 하나로 모으자는 구호, 그것이 『공산당 선언』에 적힌 "전 세계의 노동자여, 단결하라!"다.

마르크스주의를 철학사적 시점으로 보면, 관념보다도 물질을 우선하는 유물론적 사상에 속하는 것으로, 이 사상의 중심 개념 중 하나가 마르크스 변증법이다. 마르크스는 헤겔의 변증법을 기반으로 인간의 역사 발전은 계급 대립에 의한 변증법의 역사로 보았다. 헤겔 변증법은 테제(정으로써의 현상)에 대한 안티테제(반으로써의 현상)가 부정적으로 엮일 때 두 현상의 대립이 아우프헤벤(지양)되어 합쳐진 것이 진테제(통일된 현상)가 된다는 사고방식이다. 마르크스는 이것을 역사 전개 속에서 실제로 발생한 움직임에 응용했다. 마르크스에 따르면 시대마다 대립하는 두 개의 계급이 존재하고, 이는 역사가 전개됨에 따라 반복되었으며, 앞서 이야기했듯이 최종적으로는 부르주아지와 프롤레타리아트와의 대립이 발생하고 이 대립에서 프롤레타리아트가 승리해 프롤레타리아트가 중심인 국가를 세우면 계급 대립이 없는 평등한 세계가 탄생한다고 보았다.

마르크스의 사상은 많은 사회주의자와 공산주의자의 지지를 받았다. 세계사적으로 봐도 소련이나 중국을 비롯한 많은 사회주의 국가가 마르크스의 사상을 답습했는데, 소련 붕괴 이후 사회주의체제는 세계의 주된 제도가 되지 못했다. 경제적으로도 자본주의 이외의 체제가 등장해 세계를 바꿔 가는 양상은 과거는 물론 지금도 일절 보이지 않으며 마르크스가 강조했던 부자와 빈자의 격차는 점점 더 심해져만 가고 있다. 어쩌면 지금이야말로 마르크스가 울린 경종에 진지하게 귀를 기울여야 할 때일지도 모른다.

좀 더 깊이 알고 싶은 독자를 위한 추천 도서

▪ 『자본론』, 카를 마르크스, 노사과연 등
▪ 『공산당 선언』, 카를 마르크스 · 프리드리히 엥겔스, 부북스 등

사토 마사루의 한 마디

마르크스는 두 가지 영혼을 가졌다. 공산주의 사회를 실현하고자 한 혁명가로서의 영혼과 자본주의 사회에 내재한 윤리를 실증적 그리고 객관적으로 밝히려는 학자로서의 영혼이다. 나는 마르크스의 학자로서의 영혼을 중시해야 한다고 생각한다.

윌리엄 제임스 [William James, 1842년~1910년]
프래그머티즘의 기반을 확립한 철학자

19세기부터 20세기 초반에 미국에서 활약했던 윌리엄 제임스는 철학자이자 기호론의 창시자인 찰스 샌더스 퍼스, 교육 철학자 존 듀이, 심리학자 조지 허버트 미드와 함께 프래그머티즘(도구주의 또는 실용주의로 번역된다.)을 대표하는 철학자, 심리학자로 유명하다.

제임스는 뉴욕에서 태어났지만, 유럽에서 어린 시절을 보냈다. 화가를 꿈꿨지만 곧 그만두고 하버드 대학에서 의학을 배웠다. 이후 심리학, 철학 연구를 하며 실용주의 이론을 확립했다. 이후 1910년 심장병으로 세상을 뜬다.

프래그머티즘은 영국 경험론을 발전적으로 계승한 합리주의적 사상이다. 즉, 이념적인 탐구보다 실제적, 현실적인 결과를 중시하고, 진리 탐구를 실천적인 방향으로 이끈다는 철학적 입장을 가진 사상으로, 제임스는 이러한 프래그머티즘을 바탕으로 사상적 고찰을 전개했다. 그러면서 어느 대상을 탐구할 경우 그 대상 자체를 탐구하는 것과 마찬가지로 그 대상과 다른 대상 사이의 관계를 검토해가는 것도 중요하다고 주장했다.

또한 진리는 하나밖에 없는 것이 아니라 실제로는 복수의 옳은 답이 있다는 다원론적 사고를 전개했다. 나아가 진리는 신념, 세계에 관한 사실, 배경적 신념 및 그 신념을 가져오는 미래의 결과를 포함한다고 설파했다. 그래서 경험보다 이성을 중시하는 대륙 합리론의 기반이 된 데카르트적 이항대립 사고 도식을 강하게 비판했으며 구명해야 하는 실재성은 정신적인 것도 육체적인 것도 아니라는 중립 일원론을 주창했다.

이러한 제임스의 사상은 더 많은 동의를 얻어낼 수 있는 것이 더욱 나은 것이라는 결론을 이끌어낸다. 이 결론을 단적으로 표현한 문장이 "타인이 바라는 바까지도 동시에 만족시키는 이상을 세우고 그 이상을 실현할 수 있는 어떠한 방법을 고찰하라."다. 여기에는 존 스튜어트 밀의 "만족한 바보로 있기보단 불만족한 소크라테스로 있는 쪽이 낫다."는 문장과도 공유하는 정신을 발견할 수 있어 영국 경험론과 미국의 프래그머티즘의 연결 고리를 확인할 수 있다.

이렇게 보면 제임스는 오늘날 미국의 중심 사상의 기반을 프래그머티즘을 통해 확립했다고 말할 수 있겠다.

좀 더 깊이 알고 싶은 독자를 위한 추천 도서 ─────

- 『실용주의』, 윌리엄 제임스, 아카넷 등
- 『다원주의자의 우주』, 윌리엄 제임스, 아카넷

소쉬르 (Ferdinand de Saussure, 1857년~1913년)
랑그 언어학을 확립한 근대 언어학의 아버지

스위스 명문 귀족 가문에서 태어난 페르디낭 드 소쉬르는 '근대 어문학의 아버지'라는 수식어가 붙을 정도로 언어학의 발전에 크게 기여한 언어학자다. 그가 제네바 대학에서 한 강의는 제자들의 손을 거쳐 『일반 언어학 강의』로 편찬·출간되어 20세기의 언어학은 물론 구조주의 전체의 발전에 큰 영향을 주었다.

근대 언어학의 확립이라는 문제를 생각하기에 앞서 소쉬르는 언어를 어떤 것으로 생각했는지부터 먼저 설명하고자 한다. 그는 언어를 언어 활동을 나타내는 '랑가주', 언어 체계를 나타내는 '랑그', 랑그를 사용해 개개인이 말하는 언어인 '파롤'이라는 세 가지 요소로 나누었으며, 언어학의 고찰 대상은 랑그라고 보았다.

랑그는 일본어나 영어같이 실제로 존재하는 각 언어 안에 있는 고유한 언어 기호로 구성되어 있다. 그 기호의 내부 구조를 살펴보면 음성 언어는 음과 의미라는 두 가지 다른 요소로 이루어져 있음을 이해할 수 있다고 소쉬르는 말했다(그가 수화라는 언어를 고려하지 않았다는 문제점이 있지만, 여기서는 음성 언어만을 대상으로 한다.). 음의 요소에 해당하는 것이 청각 영상이며, 의미의 요소에 해당하는 것이 개념으로, 전자는 훗날 시니피앙(기표), 후자는 시니피에(기의)라고 명명된다.

언어는 실체에 붙어 있는 라벨과 같다는 유명론(唯名論)은 오래전부터 존재했지만, 이러한 주장을 소쉬르는 명백히 부정했다. 그러면서 "언어는 형상이지 실질이 아니다."라고 주장했다. 즉, 언어는 실체가 아니라 기호라고 생각했던 것이다. 이 기호 체계는 앞서 이야기한 의미와 음, 다른 두 요소로 구성되어 있지만, 딱 잘라 나눌 수 없을 정도로 긴밀하게 결속되어 있다고 보았다. '동전의 앞뒷면의 관계'와 같은 것이다.

소쉬르는 언어 기호의 기본적인 특질을 성공적으로 분석하는 데에 그치지 않고 자신의 이론을 더 정밀하게 완성해나갔다. 그 이론이란, 고찰 대상인 랑그의 구조를 학문적으로 해명하려 한 것으로, 이는 20세기 후반에 주류 사상이 된 구조주의의 기반이 되었다. 이러한 흐름이 있었기에 소쉬르는 언어학의 아버지로서만 아니라 구조주의의 선구자로도 여겨진다.

좀 더 깊이 알고 싶은 독자를 위한 추천 도서
- 『일반 언어학 강의』, 페르디낭 드 소쉬르, 지식을만드는지식 등
- 『언어와 언어이론 – 소쉬르에서 촘스키까지』, 김진우, 한국문화사

니체 (Friedrich Nietzsche, 1844년~1900년)

"신은 죽었다!"라고 외치며 반시대적 정신을 강렬히 구현한 철학자

 독일의 철학자 니체는 이성 중심인 합리주의가 기치를 드높이던 19세기의 유럽 정신에 "신은 죽었다!"라고 외치며 당당하게 반기를 들었다. 이 말로 니체가 서양의 합리주의 정신에 종말을 선고한 의미는 서양 사상사에서 매우 큰 자리를 차지한다.

근대의 막이 올랐음에도 불구하고 유럽에서 기독교적인 신의 존재는 절대적이었다. 신이 신앙의 원천임과 동시에 이성 중심주의의 진리 그 자체를 의미했기 때문이다. 이러한 전통 정신에 "그렇지 않다!"라고 반대 의견을 내지 못한다면, 새로운 시대의 개막은 이루어지지 않는다.

니체는 강고한 기독교적 가치관에 맞서 싸우고 끝내 그 가치관을 파괴한 선구자가 되는 데 매진해 『아침놀』, 『도덕의 계보』, 『이 사람을 보라』와 같은 역작을 차례차례 발표했다. 그리고 이 저서 안에서 사용한 '초인', '영원회귀', '힘에의 의지' 같은 독자적인 개념 용어는 20세기 시대정신이 형성되는 토양이 되었다.

니체의 저서 중에 가장 유명한 작품은 『차라투스트라는 이렇게 말했다』다. 이 책은 현자 차라투스트라의 사색 여행을 그린 철학 낭만서다. 깊은 산 속으로 들어갔던 차라투스트라가 사람들에게 자신이 깨달은 진리를 알리기 위해 산에서 내려오는 것으로 이야기는 시작된다. 하지만 그가 말하는 진리는 기독교적 세계관을 밑바닥부터 뒤집는 것이었다. 기독교에서는 약자나 고통받는 자를 향한 자비, 연민을 가장 가치 있는 것으로 여기고 사랑을 중시한다. 하지만 차라투스트라는 이는 가장 천하고 어리석은 생각이라고 단언한다. 그리고 더 강하고 더 올바른 사람이 되기 위해서는 사상적으로 계속 변화하는 초인(超人)이 되어야 한다며 그 필요성을 설파하는 여행을 계속한다. 그러다 드디어 위대한 정오의 시대를 맞이한 그는 초인의 도래를 알리며 새로운 세계를 향해 비상한다. 이로써 그는 창조자임과 동시에 파괴자이기도 한 존재가 되었다.

차라투스트라가 남긴 "신은 죽었다!"는 말은 기독교 시대의 끝을 선고하는 것이나 마찬가지여서 당시 서구 사회에 격렬한 충격을 주었다. 서구 세계의 절대적 진리가 부정되었기 때문인데, 사실 신의 규칙에 따르기만 하면 구원받는다는 생각은 주체성이 결여된, 너무도 수동적인 것이었다. 니체는 이러한 가르침을 노예의 사상이라고 명명하며 약자를 위한 사상을 철저히 배제해야만 한다고 외쳤다. 역설적으로 표현하면, 새로운 시대의 도래를 선언하기 위해서 신은 죽어야만 한다는 의미다.

하지만 신을 부정하는 것은 이 세계에 절대적인 진리는 없다고 단정 짓는 것이기도 하다. 즉, 이 말은 20세기를 덮친 니힐리즘의 시작을 알리는 신호이기도 했다. 인간은 신의 지배라는 족쇄에서 해방됐지만, 해방과 함께 아무런 보장도 없는 세계에서 자기 행위의 모든 책임을 오롯이 짊어져야 한다. 이는 매우 가혹한 일로, 견디고 전진하기 위해서는 초인이 되어야만 한다. 이것이 니체의 사상이다.

　니체에게 초인은 약자 중심의 사고를 완전히 부정하고 스스로 힘을 기르고 더욱더 강해지기 위해 앞으로 돌진하는 존재다. 이것은 기독교에서 악의 중심에 있는 사탄에 필적하는 존재다. 그렇다면 초인은 우리의 적인가? 이 질문에 니체는 그렇기도 하고 그렇지 않기도 하다고 답한다. 이 세계는 이상향이 아니라 잔혹한 힘이 지배하는 세상이다. 그렇기에 철의 의지를 가지고 약자의 시체를 뛰어넘어 계속 나아가는 초인이 필요하다고 니체는 주장했다. 또한, 초인이 가진 끊임없이 강자가 되려고 하는 욕망을 니체는 '힘에의 의지'라고 명명하고, 초인이 책임지는 세계 생성의 진리를 '영원회귀(永遠回歸)'라고 불렀다. 영원회귀는 모든 것은 일회성의 연속이 아니라 여러 번 똑같이 반복되는 연속성을 지닌다는 의미다. 이것은 그 어떤 약속도 아니지만, 그럼에도 꾸준히 앞으로 나아가는 초인만이 책임질 수 있는 세계 법칙이다. 이와 같은 니체의 세계관은 근대를 극복하려는 20세기 철학에 분명하고도 매우 큰 영향을 주었다.

좀 더 깊이 알고 싶은 독자를 위한 추천 도서

- 『차라투스트라는 이렇게 말했다』, 프리드리히 니체, 휴머니스트 등
- 『선악의 저편』, 프리드리히 니체, 지식을만드는지식 등
- 『니체 다시 읽기』, 다케다 세이지, 서광사

사토 마사루의 한 마디

니체는 개신교 신학을 깊이 연구했다. 그 결과 신은 존재하지 않는다는 결론에 다다랐다. 하지만 니힐리즘을 극복할 수 있는 강한 의지를 가진 인간은 드물며, 니힐리즘의 갈래로 나치즘이 탄생했다.

테오도어 헤르츨(Theodor Herzl, 1860년~1904년)
이스라엘 건국의 아버지로 불리는 신문기자

테오도어 헤르츨은 헝가리의 기자이자 작가로, 시오니즘 운동을 제창한 인물로 유명하다. 과거 이스라엘 지폐 도안으로 그의 초상화가 사용되었던 적이 있다.

헤르츨은 1860년에 부다페스트의 부유한 유대인 가정에서 태어나 빈에서 법학과 문학을 공부했다. '신자유신문'의 통신원으로 파리에 머무르던 1894년 드레퓌스 사건을 목격하고, 이를 계기로 1896년에 『유대 국가』를 집필한 뒤 시오니즘 운동을 펼쳐 시오니즘 운동의 창시자가 된다. 다음 해인 1897년에 바젤에서 제1회 시오니스트 총회를 개최하고, 1902년에 소설 『오래되고 새로운 땅』을 썼다. 하지만 1904년 오스트리아-헝가리 제국의 라이헤나우 안 데어 락스에서 심장병으로 사망한다.

헤르츨의 시오니즘 사상을 이해하기 위해서는 먼저 그가 살았던 시대의 유대인이 처한 상황과 시오니즘이란 무엇인가를 이해해야 할 필요가 있다. 이 시대에는 아무런 죄가 없어도 유대인이라는 이유로 스파이 혐의를 받은 드레퓌스 사건을 비롯해 많은 반유대인 사건이 빈번하게 발생했다. 이 때문에 헤르츨은 시오니즘 사상을 제창했다.

시오니즘 사상이란 단적으로 말하면, 유대인을 위한 유대인의 나라를 건설하고자 하는 사상이다. 반유대적 사상이 태어나는 이유를 유대인을 위한 나라가 없기 때문이라고 보았기에, 헤르츨은 유대인만의 나라를 만들려 했다. 시오니즘 운동을 위해 각고의 노력을 하던 그는 꿈이 이루어지기 전에 사망했지만, 유대인들에게 이어진 시오니즘을 바탕으로 1948년 유대인 국가, 이스라엘 공화국이 건국된다.

헤르츨이 없었더라면, 시오니즘이라는 일련의 흐름이 명확해지지 못하고 유대인의 국가도 그저 망상에 지나지 않았을지도 모른다. 그렇기에 이스라엘 사람들은 헤르츨을 '건국의 아버지'로 부르며 지금도 깊은 경의를 표하고 있다.

좀 더 깊이 알고 싶은 독자를 위한 추천 도서

- 『유대인의 역사』, 폴 존슨, 포이에마
- 『이스라엘 팔레스타인 분쟁의 이미지와 현실』, 노르만 핀켈슈타인, 돌베개

■■■■■ 사토 마사루의 한 마디 ■■■■■

이스라엘은 인구 900만 명 조금 안 되는(유대인 75%, 아랍인 등 25%) 중견 국가지만, 국제 정치에 커다란 영향력을 가지고 있다. 이스라엘의 건국 이념이 헤르츠가 제창한 시오니즘이다. 미국의 정치를 이해하기 위해서라도 시오니즘은 반드시 알아두어야 한다.

카를 폰 린네 (Carl von Linné, 1707년~1778년)
분류학의 아버지로 불리는 스웨덴의 연구자

스웨덴의 식물학자, 생물학자인 카를 폰 린네. 생물의 분류 체계를 구축한 것으로 유명하며 동식물을 속명과 종명으로 나타내는 명명법을 제창한 사람도 그다.

린네는 스웨덴 남부의 스텐브로홀트 출신으로, 아버지는 성직자였다. 처음에는 린네도 성직자가 되려 했으나 도중에 식물학자로 진로를 바꾸어 룬드 대학, 웁살라 대학에서 공부한다. 1732년에는 라플란드 지역을 연구하기 위해 떠나는데, 이때의 연구를 기반으로 1735년에 『자연의 체계』를 발표하고 암술과 수술을 기준으로 한 식물 분류를 처음으로 시도했다. 1753년에는 『식물의 종』을 출간해 동식물을 속명과 종명 두 가지 명칭으로 분류하는 이명법을 확립했으며 1778년 웁살라에서 사망했다.

'분류학의 아버지'라는 별명처럼 린네의 최대 업적은 동식물의 분류 체계를 구축했다는 점, 즉, 동식물의 분류표를 만들었다는 점에 있다. 이 분류 작업의 최초 업적이 『자연의 체계』로, 이 책 속에서 린네는 다양한 종의 여러 특징을 기술하면서 유사한 생물과의 차이점을 명확히 기록했다. 이러한 과정을 통해 근대 분류학이 처음으로 확립되었다. 또한, 지금도 사용되고 있는, 생물의 학명으로 속명과 종명 두 가지 라틴어명을 병기하는 방법을 처음으로 고안해냈으며 생물을 단계별로 엄밀히 분류해 강, 목, 속이라는 하위 단위로 나눈 사람도 린네. 인간이라면 포유강 영장목 사람속으로 분류하듯이 린네는 방대한 양의 생물을 세세하게 분류함으로써 생물 간의 유사성과 차이점을 체계화했고, 이에 따라 식물학이라는 학문이 창설되었다. 린네는 인류를 영장류로 분류하고 호모 사피엔스라고 명명하기도 했다.

그의 분류법 덕분에 그때까지 병렬적으로 나타냈던 생물의 전체상이 체계적인 트리 구조 형식으로 구축될 수 있었고, 이렇게 완성된 동식물의 기본 도식은 생물학 발전에 크게 공헌했을 뿐 아니라 동식물의 분류를 더욱더 간결하게 만들었다.

린네는 어렸을 적부터 식물을 좋아해 '꼬마 식물학자'라고 불렸다고 한다. 그는 이 별명에 어울리는 진정한 식물학자였음은 물론 학문의 발전에 크게 기여한 귀중한 학자였다.

레온하르트 오일러(Leonhard Paul Euler, 1707년~1783년)
스위스가 낳은 근대 수학의 대천재

레온하르트 오일러는 스위스의 수학자다. 가우스와 어깨를 나란히 하는 18세기 최고 수학자로 불린다. 오일러 정리, 오일러 공식, 오일러 적분, 오일러 법 등 그의 이름이 붙은 많은 법칙을 발견했다.

오일러는 1707년에 목사의 아들로 바젤에서 태어났다. 1741년에 베른 아카데미 수학부장이 된 뒤 얼마 지나지 않아 한쪽 눈의 시력을 잃었는데, 1748년에 『무한해석 개론』을, 1755년에 『미분학 원리』를 쓴 뒤 양쪽 눈의 시력을 완전히 잃었다. 하지만 오일러는 이 정도 장애는 아무것도 아니라는 듯 1768년부터 1770년까지 『적분학 원리』를 구술 필기했으며 1783년에 뇌출혈로 사망한다. 76세였다.

오일러는 수학과 물리학 분야에서 매우 많은 공적을 세웠다. 그의 공적 덕분에 근대 수학 및 물리학이 비약적으로 발전할 수 있었다고 말해도 과언이 아닐 정도다. 그의 이름이 붙은 법칙과 발견이 너무나도 많아서 여기에서는 오일러의 다면체 정리, 오일러의 운동 방정식, 오일러의 거듭제곱의 합 추측이라는 세 가지 법칙에 대해서만 간단히 설명하고자 한다.

오일러의 다면체 정리란 임의의 한 다면체를 구성하는 점과 선, 면이 가지는 관계를 수학적으로 정리한 정리로, 구면과 위상 동형인 다면체는 꼭짓점의 수, 모서리의 개수, 면의 개수와 관련해 '(꼭짓점의 개수) - (모서리의 개수) - (면의 개수) = 2'라는 공식이 성립됨을 증명했다.

오일러의 운동 방정식은 강체 역학에서 다루는 방정식으로 힘을 가해도 모양과 부피가 변화하지 않는 물체인 강체의 회전 운동을 나타내는 방정식이다. 오일러의 거듭제곱의 합 추측은 $x^4+y^4+z^4=w^4$를 만족하는 자연수의 해(x, y, z, w)는 존재하지 않는다는 것인데, 이 추측은 1966년 해가 발견되어 추측 자체가 잘못되었음이 증명되었다.

오일러가 이루어 낸 연구 성과는 후세의 수학과 물리학에 큰 영향을 주었다. 대표적인 예로 현재 컴퓨터에 사용되는 알고리즘을 처음 발견한 사람도 오일러다. 시력을 모두 잃었다는 사실에 절망했을 법도 하지만, 굴하지 않은 그는 끊임없이 연구심을 불태우며 많은 것을 연구해 인류에게 도움이 되는 결과를 수없이 남겼다.

오일러는 세기의 천재였고, 이에 걸맞게 그의 업무량은 보통 사람의 수준을 월등히 뛰어넘는 수준이었다고 한다. 오일러의 연구 성과가 없었더라면 오늘날의 수학과 물리학의 발전은 없었을 것이라고 봐도 지나치지 않다. 그야말로 수학계의 대거성이다.

좀 더 깊이 알고 싶은 독자를 위한 추천 도서 ————

• 『우리 모두의 수학자 오일러』, 윌리엄 던햄, 경문사

제임스 와트 (James Watt, 1736년~1819년)

증기 기관을 개량해 산업 혁명에 공헌한 발명가

스코틀랜드 출신의 영국 발명가인 제임스 와트. 그가 개량한 증기 기관은 높은 효율로 산업 혁명의 원동력이 되어 인류의 발전에 큰 공헌을 했다.

와트는 스코틀랜드 중부의 항구 도시 그리녹에서 태어났다. 아버지의 직업은 조선공이자 무역 상인이었다. 와트는 런던에서 계측기 제조 기술을 배운 뒤 스코틀랜드로 돌아와 1757년에 글래스고 대학에서 공방을 차린다.

1761년에는 증기 기관에 관심을 두었는데, 그때까지의 증기 장치는 작동 도중 많은 열에너지가 소실되는 탓에 효율이 낮았다. 와트는 이 부분을 개선하고자 1765년에 실린더와 복수기(수증기를 식혀서 물이 되게 하는 증기 기관의 장치)를 분리한 분리 응축기 개발에 착수해 1776년 성공한다. 1775년에는 와트 상회를 열어 증기 기관을 상업적으로 생산하기 시작했으며 1819년 버밍엄 자택에서 83세의 일기로 사망한다.

와트가 역사에 남긴 최대 업적으로 일컬어지는 것이 개량된 증기 기관의 발명이다. 와트는 영국 기술자인 토머스 뉴커먼이 만든 증기 기관을 개량했다. 뉴커먼이 제작한 기관은 실린더가 냉각과 과열을 반복하기 때문에 열효율이 매우 나빴는데, 와트는 응축기를 분리하여 열량의 손실을 낮춰 증기 기관의 출력 효율과 연비를 현저히 높이는 데에 성공했다. 이 개량된 증기 기관과 기술은 영국만이 아니라 전 세계로 퍼져 산업 혁명의 진전에 박차를 가했다. 그래서 와트는 '증기 기관의 아버지'로도 불리고 있다. 일률을 나타내는 단위인 와트(W)도 제임스 와트의 이름에서 딴 것이다.

와트는 말년에 이르기까지 많은 발명과 개량을 해냈다. 복사기와 증기식 추출기를 발명하고 망원경을 사용한 거리 측정법을 개발했으며 석유램프 등을 개량하기도 했다. 이처럼 그의 발명 정신은 평생토록 마르지 않았다.

와트가 없었더라면, 영국에서 산업 혁명이 급속히 발전할 수 없었을 것이라는 점은 틀림없는 사실이다. 더불어 18세기에 전 세계에서 일어난 기술 혁명의 파도 역시 와트의 개발을 계기로 시작되었다고 해도 과언이 아니다. 그러므로 지금 우리의 생활과 자본주의를 뒷받침하는 여러 가지 기술의 기초를 쌓은 발명의 선도자로서 와트를 평가할 수 있을 것이다.

좀 더 깊이 알고 싶은 독자를 위한 추천 도서

• 『제임스 와트』, 앤드류 카네기, 주영사

제너 [Edward Jenner, 1749년~1823년]
종두법을 발명해 천연두 박멸에 매진한 의사

영국의 의학자 에드워드 제너는 천연두 예방을 위해 이전부터 시행되던 인두 접종법이 아닌 이보다 더욱 안전한 종두법을 고안했다. 이 업적으로 그는 '근대 면역학의 아버지'로 불린다.

제너는 미국 글로스터셔주 버클리에서 목사의 아들로 태어났다. 1770년 외과와 해부학을 배우기 위해 런던으로 가 학업에 정진하였으며, 1773년에 고향으로 돌아와 개업한다. 그리고 1778년부터 18년 동안 우두와 천연두와의 관계를 연구해 종두법을 발명하는 데에 성공한다. 1798년에 발표한 이 예방법은 곧 유럽 전체로 퍼졌다. 이 공적으로 1802년에 영국 의회로부터 상금을 받았고, 1803년에는 천연두 박멸을 목표로 한 제너 협회가 설립된다. 그리고 이로부터 20년 뒤인 1823년에 뇌내출혈로 세상을 떠났다.

제너가 살았던 시대는 천연두로 많은 사람이 고통받던 때였다. 이 병을 극복하기 위해서 적극적으로 연구 활동을 펼친 의사가 제너다. 제너가 종두법을 발명하기 전, 천연두를 예방하기 위해 천연두에 걸린 사람의 고름에서 추출한 액체를 건강한 사람에게 접종하는 인두 접종법이 성행했다. 하지만 이 예방법은 접종을 받은 사람의 2% 정도가 사망해 좀 더 안전한 방법을 찾아낼 필요가 있었다.

이 당시 그 지역 농민 사이에서 돌고 있었던, 우두(牛痘, 소의 급성 전염성질병)에 걸린 환자는 천연두에 걸리지 않는다는 소문과 우두가 천연두보다 훨씬 가벼운 병이라는 점에 주목한 제너는 연구를 시작해 마침내 종두법을 완성했다. 이 방법은 인두법보다 훨씬 안전해 유럽뿐만이 아니라 세계 각지로 퍼져나갔고, 덕분에 1980년 WHO는 드디어 천연두를 박멸되었음을 선언했다. 제너의 연구가 없었더라면 불가능했을 대사건이다.

제너는 일개 동네 의사에 지나지 않았지만, 사람들을 괴롭히는 병을 막기 위해 어떻게 하면 좋을지를 진지하게 생각했으며 끝내 안전하고 새로운 예방법을 찾아 이를 전 세계로 확산시켰다. 그리고 그가 발견한 종두법은 질병과의 사투를 벌이던 인간에게 역사적인 승리를 안겨주었다. 이처럼 제너는 아무리 어려운 문제라도 풀 수 있는 문제라면 많은 노력을 들이고 도전함으로써 극복할 수 있다는 사실을 역사 속에서 확실히 증명해 보였다.

가우스 [Carl Friedrich Gauss, 1777년~1855년]
18세기 자연 과학 분야의 거성

독일의 수학자, 물리학자인 카를 프리드리히 가우스. 그는 다양한 법칙을 발견해 18세기 최고의 수학자로 불리며 자연 과학사에 위대한 족적을 새긴 위인이다.

가우스는 독일 중부의 브라운슈바이크의 벽돌 장인의 아들로 태어났다. 1792년에 특정 정수 속에 소수가 어느 정도의 확률로 존재하는지를 나타내는 소수정리를 추측했고, 1795년에는 최소 제곱법(오차가 있는 측정치를 그 오차의 제곱의 합을 최소화해 가장 확실한 관계식을 구하는 방법)을 발견했으며, 1796년에는 이차 상호 법칙(제곱수를 어느 정수로 나누었을 때의 나머지를 제곱 잉여라고 하는데, 어느 정수가 다른 정수의 제곱 잉여인지 아닌지를 판별하는 법칙)을 증명해낸 데 이어 1799년 'n차 방정식은 복소수 안에서 n개의 해를 가진다'는 대수학의 기본 정리를 증명했으며 1801년에 주요 저서 『산술에 관한 연구』를 썼으며, 1807년에는 괴팅겐 천문학장에 취임하고, 1809년에는 『천체운동론』을 쓴다. 1827년 미분기하학을 창시했고 이후 1855년에 괴팅겐에서 사망했다.

가우스의 연구는 수학, 물리학, 공학, 천문학 등 다방면에 걸쳐있는 탓에 가우스의 이름이 붙은 모든 법칙을 여기서 살펴보는 것은 불가능하다. 그래서 여기서는 가우스 법칙과 가우스 정리만을 짧게 소개하고자 한다.

가우스의 법칙은 가우스가 1835년에 발견한 것으로, '전기장에서 폐곡선(내부가 닫혀 있는, 공간 일부를 완전히 감싼 구 같은 곡면)을 통해 외부로 나가는 전기력선속(電氣力線束)의 총수는 그 곡면 내에 포함된 총 전기량과 같다'는 법칙이다. 이 법칙을 사용하면 대칭성을 가진 전하 분포에 의해 만들어지는 전기장을 간단하게 구할 수 있다. 다음으로 가우스 정리는 적분 정리로, '어느 체적 내에서 유체가 빠져나가는 양은 표면에서 빠져나가는 양과 같다'는 정리다. 이 정리를 사용하면 어떤 벽이 어느 정도의 충돌력을 견딜 수 있는지 등을 계산해낼 수 있다.

가우스는 18세기의 최고 수학자로 불리며 많은 수학적 발견과 증명을 남겼을 뿐만 아니라 과학 분야에서도 여러 발견과 증명을 해냈다. 그의 업적은 자연 과학계에 막대한 영향을 미쳤다. 그가 없었더라면 지금의 자연 과학의 진보는 이루어지지 못했을 것이다.

좀 더 깊이 알고 싶은 독자를 위한 추천 도서 ─────

• 『천재 수학자 가우스가 들려주는 수학』, 김중명, 지브레인

마이클 패러데이 (Michael Faraday, 1791년~1867년)
영국이 낳은 근대 과학의 거성

마이클 패러데이는 영국의 과학자로, 물리·전기·화학 분야에서 다양한 업적을 남겼다. 전자기와 벤젠의 발견, 패러데이 법칙과 반자성의 발견 등 그가 이룬 많은 역사적 발견은 과학의 발전에 크게 기여했다.

패러데이는 1791년 옥스퍼드주의 뉴잉턴에서 대장장이의 아들로 태어났다. 1822년에 왕립연구소의 화학 조수가 되었고, 1825년에 벤젠을 발견한다. 1831년 회로 근처의 자장이 변하면 그 회로에 전류가 흐르는 현상인 전자 유도를 발견한다. 1833년에는 전기 분해를 할 때 전극에서 석출되는 물질의 양은 흐르는 전류의 양에 비례한다는 패러데이 법칙을 발견한다. 1845년에는 자장 안에 둔 투명한 물질의 내부를 자장과 평행한 직선 편광이 통과할 때 빛이 지나감에 따라 편광면이 변화하는 현상인 패러데이 효과를 발견했다. 이렇게 전기학 분야에서 눈부신 업적을 남긴 그는 1867년 76세에 햄프턴 코트에서 눈을 감았다.

패러데이는 정규 교육을 거의 받지 못했음에도 많은 과학적 발견을 이뤄내 근대 과학의 발전에 막대한 공헌을 했다. 그의 발견은 그가 초기에 활동했던 화학 분야에서부터 이후의 전자기 분야에 이르기까지 광대한 범위를 아우른다. 특히 패러데이의 전자기 이론은 맥스웰의 손에서 체계적으로 정리되었는데, 전자기학에서 매우 기본적이며 핵심적인 발견을 하여 고전 전자기학 이론의 기틀을 세웠다.

그는 뛰어난 연구 성과와 열정적인 탐구심으로 후에 여러 위대한 과학자들의 존경을 한 몸에 받았다. 예를 들면, 아인슈타인은 뉴턴과 맥스웰의 초상화와 함께 패러데이의 초상화를 방에 걸어둘 정도였다.

좀 더 깊이 알고 싶은 독자를 위한 추천 도서 ————

▪ 『촛불의 과학』, 마이클 페러데이, 인간 희극 등
▪ 『패러데이와 맥스웰』, 낸시 포브스 등, 반니

새뮤얼 모스 (Samuel Morse, 1791년~1872년)
모스 부호로 전기 통신 시대를 연 남자

새뮤얼 모스는 미국의 발명가이자 화가였다. 그가 남긴 역사적 공헌은 모스 부호와 이를 위한 전신기의 발명이다. 이 발명으로 인류는 전기 통신이라는 새로운 기술의 시대로 돌입할 수 있게 되었다.

모스는 매사추세츠주 찰스턴(현재의 보스턴)에서 목사의 아들로 태어났다. 아버지는 미국에서 처음으로 지리서를 써 '지리학의 아버지'라고 불리는 유명인이었다. 모스는 예일 대학에 진학해 종교 철학과 수학을 배우면서 전기에 관한 강의도 들었다. 하지만 졸업 후에 모스는 화가의 길을 걷는다. 1825년에는 뉴욕시로부터 의뢰를 받아 미국 독립 전쟁에서 공적을 쌓은 프랑스인 라파예트의 초상화도 그렸다.

전신기와의 인연은 1825년에 시작된다. 이 해 아내의 죽음을 계기로 모스는 고속 장거리 통신 연구를 개시해 1832년에 최초의 통신기 도안화를 시도한다. 1837년 모스 부호를 발명하고, 뉴욕에서 전신기를 사용한 실험에 성공했으며 1840년에는 개량한 전신기와 부호의 특허를 취득한다. 1849년에 미국 예술 아카데미 정회원으로 선정되었고, 1858년에는 스웨덴 왕립 아카데미 회원이 된다. 이후 1872년에 뉴욕에서 80세의 나이로 사망할 때까지 여러 나라로부터 많은 훈장을 받았다.

모스 부호는 전신을 위한 문자 코드로, 이 코드를 문자로 바꾸면 장거리 통신이 가능하다. 모스 부호를 사용한 통신은 매우 빠르게 퍼져나가 전 세계적으로 정보 통신이 급속히 발전한다. 이러한 의미에서 모스의 공헌은 매우 크다. 하지만 그는 노예제도 찬성자였고, 극단적인 반기독교주의자였으며, 반이민주의자였다는 점도 알아두어야 할 필요가 있다. 그렇다고 공적이 사라지는 것은 아니지만, 발명가의 사상이 반드시 상식적일 수는 없다는 점을 단적으로 드러내는 사례로써 한번쯤 생각해 볼 문제로 볼 수 있겠다.

좀 더 깊이 알고 싶은 독자를 위한 추천 도서 ─────

• 『모스에서 잡스까지』, 신동흔, 뜨인돌

다윈 [Charles Darwin, 1809년~1882년]
진화론으로 생물학에 일대 변혁을 일으킨 과학자

영국의 생물학자 찰스 다윈은『종의 기원』을 집필해 진화론을 제창함으로써 과학 역사에 혁명을 일으켰다. 또한, 그가 비글호를 타고 세계 일주 항해를 하면서 했던 동식물 연구도 생물의 진화 문제에 매우 큰 영향을 준 것으로 알려져 있다.

다윈은 잉글랜드의 슈루즈베리에서 부유한 의사의 아들로 태어났다. 어렸을 적부터 박물학에 관심이 있던 그는 대학을 졸업한 뒤 영국 해군 측량선 비글호에 타 세계 일주 항해를 시작했는데, 1835년 방문한 갈라파고스제도에서 훗날 제창할 진화론의 힌트를 얻었다고 한다. 1858년 그는 자연도태설을 발표했고, 1859년에는『종의 기원』을 간행했다. 이후 1882년에 켄트주 다운에서 73세의 나이로 사망한다.

다윈이 내놓은 진화론의 가장 큰 특징은 생물의 진화에서 자연도태가 중요하다고 주장했다는 점이다. 생물이 가진 성질은 종이 같더라도 개체 간에 차이가 있으며, 환경 적응에 유리한 형질을 가진 생물이 더욱더 많은 자손을 남긴다는 적자생존설을 설파했다. 또한, 진화는 기계적이며 동시에 점진적인 특성을 가진다고도 주장했다. 나아가 그는 생존 경쟁이라는 시점도 중요하다고 이야기했다.

다윈의 진화론은 후세에 다양한 영향을 끼쳤는데, 크게 보면 우생학적 시선으로써의 영향과 다윈주의적 영향이 있다. 우생학적 시선이란 열등한 유전자를 가진 개체는 자연의 선택을 받지 못한다는 사고방식을 의미하며, 훗날 나치즘의 기본 원리가 되었다. 다윈주의는 진화론을 사회 발전에 적용한 것으로, 마르크스와 엥겔스도 다윈의 사상을 인용해 자신의 학설을 정립했다.

다윈의 사고방식은 생물학의 영역만이 아니라 후세의 다른 학문 영역에도 지대한 영향을 주었다. 현재에는 그의 진화론이 모두 옳다고 보지는 않지만, 여전히 생물의 진화를 설명하기에 효과적인 이론으로 남아 있다.

좀 더 깊이 알고 싶은 독자를 위한 추천 도서 ──────

- 『종의 기원』, 찰스 다윈, 집문당 등
- 『나의 삶은 서서히 진화해왔다(다윈 자서전)』, 찰스 다윈, 갈라파고스 등

그레고어 요한 멘델[Gregor Johann Mendel, 1822년~1884년]
멘델 법칙을 발견한 유전학의 시조

그레고어 요한 멘델은 오스트리아의 식물학자로, 멘델 법칙을 발견한 인물로 유명하다. 또한, 이 발견으로 그는 '유전학의 시조'라고도 불린다.

멘델은 오스트리아 제국(현재의 체코 공화국)의 하인젠도르프(체코의 힌치체)에서 과수원을 경영하는 농가의 아들로 태어났다. 성인이 된 그는 체코 고등기술학교에서 자연 과학을 가르친다. 그리고 1856년부터 완두콩의 교배 실험을 진행해 1865년 멘델 법칙을 발표했다. 하지만 당시에는 큰 반향을 얻지 못했으며 이후 1884년에 브루노에서 사망했다. 61세였다.

그의 가장 큰 업적인 멘델의 법칙은 세 가지 주요 법칙으로 이루어져 있다. '분리의 법칙', '독립의 법칙', '우열의 법칙'이다. 분리의 법칙은 '대립 유전자는 생식 세포 형성 과정에서 1:1로 분리된다'는 법칙이고, 독립의 법칙은 '복수의 형질을 가졌을 때 각각의 형질은 서로 영향을 주지 않는다', 우열의 법칙은 '자식 세대는 부모 세대의 대립 형질 중 어느 한 형질만 물려받는다'는 법칙이다.

이 법칙이 발견됨에 따라 생물의 기본적인 유전 계승 과정이 해명되어 유전학의 문이 열렸다. 이러한 이유로 멘델의 법칙은 과학사에서 매우 중요한 의미를 지닌다. 하지만 이 법칙은 멘델이 사망한 지 3년이 지난 1900년에 이르러서야 제대로 평가받은 탓에, 멘델은 생전에 위대한 과학자로 인정받지 못했다.

멘델은 생물의 유전 형질을 전체로 파악하지 않고 각각의 단위 형질의 집합체로 보았다. 또한, 실험 결과를 처리하는 데에 수학적인 방법도 도입했다. 이렇게 당시로서는 참신한 연구 방법을 사용했기에 그는 훗날 과학을 바꿀 중요한 발견을 할 수 있었다.

좀 더 깊이 알고 싶은 독자를 위한 추천 도서 ──────
- 『식물의 잡종에 관한 실험』, 그레고어 멘델, 지식을만드는지식 등

파스퇴르 (Louis Pasteur, 1822년~1895년)
백신을 개발한 세균학의 선구자

프랑스 세균학자, 과학자인 루이 파스퇴르는 독일의 코흐와 함께 근대 세균학의 선구자로 불린다.

파스퇴르는 미생물이 병원체라는 사실을 발견했으며, 저온살균법, 백신을 사용한 예방접종법, 예방접종법을 활용한 광견병 백신 개발 등 세균학 분야에서 많은 공적을 남겼다.

파스퇴르는 원래 화학을 전공했으나, 1854년에 와인 부패에 관한 실험을 하는 도중 같은 원자지만 배열 구조가 다른 물질인 광학 이성질체를 발견해 이때부터 본격적으로 세균학을 연구하기 시작한다.

파스퇴르는 안에 먼지가 들어가지 않는, 백조의 목을 닮은 플라스크를 고안하고, 이 플라스크를 사용해 외부로부터 미생물이 혼입되지 않는다면 부패는 일어나지 않는다는 점을 증명했다. 또한, 알코올 발효가 효모균에 의한 작용이라는 점도 발견했다. 그리고 저온살균법, 즉, 와인과 같은 액체를 60℃ 정도로 수십분 간 가열해 박테리아나 곰팡이 같은 미생물을 열살균하는 방법을 고안했다. 이 방법은 지금도 널리 쓰이고 있는 살균 방법이다. 더불어 누에의 미립자병이 누에알의 원생생물에 의한 감염병이라는 점도 밝혀내 미립자병 방지 연구의 길을 열었다. 이렇게 많은 그의 발견 중에서 가장 잘 알려진 것으로는 약해진 미생물과 접촉하는 것으로 면역을 얻을 수 있다는 사실을 발견했다는 점이다. 이 발견을 응용해 백신에 의한 예방 접종이라는 방법이 등장할 수 있게 되었다. 그 역시 이 방법으로 광견병 백신, 닭 콜레라 백신을 개발했다.

그가 이뤄낸 발견과 증명은 현대에서도 세균학의 기반이 되고 있다. 저온살균법은 식품의 안전성을 확보하기 위해 지금도 사용되고 있는 방법이며, 백신을 사용한 예방 접종은 전 세계 거의 모든 나라에서 많은 사람의 목숨을 구하고 있다.

인류의 미래를 과학의 힘으로 밝게 만든 인물이었던 만큼 파리에 그의 이름을 딴 세계적인 생물·의학 연구소가 있는 것은 그리 놀랄 일이 아니다.

좀 더 깊이 알고 싶은 독자를 위한 추천 도서 ───────

- 『파스퇴르』, 르네 뒤보, 사이언스북스
- 『자연발생설 비판』, 루이 파스퇴르, 서해문집

조지프 리스터 (Joseph Liste, 1827년~1912년)
수술할 때의 소독법을 확립한 영국 의사

영국 외과의였던 조지프 리스터는 페놀을 사용한 소독법을 발견한 인물로 유명하다. 그의 이 발견으로 외과 수술 시의 감염병 발병이 극적으로 감소했다.

리스터는 1827년에 에섹스주 업톤에서 태어났다. 아버지는 와인 상인이자 현미경을 개량하기도 한 아마추어 과학자였다. 1852년 런던 대학 유니버시티 칼리지 의학부를 졸업하고 1860년 글라스고 대학 외과학 교수로 취임했다. 1865년에 페놀을 사용한 소독법을 처음으로 시행하고, 다음 해 이 방법에 관한 논문을 발표했다. 1868년에는 에든버러 대학 교수에 임명된다. 같은 해 수술에 사용하는 실 중 대표적인 흡수성 봉합사인 크로믹 캣것을 개발했다. 1880년에는 영국 왕립 협회로부터 로열 메달도 받았다. 1887년에 오늘날 병원에서 사용하는 무균 조작법의 원형을 완성했으며, 1912년 폐렴으로 켄트주의 월머에서 84세의 나이로 생을 마감했다.

리스터의 의학적 공적은 크게 두 가지로 나뉜다. 하나는 외과 수술 시의 소독법을 확립했다는 점, 또 다른 하나는 크로믹 캣것의 개발이다. 전자는 1865년에 리스터가 수술이 끝난 뒤 환자의 수술 부위에 페놀로 소독한 붕대를 사용함으로써 감염을 미연에 방지했던 것에서부터 시작된다. 리스터가 이 방법을 사용하기 이전에는 수술 후 위생 문제로 감염병이 자주 발생해 이 때문에 사망하는 환자가 많았다. 이것을 막기 위한 방법을 리스터가 발견한 것으로, 실제로 이 방법이 널리 퍼진 이후 수술로 인한 감염증 위험이 대폭 감소했다.

크로믹 캣것은 동물의 창자를 활용해 만들어지는 실이나 끈을 말하는 것으로, 주로 양이나 산양의 것이 재료가 된다. 리스터는 재료가 되는 창자에 크로뮴산 처리를 해 내구성을 갖게 한 뒤 외과 수술용 봉합사로 사용했다. 일주일 정도 뒤에 체내에 흡수되는 특성을 가진 이 봉합사는 전 세계로 퍼져나갔다. 참고로 크로믹 캣것은 의료용 외에도 바이올린이나 하프같이 현을 가진 악기에도 널리 사용되었고 지금도 활용되고 있다.

조지프 리스터는 위생적인 측면에서 아직 완벽하지 않았던 외과 수술에 페놀을 사용한 소독법을 고안하고 이를 실제로 실천해 획기적인 진보를 이루어냈다. 크로믹 캣것 개발도 중요한 사건이었다. 그가 의학 분야에서 이룬 발명은 의학의 발전에 크게 기여해, 의학사에 이름이 깊이 새겨질 가치가 충분한 위인이라고 할 수 있다.

좀 더 깊이 알고 싶은 독자를 위한 추천 도서
- 『수술의 탄생』, 린지 피츠해리스, 열린책들
- 『사피엔스와 바이러스의 공생』, 야마모토 타로, 메디치미디어

노벨[Alfred Bernhard Nobel, 1833년~1896년]
노벨상을 창설한 다이너마이트 발명자

알프레드 노벨은 스웨덴의 과학자, 발명가, 사업가로 다이너마이트를 발명한 인물로도 유명하다. 그리고 다이너마이트 개발로 쌓은 막대한 재산을 노벨상 설립에 사용했다.

노벨은 스톡홀름의 한 건축가의 아들로 태어났다. 사업에 실패한 아버지가 상트페테르부르크로 가서 시작한 제조업이 큰 성공을 거두어 1842년 아내와 아들을 그곳으로 부른다. 노벨은 학교에는 거의 가지 않았지만, 가정교사에게서 화학과 어학을 배웠다. 이후 프랑스와 미국에서 화학 공부를 계속한다. 하지만 아버지가 또다시 파산해 노벨은 아버지와 함께 귀국한다. 1866년에는 다이너마이트를 완성해 다음 해 영국과 미국에서 특허를 얻는다. 1878년 아제르바이잔에서 노벨 형제 석유 회사를 설립한다. 1884년에 스웨덴 왕립 아카데미의 회원으로 선출되었고 같은 해 프랑스 정부로부터 레지옹 도뇌르 훈장을 받는다. 1896년 뇌내출혈로 쓰러진 뒤 타계했다.

노벨이 발명한 것 중에서 다이너마이트가 가장 잘 알려져 있는데, 그는 다이너마이트보다 더 안전하고 투명한 젤리 형태의 젤리그나이트도 발명했다. 또한, 로켓의 추진체로 사용되는 무연 화약인 발리스타이트도 발명했다.

형 루트비히가 사망했을 때 '죽음의 상인 죽다'라는 제목으로 형이 아닌 자신의 죽음이 실린 기사를 읽고 충격을 받아 이를 계기로 노벨상을 창설하기로 했다는 일화가 전해지고 있다. 다이너마이트가 평화보다 군사 목적으로 이용된 탓에 노벨 때문에 많은 사람의 목숨이 사라졌다는 비난의 목소리를 노벨은 심각하게 받아들인 것이다. 평생 독신으로 살아 가족이 없었던 그는 유산의 94%를 노벨상 설립 기금으로 사용해달라는 유언을 남겼다.

노벨은 다이너마이트 발명으로 막대한 재산을 얻었지만, 행복하게 살았는지는 알 수 없다. 앞서 언급한 대로 평생 독신으로 살았으며, 여가도 대부분 혼자서 보냈기 때문이다. 노벨은 다이너마이트 발명과 노벨상 창설로 역사에 자신의 이름을 남겼지만, 고독한 인생을 보냈을지도 모른다.

좀 더 깊이 알고 싶은 독자를 위한 추천 도서 ─────

• 『알프레드 노벨전: 소피에게 보내는 21통의 편지』, 켄네 판트, 신표론

밀턴 (John Milton, 1608년~1674년)
영국 문학사에 남은 『실낙원』의 저자

존 밀턴은 영국 시인으로, 그가 쓴 『실낙원』은 단테의 『신곡』, 아리오스토의 『광란의 오를란도』와 함께 르네상스 3대 서사시로 불린다.

밀턴은 교양 높은 상인이자 공증인이었던 아버지의 아들로 런던에서 태어났다. 부모 모두 경건한 청교도(퓨리턴)여서 밀턴도 부모의 영향을 강하게 받았다. 성직자가 되기 위해 케임브리지 대학에 진학하지만, 도중에 시인이 되기로 결심하고 『쾌활한 사람』, 『사색하는 사람』, 『리시다스』 등을 썼다. 1642년에 발생한 청교도 혁명에 참여해 공화제 정부의 라틴어 비서관으로 일하면서 정치 논문을 썼다. 그러다 1652년에 과로로 인해 실명한다. 왕정복고 후에는 실의에 빠져 지내면서도 『실낙원』, 『복낙원』, 『투사 삼손』 3대작을 구술 필기해 완성했다. 1674년에 런던에서 사망했다.

밀턴은 공화주의자로서 정치계에서 활약했지만, 그의 이름을 역사에 남긴 업적은 뭐니 뭐니 해도 그가 남긴 문학 작품이다. 특히, 『실낙원』은 영문학 사상 최고의 서사시라고 칭송받고 있다. 이 작품은 『창세기』에 적힌, 타천사 루시퍼(사탄)의 책략으로 아담과 이브가 낙원에서 추방당하는 과정을 노래한 것으로, 장대한 이야기가 숭고한 운문으로 쓰였다. 인간의 원죄와 신의 은총이라는 주제를 다루는 이 작품은 청교도 혁명의 영향을 받아 악마 루시퍼도 전투로 영광을 차지하려는 일종의 영웅으로 그려졌다.

영국 문학사에서 셰익스피어와 밀턴의 작품은 영시의 양대 산맥으로 불린다. 차이가 있다면, 셰익스피어가 극시를 중심으로 시작 활동을 펼쳐나간 데에 반해 밀턴은 서사시를 중심으로 시작 활동을 했다는 점이 있다. 그리고 셰익스피어는 인간 중심의 작품을 썼지만, 밀턴은 종교색이 강한 작품을 다수 남겼다는 점도 다르다.

밀턴은 청교도 혁명의 성공을 기원하며 혁명으로 영국이 새로운 이스라엘이 되기를 바랐다. 하지만 역사는 그렇게 흘러가지 않아 영국은 왕정복고의 길을 걷는다. 이에 밀턴은 크게 실망하지만, 그 와중에도 역사에 남을 서사시를 완성했다. 그는 확실히 영국 문학사상에 이름이 남을 정도로 위대한 시인이었다.

좀 더 깊이 알고 싶은 독자를 위한 추천 도서 —————
• 『실낙원』, 존 밀턴, CH북스 등

디포 (Daniel Defoe, 1660년~1731년)

모험 소설 『로빈슨 크루소』의 저자

영국의 작가 대니얼 디포(본명 대니얼 포Daniel Foe)는 『로빈슨 크루소』의 저자로 유명한데, 이 외에도 언론인으로서 정치 논문도 다수 썼다.

디포는 런던에서 태어났다. 아버지는 양초 제조업자였다. 저자로서 활동하기 전의 디포는 여러 가지 상업에 종사하면서 부침이 많은 생활을 보냈다. 이후 언론인으로 직업을 바꾼다. 1702년에 『비국교도들과 함께하는 가장 짧은 길』을 쓴 뒤에는 정치 논문이나 정치 관련 팸플릿, 풍자시 등을 다수 썼다. 1704년 잡지 『리뷰』를 발행해 초기 저널리즘계에 큰 영향을 미쳤다. 1719년에는 『로빈슨 크루소』를 써 작가의 반열에 오르는데, 이 작품은 발간되자마자 높은 평가를 받았다. 이후로도 『싱클턴 선장』(1720년), 『몰 플랜더스』(1722년) 등 많은 소설을 집필했으며, 1731년 런던에서 알 수 없는 사인으로 사망했다.

디포는 활동 초기에 정치 언론인으로서의 저작 활동을 벌여 이름을 알렸다. 체제와 부딪힐 때도 많아 1703년 당국에 붙잡힌 그는 광장에서 칼을 찬 채 전시되어 대중의 조롱을 받는 벌을 받기도 했다.

디포는 많은 활동을 했지만, 문학가로서 명망이 가장 높은 사람이다. 특히 주요 저서 『로빈슨 크루소』는 높은 평가를 받았다. 이 이야기는 무인도에 표류한 한 남자의 생활을 그린 모험 소설로서의 측면 외에도 개신교적 윤리관과 부르주아적 자립 사상이 강하게 드러나 있어, 마르크스나 막스 베버와 같은 후세의 사상가가 이 작품의 중요성을 강조했다.

디포의 소설 특징은 쉬운 문장을 구사해 이야기를 사실적으로 풀어 썼다는 것으로, 영국 문학에서 사실주의를 대표하는 하나의 큰 본보기라고도 말할 수 있다.

이처럼 디포는 언론인으로서 당시 출판계에서 오피니언 리더의 역할을 했으며 동시에 문학가로서 새로운 문학 스타일을 구축하는 데에 기여하는 등 크게 두 가지 업적을 남겼다. 그래서 디포는 영국 문학만이 아니라 세계 문학의 역사에 자신의 이름을 남긴 작가가 될 수 있었다.

좀 더 깊이 알고 싶은 독자를 위한 추천 도서

- 『로빈슨 크루소』, 대니얼 디포, 삼성당 등
- 『페스트, 1665년 런던을 휩쓸다』, 다니엘 디포, 부글북스

괴테 [Johann Wolfgang von Goethe, 1749년~1832년]
이성의 빛을 끊임없이 추구한 독일의 대작가

독일 최고의 문호를 꼽으라고 하면 요한 볼프강 폰 괴테일 것이다. 『젊은 베르테르의 슬픔』, 『파우스트』 등 세계적으로 널리 알려진 문예 작품을 다수 썼다. 이뿐만 아니라 정치가로도, 자연 과학 연구자로도 알려져 있다.

프랑크푸르트 암 마인에서 태어나 18세기부터 19세기에 걸쳐 살았던 대작가 괴테. 그의 사상을 가장 잘 나타내고 있는 작품은 역시 『파우스트』일 것이다. 이 책은 중세의 연금술사 파우스트 박사의 전설을 기반으로 한 운문으로 쓰인 희곡이다. 괴테의 사상 중 다음의 두 가지 문제를 단적으로 표현하고 있는 희곡으로 여겨진다.

최초의 문제는 영혼과 육체의 차이를 탐구한 것이다. 괴테는 육체는 소멸하는 존재지만, 영혼(마음)은 영원히 지속된다고 보았다. 인간은 시간 속에서 항상 변화해가는 존재이며, 이 세계로부터 언젠가는 소멸하여야 한다. 하지만 마음은 마음과 육체가 분리된 순간 영원의 천상계를 향해 비상할 수 있다고 생각했다.

두 번째는 구제와 관련된 문제다. 육체로부터 영혼이 분리된 것만으로는 영혼이 영원을 향해 떠날 수 없다. 영원으로 향하기 위해서는 인간을 구제하는 신의 위대한 힘이 작용해야만 한다. 구제의 중요성과 관련한 문제에서도 괴테의 사상이 명확히 드러나 있다.

괴테는 인간 안에는 선과 악, 두 가지 면이 존재하지만, 최종적으로는 신적이며 고귀한 선이 이긴다고 생각했다. 그리고 선한 쪽이 승리했을 때 인간의 구제가 가능하다고 보았다. 여기에는 인간을 좋은 존재, 훌륭한 존재로 여기는 인간 중심주의적 사상이 엿보인다. 바꿔 말하면, "인간은 아름답다. 그렇기에 시간을 초월해 영원에 다가갈 수 있는 존재다." 같은 사상이라고 표현할 수 있겠다.

괴테는 위대한 문호였을 뿐만 아니라, 바이마르 공국의 재상이기도 했다. 더불어 『색채론』을 쓰고 자연 과학 연구를 여럿 진행하는 등 다방면으로 재능을 가진 인물이었다. 린네의 분류학을 비판하면서 괴테가 주장했던 형태학은 유명하다.

좀 더 깊이 알고 싶은 독자를 위한 추천 도서

- 『파우스트』, 요한 볼프강 폰 괴테, 부북스 등
- 『괴테와의 대화』, 요한 페터 에커만, 민음사 등

사토 마사루의 한 마디

괴테는 『파우스트』의 악마 메피스토펠레스(메피스토)에 빗대 근대인의 악에 대한 인식을 훌륭하게 그려냈다. 고대의 사탄, 중세의 루시퍼에 비해 (근대의) 메피스토펠레스의 힘은 비약적으로 진화했다.

발자크 (Honoré de Balzac. 1799년~1850년)
19세기 프랑스 사실주의 소설의 거장

오노레 드 발자크는 프랑스 문학의 거장이다. 장편소설을 다수 썼고, 말년에는 '어느 작품의 조연이 어느 작품의 주인공이 되는' 수법을 사용해 서로 관계가 있는 작품군인 『인간희극』을 구상하지만, 집필 도중 사망했다.

발자크는 프랑스 중부의 투르에서 태어났다. 아버지는 그 도시의 육군 병참부장이었는데, 어렸을 적 어머니와 함께 지내지 못해 고독한 소년기를 보냈다. 1814년 아버지의 전근으로 파리로 이주해 파리 대학에서 법학을 배웠으며 이때부터 창작 활동을 시작한다. 이후 인쇄업을 시작하지만 도산하였고, 한편 1832년 발표한 『나귀 가죽』의 성공으로 소설가로서의 입지를 다졌다. 이후 『고리오 영감』(1835년), 『골짜기의 백합』(1836년), 『종매 베트』(1847년), 『종형 퐁스』(1848년) 등 여러 작품을 발표해 문단에서 명성이 높아지는 도중 1850년 전신 부종으로 파리에서 51세에 숨을 거둔다.

발자크는 19세기 프랑스 사실주의 문학의 거장으로 불린다. 작품 수가 많을 뿐만 아니라 현실에 입각한 강력한 묘사력과 다양한 인간 형상이 아로새겨진 역동적인 이야기성은 지금도 여전히 많은 문학가로부터 높은 평가를 받고 있으며, 전 세계에서 많은 독자의 사랑을 받고 있다. 또한, 사회의 실상을 날카로운 시선으로 바라보며, 모순으로 가득 찬 세계의 복잡한 이야기들을 정면으로 다룬 그의 작품은 19세기 프랑스를 알 수 있는 역사적 사료로서도 높은 가치를 지니고 있다.

전반적으로 무절제한 생활을 보낸 탓에 발자크는 막대한 빚을 남기고 죽었다. 하지만 그 대신인지, 폭넓게 인간관계를 맺어서 동시대의 문호인 빅토르 위고, 알렉상드르 뒤마를 포함해 당시 사교계에서 활동한 수천이나 되는 사람들과 교류했다. 심지어 무슈 드 파리(사형집행인)였던 샤를 앙리 상송도 그의 친구였다.

발자크는 19세기 프랑스의 현실을 소설 속에 매우 선명하게 묘사했다. 이러한 그의 작품군은 당시 프랑스가 겪고 있던, 잡다한 현상들이 얽히고설키다가 때로는 반발하기도 하면서 하나의 사회를 만들어가는 역사적인 움직임을 그야말로 훌륭하게 표현하고 있다. 그를 두고 19세기의 프랑스가 낳은 위대한 문호라고 말하는 이유다.

좀 더 깊이 알고 싶은 독자를 위한 추천 도서 ─────────

- 『고리오 영감』, 오노레 드 발자크, 살림 등
- 『츠바이크의 발자크전』, 슈테판 츠바이크, 푸른숲
- 『오노레 드 발자크』, 송기정, 페이퍼로드

안데르센 (Hans Christian Andersen, 1805년~1875년)
덴마크가 자랑하는 세계적 동화 작가

한스 크리스티안 안데르센은 덴마크가 자랑하는 세계적인 동화 작가로, 그가 쓴 『인어공주』, 『벌거벗은 임금님』, 『성냥팔이 소녀』, 『빨간 구두』, 『미운 오리 새끼』 같은 동화는 지금도 꾸준히 전 세계 아이들의 사랑을 받고 있다.

안데르센은 덴마크 중부 핀섬의 오덴세에서 가난한 구두 수선공의 아들로 태어났다. 1816년에 아버지가 사망하자 학교를 중퇴하고 배우나 오페라 가수가 되고자 했지만 여의치 않았다. 그의 글솜씨를 눈여겨본 요나스 콜린 의원의 도움을 받아 공부를 이어갔고, 1828년에는 코펜하겐 대학에 입학해 문헌학과 문학을 공부한다. 다음 해 『홀멘 운하에서 아마게르섬 동쪽 끝까지의 도보 여행기』를 자비 출판했는데, 호평을 받아 작가로서의 길을 걷기 시작한다. 1835년에는 대표작 『즉흥시인』을 발표해 작가로서의 지위를 확고히 세웠으며 같은 해 『동화집』을 발표하면서 세계적인 동화 작가로서 큰 한 발짝을 내디뎠다. 이후 많은 동화를 써 명성을 얻었으나, 췌장암에 걸려 코펜하겐에서 사망했다. 그는 평생 독신으로 살았다.

안데르센은 세계적인 동화 작가로, 그 전에 유명했던 그림 형제의 동화가 민간설화를 바탕으로 창작된 것인 데에 반해 그의 작품 대부분은 순수 창작물이다. 그의 동화 작품은 북유럽의 흐린 회색 하늘처럼 대체로 무겁고 어둡고 슬프다. 가난한 주인공이나 불행한 주인공이 자그마한 행복을 잡으려고 하지만 이 세계에서는 얻지 못하고 다른 세계로 여행을 떠나는 식으로 전개되는 이야기가 많다. 이야기 속에 녹아있는 비극은 그가 유소년기 때 가난과 세상의 차가움을 느끼며 생활했던 실제 체험에 바탕을 둔 것으로 알려져 있다.

이러한 비극성을 가졌으면서도 그의 동화 작품은 전 세계의 어린이들뿐만 아니라 어른들까지도 매료시켰다. 안데르센이 자신이 그려낸 세계에 등장하는 불행한 주인공들을 따뜻한 눈으로 바라보면서 이들의 여정을 풀어냈기 때문이다.

안데르센이 행복한 인생을 보냈다고는 결코 말할 수 없을 것이다. 하지만 그가 만들어낸 동화 세계 속 주인공들은 어둡고 무거운 하늘 아래에서도 작고 따뜻한 불길을 우리에게 비추어준다. 그렇기에 그의 동화 작품은 언제나 그 빛을 잃지 않고 세계의 많은 사람의 사랑을 받으며 읽히고 있다.

좀 더 깊이 알고 싶은 독자를 위한 추천 도서

- 『안데르센 동화 전집 완역본』, 한스 크리스티안 안데르센, 현대지성 등
- 『안데르센 자서전』, 한스 크리스티안 안데르센, 휴먼앤북스

도스토옙스키 [Fyodor Dostoevsky, 1821년~1881년]
세계 문학사에 남은 다성성 소설의 완성자

19세기 러시아가 낳은 문호 표도르 도스토옙스키. 그는 『죄와 벌』, 『백치』, 『악령』, 『카라마조프가의 형제들』 같은 걸작 장편소설을 써 세계 문학사에 찬란히 빛나는 거장이 되었다.

도스토옙스키는 1821년에 의사의 아들로 모스크바에서 태어났다. 1846년 첫 작품 『가난한 사람들』을 쓴다. 1849년 공상적 사회주의 모임인 페트라솁스키 클럽에 참가한 죄로 사형선고를 받지만, 사형 직전에 시베리아 유배형으로 감형받는다(1854년까지 시베리아에서 유배 생활을 보낸다.).

1866년 『죄와 벌』을 발표하고 1872년 『악령』을 출간한다. 1880년에는 『카라마조프가의 형제들』을 발표하지만, 상트페테르부르크에서 뇌출혈로 생애를 마감했다. 당시 나이 59세였다.

도스토옙스키의 이름을 드높인 작품은 첫 줄에 언급한 4개의 장편소설이다. 각각의 소설은 당시 러시아의 현실을 생생하게 그려내면서도 근저에 깊은 사상적 기반이 흐르고 있다. 그리고 러시아의 문예 비평가 바흐친의 비평에 따르면, 도스토옙스키의 작품들은 작가가 주인공을 꼭두각시처럼 조종하는 것이 아니라 작가와 주인공들이 대화적 관계를 맺고 있다고 한다. 그야말로 다성성(多聲性, Polyphony)으로 채색된 작품들이다.

이러한 다성성을 특징으로 한 도스토옙스키의 소설은 이후의 많은 문학자에게 지대한 영향을 주었다. 토마스 만, 카프카, 카뮈, 포크너 같은 세계 각국의 문호들이 도스토옙스키의 영향을 적지 않게 받았다. 또한 문학계만이 아니라 니체, 하이데거, 사르트르, 그람시 같은 사상가에게까지 강한 영향을 미쳤다.

좀 더 깊이 알고 싶은 독자를 위한 추천 도서

▪ 『죄와 벌』, 도스토옙스키, 범우사 등
▪ 『도스토옙스키전』, 앙리 트루아야, 주오코론샤
▪ 『도스토옙스키』, 에가와 다쿠, 이와나미서

사토 마사루의 한 마디

도스토옙스키의 기독교적 교리는 러시아 정교회 문화권에서는 매우 상식적인 것이었다. 하지만 러시아 정교에 대한 지식이 없던 서구 사람들의 눈에 『죄와 벌』, 『카라마조프가의 형제들』 등에서 전개되는 기독교관은 현대적으로 보였다.

톨스토이 (Lev Nikolayevich Tolstoy, 1828년~1910년)

러시아 문학사상 최고의 문호로 일컬어지는 작가

러시아의 문호 레프 니콜라예비치 톨스토이. 19세기 러시아 문학을 대표하는 작가로 『전쟁과 평화』, 『안나 카레니나』, 『크로이처 소나타』 등의 작품을 썼다. 그는 지금도 전 세계에 많은 독자를 가지고 있다.

톨스토이는 야스나야 폴랴나의 귀족 아들로 태어났다. 1850년경부터 집필을 시작해 1852년 『유년 시대』를 발표했고, 1864년부터 1869년에 걸쳐 『전쟁과 평화』를, 1873년부터 1877년까지 『안나 카레니나』를 집필했다. 이 소설 집필 후부터 사유 재산을 거부하고 정신생활을 중시하는 사상을 가진 톨스토이주의를 제창했다. 1910년 82세의 나이에 폐렴으로 아스타포보에서 숨을 거뒀다.

톨스토이의 소설은 크게 전기와 후기로 나눌 수 있다. 『전쟁과 평화』, 『안나 카레니나』와 같은 소설이 대표하는 전기의 작품군은 사실적으로 극명하게 표현된 사회적 양상 속에서 드라마가 전개되는 작풍을 가진 작품이 많다. 후기의 작품은 휴머니즘적, 종교적인 톨스토이주의의 색채가 강해 톨스토이가 추구했던 평화주의의 이상을 이야기하는 경우가 많다.

톨스토이의 작품은 러시아 문학자만이 아니라 세계 많은 문학자의 칭송을 받고 있다. 로맹 롤랑이나 토마스 만 같은 유럽 문호들이 그를 높이 평가했고, 많은 작가들이 그에게서 영향을 받았다.

러시아 근대문학을 완성했다는 점에서 톨스토이의 작품은 매우 중요하다. 그의 전기 사실주의적 작품은 세계 문학에서 확고한 위치를 지키고 있을 뿐만 아니라 후기의 인도주의적 작품 역시 세계 많은 작가의 지지를 받고 있다. 그의 이름이 세계 문학사에서 계속 빛을 발하고 있는 이유다.

좀 더 깊이 알고 싶은 독자를 위한 추천 도서 ─────

- 『전쟁과 평화』, 톨스토이, 살림 등
- 『톨스토이의 생애』, 로맹 롤랑, 범우사

랭보 (Arthur Rimbaud, 1854년~1891년)
프랑스 상징주의 문학을 대표하는 천재 시인

보들레르와 함께 프랑스의 상징주의 문학을 대표하는 시인인 아르튀르 랭보. 그가 시를 쓴 기간은 15세부터 20세까지 단 5년뿐이었지만, 그 짧은 기간에 프랑스 시의 역사에 남을 여러 시를 창작했다.

랭보는 1854년 프랑스 북부 샤를르빌에서 군인의 아들로 태어났다. 1865년에 샤를르빌 중학교에 입학하고, 1870년에 조르주 이장바르와 알게 되어 그에게서 시를 배우기 시작한 뒤 본격적인 시작 활동을 펼친다. 같은 해 파리 코뮌 하에 놓인 수도로 발걸음을 옮긴다. 1871년 '견자(見者)의 편지'라고 불리는 유명한 편지를 이장바르에게 보낸다. 같은 해 랭보의 시를 높이 평가한 베를렌을 만나게 되고, 두 사람은 동거 생활을 시작한다.

1873년 브뤼셀에서 베를렌이 랭보에게 총을 쏘는 브뤼셀 사건이 일어난다. 같은 해 랭보는 시집 『지옥에서 보낸 한 철』을 발표한다. 1875년경에는 시집 『일뤼미나시옹』을 완성한다(이 시집 전체는 랭보 사후인 1895년에 발간되었다.). 그 뒤 시작을 포기하고 방랑 생활을 보내다, 1880년에는 아덴으로 가 무역 상인이 됐다가 이후 무기 상인으로도 일한다. 1889년에 악성 종양에 걸려 마르세유에서 37세의 나이로 그 짧은 인생에 마침표를 찍었다.

랭보는 그의 인생 전반기에 쓴 시로 세계 문학에 이름을 남겼다. 그가 쓴 산문시는 상징성이 높고, 신선하며, 강하고 격렬한 젊음의 에너지가 흘러넘친다. 그리고 랭보의 시적인 호소는 읽는 사람의 마음을 강하게 사로잡는다. 예를 들어 『지옥에서 보낸 한 철』에 있는 '이별'에서 랭보가 노래한 '벌써 가을인가! / 그렇다 하더라도 어째서 영원한 태양을 아쉬워하는가. / 만약 우리가 거룩한 빛을 발견하고자 결의한다면 / 계절의 위에서 사멸해가는 사람들에게서 멀리 떨어져'라는 시구에 후세의 많은 시인이 강렬하게 매료됐다.

클로델은 랭보의 시에는 "천사가 있다."라고 말했고, 브르통은 "살아가는 방식에서도, 그 외의 면에서도 그는 초현실주의자였다."라고 말하며 이 천재 시인에 대한 찬사를 아끼지 않았다.

아르투르 랭보, 프랑스가 낳은 천재 시인. 15세부터 시를 쓰기 시작해 20세에 절필하고 무기 상인이 되어 죽어 간 이단자. 그는 그야말로 번개처럼 빛나다가 한순간에 사라져버린 시의 세계에서의 뮤즈였다.

좀 더 깊이 알고 싶은 독자를 위한 추천 도서 ────

- 『지옥에서 보낸 한 철』, 아르튀르 랭보, 그여름 등
- 『랭보 서한집』, 장 니콜라 아르튀르 랭보, 읻다
- 『랭보의 시학』, 서연선, 경상국립대학교출판부

슈베르트 (Franz Peter Schubert, 1797년~1828년)

19세기 낭만파를 대표하는 가곡의 왕

19세기 오스트리아에서 태어난 극작가 프란츠 슈베르트는 그 시대의 주류였던 낭만파 음악가를 대표하는 인물이다. 고전파의 뒤를 이은 낭만파는 더욱더 뜨거운 감정을 음악에 담았다.

19세기는 낭만주의의 시대였다. 문학에서는 『푸른 꽃』을 쓴 독일의 노발리스, 『노래의 책』의 하이네, 횔덜린, 호프만 등이 활약하고 있었다. 독일은 주로 몽환적(신비적)인 미를 추구한 작품이 주류를 이루었고, 프랑스에서는 개인적인 감정이나 자유를 존중하는 위고의 『레미제라블』 등이 출간되었다. 영국에서는 워즈워스, 바이런 등이 이 시대 사람이다. 미국과 러시아에서도 걸작이 탄생했으며 미술 분야에서는 들라크루아와 제리코가 대표적인 낭만주의 화가로, 신고전주의와는 다른 동적인 구도와 강렬한 색채가 특징이다.

이 같은 낭만파(낭만주의)의 시대정신을 이어받은 슈베르트는 내성적인 성격을 가진 탓에 자신이 천재라는 것을 알지 못했다고 전해진다. 짧은 생애를 보냈지만, 특히 가곡 분야에서 많은 작품을 남겨 '가곡의 왕'이라고도 불린다. 풍부한 서정성과 절묘한 전조법(轉調法, 악곡 진행 중에 계속되던 곡조를 다른 곡조로 바꾸는 방법)을 구사해 음악계에 낭만파의 새로운 숨결을 불어 넣었다.

1827년 그가 그토록 존경하던 베토벤이 사망한다. 슈베르트는 베토벤의 장례식에 참가하면서 자기 죽음을 예감했다고 하는데, 실제로 다음 해 31세의 나이로 병사했다. 대표작은 가곡 『마왕』, 『미완성 교향곡(7번)』이며, 그 외에도 가곡 『숭어』, 피아노 3중주곡 『겨울 여행』, 가곡집 『백조의 노래』 등을 남겼다.

또 다른 대표적인 낭만파 음악가로는 바그너가 있다. 오페라(가극)를 많이 남긴 바그너의 대표작에는 『트리스탄과 이졸데』, 『니벨룽겐의 반지』(4부작 중 2부에 유명한 『발키리』가 있다) 등이 있다.

폴란드의 쇼팽(1810년~1849년)도 낭만파의 대표자로 불릴 만하다. 서정적인 피아노곡을 많이 작곡해 '피아노의 시인'으로 알려진 그가 프랑스 작가 조르주 상드(남장 여걸 문인)와 사랑에 빠진 일화는 유명하다. 대표작으로는 에튀드 『혁명』, 『이별의 곡』 등을 남겼다.

이처럼 낭만파는 뛰어난 인물을 여럿 배출했는데, 대표적인 인물 쇼팽도 슈베르트도 모두 요절했다는 공통점이 있다.

좀 더 깊이 알고 싶은 독자를 위한 추천 도서

- 『프란츠 슈베르트』, 한스-요아힘 힌리히센, 프란츠

베르디 (Giuseppe Verdi, 1813년~1901년)

이탈리아 낭만파를 대표하는 오페라왕

주세페 베르디는 이탈리아 낭만파를 대표하는 음악의 거장이다. 그는 이탈리아 중북부의 파르마 공국에서 태어났다. 이 시대 아직 이탈리아는 통일되지 않은 채였다. 이탈리아는 1860년대에 근대 국가로써 통일되어 이후 파시즘과 패전을 경험하고, 제2차 세계대전을 지나 민주주의 국가로 발전했기 때문이다.

베르디는 10대 후반에 밀라노로 이주했다. 세계적으로 유명한, 밀라노의 스칼라 극장의 인정을 받은 그는 음악으로 생계를 꾸리기로 마음먹은 뒤 첫 작품인『오베르토』를 작곡한다. 이것이 극찬을 받으면서 본격적인 음악 인생을 시작해 이윽고 출세작『나부코』, 중기 대표작『리골레토』,『춘희』등을 발표했으며 모두 낭만파를 대표하는 명작으로 불린다.

당시 이탈리아의 상황을 설명하자면, 1815년부터 1871년까지는 이탈리아 통일 운동의 시대였다. 이탈리아는 북부의 사르데냐 왕국(재상 카보우르)을 중심으로 오스트리아 제국·구성국을 상대로 독립 전쟁을 시작했는데, 사르데냐 왕국은 같은 북부 롬바르디아 왕국을 합병한 뒤 중부 이탈리아로 향했다. 한편 가리발디 장군은 붉은 셔츠대를 이끌고 1860년 남부 시칠리아섬에 상륙했으며, 획득한 땅을 사르데냐 제2대 국왕인 비토리오 에마누엘레 2세에게 바쳤다. 이로써 1861년 국왕 비토리오 에마누엘레 2세 아래에서 이탈리아 왕국이 성립한다(이 외의 많은 지역도 1860년대에 통일).

이러한 시대였던 1869년 베르디는『아이다』를 완성한다. 힘차고 명료한 선율은 흡사 이탈리아 통일의 기세를 나타내는 듯해 관객을 매료시켰다. 이후 이탈리아의 오페라왕이라는 평가를 받은 그는『돈 카를로』,『오텔로』등의 걸작을 남기고 병으로 세상을 떠났다. 그의 데스마스크는 밀라노의 스칼라 극장 박물관에 지금도 남아있으며, 그야말로 이탈리아 통일 시대를 상징하는 음악가였다.

베르디의 일생을 다룬 영화로는 베르톨루치의 명작『1900년』이 있다. "베르디가 죽었다!"는 남자의 외침과『리골레토』의 전주곡으로 시작하는 작품이다. 이탈리아 명감독이 보여준 것처럼 20세기는 베르디의 죽음과 함께 시작되었다.

좀 더 깊이 알고 싶은 독자를 위한 추천 도서

• 『베르디 오페라』, 박종호, 풍월당
• 『베르디 : 음악과 극의 만남』, 알랭 뒤오, 시공사

차이콥스키 (Pyotr Tchaikovsky, 1840년~1893년)
발레 음악을 중심으로 러시아 민족 음악과 낭만파를 융합시킨 음악가

표트르 차이콥스키는 1840년 러시아 우랄 지방에서 광산 기술자의 아들로 태어났다. 우선 그가 활약했던 시대에 이를 때까지의 러시아 역사를 한번 복습해보자.

1613년에 미하일 로마노프가 연 로마노프 왕조 아래서 러시아는 큰 발전을 이루었다. 특히 표트르 1세(대제) 시대에는 스웨덴과의 대북방 전쟁에서 승리해 핀란드와 발트해의 제해권을 차지했다. 표트르 1세는 근대화·서구화 정책도 펼쳐 러시아는 명실공히 유럽의 강대국 반열에 오르며, 그는 1721년에 황제 칭호를 받아 러시아 제국(제정 러시아)을 연다.

이후 계몽전제군주 예카테리나 2세 때 제국은 더욱 번성했다. 사후인 1812년 나폴레옹의 프랑스를 중심으로 한 군대와 러시아 알렉산드르 1세의 군대가 맞붙었다(러시아 원정). 러시아를 몰아붙인 나폴레옹이었지만, 모스크바를 앞에 두고 찾아온 동장군으로 나폴레옹의 군대는 괴멸적인 패배를 당한다. 그리고 알렉산드르 1세가 사망한 뒤 니콜라이 1세를 거쳐 알렉산드르 2세가 즉위(1855년)해, 1861년 농노해방령을 내려 근대화에 박차를 가한다. 차이콥스키가 태어나 활약했던 때는 이런 시대였다.

차이콥스키는 원래 러시아 법무성에서 일하는 평범한 문관이었다. 그러다 1861년 러시아 음악 협회에 우연히 가입하면서부터 음악의 길을 걷기 시작한다. 그는 많은 곡을 작곡했는데, 1877년 대표작으로 일컬어지는 발레 음악『백조의 호수』를 완성한다. 1888년에는 발레 음악『잠자는 숲속의 미녀』, 1891년 발레 음악『호두까기 인형』을 작곡한다. 1893년에는『교향곡 제6번 비창』을 초연했는데, 9일 후 병에 걸려 사망하고 만다. 그의 장례식은 국장으로 치러졌다.

그의 시대에 러시아 국민음악파 5인조(무소륵스키 외)도 활약했지만, 이들과 달리 차이콥스키의 작풍은 독일 낭만파 음악의 계보를 이어 낭만주의 색채를 띠었다. 실제로 그의 곡은 서정적이며 구슬픈 선율로 이루어져 있어 정열과 감상(感傷), 때로는 우울한 슬라브적 특성을 느낄 수 있다. 물론 동화적인 악상을 가졌지만 호화로운 오케스트레이션으로 이루어진 곡도 연주했다. 지금도 그는 러시아(슬라브) 민족의 독특한 음악과 낭만파를 융합시킨 음악가로서 높은 평가를 받고 있다.

좀 더 깊이 알고 싶은 독자를 위한 추천 도서 ─────

· 『차이콥스키』, 정준호, 아르테

드보르자크 (Antonín Leopold Dvořák, 1841년~1904년)
체코 국민음악파를 대표하는 음악가

드보르자크는 체코를 대표하는 작곡가다. 체코 출신의 유명인으로는 드보르자크 외에도 스메타나, 작가 카프카, 차페크, 경제학자 슘페터, 애니메이션 작가인 트룬카 등이 있다. 뒤의 4명과 달리 드보르자크와 스메타나는 거의 동시대를 살았는데, 이들이 살았던 시대 배경을 먼저 보자.

체코도 중세에 여러 왕조가 세워졌지만, 이들 모두 세계사에 그다지 영향력을 남기지 못한 무명의 나라였다. 그러다 이 땅을 1437년 이후 합스부르크 왕가의 신성로마 제국이 지배했다. 16세기 후반부터 17세기 초반을 다스린 황제 루돌프 2세는 예술을 사랑해 그의 비호 아래 아르침볼도 같은 재능 충만한 화가가 나왔다(아르침볼도는 이탈리아인).

1806년에 신성로마 제국이 멸망한다. 독일 통일의 기운이 높아지는 와중 1867년에 오스트리아-헝가리 이중 제국이 태어나 체코를 지배한다. 독일이 1871년에 통일되자 체코 역시 슬라브인들만의 민족주의를 주장하는 목소리가 강해진다. 이 시대에 예술가가 많이 배출되었는데, 대표적인 인물이 앞서 소개한 스메타나와 드보르자크다.

작곡가인 베드르지흐 스메타나(1824년~1884년)는 체코 국민음악파의 선구자다. 연작 교향시 『나의 조국』의 제2곡 『몰다우(블타바)』가 가장 유명하다.

그리고 안토닌 드보르자크가 스메타나의 뒤를 이어 국민음악파를 발전시킨 인물이다. 드보르자크는 슬라브 민족 춤곡을 바탕으로 아름다운 선율을 만들어냈으며, 『슬라브 춤곡』으로 인기 음악가의 반열에 오른다. 미국에까지 명성이 퍼져 1892년에서 1895년까지 3년 동안 미국으로 건너가 활동하기도 했다.

그는 미국 활동 동안 미국 원주민의 음악과 흑인 영가를 흡수하는 등 미국의 풍토에 영감을 받아 음악 작품을 만들었다. 이와 같은 음악 인생을 보낸 드보르자크의 대표작은 『교향곡 제9번 신세계로부터』를 필두로 『현악을 위한 세레나데』, 『관악기를 위한 세레나데』, 『교향곡 제7번』, 『교향곡 제8번』, 『첼로 협주곡』, 『현악 4중주 제12번 미국』 등이 있다.

좀 더 깊이 알고 싶은 독자를 위한 추천 도서 ————

▪ 『드보르자크, 그 삶과 음악』, 닐 웬본, 포노

마네(Edouard Manet, 1832년~1883년)
19세기 부르주아 사회의 빛과 어둠을 그린 인상파의 선구자

19세기 서양 미술은 사실주의의 흐름을 받아들여 인상파가 대두했다. 인상파는 모네의 『인상, 해돋이』에서 이름을 얻었는데, 인상파의 선구자였던 인물이 에두아르 마네다.

파리의 부르주아 가정에서 태어난 마네는 처음에는 전통과 권위를 중시하는 아카데미즘 화가가 되고자 했으나 벨라스케스와 고야, 티치아노를 보고 자유로운 발상 속에서 자신만의 화풍을 만들어나갔다. 마네가 사람들의 주목을 받은 것은 1863년 낙선전(관전官展에서 낙선한 작품을 모은 프랑스 미술 전시회)에 출품한 『풀밭 위의 점심식사』 때문이었다. 당시의 의상을 입은 남성과 옷을 입지 않은 나체의 여성이 숲속에 앉아 담소를 나누는 이 작품은 매우 큰 논란을 불러일으켰다. 왜냐하면, 전라의 여성은 신화 속 인물을 그리는 것이 기본이었던 이 시대에 창부로 보이는 나체 여성을 그렸기 때문이다.

1865년 마네는 또다시 논란의 중심에 선다. 티치아노의 『우르비노 비너스』의 영향을 받은 『올랭피아』가 살롱에 입선한다. 이 작품에는 나체 상태로 누운 (고급 창녀로 보이는) 한 여성과 꽃다발을 건네주는 흑인 하인이 그려져 있다. 노골적으로 성적 이미지를 드러낸 이 작품은 많은 비판을 받았다. 하지만 현대에서는 19세기 파리 부르주아 사회의 어두운 부분을 그려냄과 동시에 고전적인 전통을 근대에 이어붙인 작품으로 높이 평가받고 있다.

본격적으로 인상파 화가들이 활동한 1870년대에, 마네는 이들을 인정하면서도 인상파 전시회에는 참가하지 않았다. 하지만 마네의 밝은 색조로 외계 사물을 표현하는 방식은 인상파에 큰 영향을 주었다.

1880년대가 되자 마네는 젊을 때 감염된 매독의 영향으로 왼쪽 다리의 괴사를 겪었다. 1883년 왼쪽 다리를 절제하는 수술을 받지만 실패하고 그 여파로 사망했는데, 죽기 1년 전에도 문제작 『폴리 베르제르의 술집』을 남겼다.

이 작품에서는 극장 안에 있는 술집의 여종업원이 앞(관객)을 바라보며 서 있다. 배경 정면에는 거울이 있어 극장이 비친다. 그리고 우측 후면에도 거울이 있어 여기에는 여종업원의 뒷모습과 손님의 모습이 비친다. 이 각도에서 그녀의 뒷모습은 비칠 수가 없다. 이러한 구도는 관람자인 우리를 비현실적인 공간으로 끌어들여 고전적인 표상에서 해방시킨다. 연극적인 배경이나 여종업원과 닮은 여성이 한 명 더 있어야 만들어지는 이 구조는 영화적이라는 의견도 있다. 실제로 영화 감독 고다르는 마네와 함께 근대 회화와 영화가 탄생했다고 말했다(실제로 영화는 마네 사후에 탄생했다).

좀 더 깊이 알고 싶은 독자를 위한 추천 도서 ———

- 『마네의 회화』, 미셸 푸코, 그린비
- 『모더니스트 마네』, 홍일립, 환대의 식탁

고야(Francisco Goya, 1746년~1828년)
인간의 어두운 내면을 관찰하고 날카롭게 묘사한 스페인 화가

프란시스코 고야가 살았던 18세기 후반부터 19세기 전반의 유럽은 로코코가 끝나고 신고전주의를 지나 낭만주의가 꽃을 피우던 시기였다. 고야는 낭만주의에 분류될 때도 있지만, 낭만주의의 대표자인 프랑스의 들라크루아 등과는 완연히 구별되는 독특한 회화를 전개한 스페인의 미의 거장이다.

사라고사 근교에서 태어난 고야는 이탈리아로 유학을 갔다 온 뒤 태피스트리의 원화 등을 그렸다. 젊었을 적 화풍은 로코코식의 밝은 그림이었다. 이 시기의 대표작으로『파라솔』이 있다.

하지만 그가 인정받은 때는 40대 전반, 1789년에 카를로스 4세의 궁정화가가 된 이후였다. 원래 초상화를 많이 그렸던 고야는 46세 때 고열로 청력을 완전히 잃는다. 이 사건과 나폴레옹군의 스페인 유린이 계기가 되어 그의 화풍은 크게 바뀌었고, 동시에 그만이 그릴 수 있었던 대표작을 다수 남겼다.

1797년부터 1800년경에 그렸던『옷을 벗은 마하』,『옷을 입은 마하』는 한 여성을 그린 두 작품이다.『옷을 벗은 마하』는 처음으로 여성의 음모를 그린 작품으로 당시 문제가 되었다.

1800년부터 1801년 동안 그렸던『카를로스 4세의 가족』은 국왕 가족을 그린 단체 초상화다. 하지만 작품 속 인물들의 시선이 제각각이어서 이들의 관계가 절대 가깝지 않다는 점을 느끼게 해준다. 국왕에게서도 위엄이 느껴지지 않고(실제로 우둔한 왕이라고 불렀다.), 중앙에 그려진 왕비에게서는 냉담함마저 엿보인다. 이처럼 대상을 미화하는 일 없이 이들의 내면까지도 사실적으로 그린 이 작품에서부터 귀가 들리지 않았기 때문에 가능했을 듯한 고야의 날카로운 관찰력이 돋보인다.

1814년에는『마드리드, 1808년 5월 3일』을 그렸다. 나폴레옹군이 마드리드 시민을 학살한 사건을 그린 이 작품에서는 중앙에 위치한 두 손을 든 시민의 오른손에 성흔을 그려 넣어 예수의 수난을 떠올리게 하면서 이를 통해 폭력을 향한 고야의 분노를 느낄 수 있다.

1819년 마드리드 근교에 산 별장에 '귀머거리의 집'이라는 이름을 붙이고 살기 시작한다. 여기에서 그는 1820년부터 1823년에 걸쳐 '검은 그림'이라고 불리는 14장의 회화를 남겼다. 이 작품들은 검은색에서 영감을 받아 그려진 어두운 이미지의 그림으로, 고야가 가진 개인적, 인류적 염세관을 몽환적으로 표현했다. 이 작품군의 대표작은『아들을 먹어 치우는 사투르누스』,『마녀들의 모임』등이 있다. 고야는 이들을 다 그린 뒤 다음 해 프랑스로 망명해 그곳에서 숨을 거둔다.

좀 더 깊이 알고 싶은 독자를 위한 추천 도서

▪『고야』, 새러 시먼스, 한길아트

밀레 (Jean François Millet, 1814년~1875년)
가난한 농민의 노동을 사실적으로 그린 바르비종파 화가

18세기 말경부터 프랑스 미술 세계에서 전성기를 맞이한 사조는 신고전주의였다. 이때는 역사화가 많이 그려져 화폭에 정적인 구도로 된 극적인 한 장면이 재현되었다. 신고전주의 화가의 대표는 앵그르로 『그랑드 오달리스크』(1814년)처럼 이상적인 인물상을 그렸다. 이후 1819년 제리코의 『메듀사 호의 뗏목』으로 낭만주의의 막이 열린다. 낭만주의의 대표자는 들라크루아다. 그는 『1830년 7월 28일, 민중을 이끄는 자유의 여신』 등으로 운동감이 느껴지는 대담한 표현을 구사했다.

낭만주의의 뒤를 이은 사조는 사실주의다. 신고전주의도 낭만주의도 기본적으로 역사나 문학 등 이야기성이 강한 작품이 많았던 것에 비해 사실주의는 파리 근교의 퐁텐블로의 숲 같이 주위에서 쉽게 볼 수 있는 풍경을 그렸다. 퐁텐블로 숲이 바르비종이라는 마을의 근처에 있었고, 이 마을에 정착한 예술가가 많았기 때문에 이들을 바르비종파라고 부른다. 바르비종파의 최초 대표자는 테오도르 루소와 카미유 코로다. 이들은 고전주의적 구도를 사용하면서 자연의 풍경을 정밀하게 그려냈다. 이렇게 꽃을 피우던 사실주의는 1850년 무렵 드디어 밀레를 배출한다.

초상화부터 시작했던 밀레는 이윽고 바르비종으로 옮겨와 전원의 풍경과 함께 농민을 모티프로 한 농민화를 남겼다. 그의 대표작 『이삭 줍는 여인들』에서는 추수가 끝난 후 보리 이삭을 줍는 농부들이 그려져 있다. 또한 『만종』에서는 만종이 울리는 가운데 밭 위에서 기도를 올리는 농민 부부가 담겨 있다. 그리고 『씨 뿌리는 사람』에서는 한 손으로 씨를 힘차게 뿌리는 농민의 모습을 그렸다.

이 모든 작품에는 농민의 가난함과 가난하지만 당당하게 살아가는 인간의 모습이 그려져 있다. 하지만 당시 아카데미즘에서는 상류층에 속하는 이상적인 인간을 그리는 것이 상식이었던 탓에 반발을 받아야 했다. 이에 비해 당시 급진파 논객에게는 좋은 평가를 받았으며, 현대에서 이 작품들이 높은 평가를 받고 있다는 점은 두말할 필요가 없을 정도다. 이처럼 밀레를 비롯한 사실주의 화가는 높은 계층의 인물만이 아름다운 그림의 소재가 아니라는 점을 증명했다.

또한 밀레의 농민화 대부분에서 이미지화된 성서 속 이야기를 발견할 수 있는데, 여기에는 신을 향한 숭고한 신앙을 표현함과 동시에 노동이 가지는 근원적 의미를 되새겨보려는 의도가 담겨있다.

좀 더 깊이 알고 싶은 독자를 위한 추천 도서 ────

▪ 『밀레』, 로맹 롤랑, 신구문화사

세잔(Paul Cézanne, 1839년~1906년)
자연을 입체적으로 다루어 20세기 새로운 예술의 문을 연 화가

인상파는 1886년 전람회를 마지막으로 더는 단체 활동을 하지 않았는데, 인상파 화가들이 개인적으로 활약한 이 시기 한편에서는 새로운 미술이 태동하기 시작했다. 바로 후기 인상파(포스트 인상파)다.

일반적으로 후기 인상파는 1886년부터 야수파(포비즘)가 등장하는 1905년까지를 활동 기간으로 본다. 좁은 의미의 후기 인상파는 1880년대 이후에 활약했던 고흐, 고갱, 세잔 세 사람을 가리키지만, 엄밀히 말해 세 명 사이에 공통되는 화풍은 없다. 세 명 모두 젊었을 적에 인상파의 영향을 받았지만, 인상파와는 다른 독특한 화풍을 만들어나갔다. 단, 선명한 색채를 좋아해 20세기의 전위 예술에 큰 영향을 미쳤다는 점은 공통된 사실이다.

폴 세잔은 남프랑스 엑상프로방스에서 태어났다. 1861년에 파리로 가 인상파 화가 피사로와 만나 인상파의 영향을 받았으며, 주로 야외에서 그림을 그려 밝은 색채의 작품을 남겼다. 1879년에 고향으로 돌아와 대표작을 많이 남겼으나 1906년에 폐렴으로 사망한다. 세잔은 살아있을 때도 인정받은 화가였지만, 사후에 그 평가는 더욱 올라 거의 절대적이 되었다.

세잔의 1880년 이전 화풍에서는 인상파에서는 볼 수 없는, 형태를 추구하려는 모습을 볼 수 있다. 그는 여러 개의 색과 면이 형태로 구성되는 공간을 그려 "자연은 원통, 구, 원뿔이라는 본질적인 형태로 단순화시킬 수 있다."는 명언을 남겼다.

그의 대표작 『생트-빅투아르산』은 고향에 있는 산을 그린 수 점의 작품이다. 보는 장소에 따라 다른 형태를 보이는 이 산을 그는 선명한 색채와 함께 강한 조형성을 느낄 수 있게 그렸다.

또한, 그는 정물화에도 뛰어났다. 실제로 "사과 한 알로 파리를 놀래 보이겠다."라고 말했을 정도다. 『사과와 오렌지가 있는 정물』에서는 복수의 시선, 복수의 각도로 사물을 다루는 '다중 시점'을 사용해 그렸다. 이를 통해 사람이 보는 자연과는 다른, 왜곡된 다면적인 세계를 그려냈다. 이 수법은 20세기 입체파(큐비즘)에 큰 영향을 주었다.

이 외에 그의 대표작으로 『카드놀이를 하는 사람들』과 『목욕하는 사람들』 연작이 있다.

좀 더 깊이 알고 싶은 독자를 위한 추천 도서

▪ 『세잔: 사과 하나로 시작된 현대미술』, 미셸 오, 시공사
▪ 『세잔 – 근대 회화의 아버지, 란 무엇인가』, 나가이 다카노리, 산겐샤

로댕 (Auguste Rodin, 1840년~1917년)

풍부한 조형 표현력으로 인간의 격렬한 내면을 그린 근대 조각의 아버지

서양 조각 역사를 보면, 16세기 미켈란젤로에 의해 르네상스 조각이 완성되었다. 하지만 그 후 오랫동안 뛰어난 조각가가 나타나지 않았고, 그저 대상을 충실히 표현하는 사실주의가 주류가 되었다.

이러한 흐름 속에서 19세기에 오귀스트 로댕이 등장해 새로운 조각상을 빚어냈다. 그는 조각에 생명을 담아 살아 숨 쉬도록 만들어야 한다고 생각했다. 이러한 그의 신조 아래 인간의 생명과 정념 같은 격렬한 내면이 강력하게 조형된 근대 조각이 탄생했다. 그래서 그는 '근대 조각의 아버지'라고도 불리며, 근대 조각은 로댕 이후 부르델, 마욜 등을 낳는다.

파리에서 태어난 로댕은 공예학교에 들어가 공부하다 떠난 이탈리아 여행에서 미켈란젤로의 작품을 감상한 뒤 자신만의 작풍을 확립해나갔다. 그의 첫 작품은 『청동시대』다. 높은 사실성을 가진 이 작품은 직접 조각한 게 아니라 실제 인간을 석고로 본떠 손쉽게 작업한 것이 아니냐는 의혹을 받았다. 분노한 로댕은 이 조각의 2배 크기의 작품을 발표해 비난자들을 납득시켰다.

『칼레의 시민들』은 14세기 영국군에 포위된 프랑스 북부 칼레에서 도시를 구하기 위해 스스로 목숨을 바친 시민들의 모습을 조형화한 작품이다. 이 작품에서 로댕은 고뇌에 빠진 시민들의 치열한 내면을 매우 사실적으로 표현했다.

『지옥의 문』은 단테의 장편 서사시 『신곡』을 모티프로 한 미완성 작품이다. 이 작품의 문 상단부에는 허리를 숙이고 지옥을 들여다보는 조그마한 남자의 상이 있다. 로댕은 이윽고 이 조각을 단일 작품으로 발표한다. 바로 『생각하는 사람』이다. 세계에서 가장 유명한 조각으로도 불리는 이 작품에서도 지옥을 앞에 두고 고뇌하는 인간의 깊은 내면을 볼 수 있다. 이 외에 그의 대표작에는 『입맞춤』, 『발자크상』 등이 있다.

로댕은 아내를 둔 유부남이었음에도 제자인 카미유 클로델과 사랑에 빠지는 등 일반인의 상식으로는 이해하기 힘든 인생을 보냈다. 그럼에도 생전부터 높은 평가를 받았던 그는 77세에 2주 먼저 떠난 아내를 따라가듯 사망했다.

일반적으로 청동 조각은 원형을 제작하고 여기에 석고를 부어 거푸집을 만든 뒤 그 거푸집에 청동을 흘려 넣는 방식으로 만든다. 즉, 원형이 존재하면 몇 점이고 같은 조각을 만들 수 있다. 그래서 전 세계에 로댕의 작품이 몇 점이나 있을 때가 많다. 여러 미술관에 『생각하는 사람』이나 『지옥의 문』이 있는 것은 바로 이런 이유에서다.

좀 더 깊이 알고 싶은 독자를 위한 추천 도서 ──────

- 「로댕의 생각」, 오귀스트 로댕, 돌을새김
- 「릴케의 로댕」, R. M. 릴케, 미술문화

모네 (Claude Monet, 1840년~1926년)

필촉 분할법으로 풍경화를 그린 인상파의 대표 작가

'인상파'라는 단어는 1874년 클로드 모네, 르누아르, 드가, 피사로, 시슬레 그리고 세잔 등이 연 전람회가 계기가 되어 탄생했다. 모네가 출품한 『인상, 해돋이』를 본 기자가 이들의 작품을 스케치적인 작품이라고 야유하면서 붙인 명칭이다.

인상파의 그림은 바르비종파의 영향을 받아 적극적으로 야외에서 제작되었다는 점이 특징이다. 하지만 바르비종파와는 달리 직접 보고 느낀 혹은 마음으로 느낀 인상이나 감상을 빠르고 솔직하게 화면에 담아 밝은 색채로 그렸다. 주제도 자연 풍경만이 아니라 근대의 거리 풍경과 철도, 여가를 즐기는 시민 등도 그렸다.

또한, 인상파에서는 필촉 분할법이라는 방법이 사용됐다. 이것은 당시 발명된 튜브 물감을 섞어 사용하지 않고 색마다 짧고 빠른 붓놀림을 반복해 그리는 방식으로, 떨어져서 보면 이러한 색깔이 한데 어우러져 선명한 색채를 띄웠다. 모네는 이 기법의 대표적인 사용자였다. 모네는 특히 매우 빠른 붓놀림으로 변화해가는 빛의 미묘한 변화까지 포착했다.

인상파는 앞서 언급한 5인(세잔은 후기 인상파)이 대표적이지만, 모네는 특히 전 세계에서 인기가 높다. 모네는 19세에 파리로 가 앞서 소개했던 『인상, 해돋이』를 1874년에 발표했고, 다음 해에는 『양산을 쓴 여인』을 발표한다. 이후에 선보인 『생 라자르 역』에서는 철도역이라는 근대적 주제 위에 뿜어져 나오는 증기와 빛을 멋지게 표현했다. 그 뒤 파리를 떠난 모네는 북프랑스의 낭떠러지 풍경을 담은 『에트르타』 연작을 발표했으며, 1883년에는 파리 근교에 위치한 지베르니로 옮긴다. 그 외 『건초더미』와 『루앙 대성당』 등의 연작을 그렸고, 1900년대에는 런던에서 『런던 국회의사당』, 『워털루 다리』 등을 그렸다.

모네의 작품 중에는 자포니즘의 영향을 받은 것도 있다. 기모노를 입은 자신의 아내를 그린 작품 『기모노를 입은 카미유』라는 작품을 비롯해 우키요에를 보는 듯한 대범한 구도를 가진 작품도 그렸다.

모네는 지베르니에 수련 연못과 일본식 무지개다리를 만들었다. 말년에는 이곳에서 『수련』 연작을 그린다. 수많은 『수련』 그림이 남아있는데, 그중에서 특히 파리 오랑주리 미술관의 두 전시실의 벽 전체를 채운 대형 장식화가 유명하다.

좀 더 깊이 알고 싶은 독자를 위한 추천 도서

· 『모네: 순간에서 영원으로』, 실비 파탱, 시공사

르누아르 (Pierre Auguste Renoir, 1841년~1919년)

따뜻한 색채를 가득 품은 인물상으로 인상파를 세계에 알린 거장

인상파는 높은 인기를 누리고 있다. 인상파 이전 작품에는 성서나 신화, 서양사를 주제로 한 작품이 많고 인상파 이후의 20세기 전위 예술은 난해한 이미지가 있는 반면, 밝은 색채에 대상을 그저 감상만 해도 되는 인상파 작품은 다가가기 쉬운 까닭이다. 이 같은 인상파의 가장 중요한 인물로 모네와 피에르 오귀스트 르누아르가 꼽힌다.

르누아르는 프랑스 중남부 리모주에서 태어나 도자기 공방에서 도자기에 그림을 그려 넣는 직공으로 일한다. 1862년에 파리로 간 그는 모네 들과 어울리게 된다. 모네가 풍경화를 중심으로 그린 것에 비해 르누아르는 인물을 그릴 때가 많았으며, 특히 풍만한 여성이나 아이를 주로 그렸다.

1874년 제1회 인상파전이 열리고 르누아르도 출전하지만, 전람회 자체가 혹평을 받는다. 당시는 인상파 화가 모두 인정받지 못했지만, 시간이 흐르자 이들을 지지하는 사람들이 점점 늘어나 르누아르도 1890년 무렵에는 높은 평가를 받는 화가가 되었다. 이후에도 그는 많은 작품을 발표했으며, 만년에는 류머티즘 때문에 고통스러워하면서도 꺾이지 않는 창작 의욕을 발휘해 명작을 남기고 78세로 눈을 감았다.

르누아르의 대표작은 1876년에 그린 『물랭 드 라 갈레트의 무도회』다. 파리의 몽마르트르 댄스홀에서 선명한 햇빛을 받으며 여유를 즐기는 많은 남녀를 그린 이 작품은 근대 시민의 새로운 생활양식을 그린 작품으로도 유명하다. 인상파가 남긴, 역사에 길이 남을 업적이라고 해도 좋을 정도다.

르누아르 회화의 특징은 이처럼 햇살의 빛을 선명한 색채로 표현했다는 점과 따뜻한 색을 많이 사용해 온화하고 행복한 인간의 모습을 그렸다는 점 두 가지를 들 수 있다. 여기에는 자신의 그림을 본 사람들에게 행복을 느끼게 해주고 싶었던 화가의 마음이 담겨있다.

르누아르의 대표작은 위에 소개한 작품 외에도 『알제리풍의 파리 여인들』, 『관람석』, 『가브리엘과 장』, 『시골의 무도회』, 『도시의 무도회』, 『피아노를 연주하는 소녀들』, 『파리스의 심판』 등 여럿이다.

르누아르도 자기 그림처럼 따뜻한 가정을 꾸려나갔다. 아이를 3명 낳았는데, 차남 장은 후에 영화 감독으로 이름을 남겼다.

좀 더 깊이 알고 싶은 독자를 위한 추천 도서 ────

• 『르누아르』, 페터 H. 파이스트, 마로니에북스

고갱 (Paul Gauguin, 1848년~1903년)
종합주의를 제창하고 타히티에서 희망을 찾은 후기 인상파 화가

좁은 의미의 후기 인상파(포스트 인상파)는 세잔과 고흐, 폴 고갱이다. 이 세 명의 화풍에 공통된 특징은 없지만, 인상파의 영향을 받았으면서도 이를 뛰어넘어 자신만의 독특한 화풍을 확립했다는 점에서는 일치한다(세잔 참조).

처음 고갱은 인상파 화가로 활동하지만, 머지않아 인상파의 감상에 기초한 묘사에 반기를 든다. 그는 1888년에 동료들과 함께 '종합주의'를 표방한다. 이 양식의 예술에는 세 가지 특징이 있다. 첫 번째는 자연 형태의 외관, 두 번째는 주제를 대하는 화가의 감상, 세 번째는 선이나 색채, 형태에의 미적 고찰. 종합주의는 이 세 가지를 종합하는 것으로, 구체적으로는 원근법을 버리고 선명한 색채를 단순한 굵은 윤곽 속에 평평하게 칠해 2차원성을 강조하는 기법이다. 주제 역시 추상주의적인 것도 골라 그렸다. 즉, 사실보다도 추상적인 관념을 그림 안에 표현하려고 한 것이다. 이것은 명백히 필촉 분할법을 사용한 자연 묘사에 중점을 둔 인상파와는 다른 양식이었다. 브르타뉴의 마을 퐁타벤에서 조직된 퐁타벤파와의 관계 속에서 탄생한 고갱의 종합주의 양식은 파리에서 보나르, 뷔야르, 드니에게 영향을 주었고, 이들은 나비파라고 불리며 활약했다.

고갱 자신은 원래 주식 중개인이었다. 결혼해서 아이도 있었던 그는 처음에는 취미 활동으로 그림을 그렸을 뿐이었다. 앞서 언급한 대로 초기에 인상파의 영향을 강하게 받았지만, 퐁타벤으로 이사 온 이후 화풍이 바뀐다. 그리고 종합주의 화풍의 『브르타뉴의 양치기 소년』, 『황색의 그리스도』 등의 대표작이 태어났다.

1888년 고갱은 남프랑스 아를에 있는 '노란 집'에서 고흐와 함께 생활하기 시작한다. 편지로 깊은 우정을 나눈 두 사람이었지만, 생활을 같이하다 보니 서로의 예술관이 맞지 않아 관계가 악화했으며, 고흐가 자기 귀를 자른 후 병원에 입원하는 사건이 발생하자 고갱도 아를을 떠났다.

서양 문명이 허위와 퇴폐로 가득 찼다고 생각한 고갱은 이후 원시적인 자유로운 생활을 동경해 1891년부터 타히티 같은 남태평양 섬에서 살았다. 이곳에서 그는 『타히티의 여인들』, 『우리는 어디에서 왔는가, 우리는 무엇인가, 우리는 지금 어디로 가고 있는가』 등의 대표작을 남겼다. 섬에서의 생활은 그의 예상과는 달리 풍족하지 못했다. 그는 54세에 도미니크섬에서 사망한다.

좀 더 깊이 알고 싶은 독자를 위한 추천 도서

- 『달과 6펜스』, 서머싯 몸, 동서문화사 등
- 『고갱 : 원시를 갈망한 파리의 부르주아』, 피오렐라 니코시아, 마로니에북스
- 『고흐와 고갱』, 김광우, 미술문화

가우디 (Antoni Gaudí, 1852년~1926년)

곡선과 세부 장식의 미를 추구해 세계 유산 건축물을 남긴 건축가

건축가 안토니 가우디가 활약한 때는 19세기 말부터 20세기 초반이다. 이 시대 프랑스에서는 아르누보 예술 운동이 활발히 펼쳐지고 있었다. 이 운동은 일종의 미술 공예 운동으로, 곡선이나 물결무늬같이 자연에서 흔히 볼 수 있는 형태를 그대로 일상용품이나 장식품에 적용해 유동적인 미를 추구한 운동으로 스페인 건축가 가우디도 넓은 의미에서는 이 파에 속한다.

가우디는 카탈루냐 지방에서 태어났다. 카탈루냐 지방은 바르셀로나를 중심으로 한 스페인 동부 지역으로, 스페인으로부터 독립을 요구하는 의견이 끊임없이 나올 정도로 독자적인 문화를 가졌다. 이곳에서 가우디는 바르셀로나를 중심으로 여러 건축물을 남겼는데, 그의 작품은 축구 클럽 FC 바르셀로나와 함께 카탈루냐의 자랑 중 하나다.

가우디의 대표작은 '사그라다 파밀리아(성 가족 성당)'다. 그의 설계에 따라 1882년에 착공된 이 대성당은 아직도 건축이 계속되고 있는 미완성 건축물이다. 21세기 중반 즈음에 완성될 것으로 예상되었지만, 이후 속도가 빨라져 2026년에 완성될 것으로 보았다가 코로나19의 유행으로 연기되었다. 세계유산으로도 지정되어 전 세계 관광객들의 발길을 모으고 있다.

가우디 작품의 특징은 곡선을 많이 사용했다는 점에 있다. '사그라다 파밀리아'도 길고 가느다란 여러 개의 원뿔형 탑으로 둘러싸여 있는데, 각각의 탑 위에는 원형의 장식물이 놓여 있다. 벽면에서도 많은 곡선을 발견할 수 있다. 가우디의 다른 여러 작품에서도 왜곡되거나 일그러진 곡선이 만들어내는 아름다움을 볼 수 있다.

또한, 그는 "아름다운 형태는 구조적으로 안정되어 있다. 구조는 자연으로부터 배워야만 한다."라고 말하며 자연 속에 최고의 미가 있다고 여겼다. 그래서 그는 자연 속 사물을 관찰하여 자신의 건축물 내부를 장식하는 세부 장식에 반영했다. 그중에는 동물 장식으로 '사그라다 파밀리아'의 빗물받이를 장식하고 있는 가고일과 그의 또 다른 대표작 '구엘 공원'에서의 도마뱀처럼 한눈에 바로 알아볼 수 있는 창작물도 있다. 이러한 특징은 아르누보와 공통된 것이다.

그의 대표작으로는 이 외에도 '카사 비센스', '콜로니아 구엘 성당', '카사 바트요', '카사 밀라' 등이 있다('카사'는 스페인어로 '마을'이란 의미다.). 그의 작품 대부분이 세계 유산으로 지정되어 있다.

좀 더 깊이 알고 싶은 독자를 위한 추천 도서

▪ 『가우디, 공간의 환상』, 안토니 가우디, 다빈치

고흐 (Vincent van Gogh, 1853년~1890년)

격렬하고 선명한 색채로 내면 세계까지도 그려낸 광기의 천재 화가

네덜란드의 목사 가정에서 태어난 고흐는 원래 아버지처럼 성직자의 길을 걸으려 했지만, 1878년 무렵부터 화가가 되기로 마음을 바꾼다. 이 시기 고흐는 어두운 색조를 사용해 가난한 농민들의 소박한 생활을 주로 그렸다. 이때의 대표작은 『감자 먹는 사람들』이며, 이때부터 이미 미술상인 동생 테오로부터 경제적 원조를 받고 있었다.

1886년 테오에게 부탁해 집을 파리로 옮기면서 그의 화풍도 변한다. 고흐는 인상주의와 일본의 우키요에(자포니즘)에 열광했으며, 선명한 색채와 대담한 구도를 사용하는 새로운 회화 세계를 만들어냈다. 특히 인상파마저 뛰어넘은 강렬한 색채는 훗날 포스트 인상파(후기 인상파)로도 불리며 이후 20세기의 표현주의에 강한 영향을 주게 된다.

고흐의 인생은 파란만장했다. 1888년에 남프랑스 아를로 이주한 고흐는 화가 공동체를 꿈꾸며 화가 고갱과 같은 집(노란 집)에서 공동생활을 시작했다. 이 시기 『해바라기』, 『밤의 카페 테라스』등의 명작을 그렸다.

하지만 고갱과 예술관이 맞지 않았던 탓에 이 생활은 얼마 지나지 않아 파탄 나고 만다. 정신장애 발작을 일으킨 고흐는 자신의 귀를 자르고 다음 날 바로 정신병원에 입원했다. 이후 아를 근교에 있는 생레미의 요양원을 다녔다. 다행히 치료가 효과를 발휘해 창작 활동을 빠르게 재개하여, 『별이 빛나는 밤』, 『사이프러스 나무』등의 명작을 치료 과정 도중 그려냈다. 하지만 고흐의 정신은 완전히 치료되지 않아 발작이 계속 반복됐다.

1890년 5월 고흐는 파리 근교 오베르-쉬르-우아즈로 거주지를 옮겼다. 여기에서도 그의 정신건강은 좋아지지 않았으며, 경제적으로도 여유롭지 못했다. 하지만 창작 의욕이 약해지는 일 없이 『오베르-쉬르-우아즈의 교회』, 『까마귀가 나는 밀밭』등을 남긴다. 그의 후기 작품에는 아름다움으로 승화한 광기가 스며들어 있다.

하지만 고흐의 생애는 오베르-쉬즈-우아즈에서 끝을 맞이한다. 1890년 7월 또다시 발작을 일으킨 그는 리볼버로 자살한다. 즉사는 아니었기에 동생 테오에게 유언을 남길 수 있었다. "이대로 죽을 수 있으면 좋겠군."

살아있을 때 단 한 작품밖에 팔지 못했던 위대한 화가의 너무나도 애처로운 최후였다. 동생 테오 역시 다음 해 형의 뒤를 쫓듯 생을 마감한다.

좀 더 깊이 알고 싶은 독자를 위한 추천 도서

▪ 『반 고흐, 영혼의 편지』, 빈센트 반 고흐, 위즈덤하우스

루이 자크 망데 다게르 (Louis Jacques Mandé Daguerre, 1787년~1851년)
다게레오 타입을 발명해 사진 기술을 완성한 인물

사진의 역사는 16세기 카메라 옵스큐라에서 시작되었다. 상자 안에 작은 구멍(핀홀)을 뚫고 빛이 이 구멍을 지나 맞은편 검은 면에 상을 맺으면 그것을 화가가 그려 실물과 똑같은 광경을 재현하는 방식으로 사용했다.

그러다 이윽고 19세기에 들어와서야 진정한 의미에서의 사진이 태어났다. 프랑스인 발명가 니엡스가 1825년에 찍은 사진은 현존하는 가장 오래된 사진이다. 잘 닦은 백랍판에 역청을 바른 뒤 태양광을 쐬어 생긴 홈을 인쇄 원판으로 삼는 방법으로 찍은 사진인데, 이를 헬리오그라피라고 한다.

이 니엡스와 공동으로 연구를 진행해 사진 기술을 더욱 발전시킨 인물이 다게르다. 두 사람은 1829년 파리에서 빛을 받으면 화학 반응을 일으키는 은화합물 연구를 시작했다. 하지만 1833년에 니엡스가 뇌졸중으로 갑작스레 사망한 탓에 다게르가 혼자서 이후의 연구를 진행한다.

원래 다게르는 무대 배경화와 함께 파노라마화를 제작했던 화가이기도 했다. 파노라마화란 회전화(回轉畵) 또는 전경화(全景畵)라고도 하며, 원형 모양의 벽에 풍경을 그려 관객이 중앙에서 생생하게 그림을 감상할 수 있게 하는 그림이다. 그는 이후 디오라마(투시화) 발명에 매달린다. 당시 디오라마는 거대한 반투명한 캔버스에 그려진 그림이었다. 다양한 각도에서 조명을 비추는 것으로 그림의 인상이 바뀌는 이 그림은 많은 관심을 받아 전용 극장도 생겼다. 그곳에서는 그림을 보다 현실에 가깝게 보여주어 회화 이상의 효과를 즐길 수 있게 하려는 시도가 있었다. 이 일련의 과정이 사진 장르에서 다게레오 타입의 발명으로 이어진다.

니엡스가 발명했던 헬리오그라피는 8시간 정도의 노출 시간이 필요했다. 이 노출 시간을 대폭 단축한 것이 1839년에 발명한 다게르의 다게레오 타입이라는 은판 사진법이다. 이것은 은도금한 동판을 요오드 증기에 넣어 감광막을 만든 뒤 빛에 노출시키고, 수은 증기를 쐰 후 식염수로 고정하는, 당시로써는 획기적인 방법이었다. 이 방법으로 노출 시간이 수 분 정도로까지 단축되어 실용성을 높일 수 있었다.

그가 발명한 다게레오 타입은 프랑스 정부의 인정을 받아 일반에 기술이 공개되었으며, 이후 사진 기술은 널리 퍼져 더욱 발전한다. 실제로 1840년대에는 다게레오 타입을 사용한 초상 사진을 많이 찍었다.

뤼미에르 형제

[형 오귀스트(Auguste Lumière, 1862년~1954년), 동생 루이(Louis Lumière, 1864년~1948년)]

시네마토그래프를 개발한 세계 영화의 창시자

사진은 1825년 프랑스인 니엡스에 의해 발명되었다. 이와 관련해 사진이라는 정지 화상을 여러 장 사용함으로써 동화(영화)가 만들어진다는 사실을 사람들이 깨닫게 되기까지는 그리 많은 시간이 필요치 않았다.

영화는 1초 사이에 약 24장(24프레임)의 정지 영상을 연속으로 내보내면, 인간의 눈에 남는 잔상 효과로 인해 영상이 움직이고 있는 것처럼 보이는 현상을 이용해 만들어진다. 학창 시절 교과서 귀퉁이에 그림을 연달아 그린 뒤 빠르게 책장을 넘겨 움직이는 그림을 만들어 본

적이 있을 것이다. 원리는 이와 같다. 조금씩 움직이는 정지 영상을 연속으로 비추는 것으로 눈에 착각을 일으켜 마치 움직이는 것처럼 느끼게 만드는 것이다.

이러한 원리는 19세기 시점에 이미 많은 사진가가 알고 있어 누구나 움직이는 영상을 만드는 것을 꿈꿨다. 이러한 의미에서 이 꿈을 최초로 이룬 사람은 미국의 천재 발명가 에디슨이었다. 그는 1891년에 영사기인 키네토스코프를 완성한다. 이것은 기계(상자)에 눈을 대고 기계 속 사진을 수동으로 넘기며 즐길 수 있는 장치였다. 하지만 한 사람만 볼 수 있는 장치였기 때문에 이것을 영화의 시초로 볼 수 없다는 의견이 대다수다.

어두운 공간에 다수의 사람을 모은 뒤 이들 앞에 있는 스크린에 움직이는 영상을 띄우고, 이를 본 사람들이 열광하는 모습은 1895년 12월의 파리에서 처음으로 볼 수 있었다. 기계 시네마토그래프를 이용한 최초의 영화 상영으로, 이것을 추진한 사람이 뤼미에르 형제다. 현실을 충실히 재현한 이 움직이는 화상이야말로 새로운 시대, 새로운 세계가 열렸음을 알리는 신호탄이자 영화의 탄생이었다.

뤼미에르 형제가 만든 작품은 『뤼미에르 공장을 나서는 노동자들』, 『라 시오타 역에서의 열차의 도착』 등이다. 고정된 카메라로 그저 움직이는 피사체를 찍었을 뿐인, 편집도 이야기도 아무것도 없는 아주 짧은 영상이지만, 최초의 영화임과 동시에 최초의 다큐멘터리이기도 하다. 움직이는 열차를 보며 당시 사람들이 얼마나 놀랐을지는 굳이 말하지 않아도 알 것이다. 참고로 영화가 픽션의 창조물이 되기 위해서는 19세기 말부터 20세기 초반에 활동한 멜리에스 때까지 기다려야만 했다.

쿡 (James Cook, 1728년~1779년)

전 세계를 항해하면서 많은 발견을 한 영국 해군 사관

영국의 해군 사관으로, 세계 항해를 세 번이나 한 인물로 유명한 제임스 쿡(통칭 캡틴 쿡)은 유럽인으로서는 처음으로 뉴질랜드, 하와이제도에 발을 들인 해양 탐험가이자 이와 더불어 정밀한 지도를 많이 만든 인물로 알려져 있다.

쿡은 노스요크셔주 마튼에서 가난한 가정의 자녀로 태어났다. 1746년에 영국 연안의 석탄 운반대의 수습 선원으로 고용된 것이 그의 선원 경력의 시작이었다. 뒤이어 무역선에서 일하다 영국 해군 수병에 지원한다. 칠년 전쟁에서는 세인트로렌스강 하구와 뉴펀들랜드섬 주변의 정확한 해도를 제작해 작전 성공에 공헌한다.

1768년 제1차 항해에서는 금성 관측을 위해 남미 대륙 최남단 혼곶에서 태평양으로 들어가 뉴질랜드, 오스트레일리아, 뉴기니, 자바 등의 해역을 조사했다. 그리고 인도양을 종단하고 희망봉을 돌아 북상해 1771년 영국으로 귀국하는 것으로 세계 일주 항해를 달성한다. 1772년 제2차 항해는 남극 대륙 발견이 목표였는데, 대륙은 발견하지 못했지만 유럽인으로는 처음으로 남극권에 도달한 배의 선장이 되었다. 1775년의 제3차 항해에서는 북태평양 조사를 목적으로 하와이제도에서 북미 대륙 서해안을 따라 북상해 베링해협을 넘어 북극권으로 갈 예정이었지만, 목적을 이루지 못하고 1779년에 하와이섬으로 돌아온다. 그곳에서 원주민과의 분쟁이 발생해 쿡은 원주민에게 살해당한다.

쿡은 역사상 처음으로 괴혈병에 의한 사망자를 내지 않고 세계 일주를 달성했을 뿐만 아니라 유럽인으로서 여러 가지를 발견했는데, 바로 하와이제도, 쿡제도, 쿡해협, 뉴질랜드 등이다.

이와 더불어 쿡이 정밀한 해도 제작자였다는 점도 기억할 만한 사실이다. 그리고 영국 해군에서 일개 수병부터 시작해 영국 국왕이 직접 임명한 함장에까지 올랐다는 점도 알아 둘 필요가 있는 역사적인 해양탐험가이다.

좀 더 깊이 알고 싶은 독자를 위한 추천 도서 ─────

▪ 『바다의 학교』, 크리스티안 G. 폰 크로코, 들녘

메리 울스턴크래프트 [Mary Wollstonecraft, 1759년~1797년]
페미니즘을 역사상 처음으로 이론화한 여성

메리 울스턴크래프트는 영국의 사회 사상가로 페미니즘 운동의 선구자로 알려져 있다. 『여성의 권리 옹호』를 비롯한 많은 저작을 통해 여성의 권리 증진을 호소했다.

울스턴크래프트는 1759년에 부르주아 계층의 딸로 런던에서 태어났지만 가문이 몰락하는 바람에 독학으로 학문을 공부한 뒤 1783년에 학교를 설립한다. 1787년 『소녀들의 교육에 관하여』를, 1790년에 『인권 옹호』를, 1972년에 『여성의 권리 옹호』를 발행한다. 1795년 사회 평론가 임레이와의 사이에서 아이를 가지지만, 그에게서 버림받은 충격을 견디지 못해 런던의 템스강에 뛰어들어 자살을 시도하나 구조된다. 그리고 1797년 무정부주의자 윌리엄 고드윈과 결혼하고 같은 해 런던에서 딸 메리(어머니와 같은 이름)를 출산하다(딸 메리는 훗날 소설가가 되어 『프랑켄슈타인』을 쓴다.) 산욕열로 사망했다. 당시 38세였다.

울스턴크래프트의 최대 공적은 페미니즘 사상의 선구자였다는 점에 있다. 리처드 프라이스와 토머스 페인 등의 영향을 받아 인권 사상을 받아들인 그녀는 이윽고 여성 문제에 주목해 여성의 지위 향상의 필요성에 관한 논술을 전개했다. 특히 『여성의 권리 옹호』에서 여성의 경제적, 정신적 자립이 실현되어야만 한다는 점을 강조했고, 성평등의 관점에서 여성에게도 참정권을 주어야 한다고 강하게 호소했다. 이러한 울스턴크래프트의 사고방식은 페미니즘이라는 사상이 아직 확실한 형태를 갖추지 못했던 당시로써는 획기적인 것이었다.

또한, 울스턴크래프트는 1790년에 『인권 옹호』 속에서 영국의 보수주의 사상가 에드먼드 버크를 비판했다. 버크는 『프랑스 혁명의 성찰』에서 프랑스 혁명을 격렬하게 부정하는 논설을 전개했는데, 이 논설에 울스턴크래프트는 강한 반론을 제기해 인권의 중요성과 그것을 지키기 위한 행동의 필요성을 옹호했다. 이러한 점을 봤을 때 그녀가 페미니즘 사상은 물론이고 인권 자체에 집중한 사상가였음을 알 수 있다.

18세기 아직 여러 사회 문제가 근대화의 길 위에 놓여 있었던 시대, 이러한 시대 속에서 울스턴크래프트는 인권이라는 문제와 정면으로 마주하면서 페미니즘 사상을 명확한 형태로 만들어나갔다. 그녀의 이러한 업적은 역사 속에서 지금도 변함없이 빛나고 있다.

좀 더 깊이 알고 싶은 독자를 위한 추천 도서
- 『여성의 권리 옹호』, 메리 울스턴크래프트, 책세상 등
- 『길 위의 편지』, 메리 울스턴크래프트, 궁리
- 『여성의 정치사상』, 박의경, 책세상

프레더릭 더글러스 (Frederick Douglass, 1818년~1895년)

노예제 폐지를 위해 반생을 바친 운동가

프레더릭 더글러스는 미국 노예 제도 폐지 운동가로, 신문사를 만들고 정치가가 되었다. 그는 아프리카계 노예 출신으로 노예 제도 철폐를 위해 인생을 바쳐 미국사에 이름을 남겼다.

더글러스는 메릴랜드주의 코르도바에서 노예로 태어났다. 아버지가 누군지 명확히 밝혀진 바는 없으며 어머니는 그가 7세 때에 사망했다. 12세 때에 다른 노예 소유주의 소유가 되어 여주인으로부터 읽기와 쓰기를 배웠으며, 1838년 노예 신분에서 탈출하기 위해 뉴욕으로 향한다. 23세 때 매사추세츠의 반노예제 협회에서 노예제 반대에 관한 첫 연설을 한 이후 더글러스는 "피부색, 성별에 상관없이 인간은 모두 평등의 권리를 가진다."라는 주장 아래 몇몇 신문을 발행했으며, 1845년 발간한 책『프레더릭 더글러스 자서전: 미국의 노예』는 베스트셀러가 된다. 남북 전쟁 후에는 해방 노예 구제 은행의 총재로 일했고 말년에는 컬럼비아 특별구 연방 보안관, 주미국 점령하 아이티 공화국 합중국 총영사 등을 맡았다. 그리고 1895년 심장 발작으로 워싱턴에서 사망한다.

더글러스의 전반생은 노예제와의 싸움이었다. "노예를 만족시키기 위해서는 스스로 생각을 전혀 하지 않는 인간으로 만들어야 한다. 도덕이나 마음 상태를 판단하지 못하게 하는 등 가능한 한 판단력을 완전히 파괴할 필요가 있다.", "투쟁이 없는 곳에서는 전진도 없다." 같이 그가 남긴 말에 당시 미국 노예제가 얼마나 가혹했으며 이 제도와의 싸움이 얼마나 고통스럽고 길었는지가 잘 드러나 있다.

이 불합리한 제도를 타파하기 위해 더글러스는 분연히 일어나 폭력이 아닌 펜의 힘으로 이 비도덕적인 제도를 폐지하려고 했다. 그의 이러한 운동 자세는 "한 번 읽기를 배우면 영원히 자유로워질 수 있다."라는 말에서 단적으로 나타난다.

미국의 노예제는 인간의 평등권을 침해하는 비인간적인 제도였지만, 이 제도를 폐지하기 위해서는 매우 긴 시간 동안 투쟁을 벌여야만 했다. 더글러스는 운동의 중심에 서서 펜과 연설이라는 말의 힘을 무기로 삼아 싸워나갔으며 그의 노력은 노예제 폐지에 큰 힘이 되었다.

좀 더 깊이 알고 싶은 독자를 위한 추천 도서

- 『미국 노예 프레더릭 더글러스의 삶에 관한 이야기』, 프레더릭 더글러스, 지식을만드는지식 등
- 『미국 흑인의 역사』, 혼다 소조, AK커뮤니케이션즈

수전 B. 앤서니 (Susan B. Anthony, 1820년~1906년)
페미니즘 운동을 발전시킨 미국 여성

미국의 공민권 운동, 특히 여성의 참정권 문제 등을 다룬 페미니즘 운동에 전력을 다한 것으로 유명한 수전 B. 앤서니. 그녀는 페미니즘 외에도 노예제 반대를 위한 운동에도 적극적이었다.

앤서니는 매사추세츠주의 애덤스에서 조면기 공장 경영자의 딸로 태어났다. 아버지가 퀘이커 교도이자 유명한 노예 폐지론자였던 점이 앤서니에게 큰 영향을 주었다. 성인이 된 그녀는 1868년에 엘리자베스 C. 스탠턴과 함께 여성 해방 운동을 위한 신문『혁명』을 발간했으며 다음 해 스탠턴과 함께 전국 여성 참정권 협회를 설립한다. 이 조직은 1890년부터 전미 여성 참정권 협회가 되었고 앤서니는 1892년부터 1900년까지 회장으로 활동한다. 또한, 1888년에는 국제 여성 협회를 설립한다. 그러다 1906년에 심부전과 폐렴으로 뉴욕에서 86세의 나이로 눈을 감는다.

앤서니의 역사적 공헌은 역시나 미국에서 여성의 참정권 획득을 위한 일련의 투쟁에 크게 기여했다는 점이 있겠다. 미국에서 여성의 참정권이 인정된 때는 1920년 미합중국 헌법 수정 제19조가 성립된 이후지만, 이 수정 조항으로 향하는 길을 연 사람은 앤서니였다. 낙태 금지를 위해서 노력했고 페미니즘 운동의 국제화에도 막대한 공헌을 한 그녀의 공적을 기려 미국은 1979년 여성으로는 처음으로 그녀의 초상을 넣은 동전도 제작했다. 그 외에 앤서니는 남북 전쟁 이전부터 노예 폐지론을 전개해 폐지가 실현되는 데에도 기여했다.

앤서니는 생전 '여성 운동의 나폴레옹' 혹은 '여자 모세'라고 불렸는데, 이는 그녀가 페미니즘 운동의 리더로서 적극적으로 운동을 전개해 나갔음을 보여준다. 그녀의 운동이 없었더라면 미국의 여성 해방 운동은 발전해나갈 수 없었을 것이다.

수전 B. 앤서니, 그녀는 공민권 운동 투쟁의 선두에 서서 많은 사람을 이끌었으며 많은 지지를 얻어냈다. 그렇기에 여성의 권리를 위해 활동한 그녀의 이름이 미국 시민 운동사 속에 지금도 선명히 새겨져 있는 것이다.

나이팅게일 (Florence Nightingale, 1820년~1910년)
헌신과 과학 정신: 간호학의 어머니

플로렌스 나이팅게일은 '근대 간호 교육의 어머니' 혹은 '간호사의 시조'로 유명한 인물로, 크림 전쟁 중에 보여준 헌신으로 이름이 널리 알려졌다. 그녀의 헌신적인 자세는 "천사란 아름다운 꽃을 흩뿌리는 자가 아니라 고뇌하는 자를 위해 싸우는 사람이다."라는 그녀의 말에 잘 드러나 있다.

영국의 부유한 가정에서 태어나 어렸을 적부터 프랑스어, 그리스어, 이탈리아어 같은 어학 교육은 물론 철학, 심리학, 경제학 등 여러 교육을 받은 나이팅게일은 자선 사업을 통해 가난한 사람을 접한 뒤 사람들에게 봉사하는 일을 하고 싶다고 생각한다.

그전까지 간호사는 가정부나 여종업원과 동일시되어 천한 직업으로 여겨졌지만, 크림 전쟁이 발발한 뒤로 인식이 바뀌어 점차 중요한 직업으로 받아들여지게 된다. 이 전쟁에서 부상병의 사망률이 42%에나 달한 이유가 위생에 있음을 눈치챈 그녀는 위생 관리를 철저히 해 감염병을 막아 사망률을 5%까지 떨어뜨렸다.

나이팅게일은 전쟁 중의 병원의 실태를 효과적으로 보고하기 위해 방사형 차트(Radar chart)를 고안해 사망 원인의 실체를 일목요연하게 정리했다. 이러한 공적으로 그녀는 통계학의 선구자로서 영국 왕립 통계학회의 첫 여성 회원으로 선정되었다.

나이팅게일의 헌신적인 간호 정신에 스위스의 기업가인 앙리 뒤낭이 큰 감명을 받아 국제적십자회를 창설했다. 이 기관은 헌신적인 간호 행위를 행한 사람에게 주는 상에 나이팅게일의 이름을 붙여 그녀의 공적을 기리고 있다. 이와 더불어 나이팅게일이 전문적인 간호 교육의 필요성을 설파하고, 런던에 나이팅게일 간호학교를 설립해 간호 교육의 보급에 힘쓴 점도 중요하다.

이처럼 나이팅게일은 근대 간호학의 초석을 쌓음으로써 자신의 이름을 역사에 새겼다. 그리고 안타깝게도 그녀는 병으로 죽기 전까지 약 50년 동안 거의 침대에 누워 원고를 쓰거나 사무적인 편지를 보내며 지냈다.

좀 더 깊이 알고 싶은 독자를 위한 추천 도서
- 『플로렌스 나이팅게일 평전』, 김창희, 맑은샘
- 『간호에 대한 노트』, 플로렌스 나이팅게일, 널스랩

칼럼 2
유럽 왕가의 역사

유럽에는 상당히 많은 왕가가 있는데 여기서는 그중 대표적인 몇몇 왕가를 소개하고자 한다. 오랜 시간 번영을 누린 가문으로는 합스부르크 왕가와 부르봉 왕가가 있다. 특히 합스부르크 왕가의 역사는 길다. 스위스의 한 호족이 었던 이 왕가의 본격적인 역사는 1273년 루돌프 1세가 신성로마의 황제 자리에 오르면서부터 시작된다. 이후 16세기 초반 스페인(당시는 카스티야 왕국) 왕펠리페 1세(펠리페 1세의 아내가 그 유명한 후아나로, 방부 처리를 한 남편 펠리페 1세의 시신과 함께 오랫동안 스페인 국내를 방황한 것으로 유명하다.)를 지나 아들 카를로스 1세(카를 5세) 때부터 오스트리아를 거점으로 한 거대 명문 가문으로서의 합스부르크 왕가의 역사가 시작된다. 참고로 카를로스 1세가 퇴위한 뒤 신성로마 제국의 황위는 동생인 오스트리아의 페르디난트가, 스페인 황위는 아들 펠리페 2세가 이으면서 합스부르크 왕가는 오스트리아의 합스부르크 왕가와 스페인의 합스부르크 왕가로 나뉘게 된다.

카를로스 1세가 살았던 16세기, 합스부르크 왕가는 유럽의 3분의 2를 지배하며 최대의 영토를 자랑했다. 이후 펠리페 2세가 뒤를 이었고, 17세기에는 펠리페 4세(벨라스케스를 궁정 화가로 임명했다.)가 왕좌에 앉지만, 오랫동안 이어진 근친혼 때문에 펠리페 4세의 아들인 카를로스 2세는 장애를 가지고 태어났으며, 결혼 후 아이를 갖지 못해 끝내 스페인 합스부르크 왕가의 역사는 단절된다(오스트리아의 합스부르크 왕가는 아직 건재했다.)

한편 프랑스에서는 발루아 왕조의 뒤를 이어 1589년에 앙리 4세가 부르봉 왕조를 열었다. 이 시대 스페인 국왕은 펠리페 2세였다. 개신교도였던 앙리 4세의 즉위를 가톨릭교도인 펠리페 2세가 막으려 했으나, 앙리 4세는 잉글랜드와 협력해 펠리페 2세의 군대를 격퇴했다. 이때 이기지 못했더라면 부르봉 왕조는 성립하지 못하고 프랑스는 합스부르크 왕가의 영토가 되었을 것이다.

　부르봉 왕가는 이윽고 루이 14세를 배출해 17세기 중반부터 18세기 초반까지 절대왕정을 세웠다. 이 루이 14세의 아내가 스페인 합스부르크 왕가의 펠리페 4세의 딸 마리아 테레사(프랑스어로는 마리 테레즈)다. 이윽고 스페인에서는 1700년에 앞서 언급한 대로 카를로스 2세가 서거하고 1701년에 스페인 계승 전쟁이 발발한다. 이 전쟁에서의 승리로 루이 14세의 손자 앙주 공작 필리프가 펠리페 5세로서 스페인 왕위를 이어받으면서, 스페인 합스부르크 왕가를 대신한 부르봉 가문은 21세기 현재까지도 이어져 내려오고 있다.

　한편 전쟁보다 정략결혼으로 세력을 유지하던 오스트리아 합스부르크 왕가는 18세기 마리아 테레지아의 딸 마리 앙투아네트를 루이 16세와 결혼시킨다. 이로써 오스트리아 합스부르크 왕가와 부르봉 왕가가 손을 잡게 되었다. 하지만 이 결혼은 재앙으로 작용해 프랑스 혁명이 일어나 왕정이 폐지되고 국왕 부부는 처형당한다. 19세기에 왕정이 복고되지만, 얼마 지나지 않아 프랑스의 부르봉 왕가는 대가 끊긴다.

　오스트리아 합스부르크 왕가는 19세기 이후 프란츠 요제프와 그의 아름다운 아내 엘리자베트라는 인물이 나왔으며 오스트리아-헝가리 이중 제국이 된다. 하지만 제1차 세계대전의 패전으로 제국이 붕괴하고 오스트리아 공화국이 탄생해, 650년간 이어진 합스부르크 왕가도 끝을 맞이한다.

　영국은 헨리 8세와 엘리자베스 1세를 낳은 튜더 왕가, 청교도 혁명과 명예 혁명에 농락당한 스튜어트 왕가, 현재까지 이어지고 있는 하노버 왕가(1917년에 윈저로 개명)로 왕조 역사가 이어지고 있다. 러시아에서는 17세기에 미하일 로마노프가 로마노프 왕조를 창시했으나, 제1차 세계대전 중 일어난 러시아 혁명으로 혈통이 끊긴다.

제4장

현대~두 번의 세계대전과 냉전, 그리고 새로운 시대

빌헬름 2세 [Wilhelm II, 1859년~1941년]

독일 식민지 정책을 진행해 제1차 세계대전을 유발한 황제

1871년 프로이센이 독일을 통일(독일 제국)한다. 프로이센 왕 빌헬름 1세 (1797년~1888년)는 비스마르크를 재상으로 기용하고 자신은 황제가 되었다(비스마르크 참조).

빌헬름 1세가 병사한 후 아들인 프리드리히 3세가 뒤를 잇지만, 그도 얼마 지나지 않아 병사한다. 이후 황제에 자리에 앉은 사람이 빌헬름 1세의 손자인 빌헬름 2세다(1888년).

그는 할아버지와는 달리 비스마르크와 의견이 맞지 않을 때가 많았다. 실제로 그가 주장한 식민지 정책에 비스마르크는 소극적인 태도를 보였다. 한편으로 비스마르크는 사회주의자 진압법의 연장을 위해 노동 운동을 탄압하고, 사상을 더욱 엄격히 통제하는 등 비민주주의적 정책을 추진했다. 여기에서도 빌헬름 2세와 비스마르크는 대립했다.

결국 1890년 선거에서 진 비스마르크는 은퇴하고, 1898년에 병으로 사망한다. 그의 사망 후 빌헬름 2세는 새로운 내정을 펼치기로 결심, 사회주의자 진압법을 폐지하고 국민의 융화를 도모하는 정치를 시작해 비스마르크의 강권 정치의 흔적을 모두 없앤다. 외교적으로는 비스마르크의 유럽 세력의 균형을 유지하는 정책에서 벗어나 식민지 지배로 방향을 틀었다. 하지만 이것은 판도라의 상자를 연 것이나 다름없었다.

빌헬름 2세는 비스마르크 시대에 쌓았던 영국, 러시아와의 우호 관계를 파기했다. 그리고 해군을 확장하면서 영국과 군함 경쟁을 벌이며 제국주의 전략을 준비했다. 베를린, 이스탄불(비잔티움), 바그다드를 기점으로 한 3B 정책으로, 케이프타운, 카이로, 캘커타를 기점으로 한 영국의 3C 정책과 대립하는 것이었다.

이윽고 오스트리아 황태자가 세르비아인에게 암살당하는 사라예보 사건이 일어나자 빌헬름 2세는 세르비아에 압력을 넣는다. 이에 러시아가 반발해 1914년 제1차 세계대전이 발발했고, 전황은 점차 독일군에게 불리하게 돌아가 결국 1918년 11월 독일의 패전으로 막을 내린다. 그해 같은 달 킬군항의 수병들과 노동자들이 반란, 봉기하면서 독일 혁명이 발생해 위험에 빠진 빌헬름 2세는 퇴위한다. 이로써 독일 제국은 멸망하고 뒤이어 독일 공화국 임시정부가 성립되었으며, 이후 사회주의 혁명을 요구하는 봉기가 진압되어 1919년 2월 자본주의 경제 아래 온건한 의회정치를 표방하는 바이마르 공화국이 탄생한다.

좀 더 깊이 알고 싶은 독자를 위한 추천 도서 ─────

• 『제1차세계대전』, 마이클 하워드, 교유서가

쑨원 (孫文, 1866년~1925년)
삼민주의를 주장하며 민주주의 정치를 지도했던 '국부'

19세기 젊은 쑨원은 하와이에서 유학한 뒤 홍콩으로 가 의학을 배워 의사가 되나, 당시 몰락하는 청나라를 보고 분노해 일어서게 된다. 그리고 청조 타도를 목표로 봉기하지만, 실패해 일본으로 망명했다 (1895년). 1905년 도쿄에서 중국동맹회를 결성하고 민족 독립, 민권 확립, 민주 안정 삼민주의를 발표했다. 이는 현대에도 유효한 이념이다.

　1911년 중국에서 신해혁명(제1혁명)이 일어나는데, 귀국해 혁명을 이끈 그는 1912년 성립한 중화민국의 임시 대통령에 취임하지만 청나라의 실권자로 군벌을 이끄는 위안스카이가 그의 지위를 빼앗는다.

위안스카이는 교활한 남자였다. 쑨원에게서 빼앗은 지위에 올라 독재 정치를 펼쳤다. 이에 반발한 쑨원은 1912년에 국민당을 결성한다. 선거에서 국민당이 제1당이 됐음에도 불구하고 위안스카이는 의회를 해산시키고 국민당 지도자를 암살한다. 이를 계기로 위안스카이를 타도하기 위한 제2혁명이 발발하지만, 실패로 돌아간다. 이 실패로 쑨원은 또다시 일본으로 망명길에 오른다(1913년). 한편 위안스카이는 1916년 병사한다.

이후 중국 국민당의 총리가 된 쑨원은 국민 혁명에 매진해, 그 일환으로 1917년 러시아 혁명 이후 성립한 소련 정부에 접근했다. 그리고 곧 중국에서도 중국 공산당(1921년)이 결성되어 국민당과 공산당 두 당 모두 우호 관계를 쌓는다.

이렇게 국민당과 공산당에 의한 '제1차 국공합작'은 1924년에 성립했다. 이것은 해외의 제국주의로부터 민족을 해방하려 한 움직임으로, 군벌 지배를 무너뜨리고 평등한 민중에 의한 안정된 생활을 목표로 했다. 하지만 1925년 쑨원은 뜻을 다 펼치지 못하고 병사한다. 반제국주의, 반봉건주의를 외쳤던 그는 유언으로 "혁명은 아직 완성되지 않았으니, 동지들이여, 계속 노력하라."라는 말을 남겼다. 이 일화만 보아도 그가 '국부'로 불리는 이유를 알 수 있을 것이다.

좀 더 깊이 알고 싶은 독자를 위한 추천 도서 ──────

▪ 『쑨원: 근대로의 기로』, 후카마치 히데오, AK커뮤니케이션즈
▪ 『쑨원과 한국』, 배경한, 한울

간디 [Mahatma Gandhi, 1869년~1948년]

'비폭력·불복종'을 굽히지 않은 인도 독립의 아버지

인도의 정치가이자 변호사, 종교가이기도 했던 마하트마 간디. 그는 '비폭력·불복종'을 슬로건으로 걸고 인도 독립 운동을 펼쳤으며, 1947년에 독립을 쟁취하지만 다음 해 암살당했다.

간디는 1869년 영국 식민지하의 인도 제국 서부에 위치한 구자라트의 포르반다르국에서 포르반다르국 재상의 아들로 태어났다. 12세 때에 알프레드 고등학교에 입학하고 13세에 결혼했다. 18세 때 영국으로 건너가 이너 템플 법학원에 입학한다. 졸업한 후 1893년에 남아프리카에서 변호사 사무소를 개업했으며, 1907년에『힌두 스와라지』를 쓰고, 1913년 인도인 이민에 대한 차별에 반대하는 트란스발 행진을 기획한 뒤 투옥된다.

1915년 인도로 돌아온 뒤 적극적으로 민족 운동을 전개하기 시작한다. 하지만 도중에 제1차 세계대전이 터진다. 전쟁 중에는 종주국 영국의 정책에 협력했지만, 종전 1년 뒤인 1919년 펀자브주에서 정부군이 비무장 시민에게 발포해 다수의 사상자가 나온 암리차르 사건이 발생한다. 이후 그는 독립을 목표로 인도 국민회의에 참가해 영국 제품 불매 운동을 전개하고 1930년에는 영국이 부과한 소금세에 반대하는 소금 행진을 벌인다. 제2차 세계대전이 발발한 뒤에도 흔들림 없이 독립을 위해 싸우면서도 일본의 원조를 받는 무리들과는 거리를 두었으며, 1945년 제2차 세계대전이 끝난 후 인도 전역으로 퍼진 독립 운동에서 간디는 핵심 지도자로서 독립 운동을 이끈다. 그리고 대망의 1947년 드디어 인도가 독립을 성취하는데, 간디는 이 기쁨을 오래 누리지 못한다. 1948년에 뉴델리에서 힌두교 극단주의자가 쏜 총에 맞아 암살당하기 때문이다. 그때 나이 78세였다.

인도의 독립을 바라마지 않았던 간디는 무력에 의한 독립이 아닌 '비폭력·불복종'이라는 슬로건 아래서 인도가 평화적으로 독립하기를 원했다. 이뿐만 아니라 그는 인종 차별이나 무력으로 타국을 정복하는 행위도 강하게 비난했다.

'비폭력·불복종'이라는 슬로건은 간디의 사티야그라하(진리(사티야)의 포착(아그라하))라는 사상에 기초한 것이다. 비폭력은 자이나교와 힌두교의 불살생에서 영향을 받은 것으로 폭력적인 저항을 거부하는 대신 데모 같은 행위로 지배자의 악정에 맞서 싸우겠다는 간디의 핵심 사상이다. 또한, 불복종이라는 것은 부당한 권력을 마주했을 때 명령에 따르지 않는, 예를 들면 납세를 거부하거나, 공직을 사임하는 것 같은 방법으로 저항하는 것을 의미한다. 이러한 저항 형태는 효과가 나타나기까지 긴 시간이 걸리며 그렇게 나타난 효과도 천천히 퍼진다는 특성을 가졌지만, 간디의 이 방법은 조금씩 인도 각 지역에 침투해 끝내 조국의 독립을 쟁취해냈다.

간디가 인도 독립만이 아니라 다양한 인종적 편견이나 강국의 약소국 지배라는 문제에도 관심을 두고 이를 강하게 반대했다는 점도 잊어서는 안 된다. 대표적인 예로 그는 제2차 세계대전 중에 일본군의 힘을 빌려 독립을 이루려고 하지 않았다. 그는 "만약 내가 일본에 가는 것이 허락된다면, 나는 일본에 가 중국을 향한, 세계를 향한, 즉, 당신들이 당신들에게 행하고 있는 폭력을 그만둘 것을 간절히 바라겠습니다."라는 말을 남겼다. 간디는 단순히 자국의 독립만을 바랐던 것이 아니라 아시아 전체가 누군가의 지배를 당하는 일 없이 평등하고 편견 없는 곳이 되기를 원했던 것이다.

간디는 독립을 위해 식민지주의적 권력자에 대한 저항 운동을 펼치면서 여러 명언을 통해 자기 생각을 명확히 표현했다. 예를 들어 "나는 내 생명을 바칠 각오가 되어 있다. 하지만 누군가의 목숨을 앗아갈 대의는 어디에도 없다."나 "나는 실망했을 때 인류의 역사 전체를 통틀어 언제나 진리와 사랑이 승리했다는 사실을 떠올린다. 폭군이나 살육자는 무적으로 보이지만, 결국에는 멸망의 길을 걷는다. 나는 언제나 이 사실을 생각한다." 같은 말에 간디의 사상이 지닌 휴머니즘 성격과 종교적 성격이 단적으로 드러난다.

이제 사회 운동가로서의 간디가 아니라 종교인으로서의 간디라는 측면도 한번 살펴보자. 그는 힌두교와 자이나교의 영향을 강하게 받아 채식주의자였다. 영국에서 유학하던 때까지만 해도 고기를 먹었지만, 이후부터는 식사로 곡물, 콩류, 염소젖, 꿀만을 먹었다. 간디는 "죽임당하는 것을 싫어하는 생명체는 먹지 않겠다."라는 말도 했으며 종종 단식도 했다. 또한, 자본주의적인 개인 소유를 부정해 사유 재산으로서의 금융 재산도, 부동산도 일절 가지지 않았다.

마하트마 간디는 인도 독립의 아버지라고 불린다. 반생을 조국의 독립을 위해 바쳤기 때문이다. 하지만 꼭 이러한 이유가 아니더라도 그의 사상, 특히 '비폭력·불복종'이라는 원칙에 입각한 저항 운동은 지금도 세계의 많은 사람의 공감을 불러일으키고 있다. 2007년 유엔은 세계의 역사에 남을 위대한 사상가이자 운동가인 간디의 탄생일을 기려 10월 2일을 국제 비폭력의 날로 정했다.

좀 더 깊이 알고 싶은 독자를 위한 추천 도서 ─────

- 「간디의 편지 : 삶의 태도에 관한 열여섯 편의 에세이」, 마하트마 간디, 원더박스
- 「간디 자서전」, 마하트마 간디, 문예출판사 등
- 「간디와 맞선 사람들」, 박금표, 그린비

사토 마사루의 한 마디

간디가 전개한, 죽음도 두려워하지 않는 철저한 비폭력주의에 바탕을 둔 저항 운동에 영국인은 전율했다. 비폭력주의에는 인간의 심금을 울리는 힘이 있다.

윈스턴 처칠(Winston Churchill, 1874년~1965년)

전쟁 전에는 나치와 싸우고, 전쟁 후에는 냉전을 부추긴 영국 총리

처칠은 오랫동안 정치가로 활동했다. 제1차 세계대전 때 영국 해군 장관을 지냈던 처칠은 터키군(오스만제국군)과의 전투에서 패한 책임을 지고 사임하지만, 곧 재무장관으로 재임명된다. 당시 처칠은 보수당 이었는데 특별히 강한 이데올로기를 가져 보수당에 있던 것은 아니 었다. 그래서 시국에 따라 보수당과 자유당이라는 당시 2대 정당 사 이를 자유롭게 들어갔다 나갔다 했다(이후 자유당은 세력을 잃어 현재는 보수 당과 노동당이 영국의 2대 정당이다.).

처칠은 1937년부터 1940년까지 수상을 지냈던 네빌 체임벌린의 나 치 융화 정책에 반대했다. 실제로 체임벌린은 히틀러를 너무도 과소평가했다. 체코슬로바키 아의 주데텐란트 할양을 요구한 히틀러를 용인하고, 대륙이 히틀러의 생각대로 지배되어 가 는 것을 그저 묵인할 뿐이었다. 그는 대독 융화 정책도 승인했다. 체임벌린은 히틀러가 어느 정도 침략하고 나면 멈추리라 생각했다고 한다. 하지만 이것은 매우 잘못된 판단이었다. 결 국, 체임벌린의 소극적인 행동은 제2차 세계대전의 불꽃을 키우는 원인 중 하나가 되었다.

그와 비교해 처칠은 혜안을 가진 셈이다. 나치의 위협과 광기를 지켜본 그가 한 말대로 나 치는 1939년 제2차 세계대전을 일으켰고, 처칠은 세계대전을 막지 못한 체임벌린 내각을 강 하게 규탄했으며 1940년에는 영국 총리가 된다. 그는 곧바로 내각을 조직해 전쟁에 대처해 나가기 시작한다.

이 내각은 거국일치내각이었다. 그가 속한 보수당에 더해 자유당, 노동당이 가세했다. 여 기서 그의 각오와 모종의 카리스마적 지도력을 느낄 수 있다. 처칠은 나치를 민주주의의 명 백한 적이라고 인식하고 영국이 하나가 되어 이 야만적인 나라를 물리쳐야 한다는 강한 의 지를 보였다.

영국에게 이 대전은 바다 건너의 불이 아니었다. 압박해오는 나치를 어떻게든 물리쳐 나 라를 지키는 것은 절대 쉬운 일이 아니었다. 전쟁 초기 독일은 파죽지세로 연합군을 몰아세 웠고, 1940년에는 거센 나치의 공격에 서부전선이 무너져 연합군의 수십만에 달하는 병력 이 프랑스의 됭케르크에서 포위되는 절체절명의 위기를 맞는다. 연합군(주로 영국군)은 여러 우여곡절을 겪으며 이들을 구하기 위해 사상 최대 규모의 철수 작전을 벌였고 다행히 성공 했다. 공격해 온 히틀러는 아무도 없다는 해변 소식을 듣고 분노했다고 한다. 이후 독일은 자 국 공군을 보내 영국 본토에까지 침입하지만, 영국 공군의 필사적인 반격에 막혀 이렇다 할 전과를 올리지 못하고 끝내 퇴각했다.

이 시기(1940년) 독일, 이탈리아, 일본은 3국 동맹을 맺었다. 여담이지만, 이 무렵 이탈리아 에서는 태어난 아이에게 '로베르토'라는 이름을 붙이는 것이 유행이었다고 한다. '로베르토' 는 서구에서는 일반적인 이름으로, 영어로는 '로버트', 프랑스어로는 '로베르'가 된다. 왜 하필 이 시기에 이 이름이 폭발적으로 증가했을까. 그 이유는 바로 3국 동맹에 있다. Ro는 '로마'의 '로', Ber는 '베를린'의 '베르', To는 '도쿄'의 '토'다. 이탈리아에서는 상식이라고 한다.

아무튼 이야기를 원래대로 돌리자. 처칠의 영국은 나치에 대항하기 위해 바라는 바는 아니었을지라도 소련과도 손을 잡았다. 제1차 세계대전에서 중립을 표방했던 미국은 1941년 프랭클린 루스벨트 대통령의 결단으로 제2차 세계대전에 참여했다. 소련도 같은 해 참전을 선언한다. 한편 일본은 같은 해 12월 하와이의 진주만을 공격해 태평양 전쟁이 발발했다.

하지만 처칠도 루스벨트도 대단한 인물이어서 세계 각국의 군사력과 국력을 비교·판단하며 이 전쟁이 어떻게 결말지어질 것인지를 어느 정도 정확히 예측하고 있었다. 실제로 독일, 이탈리아, 일본 모두에게 전황은 불리하게 돌아가게 되었고, 전쟁이 아직 끝나지 않았음에도 연합군은 전후 처리 문제를 고심하기 시작했다.

1943년 11월 카이로 회담, 같은 해 12월 테헤란 회담, 1945년 2월 얄타 회담. 이 회담들은 어떻게 전쟁에서 이길 것인가를 논한 회담이 아니다. 이미 전쟁에서 승리를 확신하고 있었기에 이후 패전국의 영토를 어떻게 관리할 것인가가 의제인 회담이었다. 세상이 이렇게 더 먼 미래를 준비하고 있을 때 일본은 죽창을 들고 '귀축미영(마귀와 짐승 같은 미국과 영국)'을 쓰러뜨리는 교육을 시키고 있었다. 즉, 일본이 망상에 빠져 있을 때 세계는 정확한 예측과 함께 미래를 위한 회담을 열고 미국에서는 최첨단 기술을 활용해 원자 폭탄을 완성하고 있었던 것이다.

유럽에서는 1944년 영·미군이 노르망디 상륙 작전을 성공시킨다. 독일 폭격도 시작되었다. 앞에서 언급한 얄타 회담에서는 종전 후 국제연합 설립이 결정되었다. 같은 해 4월 히틀러는 자살하고, 5월 독일은 무조건 항복을 선언했다. 이렇게 유럽에서의 전쟁은 끝났다. 그리고 일본도 같은 해 8월 포츠담 선언을 수락했다.

이제 다시 처칠로 이야기를 돌리자. 그는 전후에 치러진 선거에서 노동당에 져 수상 자리에서 내려온다. 그사이 인도가 독립(1947년)하는 등 과거의 '대영제국'은 쇠락해간다. 그로서는 불만이었을 것이다.

제2차 세계대전에서 독일을 쓰러뜨린 그가 다음으로 생각한 가상 적국은 소련이었다. 1946년 미국을 방문한 그는 소련을 향해 "유럽 대륙을 가로지르는 철의 장막이 드리워졌다."라는 철의 장막 연설을 한다. 이는 냉전시대의 막이 열렸음을 선언하는 연설이었다. 처칠은 이후 다시 총리에 복귀했으며, 공산권에의 강경 자세는 변하지 않아 핵실험을 실시해 영국을 핵보유국으로 만들었다. 한편 문필가로도 뛰어났던 그는 『제2차 세계대전 회고록』을 써 노벨 문학상을 받았다.

좀 더 깊이 알고 싶은 독자를 위한 추천 도서

- 『처칠, 끝없는 투쟁』, 제바스티안 하프너, 돌베개
- 『폭격기의 달이 뜨면』, 에릭 라슨, 생각의힘
- 『제2차 세계대전』, 윈스턴 처칠, 까치

레닌(Lenin, 1870년~1924년)

세계에서 처음으로 사회주의 국가를 러시아에 창설한 정치가

레닌(레닌은 필명으로 '레나강의 사람'이라는 의미다. 본명은 블라디미르 일리치 울리야노프Vladimir Ilich Ulyanov다.)이며 러시아의 혁명가로, 소비에트 연방 초대 최고 지도자다. 그는 러시아 혁명을 통해 세계 최초로 사회주의 국가를 건립해 역사에 이름을 남겼다. 그가 실현한 국가는 마르크스가 강하게 주장했던 프롤레타리아트를 위한 국가였다.

레닌의 아버지는 물리학자로 귀족이었지만, 계급 간 격차 같은 사회 문제도 아이들에게 교육해 레닌의 형제 5명 모두 혁명가가 되었다. 특히 그의 형은 알렉산드르 3세 암살 사건 가담자로 사형당한다. 대학 시절 마르크스주의에 강하게 매료된 레닌은 혁명 이론을 다듬었다. 이후 『무엇을 해야 하는가?』, 『제국주의론』, 『국가와 혁명』 같은 혁명과 관련한 저서를 차례로 내놓는다.

하지만 누가 뭐라 해도 레닌의 이름이 역사의 한 장에 남은 이유는 1917년 러시아 혁명 때문이다. 이 혁명은 2단 혁명이었다. 제1차 세계대전 참전으로 시민들의 생활이 어려워지면서 대규모 파업과 병사들의 반란이 발생해 결국 로마노프 왕가가 쓰러지고 임시 정부가 만들어졌다. 이것이 제1단계 혁명인 2월 혁명으로, 이 혁명의 중심에는 멘셰비키(소수파라는 뜻으로 러시아 마르크스주의의 우파. 레닌이 이끄는 볼셰비키(다수파)와 대립했다.)가 있어 레닌을 중심으로 한 볼셰비키(소련 공산당의 전신)는 그다지 영향력을 가지지 못했다. 하지만 혁명은 그대로 끝나지 않았다. 임시 정부의 방침에 많은 시민과 병사가 반발했기 때문이다. 레닌은 이러한 목소리들에 응해 임시 정부를 무너뜨리고 볼셰비키를 중심으로 한 소비에트 정부를 수립한다. 이것이 제2단계, 10월 혁명이다.

혁명 후의 소비에트는 타국의 간섭과 여러 차례 내란을 경험하지만, 레닌은 굳건히 나라를 다스려 소비에트 사회주의 공화국 연방을 대국의 길로 이끌었다. 하지만 소련 시대에 절대적이었던 마르크스·레닌주의도 시간이 흐름에 따라 차츰 힘을 잃어갔다. 소련이 해체된 뒤에는 정적과 농민을 탄압하는 정책을 펼친 레닌을 강하게 비난하는 목소리도 들리고 있다. 하지만 그가 역사에 이름을 남길 정도의 혁명가였으며 정치가였다는 사실은 분명하다.

좀 더 깊이 알고 싶은 독자를 위한 추천 도서

- 『국가와 혁명』, 블라디미르 일리치 레닌, 돌베개 등
- 『제국주의』, 블라디미르 일리치 레닌, 아고라 등

사토 마사루의 한 마디

레닌은 개나 고양이 같은 작은 동물을 좋아했다. 동물을 접하면 상식을 뛰어넘는 착상이 떠오르고는 했기 때문이라고 한다. 물질 안에 생명의 원천이 있다는 발상이 레닌 유물론의 근간을 이루고 있다.

트로츠키(Leon Trotsky, 1879년~1940년)

영속 혁명론을 주장해 스탈린에게 숙청당한 혁명가

1917년 10월(러시아력, 그레고리력 11월)에 레닌은 멘셰비키의 임시 정부를 타도하고 볼셰비키의 정권을 수립하기 위해 혁명을 일으킨다. 이 10월 혁명으로 '러시아 혁명'이 성립한다. 그리고 볼셰비키의 주도로 소비에트(노동자와 농민의 평의회)에 권력이 집중되는, 역사상 최초의 공산주의 혁명이 발발한다. 이후 내전을 거쳐 1922년 첫 공산주의 국가인 소련이 탄생한다. 내전에서 트로츠키는 적군(赤軍, 볼셰비키의 상징색이 붉은색이었으므로 볼셰비키 혁명주의자와 그 군대를 말한다.)을 결성해 싸워 반혁명군인 백군을 압도했다. 그 뒤 볼셰비키는 공산당으로 개명했다.

트로츠키는 영속 혁명론, 세계 혁명론을 주장했다. 이것은 부르주아(시민) 혁명을 일으키고 그 위에 처음으로 프롤레타리아 혁명을 일으키는, 레닌의 2단 혁명론과 대립하는 것이었다. 트로츠키는 부르주아 혁명을 거치지 않고 프롤레타리아 혁명을 일으켜야 한다고 주장했지만(영속 혁명론), 레닌은 농민을 무시하는 혁명이라며 비판했다. 하지만 최종적으로 레닌은 트로츠키를 받아들여 1924년 죽을 때까지 그와 친밀한 관계를 쌓았다. 참고로 트로츠키의 사상을 '트로츠키즘', 신봉자를 '트로츠키스트'라고 한다.

하지만 마르크스 사상을 잘 들여다보면 공산주의 혁명은 성숙한 자본주의 사회의 뒤를 이어 등장하는 것임을 알 수 있다. 이러한 의미에서 소련형 공산주의 사회는 처음부터 잘못되었다는 의견도 있다.

트로츠키와 같이 볼셰비키였던 스탈린은 2단 혁명론과 일국사회주의론(세계적인 공산주의 혁명이 없어도 한 나라에서 사회주의를 건설할 수 있다는 이론)을 주장해 트로츠키와 대립했다. 레닌은 유서에서 스탈린을 '거칠고 난폭하며 독선적'이라고 비난하면서 스탈린이 자신의 후계자가 되는 것을 거부했다. 하지만 스탈린은 레닌의 유서를 짓뭉개버리고 권력자가 됨과 동시에 정적인 트로츠키를 숙청할 것을 맹세한다. 1929년 외국으로 추방된 트로츠키였지만, 시기심이 강했던 스탈린은 멕시코로 망명한 트로츠키를 암살한다.

좀 더 깊이 알고 싶은 독자를 위한 추천 도서
• 『트로츠키』, 로버트 서비스, 교양인

■■■■■ 사토 마사루의 한 마디 ■■■■■
트로츠키의 영향은 미국에 지금도 남아있다. 트로츠키주의자가 보수파로 전향해 미국식 자유와 민주주의를 힘으로 전 세계에 실현하려는 네오콘(신보수주의)이 되었기 때문이다.

스탈린(Joseph Vissarionovich Stalin, 1879년~1953년)
대숙청을 통해 공산주의 국가 소련을 완성한 독재자

1914년에 발발한 제1차 세계대전에서 승리한 연합국 측에 속했던 러시아였지만, 승전국으로써 얻은 것은 많지 않아 국민들 사이에서는 불만이 커지고 있었다. 이윽고 레닌 등의 지도 아래 1917년 2월(러시아력, 그레고리력 3월) 국민에 의한 혁명이 일어나 이로 인해 니콜라이 2세의 로마노프 왕조가 무너지고 러시아 제국도 멸망했다. 그리고 왕조 대신 세워진 것이 멘셰비키(우파)의 임시 정부였다. 프롤레타리아트(무산계급)에 의한 독재정치를 주장했던 볼셰비키(좌파)의 레닌 등은 같은 해 10월(러시아력, 그레고리력 11월)에 또다시 혁명을 일으킨다.

이 혁명은 성공했다. 이로써 세계 최초의 사회주의 혁명이 성립됨과 동시에 최고 지도자 레닌이 이끄는 세계 최초의 공산주의 국가가 탄생했다. 그리고 제2차 세계대전 이후 러시아 내전이 일어났으며, 적군(赤軍)으로 레닌, 트로츠키 들과 함께 참전했던 스탈린은 백군(반혁명파)을 일소한다. 1922년에는 정식으로 소련이 탄생했다.

레닌의 후계자 중 한 사람인 트로츠키는 '세계 혁명'으로 유럽 전역에서의 혁명을 목표로 한 데에 반해 또 다른 레닌의 후계자였던 스탈린은 일국(一國)에서의 공산주의 체제국가의 중요성을 이야기하며 영속 혁명과 세계 혁명을 비판했다. 스탈린의 인간성을 아는 레닌은 그를 위험한 인물이라고 생각했으나, 1924년 병사하고 만다. 트로츠키 편에서 해설한 대로 레닌의 유언에는 스탈린을 비난하는 글이 적혀 있었다. 하지만 스탈린은 레닌의 유언을 무시하고 권력을 쥔 후 독재 정치를 펼치며 반대 세력을 숙청하는 방향으로 나아간다.

먼저 최대 정적이었던 트로츠키를 추방한 것에 끝내지 않고 1940년 멕시코(트로츠키의 망명지)에 암살자를 보내 죽였다. 그리고 자신에게 반대할 것 같은 세력이 보이면 곧바로 숙청해버렸다. 일설에 의하면 이 숙청으로 처형자만 100만 명, 수용소에 감금된 사람만도 1,000만 명에 달했다고 한다. 이렇게 무자비한 독재자로서 그는 히틀러, 폴 포트와 어깨를 나란히 할 정도다. 하지만 그가 동서 냉전 중에 정치가로서 쌓은 업적도 있다.

스탈린은 19세기에 현재 조지아(그루지야)에서 태어났다. 본명은 주가슈빌리(Jughashvili)다. 1912년에 볼셰비키에 가담해 기관 잡지 『프라우다』를 발행하였고, 1922년에는 러시아 서기관에 올랐으며, 앞서 이야기한 대로 1924년 레닌이 사망하자 트로츠키를 숙청하고 독재 정치를 시작했다.

정권을 쥔 스탈린은 제1차 5개년 계획, 제2차 5개년 계획을 발표한다. 이 계획들은 공업, 농업과 관련한 정책으로 모두 일정 이상의 성과를 거두어 공산주의 국가를 궤도에 올려놓았다. 또한, 1929년의 세계 공황 후 갑자기 등장해 세력을 떨친 파시즘에 대해서는 코민테른(국제공산주의조직)을 중심으로 결집해 반파시즘을 주장했다. 덕분에 공산주의 국가 소련은 1930년대 세계 공황의 영향을 받지 않았다.

제2차 세계대전에서는 나치 독일을 견제하고 1939년 독소불가침조약을 맺는다. 반파시즘을 강하게 주장했던 스탈린이 파시즘 국가와 손을 잡았다며 세계가 놀랐으나, 스탈린은 사상보다 국가 간의 이익을 중요시 여긴 인물이었으므로 이러한 측면에서 보면 이 조약은 그다지 놀랄 일이 아니다. 스탈린은 이후 독일과의 밀약을 통해 폴란드의 동쪽 반을 획득하고 나아가 발트 삼국에까지 영토를 확장했다.

하지만 서로 앙숙인 두 나라의 협력 관계가 언제까지나 지속될 수는 없었다. 1941년 독일이 독소불가침조약을 어기고 러시아로 진군해 독소전이 발발하나, 소련 역시 재빨리 영국·미국과 손을 잡고 독일을 물리친다. 그리고 1945년 소련은 일소불가침조약도 파기해 일본에 선전포고했으며, 일본은 원폭을 맞고 결국 패전한다. 이렇게 제2차 세계대전은 끝을 향한다.

전쟁 이후 세계는 미국을 중심으로 한 자본(자유)주의권과 소련을 중심으로 한 공산주의권으로 나뉘고, 곧 양대 세력 사이에서 냉전이 발발해 군사 기관으로 미국의 NATO와 소련의 바르샤바 조약 기구가 창설된다. 여기에서도 공산권은 스탈린의 강한 지도력으로 자본주의권과 팽팽하게 맞붙는다.

하지만 1953년 스탈린의 사망 이후 새로이 당 제1서기에 오른 흐루쇼프는 1956년 스탈린을 비판했다. 이로 인해 스탈린의 감춰진 (무자비한) 민얼굴이 세상에 드러나게 된다.

오늘날 스탈린을 지지하는 사람은 우익은 물론 좌익에도 없다. 비정한 독재자에 대한 평가는 좋지 않다. 하지만 그의 캐릭터성은 영화 등에서 모티프가 되고 있다. 스탈린의 인생을 그린 작품은 아니지만, 게르만 감독의 『크루스탈리오프, 나의 차!』는 걸작으로 이름이 나 있다. 이 영화의 제목은 스탈린이 죽기 전 남긴 마지막 말이라고 한다.

좀 더 깊이 알고 싶은 독자를 위한 추천 도서

- 『피에 젖은 땅 – 스탈린과 히틀러 사이의 유럽』, 티머시 스나이더, 글항아리
- 『스탈린』, 올레그 V. 흘레브뉴크, 삼인
- 『젊은 스탈린』, 사이먼 시백 몬티피오리, 시공사

■ 사토 마사루의 한 마디 ■

스탈린은 조지아(그루지야) 정교회의 신학교를 중퇴했다. 신학을 기초 교육으로 받았기에 스탈린은 기독교의 힘을 매우 잘 알고 있었다. 1941년 6월에 독소전이 발발했을 때 스탈린은 "동지 제군!"이라고 부를 것을 "형제, 자매 여러분!"이라고 바꿔 불렀다. 이것은 교회에서 신부가 신도들을 부를 때 쓰는 단어다. 기독교도도 스탈린의 부름에 호응해 최전선에서 싸웠다.

무솔리니 (Benito Andrea Amilcare Mussolini, 1883년~1945년)
삼국동맹의 한 축을 맡은 이탈리아의 독재자

베니토 무솔리니는 이탈리아 파시스트당의 일당 독재를 실현했던 정치가다. 독재자 무솔리니는 파시즘 정권하에서 독일과 손을 잡았고 곧이어 일본을 포함한 삼국 동맹을 1940년에 체결해 제2차 세계대전에서 연합군과 싸웠다. 하지만 1945년 이탈리아 민중에게 붙잡혀 처형당했다.

무솔리니는 이탈리아 중부의 마을 프레다피오에서 대장장이 아버지와 교사 어머니 사이에서 태어났다. 아버지는 사회주의자로 제2인터내셔널의 일원이었다. 어린 시절 무솔리니는 아버지로부터 많은 영향을 받았다. 청년 때엔 교사를 목표로 사범학교에 들어가 한때 교사가 되지만, 여기에 만족하지 않고 스위스로 이주한다. 이곳에서 레닌과 알게 된 무솔리니는 그로부터 막대한 영향을 받았다. 그리고 프랑스어와 독일어를 배웠고, 프랑스의 급진조합주의자 조르주 소렐의 책을 읽으며 그의 사상에 경도됐다. 이러한 과정을 겪으며 무솔리니는 정치의 길을 걷기로 한다.

1905년에 이탈리아로 돌아와 사회당에 입당한 그는 두각을 나타내지만, 1914년 제1차 세계대전이 시작되자 사회당 집행부와는 달리 주전론을 주장해 대립하게 되었고 끝내 제명 처분을 받는다. 그리고 제1차 세계대전에 병사로 참전했다가 상처를 입고 전역한다. 종전 후 사회주의에 실망한 무솔리니는 훗날 파시스트당이 되는 이탈리아 전투자 파쇼를 결성해 본격적으로 파시즘 운동을 전개한다.

무솔리니가 정권을 획득한 계기는 1922년 로마 행진에 의해서다. 민병조직 검은 셔츠단을 선두로 로마를 향해 진군한 무솔리니는 무력으로 정권을 탈취한다. 1929년에는 파시스트당 이외의 의원은 존재하지 않게 되어 독재자의 지위를 확고히 한다.

이후 무솔리니는 히틀러와 동맹해 스페인 내전에 군대를 보내고, 일본을 포함한 삼국동맹을 체결해 제2차 세계대전에서 연합국과 싸운다. 하지만 세계대전에서는 나치 독일의 주도 아래서 작전이 전개되었기에 군사적인 주도권은 없었으며, 1945년 이탈리아는 분열해 내전 상태에 놓이게 되고 이 혼란 속에서 무솔리니는 좌익 게릴라군(파르티지아노)에게 잡혀 처형당한다.

사토 마사루의 한 마디

무솔리니는 스위스 로잔학파의 빌프레도 파레토(이탈리아와 스위스 이중국적 보유자)의 영향을 강하게 받았다. 파레토가 외친 후생경제학(사회복지) 논리가 무솔리니의 정책에 반영되었다. 코로나 위기를 극복하는 과정에서 무솔리니형 파시즘이 되살아날 가능성이 있다.

좀 더 깊이 알고 싶은 독자를 위한 추천 도서 ──────
- 『무솔리니 나의 자서전』, 베니토 아밀카레 안드레아 무솔리니, 현인
- 『파시즘 – 열정과 광기의 정치 혁명』, 로버트 O. 팩스턴, 교양인

장제스 [蔣介石, 1887년~1975년]
중일 전쟁 승리 후 마오쩌둥에게 패해 대만으로 도망간 총통

1924년에 중국에서는 쑨원의 지휘로 제1차 국공합작이 성립되지만, 다음 해인 25년 쑨원은 사망한다. 그의 후계자가 된 사람이 장제스였다. 그는 국민혁명군 제1사령관이 되었으나 쑨원과 달리 공산당을 싫어했다. 이 시대 중국은 국민당과 공산당과 일본군의 3파전, 심지어 초기에는 군벌도 가세해 4파전 상황이었다.

장제스는 1926년에 베이징을 지배한 군벌 정부를 제거하기 위해 북벌(제3차)을 시작했다. 한편으로 1927년 상하이 쿠데타를 일으켜 공산당 관계자들을 숙청했다. 그리고 제1차 국공합작을 붕괴시켜 난징 국민 정부를 수립한 뒤 1928년 군벌 정부의 땅 베이징을 점령, 군벌 장쭤린을 추방한다.

장쭤린은 같은 해 베이징에서 펑톈(오늘날의 선양)으로 돌아오는 도중 열차가 폭발해 사망한다. 이것은 만주에서의 권력을 강화하고자 한 일본 관동군이 자신들에게 협력적이지 않은 장쭤린을 살해한 사건이다. 이를 알게 된 그의 아들 장쉐량은 일시적으로 장제스와 협력하기로 한다.

한편 마오쩌둥이 이끄는 공산당은 장제스의 국민당에 반발해 국공 내전(제1차)을 시작한다. 장제스는 1931년에 만주사변을 겪었음에도 일본보다 공산당 세력과의 싸움을 우선했다. 하지만 1936년 장쉐량이 거국일치 항일 투쟁을 요구하면서 장제스를 납치해 감금하는 시안 사건이 일으킨 것을 계기로 장제스는 일본을 자신의 주적으로 정한다. 1937년 중일 전쟁이 시작되자 또다시 국공합작(제2차 국공합작)을 단행하고 항일전선에 뛰어들었으며, 장제스의 국민정부는 충칭에서 영국과 미국의 지원을 받아 일본에 응전했다. 마오쩌둥의 공산당도 팔로군(八路軍)으로 게릴라전에 대응했다.

1941년 제2차 세계대전이 시작되자 중국은 연합국의 일원이 된다. 장제스는 1943년에 열린 카이로 회담에 참여해 전후 처리를 논의한 상태였다. 그리고 이윽고 1945년 7월 포츠담 회담에서는 영미 수뇌와 회담하고, 일본에 무조건 항복을 권고하는 포츠담 선언에 서명한다. 같은 해 8월 일본은 이를 수락한다. 이로써 사실상 전쟁은 막을 내린다.

하지만 장제스의 전쟁은 끝나지 않았다. 그의 다음 적은 공산당이었다. 곧 발생한 국공 내전(제2차)에서 이긴 마오쩌둥이 1949년 중화인민공화국을 세웠고, 패한 장제스는 대만으로 도망쳐 대만(중화민국)의 초대 총통이 되었다.

좀 더 깊이 알고 싶은 독자를 위한 추천 도서
- 『장제스 평전』, 조너선 펜비, 민음사

프랭클린 루스벨트[Franklin Delano Roosevelt] [1882년~1945년]
뉴딜 정책으로 세계 공황에 대처한 대통령

프랭클린 루스벨트에 관해 이야기하기 전에 그때까지의 주요 미국 대통령을 한 번 알아보자.

초대 대통령은 조지 워싱턴으로, 1789년에 취임했다. 제3대 대통령인 토머스 제퍼슨은 1776년 미국이 독립 선언 때 사용한 선언문의 기초자 중 한 명이다. 제5대 대통령 제임스 먼로는 1817년에 취임했으며 유럽의 식민지 전쟁에 중립을 표방하는 한편 미국 대륙에의 간섭을 허용하지 않겠다는 먼로주의를 내세웠다.

제16대 대통령이자 1861년에 취임한 에이브러햄 링컨(링컨 참조)을 기억해두어야 하며, 제25대 대통령은 1897년에 취임한 윌리엄 매킨리로, 미국-스페인 전쟁의 승리로 필리핀과 푸에르토리코를 병합하고 쿠바도 점령하에 두는 등 제국주의를 추진했다. 제26대 대통령은 1901년에 취임한 시어도어 루스벨트로, 러일 전쟁 강화를 위해 포츠머스 조약을 알선한다. 우드로 윌슨은 1913년에 취임한 제28대 대통령인데, 진보주의자로 알려진 그는 여성 참정권 등을 제정했다. 또한, 제1차 세계대전 이후 새로운 시계 질서를 위해 파리 강화회담에서 국제연맹(유엔) 창설을 추진했으나 정작 미국은 자국 의회의 반대에 부딪혀 유엔에 참가하지 못했다.

1929년 3월에 취임한 제31대 대통령은 허버트 후버다. '황금의 20년대'라고 불렸던 미국 성장기를 거쳐 취임한 그는 의기양양하게 취임 연설을 하지만, 같은 해 10월 세계 공황을 마주해야 했다. 이에 대처하기 위해 자유방임주의, 달리 설명하면 아무것도 하지 않는 정책을 펴지만, 잘 될 리가 없었다(이후 보호무역 정책도 펼치지만 실패). 그래서 그는 1932년 대통령 선거에서 프랭클린 루스벨트에게 역사적인 격차로 패배한다.

이렇게 1933년에 탄생한 제32대 대통령이 프랭클린 루스벨트다. 당장 그는 실마리가 보이지 않는 세계 공황에 의한 대공황을 해결해야 했다.

그가 취한 정책은 뉴딜 정책이었다. 대표적으로 은행을 대상으로 한 금융 완화(금융 정책)가 있다. 그리고 루스벨트는 재정 정책에 주력했다. 테네시강 유역 개발공사를 설립해 댐 공사 같은 공공사업을 추진했다. 이 사업으로 실업자들은 취업 기회를 얻을 수 있었다. 마찬가지 목적으로 민간 자원 보존단도 설립해 이를 통해서도 고용 기회를 증대시켰다. 이 외에도 전국 산업 진흥법과 농업 조정법, 와그너법(전국 노동 관계법) 등을 제정해 노동자와 농민의 임금과 권한을 보장했다. 동시에 사회 보장 정책도 활발하게 추진했다.

이러한 뉴딜 정책은 성공을 거두어 미국은 불황, 디플레이션에서 벗어날 수 있었다. 하지만 진짜 호경기를 맞이하기 위해서는 제2차 세계대전까지 기다려야만 했다.

물론 이 정책은 나라의 세금에 의한 것이었다. 국민에게 돈이 돌아가면 나라의 재정 부담(재정 지출)이 증가함과 동시에 사회적으로는 인플레이션이 진행돼 돈의 가치가 낮아진다. 재정 부담이 증가한 만큼 세금을 더 많이 거둬들이지 않는다면 나라의 재정은 적자 상태가 된다. 이러한 이유에서 뉴딜 정책 같은 '큰 정부'의 정책에 비판적인 의견도 있다. 실제로 이렇게 급진적인 개혁 정책을 펼쳤다는 점에서 루스벨트를 공산주의자로 보는 사람도 있지만('큰 정부'를 계속 추진하다 보면 최종적으로는 국가가 경제를 통제하는 공산주의에 다다른다.), 물론 루스벨트 본인은 이를 부정했다.

이렇게 정부가 돈을 뿌리는 행위는 영국의 경제학자 케인스의 '유효 수요의 원리'의 영향을 받은 것이었다고 한다(케인스 참조). 자유방임주의 대신 공공 투자를 통한 국가 주도의 재정 정책을 주장한 케인스의 경제 이론과 루스벨트의 정책은 여러모로 상당히 닮았다. 하지만 루스벨트는 케인스에게 그다지 관심을 보이지 않았다는 이야기도 있다.

아무튼, 루스벨트의 정책을 두고 의견이 갈리기는 하지만, 그의 정책 덕분에 미국이 세계 공황을 극복할 수 있었다는 것은 틀림없는 사실이다. 다만 이것은 미국이기 때문에 가능한 정책이었다는 면도 있다.

세계 공황은 그 이름대로 미국만이 아니라 모든 자본주의 국가로 퍼져나갔다. 이에 대해 영국과 프랑스처럼 식민지를 가진 나라는 블록 경제로 대응했다. 하지만 일본과 독일, 이탈리아처럼 블록 경제를 펼치기에 충분한 식민지를 가지지 못했던 나라는 대응책을 세울 수 없어 경기 회복을 위해 타국을 침략하기에 이른다. 이 때문에 세계는 점차 대전의 소용돌이에 휩쓸리게 된다.

1939년 유럽에서 제2차 세계대전이 발발한다. 처음에는 표면상 중립적인 태도를 고수하던 미국이었지만, 일본의 중국 침략을 비판하는 등 서서히 명확한 태도를 드러낸다. 이렇게 일본과의 긴장이 높아지던 중 일본군이 진주만을 공격해 태평양 전쟁이 시작된다. 이 일련의 과정이 루스벨트의 계획이었다는 설도 있다.

태평양 전쟁의 전황은 점차 일본에 불리하게 흘러가 일본은 태평양에서의 거점을 잃었다. 한편 루스벨트는 전쟁 이후를 바라보며 연합국 수뇌와의 회담을 반복했다. 그리고 1945년 2월에는 소련에서 루스벨트, 처칠, 스탈린이 모여 얄타 회담을 열었다. 유엔의 설립과 일본의 영토 분할 등이 논의된 회담이었다. 하지만 루스벨트는 같은 해 4월에 뇌졸중으로 사망하였고, 바로 다음 달인 5월에 독일이 항복, 8월에는 일본도 항복했다.

좀 더 깊이 알고 싶은 독자를 위한 추천 도서 ─────
• 『온 아워 웨이』, 프랭클린 D. 루스벨트, 에쎄

히틀러 (Adolf Hitler, 1889년~1945년)
세계를 대전쟁으로 내몬 독일의 독재자

아돌프 히틀러는 독일 제3제국의 총통이자, 제2차 세계대전을 일으켜 많은 사람의 생명을 빼앗았으며 유대인을 강제수용소로 보내 대량 학살을 한 독재자다.

히틀러는 1889년 오스트리아의 브라우나우에서 태어났다. 아버지는 세관 직원이었다. 1901년에 린츠 실업 중학교에 들어가지만 성적 불량으로 퇴학당하고, 슈타이어의 실업 중학교로 편입했다가 역시 1905년에 퇴학당한다. 이후 1907년에 빈 미술 아카데미 입학시험을 치르지만 실패 후 1908년에 재낙방한다. 1913년에는 뮌헨으로 이주하였고, 다음 해 병역기피죄로 체포되어 병역 검사를 받았으나 불합격했다. 하지만 같은 해인 1914년에 제1차 세계대전이 시작되자 히틀러는 바이에른 육군에 자원하고, 훈장을 6번 받을 정도로 전쟁에서 활약한다.

1919년 바이에른에서 노동자평의회에 가입한 히틀러는 같은 해 독일 노동자당(훗날의 나치스)에 입당한다. 1921년 당수가 되어 뮌헨 폭동(1923년)을 일으켰다가 실패해 투옥된다. 1925년 『나의 투쟁』 제1권을, 다음 해에 제2권을 발행한다. 세계 공황 이후 나치당의 세력은 점점 커졌고, 이윽고 1933년에 바이마르 공화국 수상에 취임한다. 1934년에는 룀을 비롯해 나치 돌격대의 급진적 간부를 숙청한 뒤 같은 해 힌덴부르크 대통령이 사망함에 따라 대통령이 되지만, 곧 총통(퓌러)을 자처하며 제3제국 설립을 선언하고 독재 국가를 세웠다. 1938년에 오스트리아를 병합하고 기세를 올려 체코슬로바키아도 병합하였으며, 1939년 폴란드를 침공해 제2차 세계대전을 일으켰다. 이후 1945년 독일 패배가 결정되자 베를린에서 자살한다. 56세였다.

히틀러는 제2차 세계대전을 일으키고 유대인을 강제수용소로 보내 대량 학살(홀로코스트)하는 등 인류의 부정적인 역사를 세운 인물로 역사에 그 이름을 남겼다. 여기서는 부정적인 역사를 만든 그의 파시즘 사상을 먼저 살펴보고자 한다.

히틀러가 추구한 파시즘의 첫 번째 특징은 국가주의적인 독재 정권과 군국주의다. 대외 침략을 반복해 자국의 힘을 확대, 강화함으로써 자국민의 지지를 끌어내는 정치 수법을 사용했다. 끊임없이 전쟁을 일으켜 반대파의 의견을 봉쇄하고, 외교 교섭과 전쟁을 통해 영토를 계속해서 넓혀갔기에 그는 계속해서 국민의 지지를 받을 수 있었다. 또한, 히틀러 자신을 신격화하는 것으로 국민을 세뇌해 나갔다.

적대자를 만들어낸다는 점도 파시즘을 살펴볼 때 중요한 문제다. 제1차 세계대전의 패배로 받아들일 수밖에 없었던 바이마르 체제, 전선의 뒤편에서 동료를 배신하는 이미지의 유대인을 대상으로 골라 국민의 증오를 돌리는 수법을 사용해 히틀러는 자기 정책을 정당화하고 국민을 조종했다. 특히 유대인과 관련해서는 이들을 희생양 삼아 국민감정을 선동하고 독일 국민에게 적대심을 심어 유대인을 상대로 펼친 홀로코스트를 정당화하는 방향으로 국가를 이끌었다.

제2차 세계대전의 희생자 수는 5,000만 명에서 8,000만 명이라고 한다. 그리고 홀로코스트로 희생당한 유대인 수는 600만 명이라고 전해진다. 이렇게 막대한 수의 인명이 히틀러 단 한 사람 때문에 사라졌다. 인류 역사상 최악의 전쟁이자 특정 민족을 대상으로 한 대학살이라는 어처구니없는 행위가 고도로 발달한 문명을 쌓은 인류의 역사 속에서 어떻게 일어날 수 있었을까. 이 문제를 생각해보기 위해 당시 독일 국민이 히틀러 정권을 지지했던 이유를 알아보자.

독일 국민이 히틀러 정권을 지지한 이유는 크게 다음 세 가지를 들 수 있다. 첫 번째로는 고용 확대 정책이다. 아우토반 건설, 군사 산업의 생산 증대를 통해 많은 고용을 창출했다는 점은 높이 평가받는다. 두 번째로는 군비 증강으로 강한 독일을 확립했다는 점이다. 패전국으로써의 불만이 군사력을 올려 강대국의 자리를 되찾고자 하는 움직임의 원동력이 되었고 이것을 국민은 지지했다. 세 번째로 외교에서의 성공을 들 수 있다. 오스트리아와 체코슬로바키아 병합은 히틀러 외교의 성과로 받아들여졌다. 이에 더해 제2차 세계대전에서 독일이 치른 첫 전투에서의 대승리는 히틀러의 인기를 더욱 높였다.

히틀러 본인에 좀 더 집중해보면, 그는 연설의 대가였다고 한다. 히틀러는 "평화는 검에 의해서만 지켜질 수 있다.", "강함은 방어에 있는 것이 아니라 공격에 있다.", "필요불가결한 것은 지도자 한 사람의 의지다. 한 사람이 명령하고 다른 사람은 그것을 실행만 해도 좋다." 같은 말을 했다고 하는데, 이러한 말은 히틀러의 사상이 독재적이며 군국주의적 특징을 가졌다는 점을 명백히 나타낸다. 그리고 과장된 몸짓과 격렬한 어조로 꾸며진 그의 말은 국민을 선동하는 데에 충분한 효과가 있었다. 그렇기에 그의 선전이 독일 전체에 깊이 침투할 수 있었던 것이다.

좀 더 깊이 알고 싶은 독자를 위한 추천 도서

- 『나의 투쟁』, 아돌프 히틀러, 범우사 등
- 『히틀러에 붙이는 주석』, 제바스티안 하프너, 돌베개

사토 마사루의 한 마디

히틀러는 당시 미국과 영국에 만연했던 반유대주의에 무시할 수 없을 정도의 영향을 받았다. 반유대주의는 나치즘만이 아니라 서구 사회에 잠재해 있는 심각한 문제다.

드골 [Charles De Gaulle, 1890년~1970년]

나치와 싸우고 전후에는 보수 정치를 단행해 젊은 세대와의 단절을 낳은 프랑스 대통령

1939년 독일의 폴란드 침공으로 제2차 세계대전이 시작됐다. 나치는 1940년에 서부 방면을 침략했다. 네덜란드, 벨기에를 큰 문제 없이 점령한 독일의 목표는 더 서쪽에 있는 프랑스였다. 독일은 1870년 프로이센-프랑스 전쟁에서 이겨 영토를 크게 넓혔지만, 1914년 제1차 세계대전에서 패배해 그때까지 얻었던 모든 영토를 빼앗기고 변제가 불가능할 정도의 막대한 배상금을 물어내야 했다. 프랑스에의 가혹한 배상 책임이 독일을 다시 강경하게 나오도록 만들었다.

이미 전쟁을 벌이기로 마음먹은 독일은 프랑스로 진군한다. 이를 본 당시 프랑스 수상인 필리프 페탱은 무조건 항복을 선택했다. 이리하여 1940년 히틀러는 파리를 점령하고, 프랑스의 3분의 2가 독일의 지배에 놓인다. 독일과 전쟁을 벌이지 않은 덕분에 파리의 아름다운 마을과 유적들이 폭격당해 사라지는 일 없이 보존될 수 있었던 것은 사실이지만, 그럼에도 페탱에 대한 프랑스인의 평가는 좋지 않다. 그는 나치와의 협력 내각을 꾸린 것으로 제2차 세계대전 후에 군사재판에 회부됐다.

한편 프랑스도 언제까지나 나치의 지배를 받고 있을 수만은 없었다. 이 시기 군인 드골은 런던으로 망명 간 상태였다. 그는 자유 프랑스 정부를 수립하고 BBC방송에서 대독일 레지스탕스를 주장해 이 전쟁의 지도자가 된다. 이후 1944년 노르망디 상륙 작전이 성공해 파리가 해방되었고, 드골은 프랑스 임시 정부 총리로 임명된다. 이후 미국과 소련의 협력으로 독일군을 프랑스에서 몰아내는 데에 성공한다. 이윽고 1945년 4월 30일 독일에서 히틀러가 자살하고 같은 해 5월 8일 독일이 무조건 항복을 함으로써 유럽의 대전은 끝이 난다.

전후 드골은 제4공화국의 총리로 임명된다. 하지만 공산 세력과의 대립 문제도 있어 사임한다. 이 시기 프랑스 식민지인 알제리에서 일어난 독립 운동이 프랑스를 뒤흔들었다. 이후 드골은 제5공화국 헌법을 발포하고 대통령이 되었으며, 현안이었던 알제리 문제에 관해서는 1962년 독립을 인정했다. 그는 '프랑스의 영광'을 추구한 정치가였던 만큼 군사력을 올리는 데에 주저함이 없어 핵무장을 추진했다. 그리고 NATO에서 탈퇴하는 등 미국에 의존하지 않는 유럽의 일체화를 목표로 했다. 만년에는 오랫동안 싸웠던 서독일과도 우호조약을 맺었다.

이러한 드골의 정치를 좋게 평가하는 사람도 있으나, 당시 젊은이들 대다수가 그의 정책에 반대해 1968년 학생과 근로자가 중심이 된 5월 혁명이 발생한다. 드골은 겨우 선거에서 승리하지만, 젊은 세대를 막아낼 힘은 남지 않았다. 자연스레 정권이 약화해 드골도 퇴진했으며 1970년에 눈을 감았다.

좀 더 깊이 알고 싶은 독자를 위한 추천 도서

• 『드골』, 마이클 E. 해스큐, 플래닛미디어

프랑코 (Francisco Franco, 1892년~1975년)
나치스를 지지하고 전후 독재 정권을 장악한, 재판받지 않은 파시스트

프란시스코 프랑코는 스페인 군인이자 독재 정치가다. 같은 시기 유럽에서는 히틀러와 무솔리니라는 독재자가 있었다. 하지만 도중에 이들과 멀어진 프랑코는 전후에도 오랫동안 스페인을 통치했다.

제2차 세계대전이 발발하기 전 스페인 정세는 복잡했다. 스페인은 대두하는 나치즘에 대항하기 위한 방어책을 궁리해야 했다. 하지만 1931년 스페인 혁명이 일어나 왕정이 무너지면서 나라는 더욱 혼란에 빠진다. 그러다 1936년 스페인 인민 전선이 설립된다. 이것은 파시즘에 대항하기 위해 자유주의-좌파가 연합해 만든 정당으로 민주주의를 보호하는 것이 목적이었다. 이러한 정세 속에서 우파 성향의 프랑코는 좌천당한다. 그렇지 않아도 좌익 정권에 적의를 가졌던 프랑코는 현실을 용납할 수 없었다. 이런 시기에 우파 정치 지도자가 암살당하는 사건이 발생한 것을 계기로 스페인 내전이 발발하고, 프랑코도 참전한다.

이 내전은 당시 유럽 나라들의 본심을 알 수 있는 전쟁이었다. 프랑코의 파시즘과 인민 전선(사회주의, 민주주의)이 맞붙은 내전에서 독일과 이탈리아는 프랑코를 지원하고 영국과 프랑스는 중립을 지켰다. 오직 소련만이 인민 전선의 편을 들 뿐이었다. 전황은 당연히 프랑코 쪽에 유리하게 흘러갔고, 결국 프랑코의 승리로 스페인 내전은 막을 내린다.

이렇게 프랑코는 독일, 이탈리아의 파시스트 정권의 군사 지원을 받으면서 국가 주석(총리) 자리에 올랐다. 히틀러와 무솔리니와 친했던 프랑코였지만, 그의 정국을 바라보는 눈은 빠르고 날카로웠다. 독일과 이탈리아가 제2차 세계대전에서 점점 수세에 몰리자 재빠르게 중립을 선언해 자신을 지키는 쪽으로 방향을 틀었으며, 실제로 이 방법이 성공해 전후에도 그는 전쟁 책임을 추궁받지 않았다. 의기양양해진 프랑코가 스페인에서 종신 대통령의 자리에 앉으면서 스페인 군사 독재 정권이 탄생한다.

전후 스페인은 경제 발전도 이루었다. 이러한 의미에서 프랑코를 옹호하는 의견도 있다. 하지만 잊지 말아야 할 것이 있는데, 그는 히틀러와 무솔리니의 지지를 받은 정치가였다는 점이다. 20세기에 스페인이 배출한 최고의 예술가 피카소는 이 사실을 언제나 잊지 않았다. 그는 주위의 권고에도 아랑곳없이 프랑코가 지배하는 스페인에 돌아가기를 한사코 거부하며 기나긴 일생을 마쳤다(1973년). 프랑코가 사망한 해는 1975년이다. 프랑코 사망 이후 피카소의 대표작『게르니카』가 스페인으로 돌아왔다(피카소 참조).

좀 더 깊이 알고 싶은 독자를 위한 추천 도서 ─────

• 『스페인 내전』, 안토니 비버, 교양인

티토 (Josip Broz Tito, 1892년~1980년)
발칸 화약고에서 자주 관리 전선을 걸은 지도자

유럽 남동쪽에 위치한 발칸반도. 이곳이 오스만제국(제1차 세계대전까지 존속한다)의 지배에서 벗어난 때는 19세기이며, 이후 발칸반도는 '발칸의 화약고'라고 불리며 혼란의 시대를 경험해야 했다. 이 지역을 노린 대표적인 세력으로 오스만 외에 합스부르크가문의 오스트리아-헝가리 이중 제국이 있었다.

이러던 와중에 제1차 발칸 전쟁(1912년), 제2차 발칸 전쟁(1913년)이 발발해 반도 전체가 요동쳤다. 1914년에는 오스트리아 황태자가 암살당한 사라예보 사건도 발생한다. 이에 분노한 오스트리아의 배경에는 같은 게르만인 나라인 독일이 있었고, 사라예보 사건의 배경에는 같은 슬라브인 나라인 러시아가 있었다. 이렇게 두 세력이 맞붙어 시작된 제1차 세계대전이 독일의 참패로 끝난 이후 발칸에는 세르비아인, 크로아티아인, 슬로베니아인을 위한 왕국이 세워졌는데, 이렇게 유고슬라비아의 초석이 마련된 시대에 요십 브로즈 티토는 유고슬라비아의 공산당원이 되어 혁명 운동에 몸을 던진다.

제2차 세계대전에서 유고슬라비아는 나치 독일의 지배를 받는다. 티토는 이에 대항하고자 빨치산을 이용한 게릴라 전투를 펼쳐 나치를 물리친다. 종전을 기다리지 않고 1943년 다양한 민족, 종교, 언어를 가진 나라들이 마르크스주의 아래서 하나로 뭉쳐 유고슬라비아 사회주의 연방 공화국을 설립했다. 이들은 이것을 7개의 국경, 6개의 공화국, 5개의 민족, 4개의 언어, 3개의 종교, 2개의 문자, 1개의 국가라고 표현했다.

소련을 따라 사회주의 국가를 세운 티토였지만, 그는 소련의 스탈린과는 거리를 두고 독자적인 사회주의 정책(비동맹 정책)을 펼쳤다. 이로 인해 1948년에 코민포름(공산당·노동자당 정보국)에서 제명되지만, 그럼에도 자주 관리 사회주의 정책을 버리지 않았다. 한편 스탈린 사망 후 들어선 흐루쇼프 정부와는 소련일지라도 가까이 지내는 유연한 자세를 보였다. 그의 지도 아래서 유고슬라비아는 대부분 독자 노선을 관철해 서방 국가들과도 양호한 관계를 맺었다.

하지만 인간에게는 수명이 있는 법, 티토는 87세의 나이로 사망했다. 티토 사망 이후 유고슬라비아는 괴멸 상태에 빠졌다. 특히 베를린 장벽이 붕괴한 1989년 이후 세르비아로부터의 독립을 요구하는 독립 운동이 각지에서 펼쳐졌고, 얼마 지나지 않아 내전으로 번진다. 이후에도 내전은 계속돼 크로아티아, 슬로베니아, 보스니아헤르체고비나, 마케도니아 등이 독립했다.

좀 더 깊이 알고 싶은 독자를 위한 추천 도서
- 『발칸의 역사』, 마크 마조워, 을유문화사
- 『발칸의 음모』, 신두병, 용오름

푸이 [溥儀, 1906년~1967년]
청나라 마지막 황제이자 괴뢰 국가 만주국의 황제

청나라의 시작은 1616년까지 거슬러 올라간다. 퉁구스계 민족인 여진족이 중국 북동부(만주)를 정복한 뒤 1636년에 나라의 이름을 청으로 바꾸었으며, 청나라는 약 300년간 지속된다. 강희제(17세기)와 옹정제, 건륭제(둘 다 18세기) 같은 뛰어난 황제를 배출하며 안정된 시대를 이어갔으나, 19세기에 들어오자 영국을 중심으로 한 외국의 압력 앞에 나라는 흔들리기 시작한다.

1840년 영국과의 제1차 아편 전쟁, 1856년 영국·프랑스와의 제2차 아편 전쟁, 1884년 청-프랑스 전쟁, 1894년 청일 전쟁. 이 모든 전쟁에서 패한 청나라는 영토를 할양하고 배상금을 지불해야만 했다. 20세기에 들어서자 중국을 분할하려는 열강들의 기세는 더욱더 거세지기만 할 뿐 수그러들 기미가 보이지 않았다. 또한 중국 내에서는 청조 타도를 외치는 혁명 운동이 활발히 펼쳐지고 있었다. 이러한 시대에 태어난 청나라 마지막 황제가 선통제 푸이다.

1900년대 초반 숙부 광서제와 서태후가 차례로 서거했다. 특히 서태후는 약 50년 동안 청의 실권을 쥐었던 황태후로, 이들의 죽음으로 푸이는 2세에 황제에 즉위해야 했다.

앞서 언급한 전쟁 패배 배상금 때문에 나라의 재정 상태는 심각했다. 섭정이 된 푸이의 아버지는 서양 4개국에서 차관을 받아 철도 국유화령을 내린다. 이에 반발한 국민이 이곳저곳에서 폭동과 무장봉기를 일으킨다. 이 일련의 움직임은 신해혁명으로 이어졌으며(1911년) 쑨원이 이끈 이 혁명 아래서 위안스카이가 푸이를 퇴위시킨다. 이로써 청나라는 멸망하고 중화민국이 설립되었다.

그 후 1931년 일본의 관동군이 만주사변을 일으켜 중국군과 싸워 이기고 만주를 지배하게 되었으며, 1932년 일본은 만주국을 건설하면서 이 나라를 다스릴 자로 푸이를 추대한다. 그래서 1934년 푸이는 만주국 황제가 되었으나 황제로서의 실권은 없었다. 만주국은 일본군이 권력을 잡은 괴뢰 국가였기 때문이다.

1945년 8월 일본의 패전과 함께 만주국도 해체된다. 소련의 포로가 된 푸이는 도쿄 재판에서 전범 재판에 선 뒤 중국 정부에 인도된다. 그리고 시간이 흘러 특별 사면을 받아 출소한 뒤로 일개 시민으로 살다 파란만장한 삶을 마감한다. 그를 그린 작품으로는 베르톨루치 감독의 『마지막 황제』가 유명하다.

좀 더 깊이 알고 싶은 독자를 위한 추천 도서 ────
- 『자금성 이야기』, 이리에 요코, 돌베개
- 『자금성의 황혼 – 마지막 황제 부의의 스승 존스턴이 기록한 제국의 최후』, 레지널드 존스턴, 돌베개

마오쩌둥 [毛澤東, 1893년~1976년]

일본과 싸워 사회주의 국가를 세웠지만, 마지막에 크나큰 잘못을 저지른 정치가

마오쩌둥은 중국의 후난성에서 태어났다. 1911년 신해혁명이 일어났을 때는 10대에 불과했다. 1918년 여름 사범학교를 졸업하고 베이징으로 상경한 그는 베이징 대학 도서관에서 관장인 리다지오와 만나 공산주의를 배운다. 1920년대에는 초등학교 교장이 되어 중국 근대 사상가인 천두슈와 만났으며, 이 무렵 결혼해 아이도 낳았다. 마오쩌둥은 1921년 제1차 중국 공산당 전국 대표 대회(당대회)에 출석했으며(중국 공산당 설립) 1923년에는 중앙 집행 위원회(중앙 위원)의 일원에 들어갔다. 이때 국민당과의 국공합작(국민당과 공산당의 협력 체제)이 논의된다.

제1차 국공합작은 1924년에 성립됐다. 국민당 총리는 쑨원(쑨원 참조)이었다. 마오쩌둥은 그의 영향을 받아 군벌과 일본군과의 싸움을 의식한다. 1925년 쑨원이 사망했는데, "혁명은 아직 완성되지 않았으니, 동지들이여, 계속 노력하라."라고 남긴 쑨원의 유언을 젊은 마오쩌둥은 마음에 새겼다고 한다.

쑨원이 사라진 국민당의 권력은 장제스가 이어받았다. 그는 1927년에 상하이 쿠데타를 일으켜(장제스 참조) 공산당을 숙청해 국공합작이 붕괴한다. 이후 마오쩌둥은 공산당(홍군)과 함께 1931년에 루이진을 수도로 하는 중화 소비에트 공화국 임시 정부를 설립한다. 하지만 공산당(홍군)은 국민당군의 거듭된 공격을 받아 패주했는데, 이때 1만 2,500km를 도보로 이동(중국은 이것을 장정長征이라고 부른다.)했다고 한다. 도중에 마오쩌둥은 군사상 최고 권력자가 되었다.

일본의 침략이 거세지는 가운데 공산당이야말로 자신의 적이라고 생각했던 국민당의 장제스는 자기 생각이 잘못됐음을 깨닫고 바로잡았다. 1935년 공산당의 8·1 선언과 항일 민족 통일 전선 결성을 위한 호소도 있었으며 뒤이어 터진 1936년 시안 사건도 있어 두 사람은 다시 화해하고 접근한다.

1937년에는 베이징 교외의 루거우차오에서 일본과 중국이 충돌(루거우차오 사건)한다. 이 사건을 계기로 중일 전쟁이 시작된다. 이때 중국에서는 제2차 국공합작이 이루어져 항일 전쟁에 나섰다. 공산당은 팔로군으로 개명해 국내에서 게릴라 작전을 펼쳤다. 동시에 공산당은 토지개혁을 단행해 농민들의 지지를 얻는다. 그리고 마오쩌둥은 1940년에『신민주주의론』을 발표한다. 부르주아 혁명도 아니고 소련식 혁명도 아닌 새로운 혁명의 모습을 논하는 책이다.

한편, 세계에서는 1939년에 제2차 세계대전이 발발한다. 중일 전쟁에서는 국민당의 장제스가 장강 상류에 있는 충칭에까지 물러나 있었다. 이곳으로 연합국 측의 원조가 점점 모여들자 이 루트를 끊기 위해 일본은 프랑스령 인도차이나로 진군해 그곳에 주둔한다. 이로 인해 전선이 확대된다.

1941년 미국이 진주만을 공격한 일본에 선전포고를 하고 세계대전에 참여해 태평양 전쟁이 시작된다. 미국은 압도적인 군사력으로 일본의 태평양 거점을 차례차례 빼앗았고, 끝내 일본 본토에 공중 폭격을 한 뒤 두 발의 원자 폭탄을 떨어뜨린다. 그리고 드디어 1945년 8월 15일 일본이 포츠담 선언을 수락해 무조건 항복을 한다. 포츠담 선언에는 중국도 서명했기에 중일 전쟁도 사실상 종전되었다.

하지만 이후 중국에서는 공산당과 국민당 사이에서 내전이 발생했다. 이 전쟁에서 승리한 마오쩌둥은 중화인민공화국을 1949년 10월에 설립하고 국가 주석이 된 한편 패한 장제스는 대만으로 도망쳐 중화민국의 초대 총통이 되었다.

1950년 마오쩌둥은 소련에 접근해 스탈린과 중소 우호 동맹 상호 원조 조약을 체결한다. 그리고 발발한 한국 전쟁에서 북한을 지지했다. 한편 내정으로는 사회주의 국가 건설에 매진했다. 1953년에 제1차 5개년 계획을 수행하고 1958년에는 '대약진 정책'을 제창, 제2차 5개년 계획을 세운다.

이 시기 소련은 흐루쇼프가 스탈린을 비난하면서 서방 세계와 공존을 바라는 취지의 온건 정책을 펼친다. 마오쩌둥은 이것을 용납하지 못했고, 결국 1959년에 중소동맹이 폐지되면서 두 나라 사이에는 긴장감이 감돈다. 한편, 소련의 기술 원조가 없었던 제2차 5개년 계획은 실패하는데, 중공업화가 진행되지 않았고 엎친 데 덮친 격으로 자연재해가 발생해 농업도 타격을 입어 농민의 생산 의욕이 크게 저하됐다. 이 시기 아사자가 1,500만 명에 달했다고 한다. 이런 상황에서도 마오쩌둥은 군사 대국을 목표로 핵개발에 나섰다.

결국 잇따른 실정으로 1959년 류사오치에게 혹독한 비난을 받은 마오쩌둥은 국가 주석을 류사오치에게 넘기지만, 1966년 '문화 대혁명'을 일으키며 린뱌오와 부인 장칭 등 '4인방'과 함께 사회주의 이데올로기를 전면에 내세우면서 권력을 되찾는 데에 성공한다. 그리고 류사오치, 덩샤오핑을 '자본주의에 치우친 실권파'라며 추방하고 동시에 많은 반대파를 숙청한다. 자본주의적인 모든 것을 부정한 문화 대혁명 때문에 중국 사회는 대혼란에 빠진다.

문화 대혁명은 1976년에 마오쩌둥이 병사하면서 끝이 난다(1977년 종료). 오늘날 중국 내에서도 문화 대혁명 같은 정책은 비판을 받지만, 건국의 아버지로서의 마오쩌둥의 평가는 매우 확고하다.

좀 더 깊이 알고 싶은 독자를 위한 추천 도서

- 『마오쩌둥 평전』, 알렉산더 V. 판초프 등, 민음사
- 『마오쩌둥』, 필립 쇼트, 교양인

사토 마사루의 한 마디

마르크스나 엥겔스 사상의 연장선에 마오쩌둥을 두기에는 무리가 있다. "농촌이 도시를 포위한다.", "총구에서 정권이 태어난다." 같은 마오쩌둥의 사상은 중국 농민의 무정부주의 사상을 잇는 것으로 보는 편이 이해하기 쉽다.

흐루쇼프 (Nikita Sergeyevich Khrushchev, 1894년~1971년)

스탈린 격하 운동을 펼치며 긴장 완화를 노린 최고 지도자

제2차 세계대전 후 세계는 곧 냉전으로 향했다. 1949년 중화인민공화국이 탄생하자 소련의 스탈린은 중소 우호 동맹 상호 원조 조약을 맺는다. 독일도 한반도도 양분되어 동서 냉전의 형태가 명확해졌다. 그리고 1953년 스탈린 사후 필두서기(후에 소련 공산당 제1서기)로서 니키타 흐루쇼프가 소련 최고 지도자가 된다.

그가 시대를 바꿨다고 말할 수 있는 이유는 1956년 소련 공산당 제20회 대회에서 그가 스탈린을 비판하며 스탈린 격하 운동을 펼쳤기 때문이다. 스탈린 아래에서 얼마나 많은 숙청이 자행됐는지 그리고 얼마나 자신들이 스탈린을 숭배했는지를 비판한 것이다. 세계를 놀라게 한 이 비판으로 서방과 소련의 평화 공존 노선이 열렸다.

1959년 흐루쇼프는 소련의 최고 지도자로는 처음으로 미국을 방문했다. 미국의 아이젠하워 대통령과 회담을 해 전면 군축 노선을 정했다. 이렇게 세계는 '해빙'의 시대를 맞이한다. 이대로 두 나라의 우호가 지속될 것으로 예상됐지만, 1960년에 소련이 미국의 U2형 정찰기를 격추하는 사건이 발생해 또다시 긴장 상태로 돌아간다.

1961년에 미국 대통령이 케네디로 바뀌었다. 빈에서 베를린을 주제로 한 미소 수뇌 회담은 결렬되고 동독 정부는 베를린 장벽을 세웠다.

다음 해 1962년 쿠바 혁명(1959년)을 성공시킨 카스트로가 쿠바에 소련의 미사일 기지를 설치하자, 이에 반발한 미국이 쿠바를 봉쇄해 '쿠바 위기'가 발생한다. 핵전쟁이 될 수 있는 제3차 세계대전이 가까워지자 결국 흐루쇼프가 타협해 쿠바의 미사일 기지를 철거했으며, 1963년 미국, 영국, 소련은 부분적 핵실험 정지 조약을 체결한다.

오늘날 흐루쇼프의 평가는 다양하게 나뉘지만, 스탈린의 정치를 비판하고, 위기가 몇 번 있었지만, 서방과의 평화 공존 노선을 전개했다는 점 등은 높이 평가받고 있다.

흐루쇼프는 1964년 경제 정책 실패 등의 이유로 해임당한다. 이후 제1서기에 브레즈네프, 수상에 코시긴이 취임해 또다시 어두운 냉전 시대가 시작되었다.

사토 마사루의 한 마디

흐루쇼프는 미국과 소련의 우발적인 핵전쟁을 진심으로 경계했다. 자본주의 체제와 사회주의 체제의 평화적 공존으로 방향을 튼 것은 흐루쇼프의 영단이었다.

저우언라이 (周恩來, 1898년~1976년)
'제3세계'와 연계한 뛰어난 외교 전술가

중화인민공화국을 세운 마오쩌둥에게는 뛰어난 파트너가 있었다. 바로 저우언라이다.

도쿄와 프랑스에서 유학하는 도중 러시아 혁명과 마르크스주의를 알게 된 저우언라이는 1921년에 중국 공산당에 입당한다. 1936년 장쉐량이 국민당의 장제스를 감금하는 시안 사건이 일어나자(장제스 참조) 이때 저우언라이는 장제스를 석방했고, 이를 계기로 그때까지 공산당을 최대의 적이라고 보았던 장제스의 생각이 바뀌어 항일전선을 세우기 위한 국공합작(제2차)을 받아들인다. 이후 발생한 중일 전쟁에 관해서는 마오쩌둥을 비롯해 여러 인물란에서 설명했으므로 여기서는 생략한다.

1949년에 중화인민공화국이 설립되자 저우언라이는 총리와 외교부장 등의 자리에 올라 뛰어난 외교 수완을 발휘한다. 특히 그의 이름을 세계에 알린 사건이 1954년 인도의 네루 총리와의 협의였다. 이때 평화 5원칙이 제창되었는데, 영토 및 주권의 상호 불간섭, 상호불침략, 내정불간섭, 호혜·평등, 평화적 공존이라는 다섯 원칙이다.

그리고 다음 해 1955년에는 인도네시아의 반둥에서 아시아·아프리카 회의를 개최한다. 서쪽도 아니고 동쪽도 아닌 '제3세계'와 연대하는 이 외교 정책은 획기적이었다.

1962년에 히말라야를 둘러싸고 중국과 인도 사이에서 국경분쟁이 발생하자 이때도 저우언라이는 외교적 협상 역할을 포기하지 않았다. 더불어 미국과의 국교 회복을 위해 1971년 이른바 '핑퐁 외교'를 시작하고, 1972년에는 당시 닉슨 대통령의 방중을 실현한다(그의 사후 1979년에 국교 회복이 이루어진다.).

미국과 가까워지는 이 외교에는 다양한 책략이 숨어 있었다. 당시 중국은 소련과 대립하고 있었기 때문에 미국에 접근함으로써 소련을 견제하려는 의도가 가장 컸다. 그리고 미국 역시 한창 베트남 전쟁 중이었기에 아시아에서의 거점이 필요했다. 이러한 정책으로 인해 대만(중화민국)은 유엔으로부터 탈퇴를 강요당했다.

이처럼 저우언라이의 외교 정책은 치밀했다. 일본과의 국교 정상화에도 힘을 쏟아 다나카 가쿠에이 내각이 들어선 1972년 중일 국교 정상화가 이루어져 중일 공동 성명이 체결된다.(중국은 북한과 동맹관계이기 때문에 한국과는 1992년에야 수교에 이른다.)

1966년 이후 저우언라이는 문화 대혁명에 동조는 했지만, 적극적이지는 않았다. 이 때문에 4인방(마오쩌둥 참조)으로부터 격렬한 비판을 받았다. 하지만 저우언라이를 향한 국민의 지지가 두터웠던 덕분에 실각하는 일 없이 끝까지 나라를 위해 일하다 눈을 감았다.

좀 더 깊이 알고 싶은 독자를 위한 추천 도서 ─────

• 「저우언라이 평전」, 정종욱, 민음사

콰메 은쿠루마 (Kwame Nkrumah, 1909년~1972년)
가나의 독립을 이룬 범아프리카주의를 이끈 지도자

콰메 은쿠루마는 제2차 세계대전 후 아프리카 독립 운동을 지도한 대표적인 인물이다. 1957년 가나 공화국의 독립을 달성한 뒤 총리로 취임했으며 뒤이어 대통령에까지 오른다.

19세기 후반의 아프리카는 유럽 열강이 일으킨 제국주의 광풍에 휘말려 찢기고 있었다. 1900년 무렵 아프리카 대륙에서 식민지로 지배당하지 않는 나라는 미국 흑인 노예들이 1847년에 건국한 라이베리아 공화국과 이탈리아와 싸워 승리한 에티오피아 두 나라밖에 없었다.

이 두 나라를 제외한 나라에서 식민 지배국을 향한 저항 운동은 빈번하게 발생하고 있었지만, 이 움직임이 본격적인 독립 운동으로 발전하기 위해서는 제2차 세계대전이 끝난 이후까지 기다려야만 했다.

1945년 영국의 맨체스터에서 제5차 범아프리카 회의가 개최되었다. 여기서 아프리카계 주민의 해방과 연대를 호소하는 범아프리카주의가 제기됐다. 이 흐름은 1950년대에 들어와 본격적으로 나타나게 된다.

1951년에 이탈리아로부터 리비아가 독립한다. 1956년에는 프랑스로부터 모로코, 튀니지가 독립했다. 한편 알제리와 알제리의 독립을 저지하려는 프랑스 사이에서 1954년 알제리 전쟁이 발발했다(알제리는 1962년에 독립).

식민지를 가진 유럽 열강들 역시 사정은 그리 좋지 않았다. 식민 제국을 유지하기 위해 써야만 하는 비용이 너무나 막대해 점점 견디기가 어려워져 가고 있었기 때문이다. 한편으로 아프리카에서는 민족 독립을 향한 강한 의지가 새롭게 태동하고 있었다.

이러한 흐름에 맞춰 1957년 영국령 골드코스트가 은쿠루마의 지도로 독립해 가나 공화국이 되었다. 영국과 미국에서 유학한 적이 있는 은쿠루마는 앞서 언급한 범아프리카주의의 영향을 받은 인물이었다. 그는 스스로 초대 대통령에 취임한 뒤 사회주의를 추진했다. 하지만 1964년 베이징 방문 중에 군사 쿠데타가 일어나 기니로 망명했으며, 이후 요양을 위해 머물던 루마니아에서 병사한다.

사하라 이남에서 최초의 흑인 독립 국가를 탄생시킨 정치가로서 평가가 높은 은쿠루마가 개척한 길은 이윽고 1960년 '아프리카의 해'로 이어진다. 1960년이 '아프리카의 해'로 불리는 이유는 이 해에 17개국이 독립했기 때문이다. 그리고 3년 뒤에는 아프리카통일기구(OAU)가 발족한다(현재는 아프리카 연합).

존 F. 케네디[John Fitzgerald Kennedy, 1917년~1963년]

많은 의문을 남긴 암살로 인해 쓰러진 미국 대통령

텍사스주 댈러스에서 암살당한 존 F. 케네디. 미합중국 제35대 대통령으로 미국 역사상 선거로 뽑힌 가장 젊은 대통령이다. 케네디는 대통령 재임 중에 발발한 쿠바 위기, 베트남 전쟁의 확대, 암살 사건만이 아니라 매릴린 먼로와의 불륜 이슈로도 미국 역사에 남은 대통령이다.

케네디의 아버지 조지프는 외교관이면서 민주당의 유력 의원 중 한 사람이었다. 어렸을 적 케네디는 병약한 아이였다. 사춘기 때 그는 성적도 우수하고 스포츠도 만능이었던 형 조지프 주니어에게 콤플렉스를 느끼며 자랐다. 하버드 대학도 어렵게 입학했는데, 훗날 그의 졸업 논문을 다듬은 책『영국은 왜 잠들었는가』는 베스트셀러가 되었다. 1941년에 해군에 입대했고, 1943년 어뢰정의 함장으로 솔로몬제도에 파견된다. 전후인 1946년에 케네디는 하원 의원이 되어 정계에 입문한다. 이윽고 케네디는 1952년부터 상원 의원이 되었고 1956년에『용기 있는 사람들』을 집필해 퓰리처상을 받았다. 그리고 1960년에 민주당 대통령 후보가 되어 공화당 후보인 닉슨을 상대로 승리해 1961년 제35대 미국 대통령이 된다.

케네디가 뉴프런티어 정책을 내세우며 흑인 차별 문제와 맞서 싸운 점은 높이 평가받고 있지만, 그의 결정으로 군사비가 늘어났고, 아폴론 계획을 위해 우주 개발에 막대한 예산이 사용되었으며, 1962년 쿠바 위기가 발발하고 베트남 전쟁이 확대되었다는 점을 잊어서는 안 된다.

케네디가 계속해서 회자되는 역사적인 인물이 된 가장 큰 까닭에는 비극적인 죽음이 있다. 댈러스 저격 암살 사건으로 불리며, 1963년 11월 23일 다음 해에 있을 대통령 선거를 위해 텍사스주 댈러스를 방문한 케네디가 재클린 여사와 함께 오픈카에서 퍼레이드하는 도중에 총탄에 맞아 쓰러진 사건이다. 범인은 리 하비 오즈월드라고 하지만, 수많은 의혹이 아직 풀리지 않은 채 남아있어 정확한 진상은 아무도 모른다.

케네디가 사망한 뒤에도 매릴린 먼로를 비롯한 여러 여성과의 염문과 마피아와 연관된 소문이 사람들의 입에 오르내렸다. 좋은 화제로만 언급되던 인물은 아니었지만, 이러한 스캔들이 지금도 이야기될 정도로 케네디는 사후에도 사람들의 많은 관심을 받았다.

좀 더 깊이 알고 싶은 독자를 위한 추천 도서 ─────

- 『용기 있는 사람들』, 존 F. 케네디, 범우사
- 『킬링 케네디: 카멜롯의 영광이 스러지다』, 빌 오라일리 등, 아름드리미디어

넬슨 만델라(Nelson Mandela, 1918년~2013년)
아파르트헤이트를 폐지한 위대한 정치가

남아프리카의 변호사이자 정치가로 오랫동안 극단적인 인종 차별 정책과 제도인 아파르트헤이트를 반대하는 운동을 이끌다 끝내 아파르트헤이트를 철폐시킨 넬슨 만델라. 1993년에는 그 위대한 공적을 기려 노벨 평화상 수상자로 선정되었다. 더불어 그는 남아프리카 공화국 제8대 대통령으로 국가 운영에도 힘썼다.

만델라는 1918년에 동케이프주 쿠누 마을에서 코사족 수장의 아들로 태어났다. 미션스쿨을 졸업한 뒤인 1939년에 흑인을 위한 대학인 포트헤어 대학에 입학하지만, 다음 해인 1940년에 학생 데모를 지도했다는 이유로 퇴학당한다.

이후 남아프리카 대학, 비트바테르스란트 대학에서 학사 학위를 취득한다. 1944년에 아프라 민족 회의(ANC)에 입당해 반아파르트헤이트 운동에 뛰어들었고, 1950년 ANC 청년 동맹 의장에 취임한다. 1925년 변호사 사무소를 개업하고 ANC 부의장이 되었다. 1956년에는 국가전복죄로 체포되지만, 무죄 판결을 받는다.

1961년에 군사 조직을 설립해 무장 투쟁을 벌이다 다음 해 체포되었으며, 1964년에는 국가반역죄로 종신형을 받고 로벤섬에 수감되어 이후 약 27년간 옥중생활을 보낸다. 1990년에 석방되자마자 다시 반아파르트헤이트 운동을 주도하고, 1991년에 ANC 의장에 취임했다. 1993년에는 노벨 평화상을 수상한다. 그리고 1994년 남아프리카에서 처음으로 모든 인종이 참가하는 선거가 실시되었는데 이 선거에서 이겨 대통령에 취임하게 되었으며, 이후 모든 인종과 민족의 융화를 위한 정치를 펼치다가 1999년에 정계를 은퇴한다. 2013년에 폐감염증으로 요하네스버그에서 95세의 일기로 사망했다.

만델라는 인생 대부분의 나날을 남아프리카 정부가 실시하고 있었던 아파르트헤이트에 반대하고 자유와 평등을 쟁취하기 위해 싸웠다. 27년 동안이나 수감 생활을 했음에도 불구하고 아파르트헤이트 반대 운동에의 의지는 꺾이지 않았고, 악법을 폐지하기 위한 운동의 지도자로서 적극적으로 행동했다.

그가 운동을 펼칠 때 기본 방침은 비폭력으로(한때 무력에 의한 개혁을 목표로 삼았을 때도 있었지만), 평화주의적인 대화를 통해 아파르트헤이트를 폐지하는 데에 성공했다. 이러한 그의 자세는 전 세계의 찬사를 받았다.

만델라는 특유의 강한 신념과 행동력으로 남아프리카의 역사를 크게 바꿔놓았다. 그의 활동이 없었더라면 아파르트헤이트는 지금도 여전히 진행 중이었을지도 모른다.

좀 더 깊이 알고 싶은 독자를 위한 추천 도서
- 『자유를 향한 머나먼 길』, 넬슨 만델라, 두레
- 『넬슨 만델라 평전』, 자크 랑, 실천문학사

맬컴 X (Malcolm X, 1925년~1965년)

총탄에 쓰러진 폭력적 흑인 공민권 운동의 기수

맬컴 X는 킹 목사와 마찬가지로 유명한 미국 흑인 공민권 운동의 지도자다. 하지만 킹 목사가 비폭력주의에 바탕을 둔 운동을 진행한 데에 반해 맬컴 X는 폭력적인 운동을 강하게 밀고 나갔다. 두 사람의 행동 방침은 매우 달랐지만, 두 사람 모두 흉탄에 쓰러졌다는 역사적인 공통점이 존재한다.

맬컴 X 혹은 맬컴 리틀(맬컴 X는 이슬람교로 개종한 후의 이름)은 흑인으로, 목사 아버지와 백인과 흑인의 혼혈인 어머니 사이에서 태어난 아이였다. 6세에 아버지가 끔찍한 사고를 당해 사망하고 어머니는 정신병원에 입원하게 되어 홀로 자란다. 이러한 환경에서 성장하면서 자연스레 범죄에 발을 담가 20세에 투옥되었는데, 교도소에서 이슬람교도로 개종한 뒤 맹렬히 공부했으며 더불어 네이션 오브 이슬람(NOI)에도 가입한다. 1962년에는 NOI를 탈회하고 1964년 아프리카계 미국인 통일 기구를 설립하는 등 흑인 공민권 운동에 적극적으로 참여하면서 맬컴 X는 미국 전역에 이름이 알려지게 된다. 하지만 1965년 맨해튼에서 연설하던 도중 NOI 신자가 쏜 산탄총에 맞아 암살당한다.

맬컴 X는 자신이 발표한 여러 저서 속에 많은 명언을 남겼다. "흑인은 아름답다(Black is beautiful)."도 그중 하나다. 하지만 "백인이 우리에게 '왜 백인을 증오하는가?'라고 묻는 것은 강간범이 피해자에게 '내가 증오스러운가?'라고 묻는 것과 같은 행위다."처럼 대부분 그가 한 말에는 킹 목사의 말과는 달리 강렬한 비판 정신과 함께 격렬한 폭력성이 내포해 있다. 이러한 이유로 맬컴 X를 비판하는 사람도 많았고, 비판을 넘어 그를 적대시하거나 증오하는 사람마저 있었다.

맬컴 X는 과격한 언동과는 대조적으로 매우 근면하고 지적이며 세련된 태도를 가진 인물이었다고 한다. 이러한 외면적 양상과 내면적 열정의 극심한 괴리 때문에 흑인 해방을 원하는 많은 지지자를 얻을 수 있었지만, 적 역시도 많을 수밖에 없었다. 그러나 킹 목사와 마찬가지로 만약 맬컴 X가 없었더라면, 미국에서 흑인의 공민권 운동은 전개될 수 없었을 것이다. 이렇게 단언할 수 있을 정도로 그의 생전 활동은 매우 큰 의미를 지녔다.

좀 더 깊이 알고 싶은 독자를 위한 추천 도서 ─────

- 『맬컴 X』, 알렉스 헤일리, 기원전 등
- 『맬컴 X VS 마틴 루터 킹』, 제임스 H. 콘, 갑인공방

킹 목사 (Martin Luther King Jr., 1929년~1968년)
흉탄에 쓰러진 미국 흑인 공민권 운동의 아버지

킹 목사 혹은 마틴 루서 킹 주니어는 20세기 중반 미국 남부에서 활동한 공민권 운동의 지도자다. 그의 비폭력·직접 운동에 바탕을 둔 흑인 공민권 운동 정신은 그가 워싱턴에서 한 "나에게는 꿈이 있습니다(I have a dream)."라는 제목의 명연설 속에 매우 잘 드러나 있다.

조지아주 애틀랜타에서 태어난 킹 목사는 모어하우스 대학교를 졸업하고 1947년에 목사가 되었다. 1954년 앨라배마주 몽고메리에 있는 흑인 교회 덱스터 에비뉴 침례교회에서 목사로서의 첫 발을 내딛는다. 다음 해 몽고메리 시영 버스에서의 인종 분리 제도 반대 운동이 광범위하게 펼쳐졌는데, 킹 목사는 이 운동을 이끌면서 점차 흑인 공민권 운동의 투사가 되어 갔다. 킹 목사는 인도 독립 운동의 아버지인 마하트마 간디의 비폭력 저항 운동에 큰 영향을 받아 흑인 차별 철폐를 목표로 비폭력·직접 운동을 앞세웠으며 1959년 남부 기독교 지도자 회의를 결성한다. 이 조직은 점차 미국 공민권 운동 전개를 뒷받침하는 거대 기관으로 발전한다.

1964년 비폭력 차별 철폐 운동을 이끈 공로로 그는 노벨 평화상을 받는다. 킹 목사는 흑인 공민권 운동뿐만 아니라 사회 불평등의 가장 큰 원인 중 하나였던 흑인의 빈곤 문제, 그리고 세계의 평화라는 이념에 기초한 베트남 전쟁 반대 운동에도 적극적으로 참여했다. 이처럼 그는 당시 미국이 끌어안고 있던 중대한 사회 문제를 개선하기 위해 끊임없이 노력해 많은 사람에게 큰 영향을 주었는데, 그의 운동을 아니꼽게 보며 강하게 반발한 반대파가 1968년 킹 목사를 총탄으로 암살해 그는 39세로 짧은 일생을 마쳤다.

킹 목사는 미국 공민권 운동의 역사에 이름을 남겼을 뿐만 아니라 세계의 평화 그리고 모든 인종이 평등한 위치에 있어야만 한다는 고귀한 사상을 명백히 전했다. 이는 미국인에게서만 이상적인 것이 아니라 인류 전체를 위한 이상이다. "나에게는 꿈이 있습니다."에서 킹 목사가 원하는 꿈은 그만이 아니라 우리 한 사람 한 사람을 위한 것임을 잊어서는 안 될 것이다.

좀 더 깊이 알고 싶은 독자를 위한 추천 도서
- 『나에게는 꿈이 있습니다 – 마틴 루터 킹 자서전』, 클레이본 카슨, 바다출판사

사토 마사루의 한 마디

마틴 루서 킹을 중심으로 펼쳐진 공민권 운동 덕분에 미국에서 흑인 차별 제도는 사라졌다. 하지만 이것은 표면적인 모습에 지나지 않아, 미국에서 흑인 차별은 여전히 존재하며 심각한 상태라는 사실이 트럼프 정권하에서 가시화됐다.

바웬사(Lech Walesa, 1943년~)

연대노조를 이끌어 폴란드 민주화를 실현한 남자

 레흐 바웬사는 폴란드의 전기 기사였지만, 연대노조(독립 자치 노동조합 연대)의 지도자가 되어 자유화 운동을 전개하고, 폴란드 공화국 제2대 대통령이 된다. 1983년에는 노벨 평화상도 수상했다.

바웬사는 나치 독일 점령 시대 때 폴란드 중부에 있는 포포보라는 마을에서 목수의 아들로 태어났다. 실업학교를 졸업하고 1967년 그 단스크 공장에서 전기공으로 일하다가 1970년에 식량 폭동이 일어났을 때 파업 위원회에 참가했다. 1980년 독립 자치 노농 조합 '연대'의 위원장이 되지만, 1982년에 정부에 의해 신변이 구속된다. 이후 1988년부터 89년까지 재임한 야루젤스키 정권과 연대 간의 원탁회의를 실현하기 위해 노력했고, 드디어 1989년 폴란드 역사상 처음으로 자유 선거에서 연대의 승리를 이끌었다. 1990년에는 비공산당계 정권을 세운 폴란드 공화국 제2대 대통령에 취임했다.

바웬사는 지식 계급 출신의 정치 활동가가 아니라 순수한 노동자 계급 출신의 활동가였다. 그렇기에 그가 연대의 위원장이 되어 폴란드의 민주화를 이끈 지도자로 활약했다는 점은 특별히 언급할 가치가 있다. 그리고 노동자 동료들이 그를 지지해 폴란드 공산당 정권의 압정을 타파하는 과정에서 무력에 의존하지 않고 대화를 통해 자유 민주주의적인 나라를 만들었다는 점도 매우 중요하다. 이것은 세계 역사상 매우 드문 일이다. 이후 폴란드의 민주화는 다른 동유럽 나라들에 영향을 미쳐 탈공산주의국을 지향하는 동유럽 혁명이 발생한다.

바웬사는 민주화를 실현한 혁명가로서 높은 평가를 받지만, 정치가로서의 평가는 높지 않다. 대통령 취임 후 펼쳤던 정책은 그다지 효과를 보지 못했고, 정치 권력을 사용해 사욕을 채웠음은 물론 발언에도 일관성이 없었다는 평가가 일반적이다.

하지만 바웬사가 강인한 체력과 정신력으로 폴란드의 민주화를 추진했다는 점은 역사적 사실이다. 그리고 그의 폴란드 내에서의 활약은 동서 냉전 시대의 막을 내리게 해 세계사에 새로운 장을 연 것 역시 틀림없는 사실이다.

좀 더 깊이 알고 싶은 독자를 위한 추천 도서 ───

▪ 『바웬사 자서전: 희망의 길』, 레흐 바웬사, 희성출판사

키신저 [Henry Alfred Kissinger, 1923년~]
1970년대 미국 외교의 중심인물

미국의 국제 정치학자 헨리 알프레드 키신저. 그는 닉슨, 포드 정권 아래서 국가 안전 보장 문제 담당 대통령 보좌관과 국무장관을 지낸, 미국 외교 문제의 중심인물로 활약했다. 또한, 1973년에 노벨 평화상을 수상하기도 했다.

키신저는 1923년 독일 바이에른주에 있는 퓌르트에서 유대계 고등학교 교사의 아들로 태어났다. 1933년 독일에 나치 정권이 탄생하자 1938년에 일가는 미국으로 이주한다. 제2차 세계대전 중인 1943년에 미국으로 귀화한 키신저는 미국 육군에 입대해 첩보 부대에서 활약했다. 1946년 하버드 대학에 입학했고, 1954년 박사 학위를 취득한다. 이후 1962년에 하버드 대학교수에 임명되었고, 1969년에는 닉슨 정권의 국가 안전 보장 문제 담당 대통령 보좌관이 되었다. 또한, 1973년 닉슨 정권의 국무장관으로 일했으며(포드 정권에서도 같은 자리에 앉아 1977년까지 국무장관으로 일한다.), 같은 해 노벨 평화상도 수상했다.

키신저의 역사적 업적을 논할 때 가장 먼저 언급되는 것이 1970년대 미국 외교 정책을 이끌었다는 점이다. 닉슨 정권, 포드 정권 아래에서 특히, 국무장관이 된 이후 키신저는 적극적으로 타국 수뇌부와 회담을 하면서 중요한 외교 정책을 진행해 나갔다. 주로 현실주의적인 외교 정책을 펼쳤는데, 대표적인 예로 베트남 전쟁 종결에의 노력, 전략 병기 제한 교섭(SALT) 추진을 비롯한 데탕트(긴장 완화)에의 공헌, 중동 평화 공작을 위한 기반 조성, 오키나와의 일본 반환 등 1970년대 미국이 펼쳤던 모든 핵심 외교는 그의 손에서 이루어졌다.

특히 베트남 전쟁 화평 협정 수립은 국제적으로 높이 평가받아 노벨 평화상도 수상했다. 그리고 그 이상으로 국제 사회 전체의 변화라는 측면에서 중요했던 것이 동서 양 진영의 대립으로 인한 냉전을 종식하고자 한 노력으로, 이후의 세계사가 어떻게 발전해갔는지를 생각하면 매우 큰 의미가 있었던 행동이었다. 또한, 중동 지역에 평화가 깃든 때는 카터 정권이 들어섰을 때부터지만, 키신저의 외교가 그 기반을 쌓아놓지 않았더라면 이루어지지 못했을 것이라고 평가받는다. 일본과 관련해 큰 문제가 됐던 것이 오키나와 반환이다. 이 반환으로 오키나와는 다시 일본의 영토가 되어 오키나와현이 탄생했다. 이처럼 키신저는 1970년대 미국의 외교 정책 전부를 움직였다고 말해도 과언이 아닐 정도로 핵심 인물이었다.

하지만 키신저의 외교에 긍정적인 면만 있는 것은 아니다. 후에 큰 비판을 받았던 부정적인 면도 존재한다. 예를 들어 베트남 전쟁에서 미군이 저지른 캄보디아 침공의 실질적인 지휘관이 그였다. 이 작전으로 캄보디아 내전이 발발해 캄보디아는 혼란의 시대에 빠져들게 된다. 또한, 칠레의 아옌데 정권을 대상으로 쿠데타를 획책해 국민을 탄압하고 공포정치를 펼치는 피노체트 군사 정권을 탄생시켰다. 인도네시아에서 일어난 수하르토의 동티모르 침공을 용인했다는 문제도 있다. 이러한 사실을 근거로 언론인인 크리스토퍼 히친스와 시모어 허시 등은 키신저를 '인류에 벗어난 죄'를 저지른 인간, 여기에 더해 '전쟁범죄자'라며 격렬히 비난했다.

키신저의 성격에 대해서도 알아둘 필요가 있을 것 같다. 이와 관련한 몇 가지 일화를 소개하고자 한다. 강한 독일 사투리 억양의 영어를 자주 사용해 조롱받았던 키신저는 "나는 외국어를 유창하게 구사하는 인간을 신용하지 않는다."라고 말했다고 한다. 이민자라는 사실에 콤플렉스가 아닌 오히려 자부심을 가졌던 그의 신념을 일부 엿볼 수 있는 발언이다. 그리고 "내 모든 것을 받아들여야 한다. 좋은 것이든 나쁜 것이든 모두. 나는 나다. 거기에서 모든 것이 시작되고 모든 것이 끝난다. 나를 탓하거나 후회할 필요는 어디에도 없다."라는 발언도 했는데, 여기에서도 그가 가진 강인함을 매우 잘 느낄 수 있다.

키신저의 일본관에 대해서도 짧게나마 적어보자면, 그는 미국의 히로시마와 나가사키에의 원폭 투하에 대해 "본토에서 결전이 일어나면 수백만, 수천만 명의 일본인이 죽을 터였다. 하지만 원폭 투하가 그 수를 줄였다. 그러므로 일본은 미국에 감사해야만 한다."라는 말을 했다.

키신저는 1970년대 미국 외교에서 빠질 수 없는 존재였지만, 그의 외교적 정책은 좋은 의미로든 나쁜 의미로든 현실주의에 기반을 둔 것이었지 이상적인 사회를 목표로 한 것은 아니었다. 분명 그는 우수한 정치가였지만 많은 실책을 저지른 것 역시 사실이다.

좀 더 깊이 알고 싶은 독자를 위한 추천 도서

- 『헨리 키신저의 중국 이야기』, 헨리 A. 키신저, 민음사
- 『헨리 키신저의 세계 질서』, 헨리 A. 키신저, 민음사
- 『키신저 재판』, 크리스토퍼 히친스, 아침이슬

카스트로 [Fidel Alejandro Castro Ruz. 1926년~2016년]
쿠바 혁명을 성공시킨 제3세계의 영웅

쿠바의 혁명가이자 혁명 후 최고 지도자가 된 피델 카스트로. 그는 체 게바라 등과 함께 쿠바에 뛰어들어 불가능하다고 생각됐던 쿠바 혁명을 성공시키고 이후 죽을 때까지 쿠바라는 나라의 키를 잡았다.

카스트로는 쿠바 동부의 비란이라는 마을에서, 스페인에서 이민 온 유복한 농장 경영자의 아들로 태어났다. 어렸을 적 예수교계 학교에서 공부하고 1945년에 아바나 대학교에 입학해 법률을 공부했다. 대학에서 정치 운동에 참여하면서도 1950년에 졸업하여 이후 변호사가 된 뒤 의원에 입후보하지만, 바티스타 장군이 쿠데타를 일으켜 선거 결과는 무효가 된다. 1953년 카스트로는 무장 조직을 조직해 몬카다 병영을 공격하지만 실패해 체포되었고 1955년에 특별 사면을 받아 멕시코로 망명한다.

1959년 멕시코에서 그는 그란마호를 타고 쿠바에 상륙해 게릴라전을 전개했다. 민중의 지지를 얻은 카스트로 들은 1959년 수도 아바나를 함락시켜 쿠바 혁명을 성공시켰는데, 그가 총리가 된 이후 쿠바는 소련과 우호 관계를 맺었다. 물론 이 때문에 미국과의 관계는 악화하여, 1961년 CIA가 쿠바 침공군을 파견한 사건(피그스만 침공 사건)을 계기로 쿠바는 사회주의 국가를 선언한다.

1962년 쿠바에 배치한 소련의 핵미사일을 둘러싸고 쿠바 위기가 발발해 미국이 카리브 해에서 쿠바를 상대로 해상 봉쇄를 시행했다. 이로 인해 미국과 소련 사이에 긴장감이 높아지면서 세계가 이번에는 핵전쟁의 위협에 떨어야 했다. 하지만 최종적으로는 두 나라 수뇌부가 직접 교섭에 나섰고, 그 결과 소련이 미사일을 철거해 위기는 사라진다.

이후 카스트로는 1976년부터 최고 지도자로서 초대 국가 평의회 의장 겸 각료 평의회 의장이 되었다. 1991년 소련이 붕괴한 이후 쿠바와 러시아와의 관계는 소원해졌다. 2008년 국가 평의회 의장 겸 각료 평의회 의장에서 퇴임하면서 동생 라울이 직책을 이어받았으며, 2016년 아바나에서 사망했다. 당시 90세였다.

세계사의 흐름 속에서 카스트로의 공적을 생각할 때 제일 먼저 언급되는 것은 쿠바 혁명의 성공일 것이다. 이 혁명의 성공은 일반적인 예상을 훨씬 뛰어넘은 것이었다. 쿠바에 상륙했을 때 겨우 82명일 뿐이었던 카스트로 혁명군은 상륙 후에 정부군의 공격을 받아 18명까지 줄어들었는데, 그럼에도 산속에서 잠복하며 게릴라전을 펼쳤다. 이렇게 싸우는 그들을 쿠바 민중들이 지지해 많은 민중이 혁명군의 병사로 가담했다. 사리사욕을 채우는 데에 눈이 멀어 기대를 배신한 바티스타 군사 정권을 향해 민중들이 강하게 반발하고 있었기 때문이다. 카스트로는 강력한 지도력으로 이 같은 민중의 힘을 멋지게 결집시켰다.

다음으로 꼽을 수 있는 업적은 끝까지 반미주의를 외치며 혁명 후의 쿠바를 이끌었다는 점일 것이다. 미국의 경제 봉쇄에도 굴하지 않고 쿠바의 자주와 독립을 끝까지 지켜낸 카스트로를 자랑스럽게 여기는 쿠바인이 많고, 더불어 남미와 제3세계에서도 이러한 카스트로의 정치 자세를 높이 평가하는 사람이 많다. 특히 베네수엘라 대통령이었던 차베스는 생전 카스트로를 존경해 마지않았던 것으로 잘 알려져 있다.

하지만 쿠바 혁명 이후에 미국으로 망명한 쿠바인들은 카스트로를 쿠바를 빈곤으로 몬 독재자로 본다. 미국의 경제 봉쇄로 쿠바 경제가 발전하지 못했던 것은 사실이며, 옆 나라인 미국과의 관계는 지금도 양호하다고 볼 수 없다. 이 원인을 만든 사람이 카스트로이기에 친미 성향의 쿠바 망명인들은 지금도 그를 강하게 비판하고 있다.

카스트로와 게바라라는 두 지도자 간의 여러 가지 차이도 세계사의 흐름 속에서 중요하다. 카스트로가 쿠바 혁명 후에 조국의 정치 운영에 전념한 것에 비해 게바라는 세계 혁명을 목표로 전 세계를 대상으로 혁명을 위한 게릴라전을 펼치며 그야말로 혁명을 위해 살다 죽었다. 쿠바 혁명은 두 사람이 협력했기에 성공할 수 있었다. 하지만 이후 카스트로는 조국을 더 좋은 나라로 만들고자 정치가가 되어 국가를 이끄는 길을 걷기로 정했으며 이러한 결정이 없었더라면 현재 쿠바는 존재하지 않았을지도 모른다. 이에 반해 게바라는 정치가로 있기보다 혁명가로 있기를 바랐다. 두 사람은 20세기 혁명사에 길이 남을 전사였지만, 두 사람의 세계를 보는 시각은 매우 달랐다. 그럼에도 불구하고 서로를 향한 우정은 변함없었다.

카스트로의 인물상은 정치가보다는 혁명 투사 쪽에 가까웠다. 이와 관련해 미국에서 열린 유엔 총회에 출석한 그를 인터뷰한 미국인 기자와의 한 일화가 있다. 기자가 "당신은 항상 방탄조끼를 입고 다닌다고 하던데 사실입니까?"라고 묻자 카스트로는 셔츠의 단추를 풀어 맨 가슴을 보여주면서 "입고 다니면 안 되지요. 도덕이라는 조끼를 입고 있으니까. 이것이 절 항상 보호해줍니다."라고 답했다고 한다. 카스트로의 용감함과 정치적 신조가 잘 드러난 일화다.

어떠한 비판을 받더라도 피델 카스트로가 쿠바 역사에서 빠질 수 없는 인물이라는 것은 사실이다. 쿠바뿐만 아니라 남미의 많은 민중으로부터도 존경받는 위인이다. 그리고 전 세계로 범위를 넓혀도 틀림없이 오래 기억될 현대사의 위인 중 한 사람이다.

좀 더 깊이 알고 싶은 독자를 위한 추천 도서
- 『피델 카스트로 마이 라이프』, 피델 카스트로, 현대문학
- 『들어라 미국이여』, 피델 카스트로, 산지니

고르바초프 (Mikhail Sergeyevich Gorbachev, 1931년~2022년)
자유화, 민주화를 지향한 소련 최후의 지도자

소련 최후의 최고 지도자인 미하일 고르바초프. 그는 페레스트로이카 (개혁)와 글라스노스트(개방)를 시도해 소련의 체제를 크게 바꾼 공적으로 1990년에 노벨 평화상을 수상했다.

고르바초프는 1931년 북캅카스 프리볼노예 마을에서 농민의 자녀로 태어났다. 1950년에 모스크바 대학 법학부에 입학하고 1952년에 소련 공산당에 입당했다. 이후 1970년에 스타브로폴 지구 제1서기장에 취임하고 다음 해 중앙위원에 선발되어 1978년에는 당 중앙위원 농업 담당 서기에 발탁되었다.

1985년 공산당 서기장에 취임하자 페레스트로이카와 글라스노스트를 제창했고 1987년에는 중거리 핵전력 전폐 조약을 미국과 체결했다. 1988년에 최고 회의 간부 회의장에 취임했고 1990년에는 대통령제를 도입해 고르바초프가 초대 대통령에 오른다. 하지만 1991년에 쿠데타가 일어나 고르바초프는 크림반도 포로스의 별장에 연금되는데, 쿠데타는 실패했지만 최종적으로 고르바초프가 사임하면서 소련은 붕괴한다. 같은 해 말 국제 정치·경제 기금인 고르바초프 기금을 설립하였고, 이후 해외 방송 매체에 자주 등장했다.

소련의 지도자로서 고르바초프가 한 정책 중에서 가장 핵심이었던 정책이 페레스트로이카와 글라스노스트 실시다. 민주화를 의미하는 페레스트로이카를 통해 많은 국영 기업이 민영화되어 자유주의 경제가 도입되었다. 글라스노스트는 국가의 관리하에 놓여 있던 언론, 사상, 집회, 보도를 자유화해 민주화에 박차를 가하는 정책으로, 이 정책의 일환으로 유폐당한 안드레이 사하로프 박사를 풀어주었다. 이러한 정책은 소련의 민주화에 공헌했지만, 보수파의 반발도 불러왔다. 결국 쿠데타가 발발해 소련이 붕괴했다.

고르바초프에 관한 평가는 긍정적인 것과 부정적인 것으로 양분되어 있다. 긍정적인 평가는 소련의 민주화를 추진한 지도자라는 점이며, 부정적인 평가는 소련을 분열시켜 혼란에 빠뜨렸다는 점이다. 하지만 어느 쪽이든 고르바초프의 이름이 20세기 역사의 한 장에 새겨져 있다는 것은 분명한 사실이다.

좀 더 깊이 알고 싶은 독자를 위한 추천 도서

• 『선택』, 미하일 고르바초프, 프리뷰

사토 마사루의 한 마디

고르바초프는 정보의 자유화(글라스노스트)와 민주화(데모크라티자치야)를 실시하면 소련의 활성화를 이룰 수 있다고 진심으로 믿었다. 공산주의 이데올로기는 전일적(全一的) 세계관이라, 여기에 이질적인 요소를 들여온다는 발상은 애초에 무리가 있었다.

아이젠하워 [Dwight David Eisenhower, 1890년~1969년]
후에 미국 대통령이 되는 역사상 최고의 작전 총사령관

미국의 군인, 정치가였던 드와이트 데이비드 아이젠하워. 그는 제2차 세계대전 중 노르망디 상륙 작전의 총사령관으로 유명한데 이 외에도 NATO군 총사령관과 제34대 미합중국 대통령 등을 역임했다.

아이젠하워는 1890년에 농민의 아들로 텍사스주 데니슨에서 태어났다. 1911년에 웨스트포인트 육군사관학교에 입학하고 1915년에 졸업한 뒤 1925년부터 다음 해까지 참모학교에 근무했다. 1935년에는 필리핀에서 맥아더의 부관을 지냈다.

그러다 1944년에 사상 최대의 작전이라고 불린 노르망디 상륙 작전을 지휘하고 같은 해 말에 육군 원수가 된다. 전후 1948년에는 콜롬비아 대학 학장, 1950년에 NATO군 총사령관이 된다. '아이크'라고 불리며 많은 사람의 사랑을 받은 그는 1953년에 미합중국 대통령에 취임해 2선(1961년까지)까지 지냈다. 1969년 워싱턴에서 울혈성 심부전으로 78세의 나이로 눈을 감았다.

아이젠하워의 역사적 업적은 군인으로서의 업적과 정치가로서의 업적 크게 두 가지로 나눌 수 있다. 군인으로서는 1944년 6월 6일에 실행되었던 노르망디 상륙 작전을 지휘한 총사령관이었다는 점이 가장 유명하다. 패튼같이 개성 강한 부하는 물론 처칠이나 스탈린 같은 정상들과도 좋은 관계를 쌓아 독일군과의 전쟁을 승리로 이끌었다는 공적이 크다. 전후에도 NATO의 핵심 인물로 서방 측의 군사적 지도자 역할을 맡았다.

정치적으로는 제34대 미 대통령으로 냉전하에서의 미국을 이끌었다는 점이다. 외교적으로도 내정적으로도 눈에 띄지 않았다고 평가하는 역사가도 있지만, 8년 동안의 대통령 임기 중에 큰 실정을 하지 않은 것도 사실이다. 또한, 군산 집합체가 깊이 침투해있는 미국의 군사 경제 체제를 강하게 비판했다는 점도 알아두어야 할 점이다.

아이젠하워는 나치와의 전쟁을 승리로 이끌었으며, 대통령에도 올라 세계의 정치, 군사의 전면에 서서 행동함으로써 역사에 깊은 발자취를 남겼다.

좀 더 깊이 알고 싶은 독자를 위한 추천 도서
• 「아이젠하워」, 존 우코비츠, 플래닛미디어

맥아더 (Douglas MacArthur, 1880년~1964년)
인천 상륙 작전의 최고 책임자

미국 군인 더글러스 맥아더. 그는 제2차 세계대전 중에는 남서 태평양 방면 최고 사령관으로 일본군과 싸웠으며, 한국에서는 한국 전쟁의 인천 상륙 작전으로 유명하다.

맥아더는 아칸소주 리틀록에서 군인의 아들로 태어났다. 웨스트포인트 사관학교를 졸업한 뒤 필리핀에 배속되었고, 이후 참모본부로 배속돼 제1차 세계대전 때에는 유럽 전선에 종군한다. 1919년에는 육군 사법 학교장에 취임했고, 1930년에 육군 참모장으로 진급한 뒤 1937년에 퇴역했다. 하지만 제2차 세계대전이 발발하자 육군으로 복귀해 필리핀 주둔 극동군 사령관이 된다. 1942년에 일본군의 공세에 밀려 필리핀을 탈출할 때 "나는 돌아올 것이다(I shall return.)."라고 말했다는 일화는 유명하다. 이후 남서 태평양군 최고 사령관에 임명되어 대일작전을 지휘하였고, 1944년에 원수가 되었으며 1945년 7월에 필리핀 탈환에 성공한다.

전후에는 연합국군 최고 사령관이 되어 일본에 주둔하며 일본 점령 최고 권력자로서 많은 점령 정책을 실시했다. 1950년에 발발한 한국 전쟁과 관련해 트루먼 대통령과 대립하다 다음 해 경질당해 미국으로 돌아간 뒤 퇴역했다. 이후에는 공화당원이 되어 대통령을 노려보지만, 꿈을 이루지 못하고 1964년에 노쇠에 의한 내장 기능 저하로 사망했다.

전술가로서의 맥아더에 대한 평가는 나뉘지만, 연합국군 최고 사령관으로서 시행했던 정책이 전후 많은 영향을 미쳤다는 점은 많은 역사가의 공통된 의견이다. 그가 최고 사령관일 때 중요 정책은 다음과 같다.

- 민주주의적인 일본 평화헌법 제정(국민이 주권자라는 점 그리고 전쟁 포기와 의회제 민주주의가 명문화되어 있다.)
- 도쿄 재판으로 전범을 재판

하지만 맥아더 개인에 관해서는 좋게 평가하는 사람보다 비판하는 사람이 더 많다. 특히 트루먼, 아이젠하워, 케네디 등 역대 미국 대통령들은 맥아더를 결코 호의적으로 보지 않았고 심지어 몇몇은 매우 혐오하기까지 했다. 일례로 트루먼 대통령은 한국 전쟁 초기 맥아더의 전략 실패와 중국을 노린 원폭 공격 계획 같은 강경 자세에 분노해 맥아더를 경질하기에 이른다. 정치가가 되려 한 맥아더에게 트루먼 대통령이 "더글러스, 자네는 미국 역사상 최고 장군이지만, 정치를 한다면 미국 역사상 최악의 정치가가 되리라 생각하네."라고 말했다는 일화도 있다.

게다가 맥아더는 자부심이 강한 야심가이기도 했고, 인종 차별주의자이기도 했다고 알려져 있다. "일본인은 12살짜리 소년 같다."라는 발언에서 알 수 있듯이 동양인에 대한 편견을 가지고 있었다. 더불어 대통령 선거에 입후보했을 정도로 야심이 있었고, 힘으로 상대를 굴복시키는 것을 좋아하는 성격이기도 했다. 맥아더의 아버지 아서는 남북 전쟁의 영웅이었고, 맥아더 자신도 육군사관학교를 수석으로 졸업한 수재였다. 이 때문에 자신감 과잉이라고 보아도 될 정도의 성격이 형성된 것일지도 모른다.

한국 전쟁에서 분수령이 된 인천 상륙 작전의 성공으로 한국에서는 물론이고 미국에서도 전후 얼마 동안은 맥아더를 영웅시하는 여론의 목소리가 컸다. 그랬기에 그가 대통령 선거에 출마하기로 정했던 것이지만, 정치가로서의 그의 실력은 미지수였다.

좀 더 깊이 알고 싶은 독자를 위한 추천 도서 ─────

• 『맥아더 회고록』, D. 맥아더, 일신서적출판사

체 게바라(Che Guevara, 1928년~1967년)
혁명과 함께 살고 혁명과 함께 죽은 남자

체 게바라(체는 별명으로, 본명은 에르네스토 게바라Ernesto Guevara다)는 카스트로와 함께 쿠바 혁명을 성공시킨 아르헨티나 출신의 혁명가다.

그는 원래 아르헨티나의 부유한 가정에서 태어나 부에노스아이레스 대학에서 의학을 공부하던 학생이었지만, 사회주의 사상에 눈 뜬 뒤부터는 각국의 혁명 운동에 적극적으로 관여한다. 그는 그야말로 혁명을 위한 인생을 살았다.

게바라가 역사적인 혁명가로 사람들의 기억에 남을 수 있었던 이유는 쿠바 혁명 덕분이다. 카스트로 일행들이 바티스타 독재 정권을 타도하고자 하는 열정에 감명을 받은 게바라는 쿠바 혁명 실행 부대에 참여한다. 멕시코에서 군사 훈련을 받은 뒤 1956년에 카스트로 일행들과 함께 멕시코에서 그란마호를 타고 쿠바에 상륙해 혁명을 위한 게릴라전을 개시한다. 수적으로 열세였지만, 쿠바 시민의 지지도 있어 격전을 벌인 끝에 1959년에 드디어 바티스타 독재 정권을 타도하고 쿠바 혁명을 실현했다.

쿠바 공화국을 수립한 후에는 정치가로서 외교 문제를 담당했을 뿐만 아니라(쿠바 대표로 일본도 방문했고, 유엔에서도 연설했다) 쿠바 경제를 개선하기 위해 노력했다. 하지만 1965년 소련의 정치적 간섭이 큰 요인이 되어 쿠바를 떠나 콩고로 가 다시 혁명가로서의 길을 걷는다. 이후 볼리비아로 건너가 혁명 무장 투쟁을 지휘하지만, 1967년 안데스산맥 협곡에서 볼리비아 정부군에게 붙잡혔고, 게바라 살해 명령을 받은 병사들에 의해 사살된다.

게바라는 사후에도 혁명의 영웅으로 남아 남미만이 아니라 세계 각국에서 칭송받고 있다. 미국과 소련이라는 강국의 논리를 절대 따르지 않고 세계 모든 사람의 자유와 평등을 바라며 혁명 투쟁에 몸을 던진 게바라. 그는 정말로 억압된 민중을 위해 싸운 전사였다. 혁명을 위해 살며 혁명을 위해 죽은 게바라의 모습을 단적으로 알 수 있는 말이 있다. "진정한 혁명은 자기 자신에 대한 혁명이며, 어떠한 물질적 보상도 생각하지 않는 것이다." 게바라가 남긴 말에는 그가 지닌 불굴의 정신이 잘 드러나 있다.

좀 더 깊이 알고 싶은 독자를 위한 추천 도서 ───────

▪『체 게바라 자서전』, 체 게바라, 황매

로멜 (Erwin Johannes Eugen Rommel, 1891년~1944년)

'사막의 여우'라는 별명을 가진 군사의 천재

에르빈 로멜은 제2차 세계대전에서 활약한 가장 잘 알려진 명장 중 한 사람이다.

독일 제국 연방 뷔르템베르크 왕국의 하이덴하임 안 데어 브렌츠에서 태어난 로멜은 1910년 왕국 육군 제6보병 연대(독일 제국 육군 제124보병 연대)에 하급 사관후보생으로 입대해 군인의 길을 걷기 시작한다.

1933년 국가 사회주의 독일 노동자당의 당수 아돌프 히틀러가 독일국 수장에 임명되자 로멜은 그의 반공주의와 군비 확장 이데올로기에 경도되어 히틀러 호위 책임자를 맡았다. 제2차 세계대전이 발발하자 로멜은 히틀러의 중개로 제7기갑사단의 사단장으로 취임해 프랑스 침공 작전을 전개한다.

이후 북아프리카 전선에서 연합국을 상대로 여러 번 승리했다. 상대를 교란해 궁지로 몰아넣은 뒤 항복을 받아내는 전술을 좋아했고 포로를 다룰 때도 국제법을 준수해 정중히 대하는 등 기사도 정신에 입각한 자세를 보여 영국군 사이에서도 많은 존경을 받았다. 일례로 어느 전투에서 유대인 부대를 포로로 잡았는데, 사령부에서 이들을 모두 사형시키라는 명령을 받았지만, 명령서를 불태웠다는 일화는 유명하다.

처칠은 그의 기민한 전술에 감탄해 '나폴레옹 이래 최고의 전술가'라고 칭찬했으며, 로멜은 '사막의 여우'라는 별명을 갖게 되었다.

북아프리카에서 연합국을 거세게 몰아붙인 독일군이었지만, 독일군의 보급 계획이 파탄 나고 동부 전선에서 독일과 소련이 맞붙으면서 전황은 역전된다. 이는 튀니지에서 독일·아프리카 군단의 괴멸로 이어진다. 본국으로 소환된 로멜은 북프랑스 방위를 담당하는데, 자신의 부대가 작전을 펼치고 있던 노르망디 지방의 해안 방위선 '대서양 방벽'의 완성도가 20%밖에 되지 않는다는 것을 알고 상륙 작전이 개시될 경우 "첫 번째 날이 가장 긴 날이 될 것"이라는 부정적인 말을 남겼다. 그리고 연합국군이 상륙하자 전략을 둘러싸고 히틀러와 대립한다.

이후 차를 타고 전선 근방을 둘러보던 중 적 전투기의 공격을 받아 중상을 입고 입원하였고, 부상을 치료하던 중에 히틀러 암살 미수 사건이 발생한다. 나치 상층부는 로멜이 이 사건과 관련이 있다고 결론짓고 '자결을 할지 재판을 받을지' 선택하라고 강요하였으며, 로멜은 가족의 안전을 보장받는 조건으로 자택 뒤에 있는 숲에서 음독자살한다. 로멜은 마지막까지 나치당에 입당하지 않고 어디까지나 국방군의 군인으로서 목숨을 바쳤다.

그의 사인은 은폐되었으며 장례식은 국장으로 치러졌다.

좀 더 깊이 알고 싶은 독자를 위한 추천 도서

- 「롬멜 보병 전술」, 엘빈 롬멜, 일조각
- 「롬멜과 함께 전선에서」, 한스 폰 루크, 길찾기
- 「패튼과 롬멜」, 데니스 쇼월터, 일조각

헨리 포드 [Henry Ford, 1863년~1947년]
대량 생산으로 세계를 바꾼 자동차왕

미국 자동차 회사 포드 모터의 창립자 헨리 포드는 1863년 미시간주의 농가에서 태어났다. 어렸을 적부터 기계를 잘 만졌던 포드는 16세에 기계공이 되었고, 1891년 발명가 토머스 에디슨의 회사에서 주임 기술자로 일하면서 자기 집 마당에서 내연 기관 4륜 자동차 제작에 성공한다. 포드와 16세 연상인 에디슨과는 평생 우정을 쌓았다. 심지어 에디슨은 포드의 연구소가 화재 피해를 봤을 때 무이자로 거금을 지원해주기도 했다.

머지않아 모터리제이션(자동차가 일상생활의 필수품이 되는 현상) 사회가 될 것이라고 미국의 미래를 예측했던 포드는 1899년 디트로이트 오토모빌 컴퍼니를 설립한다. 이후 몇 번의 창업을 거쳐 1903년 포드 모터 컴퍼니를 설립한다.

포드가 이렇게까지 유명한 이유는 엔지니어로서 뛰어난 차를 만들었을 뿐만 아니라 비즈니스를 하는 법 그리고 이것을 유지하는 방법을 발명한 데에 있다. 그는 20세기의 산업사, 경영사에 큰 발자취를 남겼다.

지금도 마케팅 연구에서 언급되는 "만약 사람들에게 무엇을 원하는지를 묻는다면 그들은 조금 더 빠른 말과 마차라고 답했을 것."이라는 말은 포드가 한 말이라고 한다. 포드가 자동차 제작을 눈여겨보던 시대의 이동 수단은 아직 말이 주류였다. 이러한 시장에서 "무엇을 원하는지"를 질문받는다면 "빠른 말이 필요"하다는 답이 돌아올 것은 당연할 것이다. 하지만 포드는 소비자가 가진 욕망의 본질이 '마차'가 아니라 '빠르게 이동하고 싶다'라는 것을 빠르게 알아차렸다. 이것은 지금도 마케팅의 기본이 되는 사고방식으로, 관객에게 '자신도 아직 정확히 알지 못하는 새로운 가치를 제공'하는 것이 매우 중요하다는 의미다.

포드는 자동차가 아직 일부 부유층의 전유물이었던 시대에 대중·노동자도 살 수 있는 '평상복' 같은 차를 만들고 싶다고 생각해, 포드 시스템이라고 불리는 현대의 대량생산 체제의 원형이 되는 방식을 고안했다.

시스템이 원활하게 작동하려면 세 가지가 갖춰져야 한다. 첫 번째는 산업 사회에서 매우 중요한 '표준화'다. 부품의 크기나 재질, 작업 방식 등에 동일한 규칙이나 규격을 설정하는 것이다. 누가, 언제, 어디서부터 생산 작업을 시작해도 동일한 품질을 가진 제품을 효율적으로 대량 생산하기 위해서는 표준화가 필수적이다.

또 다른 하나는 '라인 생산 방식'으로, 작업자 사이를 부품이나 제품을 놓은 벨트 컨베이어가 지나가고 벨트 컨베이어의 속도에 맞춰 작업자가 담당 작업을 해나가는 방식이다. 이 방식을 사용하면 일이 단순해져서 작업자를 단시간에 양성할 수 있고 그러면 자연스레 작업의 효율은 올라가는 이점을 가졌다. 하지만 라인 생산 방식은 부품의 표준화가 선행되어 조립의 정밀도가 올라가야만 실제로 도입할 수 있는 방법이다.

마지막으로는 '프랜차이즈 시스템'이다. 포드는 북미만이 아니라 세계적인 판매망을 확립했다. 그 결과 1905년에 제조, 판매된 'A형 포드'를 비롯해 1908년 'T형 포드'는 타 메이커의 자동차가 1,000달러 정도의 가격이었던 데에 비해 825달러라는 낮은 가격에 팔렸다. 덕분에 일반 소득층이 소유할 수 있는 자동차가 보급되어 자동차의 대중화가 한층 더 빠르게 진행될 수 있었다. 1924년에 시장 점유율이 50%였던 T형은 1927년까지 계속 생산되었고, 최종적으로는 총판대수가 1,500만대에 이를 정도로 베스트셀러가 되어 세계의 산업과 교통에 혁명을 불러왔다.

이처럼 소비자의 마음을 사로잡아 싼 가격의 제품을 대량생산하고, 그렇게 얻은 이익으로 노동자에게 고임금과 좋은 복리후생 제도를 제공하는 대규모 매니지먼트 경영 사상을 '포디즘'이라고 부른다. 소비자에게 제품을 싸게 제공하는 '봉사 정신', 노동자에게 높은 임금을 지불하는 '임금 동기'를 통해 회사를 경영하고자 한 포드의 뛰어난 비즈니스 능력을 엿볼 수 있는 부분이다.

이러한 경영 철학은 해외 무역에 의존하지 않는 미합중국의 경제적 자립을 지향한 것으로, 포드는 독립성이 기반이 된다면 국제 무역과 국제 협력으로 전쟁이 발생하는 것을 막을 수 있어 세계 평화가 실현된다고 생각했다. 더불어 그는 전쟁을 '탐욕스러운 자본가가 인류를 살육함으로써 이익을 얻으려는 행위'라고 보았는데, 그 탐욕스러운 자본가야말로 유대인이라고 생각했다. 포드의 이러한 생각은 1915년 그가 세계적인 전쟁을 중지시키기 위해 '평화 순항선'을 순항시켰을 때 확고해졌다. 이 배는 유대인들에 의해 기획, 운영되고 있었는데, 포드는 배 안에서 금과 권력을 장악하고, 정보를 지배하는 유대인의 모습을 보고 유대인만이 세계대전을 끝낼 수 있다는 의견에 반발하면서, 애초에 전쟁과 혁명의 원인은 유대인에게 있다며 이들을 적대시하게 되었다. 포드는 1920년부터 총 4권으로 된 논고 『국제 유대인』을 출간하고 이를 통해 반유대주의를 외치면서 전 세계에 큰 영향을 미쳤다. 단, 독단적이기는 하지만 평화주의자임에는 변함이 없어 제2차 세계대전에 참가하려는 미국의 태도에 반대를 표명했다.

천재적이기는 했으나 19세기형 독재적 기업가의 마지막 1인이라고 불리는 포드는 1947년 83세 때 뇌내출혈로 사망한다. 밤에도 1시간 동안 무려 5,000명이나 되는 조문객이 왔다고 한다.

좀 더 깊이 알고 싶은 독자를 위한 추천 도서 ──────

- 『국제 유대인』, 헨리 포드, 리버크레스트
- 『나의 삶과 일』, 헨리 포드, 필맥

케인스 (John Maynard Keynes, 1883년~1946년)
재정 정책을 주장해 자유방임주의의 모순을 지적한 엘리트 경제학자

존 메이너드 케인스는 영국의 경제학자다. 20세기 최고의 경제학자라고 불리는 그는 케임브리지 대학을 졸업한 뒤에도 재무성에서 일하는 등 엘리트 코스를 밟았다. 재무성 근무 시기에는 정부 대표로 제1차 세계대전 후 파리 강화 회의에 참여해 독일에 가혹할 수준의 배상금을 부과하는 것에 반대하고 사직한다.

이후 많은 저서를 발표하는데, 특히 1936년에 발표한 『고용·이자 및 화폐의 일반 이론』은 그의 대표작이 되었다. 이 책을 통해 각 분야의 경제 활동을 집계하고 그 결과를 가지고 나라 전체의 경제를 분석하는 거시경제학이 탄생한다. 여기서는 이 책을 기준으로 그의 사상을 소개하려 한다.

케인스 이전의 자본주의 경제학의 주류는 고전파(혹은 신고전파)였다. 고전파의 핵심 이론은 자유방임주의다. 이 이론의 추종자들이 믿는 법칙 중에 '세이의 법칙'이 있다. 이것은 시장의 총수요와 총공급은 반드시 일치한다는 법칙이다. 시장에는 자동 조정 기능이 있어 정부가 개입하지 않아도 기능해 불황이나 비자발적 실업 등이 일어나지 않는다고 주장한다.

케인스는 이 세이의 법칙을 비판했다. 유효 수요(확실한 구매력을 가지고 물건을 구매하려는 욕구)는 공급자 측의 가격 결정에 따라 정해지는 것이 아니다. 수요 부족(시장의 수요량이 생산량보다 부족한 상황)이 발생해 시장의 자동 조정은 기능하지 않게 된다. 이렇게 되면, 수요 부족으로 생산 능력이 남아돌아 잉여 인원, 실업이 증가한다. 고용자가 줄면 기업의 생산에 드는 비용이 줄어 상품의 가격(물가)은 내려간다. 바로 불황과 디플레이션이 동시에 등장하게 되는 것이다.

고전파는 생산이 과잉 상태일 때 부족한 수요를 개인이 지출하는 소비와 기업이 지출하는 투자만으로 메울 수 있다고 보았다. 특히 이자율을 조정하는 것으로 투자를 늘릴 수 있다고 주장한다. 하지만 이것도 케인스는 이자율은 '시간 선호(미래보다 현재의 가치를 선호하는 것)'가 아닌 '유동성 선호(빠르게 돈으로 바꿀 수 있는 자산(화폐)을 선호하는 것)'이며 장래 경기에 대한 불안함에 영향을 받는다며 고전파의 주장을 부정했다.

여기서 금융 정책에 관해 다시 한번 설명하면, 중앙은행은 머니서플라이(화폐 공급)로 경기 대책을 세운다. 호황일 때에는 시장에 화폐가 넘치고 물가가 오른다(인플레이션). 그래서 통화 공급을 줄이기 위해 중앙은행이 금리를 올리면(금융 긴축), 은행에서 돈을 빌리기 어렵게 되고 저축하기에 좋은 상태가 된다. 따라서 시장에 화폐 공급률이 줄어 개인에게 돌아가는 돈도 줄고 이는 소비 감소와 물가 하락으로 이어진다.

반대로 불황일 때에는 시장에 화폐 공급을 늘리기 위해 중앙은행이 금리를 내리면(금융 완화), 은행에서 돈을 빌리기 쉽게 되어 기업의 설비 투자가 증가하고, 개인에게 돌아가는 금도 늘어나 소비가 증가해 물가가 상승한다. 이론상으로는 이러한 고전파의 금융 정책으로 불·호황을 조정할 수 있다.

하지만 이러한 방법으로도 해결할 수 없는 장기 불황이 닥칠 때가 있다. 이때는 금리를 0 혹은 0에 가까울 정도로 내리는 정책을 썼다(제로 금리 정책). 이렇게 되면 이자가 없어서 기업이나 개인은 보유 자산을 채권보다 화폐로 바꿔 가지고 있으려 한다. 장래에 불안을 느껴 설비 투자나 소비도 늘지 않는다. 이래서는 경기 대책이 될 수 없다. 이것을 '유동성의 함정'이라고 한다.

이러면 시장을 조정하는 금융 경제만으로는 수요 부족은 해소되지 않고 불황은 회복하지 못한다. 남은 것은 정부 주도의 재정 정책이다. 이것이 케인스의 경제 이론의 핵심이다. 즉, 정부가 공공투자(공공사업의 창출)를 해 수요 부족으로 인해 생긴 실업자들을 고용하는 것이다. 이러면 소득이 증가해 소비도 늘어난다. 이 늘어난 소비는 나라 전체의 새로운 소득이 되어 국민 전체의 소득이 한층 더 증가시킨다. 이른바 유효 수요를 소비와 투자 이외에 정부의 재정 지출로 창출한다는 뜻이다(이것 이외에 순 수출도 있지만 여기서는 무시한다.).

이러한 일련의 생각을 케인스 혁명이라고 한다. 케인스 정책에서는 정부가 큰 권리를 가지기 때문에 '큰 정부'가 된다(케인스 본인은 '큰 정부'를 바라지 않았다는 의견도 있다.). 실제로 1929년 세계공황 후에 취임한 프랭클린 루스벨트 대통령은 뉴딜 정책으로 공황에 대처했다. 그는 댐 공사 같은 공공사업을 벌여 실업자를 줄여 공황에서 벗어날 수 있었다. 이것은 케인스 경제학의 영향이 컸다고 본다.

이처럼 당시 케인스 이론은 성공했다. 케인스 자신은 제2차 세계대전 후 국제 통화 기금(IMF) 설립에 협력하고 눈을 감는다. 그의 사후에도 이 이론은 높이 평가받아 케인지언(케인스주의자)이라는 신조어마저 탄생시켰다.

좀 더 깊이 알고 싶은 독자를 위한 추천 도서
• 『존 메이너드 케인스』, 재커리 D. 카터, 로크미디어

사토 마사루의 한 마디
케인스 정책의 특징 중 하나가 통화를 금지금(金地金. 금괴(덩어리)·골드바 등 원재료 상태로서 순도가 99.5% 이상인 금)에서 분리한 관리 통화 정책이다. 마르크스 경제학자인 우노 고조는 관리할 수 없는 화폐를 관리할 수 있는 것으로 보는 데에 케인스주의의 특징이 있다고 지적했다. 문제의 본질을 꿰뚫는 지적이다.

존 록펠러 [John Davison Rockefeller, 1839년~1937년]
선견지명을 가진, 재벌을 세운 '석유왕'

존 록펠러는 뉴욕의 가난한 가정의 아이였다. 시대는 아직 19세기 중반. 석탄이 핵심 에너지였고 번영의 중심에 있던 나라도 미국이 아닌 영국이었다. 그러다 1859년 미국에서 처음으로 기계를 사용한 석유 굴착이 이루어졌다. 이를 본 록펠러는 앞으로 석유 광맥이 발견되고 거기서 채굴한 원유를 정제하는 것으로 석유라는 새로운 에너지가 탄생할 것임을 예감했다.

그는 1863년 석유 정제 사업에 진출해 1870년에는 스탠더드 오일 회사를 세웠다. 그의 예상대로 1880년대 미국의 에너지원이 석탄에서 석유로 이동(에너지 혁명)하면서 20세기 미국 경제 발전에 더욱 박차를 가한다. 록펠러는 경쟁 상대를 차례차례 매수해 트러스트(기업 합동)를 실현했다. 그 결과 미국 정유업의 90%를 차지하면서 막대한 부를 손에 넣는다. 록펠러가 '석유왕'이라고 불리는 이유다.

록펠러 가문은 현재도 정·재계에서 중요한 위치를 차지하고 있으며, 특히 공화당에 큰 영향력을 행사하고 있다.

한편 유럽(영국)에도 이와 비슷한 가문이 있는데 바로 로스차일드 가문이다. 유대계인 이들은 금융업으로 번창해 19세기에는 유럽 전역에 금융 네트워크를 구축하면서 막대한 부를 얻었다. 나폴레옹 전쟁 때에는 워털루 전투에서 나폴레옹이 진 것을 남들보다 조금 더 빨리 알고 막대한 이익을 얻었다. 이후 유대인의 시오니즘 운동에 협력하고 있다.

로스차일드 가문은 19세기에 미국에도 진출했다. 이 가문은 철강과 전기 등 다양한 업계와 제휴해 미국에서도 높은 지위를 얻었다. 정·재계에도 흥미를 느낀 이들은 민주당에 영향력을 발휘한다고 한다.

록펠러 재벌과 로스차일드 재벌은 지금도 서로 라이벌 관계로 알려져 있다.

좀 더 깊이 알고 싶은 독자를 위한 추천 도서

- 『부의 제국 록펠러』, 론 처노, 21세기북스
- 『슈퍼리치 패밀리: 로스차일드 250년 부의 비밀』, 요코야마 산시로, 한국경제신문사
- 『록펠러의 부자가 되는 지혜』, 존 D. 록펠러, AK커뮤니케이션즈

빌 게이츠 (William Henry Bill Gates III, 1955년 ~)
세계의 주류가 된 OS를 만든 천재

미국의 기업가 빌 게이츠는 마이크로소프트의 창업자다.

1955년 미국의 부유하고 경건한 기독교 가정에서 태어난 게이츠는 초등학교를 우수한 성적으로 졸업했는데, 이때 그의 IQ가 160이었다고 한다.

1967년 중고교에 진학할 때 학교에서 전신에 이용하는 전동기계식 타자기에 연결된 GE사의 대형 컴퓨터를 본 뒤 컴퓨터에 흥미를 느끼게 되었다. 이 시기 워싱턴 대학 근처에 컴퓨터 센터 코퍼레이션이라는 회사가 설립되었는데, 이 회사의 컴퓨터 부하 내성 실험에 참여한 게이츠는 야간과 주말에 컴퓨터를 무료로 사용할 수 있는 권한을 얻었고, 이때 실용적인 지식을 쌓았다고 한다.

이후 게이츠는 하버드 대학에 입학해 응용 수학 과목을 공부한다. 이 시기 고등학교 선배이자 워싱턴 주립 대학 학생이었던 폴 앨런과 같이 프로그램을 개발하다 결국 하버드 대학을 중퇴하고 MITS사에서 일하고 있던 앨런과 함께 마이크로소프트를 설립한다.

게이츠가 대학 재학 중에 쓴 유일한 학술 논문인 '팬케이크 문제'는 이산응용 수학 문제의 해법에 관한 논문이었다. 이것은 쌓여 있는 팬케이크 20장을 최대 몇 번을 뒤집어야 작은 순서대로 정렬시킬 수 있는지에 관한 문제다. 게이츠는 30년 동안 해결되지 않았던 이 문제의 해법을 찾아냈다. 하지만 담당 교수가 게이츠에게 논문이 학술지에 게재되었다고 알려준 때는 그가 마이크로소프트 설립을 위해 학교를 중퇴한 뒤였다.

1980년 애플II의 성공을 본 마이크로소프트는 PC 시장에 본격적으로 참가한 IBM을 위한 OS를 개발했다. MS-DOS라고 이름 붙인 이 OS의 라이선스를 타 제조사에도 제공함으로써 거의 모든 시장을 점유하게 되었다.

뒤이어 Windows라는 이름의 OS가 1985년에 개발되었다. 하지만 게이츠는 이 OS 시스템에 불안정한 부분이 있어 타사와의 경쟁에서 이길 수 없을 것으로 판단하고, 독자적인 신OS를 개발하고 있던 IBM과 제휴해 Windows 3.0을 발매했다. 마이크로소프트는 이 성공으로 겨우 10년 만에 자산 가치 5,000억 달러를 넘는 글로벌 테크놀로지 기업으로 성장했다.

게이츠는 이사직에서 물러났으며, 전처인 멀린다와 함께 설립한 자선기금 단체 빌 & 멀린다 게이츠 재단에서 공공위생과 기후변화 문제와 관련한 자선 활동에 전념하고 있다.

좀 더 깊이 알고 싶은 독자를 위한 추천 도서

- 『빌 게이츠 미래로 가는 길』, 빌 게이츠, 삼성
- 『빌 게이츠 @ 생각의 속도』, 빌 게이츠, 청림출판

스티브 잡스 (Steve Jobs, 1955년~2011년)
세계에 컴퓨터 시대를 연 남자

스티브 잡스는 미국 IT기업 애플의 창업자 중 한 사람으로 알려진 인물이다.

잡스는 1955년 시리아인 유학생 아버지와 미국인 대학원생 어머니 사이에서 태어나지만, 외조부모가 딸이 무슬림 남성과 교제한 것을 탐탁지 않게 여겨 폴 잡스, 클라라 잡스 부부에게로 입양 보내진다.

유년 시절의 잡스는 뭐든지 일단 해보지 않으면 성에 안 차는 성격이었다고 한다. 전기가 통하는지 확인하기 위해 머리핀을 콘센트에 꽂아 감전되기도 하고 수업 중 폭죽에 불을 붙여보는 등 소란스러운 일면이 있었다. 초등학교 시절 4학년을 마치고 받은 지능 검사에서 지능 지수가 높다는 것이 밝혀져 월반해 중학교에 입학했다. 하지만 왕따를 당해 전학하는 등 안 좋은 일도 겪었다.

고등학교 때 5살 연상인 친구 스티브 워즈니악과 의기투합해 불법으로 장거리 전화를 무료로 사용할 수 있게 해주는 기계를 만들어 팔아 용돈을 벌었다고 한다. 이 경험이 훗날 애플 설립의 계기가 된다.

이후 대학에 진학하지만, 좋아하지도 않는 과목을 이수해야 하는 것이 싫어 중퇴하고 전부터 관심 있던 동양 사상을 제대로 공부하기 위해 인도로 가기로 한 잡스는 여행 경비를 벌고자 게임 회사인 아타리에 취직한다.

괴짜에 무뢰한 취급을 받았던 잡스는 뮌헨에서 게임 수리를 담당하게 되지만, 얼마 되지 않아 퇴사하고 독일을 경유해 인도로 갔다. 하지만 상상했던 것과는 너무도 다른 인도의 모습에 환멸을 느껴 귀국하고 이번에는 일본으로 가 조동종에서 선을 공부했다.

잡스는 1975년 초반에 아타리로 복직했다. 이때 본인에게 맡겨진 '브레이크 아웃(블록 깨기)' 회로 단순화 작업을 몰래 워즈니악에게 외주를 주었다. 보수를 5 대 5로 나누기로 약속했지만, 실제로는 7배가 넘는 금액을 빼돌려 이로 인해 불화가 생기기도 했다.

1975년 당시에는 컴퓨터 자체 제작 키트가 인기를 끌고 있었는데, 이것을 놓치지 않았던 잡스와 워즈니악은 자비를 들여 제작한 마이크로컴퓨터 '애플I'을 666.66달러에 판매했다. 다음 해 투자자 마이크 마쿨라와 함께 3명이 애플 컴퓨터를 법인화한 뒤 발매한 '애플II'가 상업적으로 대성공을 거두어 개인용 컴퓨터 붐을 일으켰다. 이어서 1984년 간단한 그래픽 사용자 인터페이스와 마우스를 갖추어 누구나 다룰 수 있는 '매킨토시'를 발매했지만, 인간 관계에서 자주 문제를 일으키던 잡스는 보직에서 해임당하고, 1985년 새로운 회사 NeXT를 세웠다. 참고로 이 시기 잡스가 영화 제작 회사 루카스 필름 컴퓨터·애니메이션 부문을 매수해(루카스는 CG 영상의 미래에 회의적이었다고 한다.) 픽사 애니메이션 스튜디오를 설립한 일화는 유명하다.

그런데 약 10년 후 OS 개발에 어려움을 겪고 있던 애플은 NeXT가 개발한 OS에 주목해 NeXT를 매수한다. 덕분에 잡스도 복귀해 경영의 실권을 쥐었고, 2000년에는 그때까지 거부했던 CEO 취임을 수락한다.

다음 해에는 아이튠즈와 아이팟을 앞세워 음악 사업에 뛰어들어 세계를 놀라게 했다. 애플이 승승장구하는 것과는 반대로 잡스에게는 암운이 드리운다. 2003년 췌장암을 진단받은 것이다. 그는 자신이 믿은 동양 사상의 민간요법으로 치료하고자 했으나 병세는 점점 나빠진다.

2007년 애플 제품 전시회인 맥월드 첫날에 있었던 프레젠테이션에서 잡스는 아이폰을 발표했다. 기조 강연에서 잡스는 휴대전화와 컴퓨터가 하나 된 아이폰을 '수년에 한 번 나올, 모든 것을 바꿀 새로운 제품'이라고 소개하며 그레이엄 벨이 발명해 세계를 바꿨던 '전화'를 애플이 재발명했다는 일종의 선언을 남겼다.

미국에서는 '바퀴의 재발명'이라는, 부정적인 뉘앙스로 사용하는 관용구가 있다. 이미 확립된 기술을 다시 만드는 비효율성을 비웃기 위해 쓰는 말이다. 일부러 '바퀴의 재발명'을 떠올릴 단어를 콕 집어 말하며 아이폰이 '바퀴의 재발명'의 상식을 뒤집을 정도로 역사상 대발명임을 설명하는 잡스의 모습에서 강한 자신감을 느낄 수 있다.

2010년에는 아이폰의 기능을 기반으로 한 잡지 크기의 태블릿 단말기 아이패드를 발표했다. 크기가 커진 덕에 아이패드는 비즈니스 용도로 사용되었을 뿐만 아니라 전자 서적 분야에서도 경쟁력을 갖춰 킨들 같은 전자 서적 단말기와 대등한 위치에 설 수 있게 되었다. 이처럼 애플은 네트워크 비즈니스의 신시대를 만들어나가지만, 애플의 CEO였던 잡스의 상태는 치료가 늦어진 탓에 돌이킬 수 없게 되었다.

잡스가 CEO를 퇴임하는 2011년까지 아이폰 사업은 총매출액의 50%를 차지할 정도로 성장했고, 덕분에 애플 주식은 시가 총액으로 거대 석유 기업 엑손 모빌을 제치고 세계 최대의 기업이 되었다.

이윽고 혼자서는 걸을 수 없을 정도가 된 잡스는 2011년 10월 5일 췌장 종양의 전이로 인한 호흡 정지로 세상을 떠났다. 사망 전날 아이폰 4S 발표가 이루어졌다. 향년 56세였다.

좀 더 깊이 알고 싶은 독자를 위한 추천 도서 ─────

▪ 「스티브 잡스」, 월터 아이작슨, 민음사

래리 페이지 [Larry Page, 1973년~]
기술을 전파하는 비즈니스 감각을 가진 경영자

1973년 미국 미시간주에서 태어난 래리 페이지는 구글 창업자 중 한 사람이자 전(前)최고 경영 책임자다. 그의 아버지는 미시간 주립 대학에서 컴퓨터 공학·인공 지능 기술을 가르치는 교수였고, 어머니는 같은 대학의 컴퓨터 프로그래밍 강사였다.

어렸을 적부터 컴퓨터를 만지며 자란 페이지는 12살 때 발명가 니콜라 테슬라 전기를 읽고 감명을 받았다. 이때 지금 전 세계에서 사용하는 교류 전류를 발명했으면서도 불우한 만년을 보낼 수밖에 없었던 천재가 있었다는 것을 알고 기술을 발명하는 것도 중요하지만, 그것을 잘 전파할 비즈니스 감각을 익히는 것 역시 중요하다는 사실을 깨달았다고 한다.

이후 미시간 대학에 진학해 컴퓨터 공학을 배우면서 교통 기관의 미래상에 흥미를 느끼고 각 캠퍼스를 잇는 개인 고속 교통 시스템 구축을 대학에 제안했다.

졸업 후 스탠퍼드 대학 컴퓨터 공학 박사 과정을 들으며 인간과 컴퓨터를 잇는, 정보 접근 인터페이스의 확장성을 연구해 석사 학위를 취득하고 1995년 같은 대학에서 세르게이 브린과 만나 휴학하고 구글을 공동 설립했다. 사명인 구글은 수학의 단위 '구골(Googol)'에서 따왔다. 1구골은 10의 100제곱을 뜻하는데, 검색 엔진이 막대한 양의 정보를 제공한다는 의미이며, '전 세계 정보를 체계화해 누구나 접근·사용할 수 있게 한다'는 구글의 이념을 표현하고 있다.

구글의 눈부신 성장은 전 세계 컴퓨터 사용자가 알고 있겠으나, 이 빠른 성공에는 페이지의 실패론이 기여한 바가 크다는 사실을 알고 있는 컴퓨터 사용자는 많지 않을 것이다. 페이지는 실패한 사원에게 "실패해 줘서 고맙다. 나는 '신중하게 아무것도 하지 않는 회사'가 아니라 '신속하게 움직여서 많은 것을 하는 회사'를 경영하고 싶다."라고 말했다고 한다. 더불어 "실패해도 상관없지만, 실패할 거면 빨리 실패하라."라고도.

페이지는 2001년까지 구글의 공동 사장 겸 최고 경영 책임자를 맡았다. 한때 자신의 지위를 다른 사람에게 넘겼지만, 2011년에 복귀했다. 2015년 조직 개편을 단행해 신설한 지주 회사 알파벳사의 최고 경영 책임자로 취임했으나, 2019년 12월 페이지는 브린과 함께 구글에서 퇴임했다. 그리고 2005년부터 이사장으로 있는 X 프라이즈 재단에서 달착륙선 개발을 목표로 한 '루나 랜더 챌린지'(상금 총액 200만 달러), 궤도 엘리베이터 기술을 겨루는 '스페이스 엘리베이터 게임'이라는 대회를 주재하고 있다.

좀 더 깊이 알고 싶은 독자를 위한 추천 도서
- 「구글은 어떻게 일하는가」, 에릭 슈미트 , 조너선 로젠버그 , 앨런 이글, 김영사
- 「구글 스토리(The Google Story)」, 데이비드 A. 바이스, 인플루엔셜

후설[Edmund Husserl, 1859년~1938년]

현대 철학의 기반을 만든 현상학의 창시자

독일의 철학자 에드문트 후설. 그는 '사상 그 자체로(Zu den Sachen selbst)'를 슬로건으로 둔 철학인 현상학의 제창자로 알려져 있다. 만년에는 나치로부터 많은 박해를 받아 연구 논문도 발표하지 못했다.

후설은 1859년에 현재 체코 공화국(당시는 오스트리아 제국)의 프로스테요프에서 태어났다. 아버지는 직물상을 경영하는 유대인이었다. 1876년 올로모우츠의 김나지움을 졸업한 후에 라이프치히 대학에서 수학과 철학을 공부했다. 이후 빈 대학으로 옮겨 수학 박사 학위를 취득했다. 1884년부터 프란츠 브렌타노 밑에서 철학을 연구하고 1906년에 괴팅겐 대학교수로 취임했다. 1911년『엄밀한 학문으로서의 철학』, 1913년에『이덴』, 1929년에『형식론 이학과 초월론적 논리학』, 1931년에『데카르트적 성찰』을 간행했다. 1938년 프라이부르크에서 폐렴으로 79세에 사망했다.

사상사에서 후설이 남긴 최대의 공적은 현상학을 확립했다는 데에 있다. 현상학은 '사상(事象) 그 자체'라는 말로 표현할 수 있는 탐구 자세를 가진, 대상의 본질을 파악하려는 학문이다. 이를 위해서는 여러 가지 억견(臆見, 근거 없는 생각)을 없애고 에포케(판단 정지)로 사상에 관한 선입견을 멈추어, 있는 그대로의 모습으로 탐구 대상을 환원해야 한다. 이것은 우리 의식의 노에시스(사고 작용)와 노에마(사고 대상)의 탐구이기도 하다. 이처럼 전기의 후설 사상에서는 엄밀히 학문을 추구하는 학문적 탐구가 이루어졌다. 하지만 우리의 존재 자체는 환원주의를 통해 완전히 이해할 수 있는 대상이 아니라서 후기 후설 사상에서는 우리가 실제로 사는 생활 세계에서 타인과의 관계성, 즉, 주관성을 주요 문제로 다룬다.

후설의 현상학적 접근법은 막스 셸러와 하이데거 같은 독일 철학자는 물론 모리스 메를로 퐁티, 폴 리쾨르 등 세계의 여러 철학자에게 많은 영향을 미쳤다. 후설의 현상학 탐구가 없었더라면 현대 철학이 이 정도로 발전할 수 없었을 것이다. 그래서 그의 사상은 현대 철학의 기반으로써 지금도 계속 연구되고 있다.

좀 더 깊이 알고 싶은 독자를 위한 추천 도서

• 『순수현상학과 현상학적 철학의 이념들』, 에드문트 후설, 한길사
• 『후설의 현상학』, 단 자하비, 한길사

프로이트 (Sigmund Freud, 1856년~1939년)

무의식의 세계를 해명한 정신 분석학의 선구자

19세기 후반부터 20세기 전반을 살았던 오스트리아의 의사 지그문트 프로이트는 무의식이라는 것의 중요성을 처음으로 지적하고 정신 분석학이라는 새로운 분야를 확립한 학문의 개척자다.

프로이트는 오스트리아 제국의 프라이베르크 인 메렌에서 모직물 상인의 아들로 태어났다. 1873년 빈 대학에 입학해 의학을 공부한 그는 1885년에 파리에서 유학하며 프랑스 의사 샤르코가 히스테리 환자에게 사용하는 수면 치료법을 배웠다. 귀국 후에는 개업의가 되어 자유 연상법을 중심으로 한 정신 분석을 고안했으며, 이후 생리학자 브로이어와 공동 연구를 진행해 정신 분석학의 기초 이론을 확립한다. 1900년에 『꿈의 해석』을 출간하고 1908년에는 빈 정신 분석 학회를 설립했다. 1917년에 『정신 분석학 입문』을 발간했다. 1930년에는 괴테 문학상을 받지만, 나치가 독일에서 정권을 쥐고 오스트리아를 병합한 탓에 1938년에 영국으로 망명한다. 1939년 암으로 런던에서 83세의 나이로 사망한다.

그가 쓴 논문이 무척 많고, 논문 속에서 이론도 자주 바뀌어 그의 연구 전체를 조망하는 것은 불가능하지만, 그의 이론을 가능한 한 이해하기 쉽게 설명해보고자 한다.

프로이트는 우리의 정신은 의식만으로 이루어진 것이 아니라 무의식도 정신에 강한 영향을 미친다고 주장한다. 우리는 무의식의 존재를 알아차리지 못한 채 일상생활을 보내고 있지만, 말실수와 정신 분석을 통해 무의식의 존재를 명확히 느낄 수 있다. 인간의 정신은 자아(에고), 원초아(이드), 초자아(슈퍼에고)라는 서로 다른 구성체로 이루어져 있으며, 자신의 욕망을 감추기 위해서 무의식이 의식에 작용해 진정한 욕망의 대상을 억압하고 변형시킨다는 것을 밝혀냈다. 그리고 이 변형의 가장 큰 원인으로 리비도가 있다고 그는 분석했다. 리비도란 성 충동을 발현시키는 에너지를 의미한다.

프로이트는 자신이 확립한 정신 의학 방법을 사용해 정신병 환자를 치료해나갔다. 그의 치료는 히스테리 환자가 무의식적으로 봉인한 내용을 신체적인 방법이 아니라 언어로 표출하도록 만들어 증상을 소실 또는 경감시키는 치료법이었다. 이 치료법은 카우치에 앉은 환자가 자유 연상을 통해 한 말을 의사가 주의 깊게 듣다가 질문하는 식으로 이루어지기 때문에 언어가 수행하는 역할이 대단히 크다.

더불어 프로이트는 무언가 부정적인 기억이 심적인 상처로 오랜 기간 남아있는 것을 트라우마(심적 외상)라고 명명했다. 그는 트라우마를 '강하고 충격적인 사건이 정신에 쇼크를 가해 후유증처럼 마음에 상처를 남기는 것'이라고 『정신 분석학 입문』 안에서 정의 내렸다. 이 심리학적 개념은 그가 어느 여성 히스테리 환자를 치료하면서 그녀의 히스테리 원인이 유아기에 받았던 성적 학대에 있었다는 점을 밝혀낸 뒤에 제시된 것이다.

프로이트는 트라우마를 성과 관련한 문제로만 보았지만, 오늘날에는 좀 더 범위를 넓혀서 바라보아야 한다고 여겨지고 있다. 그리고 현재 큰 사고를 경험하거나 대량 살상을 목격한 사람에게 발생하는 PTSD(외상 후 스트레스 장애)와도 관련지어 연구가 이루어지고 있으며, 이 같은 정신 분석을 바탕으로 PTSD 환자를 위한 심리 치료가 이루어지고 있다.

그리고 프로이트는 리비도의 발달을 다섯 가지 시기로 구분 지었다. 구순기, 항문기, 남근기, 잠복기, 성기기다. 각각의 단계에서 중심이 되는 기관은 순서대로 입, 항문, 남성기, 성적 활동 이외의 활동을 위한 다양한 대상, 성인으로서의 성 행동에 적합한 것 전체다. 이러한 성적 발달은 인격 형성과도 깊은 관련이 있다고 프로이트는 밝혔다.

후기 프로이트 이론에서 중요한 개념이 타나토스(죽음에 대한 욕구)다. 프로이트는 타나토스와 에로스(삶에 대한 욕구)는 인간의 2대 본능으로, 인간의 행동에 상호, 혹은 결합적으로 반응을 일으킨다고 보았다. 그리고 인간이 가진 공격성의 근본 원인은 에로스와 타나토스와의 관계에 있다고도 주장했다.

프로이트의 정신 의학은 의학 분야에만 영향을 준 것이 아니다. 문학과 철학 분야에도 큰 영향을 주었다. 예를 들어 문학에서는 초현실주의 작가들이 자유 연상을 이용한 오토마티즘(자동 기술법)이라는 기술법을 만들어냈는데, 이러한 기술 방법들(에크리튀르)은 전적으로 프로이트의 이론을 바탕으로 탄생한 것이다. 철학 분야에서도 예를 들면 자크 라캉과 폴 리쾨르 등이 프로이트 이론을 철학과 접목해 주체 안에서의 무의식의 중요성을 강조했다.

이처럼 프로이트는 정신 분석학을 확립해 후세의 많은 사람에게 지대한 영향을 준 의학자였으며 동시에 사상사에 대전환을 가져온 사상가이기도 하다고 말할 수 있을 것이다. 그의 이론이 없었더라면 20세기 과학의 눈부신 발전은 이뤄지지 않았을지도 모른다.

좀 더 깊이 알고 싶은 독자를 위한 추천 도서
- 『정신분석학의 근본 개념』, 지크문트 프로이트, 열린책들
- 『프로이트』, 피터 게이, 교양인
- 『자크 라캉 세미나: 프로이트의 기술론』, 자크 라캉, 새물결
- 『해석에 대하여: 프로이트에 관한 시론』, 폴 리쾨르, 인간사랑

사토 마사루의 한 마디
프로이트는 인간의 심리에는 성 억압에서 발생한 리비도가 있다고 주장했다. 이 발상은 유대교의 신비주의 일파인 '카발라 사상'을 현대에 되살린 것이다.

비트겐슈타인 (Ludwig Josef Johann Wittgenstein, 1889년~1951년)

논리학의 기반을 크게 바꾼 천재 철학자

오스트리아 철학자 루트비히 비트겐슈타인은 19세기 전반의 옥스퍼드 학파 중 한 사람으로 논리 철학 문제, 특히 일상 언어 분석 분야에서 획기적인 연구 결과를 남겼다.

비트겐슈타인은 1889년 오스트리아 헝가리 제국의 수도인 빈에서 태어났다. 아버지는 제철업으로 부를 쌓은 부르주아였다. 그는 어렸을 적 말더듬이 심해 1903년까지 집에서 교육을 받고 이후 린츠의 고등 실업학교에 입학해 3년간 공부한다. 여담으로 이 학교에는 같은 시기 아돌프 히틀러도 재학 중이었다. 1906년에는 베를린의 샤를로텐부르크 공과 학교(지금의 베를린 공과 대학)에 입학해 기계 공학을 배웠으며, 이후 영국으로 가 1908년부터 맨체스터 대학 공학부에서 항공기 프로펠러를 연구했다. 이즈음 수학 기초 이론에 흥미를 느끼게 되었으며, 1912년 케임브리지 대학에서 러셀과 무어를 통해 논리학을 배운다.

1920년에 초등학교 교사 자격을 취득한 뒤 초·중학교에서 교편을 잡는다. 그리고 집필 활동을 시작해 1922년 『논리 철학 논고』, 1926년에 『초등학생을 위한 정서법 사전』을 발행한다. 1926년에 교육상 문제로 초등학교를 퇴직하고 수도원의 정원사로 일한다. 이때 빈 학파와 교류하고 1929년에 케임브리지 대학의 철학 강사가 되었으며 1939년에는 철학 교수로 임명된다. 1951년 62세 때 전립선암으로 케임브리지에서 눈을 감는다. 비트겐슈타인 후기 철학의 주요 저서인 『철학 탐구』는 그의 사후 2년 뒤인 1953년에 출판되었다.

여러 저서 중에 전기 사상을 대표하는 저서는 『논리 철학 논고』, 후기 사상을 대표하는 저서는 『철학 탐구』다. 따라서 여기에서는 이 두 개의 저서를 중심으로 그의 사상을 뒤쫓아보고자 한다.

『논리 철학 논고』에서 비트겐슈타인이 원했던 것은 논리학 체계를 완전히 확립하는 것이었다. 그래서 이 책 안에서 다루고 있는 대상은 논리를 구축하는 언어이며, 그 진릿값에 대한 고찰이 이루어지고 있다. 이 책에서 비트겐슈타인은 세계는 사물의 총체가 아니라 사실의 총체라고 말한다. 그리고 사실의 논리상 이미지는 사고에 해당하며, 사상은 의의를 가진 명제라고 보았다. 그리고 명제는 진릿값을 결정하는 것이고, 마지막으로 "말할 수 없는 것에 대해서는 침묵해야만 한다."라고 말한다.

언어에 대응하는 명확한 대상이 있기에 '말할 수 있는 것'인 과학의 명제와 대비하여, '말할 수 없는 것'을 설명하기 위해 비트겐슈타인은 『논리 철학 논고』에서 이처럼 이야기한다. 논리 공간의 한계를 말하기 위해서는 논리 공간에 존재하는 대상에 대해 "이것은 존재한다."라고 말하고, 논리 공간에 존재하지 않는 대상에 대해서는 "그것은 존재하지 않는다."라고 말해야만 한다. 하지만 이렇게 말하는 것이 불가능하다. 왜냐하면 존재하는 것과 존재하지 않는 것의 경계선을 우리는 엄밀히 그을 수가 없기 때문이다. 그래서 언어가 어떻게 세계를 표현하는지 말하는 것은 '말할 수 없는' 것이며, 이렇게 말할 수 없는 것에 대해 우리가 취할 수 있는 유일한 태도는 침묵하는 것이다. 이것이 비트겐슈타인의 전기 사상의 핵심 사상이다.

그의 사상이 전기 이론에서 후기 이론으로 이동함에 따라, 그는 우리의 언어 활동을 가족적 유연성(類緣性)을 기반으로 한 언어 게임의 집합으로 이루어지는 것으로 바라보며, 언어는 사용되면서 규칙성이 만들어진다는 방향으로 사상을 전개해간다. 이 이론을 자세히 소개하는 저서가 『철학 탐구』다.

이 책에서 중요한 개념 중 하나가 언어 게임이다. 이 개념은 후기 비트겐슈타인의 핵심 개념이기도 하다. 그는 언어 표현은 공유된 규칙에 기반을 두고 이루어지는 행위이지만, 이 규칙은 우연히 성립되는 관습적인 것에 지나지 않으며, 절대적인 규칙은 존재하지 않는다고 말한다. 예를 들어 진위를 판단할 때도 어떤 관습적인 규칙에 따라 행해지는 것일 뿐이지 절대적인 판단 기준 같은 것은 존재하지 않는다고 보았다. 이러한 언어 표현의 모습을 비트겐슈타인은 언어 게임이라고 명명했다.

그리고 비트겐슈타인은 우리가 사용하는 언어의 의미는 언어 활동에 따라 다른 의미를 가진다고 주장했다. 즉, 어떤 언어 활동을 하고 있느냐에 따라 이때에는 X라는 의미를, 저 때에는 Y라는 의미로 쓰이게 된다는 것이다. 그래서 언어 게임 전체를 봤을 때 공통의 의미는 존재하지 않으며 각각의 게임이 유사할 뿐(이것이 가족적 유연성이라는 것이다.)이다.

이러한 비트겐슈타인의 생각은 논리 철학 분야와 일상 언어 학파로도 불렸던 옥스퍼드학파의 언어 분석에 큰 영향을 주었을 뿐만 아니라 벤베니스트 같은 언어학자에게도 많은 영향을 미쳤다. 비트겐슈타인의 언어 이론은 그야말로 획기적인 것이어서 이후 언어 고찰의 시점에 혁명적인 변화를 가져왔다.

사토 마사루의 한 마디

비트겐슈타인은 한때 진심으로 소련으로의 이주를 고민했다. 러시아 공화국의 카잔 대학교수 자리가 내정되어 있었다. 직전에 포기했지만, 만약 비트겐슈타인이 소련의 철학자가 됐더라면 철학사는 크게 바뀌었을 것이다. 왜냐하면 오늘날처럼 비트겐슈타인 학파가 영미에서 강한 영향력을 가질 수 없었을 테니까 말이다.

좀 더 깊이 알고 싶은 독자를 위한 추천 도서

- 『논리 철학 논고』, 루트비히 비트겐슈타인, 책세상 등
- 『철학적 탐구』, 루트비히 비트겐슈타인, 책세상 등
- 『비트겐슈타인의 추억』, 노먼 맬컴, 필로소픽

하이데거(Martin Heidegger, 1889년~1976년)
현존재의 존재 방식을 탐구한 독일 철학자

마틴 하이데거는 20세기를 대표하는 독일의 철학자다. 그는 막대한 양의 저서를 남겨 많은 철학자에게 영향을 주었는데, 그중에서도 핵심 저서인 『존재와 시간』은 20세기 최고의 철학서라는 수식어가 항상 붙는다.

하이데거는 독일 남부의 작은 마을 메스키르히에서 태어났다. 아버지는 가톨릭 성당인 성 마르틴 성당의 성당지기였다. 1909년에 프라이부르크 대학에 입학해 신학을 공부하지만, 도중에 전공을 철학으로 바꾸었으며 1915년에 프라이부르크 대학의 강사가 되어 후설의 지도를 받는다. 1923년 마르부르크 대학교 교수가 되었으며, 1927년에는 주요 저서인 『존재와 시간』을 발간한다. 1928년에 프라이부르크 대학교수에, 1933년에는 프라이부르크 대학 학장에 취임한다. 이 시기 나치 정권에 적극적으로 협력하였고, 제2차 세계대전 후에는 교직에서 추방당하지만 1951년에 복직한다. 전후에도 집필 활동을 활발히 펼쳐 많은 책을 쓰고, 1976년 고향인 메스키르히에서 사망한다. 86세였다.

하이데거의 철학은 광대한 범위를 아우르고 있어 여기서 그 전체를 요약하는 것은 불가능하다. 대신 그의 철학에서 가장 중요한 주제는 '존재'이며, 존재는 시간과 연관이 있고 죽음과도 관련이 있다고 아주 짧게 소개할 수 있다. 이 문제에 대한 그의 사상적 태도를 명확히 알 수 있는 저서가 『존재와 시간』이기 때문에 여기서는 『존재와 시간』이라는 대작을 간단하게 설명하려 한다.

인간 존재의 근원적 탐구를 위해 쓰인 『존재와 시간』에서 하이데거는 인간을 현존재(Dsein)라고 부른다. 현존재는 세계 내 존재(In-der-Welt-Sein)로서 존재하고 있다. 세계 내 존재란 다음과 같은 존재를 의미한다. 현존재는 세계 내에 이유도 모르는 채 수동적으로 내던져졌으나(하이데거는 이것을 피투성被投性이라고 부른다), 세계를 향해 자신을 내던질 수도 있는 존재다(기투성企投性이라고 부른다). 이 두 가지 면을 가진 현존재의 존재 방식이 세계 내 존재이며, 이것이 인간이 존재하는 기본적인 존재 방식이다.

하지만 인간은 스스로가 죽음을 향해 살아가고 있는 존재라는 점을 알고 있는 존재이기도 하다. 스스로 죽음을 향해 가는 존재임을 자각하는 것은 현존재만이 이해할 수 있는 존재 방식이다. 현존재가 미래에 있을 자기 죽음을 이해하고 있기 때문에 유한한 자신의 삶을 어떻게 살아야 할 것인지를 묻는 행위가 매우 중요해진다. 하이데거는 『존재와 시간』에서 "죽음은 현존재가 존재하자마자 가져야 하는 하나의 존재 방식이다."라고 썼는데, 이 문제를 단적으로 표현한 문장이라 하겠다.

현존재 앞에 있는 이 세계는 내 관심에 따라 다양한 양상이 표출되는 공간이기도 하다. 내 눈앞에 있는 공간의 상황은 현존재의 관심에 따라 여러 가지 기분을 만들어내고, 이러한 양상을 현존재는 자신만의 의미로 받아들이고 이해한다. 이것이 세계 내 존재하고 있는 현존재의 기본 존재 방식이다. 그리고 현존재는 지금까지의 내가 무엇이었는가라는 질문에서 앞으로 어떻게 해야 하는지를 질문해 자신의 존재 방향을 선택할 수 있다. 하지만 평소에 현존재는 내가 언젠가는 반드시 죽는다는 사실을 잊고, 미래에 찾아올 죽음을 생각하지 않고 지낸다. 이렇게 미래의 나를 잊은 퇴락에서 벗어나기 위해서는 죽음이라는 사실을 자각할 필요가 있다고 하이데거는 주장한다.

후기 하이데거의 사상에서 주목해야 할 문제는 '고향 상실'이라는 개념이다. 하이데거는 과학 기술의 진보로 현대 세계를 사는 우리는 돌아가야 할 고향을 잃고 소외된 세계에서 절망적으로 살아가는 존재라며, 이 양상을 고향 상실이라는 개념으로 표현했다. 과학 문명의 혜택 덕분에 인간의 사회는 발전했지만, 하이데거는 이렇게 과학 기술을 우선하는 사상이 인간의 근본적인 삶을 파괴하는 방향으로도 인간을 이끈다는 점을 비판하면서 다시 돌아가야 할 존재의 근원을 되돌아볼 필요가 있다고 강조했다. 하이데거의 이러한 존재론은 빈스방거, 하버마스는 물론 사르트르, 레비나스, 구키 슈조, 아감벤 같은 전 세계의 사상가들에게 영향을 주었다.

이렇게 막대한 영향을 준 인물임은 분명하지만, 하이데거와 나치의 관계는 잊어서는 안 될 중요한 문제다. 하이데거는 시대적인 압력에 의해 어쩔 수 없이 나치와 협력했던 것이라고 해명했지만 사상의 근본에 나치즘적인 요소가 숨겨져 있다고 여겨지기 때문이다. 문명 비판, 고향 숲으로의 회귀 등 하이데거가 말했던 것들이 사실은 서양의 굉장한 발명 중 하나인 민주주의 정신을 파괴하는 것이기도 하다고 주장하는 파리아스 등의 견해에는 귀 기울여야 할 점이 많이 존재한다.

그러나 사상사에서 하이데거가 차지하는 위치는 매우 확고하며, 부정할 수 없다. 위대함과 어리석음이라는 이중성을 가졌던 하이데거의 사상을 우리는 지금부터라도 제대로 깊이 탐구해나가야 할 필요성이 있다.

좀 더 깊이 알고 싶은 독자를 위한 추천 도서

- 『존재와 시간』, 마르틴 하이데거, 동서문화사 등
- 『하이데거 극장』, 고명섭, 한길사
- 『하이데거, 제자들 그리고 나치』, 리처드 월린, 경희대학교출판문화원

융(Carl Gustav Jung, 1875년~1961년)

집단 무의식을 중시한 정신 분석의

스위스의 정신 분석의인 카를 구스타프 융은 프로이트 이론과는 크게 다른 정신 분석 이론을 다수 제시했다. 그가 주장한 집단 무의식이나 성격 유형론은 심리학 분야의 발전에 크게 기여했다.

목사의 아들로 태어난 융은 바젤 대학에서 정신 의학을 공부했다. 프로이트와의 교류는 1907년 무렵부터 시작되는데, 훗날 서로 결별한다. 1911년 국제 정신 분석 학회 초대 회장이 된다. 이후에도 많은 저서를 남겼고, 1961년 사망했다.

융은 프로이트처럼 개인이 가진 리비도를 중시하지 않고, 개인의 무의식만이 아니라 집단 무의식의 존재를 강조한 정신 분석 이론을 전개했다. 그는 무의식이 개인의 영역에 한정된 문제가 아니라 민족과 같은 집단적인 문제도 내포하고 있다고 생각했다. 왜냐하면 개인의 꿈이나 공상에 등장하는 전형적인 이미지는 여러 시대나 민족의 신화에도 공통으로 등장하기 때문이다. 따라서 민족과 인종에 공통으로 존재하는, 혹은 예부터 존재하는 무의식이 존재한다고 생각할 수 있다. 융은 이 무의식 영역을 '집단 무의식'이라고 명명하고, 우리가 '자신'을 인식할 수 있는 것도 이 집단 무의식이 있기 때문이라고 주장했다. 그리고 이 공통된 기반이 있기 때문에 우리는 타인과 공감하거나 같은 가치관을 공유할 수 있는 것이라고도 말했다.

이러한 융의 이론 중에 특히 성격 유형론은 주목해야 할 이론이다. 그는 인간의 활동 방식을 내향성과 외향성이라는 두 가지 태도로 나누었고, 이를 더 자세히 사고, 감정, 감각, 직관 네 가지 기능으로 나누어 두 가지 태도와 네 가지 기능을 조합해 여덟 가지 유형으로 인간을 분류할 수 있다고 생각했다. 인간의 대략적인 속성을 파악하기에 유효한 방법 중 한 가지를 제시한 이 방법은 개개인의 인간이 자신의 특질을 쉽게 이해할 수 있다는 장점이 있다. 현재 사용되고 있는 심리 분석 테스트도용의 성격 유형론에 큰 영향을 받았다.

또한, 융은 과학적으로 해명할 수 없는 신비적, 초자연적 현상도 열심히 연구했다. 연금술이나 점성술만이 아니라 불교의 만다라나 UFO 등도 적극적으로 연구했다. 이 때문에 융의 이론을 비과학적이라며 비판하는 목소리도 적지 않게 존재한다.

좀 더 깊이 알고 싶은 독자를 위한 추천 도서

- 『심리 유형』, 칼 구스타프 융, 부글북스 등
- 『융』, 앤서니 스토, 시공사
- 『카를 융, 인간의 이해』, 가와이 하야오, 바다출판사

사토 마사루의 한 마디

융의 집단 무의식이라는 발상은 불교의 유식사상(唯識思想, 마음 외에는 어느 것도 존재할 수 없으며, 마음에 의하여 모든 것이 창조된다는 불교 교리)에 가깝다. 융파의 심리학이 일본에 강한 영향을 주고 있는 것도 불교 사상과 밀접한 연관이 있기 때문일 것으로 생각한다.

칼 벤츠[Karl Friedrich Benz, 1844년~1929년]

자동차 발명과 자동차 산업 발전을 위한 인생

칼 프리드리히 벤츠는 세계에서 처음으로 가솔린 엔진 자동차를 상용화한 사람으로 알려져 있다. 그는 또한 다임러-벤츠의 창업자이기도 해 독일만이 아니라 세계 자동차 산업의 역사에 큰 발자국을 남겼다.

벤츠는 독일 남서부 현재의 카를스루에에서 기관차 운전사의 아들로 태어났다. 가난했지만, 고학하며 카를스루에 대학 공학부에 입학했다. 1871년에 최초의 공장을 설립했고 1886년에 가솔린을 연료로 쓰는 자동차의 특허를 취득했다. 1880년대 후반부터 대량 생산으로 값싼 자동차 개발에 매달렸다.

이후에는 메르세데스 벤츠사의 역사를 세웠다. 1895년에 역사상 최초로 화물 자동차를 설계했는데, 이것을 개량한 것이 훗날 역사상 최초의 버스가 된다. 1896년 역사상 처음으로 수평 엔진을 만들어 특허를 얻는다. 1909년 레이싱용 자동차인 블리첸 벤츠가 당시 세계 최고 속도인 226.91km/h를 기록했다. 당시의 어느 비행기보다도, 열차보다도 빠른 속도였다. 그 뒤 1912년에 벤츠는 그가 가진 회사의 주식을 모두 팔고 경영진의 한 사람으로 남는다. 1926년에 회사는 다임러사와 합병해 다임러-벤츠사가 탄생한다. 그리고 3년 뒤인 1929년에 벤츠는 기관지염 악화로 사망한다.

벤츠의 인생은 다임러-벤츠의 발전의 역사이기도 하지만, 그 자신은 기업의 경영자라기보다 발명가로서의 특질을 강하게 가지고 있었다. 그는 많은 것을 발명하고 특허도 많이 얻었다. 전기식 발화 장치, 점화 플러그, 기화기, 클러치, 기어 시프트 등 자동차 부품 중 대부분이 그의 발명을 거쳐 실용화된 것들이다. "발명하는 것이 발명한 것보다 훨씬 재미있다."라고 벤츠가 남긴 말에 그의 모습이 잘 드러나 있다.

발명을 좋아하는 한 독일 청년이 없었더라면, 우리는 지금 일상적으로 사용하는 자동차라는 이동 수단을 사용하지 못했을 것은 물론이고 우리의 편리한 생활 자체가 없었을지도 모른다.

좀 더 깊이 알고 싶은 독자를 위한 추천 도서

▪ 「Who? 카를 벤츠」, 박세준 등, 다산어린이

뢴트겐(Wilhelm Konrad Röntgen, 1845년~1923년)
끊이지 않는 실험 연구가 위대한 발명을 낳다

제1회 노벨 물리학상을 받은 독일의 물리학자(네덜란드 국적이지만, 일반적으로 독일 물리학자라고 본다.) 빌헬름 콘라트 뢴트겐은 1895년에 X선을 발견한 업적으로 과학사에 이름을 남겼다.

뢴트겐은 독일의 렘샤이트에서 독일인 아버지와 네덜란드인 어머니 사이에서 태어났다. 성장한 그는 스위스의 취리히 공과 대학으로 진학해 기계공학을 공부하고 박사 학위를 받는다. 이후 뷔르츠부르크 대학, 스트라스부르 대학에서 교편을 잡으면서 연구를 진행해 기체와 액체의 압축성과 감광도에 관한 논문을 다수 썼고, 기센 대학으로 옮긴 뒤부터는 광학과 전자기학 연구를 진행한다. 이후 베를린 대학에서 뢴트겐 전류라고 불리는, 전하의 이동으로 발생하는 이상 전류를 발견한다.

이렇게 끊이지 않는 연구와 수많은 발견 덕분에 뢴트겐은 X선을 발견했다. X선이란 무엇일까? 뢴트겐이 발견한 다음과 같은 특징으로 설명을 대신하려 한다.

① 열이 발생하지 않는다. ② 두꺼운 책과 유리를 투과한다. ③ 얇은 금속박은 투과하는데 투과할 수 있는 두께는 금속의 종류에 따라 다르다. ④ 납에는 차폐된다. ⑤ 형광 물질을 발광시킨다.

이렇게 물체를 투과하는 특징을 가진 X선이기에 투과의 차이를 이용해 물체의 사진을 찍는 것이 가능해졌다. X선의 발견은 과학의 진보에 매우 크게 기여했기에, 위에서 소개했다시피, 뢴트겐은 1901년 제1회 노벨 물리학상을 받았다. 그리고 X선은 의학 분야에서 질병 검사 방법에서 매우 중요하게 쓰였다. 병원에서 사용하는 뢴트겐 사진이 X선을 이용한 것이다.

뢴트겐은 연설을 싫어해 생전에 단 한 번밖에 연설하지 않았다. 그가 항상 연구실에 틀어박혀 실험을 거듭한 끝에 귀중한 과학적 발견을 달성했다는 것을 이해할 수 있는 일화다. 더불어 원자번호 111번 원자는 그의 이름을 따서 뢴트게늄이라고 명명됐다는 점도 추가로 소개하고 싶다.

좀 더 깊이 알고 싶은 독자를 위한 추천 도서 —————
▪ 「Who? 빌헬름 뢴트겐」, 오영석 등, 다산 어린이

알렉산더 그레이엄 벨[Alexander Graham Bell, 1847년~1922년]
농아 교육에도 공헌한 전화기의 최초 발명자

스코틀랜드의 에든버러에서 태어났지만, 훗날 미국으로 건너간 알렉산더 그레이엄 벨을 유명하게 만든 것은 전화기의 발명인데, 사실 그는 전화기 외에도 많은 것을 발명한 사람이다.

벨의 아버지 알렉산더 멜빈 벨은 대학교수로, 변론술의 전문가였다. 어머니에게 청각 장애가 있어 벨은 일찍부터 음향학과 수화 그리고 현재의 음성학과 음운론의 기초가 되는 발성 기호의 일종인 시화법(視話法)을 아버지로부터 배웠다. 이후 동생과 형이 차례차례 결핵으로 세상을 떠났고, 벨도 병약했던 탓에 캐나다로 이주해 미 대륙에서의 생활을 시작한다. 벨은 미국 보스턴 농아 학교에 직장을 얻어 일하다 1876년에는 자신이 경영하는 농아 학교를 보스턴에 설립한다. 여기서 헬렌 켈러와 만나 가정교사로 설리번 여사를 소개해준 사람이 벨이다. 이러한 와중에도 벨은 계속해서 음향학을 연구했다.

1876년에 벨은 미국 특허청에 전자식 전화기 발명 특허를 신청하고 허가받았다. 이로써 전화기의 최초 발명가는 벨이 되었지만, 에디슨 등도 같은 시기 전화기를 발명하고 있었다. 이 해 벨은 전화선을 이용해 대화를 주고받는 것이 가능하다는 사실도 증명해 전화기가 본격적으로 실용화되기 시작했다. 벨은 전화기 외에도 축음기, 금속 탐지기, 수중익선 등도 발명해 많은 특허를 얻었다.

벨의 아내도 그의 어머니와 마찬가지로 청각 장애를 가지고 있었는데, 벨은 아내가 수화 교육을 받는 것을 절대적으로 반대했다. 이 때문에 오늘날 청각 장애자들로부터 비판받을 때가 많다. 하지만 이것은 음향 관련 연구를 통해 청각 장애자도 말할 수 있고 들을 수 있게 만들 수 있다고 믿었기 때문이다. 그리고 참으로 재밌는 점이 벨은 우생학도 믿었다. 우생학에 기초해 장애인을 '불완전한 인종'이라고 생각한 점은 강하게 비난받아야 하는 부분이다.

농아 교육 방침과 우생학과 관련한 벨의 생각에 비판받아야 할 점이 많다는 것은 사실이다. 하지만 그가 후세 사람들에게 많은 발명을 남겼고, 그의 발명품들이 인류의 생활이 진보하는 데에 크게 기여했다는 점도 사실이다. 이 두 가지 측면 모두를 올바르고 확실하게 살펴보는 것이 현재를 사는 우리의 의무임은 확실하다.

좀 더 깊이 알고 싶은 독자를 위한 추천 도서
• 「Who? 알렉산더 그레이엄 벨」, 다인 등, 다산어린이

에디슨 (Thomas Alva Edison, 1847년~1931년)
세계에 이름을 떨친 위대한 발명왕

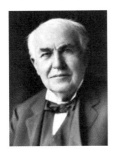

미국의 발명가 토머스 에디슨. 그는 평생 1,300여 개의 발명 및 기술 개량을 했다. 특히 축음기, 백열전구의 발명과 개량은 유명해 '발명왕'이라고 불렸다. 더불어 그는 기업가이기도 했다. 제너럴 일렉트릭 사 창업에도 관여했고 영화 스튜디오도 경영했으며 만년에는 광산도 경영했다.

에디슨은 오하이오주 밀란에서 제재소 경영자의 막내로 태어났다. 정규 고등 교육은 한 번도 받은 적이 없고 독학으로 여러 기술을 공부했다. 신문을 팔면서 실험실을 만들었다는 일화도 있다. 1868년에 투표 기록기로 처음으로 특허를 얻지만, 단 한 명도 이 기계를 원하는 사람이 없었다. 그러나 1877년 축음기를 발명해 눈 깜짝할 사이에 유명해진다. 1879년에 백열전구의 개량·실용화에 성공하고 1880년에는 발전기를, 1889년에는 1인 영화 감상 기구인 키네토스코프를 발명한다. 1909년에는 알칼리 전지의 일종인 에디슨 전지를 발명한다. 1910년에는 토스터도 발명했다.

'에디슨 = 발명'이지만, 그중에서 특히 유명한 축음기의 발명과 개량 백열전구 두 가지에 관해 이야기하고자 한다. 사실 소리를 기록하는 장치인 축음기는 이미 프랑스인 에두아르-레옹 스콧 드 마르탱빌이 포노토그래프를 발명한 상태였다. 에디슨이 발명한 것은 레코드의 소리를 재생하는 기계다. 에디슨의 축음기는 음을 내기 위해 바늘이 레코드의 홈을 지나가면 그때의 진동을 기계적으로 진동판에 전달하는 구조였다.

백열전구 역시 최초 발명자는 영국의 물리학자 조지프 스완이지만, 그의 백열전구는 안의 필라멘트(저항체)가 수 시간 뒤 타서 끊어지는 문제가 있었다. 이 필라멘트를 에디슨은 대나무로 만들어 약 1,000시간을 사용할 수 있게 개량했다. 이후 필라멘트는 셀룰로스로 만들어지는데, 그전까지는 일본의 대나무가 사용되었다.

에디슨에 관한 전기가 무척 많아 그와 관련한 일화도 무척 많다. 그는 하루에 3시간 정도만 자고 그 외의 시간에는 항상 일하고 있었다는 일화도 있다. 일에 너무 몰두한 나머지 그 외의 것을 완전히 잊어버릴 때가 많았다고 한다. 아내마저 잊어버릴 정도였다고 한다. 하지만 유연한 사고력으로 상식에 사로잡히지 않아 발명가로서는 가장 중요한 자질을 에디슨은 가지고 있었다고 볼 수 있을 것이다.

그가 한 말 중에 그를 상징하는 말이 있다. 바로 "천재란 1%의 영감과 99%의 노력을 말한다(Genius is one percent inspiration, 99 percent perspiration)."라는 말이다. 에디슨이 얼마나 대단한 노력가인지 알려주는 말일뿐만 아니라 인간에게는 재능만이 아니라 노력이 필요하다는 점을 명확히 표현한 명언으로 지금도 자주 인용되고 있다.

그리고 에디슨은 '발명왕'이라고 불리는 것 말고도 '소송왕'이라고도 불렸다. 처음에 언급한 것처럼 그는 1,300여 가지의 발명과 개량을 했는데, 이들의 특허를 둘러싸고 소송에 휘말리는 때가 자주 있었다. 에디슨의 소송 중에 잘 알려진 것으로는 그레이엄 벨과 전화기를 둘러싼 대립이 있다. 또한, 소송까지는 가지 않았지만, 자신의 발명을 지키기 위해 다른 뛰어난 발명가의 작업을 자주 방해하기도 했다. 이와 관련해 가장 유명한 예로 에디슨은 니콜라 테슬라가 만든 교류용 송전선 전력 시스템 보급을 방해하고 자신이 만든 직류용 전력 시스템을 보급하려 했다(이러한 방해 공작이 있었음에도 현재에는 교류식 전력 시스템이 전 세계에서 사용되고 있다.).

에디슨은 평생 약 3,500권이나 되는 발명 노트를 썼다고 하는데, 이렇게까지 많은 노트를 사용한 이유는 그의 발명 방식이 이론 중심이 아니라 실제로 수많은 실험을 거쳐 실험에 성공한 것을 실용화하는 방식이었기 때문이다. 이것은 영국의 경험주의의 전통을 이어받은 미국식 실용주의(프래그머티즘)에 해당하는 방식으로, 유럽 대륙의 연역적인 학문 방법과는 달랐기에 연역적 방식을 사용하는 학자형 발명가들과는 의견이 맞지 않아 자주 대립했다. 그와 대립한 대표적인 학자형 발명가가 바로 그레이엄 벨과 니콜라 테슬라다.

에디슨은 이렇다 할 학력 없이 성공한 인물 중 가장 대표적인 인물로서 지금도 전 세계에서 인기가 있는 발명가다. 그에게는 앞서 이야기했듯이 인간적인 결점이 있었으나, 발명에 대한 대단한 열정과 노력으로 많은 제품을 실용화하여 사람들의 생활을 윤택하게 한, 위대한 발명왕이었다.

좀 더 깊이 알고 싶은 독자를 위한 추천 도서 ────

▪ 『전류전쟁』, 마이크 윈첼, 매직사이언스

니콜라 테슬라 [Nikola Tesla, 1856년~1943년]
에디슨의 라이벌이었던 위대한 발명가

세르비아 출신으로 미국으로 이주한 과학자 니콜라 테슬라. 그는 여러 가지를 발명했는데, 동시대의 발명가 에디슨과 자주 대립한 탓에 그의 업적이 정당하게 평가받지 못한 비운의 발명가이기도 하다.

니콜라 테슬라는 세르비아 정교회의 사제의 아들로 현재의 크로아티아 서부에 있는 스밀랸에서 태어났다. 오스트리아의 그라츠 공과대학에 입학하지만 중퇴하고, 이후 프라하 대학에 들어가지만 역시 졸업하지 못했다. 1881년에 부다페스트 국영 전신국에 취직해 1882년에는 유도 전동기 개발에 성공한다.

이후 1884년에 미국으로 가 에디슨의 회사에 입사하나, 에디슨과의 의견 대립으로 인해 퇴사한다. 하지만 1888년 테슬라가 개발한 교류식 발전 장치가 보급되기 시작한다. 그리고 1893년에는 무선 송신기를 발명한다.

테슬라는 뛰어난 과학자였지만, 에디슨과의 대립으로 그의 공적이 과소평가 받았다. 서로 다른 전력 시스템을 고집한 탓에 두 사람 사이에서 일어난 '전류 전쟁'이라고 불리는 대립은 잘 알려져 있다. 에디슨이 직류식 시스템을 추진하려 한 데에 반해 테슬라는 교류식 시스템 도입을 강하게 주장했다. 직류식을 사용하면 상당히 두꺼운 전선을 사용해야 해 효율이 떨어져 결국 테슬라의 시스템이 채용되었다.

이 대립 도중 에디슨은 어떻게든 테슬라에게 흠집을 내기 위해 여러 가지 방법으로 그를 괴롭혔는데, 이 때문에 두 사람의 관계는 완전히 파탄나버렸다. 테슬라는 "내가 아주 조금 이론을 이용하거나 계산하는 것만으로 90%를 줄일 수 있었을 그의 노력을 대부분의 경우 안타까운 마음으로 지켜봤다."라고 말했다고 하는데, 이 말에는 두 사람의 완전히 다른 연구 방식이 잘 표현되어 있다. 에디슨은 실험 중심주의자이고, 테슬라는 이론 중심주의자였기 때문이다.

니콜라 테슬라는 에디슨과 같은 시대에 태어났기에 불행했다고 볼 수 있는 측면도 많다. 하지만 에디슨이라는 라이벌이 있었기에 다양한 발명을 완성할 수 있었다는 점도 무시할 수 없다. 이 역사의 아이러니가 그에게 좋은 것이었는지 나쁜 것이었는지는 알 수 없다. 하지만 분명한 것은 그가 역사에 남을 발명가였다는 사실이다.

좀 더 깊이 알고 싶은 독자를 위한 추천 도서

- 「테슬라 자서전」, 니콜라 테슬라, 양문
- 「니콜라 테슬라」, 마가렛 체니, 양문
- 「전류전쟁」, 마이크 윈첼, 매직사이언스

루돌프 디젤(Rudolf Diesel, 1858년~1913년)
디젤 엔진을 발명한 독일의 기술사

독일의 기계 기술사이자 발명가인 루돌프 디젤. 그는 기계 공학을 전공해 압축 착화형 왕복 피스톤 엔진인 디젤 엔진을 발명한 것으로 유명하다.

디젤은 파리에서 태어났다. 가죽 제품 제조업을 하던 아버지는 1870년 프로이센-프랑스 전쟁이 발발하자 프랑스에서 내려진 독일인 퇴거 명령에 따라 일가가 런던으로 이주한다. 하지만 그가 독일어 교육을 받기를 바란 부모는 그를 아우크스부르크에 있는 친척집으로 보냈고, 디젤은 1875년 뮌헨 공과 대학에 입학하고, 대학 졸업 후에는 화학 공업 회사 린데에서 일한다.

이후 디젤은 내연 기관을 연구하기 시작해 1893년에 디젤 엔진 특허를 취득했다. 값이 싼 석유나 중유를 연료로 사용해 효율이 좋은 디젤 엔진은 매우 빠른 속도로 세상에 퍼진다. 하지만 1913년 런던 회의에 출석하기 위해 증기선에 탄 뒤 행방불명되었고, 그로부터 10일 뒤 바다에 떠다니는 디젤의 시신을 다른 배의 선원이 발견한다. 자살인지 타살인지 사고인지 지금도 밝혀지지 않았다.

디젤은 디젤 엔진의 개발로 역사에 족적을 남겼는데, 그는 1893년에 쓴『기존 증기 기관과 내연 기관을 치환하는 합리적 열기관의 이론과 구축』이라는 논문에서 이 엔진의 기초 부분을 설명하고 있다. 디젤 엔진의 점화 방법은 압축 착화 방식으로, 피스톤에 의해 압축되는 공기에 액체 연료를 분사하고, 이렇게 혼합된 공기가 최고로 압축되면 고온 상태가 되어 자연스레 폭발하는 방식이다.

디젤 엔진은 가솔린 엔진보다도 에너지 효율이 높다는 장점이 있다. 그리고 가솔린 엔진은 점화할 때 화염의 전파 속도 때문에 실린더의 직경에 한계가 있지만, 디젤 엔진에는 이러한 한계가 없어서 대형화에 적합하다는 장점도 있다. 이러한 장점들 때문에 디젤 엔진은 지금도 많은 차량에 사용되고 있다.

디젤이 만든 디젤 엔진은 자동차의 개발, 발전에 매우 중요한 장치였다. 이러한 이유로 이 엔진을 설계한 디젤의 이름이 자동차 역사 안에 크게 자리매김하고 있다.

라이트 형제 [형 윌버(Wilbur) 1867년~1912년, 동생 오빌(Orville) 1871년~1948년]
유인 동력 비행기를 처음으로 하늘에 날린 형제

1903년 12월 17일에 세계 처음으로 유인 동력 비행기의 비행을 성공시킨 것으로 역사에 이름을 남긴 미국의 라이트 형제. 이들은 오하이오주 데이턴에서 자전거 판매점을 경영하며 생계를 꾸려갔던 평범한 시민이었다. 이는 당시 발명 열기가 일반 시민 사이에까지 퍼져 있었다는 이야기도 된다.

형 윌버 라이트와 동생 오빌 라이트는 목사 아버지를 둔 라이트 가문의 3남과 4남이었다. 19세기 말부터 20세기 초까지 세계는 과학 기술의 진보를 믿고 수많은 과학적 모험을 떠나는 사람들로 가득했다. 증기 기관차와 자동차, 증기선이 실용화되어 땅에도 바다에도 기계화된 이동 수단이 나타났다. 인류의 다음 야망은 공중에서 움직이는 기계, 즉, 비행기의 실현이었다.

프랑스의 몽골피에 형제가 발명한 열기구 덕분에 이 시기 이미 인류는 비행선을 사용해 하늘을 날 수 있었다. 하지만 비행기는 아직 하늘을 나는 단계가 아니었다. 라이트 형제는 영국의 공학자 조지 케일리가 고안한 글라이더와 독일의 오토 릴리엔탈이 초기 항공 공학 연구를 하며 이뤘던 연구 업적을 바탕으로 유인 동력 비행기 완성에 매달렸다.

그리고 드디어 1903년 노스캐롤라이나주의 킬 데빌 힐즈에서 12마력 엔진을 탑재한 유인 동력 비행기의 비행에 성공했다. 이때 네 번 비행에 성공하지만, 첫 성공에서의 비행 시간은 겨우 12초, 비행거리는 36.5m에 지나지 않았다. 그런데도 이 짧은 비행으로 인류가 비행기를 이용한 하늘의 시대에 돌입했다는 점은 틀림없는 사실이다.

라이트 형제가 민간인이었던 탓에 이들의 업적은 많은 사람의 시기와 조롱의 대상이 되었다. 대표적인 예로 첫 비행에 성공한 비행기인 라이트 플라이어호는 미국을 대표하는 과학 박물관인 스미소니언 박물관에 전시되지 못했다. 하지만 라이트 형제가 달성한 위업을 인류는 잊지 않았다. 라이트 형제가 1999년에 미국 잡지 『LIFE』의 특집 '1,000년 동안 가장 중요한 공적을 남긴 세계의 인물 100인'에 선정됐다는 사실이 그것을 증명하고 있다.

좀 더 깊이 알고 싶은 독자를 위한 추천 도서 ─────

• 『라이트 형제』, 데이비드 매컬로, 승산

마리 퀴리 (Marie Curie, 1867년~1934년)
여성 최초로 노벨상을 받은 과학자

폴란드 출신의 마리 퀴리(폴란드어 이름은 마리아 스크워도프스카 퀴리)는 방사능 연구로 남편 피에르와 함께 1903년 노벨 물리학상을 받았다. 세계 최초로 여성 노벨상 수상자가 탄생한 순간이다. 그리고 1911년 노벨 화학상도 받았다.

마리 퀴리는 폴란드 입헌왕국 바르샤바에서 상트페테르부르크 대학 교단에 섰던 과학자(제정 러시아의 폴란드인 제한으로 교단에서 쫓겨났다.)의 막내딸로 태어났다. 그녀는 우수한 성적으로 김나지움을 졸업하지만, 당시 폴란드에서는 여성의 진학이 불가능했기에 비합법 대학인 바르샤바 이동 대학에서 공부한다. 그리고 1891년 파리로 유학을 떠난다.

1894년 피에르 퀴리를 만나 다음 해 두 사람은 결혼하고 공동 연구를 시작했다. 이윽고 두 사람은 방사선을 발견했으며, 1898년에는 새로운 원소 폴로늄과 라듐을 발견했다. 그 후 1903년에 앙리 베크렐, 퀴리 부부 3명이 노벨 물리학상을 받았는데 방사능의 단위로 쓰는 베크렐은 이 앙리 베크렐의 이름에서 따왔다. 1906년 남편 피에르가 사고로 사망했으며, 같은 해 마리는 소르본 대학(파리 대학)에서는 처음으로 여성 교수가 되었다. 1911년에는 라듐과 폴로늄 발견, 라듐의 특성 및 화합물 연구로 노벨 화학상을 받았으며 제1차 세계대전 중에는 X선 촬영 설비를 갖춘 자동차를 고안해 부상자 치료에 크게 공헌했다. 마리 퀴리는 1934년 사망하는데, 오랜 기간에 걸친 방사선 피폭이 원인이었다고 여겨진다.

마리 퀴리는 남편 피에르와 함께 방사능 연구에 전념하며 과학의 역사에서 빠질 수 없는 중요한 발견을 다수 이뤄 인류의 발전에 크게 공헌했다. 또한, 퀴리 일가는 피에르 마리만이 아니라 딸 이렌도 노벨 화학상을 받았고, 사위 프레데릭에, 나아가 차녀 에브와 결혼한 헨리 라부아스 주니어가 사무총장으로 있던 유니세프도 1965년에 노벨 평화상을 수상했다. 이처럼 퀴리 가족은 노벨상 가문이라고 해도 좋을 정도로 노벨상과 깊은 연관이 있었다.

마리 퀴리는 폴란드가 겪었던 고난의 시대를 살면서도 과학으로 세계에 큰 공헌을 했다. 하지만 안타깝게도 방사능의 위험성을 마리 퀴리는 거의 알지 못했다.

좀 더 깊이 알고 싶은 독자를 위한 추천 도서
- 『퀴리 부인』, 에브 퀴리, 동서문화사 등
- 『열정적인 천재 마리 퀴리: 마리 퀴리의 내면세계와 업적』, 바바라 골드스미스, 승산

굴리엘모 마르코니 (Guglielmo Marconi, 1874년~1937년)
무선 통신을 실용화한 이탈리아 발명가

이탈리아의 물리학자, 발명가, 정치가인 굴리엘모 마르코니. 그는 무선 통신에 관한 연구로 유명하며, 1909년에 노벨 물리학상을 받았다. 그리고 기업가로서도 알려져 있다.

마르코니는 1874년에 볼로냐의 자산가 아들로 태어났다. 그는 가정 교사에게 교육을 받으며 자랐다. 1895년에 헤르츠가 발견한 전자파를 통신 장치에 응용하는 데에 성공하고 다음 해 영국에서 무선 통신 특허를 취득한다. 더불어 1901년에는 대서양을 사이에 두고 통신에 성공한다. 그리고 1902년에 자침 검파기를, 1907년에는 원판 방전기를 발명했다. 이러한 공적으로 1909년에 노벨 물리학상을 받는다. 1919년 제1차 세계대전 종결을 위한 베르사유 조약에 이탈리아 전권대사로 참가했고, 이후 파시즘의 열렬한 신봉자가 되어 무솔리니 정권하에서 상원의원을 지냈다.

마르코니의 이름을 역사에 남긴 업적은 역시 무선기의 발명이다. 이 발명에 기초한 무선국의 설치로 멀리 떨어진 나라의 정보를 좀 더 빨리 파악할 수 있게 되었다. 그는 대형 선박에도 선박 무선국을 설치했다. 1912년 호화 여객선 타이타닉호 사고에서 마르코니사의 사원이었던 통신원이 SOS 신호를 보낸 덕분에 구조될 수 있었던 사람도 많았다. 이뿐만 아니라 마르코니는 세계 처음으로 라디오 국제 방송도 성공시켰다.

발명가로서의 측면이 강조될 때가 많은 마르코니지만, 그는 기업가로서의 재능도 가지고 있었다. 영국에 마르코니의 무선 통신 회사를 설립한 것은 물론 영국과 미국에도 통신 회사를 설립했다. 이러한 실무가적인 재능이 굉장한 인상을 남겨 그는 정치, 외교 분야에서도 활약한다. 하지만 그는 1910년에 영국에서 뇌물 수수 사건을 일으켰으며 심지어 말년에는 무솔리니를 지원해 이탈리아의 에티오피아 침략을 정당화했다.

그럼에도 마르코니가 발명한 무선 기술은 정보 전달의 근대화에 크게 기여해 인류의 문명이 발전하는 데에 공헌했다는 점은 분명한 사실이다. 그래서 이탈리아에서는 그의 이름을 딴 광장이 다수 있다.

좀 더 깊이 알고 싶은 독자를 위한 추천 도서 ─────
• 「마르코니의 매직박스」, 개빈 웨이트먼, 양문

아인슈타인 [Albert Einstein, 1879년~1955년]
상대성 이론을 고안한 20세기 최대의 과학자

독일에서 태어나 미국으로 건너간 이론물리학자 알베르트 아인슈타인은 상대성 이론을 완성했기에 20세기 최대의 과학자로 꼽힌다. 당연히 노벨 물리학상 수상자다.

아인슈타인은 1879년에 독일 남서부 울름에서 상인의 아들로 태어났다. 1900년에 취리히 연방 공과 대학을 졸업한 뒤 스위스 특허청에서 일했고, 1905년에 특수 상대성 이론, 광양자가설, 브라운 운동 이론에 관한 논문을 발표했다. 1915년에는 일반 상대성 이론을 완성해 공적을 인정받아 1921년에 노벨 물리학상을 받았다. 나치 때문에 추방당한 1933년 그는 미국으로 건너가 프린스턴 고등 연구소의 연구원이 된다. 1939년에 루스벨트 대통령에게 보낸 아인슈타인-실라르드 편지는 원자 폭탄 개발 계획의 기점이 되었다고 한다. 1955년에 핵무기 폐기 협정 체결을 제창한 러셀-아인슈타인 성명을 발표하나, 같은 해 프린스턴에서 복부 대동맥암으로 76세의 일기로 생애를 마감했다.

아인슈타인의 공적 중 가장 잘 알려진 것은 상대성 이론의 확립이니만큼, 이 이론을 우선해 설명할 필요가 있을 것 같다. 이 이론은 특수 상대성 이론과 일반 상대성 이론으로 나뉜다. 특수 상대성 이론은 '물리 법칙은 모든 관성계에서 동일하다'는 것을 다루는 이론으로, 대표적으로는 '움직이는 물체의 시계는 움직이지 않는 시계보다 늦어진다' 등이 있다. 이것을 공식으로 표현하면 $E=mc^2$(E=에너지, m=질량, c=가속도)이 된다. 일반 상대성 이론은 '물리 법칙은 서로 가속도 운동하는 계의 사이에서도 똑같이 작용'한다는 것을 다루는 이론이다. 이것은 물질 주위의 중력장과 시공의 뒤틀림을 한 데 묶은 이론으로, 아인슈타인은 이 이론을 바탕으로 블랙홀의 존재를 예상하기도 했다

아인슈타인은 20세기 최고의 과학자라는 찬사에 어울리는 대발견을 이룬 것은 물론, 자신의 편지가 계기가 되어 원자 폭탄 개발 계획인 맨해튼 계획이 시작된 것에 충격을 받아 세계 평화를 위한 운동에도 적극적으로 참여했다. 러셀-아인슈타인 성명에서 이러한 모습을 잘 볼 수 있다. 아인슈타인은 여러 측면에서 세계사에 남을 위대한 업적을 남긴 위대한 과학자였다.

좀 더 깊이 알고 싶은 독자를 위한 추천 도서
- 『상대성이론』, 알베르트 아인슈타인, 동서문화사 등
- 『아인슈타인』, 프랑소와즈 발리바르, 시공사
- 『E=mc2: 세상에서 가장 유명한 방정식의 일생』, 데이비드 보더니스, 웅진지식하우스

사토 마사루의 한 마디
아인슈타인은 핵전쟁으로 인한 인류의 멸망을 막기 위해서는 세계 연방 정부의 설립이 필요하다고 생각했다. 이상적인 이야기로 들릴 수 있겠으나, 대국 이기주의가 팽배한 시대에 평화를 이룩하기 위해 의미가 있는 이상이었다.

베게너 (Alfred Wegener, 1880년~1930년)
대륙 이동설을 제창한 독일 기상학자

독일의 기상학자인 알프레트 베게너는 대륙 이동설을 제창한 인물로 유명하지만, 그는 이 외에도 대기에 관한 운동 역학, 열역학, 광학, 음향학적 연구도 다수 실행했다.

베게너는 현재 독일인 프로이센 왕국의 수도 베를린에서 목사의 아들로 태어났다. 베를린 대학과 하이델베르크 대학에서 천문학과 기상학을 공부하고 1912년에 대륙 이동설을 발표한다. 1915년에는 주요 저서인 『대륙과 대양의 기원』을 썼다. 1919년에 함부르크 대학교수에, 1924년에 그라츠 대학교수가 된다. 생애 몇 번이나 그린란드로 조사를 위해 갔는데, 1930년 만 50번째 생일을 그린란드에서 맞이했고 다음 날 조사하던 중 조난을 당해 사망했다.

베게너의 원래 전공은 기상학이었다. 기구를 이용해 대기에 관한 연구를 몇 번이나 했으며 1906년에는 관측을 위해 기구에 타 독일과 덴마크를 왕복해 당시 자유 기구 체류 세계 기록을 수립했다. 하지만 가장 유명한 것은 역시 대륙 이동설 제창이다.

베게너의 대륙 이동설은 과거 현존하는 모든 대륙이 판게아라고 불리는 거대한 하나의 대륙이었으나, 약 2억 년 전에 분열하고 표류하다 지금의 대륙의 모습을 갖추게 되었다는 설이다. 베게너가 주장한 이 설을 당시 지질학자들은 "대륙이 가라앉을 수는 있어도 이동할 수는 없다."며 육교설을 앞세워 반론했다. 하지만 지금은 베게너의 설이 옳으며 당시 지질학자들이 지지한 육교설이야말로 틀렸다는 점이 증명되었다.

그는 대륙이 이동하는 원인으로 맨틀 대류(지구 내부의 맨틀 안의 온도 차로 인해 발생하는, 맨틀 내에서의 느린 대류)를 언급했는데, 당시로써는 대륙 이동의 원동력이 되는 근거를 설명하지 못했다. 맨틀 대류로 인해 대륙 이동이 발생한다는 설은 베게너가 사망한 지 30년 뒤에 증명된다.

베게너는 그린란드에도 몇 번이고 방문하고 많은 것들을 관찰해 자연 과학의 발전에 크게 기여했다. 베게너의 이러한 노력이 없었더라면, 지금은 상식인, 지금의 대륙은 하나의 대륙이 분열해 만들어진 것이라는 생각도 우리는 얻을 수 없었을지도 모른다.

좀 더 깊이 알고 싶은 독자를 위한 추천 도서

- 『대륙과 해양의 기원』, 알프레트 베게너, 나남
- 『베게너의 지구』, 김영호, 나무와숲

닐스 보어 [Niels Henrik David Bohr, 1885년~1962년]
덴마크가 자랑하는 양자 역학의 창시자

덴마크의 이론 물리학자로 양자 역학의 확립에 지대한 공헌을 한 닐스 보어. 보어는 원자 모형을 발표한 업적으로 1922년에 노벨 물리학상을 받았다. 그리고 원자 폭탄 문제에 관해 원자력 국제 관리 협정의 필요성도 강하게 주장했다.

보어는 코펜하겐에서 태어났다. 아버지는 코펜하겐 대학 생리학 교수였다. 성장해 1912년에 코펜하겐에 이론 물리학 연구소를 설립한다. 1913년에 보어의 원자 모형을 확립하고, 그 뒤 1922년에 원자 물리학에의 공헌으로 노벨 물리학상을 받았다. 그리고 1939년에 보어의 원자핵 분열 예상을 발표한다. 이 예상은 원자 폭탄 개발 촉진으로 이어졌다.

보어는 물리학 분야에서 여러 업적을 남겼는데, 여기서는 그의 대표적인 업적인 보어의 원자 모형과 보어의 원자핵 분열 예상에 관해 이야기하고자 한다. 보어의 원자 모형은 영국 물리학자 러더퍼드가 제창한 러더퍼드 원자 모형을 수정한 것으로, 보어의 양자 조건에 따라 원자가 성립되는 모델이다. 이 조건이란, '전자는 양자핵 주위를 돌 때 특정 궤도로만 움직일 수 있으며 가장 안쪽의 원자 궤도를 도는 전자는 그 이상 원자핵에 다가갈 수 없다'는 것이다. 그리고 원자핵 분열 예상은 단적으로 말하면, '우라늄 235는 다른 우라늄 동위 원소보다 분열을 일으키기 쉽다'는 의미.

보어는 이론 물리학의 확립에 막대한 공헌을 해 이후의 물리학을 크게 발전시켰는데, 그의 연구 자세는 "자연이 어떠한 것인지를 찾아내는 것이 물리학의 임무라고 생각하는 것은 잘못되었다. 물리학은 우리가 자연에 대해 무엇을 말할 수 있을 것인지에 관한 학문이다."라는 그의 말에 단적으로 드러나 있다. 그에게 학문이란 인간이 자연에 어느 정도로 깊이 접근할 수 있는지를 알아보는 과정이었다.

또한, "신은 주사위 놀이를 하지 않는다."라고 말한 아인슈타인에게 "신이 무엇을 하는지 당신은 알 수 없다."라고 보어가 반론했다는 일화가 있다. 보어는 신이라는 초월적 존재가 아닌, 현실을 정면으로 바라본 진정한 물리학자였다.

좀 더 깊이 알고 싶은 독자를 위한 추천 도서 ──────

▪ 『닐스 보어』, 짐 오타비아니 등, 푸른지식

에드윈 허블 [Edwin Powell Hubble, 1889년~1953년]
오늘날 우주 이론의 기초를 만든 천문학자

에드윈 허블은 미국의 천문학자로, 우리가 사는 은하계 밖에도 은하가 존재한다는 것을 처음으로 발견하는 등 현대 우주론의 기초를 만든 인물로 유명하다.

허블은 1889년에 미주리주 마시필드에서 보험 회사 임원의 아들로 태어났다. 그는 시카고 대학에 입학해 수학과 천문학을 배우고 1910년에 졸업했다. 이후 옥스퍼드 대학에서 석사 학위를 취득하고 1914년부터 1917년까지 여키스 천문대에서 근무했다. 제1차 세계대전에 종군한 후 1919년에는 윌슨산 천문대로 근무지를 옮겨, 천문학자로서 여러 귀중한 발견을 했다. 특히 1929년에 발표한 허블 법칙(2018년 국제 천문 연맹의 결정으로 '허블-르메트르 법칙'으로 이름이 바뀌었다.)이 유명하다. 공로를 인정받아 1938년에 천문학 분야에서 뛰어난 업적을 남긴 사람에게 주는 브루스 메달을 받았다.

허블의 발견은 크게 세 가지가 있다. 외부 은하가 존재한다는 것을 실제로 증명했다는 것과 허블 법칙, 허블 분류를 만든 것이다. 외부 은하를 증명하기 위해 그는 100인치 망원경을 사용해 적극적으로 천체를 관측했고 1923년에 나선은하가 은하계 바깥에 있음을 발견해 은하계 외부에도 은하가 있음을 처음으로 증명했다. 1929년에 발표한 허블-르메트르 법칙은 두 은하 사이의 거리가 멀면 멀수록 서로 멀어지는 상대 속도도 거리에 비례해 빨라진다는 법칙이다. 허블 분류는 은하의 형태를 타원 은하, 렌즈형 은하, 나선은하, 정상 나선 은하, 막대 나선 은하, 불규칙 은하 총 다섯 가지로 나눈 것이다.

허블의 발견은 현대 천문학계에 큰 영향을 미쳤다. 예를 들면 허블-르메르트 법칙을 발견하지 못했더라면, 우주 탄생을 설명하는 우주론 중 현재 가장 유력한 이론인 빅뱅 이론도 등장하지 못했을지도 모른다.

현대 우주 과학과 천문학에 지대한 영향을 미친 허블의 위대한 공적을 기리기 위해 1990년에 쏘아 올린 우주 망원경은 그의 이름을 따 허블 망원경이 되었다. 그의 이름을 가진 이 망원경은 지금도 쉬지 않고 우주를 관측하고 있다.

좀 더 깊이 알고 싶은 독자를 위한 추천 도서 ─────

▪ 『성운의 왕국』, 허블, 지식을만드는지식
▪ 『허블: 우주의 심연을 관측하다』, 이에 마사노리, AK커뮤니케이션즈

하이젠베르크 (Werner Karl Heisenberg, 1901년~1976년)
양자 역학의 기초를 다진 독일 물리학자

독일의 이론 물리학자인 베르너 하이젠베르크. 그는 불확정성 원리를 고안해 양자 역학에 막대한 공헌을 한 것으로 1932년 노벨 물리학상을 받았다. 또한, 제2차 세계대전 후에는 막스 플랑크 물리학 연구소 소장으로 있으며 물리학 분야에 많은 공헌을 했다.

하이젠베르크는 바이에른주 뷔르츠부르크에서 태어났다. 아버지가 뮌헨 대학 중·근세 그리스어 교수가 되어 9세부터 뮌헨에서 생활한다. 어렸을 적부터 수학에 뛰어나 뮌헨 대학에서도 수학을 공부하려 했으나, 연구 대상을 이론 물리학으로 바꿨다. 1924년에 코펜하겐 대학으로 유학했으며, 1927년에 불확정성 원리를 제창해 양자 역학으로의 길을 열었다. 1932년 양자 역학을 창설한 공로로 노벨 물리학상을 받는다. 제2차 세계대전 중에는 나치 독일의 원자 폭탄 개발 연구의 중심인물로 활약했으며, 전후에는 1946년부터 1970년까지 괴팅겐의 막스 플랑크 물리학 연구소 소장을 맡았고 1953년부터 사망할 때까지 훔볼트 재단 총재를 지냈다. 1976년 신장암으로 뮌헨 자택에서 눈을 감았다.

하이젠베르크의 이름을 과학사 안에서 빛나게 해주는 업적은 뭐니 뭐니 해도 불확정성의 원리를 제창한 것을 꼽을 수 있을 것이다. 원자와 전자의 세계에서는 위치와 운동량, 시간과 에너지처럼 서로 관계가 있는 물리량을 동시에 정확히 관측할 수 없다는 원리다. 이 원리 덕분에 양자 역학의 시대가 시작되었으므로 의미가 매우 크다.

하이젠베르크가 오늘날의 물리학에 준 영향은 거대하다. 그의 연구 성과가 없었더라면, 물리학은 지금처럼 발전하지 못했을 것이라고 말해도 과언이 아니다. 그렇지만 그는 제2차 세계대전에서 나치에 협력했고, 또 이것을 깊이 후회해 1957년 독일 국방군의 핵무장에 반대하는 '괴팅겐 선언'을 앞장서서 이끄는 등 핵병기 사용에 대해 강하게 반대했다는 점도 기억해주길 바란다.

좀 더 깊이 알고 싶은 독자를 위한 추천 도서

- 『부분과 전체』, 베르너 하이젠베르크, 서커스
- 『물리와 철학』, 베르너 하이젠베르크, 서커스

사토 마사루의 한 마디

하이젠베르크는 양자 역학을 확립하는 과정에 큰 영향을 미쳤다. 양자 역학은 자연 과학의 법칙관을 근본적으로 재검토하게 만들었고, 철학과 신학에도 큰 영향을 주었다.

존 폰 노이만(John von Neumann, 1903년~1957년)
헝가리 출생의 미국 천재 수학자

헝가리 출신의 미국 수학자 존 폰 노이만. 그는 수학 기초 이론, 양자 역학 등을 연구했다. 그의 연구는 컴퓨터 이론 분야, 수리 경제학, 게임 이론 분야 등에 큰 영향을 주었다.

노이만은 1903년에 부다페스트에서 변호사의 아들로 태어났다. 어렸을 적부터 영재 교육을 받았는데, 수학적 재능이 특출하다는 것을 알고 김나지움을 통해 부다페스트 대학 교원의 가정교사로부터 고등 수학을 배운다.

1920년 17세 때에 공저로 수학 논문 『어떤 종류의 최소 다항식의 영점과 초월직경에 대하여』를 발표한다. 1926년에 부다페스트 대학에서 수학·물리·화학 박사 학위를 취득하지만, 1930년에 나치의 대두로 미국으로 건너가 같은 해 프린스턴 고등 연구소 소장이 된다. 이후 원자 폭탄 개발 프로젝트인 맨해튼 계획에 참여해, 1950년대에는 미국 국방성, CIA, IBM 등 여러 국가 기관이나 기업의 고문을 지냈다.

노이만의 공적은 무척 많고, 수학만이 아니라 물리학, 기상학, 경제학, 컴퓨터 공학 등 넓은 분야를 아우른다. 게임 이론 분야에서 그는 상정된 최대의 손해를 최소화하는 전략인 미니맥스 법을 고안한다. 또한, 프로그램과 데이터를 구별하지 않고 메모리에 기억하는 시스템을 가진 노이만 형 컴퓨터의 개발에도 공헌했다.

맨해튼 계획에서 그가 세운 '강력한 폭탄으로 발생하는 피해는 폭탄이 지상에 떨어지기 전에 폭발해야 제일 극대화된다'는 이론은 히로시마와 나가사키의 원자 폭탄 투하 때에 실제로 적용되어 막대한 피해를 가져왔다. 정치적으로는 강경파여서 일본 어디에 원자 폭탄을 투하할지 정할 때 "도쿄는 일본인들에게 매우 깊은 문화적 의의가 있기 때문에 그곳을 섬멸해야 한다."고 강하게 주장했다는 일화가 남아있다.

노이만은 괴팍하고 극단적인 성격으로 비속한 농담을 좋아했다고 한다. 하지만 그는 압도적인 계산 능력을 갖춘 뛰어난 수학자였으며, 그의 연구가 여러 학문에 큰 영향을 주었다는 점은 부정할 수 없는 사실이다.

좀 더 깊이 알고 싶은 독자를 위한 추천 도서
- 『죄수의 딜레마』, 윌리엄 파운드스톤, 양문

오펜하이머 (Julius Robert Oppenheimer, 1904년~1967년)

원자 폭탄 사용에 큰 죄책감을 느낀 원자 폭탄의 아버지

줄리어스 로버트 오펜하이머는 미국의 이론 물리학자이자 미국의 원자 폭탄 개발 프로젝트인 맨해튼 계획의 중심인물로, '원자 폭탄의 아버지'라고 불리지만, 수소 폭탄에 대해서는 반대 운동을 펼쳤다.

오펜하이머는 독일 이민 가정의 자녀로 뉴욕에서 태어났다. 조숙한 아이였다고 한다. 하버드 대학에 입학해 화학을 전공했다. 이후 케임브리지 대학으로 유학을 가 그곳에서 이론 물리학 연구를 시작하고, 박사 학위도 취득한다. 귀국한 뒤 캘리포니아 대학교 버클리와 캘리포니아 공과 대학에서 교편을 잡으면서 연구를 계속한다. 1930년에 블랙홀에 관한 선구적인 연구를 하지만, 도중 제2차 세계대전이 발발해 1942년에 핵병기 개발 프로젝트인 맨해튼 계획에 참여한다. 그리고 이 계획으로 만들어진 세계 최초의 원자 폭탄은 1945년 8월 6일에 히로시마에, 8월 9일에 나가사키에 투하되어 막대한 인적 피해를 불러왔다.

전후인 1947년에 프린스턴 고등 연구소 소장이 된다. 그리고 미국 원자력 위원회의 고문이 되어 핵병기의 국제적 관리를 호소하며 로비 활동을 통해 소련과의 핵병기 경쟁에 제동을 걸기 위해 노력했다. 하지만 레드 퍼지(Red purge, 공산주의자를 내쫓는 것) 광풍이 몰아치던 중 좌파 성향 사상을 가졌다는 이유로 오펜하이머는 사실상 공직에서 추방되고 FBI의 감시하에 놓인다. 1963년 미국 물리학상인 엔리코 페르미상을 받은 뒤 1967년 2년 전에 진단받은 후두암이 원인으로 생을 마감한다.

오펜하이머의 업적 중에 가장 잘 알려진 것은 원자 폭탄 개발이지만, 그는 이 외에도 물리학의 진보에 많은 기여를 했다. 전자와 원자핵의 운동을 분리해 각각의 운동을 나타내는 보른-오펜하이머 근사, 중성자가 가진 질량의 한계를 나타내는 톨만-오펜하이머-볼코프 한계, 그리고 전자의 반입자인 양전자를 예견하기도 했다. 이러한 연구는 현재의 물리학에 매우 중요한 발견이었다.

좀 더 깊이 알고 싶은 독자를 위한 추천 도서

▪ 『아인슈타인과 오펜하이머』, 실번 S. 슈위버, 시대의창
▪ 『아메리칸 프로메테우스 – 로버트 오펜하이머 평전』, 카이 버드 등, 사이언스북스

자크 이브 쿠스토 [Jacques-Yves Cousteau, 1910년~1997년]
바다에 살고, 바다를 사랑하고, 바다를 지키려 했던 남자

프랑스의 해양탐험가인 자크 이브 쿠스토. 그는 프랑스 해군 장교였지만, 해양학 연구자로 변신해 오랫동안 바다 이곳저곳에서 해양 생물을 관찰했다.

구스토는 프랑스 중서부의 보르도 근방에 위치한 상트 앙드레 드 퀴작에서 변호사 아버지의 아들로 태어났다. 1920년부터 1923년까지 구스토 가족은 미합중국에서 지냈으며, 귀국 후인 1930년에 브레스트에 있는 해군 사관학교에 입학한다. 졸업 후에는 공군에 자원하지만 1933년 전투기 사고로 오른손을 심하게 다쳐 재활을 위해 수영을 시작한다. 제2차 세계대전 발발로 잠수함의 승무원이 되었지만 프랑스가 곧바로 항복해 전투에 나가는 일은 없었다. 그 뒤로는 툴롱에서 군의 생물학 연구라는 명목을 내세워 계속 잠수 장치를 연구했고 1942년 아쿠아렁을 개발한다. 그리고 최초의 수중 촬영에 성공한다.

전후에도 해군에 남은 그는 1956년 루이 말과 공동 제작한 탐해 다큐멘터리 영화 『침묵의 세계』를 제작한다. 이 영화는 칸느 국제 영화제의 황금종려상과 아카데미 장편 다큐멘터리상을 받았다. 1957년에 해군에서 은퇴한 그는 본격적으로 해양 탐험가의 길을 걸었다. 1959년 바다의 유엔이라고 불리는 세계수중연맹(CMAS)를 설립하고 1973년에 해양 환경 보호를 목적으로 한 구스토 재단을 창설한다. 1992년 지구 서밋에서는 환경 파괴와 해양 오염의 심각성을 경고하고 프랑스 핵실험도 강하게 비판한다. 1997년 파리에서 87세의 나이로 생을 마감한다.

구스토를 유명하게 만든 것은 역시 그가 찍은 여러 편의 수중 영화다. 그는 수중 촬영의 선구자였을 뿐만 아니라 많은 다큐멘터리 영화도 제작했다. 『자크 구스토의 해저 세계』 같은 TV 시리즈도 만들었으며 큰 인기를 끌었다.

구스토는 바다를 사랑해 '바다의 연인'으로 불렸을 정도였다. 그의 열정 어린 해양 탐사가 없었더라면, 우리는 바다 속 세계를 지금처럼 잘 알고 있지 못했을 것이다. 그는 세계를 인식하는 우리의 시야를 크게 넓혔고, 말년에는 매일 악화하고 있는 해양 환경을 보호하기 위해 여러 활동도 펼쳤다. 그의 의지를 이어 구스토 재단은 지금도 활발하게 활동하고 있다.

좀 더 깊이 알고 싶은 독자를 위한 추천 도서 ─────
- 『자크 이브 쿠스토』, 베르나르 비올레, 사이언스북스

CHECK ☐

제임스 듀이 왓슨 [James Dewey Watson, 1928년~]
DNA 이중 나선 구조를 발견한 분자 생물학자

미국 분자 생물학자 제임스 듀이 왓슨. 그는 핵산의 분자 구조 및 생물체에게 정보 전달의 의의를 발견해 1962년 노벨 생리학·의학상을 받은 인물로 알려져 있다.

왓슨은 1928년에 시카고에서 사업가의 아들로 태어났다. 1950년에 인디애나 대학에서 생물학 박사 학위를 취득한 후 영국으로 가 DNA를 연구하고 1953년에 프랜시스 크릭과 함께 '왓슨-크릭 모형'을 만들었다. 이 공적으로 1962년에 크릭, 윌킨스와 함께 노벨 생리학·의학상을 받았다.

왓슨의 분자 생물학에서의 최대 공적은 크릭과 함께 DNA 구조 모형을 만든 데에 있다. 데옥시리보스와 인산으로 형성된 두 개의 사슬과 그 내부에 염기인 아데닌, 구아닌, 티민, 시토신이 수소 결합을 통해 염기쌍을 이루어 대칭된 이중 나선 구조를 만들어낸다. 이 모형을 발표한 이후에도 그는 유전자 연구를 이끌어 유전학 발달에 크게 기여했다.

하지만 왓슨은 인종 차별적 사고가 강한 학자이기도 했다. 2007년에 영국의 『선데이 타임스』의 인터뷰에서 "흑인은 인종적, 유전적으로 열등하다."라는 발언을 해 많은 비판을 받고, 콜드스프링하버 연구소에서도 사임을 요구받는다. 이후에도 그는 자신의 인종 차별적인 언행을 고치지 않아 2019년 PBS(미국 TV 방송 네트워크) 인터뷰 방송에서도 같은 발언을 했다.

왓슨은 분명 매우 우수한 분자 생물학자이고 유전학의 발전에 크게 공헌했다. 하지만 자신의 인종 차별적인 생각으로 한순간에 자신의 모든 명예를 잃어버린 과학자이기도 하다. 그는 지금도 생존 중(2022년 10월 기준)이지만, 여전히 인종주의적 사고를 가지고 있다. 과학에서 발생할 수 있는 하나의 아이러니라고 말할 수 있는 문제다.

좀 더 깊이 알고 싶은 독자를 위한 추천 도서 ─────

▪ 『이중나선』, 제임스 왓슨, 궁리 외
▪ 『DNA : 유전자 혁명 이야기』, 제임스 왓슨 등, 까치

닐 암스트롱(Neil Armstrong, 1930년~2012년)
인류 역사상 최초로 달 표면에 첫발을 내디딘 남자

미국의 우주비행사 닐 암스트롱. 그는 아폴로 11호의 선장으로, 인류 역사상 처음으로 달 표면에 내려선 인물이다.

암스트롱은 오하이오주 워퍼코네타에서 태어났다. 아버지는 오하이오주 회계 검사관이었다. 인디애나주에 있는 퍼듀 대학에서 항공 우주 공학을 공부하고 1949년에 해군에 입대한다. 비행기 조종사가 된 암스트롱은 한국 전쟁에 참전했다. 해군에서 제대한 뒤에는 퍼듀 대학으로 복학해 1955년에 졸업한다. 같은 해 미국 항공 자문 위원회(오늘날의 NASA)에 엔지니어 겸 테스트 파일럿으로 취직한다.

1962년에 우주 비행사에 응모해 선발되고, 1966년 우주선 제미니 8호에 타 궤도 비행 중인 우주선과의 도킹을 사상 처음으로 성공한다. 1969년에는 승무원 3명을 수용하는 아폴로 11호의 선장이 되어 인류 처음으로 달 표면에 첫발을 내디뎠다(달 표면에는 버즈 올드린도 내려와 두 사람이 두 시간 반 동안 달 표면을 조사했다). 1971년에 NASA를 은퇴한 뒤 1979년까지 대학에서 근무했다. 이후 기업의 경영진에 참가하다 2012년 심장 수술 후 합병증으로 신시내티에서 사망했다. 당시 82세였다.

암스트롱이 일군 업적 중 가장 큰 것은 아폴로 11호의 달 착륙 성공과 인류로서는 처음으로 달에 내려섰다는 점이다. "이것은 한 명의 인간에게는 작은 발걸음이지만, 인류에게는 위대한 도약이다."라는 말을 남겼는데, 확실히 그가 달 표면에 남긴 발걸음은 인류의 과학적 진보를 나타내는 상징적인 것이었다. 또한, 이 업적은 전 세계에 동시 방송되었기 때문에 인류 전체가 세기의 순간을 같이 체험할 수 있었다. 이러한 측면에서도 인류 역사에 남을 중요한 순간이며, 그 중심에는 암스트롱이 있었다.

암스트롱이 달 표면에 착륙했던 때는 미국과 소련의 우주 개발 경쟁이 한창이던 때였다. 미국은 아폴로 계획에 막대한 예산을 쏟아부었고, 이 천문학적인 예산 때문에 미국의 경제력이 약해졌다고도 한다. 하지만 아폴로 11호와 암스트롱의 이름은 달 표면 착륙 성공이라는 위업에 힘입어 인류의 역사에 길이 남을 것이다. 이 사건이 우주 개발 시대라는 하나의 새로운 시대를 여는 큰 단계였다는 점도 함께.

좀 더 깊이 알고 싶은 독자를 위한 추천 도서 ─────

• 『퍼스트 맨: 인류 최초가 된 사람: 닐 암스트롱의 위대한 여정』, 제임스 R. 핸슨, 덴스토리(Denstory)

가가린 (Yurii Alekseevich Gagarin, 1934년~1968년)
인류 역사상 최초로 우주 비행을 한 남자

 소련의 군인으로 우주 비행사이기도 했던 유리 가가린은 1961년에 인류 역사상 처음으로 우주 비행에 나서 역사에 이름을 남겼다. 그가 남긴 "지구는 푸르렀다."라는 말은 지금도 회자되고 있다.

가가린은 스몰렌스크주 클루시노라는 마을에서 태어났다. 어렸을 때 제2차 세계대전을 겪어 힘든 시기를 보냈지만, 근면하고 우수한 소년이었다고 한다. 1955년 오렌부르크에 있는 공군 사관학교에 입학해 비행사를 꿈꾸다가, 1960년대에 들어와 소련이 본격적으로 우주 개발에 나서며 시작한 최초의 우주 비행사 선발 작업에서 최종적으로 가가린이 선택된다. 1961년 4월 12일, 우주선 보스토크 1호에 탄 가가린은 세계 첫 유인 우주선 비행을 달성했고 대기권 밖으로 나가 1시간 50분 정도 지구의 주회 궤도를 돈 뒤 지상에 내려와 조국의 땅을 다시 밟는 데 성공했다.

귀국 후에 가가린은 당시 최고 지도자였던 흐루쇼프 제1서기와 면담하는 등 소련에서 영웅 대접을 받았을 뿐만 아니라 전 세계 사람들의 영웅으로서 세계 각국을 돌아다니며 강연하는 등 세계적으로 열렬한 환영을 받았다. 이후 비행 지도관이 되기 위해 훈련을 받는다. 하지만 1968년 훈련으로 탑승한 MIG-15UTI가 추락 사고를 일으켜 사망한다. 당시 나이 겨우 34세였다.

가가린은 우주 비행 도중 여러 명언을 남겼다. 출발 직후 한 "자, 가자!(Поехали, 파예할리)"라는 말은 동유럽의 유행어가 되었다. 또한, 지구 주회 궤도를 돌 때 했다고 하는 "신은 없었다."라는 말도 유명하지만, 실제로 가가린이 이 말을 했는지는 확실하지 않다. 그리고 지구로 착륙할 때 말했다고 알려진 "지구는 푸르렀다."는 정확히는 "지구는 푸르스름했다."라고 한다.

가가린의 일생은 짧았다. 하지만 그가 인류 역사에 남긴 발자취는 매우 커서 오랫동안 이어져 내려올 것이다. 왜냐하면 가가린이 우주를 향해 날아간 덕분에 인류가 지구 밖으로 진출하기 위한 첫발을 내디딜 수 있었기 때문이다. 이것은 과학의 힘이 얼마나 위대한지를 보여주는 동시에 인류의 새로운 모험이 시작되었음을 알리는 신호탄이기도 했다.

좀 더 깊이 알고 싶은 독자를 위한 추천 도서 ─────

• 「지구는 푸른빛이었다」, 유리 가가린, 갈라파고스

호킹 [Stephen Hawking, 1942년~2018년]
우주의 비밀을 풀기 위해 도전한 영국의 이론 물리학자

스티븐 호킹은 영국의 이론 물리학자로, 블랙홀의 특이점 정리를 발표했으며, 빅뱅이 우주의 시작임도 증명했다.

호킹은 1972년에 옥스퍼드에서 태어났다. 1966년에 케임브리지 대학에서 박사 학위를 취득한 뒤 1967년에 논문『특이점과 시공의 기하학』으로 애덤스 상을 받는다. 이후 1974년에 블랙홀 소멸에 관한 호킹 복사 이론을 발표한다. 1988년에 출간한『시간의 역사』는 베스트셀러가 되었고, 2018년 76세 때 지병인 근위축성측색경화증이 악화해 케임브리지에서 사망한다.

호킹의 과학적 업적은 크게 두 가지가 있다. 특이점과 빅뱅의 발견이다. 특이점이란, 블랙홀 같이 일반 상대성 이론이 적용되지 않는 공간을 이르는 말이다. 이와 관련해 호킹은 블랙홀 안에서는 인과성이 붕괴되어도 외부에는 전혀 영향을 주지 않는다는 사실을 발견했다. 그리고 그때까지 블랙홀 안으로 빨려 들어간 것은 다시는 밖으로 나오지 못한다고 믿고 있었는데, 호킹은 블랙홀 안에서는 열이 복사되고 있어서 이 때문에 결국 블랙홀도 소멸한다는 사실도 발견했다. 빅뱅과 관련해서는, 우주의 시작으로 여겨지는 빅뱅은 크기는 0이고 밀도가 무한대인 특이점이었다는 점을 증명했다. 호킹의 이러한 연구 성과는 양자 우주론이라는 새로운 분야를 열어 우주 탄생의 비밀을 밝히는 중요한 첫발을 내딛게 해주었다.

호킹은 주요 저서『시간의 역사』에서 난해한 우주의 문제를 평이한 문체로 일반인에게 쉽게 설명했다. 그 덕분에 많은 일반인이 우주의 비밀에 흥미를 느끼게 되었다. 이같이 학문을 널리 알리는 활동을 펼쳤다는 점도 호킹의 큰 업적 중 하나로 볼 수 있다.

호킹은 20대부터 지병인 근위축성측색경화증, 즉, 루게릭병과 싸우면서도 여러 획기적인 연구 성과를 달성, 발표해 과학을 크게 발전시켰다. 그는 분명 21세기 전반의 대과학자였다.

좀 더 깊이 알고 싶은 독자를 위한 추천 도서 ─────

• 『시간의 역사』, 스티븐 호킹, 까치 등
• 『스티븐 호킹』, 키티 퍼거슨, 해나무
• 『시공간의 미래』, 스티븐 호킹 등, 해나무

프루스트 (Marcel Proust, 1871년~1922년)
『잃어버린 시간을 찾아서』를 집필한 위대한 작가

제임스 조이스, 프란츠 카프카와 함께 20세기 최대 문호 중 한 명으로 꼽히는 마르셀 프루스트. 그는 『잃어버린 시간을 찾아서』라는 장편 소설로 전 세계의 사람들에게 알려지게 된, 프랑스가 자랑하는 위대한 작가다.

프루스트는 파리에서 태어났다. 그의 아버지는 위생국 장관이었고, 어머니는 유대교 프랑스인이었다. 프루스트는 어렸을 적부터 병약했던 탓에 밖에 나가 뛰어놀기보다 집 안에서 책을 읽으며 지내는 날이 많았다. 1889년에 오를레앙에서 군 복무를 한 뒤 1890년에 파리 대학에 입학해 문학, 철학, 법학을 배우고 95년에 졸업한다. 같은 해부터 마자린 도서관에서 사서 조수로 일하다가 1899년에 퇴직한다.

1896년에 그의 첫 소설 『즐거움과 나날들』을 출간한다. 그리고 1908년부터 『잃어버린 시간을 찾아서』를 쓰기 시작하고, 1913년에 제1편 『스완네 집 쪽으로』가 그라세 출판사에서 출판되었다(제2편 이후는 갈리마르 출판사에서 나온다). 1919년에 제2편 『꽃 핀 소녀들의 그늘에서』가 발행되었고, 이 해 공쿠르상을 받았다. 하지만 1922년에 천식과 폐렴이 같이 발병해 51세의 나이로 파리에서 생애를 마친다.

프루스트의 세계 문학사상 최대 공적은 뭐니 뭐니 해도 『잃어버린 시간을 찾아서』의 집필에 있다. 이 장대한 소설의 핵심 주제는 '시간'으로, 좀 더 자세히 이야기하자면, 과거의 사건이 회고를 통해 지금 되살아나는, 시간이 가진 신비한 힘이다.

발터 벤야민은 이 소설에서는 과거, 현재, 미래라는 물리적인 시간 법칙을 넘어 변증법적인 기운이 느껴진다고 강조했다. 그래서 이 시간 이야기는 문학만이 아니라 철학자와 역사학자들에게도 큰 영향을 준 서적이 되었다.

프루스트는 문학, 미술, 음악과 같은 여러 예술 분야에 막대한 지식을 가진 사람으로, 그야말로 20세기의 부르주아 교양인이었다. 한편으로 부유한 부르주아 가정에서 자랐기 때문에 낭비벽이 심했다. 게다가 남색가이기도 해 『잃어버린 시간을 찾아서』 속 아름다운 아가씨들의 실제 모델은 아름다운 청년이었다고 한다.

이렇게 논란이 좀 있지만, 그래도 프루스트가 20세기 최고의 문호라는 점은 틀림없는 사실이다. 평생을 들여 만든 이 시간 이야기라는 노래를 부르는 그의 목소리는 지금도 변함없이 이 세상 사람들의 귀에 울려 퍼지고 있다.

좀 더 깊이 알고 싶은 독자를 위한 추천 도서 ─────

- 『잃어버린 시간을 찾아서』, 마르셀 프루스트, 민음사 등
- 『프루스트』, 장이브 타디에, 책세상
- 『프루스트를 찾아서』, 앙드레 모루아, 정음사

루쉰 [魯迅, 1881년~1936년]

근대화에 실패한 중국 사회에 절망한 문호

루쉰은 근현대 중국을 대표하는 작가다. 루쉰은 필명으로 본명은 저우수런(周樹人)이다. 그는 중국만이 아니라 일본 같은 주위 국가에서도 저명하며 그의 문학 작품은 높은 평가를 받고 있다.

루쉰은 부유한 가정의 자녀로 저장성 사오싱현에서 태어났으나, 집안이 몰락해 경제적으로도 정신적으로도 힘든 소년 시기를 보냈다. 18세에 난징 수사 학당(해군 양성 학교)에 입학하고 4년 뒤인 1902년에 일본으로 유학을 떠나 7년 동안 일본에서 지냈으며, 귀국 후 중학교 생물 교사가 되고 얼마 지나지 않아 신해혁명을 맞이했다. 이 혁명에 기대를 걸었던 루쉰은 중국 사회가 다시 구태의연한 모습으로 돌아가자 실망한다.

1918년에 『광인일기』를 발표하고, 다음 해에는 『쿵이지』, 『약』을 발표했다. 집필 활동과 함께 반체제 운동에 참여하며 1927년에는 푸젠성 중산 대학에서 문학과 주임 겸 교무로 일하다가, 머지않아 그만두고 상하이로 향한다. 이후에도 많은 소설을 쓰고, 많은 외국 문학 작품을 번역하면서 국민당 정부를 계속해서 비판했다. 1936년 상하이에서 지병이었던 천식 발작으로 타계한다.

중국의 현대 문학의 역사 속에서 루쉰의 이름은 찬란하게 빛나고 있지만, 그 자신은 영광에 싸인 문학자였다고 말할 수 없다. 당시 중국의 상황에 걱정하고 절망을 느끼면서도 그는 『광인일기』나 『아큐정전』같이 중국 문학사에 남은 작품을 계속 집필했다. 식민지주의와 국민당의 독재, 게다가 당시 중국 민중은 교육도 받지 못하고, 경제력도 없고, 도덕심도 쇠퇴해 비참한 나날을 보내고 있었다. 이 무겁고 어두운 현실을 변혁하고 싶어도 그 비참함은 쉽게 극복할 수 있는 것이 아니었다. 중국의 민중은 하루하루를 겨우 버티는 생활을 하고 있어 중국의 더 나은 미래를 생각할 여유 같은 것이 없었다. 루쉰은 그의 소설 속에서 이러한 현실을 예리한 칼로 날카롭게 도려내는 듯 기술했다.

루쉰 문학의 현실성과 긴 문장이 뒤엉켜 만드는 굴절된 문체는 당시의 중국 그 자체를 반영하고 있다고 해도 지나친 말은 아닐 것이다. 새로운 미래의 중국을 바랐지만, 그의 이상과는 너무도 동떨어진 현실의 중국에 절망했으며, 이 모든 것을 문학 작품 안에 녹여낸 루쉰. 그의 절망에 가득 찬 작품군은 중국 문학사에서의 걸작임과 동시에 중국이 걸어온 고뇌의 역사의 증언이기도 하다. 루쉰의 작품을 통해 중국의 현대사를 다시 한번 진지하게 바라보는 것도 나쁘지 않다.

좀 더 깊이 알고 싶은 독자를 위한 추천 도서 ─────

- 『루쉰 문학선』, 루쉰, 엑스북스 등
- 『루쉰: 동아시아에 살아 있는 문학』, 후지 쇼조, 한울아카데미

프란츠 카프카 [Franz Kafka, 1883년~1924년]

개인을 덮친 부조리를 그린, 20세기 최고의 문학자 중 한 명

카프카는 마르셀 프루스트, 제임스 조이스(전위적 실험 소설 『율리시스』를 남긴 아일랜드인 작가)와 함께 20세기 최고의 작가라고 불린다.

카프카의 최대 대표작은 『변신』이다. 주인공 그레고르 잠자가 어느 날 아침에 일어났더니 거대한 해충으로 변해 있었다는 부조리한 소설이다. 부조리 문학의 또 다른 대표자 알베르 카뮈의 작품 『이방인』에서도 부조리한 이유로 살인을 저지른 모습으로 그려지는 주인공이 나온다. 카프카의 『변신』의 주인공도 이유 없이 해충으로 변하고, 끝내 원래대로 돌아오지 못하고 쓸쓸히 죽음을 맞게 된다. 20세기에 들어와 과학과 경제라는 합리주의가 발전하는 한편 이해 불가능한 부조리 상황도 주목받게 되었다. 다들 무의식적으로 느끼고 있었던 이러한 상황에 대한 감정을 끌어올림과 동시에 인간의 현실 존재 의의라는 실존주의적 문제까지 파고든다는 점 등 이 작품이 가지는 의미는 매우 크다.

카프카의 대표작은 이 외에도 『심판』, 『성』 등이 있다. 『심판』에서는 어느 날 주인공이 체포된다. 체포된 이유는 모르며, 결국 주인공은 아무것도 모른 채 '개처럼' 처형당한다. 미완의 장편 『성』에서는 측량사인 주인공이 아무리 걸어도 성에 도착하지 못한다. 기약 없는 기다림과 필사적인 노력. 내용을 알 수 없는 법과 제도. 이것들을 모두 부조리한 이야기임과 동시에 권력을 내포한 사회에서 필연적으로 발생하는 문제이기도 하다.

카프카는 오스트리아-헝가리 제국(오늘날의 체코)의 프라하에서 태어난 유대인이다. 형제도 부모도 있었지만, 사이가 좋았다고는 말할 수 없어서 고독한 어린 시절을 보냈다. 특히 아버지는 고압적이어서 카프카와 자주 충돌했다. 이러한 경험이 『변신』에서 아들인 잠자에게 냉담한 아버지의 모습을 그리게 했다고 여겨진다.

카프카는 23세에 대학을 졸업한 뒤 보험 협회에 취직해 일하면서 소설을 쓰기 시작했다. 29세 때에 만났던 여성과 교제하지만, 두 번의 파혼 끝에 독신으로 지냈다. 파혼의 이유 중 하나는 그가 앓았던 결핵 때문이었다. 30대에 발병한 카프카는 이후 장기 요양과 직장 복귀를 반복하다 39세에 퇴직해 연금 생활자가 된다. 다음 해 빈 인근의 요양소로 옮기지만, 40세의 나이로 요절했다. 시신은 프라하로 옮겨져 프라하의 유대인 묘역에 묻혀 있다.

좀 더 깊이 알고 싶은 독자를 위한 추천 도서

- 『변신』, 카프카, 민음사 등
- 『카프카와의 대화』, 구스타프 야누흐, 지식을만드는지식 등

사토 마사루의 한 마디

카프카의 장편소설 『성』은 미완이지만, 현대인의 불안한 심리를 훌륭하게 표현한 걸작이다. 성에서 부름을 받아 성으로 가는 것인데도 불구하고 아무리 노력해도 성에 도달할 수 없는 측량사 K의 상황은 현대인이 직면하고 있는 부조리를 상징한다.

장 콕토 [Jean Cocteau, 1889년~1963년]
시, 소설, 영화 등 폭넓은 분야에서 미를 표현한 다재다능한 작가

콕토는 20세기 프랑스를 대표하는 시인이다. 하지만 그는 시인 외에도 소설가와 영화 감독, 극작가, 영화, 평론가 등 여러 방면에서 활약한 다재다능한 사람이었다.

콕토는 파리 근교에서 태어났다. 부유한 가정이었지만, 1898년 아버지가 자살한다. 그는 문학에 매료되었지만, 대학에 떨어진 이후로는 진학을 포기한다. 대신 고등학생 시절에 프루스트와 만나고, 그 뒤에도 니진스키와 스트라빈스키, 몽파르나스의 화가 모딜리아니를 만나는 등 다양한 세계의 사람들과 만나면서 감성을 키웠고, 이후 시와 발레 등을 창작하기 시작했다. 그러다 1923년 친구였던 작가 라디게가 요절한 것에 충격을 받아 아편에 빠진다. 아편을 손에 놓지 않았던 그였지만, 창작 의욕은 떨어지지 않아 시뿐만 아니라 소설과 영화 등 여러 분야에서 뛰어난 작품을 남겼다. 그러나 1963년 친구였던 가수 에디트 피아프가 사망하자 비보를 들은 충격으로 심장 발작을 일으켜 74세에 급사한다.

그의 소설 중 제일 유명한 대표작은 『무서운 아이들('앙팡 테리블'이라는 제목으로도 유명하다.)』이다. 눈덩이를 던지는 소년, 눈덩이에 맞아 피를 흘리는 소년, 이 흰색과 붉은색의 선명하고 강렬한 이미지는 시적인 아름다움을 가진다. 누나와 동생 그리고 아름다운 소년의 애증 관계를 그린 이 작품은 세계 문학의 걸작 중 하나로 높은 평가를 받고 있다. 이 작품은 장 피에르 멜빌에 의해 영화로 만들어지기도 했다.

한편, 그 자신이 감독한 영화 작품으로는 1930년의 『시인의 피』가 있다. 전위적인 작풍의 이 작품은 제1차 세계대전 중반에 발생한 다다이즘(전통을 부정하는 예술 운동)이나 여기서 파생된 초현실주의와 통하는 부분이 있다. 하지만 초현실주의의 대표자·지도자였던 앙드레 브르통의, 프로이트와 마르크스를 관통하는 사상과 성격을 받아들이지 못해 운동과 거리를 두는 사람도 있었다. 콕토가 바로 그러한 사람 중 한 사람이었다.

콕토는 1945년에 그의 대표작이 된 영화 『미녀와 야수』를 발표한다. 디즈니가 애니메이션, 실사 영화로 만든 『미녀와 야수』의 원작이 바로 콕토의 작품이다.

좀 더 깊이 알고 싶은 독자를 위한 추천 도서 ————

• 『앙팡 떼리블』, 장 콕토, 창비 등

니진스키 (Vaslav Nijinsky, 1890년~1950년)
'공중의 황제'라고 불렸던 천재 발레리노

바츨라프 니진스키는 우크라이나 키예프에서 폴란드계 러시아인으로 태어났다. 때는 러시아 제정 말기. 니진스키보다 8살 연상인 음악가 스트라빈스키는 새로운 음악으로 오페라보다 발레를 선택해 발레 음악 명작을 다수 남겼다(니진스키는 후에 그의 작품에 나온다.). 분명 시대는 20세기를 맞이해 클래식 발레에서 새로운 발레 예술로 향하고 있었다. 그리고 이때 뛰어난 남성 무용수가 등장했다.

니진스키는 10세 때 상트페테르부르크에 있는 마린스키 극장의 무용 학교에 입학해 발레를 본격적으로 시작한다. 그는 곧 마린스키 극장의 주역으로 활약한다.

이윽고 니진스키는 예술 프로듀서인 댜길레프에게 발탁되었고, 1909년에 그와 함께 발레 뤼스(러시아 발레단)를 창립한다. 이들의 공연은 대성공을 거뒀고, 니진스키도 극찬을 받았다.

그의 특징은 남과는 다른 도약력으로, 점프가 10회전을 넘었다고 한다. 하늘을 나는 듯한 점프를 해 그는 '하늘을 나는 니진스키' 혹은 '공중의 황제'라고까지 불렸다. 그리고 그의 춤은 무척 관능적이어서 일례로 『목신의 오후』(드뷔시 음악)의 에로티시즘은 외설 논란을 불러일으킬 정도였다. 니진스키의 대표작은 그 외에 『장미의 정령』, 『셰에라자드』, 『페트루시카』(스트라빈스키 음악), 『봄의 제전』(스트라빈스키 음악) 등이다. 이들 모두 1913년까지 발표된 작품들이다.

니진스키는 앞서 언급한 댜길레프와 동성애로 맺어져 있었다. 그의 관능성에는 동성애적인 요소가 있다고도 한다. 하지만 1913년 그는 여성과 결혼하고 발레 뤼스를 탈퇴한다. 1916년 잠시 복귀해 『틸오일렌슈피겔』을 남기지만, 이후 그의 발레리노(그리고 안무가) 생애는 사실상 끝난 것이나 다름없게 된다. 조현병 진단을 받았기 때문이다. 그의 정신 질환의 원인은 유전적인 것으로 여겨진다. 하지만 이외에도 댜길레프와의 결별과 발레 뤼스 탈퇴 등도 영향을 주었다고 한다. 어떠한 원인이든 간에 발병한 정신 질환은 회복되지 못했다. 그는 정신 병원에 입·퇴원을 반복하다 전후 런던에서 파란 많았던 생애를 마감한다.

좀 더 깊이 알고 싶은 독자를 위한 추천 도서 ────

• 『니진스키』, 리처드 버클, 을유문화사

사르트르 (Jean-Paul Charles Aymard Sartre, 1905년~1980년)
프랑스 실존주의를 대표하는 작가·철학자

현대 프랑스를 대표하는 철학자, 작가인 장 폴 사르트르는 20세기 중반 철학은 물론 정치, 문화, 사회 등 여러 분야에 걸쳐 영향을 주었다. 그의 철학서 및 문학 작품에서 다루는 핵심 문제는 실존주의다. 그래서 여기에서는 실존주의라는 문제를 중심으로 사르트르에 관해 소개하려 한다.

파리 16구에서 해군 장교의 아들로 태어난 사르트르. 하지만 그가 태어난 지 15개월 만에 아버지가 사망한 탓에 그는 높은 교양을 가진 할아버지 샤를 슈바이처 슬하에서 자랐다. 자라면서 사르트르는 철학의 길을 걷기로 결심한다. 1938년에는 소설 『구토』로 일약 유명해졌고, 1943년에는 『존재와 무』를 발간해 프랑스 사상계의 리더가 된다. 이후 잡지 『레탕모데른』을 발행하는 등 여러 정치적 발언, 나아가 시몬 드 보부아르와의 계약 결혼으로 세계적으로 주목을 받는 작가, 철학가가 된다. 1952년에는 후에 노벨 문학상을 받는 알베르 카뮈와 논쟁을 벌인 후 결별하였고, 1964년에는 노벨 문학상을 거부하기도 했다. 1973년에는 좌파계 신문 『리베라시옹』 창간에도 관여했다. 그리고 1980년 폐수종으로 사망했다.

사르트르는 『존재와 무』와 『실존주의는 휴머니즘이다』 안에서 "인간은 자유라는 형벌을 받고 있다."는 말을 썼다. 인간은 세계에 이유도 모른 채 내던져진 존재이지만, 우리는 주체성을 가지고 있어 스스로 어떻게 살아갈지를 선택할 수 있다. 그래서 우리는 자유롭다. 자유롭다는 것은 굉장한 것이지만, 동시에 자유롭기 때문에 잔혹한 선택을 해야만 하는 때도 있다. 이렇게 인간 존재에 대한 본연의 자세를 생각하는 사상이 실존주의다.

사르트르는 『실존주의는 휴머니즘이다』 안에서 이와 관련해 제2차 세계대전 중의 한 청년의 일화를 이야기한다. 홀어머니와 함께 사는 그는 프랑스를 해방하기 위해 아프리카에 가서 자유 프랑스군과 함께 싸울 것인지, 아니면 프랑스에 머물며 어머니와의 생활을 계속할 것인지를 고뇌하고 있었다. 이 청년에게는 어느 쪽의 길이든 선택할 자유가 있지만, 동시에 가혹하게도 어느 한쪽의 길을 반드시 선택해야만 한다. 자유는 주체성을 가진 존재인 우리에게 가장 중요한 것이지만, 자유롭기 때문에 선택해야만 하는 가혹함도 존재한다. 이것은 그야말로 우리 인간이 자유라는 형벌을 받고 있는 것이나 다름없지 않은가.

이처럼 주체성을 가졌기에 자유를 손에 넣었고 세계와 대치하는 우리의 생활이 실존할 수 있지만, 동시에 실존은 본질이라고 불리는 원리에 선행하는 인간의 존재 기반이다. 왜냐하면 우리는 이 세계에 존재하고, 자유라는 권리를 가졌기에 결정이라는 행위, 즉, 무언가를 선택하면서 살고 있기 때문이다. 본질은 이러한 우리의 실존을 통해 획득할 수 있는 것이지 본질이 있고 그것을 우리가 따르며 살아가고 있지는 않다.

이처럼 사르트르에게 주체와 관련해 가장 중요한 문제는 자유라는 개념이다. 그리고 자유로운 인간이 세계에서 어떻게 나와 마찬가지로 자유를 가진 타인과 세계를 구축해 나갈 것인지를 탐구한다. 그리고 사르트르는 복수의 주체가 대립을 넘어 '앙가주망(Engagement, 사회 참가)'하는 양상 속에서 실존이 가야 하는 방향성을 발견할 수 있다고 여겼다.

사르트르의 앙가주망 문제를 생각하기 위해서는 즉자(卽自), 대자(對自)라는 개념을 먼저 이해해야 한다. 자기충족적인 물체로서의 존재 형식인 즉자 존재와는 달리 인간은 자기에 대해 사고할 수 있는 대자 존재다. 하지만 내가 나를 바라보는 것이 아니라 타인이 나를 바라봤을 때 그 시선에 따라 나는 일개의 즉자 존재로 소외되어버린다. 이러한 자기 존재의 물체화에서 벗어나기 위해서는 사회라는 세계 기반 속에서 대자 존재인 각각의 주체가 자기의 존재를 걸고 세계에 자신을 맡기는 것으로 그 소외 관계를 극복해야만 한다. 여기서 사르트르는 앙가주망의 의미를 발견할 수 있다고 주장했다.

사르트르는 자신의 사상을 많은 문학 작품 속에서도 표현했다. 『구토』 안에서는 자기의 즉자화 문제, 미완의 대작 『자유로의 길』에서는 존재 이유의 탐구, 희곡 『알토나의 유폐자들』에서는 한계 상황의 탐구 등 사르트르의 문학 작품은 논문과는 다른 형태로 그의 철학 사상을 드러내고 있다고 말할 수 있다.

사르트르의 실존주의 사상은 이후에 등장한 구조주의 사상가들로부터 많은 비판을 받은 탓에 시간이 흐르면서 자연스레 영향력이 약해져 갔다. 그럼에도 사르트르는 20세기 중반 지적 세계의 오피니언 리더로서 역사에 이름이 오래도록 남을 것이다. 그리고 그의 모습에서 20세기 중반의 치열하게 싸우는 지식인의 상을 발견할 수 있다는 점도 의심할 여지가 없는 사실이다.

좀 더 깊이 알고 싶은 독자를 위한 추천 도서
- 『존재와 무』, 장폴 사르트르, 동서문화사 등
- 『실존주의는 휴머니즘이다』, 장폴 사르트르, 이학사 등
- 『구토』, 장폴 사르트르, 문예출판사 등

헤밍웨이 [Ernest Hemingway, 1899년~1961년]
반전 소설과 『노인과 바다』 등으로 인간의 존엄성을 추구한 노벨상 수상 작가

어니스트 헤밍웨이는 20세기 미국을 대표하는 작가다.

그는 일리노이주 오크 파크(현재의 시카고)에서 태어났다. 적십자의 일원으로 제1차 세계대전에 종군하던 중 큰 부상을 입었는데 이때의 경험이 그의 반전사상에 큰 영향을 주었다. 전후 소설을 쓰기 시작한 그는 '로스트 제너레이션(잃어버린 세대)'의 작가로서 명성을 떨쳤다. 잃어버린 세대란 전후 염세적인 기분을 표현한 작가들을 지칭하는 말이다. 그는 1920년대에 『태양은 다시 떠오른다』, 『무기여 잘 있거라』를 남긴다. 『무기여 잘 있거라』는 영화로도 만들어졌는데, 이 역시 호평을 받았다.

헤밍웨이는 당초 문학과 정치를 연관 짓는 것에 소극적이었다. 하지만 1936년에 일어난 스페인 내전에 깊은 분노를 느끼고 나치의 지원을 받은 프랑코의 반란군에 반대해 인민전선 정부 측에 선다. 이때의 경험을 살려 쓴 작품이 『누구를 위하여 종은 울리나』다. 이 작품도 반전 소설로 높은 평가를 받아 영화로 만들어졌다.

그는 1939년부터 약 20년 동안 쿠바의 수도 바하마에서 살았기에 지금도 바하마에는 그의 박물관이 있다. 1954년 발표한 『노인과 바다』는 한층 더 높은 평가를 받아 헤밍웨이는 이 작품으로 노벨 문학상을 받았다. 거대한 청새치를 쫓는 늙은 어부를 그린 이 단편 소설은 꿈을 쫓으며 열심히 살아가는 인간의 아름다움과 강인한 남성의 아름다움을 현실의 냉엄함 위에 온전히 그린 걸작이다.

실제로 『노인과 바다』에서는 인간의 존엄성이 긍정적으로 묘사되는데 여기에서 살아갈 용기를 얻는 독자들도 많다. 이것은 20세기 최고의 작가라고 불렸던, 유럽의 카프카와 프루스트, 조이스들의 작품에서는 보이지 않는 경향이다.

이렇게 세계적인 거장이 된 헤밍웨이였지만, 항공 사고를 두 번이나 겪고 중상을 입는 등 불운도 계속됐다. 만년에는 이러한 사고의 후유증 때문에 창작 활동을 방해받고 이로 인해 조울증에도 시달리다 61세에 산탄총으로 자살했다.

그는 수식어를 최대한 자제해 주어와 술어만이 반복하는 간결한 문장을 즐겨 썼다. 이는 그가 내적 반성(자기 관찰)을 표현하는 것과 자연을 묘사하는 것 모두 똑같이 중요하게 여겼기 때문이다. 앞서 이야기한 프루스트 들과 대조적인 문체는 미국의 하드보일드 소설에 큰 영향을 주었다.

좀 더 깊이 알고 싶은 독자를 위한 추천 도서 ──────

• 『노인과 바다』, 어니스트 헤밍웨이, 민음사 등

스트라빈스키 (Igor Fyodorovich Stravinsky, 1882년~1971년)
작품을 세 번이나 바꾼 20세기의 대음악가

이고르 스트라빈스키는 20세기를 대표하는 음악가 중 한 사람으로 알려져 있다.

스트라빈스키가 태어난 곳은 러시아 제국 시대의 상트페테르부르크 교외였다. 대학 법학부에 입학한 그였지만, 운 좋게 '러시아 5인조'의 한 사람이기도 한 작곡가 림스키코르사코프의 개인 지도를 받게 되었다.

1908년 교향적 환상곡 『불꽃놀이』가 러시아 발레단에 의해 공연된다. 이것을 계기로 그는 『불새』, 『페트루시카』, 『봄의 제전』 등 발레 음악의 대표작을 차례차례 발표한다. 이 작품 중에는 니진스키가 춤을 춰 한층 더 평가가 높아진 것도 있다(니진스키 참조). 주로 러시아 혁명 전, 아직 러시아에 머무르고 있던 때에 작곡한 작품들에서 보이는 작풍을 원시주의라고 부른다.

1917년 러시아 혁명의 영향으로 고향의 땅을 몰수당한 그는 스위스를 거쳐 프랑스 파리로 이주했다. 이 시기의 대표작은 1920년에 발표한 발레 음악 『풀치넬라』로, 이 시기 작풍은 전통을 중시하는 신고전주의로 바뀌어 있었다.

파리에서도 활약했던 그였지만, 1939년 대두하는 나치를 피해 미국으로 건너간다. 이 시기에는 『3악장 교향곡』 등을 발표한다.

작곡 기법 중 오스트리아의 작곡가 쇤베르크가 창시한 작곡 기법으로 '12음 기법'이 있다. 스트라빈스키는 이 기법에 부정적이었다가 제2차 세계대전 후에 사용하기 시작했는데, 『피아노와 오케스트라를 위한 악장』이 대표적인 작품이다. 이 시기에는 이 외에도 『7중주』, 『아브라함과 이삭』 등을 남겼으며 이 시기의 작풍을 음렬주의라고 부른다.

1959년에 일본을 방문하고 1962년에는 조국 소련을 방문한다. 이때 망명이나 다름없이 소련을 떠났던 그와 정부도 화해하지만, 이것이 그에게는 최초이자 최후의 귀국이 되었다.

스트라빈스키는 이처럼 시대에 따라 작품을 바꿔 오랫동안 작곡가의 길을 걸었다. 교향곡, 협주곡, 관현악곡, 피아노곡 등등 정말 많은 대표작을 남겼으며, 그중에 특히 발레 음악이 많은 주목을 받았다.

좀 더 깊이 알고 싶은 독자를 위한 추천 도서

- 『스트라빈스키』, 정준호, 을유문화사
- 『스트라빈스키, 그 삶과 음악』, 데이비드 나이스, 포노
- 『음악의 시학』, 스트라빈스키, 민음사

루이 암스트롱 (Louis Daniel Armstrong, 1901년~1971년)
사치모라는 애칭으로 불렸던 재즈의 신

금주법 시대의 미국에서 활약을 시작했으며, 재즈의 역사와 발맞춰 걸어간 트럼펫 연주자(트럼페터), 가수, 지휘자 루이 암스트롱.

루이는 뉴올리언스의 아프리카계 미국인이 많이 사는 거주구의 가난한 가정에서 태어났다. 그가 살고 있던 지구 전체가 환경도 치안도 그다지 좋지 않았다. 루이는 소년 시절 축제 분위기에 들떠 권총을 하늘에 쏘다가 체포되어 소년원에 보내진다. 소년원에서 교정 과정의 일환으로 짜여 있던 브라스 밴드에서 코넷을 연주하게 되었는데, 이를 계기로 제대로 된 음악 교육을 받게 된다.

소년원에서 나온 뒤에는 마을에 퍼레이드가 열릴 때마다 연주하다가 이윽고 재즈 코러스의 뿌리라고도 여겨지는 '바버샵 콰르텟'에서 노래하게 되었다. 바버샵 음악이란 흑인 젊은 이들이 단체로 나와 화음을 넣는 코러스 문화다. 이때 구석에서 화음을 넣으며 노래를 불렀던 경험이 훗날 독특한 맛을 가진 깊이 있는 가성으로 이어진 것이라고 한다.

이 무렵에 붙은 애칭인 사치모는 책가방만큼 입이 크다는 의미인 '사첼 마우스(satchel mouth)'에서 유래했다는 설이 있다. 이후 재즈맨의 우상이었던 킹 올리버에게 매료되어 1923년 시카고로 가 올리버의 악단에 가입한다. 1924년에는 뉴욕에서 플레처 헨더슨 악단에 입단한다. 명성을 얻은 루이는 자신의 그룹 '핫 파이브'의 기념비적인 데뷔를 치른다.

1930년대가 되면서 유럽 순회공연도 하게 되는데, 이때 루이의 음악 활동은 인종 차별과의 투쟁이기도 했다. 그래도 루이의 음악은 백인들 사이에서 큰 인기를 끌어 1932년에는 빅터 전속 음악가가 된다.

전후에도 많은 히트송을 내놓아 64세였던 1964년에는 당시 음악 차트에서 3개월 동안 전미 1위를 독점하고 있었던 비틀스의 기록을 『헬로, 돌리!』로 막아서 세계를 놀라게 했다. 루이는 높은 연주 기술과 화제성으로 카리스마적인 존재가 되었다. 1967년은 베트남 전쟁이 최악의 상황을 향해 내달리던 시기였는데, 이때 메시지성이 강한 『이 멋진 세상』을 발표해 전 세계적으로 히트시킨다.

1971년 뉴욕 호텔 쇼에 출연한 직후 심장 발작을 일으킨 루이는 자택에서 요양 중에 심근 경색으로 별세했다. 뉴올리언스에서는 재즈 장례식이 거행되었는데, 한여름의 햇살 속에서 영구차를 중심으로 브라스 밴드가 줄을 맞춰 『성자의 행진』을 연주했다.

좀 더 깊이 알고 싶은 독자를 위한 추천 도서
- 『루이 암스트롱』, 게리 기딘스, 포노

마일스 데이비스 (Miles Dewey Davis III, 1926년~1991년)
참신한 수법을 도입한 모던 재즈의 제왕

세상에서 '모던 재즈의 제왕'이라고도 불리는 재즈 트럼펫 연주자·작곡가가 마일스 데이비스다. 쿨 재즈, 하드 밥, 모달 재즈, 일렉트로 재즈, 힙합 재즈 등 시대에 따라 여러 음악을 선보이며 재즈계를 이끌었다.

미국 일리노이주 앨턴의 치과의사였던 아버지와 음악 교사인 어머니 사이에서 태어난 마일스 듀이 데이비스 3세는 생후 얼마 지나지 않아 세인트루이스로 이사해 그곳에서 자랐다. 12세 때 트럼펫을 시작한 마일스는 17세에 에디 랜들이 이끄는 '블루 데빌즈'에 참가해 프로 활동을 시작한다. 고등학교를 졸업한 뒤에는 명문 밴드 '빌리 엑스타인 빅밴드'의 트럼펫 연주자의 대역을 맡아 찰리 파커, 디지 길레스피 등과 공연했다. 이후 뉴욕의 줄리아드 음악원에서 공부하고 1945년에 찰리 파커의 밴드에서 정식으로 데뷔한다.

파커 밑에서 모던 재즈의 원형인 '비밥 스타일' 창설에 참여하고, 이후 새로운 가능성을 찾아 편곡자 길 에반스의 협력을 얻어 훗날 웨스트 코스트 재즈에 큰 영향을 미치는 앨범 『쿨의 탄생』을 1949년에 제작한다.

1950년대는 마약 문제로 잠시 연주 활동에서 멀어지지만, 1959년 부활의 신호탄이 된 『카인드 오브 블루』에서는 코드 진행에 얽매이지 않은 자유로운 애드리브를 발전시킨 선법(mode)의 방향성을 제시했다. 1969년의 『비치스 브루』에서는 전자 악기와 록을 접목하는 등 이후에도 참신한 수법을 계속 도입했다. 또한, 클래식과의 결합도 시도해 이후에 이 성과를 담은 앨범이 발매된다.

1990년에는 힙합 뮤지션인 이지 모비와 함께 한 새로운 앨범 제작도 시작했지만, 1991년 폐렴으로 캘리포니아의 산타모니카에서 만 65세의 나이로 눈을 감는다.

마일스는 미국의 인종 차별 문제에 항상 비판적이었으며, "좋은 연주를 하는 녀석이라면 초록색 피부를 가진 녀석이라도 고용하겠다."라며 좋은 음악을 위해서라면, 인종은 상관없다는 자세를 관철한 인생을 산 음악인이었다.

좀 더 깊이 알고 싶은 독자를 위한 추천 도서 ────
- 『마일스 데이비스 자서전』, 마일스 데이비스, 집사재
- 『마일즈 데이비스』, 존 스웨드, 그책

엘비스 프레슬리 (Elvis Aaron Presley, 1935년~1977년)
아메리카 드림을 체현한 로큰롤의 신

'킹 오브 로큰롤' 그리고 '세계사상 최고로 많이 팔린 솔로 아티스트' 라는 수식어가 달린 인물이 엘비스 프레슬리다.

엘비스 아론 프레슬리는 미국의 미시시피주 투펄로에서 태어났다. 부모는 독실한 개신교 신자로, 가정은 매우 가난했지만 엘비스를 소중히 키웠다. 11세 생일 엘비스는 선물로 라이플을 받고 싶어 했지만, 어머니는 총 대신 기타를 선물로 주었다.

13세 때 테네시주 멤피스로 이사했다. 생활한 지역은 가난한 흑인 노동자 계급이 많아 엘비스도 흑인 음악을 들으며 자랐다. 엘리스 공회당의 가스펠 쇼도 매번 보러 갔는데, 어느 날은 입장료가 없어서 회장에 들어갈 수 없었다. 이때 열심히 음악을 들으러 오는 이름도 모르는 소년을 도와준 사람이 연주자인 블랙 우드 브라더스의 베이스 가수 J. D. 섬너였다. 섬너는 엘비스에게 "다음부터는 분장실 출입구로 들어오렴."이라고 알려줘 이후부터는 쇼를 무료로 볼 수 있었으며, 이 일은 그의 음악성에 큰 영향을 주었다고 한다.

엘비스는 17세 때 연습용 레코드를 녹음했는데, 이것을 들은 레코드 회사가 스카우트해 'The Hillbilly Cat(시골 고양이)'라는 예명으로 가수 활동을 시작한다. 엘비스의 초기 음악은 미국에 획기적인 것이었다. 흑인 음악인 블루스와 리듬 & 블루스에 백인 음악인 컨트리 & 웨스턴을 결합한 음악이었기 때문이다. 1950년에는 척 베리, 리틀 리처드와 함께 로큰롤의 창시자 중 한 사람으로 불리게 되었으며, 이에 걸맞게 엘비스는 스타로 발돋움하지만 '로큰롤이 청소년의 비행의 원인'이라고 보는 보수층의 비판 대상이 된다. 특히 문제가 된 것이 엘비스 특유의 하반신을 흔들면서 노래 부르는 스타일로, TV에 출연할 때에는 의도적으로 상반신만 방송에 내보냈다는 일화가 있을 정도다.

엘비스 덕분에 로큰롤은 순식간에 유행해 많은 사람이 그의 패션이나 헤어스타일을 따라 했고 이후 오랫동안 청년 문화를 이끌었다. 하지만 그는 스트레스로 인한 폭식증으로 체중이 급증했으며 1975년 무렵부터는 주치의가 처방한 수면제 등을 과잉 섭취하기도 했다. 이것이 원인으로 부정맥이 발생해 1977년에 사망했다.

좀 더 깊이 알고 싶은 독자를 위한 추천 도서

- 「록 크로니클」, 히로타 간지, 미디어샘

존 레넌(John Winston Ono Lennon, 1940년~1980년)

평화 운동가이기도 했던, 세계를 석권한 뮤지션

영국의 싱어송라이터이자 세계를 석권한 밴드 '비틀스'에서 보컬과 기타를 담당했던 뮤지션이 존 윈스턴 레넌이다.

그는 제2차 세계대전 중 공중 폭격을 맞은 영국의 리버풀에서 태어났다. 선원이었던 아버지는 항해 중이었고, 어머니는 다른 남성과 동거하고 있었기 때문에 존 레넌은 이모네에서 자랐다.

어렸을 적에는 반항적이었지만, 1950년대 중반에 로니 도니건의 『록 아일랜드 라인』과 엘비스 프레슬리의 『하트브레이크 호텔』을 듣고 로큰롤에 눈을 떠 통신 판매로 기타를 산다. 이때부터 그의 관심은 온통 음악에 쏠리게 된다. 고등학교에서는 스키플 밴드인 '쿼리 맨'을 결성한다. 이 시기에 폴 매카트니, 조지 해리슨이 가입한다. 미술 전문학교에 진학한 뒤에는 스튜어트 서트클리프, 피트 베스트가 가입(이후 스튜어트는 탈퇴. 21세에 뇌출혈로 사망)한다. 밴드명도 '비틀스(The Beatles)'로 바꾸었다.

1961년 레코드 가게를 경영하던 브라이언 엡스타인과 매니지먼트 계약을 맺고 레코드 데뷔를 했다. 이 시기 피트를 대신해 링고 스타가 들어온다. 이후 밴드는 전 세계적으로 엄청난 성공을 거두지만, 존이 신문 기사에서 "우리는 지금 예수보다도 유명하다."라는 발언을 해 기독교 우파의 반비틀스 활동을 불러일으키기도 했다.

1966년 비틀스가 라이브 투어를 중단하고 휴식기를 보내고 있을 때 런던에서 그의 두 번째 아내가 되는 오노 요코와 만나 1969년에 결혼한다. 이후 존은 베트남 전쟁에 반대하고 평화를 추구하는 활동에 참여하지만, 좌익 단체인 국제 마르크스주의 그룹과 관련되어 FBI의 감시 대상에도 오른다.

1970년 폴이 탈퇴를 발표하면서 비틀스는 사실상 해체된다. 다음 해 존은 그의 최대 히트작이 된 앨범 『이매진』을 발표한다. 이 앨범은 영국, 미국, 일본에서 1위를 기록한다. 이 앨범에는 『이매진』 외에도 『나는 군인이 되고 싶지 않아요』 등 정치색이 강한 음악이 수록되어 있다. 이후 존은 활약 거점을 뉴욕으로 옮겼고, 1975년부터 약 5년 동안은 아무런 활동도 하지 않다가 막 활동을 재개한 1980년 자택 앞에서 팬이라고 하는 남성의 총격을 받아 과다출혈로 사망했다.

좀 더 깊이 알고 싶은 독자를 위한 추천 도서 —————

- 『비틀즈 : 겟 백』, 비틀즈, 항해
- 『존 레논의 말』, 켄 로런스, 아르테
- 『록 크로니클』, 히로타 간지, 미디어샘

후지타 쓰구하루 [藤田嗣治, 1886년~1968년]

밝은 우윳빛 색으로 파리를 사로잡은, 에콜 드 파리를 대표하는 일본인 화가

20세기 전반 많은 화가가 파리로 이주했다. 이들 중에는 센 강을 중심으로 우측의 몽마르트르와 좌측의 몽파르나스에서 1920년경부터 활약하는 화가들이 있었다. 이들을 에콜 드 파리(파리파)라고 부른다.

에콜 드 파리는 고유한 예술적 경향을 가진 것도 아니었고(당시 유행하던 입체주의와는 선을 그었다.) 그렇다고 하나의 집단으로 전람회 등의 활동을 펼치지도 않았다. 이들의 출신국도 다 달랐다. 대표 화가인 모딜리아니는 이탈리아 출신, 샤갈은 러시아, 위트릴로는 프랑스, 이 외에도 줄스 파스킨, 아키펜코, 후안 그리스, 키슬링, 마리 로랑생 등 다양한 출신의 뛰어난 인재가 많이 모여 있었다. 그리고 이들 중 중요 인물로 일본인 화가도 있었다. 후지타 쓰구하루다.

도쿄에서 태어난 후지타는 도쿄 미술 학교(현 도쿄 예술 대학)를 졸업한 뒤 1912년에 프랑스로 가 몽마르트르에 자리를 잡았다. 여기서 그는 모딜리아니 들을 만난다. 금세 후지타는 파리에서 인기 화가가 된다. 그는 주로 하얗게 칠해진 바탕 위에 가느다란 윤곽선을 사용해 섬세한 음영을 가진 전라의 여인 등을 그렸다. 그림 속 인물의 피부는 밝은 우윳빛으로, 여태까지의 유채화에서는 볼 수 없었던 인물상이었다. 극찬을 받은 그는 프랑스 정부로부터 훈장을 받는다. 대표작은 『카페에서』, 『아키타의 행사』 등이 있다. 그는 소녀나 고양이도 많이 그렸다.

이후 1933년에 일본으로 귀국했으며, 1937년 중일 전쟁이 발발하자 후지타는 종군 화가로 중국에 간다. 돌아온 뒤에는 태평양 전쟁이 발발한다. 이때 그는 육군 미술 협회 이사장에 취임하고, 남쪽의 격전지를 방문해 『애투섬 옥쇄』 같은 전쟁화를 그렸다. 이 작품은 대형 화폭에 매우 많은 병사와 사망자가 그려져 있어 현장감을 강하게 느낄 수 있는 작품으로 그때까지의 작품과는 완전히 다른 화풍으로 그려졌다. 하지만 전쟁화를 그린 그의 행동은 전후 전쟁 협력자로 비판받아 GHQ로부터도 조사받았다. 이러한 상황이 싫었던 후지타는 프랑스로 도망갔으며 그의 책임을 묻는 목소리가 지금도 존재한다.

후지타는 1955년에 프랑스 국적을 취득한다. 1959년 랭스 대성당에서 가톨릭 세례를 받아 레오나르 후지타가 되었다. 이윽고 랭스에서 자신의 작품으로 장식된 조그마한 예배당을 세웠는데, 지금도 그곳에 잠들어 있다.

사토 마사루의 한 마디

후지타 쓰구하루의 전쟁 회화 『애투섬 옥쇄』는 무모한 전투로 인한 죽음을 미학적으로 표현한 전형적인 예다. 일본인이 정치를 미의식으로 포장할 때의 위험성을 알 수 있는 작품이다.

뭉크 (Edvard Munch, 1863년~1944년)
인간이 가진 내면의 불안과 공포를 표현한 표현주의의 선구자

19세기 중반에 인상파가 탄생한 이후 후기 인상파, 신인상파, 또 한 편에서는 상징주의가 등장한다. 르동과 모로가 대표하는 상징주의는 꿈과 무의식, 신비(신화나 성서) 등을 표현했다. 이들은 자연을 감상한 대로 표현하려고 한 인상파의 반동으로 등장한 예술이었다.

한편 20세기에 들어와 야수파(포비슴)와 표현주의가 탄생한다. 야수파는 프랑스에서 시작된 운동으로 마티스가 대표 작가다. 표현주의는 주로 독일에서 발생한 운동으로, 원색을 마치 쏟아부은 듯한 대담한 색 사용은 야수파로부터 영향을 받은 것이다. 야수파는 고흐 등으로부터도 영향을 받았으며, 표현주의는 에드바르 뭉크에게서 가장 큰 영향을 받았다고 볼 수 있다. 세기말 예술이 번성했던 19세기 말기 때부터 화가로서 활약한 인물이다.

뭉크의 가장 유명한 작품은 『절규』다. 미술에 흥미가 없는 사람이라도 이 작품을 모르는 사람은 없을 것이다. 뭉크가 4점을 그린 이 작품의 제목은 '절규'지만, 그림 속 남자가 '절규'하는 것은 아니다. 남자에게 절규하는 소리가 들려서 남자가 귀를 막고 있는 것이다. 이만한 공포는 없지 않을까. 이렇게 인간이 가진 불안과 우울을 대담한 색채로 표현한 것이 그의 화풍이다. 작품을 통해 그는 근대에 들어와 과학과 경제가 발전하는 한편 인간의 내면에는 아직 정확하게 파악할 수 없는 마음의 어둠이 있기에, 인상파처럼 자연과 도시, 여성의 아름다움을 사랑하는 것만으로는 세계를 인식할 수 없음을 명시하려 했다.

뭉크의 다른 대표작인 『병든 아이』, 『멜랑콜리』, 『불안』, 『흡혈귀』, 『사춘기』, 『마돈나』 등에서도 이와 같은 경향을 느낄 수 있다. 『마돈나』는 성모 마리아를 전라의 여인의 모습으로 그린 작품이다. 이 작품의 판화판을 보면 벌거벗은 그녀 주위를 정자가 돌고 있다. 또한, 『불안』은 피 같은 붉은 하늘 아래 장례 행렬에 참여하는 듯 생기 없는 사람들이 그려져 있다. 이러한 작품들에서 삶에의 염세적인 시선이 엿보인다. 그는 유채화 외에도 판화 그리고 삽화도 그렸다. 그가 그린 시인 보들레르의 『악의 꽃』의 삽화는 유명하다.

좀 더 깊이 알고 싶은 독자를 위한 추천 도서 ─────

• 『에드바르 뭉크: 세기말 영혼의 초상』, 수 프리도, 을유문화사
• 『뭉크, 추방된 영혼의 기록』, 이리스 뮐러 베스터만, 예경

피카소 (Pablo Ruiz Picasso, 1881년~1973년)
20세기 예술의 새로운 출발점이 된 입체파(큐비즘)를 탄생시킨 천재 화가

피카소의 예술가로서의 수명은 매우 길다. 10대 전반에 천재 화가로 호평을 받았던 그는 91세에 죽을 때까지 80년 가까이 화가의 길을 걸었다(조각도 있다). 아이디어를 풍부하게 가지고 있었고, 붓놀림도 빨라서 짧은 시간에 작품을 잇달아 만들어냈다. 그래서 작품 수도 매우 많아 유화·소묘만으로도 1만 3,500점가량이 있으며 스타일도 계속해서 변화했다.

20세기 초반 태어난 고향 스페인에서 파리로 옮겨 온 그는 가난한 사람들이나 모자의 모습 등을 청색을 바탕으로 그렸다. 이것을 '청색 시대'라고 부른다. 이후 밝은 색채를 사용한 '장밋빛 시대'를 거쳐 1907년『아비뇽의 여인들』을 발표했다. 이 기념비적인 작품을 통해 세계는 '큐피즘(입체파)'을 받아들였다.

입체파는 화폭이라는 2차원 세계에 다양한 각도로 볼 수 있는 입체적 세계를 그린 예술 사조다. 『아비뇽의 여인들』발표로 예술 세계는 조화를 중시하는 평면 세계에서 3차원적 세계를 내포하는 쪽으로 옮겨간다. 그리하여 피카소의 발표 이후 다양하고 새롭게 해석된 아름다움이 20세기 이후 속속 탄생한다.

피카소는 전위 화가의 틀에 머무르지 않고 다양한 회화 기법을 자유자재로 구사한 천재 화가였으며, 한편으로는 많은 여성과 교제하며 끊임없이 사랑을 좇은 화가였다.

자주 그는 '교제하는 여성이 바뀔 때마다 스타일이 변했다'며 조롱받는다. 실제로 1917년경 당시 아내였던 올가로부터 "좀 더 알기 쉽게 그려달라."라는 말을 듣고 19세기 이전의 회화 양식으로 회귀했던 적이 있다. '신고전주의' 시대다. 이후에도 교제 상대가 바뀔 때마다 회화 스타일이 바뀌어 만년에는 이들을 포함한 다채로운 작품을 세상에 남겼다.

그의 대표작은 무수히 많지만, 앞서 언급한『아비뇽의 여인들』과 어깨를 나란히 할 정도의 걸작으로『게르니카』(1937년)가 있다. 역시나 입체파 수법으로 그려진 이 작품은 나치가 스페인 게르니카라는 마을에 저지른 무차별 폭격을 비판하기 위한 것이었다. 가로 길이만 770cm나 되는 이 대작은 미술사상 매우 중요한 작품이다. 다음의 일화는 유명하다. 나치 관계자가 피카소의 집에 와서 "이것을 그린 사람이 당신인가?"라고 물었다. 피카소는 이렇게 대답했다. "아니. 그린 사람은 당신들이지." 이처럼 반전주의자로서의 그의 평가도 잊어서는 안 된다.

좀 더 깊이 알고 싶은 독자를 위한 추천 도서

▪『피카소 : 무한한 창조의 샘』, 프란체스코 갈루치, 마로니에북스
▪『피카소 월드』, 존 핀레이, 미술문화

르코르뷔지에 (Le Corbusier, 1887년~1965년)

철골 콘크리트를 사용해 높은 기능성을 가진 근대 전축을 창조한 건축가

건축의 세계에서는 19세기 중반 무렵에 철과 유리로 된 건축이 탄생하면서 그때까지 돌과 벽돌이 중심이었던 서구의 건축에 변화가 찾아왔다. 그리고 이윽고 20세기에 들어오자 철골 콘크리트 기법이 발명되었다. 이 발명은 건축 세계에 한층 더 극적인 변화를 가져온다. 구조체로써 매우 강한 저항력을 가지면서 자유롭게 조형할 수 있는 철골 콘크리트를 사용한 뛰어난 건축이 차례차례 등장하기 시작한 것이다.

건축은 다른 예술과 다르게 아름다움만을 추구할 수가 없다. 주거용이라면 살기 쉽게 기능성도 갖춰야 한다. 19세기부터 20세기까지의 건축은 두 가지로 나눌 수가 있다. 이지적인 합리주의를 중시한 기능적인 건축과 감각적인 표현주의를 중시한 유기적인 건축. 전자의 대표가 르코르뷔지에, 후자의 대표가 가우디다. 그렇다고 해서 가우디가 교회와 공원, 주택 등을 설계할 때 각 건축이 가져야 할 기능성을 완전히 무시하며 지었다는 뜻은 아니다.

르코르뷔지에는 "집은 살기 위한 기계다."라고 말했다. 이 말에서도 그가 형태보다 기능을 우선했다는 점을 알 수 있다. 그는 철골 콘크리트를 사용해 쓸데없는 장식이 없는 벽면과 기둥만 남기고 그 층의 벽을 모두 없애 개방된 공간을 만드는 필로티, 내부 공간을 바꿀 수 있는 간이벽 등을 사용했다. 더불어 인체의 크기에 따라 건물과 방, 가구의 치수를 정하는 모듈러도 개발했다. 이 모든 것들은 높은 합리성을 가져 그를 모더니즘 건축의 거장이라고 부르는 사람도 있다.

르코르뷔지에는 스위스에서 태어났다. 본명은 샤를에두아르 잔레그리(Charles-Edouard Jeanneret-Gris)다. 시계의 문자판을 세공하는 장인이었던 아버지를 따라 가업을 이어받아야 했지만, 약시였던 탓에 단념하고 대신 미술학교에서 화가를 꿈꾼다(실제로 회화 작품도 남겼다.). 1908년 파리로 가 철골 콘크리트 건축의 선구자 오귀스트 페레 밑에서 건축 기법을 배운 뒤 1992년에 건축 사무소를 설립한다.

그의 대표작은 1928년에 설계한 빌라 사보아다. 파리 근교 푸아시에 있는 저택은 필로티(지상 부분을 개방한 2층 이상의 건물), 옥상 정원, 자유로운 평면, 수평 연속창, 자유로운 파사드(정면에서 본 건물의 외관)라는, 그가 주장하는 '근대 건축의 5원칙'을 모두 갖춘 20세기 근대 건축의 최고 걸작으로 여겨진다. 주택 외에도 '롱샹 성당', '라투레트 수도원', '생디에 공장' 등의 대표작을 남겼다.

좀 더 깊이 알고 싶은 독자를 위한 추천 도서 ─────────

▪ 『건축을 향하여』, 르 코르뷔지에, 동녘
▪ 『르코르뷔지에』, 신승철, 아르테

달리 [Salvador Dalí, 1904년~1989년]
기발한 언동으로 자신을 과시했던 초현실주의의 기재

살바도르 달리는 초현실주의를 대표하는 예술가지만 초현실주의의 대표 주자에 그치지 않는 인물이다. 먼저 초현실주의 운동의 역사부터 되돌아보면, 제1차 세계대전 시대부터 전후에 서양의 각 도시에서 전위 예술 운동인 다다이즘이 일어났다. 이 중에 1919년에 파리에서 발생한 '파리다다'에서 새로운 예술 운동으로 발전한 것이 좁은 의미의 초현실주의다. 이 운동의 중심인물이 프랑스의 시인이자 작가인 앙드레 브르통으로, 그는 1924년에 프로이트 정신 분석에 기초한 심층 심리의 표현과 마르크스 혁명 사상에 기반을 둔『초현실주의 선언』을 발표한다. 이렇게 발전한 초현실주의에 사진사 만 레이, 화가 마그리트, 에른스트, 탕기와 영화 감독 부뉴엘(달리와 공동 감독으로『안달루시아의 개』를 발표) 등 많은 예술가가 참여해 거대한 문예 운동이 되었다. 달리 자신도 1920년대 말경부터 참가했다.

하지만 초현실주의 운동은 공산주의 혁명을 우선할 것인지 문예 운동을 우선할 것인지를 두고 대립하고 있었고, 이 대립은 1930년대가 되자 더 깊어진다. 달리는 상업주의 쪽 성향인 데다가 스페인 총리 프랑코의 파시스트를 강하게 지지해, 브르통의 비판을 받은 끝에 1938년 제명당한다.

달리는 스페인의 카탈루냐에서 태어났다. 앞서 언급한 초현실주의 운동에 참여하던 중 갈라와 결혼했으며 제2차 세계대전 후에는 가톨릭에 귀의했다. 그의 환상적인 작품은 높은 평가를 받았고, 기발한 언동과 비정상적인 자기 과시욕으로 세계를 농락하다가 84세에 세상을 떠난다.

그의 화풍 중 한 가지는 '편집광적 비판 방법'이라고 이름 붙인 이중 이미지 방법이다. 대표작인『기억의 지속』에서는 시계와 녹아내리는 카망베르 치즈가 서로 겹쳐있다.『코끼리를 비추는 백조』에서는 백조가 세 마리 그려져 있지만, 수면에 비친 모습은 코끼리다.

이 외의 대표작으로『삶은 콩으로 만든 부드러운 구조물』,『성 안토니우스의 유혹』,『레다 아토미카』,『기억의 지속 붕괴』, 조각『뉴턴에 대한 경의』등이 있다. 이 작품에서는 기독교나 아내 갈라에게서 영감을 얻은 듯한 모습도 보인다. 달리의 작품에는 지평선과 개미, 시계 등이 많이 등장하는데, 이들이 세계의 환상성을 한층 더 높이고 있다.

좀 더 깊이 알고 싶은 독자를 위한 추천 도서
- 『달리』, 장 루이 가유맹, 시공사
- 『살바도르 달리』, 자비에르 질 네레, 마로니에북스

앤디 워홀(Andy Warhol, 1928년~1987년)
복제, 대량생산, 소비⋯⋯20세기 문화를 구현한 팝아트의 기수

미국의 피츠버그에서 태어난 워홀이 본격적으로 예술에 전념한 때는 1950년대다. 1961년에『캠벨 수프 통조림』을 발표해 팝아트를 탄생시켰다. 1962년에 실크스크린을 사용한 일련의 작품을 발표한다. 영화 감독으로도 이름을 남기는 등 그야말로 그는 시대의 총아였다.

팝아트의 특징으로는 사진, 포스터, 만화 같은 20세기 대중문화의 작품을 단편화(斷片化)하거나 부분 확대하거나 혹은 변색·착색을 해 새로운 작품으로 재탄생시킨다는 점을 꼽을 수 있다. 워홀은 실크스크린이라는 비교적 쉬운 판화(인쇄) 방법을 구사해 대표작『매릴린 먼로』등을 발표했다. 변색과 착색을 이용해 다양한 색상을 입힌 실제 매릴린 먼로의 인쇄 사진 수 점을 사용한 작품이다.

이 실험적 작품의 목적은 실물의 재현이 아니라 우리가 가진 '먼로'라는 이미지를 색깔을 조금씩 바꿔 실체화함으로써 우리가 일상생활에서 얼마나 이미지에 조종되어 왔는지를 폭로하는 데에 있다. 즉, 여기서 시니피앙(의미하는 것: 제목 '먼로')과 시니피에(의미당하는 것: 가공된 '먼로'의 이미지)의 관계가 어긋나 이 관계가 얼마나 자의적이고 위험한 것인지를 증명하고 있는 것이다. 바꿔 말하면, 말과 구상된 이미지 사이에는 공유되는 코드가 전혀 없어 그 결과 불편한 관계가 되어버린다는 것을 보여주었다. 실제로 '먼로'라는 제목에 이끌려 이 작품을 감상한 사람은 원래 이미지인 '아름다운 먼로'에 도달하지 못하고 창작자의 복제 기법이 만들어 낸 이해할 수 없는 이미지의 세계로 빨려 들어간다. 워홀은 이 같은 방법을 먼로 외에도 여러 위인에게 사용해『프레슬리』,『마오쩌둥』,『케네디』,『사카모토 료마』,『체 게바라』등의 작품을 남겼다. 더불어 워홀은『캠벨 수프 통조림』등에서 대량 생산, 대량 소비라는 20세기 이후 고도로 발달한 자본주의 사회의 현실을 보여주면서 복제가 가진 창조적 의의마저도 추구·표현했다.

좀 더 깊이 알고 싶은 독자를 위한 추천 도서 ─────

• 『앤디 워홀 일기』, 앤디 워홀, 미메시스
• 『앤디 워홀』, 클라우스 호네프, 마로니에북스

조르주 멜리에스 [Marie Georges Jean Melies, 1861년~1938년]
특수 효과를 발명한 영화의 마술사

뤼미에르 형제가 영화를 만들어 낸 때는 1895년이었다. 영화는 눈 깜짝할 사이에 전 세계로 퍼졌는데, 당시 영화는 고정 카메라로 한 가지 사건을 찍었을 뿐인 단순한 형태였다. 이러한 영상에도 당시의 많은 관객이 감탄했지만, 새로운 영화의 가능성을 모색한 영화인도 있었다. 그 대표적인 인물이 프랑스의 멜리에스다.

원래 무대 기술자였던 멜리에스는 영화를 접한 뒤 영화라면 더 대담한 기술을 더 쉽게 펼칠 수 있음을 깨닫는다. 멜리에스가 생각한 기술이란 오늘날에는 누구나 간단하게 할 수 있는 필름 연결이었다.

예를 들어 순식간에 사람이 사라지는 장면을 만든다고 하자. 이러한 장면은 무대보다 영화로 만드는 편이 더 쉽다. 사람이 있는 장면을 찍은 후 사람을 빼고 같은 장소의 장면을 찍은 뒤 이어붙이면 되기 때문이다.

하지만 이렇게 만든 유치한 특수 효과여도 당시 사람들을 놀라게 하기에는 충분했다. 1896년 이후 그는 이러한 마술(당시로서는) 기법을 몇 개나 사용해 많은 단편 영화를 제작했다. 그가 만든 영화는 무대 같은 곳에서 사람이 사라지거나 몸이 두 조각으로 나뉠 뿐인 영화였지만, 관객에게 볼거리를 제공한다는 형식의 영화를 확립했다.

이윽고 그저 무대를 배경으로 한 영화만으로는 충분하지 못하다고 생각한 그는 19세기 말에 이야기가 있는 영화 제작을 모색해 1902년 쥘 베른의 소설을 참고로 한 『달세계 여행』을 발표한다. 세계 최초의 SF 영화라고 여겨지는 이 작품에서도 관객의 눈을 속이는 촬영 트릭을 다수 사용했다. 쏘아 올린 로켓이 달에 박히자 달이 눈물 흘리는 장면으로 유명한 이 작품은 고전 중의 고전으로 지금도 높은 평가를 받고 있다.

이렇게 영화는 멜리에스의 손을 통해 필름 편집 기법을 구사한 볼거리가 되었을 뿐만 아니라, 이야기를 가진 작품으로 변해갔다. 『달세계 여행』의 성공은 1903년 에드윈 S. 포터의 『대열차 강도』, 그리고 D. W. 그리피스로 이어진다. 이러한 과정을 거쳐 영화를 자유자재로 몽타주(편집) 할 수 있는 기술이 발달해, 마술 같은 효과만이 아니라 여러 인물의 행동이나 인간의 복잡한 심리 묘사 등 여러 모습을 점차 묘사할 수 있게 된다.

좀 더 깊이 알고 싶은 독자를 위한 추천 도서 ─────

▪ 『사진으로 보는 영화의 역사』, C. W. 세람, 새물결

앨프레드 히치콕(Alfred Joseph Hitchcock, 1899년~1980년)
뛰어난 영화 기법을 구사한 서스펜스의 신

히치콕은 런던에서 태어났다. 내성적이고 친구가 많지 않은 소년이었다. 그는 20세에 영화 회사에 취직한다. 감독으로서 3번째 작품인 『하숙집』 이후부터는 거의 서스펜스 영화만 찍었다.

1939년 영국에서 명성을 얻은 그는 이후 활약의 무대를 미국으로 옮긴다. 할리우드에서의 첫 작품 『레베카』로 아카데미 작품상을 받았고, 1948년에 『로프』를 발표한다. 거의 원 테이크로 찍은 이 작품은 '우수한 사람은 열등한 사람을 죽여도 되는가?(될 리가 없다)'라는, 오늘날의 범죄에도 통하는 문제를 제기한 작품이다. 이후 1950년대에 『이창』, 『나는 비밀을 알고 있다』, 『현기증』, 『북북서로 진로를 돌려라』 같이 영화사에 남을 주옥같은 명작을 계속해서 발표한다. 대히트한 작품도 많아 히치콕의 이름을 전 세계가 알게 되었다.

1960년대 『사이코』와 『새』를 남겼는데, 이 이후 작품에 대한 평가는 그다지 높지 않다. 일설에 따르면 그가 선호했던 금발 여배우 티피 헤드런에게 너무 집착했기 때문이라고도 한다. 그러나 말년에 영국으로 돌아가 발표한, 1972년의 작품 『프렌지』는 높은 평가를 받아 히치콕의 부활을 알렸다. 이후에도 왕성하게 창작 활동을 벌이다 신부전으로 80세에 타계한다.

영화 속에 반드시 카메오로 출연한 것으로도 유명한 히치콕은 『카이에 뒤 시네마(프랑스 영화 비평지)』 작가들의 극찬을 받았다. 히치콕 열풍, 히치콕-혹스주의다. 이렇듯 히치콕은 오락 영화 감독도 장인 정신과 뛰어난 기술을 활용해 고도의 예술 감독으로까지 발전할 수 있음을 보여주었다(장뤼크 고다르 참조). 실제로 그의 뛰어난 영화 기법은 지금도 영화인들에게 영향을 주고 있다.

『서스피션』에서 독약이 들어 있는지 의심하는 주인공 앞으로 우유가 전달되는 장면이 있다. 이때 전구를 넣어 찍은 우유의 강렬한 흰 이미지는 관람자들에게 깊은 인상을 주었다. 상승과 추락으로 이루어진 『현기증』에서는 피사체의 크기는 변하지 않는데 배경만 멀어지는 줌 아웃 트랙 인 기법을 사용했다. 『사이코』에서는 샤워 중인 여성이 살해당하는 45초 동안의 장면을 카메라 위치를 바꿔가며 70번을 찍은 덕분에 찌르는 장면이 등장하지 않지만, 그래서 오히려 더 박력 있는 장면을 만들어냈다. 그는 관객의 시선을 고려해 어떻게 해야 관객이 등장인물에 몰입할 수 있을지를 탐구하고, 이를 위해 카메라를 자유자재로 움직였다. 『이 창』에서는 다리가 부러져 움직일 수 없는 주인공이 망원 카메라로 이웃들의 생활을 훔쳐보다가 어느 한 집에서 살인이 일어난 것 같은 광경을 보고 의심하는 이 모든 과정을 관객 자신이 마치 주인공이 된 양 느낄 수 있도록 찍어냈다.

좀 더 깊이 알고 싶은 독자를 위한 추천 도서

- 『항상 라캉에 대해 알고 싶었지만 감히 히치콕에게 물어보지 못한 모든 것』, 슬라예보 지젝, 새물결
- 『히치콕』, 패트릭 맥걸리건, 그책

로베르토 로셀리니 (Roberto Rossellini, 1906년~1977년)
전쟁 3부작 등을 발표해 네오리얼리즘을 창시한 영화 감독

제2차 세계대전은 특히 패전국에 큰 손해를 입혔다. 폭격으로 파괴된 마을과 그곳에서 빈곤하게 살아가야 하는 많은 사람을 만들어냈다. 한편 전쟁 중 파시즘에 대항하며 열심히 싸운 사람도 있었으며, 이러한 복잡다단한 세계의 현상을 있는 그대로 찍으려는 운동이 일어났다. 바로 네오리얼리즘(신사실주의)이다. 로베르토 로셀리니가 네오리얼리즘의 대표적인 영화 감독이다.

로셀리니는 로마의 상류층 가정에서 태어났다. 1930년대에 영화 산업에 뛰어들어 1936년에 영화 감독으로 데뷔한다. 1940년대 전반 그는 국책 영화에 가담해 이탈리아군을 찬미하는 영화를 다수 찍었다.

로셀리니의 이름을 널리 알린 작품은 1945년에 찍은『무방비 도시』다. 나치 점령 시기의 이탈리아 레지스탕스를 대상으로 휴먼 드라마를 찍은 이 작품은 발표했을 당시에는 좋은 평가를 받지 못했지만, 시간이 지남에 따라 재평가되어 현재는 네오리얼리즘의 기념비적인 작품으로 인정받고 있다. 그는 이 작품 후에『전화의 저편』(1946년)을 발표한다. 이 작품은『무방비 도시』와는 다르게 전문 배우가 아닌 일반인을 주연으로 기용했다. 이를 통해 더욱 사실적인 영화를 찍을 수 있었고 높은 다큐멘터리성도 갖출 수 있었다. 옴니버스로 구성된 이 작품 역시 네오리얼리즘의 걸작으로 꼽힌다. 그는 1948년에『독일 영년』을 발표한다.『무방비 도시』,『전화의 저편』,『독일 영년』을 묶어 '전쟁 3부작'이라고 부른다.

로셀리니가 연 네오리얼리즘의 시대는 1940년대에 막을 내린다. 한편 이 시대 이탈리아에서는 데 시카 감독 등에 의해 네오리얼리즘의 모작이 등장한다. 데 시카의『자전거 도둑』,『구두닦이』등 빈곤하게 사는 서민의 비참한 모습을 있는 그대로 담은 작품이다. 이들은 사회 문제를 사실적으로 표현했다는 의미에서 의의를 지니는데, 경제 부흥을 맞이한 이탈리아의 영화계는 이윽고 '장밋빛 네오리얼리즘'으로 향한다. 로셀리니도 가톨릭 영화『프란체스코, 신의 어릿광대』같이 새로운 시선으로 찍은 작품을 내놓는다.

1950년에 들어와 로셀리니는 유명 여배우 잉그리드 버그먼을 주연으로 한 영화를 찍기 시작한다. 로셀리니의 작품에 감명을 받아 이탈리아로 온 버그먼과 로셀리니는 사랑에 빠졌고, 끝내 그는 아내와 이혼하고 버그먼과 재혼한다. 버그먼을 주연으로 한 작품으로는 부부 사이의 인간관계를 그린『이탈리아 여행』이 대표작이다. 이 작품군은 프랑스의 누벨바그(nouvelle vague, 새로운 물결이란 뜻으로, 기존 영화에서 탈피해 새로운 발상과 표현 방식을 제시한, 프랑스 영화계에 일어난 새로운 풍조) 작가들의 지지를 받았다.

좀 더 깊이 알고 싶은 독자를 위한 추천 도서 ─────
- 『영화란 무엇인가』, 앙드레 바쟁, 퍼블 등

스탠리 큐브릭[Stanley Kubrick, 1928년~1999년]

영화사상 걸작 『2001 스페이스 오디세이』 등 다채로운 걸작을 만든 기재

미국에서는 1940년대부터 1950년에 걸쳐 필름 누아르라는 범죄 영화가 많이 만들어졌다. 이 영화들 대부분은 저예산으로 제작된 흑백 영화였음에도 뛰어난 영화 기술과 좋은 각본으로 많은 걸작이 탄생했다. 미국에서 탄생한 장르에 필름 누아르라는 프랑스어 이름이 붙은 이유는 프랑스 비평가가 이 미국 영화들을 평가하면서 붙인 이름이기 때문이다. 큐브릭의 영화 감독으로서의 출발점은 이 필름 누아르라고 해도 좋다. 물론 후술하겠지만, 그는 누아르만이 아니라 다채로운 작품을 남긴 감독이다.

뉴욕에서 태어난 유대인 감독 큐브릭은 1950년부터 영화업계에서 활약하기 시작한다. 1953년에 장편 첫 작품 『공포와 욕망』을 발표한다. 그에 대한 평가가 높아진 것은 1956년의 범죄 영화 『킬링』을 발표한 후부터다. 필름 누아르의 걸작으로 평가받는 이 작품 이후 그는 반전 영화인 『영광의 길』(1957년), 역사 영화 『스파타커스』(1960년) 등의 영화를 만들었다. 큐브릭의 위대함은 작품의 다양함에 있다. 범죄, 역사, 전쟁, SF, 문학, 희극, 호러 등 다양한 장르의 영화를 찍어 자신의 재능을 뽐냈다. 영화사상 보기 드문 존재라고 평가할 수 있다.

1961년에 영국으로 이주한 큐브릭은 1962년 『롤리타』를 발표한다. 어린 소녀에게만 성욕을 느끼는 '롤리타 콤플렉스'의 어원이기도 한 나보코프의 동명 소설이 원작인 작품이다. 1964년의 작품 『닥터 스트레인지러브』는 미소 냉전으로 발발한 핵전쟁의 위협을 블랙 코미디로 희화화해 경종을 울린 대표작이다. 미소 냉전이 끝났어도 핵병기는 사라지지 않은 현대이기에 이 영화가 갖는 어두운 웃음은 여전히 우리에게 날카롭게 날아와 박힌다.

그리고 큐브릭은 1968년 최고의 대표작을 발표한다. 바로 『2001 스페이스 오디세이』다. 이 작품은 2012년에 영국 영화 협회가 전 세계의 영화인을 대상으로 조사한 영화사상 최고의 작품 제2위를 차지한 걸작 중의 걸작이다. SF 작가 아서 C. 클라크와 함께 만든 이 작품은 대사와 내레이션을 최대한 생략하고 시각과 음악을 중심으로 표현해, 난해하다고도 말할 수 있는 작품이지만 인류의 진화라는 장대한 SF 주제를 여러 과학 기술의 표현과 함께 매우 사실적으로 묘사해냈다. 20년이 훌쩍 지난 지금에 와서도 이 영화가 가진 참신성은 절대 뒤떨어지지 않는다.

좀 더 깊이 알고 싶은 독자를 위한 추천 도서 —————

▪ 『스탠리 큐브릭 : 미국인 영화 감독』, 데이비드 미킥스, 그책
▪ 『스탠리 큐브릭』, 스탠리 큐브릭, 마음산책

D. W. 그리피스 (D. W. Griffith, 1875년~1948년)
현대로 이어지는 영화 문법을 만든 영화의 아버지

프랑스에서 태어나 흥행한 영화가 미국에서 발전하기까지는 그다지 긴 시간이 필요하지 않았다. 1903년에 에드윈 S. 포터의 『대열차 강도』가 탄생하면서 몽타주(편집)를 활용한 활극이 등장하기 시작한다. 이때 등장해 영화를 세련된 작품으로까지 끌어올린 사람이 D. W. 그리피스(데이비드 와크 그리피스)다.

그때까지의 영화는 고정한 카메라 앞에서 뤼미에르 형제처럼 사건을 한 신, 한 컷 있는 그대로 찍을 뿐이거나, 멜리에스처럼 마법 같은 연극을 구경거리로 보여줄 뿐이었다. 하지만 그리피스의 작품을 통해 더욱 확실한 이야기성을 표현하고 다양한 영화 기법을 구사할 수 있게 된다. 이러한 의미에서 영화의 문법과 촬영의 기본을 정립한 것으로 보아 그리피스를 영화의 아버지라고 부른다.

그리피스는 여러 쇼트를 이어 신을 만든다는, 오늘날에는 너무도 당연한 방법, 즉 몽타주를 매우 높은 레벨로 끌어올려 사용했다. 그는 단지 쇼트와 쇼트를 잇는 것 이상의 효과를 발휘하는 몽타주를 몇 가지 고안했다. 대표적으로 교차 편집(크로스 컷팅)이다. 같은 시간에 다른 장소에서 일어나고 있는 사건을 교차로 잇는 기법을 말한다. 덕분에 좀 더 생생한 현장감과 긴장감을 작품 안에서 구현할 수 있게 되었다.

이 외에도 그리피스는 클로즈업, 미디엄 쇼트(인물의 허리부터 상체까지 포착하는 화면), 롱 쇼트(피사체를 먼 거리에서 넓게 잡는 촬영법)를 나눠 사용하거나 이동 촬영을 하거나 플래시 백(과거 회상 기법)과 페이드인(영상이 어두웠다가 서서히 밝아지는 것), 페이드아웃(영상이 밝았다가 서서히 어두워지는 것) 등 오늘날 널리 사용되는 다양한 영화 기법을 만들어냈다.

단편 영화를 주로 찍었던 그리피스는 첫 장편 영화를 1915년에 발표한다. 『국가의 탄생』이다. 위에서 소개한 영화 기법 대부분이 사용된 이 작품은 엄청나게 히트했다. 하지만 백인의 시선으로 본 미국의 역사를 담은 작품이기에 흑인 차별적인 작품으로 비판받고 있다. 또 그가 남긴 1916년의 『인톨러런스』는 다른 시대의 네 가지 이야기를 담은 장대한 작품으로, 영화사적으로도 매우 중요한 작품이다. 영화 작품에 공헌한 것은 물론이고, 수많은 배우를 배출해 영화 산업을 발전시키기도 했다.

좀 더 깊이 알고 싶은 독자를 위한 추천 도서
• 『영화 언어의 문법』, 다니엘 아루후, 집문당

채플린 (Charles Spencer Chaplin, 1889년~1977년)
휴머니즘과 평화를 원했던 세계 최고의 희극왕

영화는 희극을 표현하는 데에 뛰어나, 20세기에 들어와 많은 나라에서 희극과 희극 배우가 등장했다.

그중에서 특히 높은 인기를 구가한 배우가 찰스 채플린이다. 런던에서 태어났으며, 그의 부모 모두 무대 연예인이었다. 1910년대 미국으로 이주해 중산모자를 쓰고 꽉 낀 상의, 좁은 콧수염, 큰 신발, 지팡이 등을 조합한 '채플린' 상을 만들어냈으며, 배우는 물론 감독도 했다.

1921년 중편 『키드』를 발표했다. 이후에는 『키드』처럼 드라마성이 있는 장편 희극을 계속 발표한다. 『황금광 시대』와 『시티 라이트』 같이 로맨틱한 비·희극이다.

한편 시대는 무성 영화에서 유성 영화로 옮겨가고 있었다. 팬터마임이 특기였던 채플린은 이 유성 영화의 흐름에 처음에는 부정적이었다. 하지만 그는 곧 이것을 유용하게 활용해 『모던 타임스』와 『위대한 독재자』라는 영화사에 길이 남을 걸작을 남겼다. 『모던 타임스』는 기계로 인해 인간이 소외되어 간다는, 21세기에서도 심각한 사회 문제 중 하나로 손꼽히는 주제를 제기한 작품이다. 그리고 독재 정치와 군국주의를 다루는 『위대한 독재자』에서 채플린이 영화 마지막에 평화와 민주주의를 추구하자는 메시지를 전하는 최후의 연설은 지금도 감동을 자아낸다.

그에게는 고노 도라이치라는 유능한 일본인 비서가 있었는데, 이 영향도 있어 일본에 우호적이라고 알려졌다. 그런데 아이러니하게도 채플린은 일본을 마지막으로 방문한 1932년, 일본 우익 군인들의 손에 죽을 뻔했다. 미국의 인기 배우인 채플린을 암살하면 미국과 전쟁을 할 수 있을 것이라고 어설프게 생각했던 것이지만, 채플린은 영국인이었으며 그날 스케줄에 차이가 생겨 습격을 피할 수 있었다.

채플린은 이런 시대를 똑똑히 바라보며 전쟁 이후 한층 더 강한 문제작을 발표한다. 『살인광 시대(원제는 베르두 씨)』다. 여기에서 "한 사람을 죽이면 살인자가 되지만, 100만 명을 죽인 군인은 영웅이다."라는 선인의 말씀을 영화를 통해 새삼 전했다. 이후의 작품인 『라임라이트』에서는 정치와는 거리를 두고, 사람이 반드시 겪어야 하는 늙음과 젊음이라는 문제를 채플린 본인이 작곡한 아름다운 음악과 함께 풀어냈다. 이 작품은 대히트했다. 그는 인간 사회를 희망적으로 바라보며 평화를 추구했다.

좀 더 깊이 알고 싶은 독자를 위한 추천 도서

- 『찰리 채플린, 나의 자서전』, 찰리 채플린, 김영사
- 『채플린과 히틀러의 세계대전』, 오노 히로유키, 사계절

존 포드 (John Ford, 1894년~1973년)
서부극을 중심으로 오락 영화를 계속 만든 미국 영화의 거장

외국 영화로는 현대의 할리우드 영화만 본다는 사람도 많을 것이다. 분명히 특수 효과나 젊은 배우들의 연기는 매력적으로 보일지도 모른다. 하지만 그중에 정말로 관객의 가슴에 남은 작품은 과연 몇이나 있을까. 동서고금을 막론하고 수없이 많은 명작 영화가 있으니, 현대 할리우드 영화만 보는 것은 인생의 재미를 놓치는 일인지도 모른다. 그리고 미국 전체 영화로 그 범위를 넓힐 때 미국 영화의 최고의 거장이라 불리는 존 포드의 작품을 빼놓을 수 없다.

존 포드는 아일랜드 이민 가정에서 태어났다. 고등학교 졸업 후 영화계에 들어간 그는 1924년 감독한 『철마』로 이름을 알리기 시작한다. 1925년의 『켄터키 프라이드』는 세계 영화사상 최고 걸작으로 여겨지지만, 볼 기회가 극히 드물다는 점이 안타깝다.

1935년의 『밀고자』는 아일랜드 독립 운동을 다룬 작품으로, 아카데미 감독상을 받았다. 1939년에는 역대 최고의 서부극이라고 불리는 『역마차』를 발표한다. 이 작품 속 빠른 액션 장면은 이후의 영화 감독들에게 큰 영향을 주었다. 또한, 우연히 마차를 함께 타게 된 등장 인물들의 군상극도 훌륭하며 명배우 존 웨인을 배출한 작품으로도 유명하다. 그 뒤로도 『분노의 포도』, 『나의 계곡은 푸르렀다』를 발표하였는데, 빈곤하게 살아가는 서민 가족의 고통을 생생히 담은 전자와 탄광 지대 노동자의 생활을 서정적으로 그린 후자는 그가 가진 재능의 깊이를 느낄 수 있는 작품들이다.

전후 그는 거의 서부극에 전념했다. 1946년의 『황야의 결투(원제는 내 사랑 클레멘타인)』도 서부 영화의 걸작이다. 그 이후에도 그는 『황색 리본을 한 여자』, 『리오 그란데』, 『롱 그레이 라인』, 『수색자』, 『리버티 밸런스를 쏜 사나이』, 『샤이안』 등 걸작 서부극을 만들었다.

그는 프랑스의 영화 잡지 『카이에 뒤 시네마』 비평가들에게 좋은 평가를 받았다. 그들은 '작가주의'를 표방하며 존 포드를 히치콕과 하워드 혹스와 어깨를 나란히 하는 뛰어난 예술가로서 존경했다. 장대한 문예 작품을 그렸을 뿐만 아니라 높은 기술을 활용해 오락 작품을 장인처럼 완성한 그의 작품들이야말로 그가 진정한 영화 감독이었음을 증명한다.

좀 더 깊이 알고 싶은 독자를 위한 추천 도서 ─────

• 『존 포드』, 태그 갤러거, 이모션북스

월트 디즈니 [Walt Disney, 1901년~1966년]

아이돌 미키 마우스를 창조하고 현대의 대량 소비 문화를 상징하다

'디즈니'를 인터넷에 검색하면 디즈니 캐릭터나 디즈니 리조트 관련 사이트가 주로 나와 창업자의 이름을 아는 사람은 상대적으로 적다. 또 디즈니랜드는 대부분의 나라에서 꿈의 나라로 여성과 아이를 중심으로 압도적인 인기를 자랑하는데, 이 정도로 대중에게 친근한 브랜드는 아마 없지 않을까? 이 모든 것들의 창조주를 한 번 알아보자.

월트 디즈니는 시카고에서 태어났다. 원래 애국주의·군국주의적 경향이 강했던 그는 제1차 세계대전에 자원했다. 전후인 1920년 그는 애니메이터로 활약하기 시작한다.

애니메이션은 1920년대에 다다이즘 등의 영향을 받은 추상적 도형을 사용한 전위예술로 발전한다. 이러한 흐름 속에서 대중을 위한 오락 애니메이션을 추구한 사람이 디즈니다.

1930년에 그가 만든 미키 마우스는 금세 대중의 아이돌이 되었다. 오늘날에는 대중의 인기를 얻은 애니메이션 캐릭터가 상당히 많은데, 미키는 그러한 캐릭터 중에서도 첫 손에 꼽히는 캐릭터다. 더불어 누구나 저렴한 가격으로 영화관에서 영화를 즐기는 대량 소비 사회의 아이콘이기도 하다.

1937년에 그는 제작자로서『백설 공주』를 발표한다. 세계 최초 장편 애니메이션 영화가 된 이 작품은 지금도 많은 호평을 받고 있다. 이후에도『덤보』,『판타지아』,『101마리 달마티안』,『이상한 나라의 앨리스』등을 발표했다.

1955년에는 미국에 디즈니랜드를 열었다. '누구나 즐길 수 있는 장소'라는 그의 이념이 빚어낸 이 테마파크는 지금도 큰 인기를 끌고 있다.

디즈니는 65세에 사망했다. 하지만 그의 후계자들 덕분에 그 이름은 오늘날까지 남았다. 물론 그 역시 어두운 일면이 있다. 그는 백인우월주의자로 흑인을 차별했다고 한다.

디즈니의 세계는 어렵게 생각하지 않고 밝고 즐기려는 미국의 성향을 듬뿍 담은 세계였다. 그렇기에 인생의 차가운 현실을 외면했다고 쉽게 비판받는다. 하지만 때로는 동심으로 돌아가 즐길 때도 필요한 법이다. 디즈니의 보편적인 인기는 바로 여기에서 온다.

좀 더 깊이 알고 싶은 독자를 위한 추천 도서 ────

▪『월트 디즈니: 미국적 상상력의 승리』, 닐 개블러, 여름언덕

예이젠시테인(Sergei Eisenstein, 1898년~1948년)
몽타주 이론을 추구한 구소련의 거장

영화가 막 발명되었을 때는 원 신, 원 쇼트 작품밖에 없었다. 즉, 도중에 멈출 수 없고 계속 찍어야만 했다. 하지만 곧 영화인은 여러 쇼트(컷)를 이어붙이는 것으로 영화만의 효과를 낼 수 있다는 것을 깨달았으며, 이 시작을 연 사람이 19세기 말부터 20세기 초반까지 활동한 멜리에스로 자기 영화에서 쇼트 이어붙이기를 응용했다(멜리에스 참조).

영화인들은 그 이상의 효과를 만들어낼 수 있다는 것도 금방 알아챘다. 클로즈업과 롱 쇼트를 구사하고, 이 장면들을 이어붙임으로써 자유롭게 시공을 넘는 표현이 가능해지는 등 영화에서는 다른 예술에서는 할 수 없는 극적 효과를 만들어 낼 수 있었다. 이 한 쇼트 한 쇼트를 이어 붙이는 것을 '편집'이라고 하며 동시에 '몽타주'라고도 한다. 구소련의 영화 감독인 세르게이 예이젠시테인은 거의 동시대 인물인 미국의 그리피스와 나란히 몽타주 이론을 추구했고 이를 자신의 영상 작품에 사용했다는 의미에서 동유럽의 대표적인 영화 감독이라고 말할 수 있다.

예이젠시테인은 현재 라트비아의 수도인 리가 출신이다. 러시아 혁명 후인 1920년 모스크바로 이주해 1921년 20세기를 대표하는 연출가 메이에르홀리드의 연극 공방에서 연극을 배운다. 1924년 영화로 주 무대를 옮긴 뒤 1925년『스트라이크』를 발표한다. 이때 이미 예이젠시테인은 몽타주 이론을 자유자재로 사용하고 있었다.

같은 해『전함 포템킨』을 발표한다. 이 작품은 정교한 몽타주 이론이 사용된 작품으로 영화사에 남을 대표작이 되었다. 그의 이론으로 대표적인 것은 '어트랙션 몽타주'가 있다. 박력 있는 각각의 영상들을 마치 충돌하듯이 이어붙이는 것으로 감독이 전하고자 하는 의미가 강렬하게 표현되는 기법을 말한다.

이러한 몽타주 이론의 배경에는 변증법이 있다. 변증법은 알다시피 헤겔 철학의 이론으로, 두 개의 다른 '정'과 '반'이 '지양'됨으로써 높은 차원의 것이 된다는 사고방식이다. 마르크스주의는 변증법적 유물론에 기초하고 있다. 구소련에서 공산주의의 영향을 받은 예이젠시테인은 서로 다른 두 쇼트를 이어붙임으로써 나타나는 효과에서 변증법 이론을 발견한 것이다.

한편 예이젠시테인의 몽타주 이론에서는 일본 문화의 영향도 엿볼 수 있다. 그는 "일본인은 아마 무수한 상형문자(한자)를 사용하고 있을 것이다. 그와 동시에 가타카나, 히라가나 등 알파벳계의 문자도 가지고 있다. 이들은 조금도 망설이지 않고 상형문자의 회화와 몇 가지 완전히 다른 알파벳 계열 문자를 몽타주하고 있다."라고 말하기도 했다. 즉, 글자 왼쪽을 차지하는 부수인 변(邊)과 글자 오른쪽을 차지하는 방(旁)으로 이루어진 한자 자체가 몽타주인 이상 이러한 한자와 히라가나 등을 이어 문장이 탄생하는 것에서 고도의 몽타주가 만들어내는 창조성을 보였던 것이다. 예를 들어 한자는 '日(해 일)'과 '月(달 월)'을 조합해 '明(밝을 명)'이라는 한자(다른 의미)를 만들어낸다. 이것은 회화이며 상형문자의 몽타주이기도 하고, 변증법이기도 하다. 한편 히라가나나 가타카나는 알파벳처럼 문자로서의 기호에 가깝다. 영화(회화)와 자막(문자)의 조합. 분명 그 결과가 무성 영화이기도 하다.

더불어 예이젠시테인은 가부키와 에마키모노(사건에 대한 그림과 설명을 긴 두루마리 종이나 비단에 연속적으로 배열한 그림)에서도 몽타주 이론과 영화의 연관성을 찾아 논하기도 했다. 실제로 자막과 시각적 영상만으로 구성된 당시 무성 영화와 에마키모노는 매우 닮았다. 또한, 가부키의 '미에(見得, 배우가 중요한 장면에서 동작을 잠시 멈춰 관객들의 시선을 끄는 연기)'는 영화의 클로즈업과 겹쳐지는 부분이 있다.

예이젠시테인은 이러한 시선으로 자신의 몽타주 이론과 영화 이론의 완성도를 높여갔다. 하지만 그의 이론에 전후의 기호학자인 크리스티앙 메츠 등은 새로운 의견을 제시했다. 몽타주를 다수 사용한다는 것은 시니피앙(의미하는 것)과 시니피에(의미당하는 것) 사이에 견고한 코드가 만들어져 감독이 주장하는 의미 이외의 다의적 의미를 관객이 읽어낼 수 없다고 말했다. 이에 비해 쇼트가 적은 작품에는 시니피앙과 시니피에 사이에 약한 코드가 생성되어 결과적으로 관객이 자유롭게 해석할 수 있다고 보았다. 분명 예이젠시테인의 영화에는 관객을 한 방향으로만 선동하는 힘이 있다.

『전함 포템킨』의 '오뎃사 계단' 장면은 이러한 몽타주 특성을 잘 활용한, 영화사에 길이 남을 명장면이다. 러시아 제국의 군대가 시민들에게 발포하는 이 신에서는 계단에서 도망치려 우왕좌왕하는 군중, 힘없이 쓰러지는 시민, 총격의 걸음을 재촉하는 군대, 패닉에 빠진 아이, 망연자실해하는 어머니의 클로즈업, 계단을 위태롭게 구르는 유모차……. 이 모든 것들이 짧은 쇼트로 이어져 전투 행위의 무자비함을 관람객에게 실감나게 보여준다. 이 장면은 '영화사상 최고로 유명한 6분'이라고도 불리며, 실제로 이 영상의 박력은 시대를 넘어 보는 자를 압도한다.

이후 예이젠시테인은 『일반 노선: 낡은 것과 새 것』, 『10월』, 『알렉산더 네브스키』를 공개한다. 『일반 노선: 낡은 것과 새 것』과 『10월』은 러시아 혁명을 다룬 작품이며 『알렉산더 네브스키』는 러시아 13세기의 영웅을 그린 작품이다. 이 작품들은 스탈린 정권 아래에서도 지지를 받아 예이젠시테인은 소련의 거장으로서의 위치를 확고히 세운다.

하지만 말년에 예이젠시테인이 1946년에 발표한 『이반 뇌제』는 스탈린을 비판한 영화로 판단되어 필름이 압수되었고, 이후 독재 정권에 농락당하는 나날을 보내다 50세에 병사했다.

좀 더 깊이 알고 싶은 독자를 위한 추천 도서 ─────
• 『영화에서의 몽타주 이론』, 김용수, 열화당

로버트 카파(Robert Capa, 1913년~1954년)
목숨을 걸고 전쟁의 현실을 찍었던 보도 사진가

20세기에 들어와 사진 기술이 향상하면서 종래의 초상 사진과는 다른 다양한 사진이 등장하기 시작했다. 그중에 보도 사진이 있다. 20세기는 전쟁의 시대였다. 전쟁의 현실을 생생하게 전달하기 위한 방법으로 보도 사진만 한 것이 없다. 로버트 카파는 이러한 사진을 찍은 대표적인 사진가다.

카파의 본명은 안드레 프리드먼(Andre Friedman)으로 헝가리 부다페스트에서 태어난 유대인이다. 좌익 운동으로 체포·석방 후 독일로 가 사진 촬영을 시작한다. 그리고 유대인 박해가 심해지는 미국과 파리를 전전한다. 1936년에 촬영한 스페인 내전 중 프랑코 반란군의 저격을 받은 병사의 사진 『어느 인민 전선파 병사의 죽음』은 1937년 미국의 사진 잡지 『LIFE』에 실려 카파의 이름을 순식간에 널리 알렸으며, 이 덕분에 그는 반파시즘의 상징이 되었다. 그렇지만 오늘날 이 사진은 '연출'된 사진으로, 촬영자도 동료 사진가인 게르다라고 여겨진다.

하지만 이것으로 카파의 명성이 깎이지는 않았다. 그는 제2차 세계대전에 종군해 많은 전장에서 사진을 찍었다. 중일 전쟁과 이탈리아 전선과 같은 현장에 직접 발을 옮겼으며, 특히 1944년 노르망디 상륙 작전을 촬영한 일화가 유명하다. 그는 전장 사진에서 최전선의 병사들보다 먼저 달려가 뒤돌아 찍고, 돌격해 들어가는 병사들의 모습을 찍는 등 목숨을 걸고 박력 넘치는 사진을 남겼다. 그는 평화를 바라며, 생사가 걸린 전쟁이라는 꺼림칙한 현실을 있는 그대로 사람들에게 보여 주려 했다.

전후 미국 국적을 취득한 그는 유명 여배우 잉그리드 버그만과 사랑에 빠지고, 프랑스인 사진가 앙리 카르티에 브레송들과 국제 자유 보도사진 작가 그룹 매그넘 포토스를 결성하는 등 정력적으로 활동했다. 많은 사람과 활발히 교류해 피카소와 헤밍웨이, 스타인벡과도 친했다. 냉전 중일 때 소련을 방문했으며 중동 전쟁을 취재하기도 했다. 하지만 안타깝게도 인도차이나 전쟁을 촬영하다 전장에서 지뢰를 밟아 폭사했다.

좀 더 깊이 알고 싶은 독자를 위한 추천 도서
- 『로버트 카파』, 장 다비드 모르방 등, 서해문집
- 『그때 카파의 손은 떨리고 있었다』, 로버트 카파, 필맥

매릴린 먼로(Marilyn Monroe, 1926년~1962년)
20세기 가장 섹시한 여성으로 불렸던 여배우

할리우드 영화에서의 아메리칸 드림을 최대로 실현한 미국 최고의 섹스 심벌. 숱한 사랑으로 염문을 뿌리면서 마지막에는 샤넬 No. 5만 입고 죽었다는 비운의 대여배우. 바로 매릴린 먼로다.

매릴린 먼로(본명은 노마 진 모텐슨Norma Jean Mortensen)는 1926년에 로스앤젤레스에서 사생아로 태어났다. 어머니인 글래디스는 혼자 힘으로 딸을 키우려 했지만, 정신병에 걸리는 바람에 어렸을 적 먼로는 여러 양부모를 전전해야 했다. 16세 제2차 세계대전이 한창이던 때 최초로 결혼을 하지만, 남편은 해군으로 징병되어 해외로 떠난다. 그 뒤로 군수공장에서 일하다 육군의 보도 카메라맨의 눈에 띄어 모델이 된 것이 스타로 가는 첫발이 되었다.

1946년 먼로는 첫 남편과 이혼하고 본격적으로 할리우드에서 여배우로 활동한다. 그녀가 최초로 출연한 영화는 단역을 맡은 『쇼킹 미스 필그림』이었는데, 그 뒤로 한동안 무명 배우로 지내면서 생계를 위해 누드모델로도 활동했다. 그녀가 주목받은 때는 1950년 『아스팔트 정글』에서 주연을 맡아 연기한 뒤부터다. 이후 『나이아가라』, 『신사는 금발을 좋아해』, 『돌아오지 않는 강』 등으로 먼로는 미국이 열광하는 여배우가 된다.

먼로는 유명 야구 선수 조 디마지오와 결혼한 지 9개월 만에 이혼한 뒤 극작가인 아서 밀러와 결혼하지만, 이 결혼도 5년 만에 파탄 난다. 그 뒤로는 존 F. 케네디와 불륜 관계를 맺는다. 1962년 케네디의 생일 파티에서 먼로가 'Happy Birthday Mr President'를 부른 것은 유명하다. 그러나 이 파티가 있은 지 2개월 반 뒤에 그녀는 세상을 떠난다.

매릴린 먼로는 분명 할리우드가 만들어 낸, 최고로 섹시한 여배우였다. 많은 팬과 인기도 얻었지만, 그녀가 진정으로 원했던 자신을 이해해주는 단 한 사람은 얻지 못했다. 그가 여러 남자를 만나며 염문을 뿌린 것은 사실이지만, 모두 그저 그녀를 스쳐 지나갔을 뿐이었다. 눈부신 스포트라이트를 받은 그녀의 인생은 절대 행복하지 않았다. 사랑을 갈구했지만, 진정한 사랑을 잡지 못한 여배우. 그것이 먼로의 생애였다.

좀 더 깊이 알고 싶은 독자를 위한 추천 도서 ─────

• 『마릴린 먼로, My Story』, 마릴린 먼로, 해냄

장뤼크 고다르 [Jean-Luc Godard, 1930년~2022년]

고전적 영화 촬영법을 새로이 한 누벨바그의 기수

프랑스 영화계는 전후『카이에 뒤 시네마』라는 영화 잡지를 발간했다. 여기서 활동한 젊은 비평가들은 '작가주의'를 표방하고, 여기에 해당하는 영화 감독으로 히치콕과 훅스를 꼽으며 존경했다. 이윽고 이들은 스스로 영화 감독이 되어 새로운 영화의 파도를 일으켰다. 이것이 '누벨바그(새로운 파도)'로, 대표적인 감독이 고다르와 트뤼포였다.

고다르는 파리에서 태어나 유소년기를 스위스 니옹에서 보냈으며 파리로 돌아와 1950년대 영화 평론을 시작한다. 1954년에 감독으로서의 첫 작품『콘크리트 작전』을, 1959년에는 누벨바그의 기념비적인 걸작이자 그의 최고 대표작인『네 멋대로 해라』를 발표한다.

『네 멋대로 해라』는 즉흥 연출과 동시 녹음, 실제 거리 등에서 진행한 로케이션(현지 촬영) 중심의 촬영, 대담한 편집 등 당시 영화 촬영의 상식을 깬 작품이었다. 이것들은 어떤 의미에서는 아마추어라도 영화를 만들어낼 수 있는 방법이며, 실제로 이 작품이 등장한 이후 전 세계에서 비슷한 시도를 담은 무수히 많은 작품이 쏟아졌지만 이에 필적할 정도의 작품은 없다. 아무렇게나 살아가는 젊은 남녀의 비극을 그린 이 작품은 그렇지 않아도 전쟁을 일으키고 개혁을 기피하는 기성세대와 사회에 대한 반감이 강했던 당시 젊은이들에게 큰 영향을 주었다. 그리고 끝내 1968년에 고다르 들이 칸느 국제 영화제를 중단시킨 사건을 계기로 대학생과 노동자들이 주축이 된 5월 혁명이 일어난다.

고다르는 1963년『사랑과 경멸』, 1964년『국외자들』, 1965년『미치광이 피에로』,『알파빌』, 1966년『아메리카의 퇴조』, 1967년『중국 여인』, 1968년에는 롤링 스톤스를 주연으로 한『악마에 대한 동정』과 같은 걸작을 계속해서 발표했다.

이후 상업 영화와 결별하고, 소련의 영화 감독 지가 베르토프의 이름을 딴 '지가 베르토프 그룹'이라는 좌익 영화 그룹을 결성한다. 그리고 이후 작품들에서는 통속적인 오락 요소를 줄이고, 때로 시각과 음악이 겉돌더라도 그렇기에 나올 수 있는 그만의 독창적인 영상미를 내놓는 동시에 때때로 정치사상 등을 깊이 생각해 볼 수 있는 방향으로 나아간다.

1980년에 들어와 고다르는 상업주의로 돌아왔다. 하지만 작풍이 바뀌거나 하지는 않았다. 짧은 쇼트와 자막, 내레이션, 음악에 이 모든 것을 잇는 몽타주. 난해하다는 의견도 있는 한편, 극찬하는 영화광도 많다.

무수히 많은 영화를 콜라주하거나 몽타주한 1998년의『영화의 역사(들)』는 그의 모든 것을 느낄 수 있는 작품이다. 고다르는 말했다. "올바른 영상은 없다. 단지 복수의 영상이 있을 뿐이다." 매우 적절한 말이다.

좀 더 깊이 알고 싶은 독자를 위한 추천 도서 ─────

- 『장 뤽 고다르의 영화세계』, 어순아, 성신여자대학교출판부
- 『고다르 X 고다르』, 장–뤽 고다르, 이모션북스
- 『영화의 고고학』, 장–뤽 고다르 등, 이모션북스

헬렌 켈러 (Helen Adams Keller, 1880년~1968년)
삼중고를 극복하고 높은 교양을 몸에 익힌 위인

보지 못하고, 듣지 못하고, 말하지 못하는 삼중고를 극복한 미국의 교육자인 헬렌 켈러. 그녀가 가정교사 앤 설리번 선생과 언어를 습득해가는 과정에 대한 이야기는 전 세계적으로 잘 알려져 있는데, 언어를 습득한 후에도 헬렌 켈러는 여러 교육 활동을 펼쳐 사회에 공헌했다.

헬렌 켈러는 앨라배마주 터스컴비아에서 미국 남부의 명문가의 딸로 태어났지만, 1세 때에 고열을 앓아 시력과 청력을 잃고 만다. 이 때문에 어렸을 적 아무런 교육도 받지 못해 7세까지 본능에 따라 사는 생활을 보냈다. 하지만 앤 설리번 여사라는 가정교사를 만난 후부터 그녀의 생활은 완전히 바뀐다. 설리번은 초인적인 인내심으로 헬렌에게 손을 사용한 문자, 수어 지문자를 가르쳐 언어 소통의 길을 열어주었다. 이때의 설리번 여사를 그린 1962년에 나온 흑백 영화 『미라클 워커』를 보면 헬렌이 '물(water)'이라는 단어를 이해한 뒤부터 언어를 습득하기 시작하는 장면이 나오는데, 사실 이것은 창작이다. 하지만 배우들의 신들린 연기는 이야기의 사실 여부를 떠나 깊은 감동을 준다.

아무튼 설리번 여사 덕분에 언어를 배운 헬렌은 오늘날 하버드 대학인 래드클리프 대학에 입학하고, 졸업 후에는 여러 가지 사회 운동에 참여했으며, 세계 각국을 방문했다. 1902년에는 자서전 『나의 인생』을 신문에 게재하고 다음 해 책으로 출판한다.

헬렌 켈러는 삼중고를 극복한 인물로 유명하지만, 사회운동가로도 활발히 활동했다. 남녀동권론자이며 여성 참정권 운동에 참여한 인종 차별 반대론자였다. 그리고 사형제도 반대자이기도 했고 제1차 세계대전의 대량 학살에도 반대했다. 또한, 산아제한 운동에도 참여했다.

헬렌 켈러는 단순히 장애를 극복한 것만이 아니라 적극적으로 사회에 참여해 사회에 변혁을 가져오기 위해 노력했다. 하지만 잊지 말아야 할 것은 그녀가 기적의 사람(The miracle worker)이라고 불렸던 설리번 선생의 도움을 받으며 전진해 나갔다는 점이다. 한 사람의 힘으로는 안 되는 것일지라도 누군가의 도움이 있으면 위대한 행위가 가능해진다는 것을 증명한 삶이었다.

좀 더 깊이 알고 싶은 독자를 위한 추천 도서 ─────

• 『나의 인생(헬렌 켈러 자서전)』, 헬렌 켈러, 꿈과 희망 등
• 『헬렌켈러는 어떤 교육을 받았는가 : 앤 설리번의 기록』, 앤 설리번, 라의눈

코코 샤넬 [Coco Chanel, 1883년~1971년]
20세기 패션계를 뒤바꾼 미인

매릴린 먼로를 시작으로 많은 여성의 마음을 사로잡은 향수, 매혹적으로 디자인된 보석, 심플하지만 우아한 디자인의 의상 등을 내놓아 20세기 초반부터 패션계를 이끈 사람이 바로 프랑스의 패션 디자이너 코코 샤넬이다.

코코 샤넬은 루아르강 연안의 도시 소뮈르에서 행상인 아버지와 세탁부 어머니 사이에서 태어난 아이였다. 가난한 어린 시절을 보낸 그녀는 어머니가 돌아가신 후 보육원에 맡겨진다. 그리고 양재(洋裁)를 배워 양재사 밑에서 일하면서 부업으로 물랭에 있는 무대에서 노래를 부른다. 섬유업자 아들의 애인이 된 샤넬은 애인의 친구인 영국 상류층 출신의 보이 카펠에게서 교양을 익혔으며, 샤넬이 디자인한 부인용 모자를 여배우 가브리엘르 도르지아트가 영화에서 쓰고 나온 덕분에 디자이너로서 일약 유명해진다.

1913년 카펠의 출자를 받아 샤넬은 드빌에 부티크를 열고 모자만이 아니라 스웨터, 재킷 등 부인복 전부를 팔아 대성공을 거두었다. 1919년에는 파리의 캉봉 거리에 쿠튀르를 연다. 샤넬이 디자인한 부인복은 젊고, 운동성이 뛰어나 신체적 해방감을 느낄 수 있었다. 이 디자인이 일으킨 새로운 바람은 프랑스 패션계는 물론 전 세계를 강타했다. 샤넬은 향수 분야로 사업을 확장해 고급스러운 샤넬 향수를 만들었을 뿐 아니라 더불어 가방과 보석도 디자인했다.

사생활에 있어서는 남자관계와 관련해 여러 소문에 휩싸였는데, 제2차 세계대전 중에 독일군 장교와 사랑에 빠져 스파이설이 돌기도 했다. 전후에도 패션계에 큰 영향을 준 샤넬은 1971년 오랫동안 머물던 리츠 호텔에서 숨을 거둔다.

샤넬의 일생은 갑작스러운 출세와 사랑, 패션 창조의 연속이었다. 그녀의 혁신적인 발상과 야심이 없었더라면 20세기 패션계는 재미없게 흘러갔을지도 모른다. 그리고 '샤넬 No. 5'라는 향수의 매력은 피부 위에 새로운 아름다움을 더하는 마법의 향수로 지금도 많은 사랑을 받고 있다. 샤넬은 그야말로 20세기 패션계의 여왕이었다.

좀 더 깊이 알고 싶은 독자를 위한 추천 도서

• 『코코 샤넬 – 세기의 아이콘』, 론다 개어릭, 을유문화사
• 『샤넬 : 자유, 사랑 그리고 미학』, 키아라 파스칼레티 존슨, 동글디자인

베이브 루스(Babe Ruth, 1895년~1948년)
야구를 미국 최고의 스포츠로 만든 야구의 신

베이브 루스(본명은 조지 허만 루스George Herman Ruth)는 어린이용 전기책의 단골 손님이다. 왜 그가 그토록 위대하게 여겨지는 것일까. 첫 번째 이유는 그의 극적인 인생에 있다.

　베이브 루스는 미국 메릴랜드주에서 태어났다. 어린 루스는 손 쓸 수 없을 정도의 악동이었기에 부모는 교육을 위해 루스를 가톨릭 보육원에 맡긴다. 그곳에서 신부 마시아스와 만난 루스는 새사람이 되는 동시에 야구를 알게 되었으며, 금방 소질을 꽃피워 1914년에 프로 야구 선수로 계약한다.

　보스턴 레드삭스에 입단한 그는 투수로 출발한다. 하지만 곧 타격에도 재능이 있음을 알게 되어 투수와 타자 양쪽에서 활동한다. 1915년에는 투수로 18승 8패, 타자로 타율 0.315라는 성적을 남겼다. 하지만 시간이 흐름에 따라 타격에 전념한다. 1919년 시즌 그는 타자로 홈런 29개를 기록하는데, 잘 날아가지 않는 공을 사용했던 당시 메이저리그 신기록이었다. 1920년 뉴욕 양키스로 이적한 그는 그해 타율 0.376, 홈런 54개를 기록한다. 더불어 1921년 시즌에는 타율 0.378, 홈런 59개라는 경이적인 숫자의 기록을 남겼으며 팀도 리그 사상 최초 우승을 달성한다. 이후 1927년에는 홈런 60개를 기록한다.

　베이브 루스는 이후에도 압도적인 결과를 계속 남겼다. 1932년에는 예고 홈런을 치고 1934년에는 700호 홈런을 달성한다. 이 해 초 일본에 원정을 가기도 했다. 이 일을 계기로 1936년 일본에서도 프로 야구 리그가 발족한다.

　베이브 루스는 1936년 시즌에 은퇴한다. 통산 홈런 714개였으며 이는 1974년에 행크 에런이 기록을 깨기 전까지 메이저리그 최다 기록이었다. 그리고 일본에서는 오 사다하루가 1977년에 에런의 통상 기록 755개를 넘은 756개를 기록했다. 1948년 베이브 루스는 암으로 타계한다.

　어린이를 좋아했던 그였던 만큼 많은 소년 팬이 있었다. 그가 어린이용 전기에 등장하는 또 다른 가지 이유 중 하나다.

　그의 위대한 활약 덕분에 미국 야구는 부동의 인기를 얻었다. 이 때문에 그는 '야구의 신'이라고도 불린다. 2018년 메이저리그에서는 오타니 쇼헤이가 15개 이상의 홈런(22개)과 50이닝 이상의 등판(4승)을 기록했다. 이것은 베이브 루스 이후 99년 만의 쾌거였다.

좀 더 깊이 알고 싶은 독자를 위한 추천 도서 ────────

▪ 『일본에 간 베이브 루스』, 로버트 K. 피츠, 시간낭비

린드버그 (Charles Augustus Lindbergh, 1902년~1974년)
역사상 최초로 단독 대서양 횡단 무착륙 비행에 성공한 조종사

미국의 비행기 조종사 찰스 린드버그. 그는 프로펠러기로 뉴욕에서 파리까지 대서양 무착륙 단독 비행에 처음으로 성공한 조종사로 역사에 이름을 남겼다.

린드버그가 그 유명한 뉴욕-파리 간 무착륙 대서양 횡단 단독 비행을 했을 때는 1927년으로, 그가 탄 스피릿 오브 세인트 루이스호는 5,810km를 33시간 29분 30초 동안 비행해 파리에 도착했다. 그리고 제2차 세계대전 전에는 나치 독일에 호의적이어서 대독일 반대를 주장했지만, 전쟁 중에는 민간 조종사로 미국 정부에 협력했다. 만년에는 하와이주의 마우이섬으로 이주해 자연 환경 보전 운동에 적극적으로 참여했다. 그리고 72세의 나이에 림프 종양이 원인이 되어 사망했다.

린드버그는 비행사로 알려졌지만, 공학 지식도 풍부해 생리학자 알렉시스 카렐과 함께 인공 심장인 카렐 린드버그 펌프를 1935년에 개발하기도 했다. 이 인공 심장은 당시 중증 심장병 환자에게 획기적인 치료법이었다. 또한, 1953년에 출판한 『저것이 파리의 등불이다.』로 다음 해 퓰리처상을 받는다. 이 책은 1957년에 빌리 와일더 감독에 의해 영화화되어 큰 호평을 받았다.

린드버그의 인생에서 가장 큰 사건은 25세 때의 대서양 횡단 단독 비행이다. 이 비행의 성공으로 린드버그는 전 세계 사람들의 주목을 한 몸에 받았다. 그의 모험심과 용기에 많은 사람이 감명을 받았기 때문이다. "저것이 파리의 등불이다."라는 명언은 실제로 린드버그가 하지 않았을 가능성이 높지만, 이러한 일화가 만들어졌을 정도로 그의 행동은 사람들의 뇌리에 깊이 남았다. 물론 앞으로도 계속 회자될 것이다.

┃ 사토 마사루의 한 마디

린드버그는 나치 독일에 공감하고 있었다. 독립주의와 친독 감정에서 미국이 제2차 세계대전에 참가하는 것을 반대하는 논리를 펼쳤다. 필립 로스의 『위대한 미국 소설』(문학동네)은 1940년 대통령 선거에 린드버그가 공화당 측으로 입후보해 당선된다는 내용의 가상 소설이다. 이후 미국은 나치 독일, 일본과 연대한다. 역사의 가능성에 관해 상상력을 자극하는 뛰어난 작품이다.

마더 테레사(Mother Teresa, 1910년~1997년)
가난한 사람들의 구제에 평생을 바친 수도자

마더 테레사는 가톨릭 성인으로, 수도회인 '사랑의 선교회'의 창립자이기도 하다. 그녀가 보여준 가난한 사람들을 구제하고자 한 행동은 전 세계 사람들을 깊이 감명시켰고, 이러한 점을 인정받아 그녀는 많은 상을 받았다.

마더 테레사는 현재 북마케도니아의 스코페에서 아녜저 곤제 보야지우(Anjezë Gonxhe Bojaxhiu)라는 이름으로 유복한 가정에서 태어났다. 아버지는 알바니아 독립 운동의 용사였지만 45세에 사망했다. 18세에 아일랜드의 로레토 수도회에 입회해 수녀로서 교육을 받는다.

1931년 인도로 가 수녀로서의 첫 서원을 하고 수녀가 되기 위한 삶을 살기 시작한다. 그리고 1937년에 평생 수녀로서 살겠다고 맹세하는 종신 서원을 하면서 테레사 수녀가 된다. 1946년에 열차 안에서 가난한 사람들을 위해 좀 더 일하라는 신의 말씀을 들은 뒤 1948년에 콜카타의 슬럼가로 옮겨가 가난한 아이들을 위한 교실을 열었다. 이후 1950년에 수도회 '사랑의 수도회'를 설립한다. 이 시기부터 마더 테레사라고 불리게 된다. 1971년에 교황 요한 23세 평화상, 케네디상을 수상하고, 1979년에는 노벨 평화상을 받았다.

마더 테레사의 생애를 되돌아보면, 그녀의 인생이 가난한 사람들의 구제를 위한 것이었다는 사실을 이해할 수 있다. 마더 테레사의 사상은 많은 사람의 지지를 얻었다. 예를 하나 들자면, 그녀가 설립한 사랑의 수도회는 회원 수가 1997년 4,000명을 넘었고, 123개국의 610곳에서 호스피스, HIV 감염자를 위한 집, 아동 요양 시설, 학교 등을 운영하는 조직이 되었다.

마더 테레사가 가진 숭고한 이미지는 취약해진 가톨릭교회에 의해 조작된 것이라는 비판이 있으며 공개하지 않는 기부금 내역 등이 있는 것 역시 사실이다. 그렇다고 해서 우리는 마더 테레사가 실제로 많은 가난한 사람을 위해 일했으며, 이들의 버팀목이 되어주었다는 사실을 무시해서는 안 된다. 그녀는 성녀가 아니었다는 의견도 있다. 분명 맞는 의견일지도 모른다. 하지만 그렇다고 해도 그녀가 역사에 남을 위업을 실제로 행했다는 점을 잊지 말자.

좀 더 깊이 알고 싶은 독자를 위한 추천 도서 ─────

▪ 『생명이 있는 모든 것들에게』, 마더 테레사, 다빈치
▪ 『마더 테레사』, 나빈 차울라, 생각의 나무

요한 크라위프 (Johan Cruyff, 1947년~2016년)
토탈 풋볼을 실천한 세계적인 축구 스타

세계적으로 가장 인기 있는 스포츠는 축구다. 축구는 많은 영웅을 낳은 것으로도 유명한데 대표적으로 축구 황제 펠레(브라질)와 신의 아들 마라도나(아르헨티나), 두 영웅을 비롯해 서구에서는 황제 베켄바워(독일), 장군 플라티니(프랑스)가 있으며 이외에도 정말 많아 언급하기 시작하면 끝을 낼 수가 없을 정도다. 여기에 잊지 말아야 하는 선수를 한 명 더 꼽자면 바로 플라잉 더치맨(하늘을 나는 네덜란드인)이라고 불렸던 요한 크라위프다. 앞서 언급한 영웅들과 비교해 전혀 뒤처지지 않는 선수 생활을 보냈을 뿐만 아니라 축구 전술을 근본부터 바꿔 감독으로서도 굉장한 결과를 남겼다는 의미에서 소개할 의미가 있는 선수다.

크라위프는 네덜란드 명문 아약스와 16세에 계약했다. 금방 공격수로 두각을 나타내 활약한다. 1973년에는 세계 굴지의 빅 클럽, 스페인의 FC 바르셀로나로 이적한다. 1973년과 1974년 시즌 때는 우승컵을 들어 올린다. 그리고 자신의 두 번째 발롱도르상(전 세계 최우수 축구 선수에게 주어지는 상, 2007년 전까지는 유럽 축구 연맹 소속 선수들만을 대상으로 했다.)을 수상함과 동시에 당시 프랑코의 독재정권에 반대하는 바르셀로나의 희망의 빛도 되었다. 그리고 네덜란드 대표로 1974년 월드컵에 출전해 핵심 선수로 활약하며 팀을 결승 진출로 이끌었는데, 결승전에서 만난 상대는 서독으로 DF(디펜더, 수비수) 베켄바워를 위시한 서독 팀과 사투를 벌인 끝에 1 대 2로 석패하지만, 그의 플레이는 많은 박수를 받았다.

그가 선수로서 높이 평가받은 이유는 크라위프 턴이라고 불리는 페이크 기술 덕분이다. 크로스를 올리는 것처럼 보이게 한 뒤 몸을 돌려 수비에 가담하는 기술로, 오늘날에는 매우 기본적인 페이크 기술이 되었다.

또 세계를 놀라게 한 것은 1947년 네덜란드 대표 시절의 전술이다. 미헬스 감독이 만든 토탈 풋볼이라고 불리는 이 전술은 선수가 고정된 위치에 서서 고정된 역할을 하는 그때까지의 전술에서 탈피해 전원 공격, 전원 수비와 같이 모든 선수가 유동적으로 포지션을 바꾸면서 달리고, 공을 쫓는 전술이다. 최전방의 선수도 상대 수비수를 체크하러 가고, 최후방 라인을 높이 잡아 오프사이드도 얻는다. 크라위프는 주로 자신의 주 포지션인 FW(포워드, 전방)로 뛰다가 필요하면 수비에도 가담에 토탈 풋볼의 조직적인 전술을 체현했다. 그 없이 토탈 풋볼은 실현되지 못했을 것으로 여겨질 정도다. 오늘날 이 전술을 발전시켜 빠른 압박, 전방과 후방 라인의 거리를 좁혀 전원 공격 혹은 전원 수비를 하는 것은 상식적인 전술이 되었다. 더불어 FC 바르셀로나 감독으로서도 뛰어난 전술을 구사해 클럽을 강화했다.

좀 더 깊이 알고 싶은 독자를 위한 추천 도서

- 『마이 턴』, 요한 크루이프, 마티

제5장

중동과 남·동남아시아

아소카 왕(Ashoka, ?~기원전 232년?)
전쟁을 계기로 불교에 귀의한 왕

아소카 왕은 고대 인도 마우리아 왕조의 제3대 왕으로 기원전 268년경에 재위했다고 여겨진다. 재위 중에 불교에 귀의하고, 불법에 따른 평화를 이상적인 정치 이념으로 삼았다고 하는데, 그의 치세 초기에 대한 고고학적 자료가 거의 없어 사실 여부는 알 수가 없다.

그의 할아버지는 마갈타국 마우리아 왕조의 건국자인 찬트라굽타였다. 고대 그리스 저술가 플루타르코스에 따르면 찬트라굽타는 젊을 때 알렉산더 대왕과 만나 마케도니아군의 인도 횡단을 도왔다고 한다.

아소카 왕도 역시 여러 전설로 장식되어 있다. 전대 왕 빈두사라의 치세 시대에 타크사실라라는 곳에서 반란이 발생했다. 하지만 부왕인 빈두사라는 아소카를 탐탁지 않게 생각했기에 군대도, 병기도 주지 않은 채 반란 진압 명령을 내렸다.

이 상황에 가신이 좌절하자 아소카는 침착하게 "내가 왕에 어울리는 선근(善根)을 가지고 있다면, 군대와 무기가 나타날 것이다."라고 답했다고 한다. 그러자 신들은 땅속에서 군대와 무기를 만들어 내어주었다. 이 소식을 들은 타크사실라 주민들은 아소카가 지나는 길을 청소하고 그를 환영하며 "우리는 왕을, 왕자를 배반하려는 것이 아닙니다. 그저 악한 대신이 우리에게 자꾸 해를 가해 죽였을 뿐입니다."라고 진언한다. 아소카는 그곳 사람들의 존경을 받아 반란을 진압했다고 한다.

빈두사라가 병에 걸려 쓰러지자 아소카는 99명의 형제를 죽이고 왕좌를 손에 넣었으며, 자신을 업신여긴 대신들을 500명이나 주살했다고 한다. 즉위한 직후에는 무시무시한 폭군이었지만 치세 9년(기원전 260년경)에 발발한 전쟁으로 크게 바뀐다. 인도 동쪽 연안에서 세력을 떨치던 칼링가라는 나라와 싸우면서 포로 10만 명을 처형했는데, 이 전쟁으로 그 수배에 달하는 민중이 죽자 이를 후회한 아소카는 이후 불교를 깊이 믿으면서 불교를 근본에 둔 '법(다르마)의 정치'를 펼치게 되었다고 전해진다.

물론 이러한 기록은 후세의 불교도들이 왕의 불교 개종을 극적으로 꾸미기 위해 연출한 부분도 많다. 심지어 말년에는 불교 정책을 중시한 탓에 정치적인 혼란이 발생했고 결국 왕에서 쫓겨나 유폐당했다고 한다. 티베트에 전해지는 전설로는 아소카는 타크사실라에서 사망했다고 한다. 이후 마우리아 왕조는 기원전 180년 무렵에 멸망해 왕족과 그 역사를 찾기 어려워졌다.

좀 더 깊이 알고 싶은 독자를 위한 추천 도서

▪ 「고대인도왕국·무굴제국」, 최현우, 살림

카니슈카 1세[Kanishka I, 생몰년 불명]
적을 9억 명 죽였다고 하는 '왕 중의 대왕'

 고대 인도의 쿠샨 왕조 최전성기를 이끌었던 카니슈카 1세의 통치 기간은 여러 설이 있지만 130년부터 155년경이라는 설이 유력하다. 쿠샨 왕조 초기를 지배했던 카드피세스 왕의 뒤를 이어 서북 인도의 간다라 지방의 푸루샤푸라(현재의 페샤와르)를 수도로 정하고 중앙아시아부터 중부 인도에 이르는 광대한 영토를 지배했다.

카니슈카 1세는 동부의 지배를 위해 오늘날의 델리 근방의 도시 마투라를 부수도로 정했다. 그리고 갠지스강을 내려가 인도 동부 지방에까지 세력을 확장하려 했다. 네팔의 카트만두와 갠지스강 중류의 사르나트를 지배하에 두고 고대 인도 세계의 중심 도시 중 하나이자 현재 비하르주의 주도 파트나에 해당하는 파탈리푸트라에까지 이르는 대제국을 건설했다.

여름이 되면 일족의 가신을 이끌고 아프가니스탄의 초원으로, 겨울에는 인도 평원으로 이동하면서 지방의 유력자를 복속시켜 '왕 중의 대왕'으로 군림했다.

불전의 기록에 따르면 카니슈카는 나라의 영토를 침범한 파르티아 왕국의 군대와 맞서 싸워 승리했다고 한다. 이때 파르티아인 9억 명을 죽였다고 하는데, 물론 이 숫자는 과장된 전설일 것이다.

또한, 불전에 따르면 카니슈카는 치세 초기 불법을 경시했다고 한다. 하지만 카슈미르 지방의 왕이었으나, 불교에 귀의해 출가한 싱하라는 인물에게서 설법을 들은 뒤 그 역시 불교에 귀의하게 되었다고 한다.

카니슈카는 수도 푸루샤푸라 교외에 불탑과 사원을 세우고 카슈미르에서 불전 결집 사업을 지원했다. 그리고 불교 승려인 아슈바고샤를 초빙해 후히 대접했다고 한다.

이 시기 동서 문화가 교류하던 간다라 지방에서는 대승 불교가 발달해 불교 미술이 번성했기에 일본이나 중국에서는 카니슈카가 대승 불교를 지원했다고 알려졌다. 하지만 아슈바고샤가 남긴 작품을 보면 전통적인 보수파 불교를 지원한 모습도 남아있고, 당시의 화폐에는 시바 신, 태양신, 달의 신 등 전통적인 인도 신들의 도상이 새겨져 있어 실제로는 타 종교와도 밀접한 관계를 맺고 있었을 것으로 추측된다.

좀 더 깊이 알고 싶은 독자를 위한 추천 도서 ──────

• 『인도미술사』, 왕용, 다른생각

하룬 알 라시드 (Harun al-Rashid, 763년~809년)
아라비안나이트에도 등장하는 군주

하룬 알 라시드는 8세기 이슬람 제국 아바스 왕조의 최전성기를 이끈 칼리프(최고 지도자)다. 사치와 쾌락을 좋아한 전형적인 군주였으면서 동시에 궁정에 많은 학자와 문인을 초대하고 학문을 장려해 이슬람 문화가 꽃을 피울 수 있게 도움을 아끼지 않은 왕이기도 했다. 바그다드에 건설한 '지혜의 전당'은 알렉산드리아에 전해져 있던 그리스어 문헌을 아라비아어로 번역하는 학술 센터였다.

제3대 칼리프인 마흐디의 셋째 아들로, 황태자 시절에 2번 대(對)비잔틴 원정군의 총지휘관을 맡은 적이 있다. 콘스탄티노플 원정에서는 보스포루스해협까지 압박한 공적을 세워 제2대 칼리프 만수르로부터 알 라시드(정도를 걷는 자)라는 이름을 받았다. 공적을 세우고도 후계는 형 하디가 다음 칼리프로 즉위하는 등 냉대를 받은 하룬이었지만, 형의 갑작스러운 죽음으로 786년 제5대 칼리프에 즉위한다.

하룬은 내정에는 세심한 주의를 기울이지 않았던 탓에 아바스 왕조 지배에 불만을 품은 여러 세력의 반란을 진압하는 데 어려움을 겪었다. 당시 내정은 왕조 초기부터 중용되었던 바르마크 가문이 도맡아 문화적으로도 경제적으로도 전성기를 맞이하고 있었으나, 바르마크의 권세가 커지는 것을 우려한 그는 803년 이들을 처형시키고 스스로 국정에 임했다.

외교적으로는 대비잔틴 정책을 적극적으로 펼쳤고, 국경 근방의 도시들을 요새화해 침공의 기지로 삼았다. 또한, 하룬의 시대는 유럽의 프랑크 왕국 카롤루스 대제와 시기가 같았는데, 유럽 쪽 사료를 보면 카롤루스 대제가 아바스 왕조에 사절을 보내 선물을 교환했다는 기록이 있다(아바스 쪽 사료에는 없다.). 오늘날 연구로는 프랑크 왕국과 아바스 왕조는 비잔틴 제국과 후우마이야 왕조라는 공통의 적을 가지고 있었기 때문에 우호 관계를 맺었을 것으로 여겨진다.

하룬의 이름이 지금까지 알려지게 된 이유에는 『천일야화』(아라비안나이트)의 주인공 중 한 사람이기 때문이기도 하다. 하룬은 밤마다 바그다드에 모습을 보이는 군주로 등장한다. 유명한 선원 신드바드도 바그다드의 상인이었다. 『천일야화』는 9세기에서 10세기 사이의 바그다드에서 그 원형이 만들어졌다고 전문가들은 보고 있다.

하룬은 809년 사마르칸트에서 발생한 반란을 진압하기 위해 가던 도중 병사한다. 그의 묘는 투스에 있다.

좀 더 깊이 알고 싶은 독자를 위한 추천 도서 ────

- 『너무 재있어서 잠 못 드는 황제의 세계사』, 모토무라 료지 감수, 생각의 길
- 『천일야화 세트』, 앙투안 갈랑, 열린책들
- 『압바스 연대기』, 김승철, 좋은땅

살라딘 (Saladin, 1138년~1193년)

성지 예루살렘을 무슬림의 손으로 탈환

쿠르드족 출신인 그는 이집트 아이유브 왕조의 창시자로서 1169년부터 1193년까지 제국을 다스렸다. 유럽에서는 라틴어식으로 읽은 살라딘이라는 이름으로 알려져 있는데, 정확한 그의 이름은 살라흐 앗딘 유수프(Salah al-Din Yusuf)다.

시리아의 장기 왕조의 군주 누르 앗딘을 섬기는 군인 아버지의 아들로 오늘날의 이라크에서 태어난 살라딘은 1164년 왕의 명령을 받아 파티마 왕조가 지배하고 있던 이집트에 수니파의 거점을 구축하고, 숙부인 시르쿠와 함께 예루살렘의 왕 아모릭의 군대를 격파했다.

1169년 과식으로 인해 숙부가 사망하자 군권을 이어받아 파티마 왕조의 재상에 취임한다. 1171년 파티마 왕조의 칼리프 아디드가 후계를 남기지 못한 채 병사한 탓에 살라딘은 명실공히 이집트의 지배자가 되었다. 이후 누르 앗딘이 그의 세력이 지나치게 커짐을 경계하면서 두 사람의 관계가 악화하나, 누르 앗딘도 1174년 5월에 다마스쿠스에서 병사한다. 살라딘은 대가 끊긴 파티마 왕조 대신 아이유브 왕조를 창설한다. 나라의 종파도 시아파에서 수니파로 되돌리고 군사적 봉건제를 실행했으며, 토지 제도와 군대 제도의 개혁을 추진했다. 같은 해 다마스쿠스에 입성해 이집트와 내륙부 시리아를 합병했다. 이러한 과정을 거쳐 무슬림 세력을 통일함으로써 아이유브 왕조는 군사력을 증강하며 세력을 넓힌다.

1187년에는 예루살렘 왕국을 공격해 십자군에 대한 지하드(성전)를 수행한다. 템플 기사단, 성 요한 기사단 같은 십자군의 주력 부대를 궤멸시켜 1188년에 드디어 성지 예루살렘을 무슬림의 손으로 탈환한다. 이때 살라딘은 몸값을 지불할 수 없는 포로까지 풀어주는 관대한 조치를 보여주었다.

살라딘군은 다시 조직된 제3차 십자군과의 치열한 공방 속에서 기어코 예루살렘을 지켜냈다. 이후 1192년 사자왕 리처드 1세가 제안한 평화 공작에 응해 3년간 평화 조약을 맺었다.

이 조약으로 레바논, 팔레스타인 해안 근처에 십자군 세력이 남게 되었지만, 이후 유럽 세력과 무슬림 세력의 균형은 역전된다. 기독교도 순례자가 예루살렘을 방문할 수 있도록 한 살라딘은 매우 뛰어난 군주로서 유럽에서도 칭송받아 문학의 소재도 되었다. 하지만 살라딘은 조약을 체결한 다음 해 말라리아에 걸려 사망하고 만다.

좀 더 깊이 알고 싶은 독자를 위한 추천 도서

- 『이슬람 제국 – 무함마드와 살라딘』, 류광철, 말글빛냄
- 『김태권의 십자군 이야기 4』, 김태권, 비아북
- 『살라딘』, 스탠리 레인풀, 갈라파고스

가잔 칸 [Ghazan Khan, 1271년~1304년]
몽골 역사서 『집사』를 편찬한 제왕

가잔 칸은 몽골 제국의 일 칸 왕조의 제7대 군주(칸)로, 제4대 칸 아르군의 장자다. 1291년에 아버지가 사망한 뒤 삼촌인 가이하투가 뒤를 잇지만, 실정을 거듭해 1295년 사촌인 바이두에게 살해당한다. 반년 뒤 가잔은 반란을 일으켜 바이두를 몰아내고 칸으로 즉위한다. 골육상쟁의 몽골사를 그대로 재현한 듯한 인물이다.

원래 가잔은 아버지의 영향으로 불교를 믿어 티베트 불교 등에도 많은 기부를 했다. 하지만 바이두와의 왕위 계승전에서 고전을 면치 못하고 있던 가잔에게 혈육이자 부관인 훌라구 가문의 나우루즈가 자신처럼 이슬람으로 개종하면 무슬림의 지지를 얻을 수 있다고 설득했다. 그리고 나우루즈로부터 1290년대에 '이슬람 제왕이 출현해 종교와 민중을 부흥시킬 것'이라는 예언을 듣고 1294년 이슬람으로 개종했다.

바이두를 무찌른 가잔은 공개적으로 '이슬람의 제왕'을 자칭하며 이름도 무슬림식으로 '마흐무드 가잔'으로 바꾸었다. 이와 함께 즉위 첫해 불교 사원과 조로아스터교 사원의 파괴 명령을 내렸으며 이어서 기독교 교당과 유대교 회당도 공격의 대상으로 삼았다. 이렇게 가잔의 치세 동안 일 칸 왕조는 기존의 국가 체제와 관습 등을 이어받으면서도 이슬람으로의 전환을 국가 규모로 추진해 간다.

1298년 이슬람으로 개종한 유대교도였던 라시드 앗딘을 재상으로 임명하고 재정 개혁과 일 칸 왕조의 지배 체제 강화를 실행한다. 또한, 1300년 라시드 앗딘에게 가잔의 시대에 이르기까지의 칭기즈 칸 계열의 모든 왕가와 일 칸 왕조 영토 내의 모든 튀르크·몽골계 부족의 역사를 집대성한 역사서를 편찬할 것을 명한다. 이러한 정책 덕분에 일 칸 왕조는 정치적으로도, 문화적으로도 크게 발전할 수 있었다.

이 몽골 역사서는 가잔 사후인 1310년에 차기 칸인 동생 올제이투의 명으로 재편집이 이루어져 완전한 『집사』가 되었다. 『집사』는 14세기 이후 이란·중앙아시아 최대 규모의 역사서였다.

좀 더 깊이 알고 싶은 독자를 위한 추천 도서
- 『부족지』(라시드 앗 딘의 집사 시리즈), 라시드 앗딘, 사계절

티무르(Tāāmūūr, 1336년~1405년)
몽골에 세계적인 대제국을 세운 왕

14세기 몽골 제국의 티무르 왕조를 창시한 사람이 티무르다. 재위 기간은 1369년부터 1405년까지다. 우즈베키스탄의 도시 샤흐리샵스 근교의 마을에서 살며 투르크화, 이슬람화한 몽골족 중 하나인 바를라스 부족의 귀족 가문에서 태어났다. 도적단의 수령이었던 젊은 티무르는 서차가타이 칸국의 유력자인 카자간의 눈에 띄어 20세가 되기도 전에 측근으로 등용되며, 이때 카자간의 손자 아미르 후세인과 친분을 쌓는다. 하지만 1358년 무렵 카자간이 암살당하는 사건이 발생하고, 1360년 통제에서 벗어난 트란스옥시아나 각지에서 모굴리스탄 칸국의 투글루크 티무르 칸의 군대가 침입했다. 투글루크 티무르는 티무르의 재능을 인정해 통치자로 임명한 자기 아들의 후견인으로 삼지만, 티무르는 도망친다. 이후 티무르는 모굴리스탄 칸과 싸워 투글루크 티무르를 무찌른다. 이로써 티무르와 후세인 두 사람의 공동 통치 체제가 성립한다. 1363년 티무르는 시스탄 영주와의 전투에서 오른팔과 오른 다리에 상처를 입는다. 이때부터 적으로부터 티무리 랑(절름발이 티무르)이라고 불리게 되었고, 유럽은 타멜랑이라 부르며 조롱했다.

이윽고 티무르와 후세인 사이에서 균열이 발생한다. 그리고 투쟁 끝에 드디어 티무르는 후세인을 잡는 데 성공하고 그를 처형한다. 후세인의 두 아들은 화형당했다.

티무르는 정복한 도시를 철저히 파괴하고 어린아이를 포함한 포로를 학살한 한편, 수도 사마르칸트에 대형 건설 사업을 펼쳐 사마르칸트를 중앙아시아 문화의 중심으로 만드는 등 양면성을 가진 군주였다.

이렇게 칭기즈 칸의 정복 사업을 계승해 이슬람 세계 제국 건설을 꿈꾼 티무르는 인도 원정 후인 1402년 오스만 제국군을 격파하고 칭기즈 칸 시대의 몽골 제국의 절반에 버금가는 크기의 대제국을 건설했다. 하지만 1405년 명나라로 원정 가던 도중 병사하고 만다.

티무르에 관한 이야기는 멀리 15세기의 유럽에도 전해졌다. 티무르의 위업을 들은 유럽인들은 그의 급속한 세력 확장을 두려워하는 쪽과 티무르를 기독교도의 적인 오스만 제국과 싸워 이긴 유럽의 동맹자로 보아 환영하는 쪽으로 나뉘었다. 16세기 말에는 티무르의 생애를 소재로 한 희극도 발표되었다.

좀 더 깊이 알고 싶은 독자를 위한 추천 도서

- 『몽골 제국의 후예들』, 이주엽, 책과함께
- 『잃어버린 계몽의 시대』, S. 프레더릭 스타, 길

바부르 [Zahīr-ud-Dīn Muhammad Bābur, 1483년~1530년]
티무르의 자손으로 무굴 제국의 창시자

중앙아시아 페르가나 지방의 안디잔에서 티무르 왕조의 왕자로 태어난 자히루딘 무함마드 바부르는 훗날 인도에 무굴 제국을 세운 황제가 된다. 뛰어난 지도자, 문인으로 평가받으며 터키 산문의 최고 걸작으로 꼽히는 회상록 『바부르 나마』를 쓴 것으로도 유명하다. 아버지 쪽은 티무르, 어머니 쪽은 모굴리스탄 칸 가문 출신으로 칭기즈 칸의 피를 이어받았다고 전해진다. 1526년부터 1530년까지 재위했다.

1494년 아버지의 사망으로 12세에 티무르 왕조 페르가나 지방의 태수가 되었다. 이후 사마르칸트에 입성해 티무르 왕조의 사마르칸트 정권의 군주 자리에 앉아 티무르 제국의 부활을 꿈꿨다. 하지만 이 꿈은 오래가지 못했는데, 페르나가 지방에서 일어난 우즈베크인의 내란 때문에 약 100일 만에 사마르칸트를 포기해야 했기 때문이다.

중앙아시아에서 쫓겨난 그는 아프가니스탄의 힌두쿠시산맥을 넘어 영주 미르자 무킴이 다스리는 카불을 포위했다. 1504년 카불을 점령하는 데 성공한 바부르는 사파비 왕조와 손을 잡고 고국의 탈환을 꾀했으나 실패하고 만다. 하지만 그는 좌절하지 않고, 곧바로 때마침 내분으로 혼란스러운 로디 왕조를 무너뜨리기 위한 인도 원정을 결행했다. 중앙아시아에서 단련한 군사적 재능과 우수한 화포를 사용해 1526년 이브라힘 로디의 대군을 상대로 승리를 거둔 뒤 수도 델리를 탈취한다. 나아가 펀자브를 침공해 북인도의 주요 도시를 정복했다. 이후 티무르와 칭기즈 칸 출신의 자손인 바부르가 창시한 신왕조를 무굴(몽골) 왕조라고 부르게 된다.

하지만 과거 그와 동맹을 맺었던 라나 상가를 중심으로 각지의 영주들이 모여 바부르를 침략자라 부르며 적대하는 세력이 등장한다. 이들 중에는 이브라힘의 동생 마무드 로디도 있었다. 라나 상가에게 승리를 거둔 뒤 바부르는 1529년 가을 아들 후마윤에게 동방 원정을 명령한다. 1530년 봄 후마윤이 중병에 걸려 원정지에서 도시 아그라로 귀환하자 바부르는 회복을 기원하며 자신의 목숨을 바치는 의식을 행했다고 한다. 그리고 후마윤이 회복하고 얼마 지나지 않은 1530년 말에 바부르는 아그라에서 숨을 거둔다.

후마윤은 아버지의 죽음을 숨겼다. 바부르는 카불에 묻어달라는 유언을 남겼으나, 그의 시신은 야무나강 연안의 람 바그 정원에 묻혔다. 후에 그의 무덤은 수르 왕조의 셰르 샤에 의해 카불로 옮겨졌다.

좀 더 깊이 알고 싶은 독자를 위한 추천 도서

▪ 『고대인도왕국 · 무굴 제국』, 최현우, 살림

술레이만 1세(Suleiman I, 1494년~1566년)
대제국을 건설한 새로운 '솔로몬 왕'

술레이만 1세는 16세기 중반 오스만제국이 전성기를 맞이했을 때의 술탄(왕)으로, 1520년부터 1566년까지의 재위하는 동안 13회나 대외 원정을 가 대제국을 건설한 인물이다. 술레이만이라는 이름은 고대 이스라엘의 왕 '솔로몬'의 아라비아어형인 '술라이만'을 터키식으로 읽은 것이다.

아나톨리아 반도 북동쪽에 있는 트라브존에서 1494년에 태어난 술레이만은 시리아, 이집트의 아랍 지역을 정복한 아버지가 술탄이 된 지 겨우 8년 만에 사망하자 수도 이스탄불에서 제10대 술탄으로 즉위했다. 유럽 방면으로 원정을 떠난 그는 헝가리 왕국에게서 베오그라드를, 성 요한 기사단에게서 로도스섬을 탈환하는 데에 성공한다.

1526년에는 헝가리 중앙부를 평정해 합스부르크 왕가의 오스트리아 대공국에 육박할 정도의 나라가 된다. 합스부르크 왕가 출신의 신성로마의 황제·스페인 왕 카를 5세의 동생 페르디난트와 대립하게 되자 제1차 빈 포위를 감행한다. 공략에는 실패하지만, 유럽인들에게 큰 충격을 준 책략이었다. 이후 또다시 오스트리아 원정에 나서지만, 이렇다 할 성과를 올리지 못하고 결국 페르디난트와 평화 조약 '콘스탄티노플 조약'을 맺는다. 곧바로 다음 목표로 동방 원정을 계획해 남이라크와, 일시적이었지만 아제르바이잔의 대부분을 지배하에 두었다. 이렇게 군사적 성공을 거둔 뒤에는 대규모 영토 확장 정책을 멈추고 주변국과의 교전에 중점을 두었다. 1538년에는 스페인·베네치아·로마 교황의 연합 군대를 상대로 승리를 거두어 지중해의 제해권을 확보한다. 크림 칸국과 이어지는 통로를 손에 넣어 흑해도 사실상 그의 지배하에 들어갔다. 이렇게 술레이만은 유럽과 이슬람 나라들을 제압하고 '제국의 전성기'를 이끌었다.

내정 면에서는 입법, 행정의 정비에 힘썼으며 이스탄불에 술레이만 모스크를 건설하는 등 튀르크 이슬람 문화의 전성기를 불러와 '입법자'라고 불렸다. 또한, 학문과 예술을 좋아해 '무히비(사랑하는 자)'라는 필명으로 시를 쓴 시인이기도 했다.

하지만 치세 후반에는 정쟁이 끊이지 않아 반란의 주모자였던 아들들을 처형하거나 병으로 잃게 된다. 1565년 몰타섬으로 원정군을 파견하지만 실패하고, 다음 해 신성로마의 황제가 화친을 깨고 헝가리를 공격한 것에 보복하기 위해 원정을 감행하던 중 진영에서 사망한다. 그렇지만 거대해질 대로 거대해진 제국의 기세는 쉬이 수그러들지 않았다. 쇠퇴의 기미는 1세기 후에나 보이기 시작한다.

좀 더 깊이 알고 싶은 독자를 위한 추천 도서 ─────
• 『술레이만 시대의 오스만 제국』, 앙드레 클로, W미디어

악바르 [Akbar, 1542년~1605년]

무굴 제국의 전성기를 만들어낸 황제

16세기 후반에 인도 무굴 제국의 전성기를 이끈 황제가 제3대 황제 악바르다. 아라비아어로 '위대하다'라는 의미의 이름을 지닌, 1556년부터 1605년까지 제국을 다스린 이 황제의 인기는 지금도 높다.

악바르는 아버지인 제2대 황제 후마윤이 수르 왕조의 창시자인 셰르 샤에게 북인도 제위를 빼앗기고 유랑하던 1542년에 서인도에서 태어났다. 후마윤은 이란을 지배하고 있던 사파비 왕조의 비호를 받으며 제국을 재통일하기 위해 동생들과 싸웠다. 칸다하르를 통치하고 있던 숙부 아스카리에게 인질로 보내진 악바르는 이후에도 몇 번이나 인질로서 교환되는 등 다사다난한 어린 시절을 보냈다.

1551년 악바르는 아버지로부터 가즈니 총독으로 임명되었고, 다음 해 아버지가 델리를 탈환하자 펀자브 태수가 되었다. 하지만 아버지가 1556년에 사고로 사망한 탓에 악바르는 델리에서 겨우 13세에 즉위하고 4년 뒤에 친정을 개시한다. 1562년 힌두교도 여성과 결혼하고 비무슬림에게 부과하던 세금인 '지즈야'를 폐지하는 등 힌두교도와의 융화를 꾀하면서 인도 전체에 자신의 통치권을 실현시키려 했다. 또한, 당시 인도에 진출하기 시작한 포르투갈의 기독교에도 관용을 펼쳐 이들의 무역 활동을 방해하지 않았다. 더불어 악바르는 종교 융화책을 펼치는 데에 그치지 않고, 본인이 몸소 모든 종교를 융합한 새로운 종교 '딘이 일라히'를 창시했다.

1565년에는 새로운 수도 아그라를 건설한다. 1571년에는 아그라 서쪽 37km 떨어진 곳에 부수도인 성채 도시 파테푸르 시크리를 세웠다. 이 새로운 도성은 힌두 문화의 전통과 접목한 인도 이슬람 문화의 대표적인 예로 꼽히는데, 물을 보급하는 데에 문제가 있어서 겨우 16년 뒤에 버려지게 된다.

그리고 군사 제도와 관료 제도를 정비했고, 나라의 기반이 되는 토지 제도와 세제, 화폐 제도 등을 통일했다. 더불어 적대 세력을 차례차례 정복해 북인도 대부분을 지배했다. 일련의 개혁으로 1579년부터 대규모 반란이 발생하지만, 수년 안에 모두 진압되어 제국의 지배력은 안정을 향해 나아갔다. 하지만 1605년에 이질에 걸린 뒤 회복하지 못하고 서거한다. 악바르 사후 3남 자힌기르가 제4대 황제로 즉위한다.

좀 더 깊이 알고 싶은 독자를 위한 추천 도서 ─────

• 『무굴 황제』, 이옥순, 틀을깨는생각

샤 자한(Shah Jahan, 1592년~1666년)
황후를 위해 영묘 타지마할을 완성한 황제

무굴 제국 제5대 황제가 샤 자한이다. 1628년부터 1658년까지 재위했다.

1952년에 태어난 샤 자한, 본명 쿠람(Khurram)은 6살 때 할아버지인 악바르의 명으로 악바르의 비 루카이야 술탄 베굼에게서 교육을 받았다. 이때 쿠람은 영재 교육을 받았던 것으로 여겨지며 군주로서의 책무 등도 배웠다. 1605년 아버지 살림이 자한기르가 되어 황제에 오르지만, 1610년 이후부터 병 때문에 발작을 일으킨 탓에 정치는 쿠람이 담당하게 되었다.

1612년 쿠람은 아르주만드 바누 베굼과 결혼한다. 황제로부터 '궁정의 빛'이라는 의미의 '뭄타즈 마할' 칭호를 받은 그녀는 14번째 아이를 낳은 뒤 사망한다. 쿠람은 너무나도 사랑한 황후를 위한 영묘를 건설하기 시작한다. 그렇게 22년 동안 하루에 2만 명 넘는 노동력을 들여 완성한 무덤이 바로 '타지마할'이다. 프랑스의 금세공사, 이탈리아의 보석공, 그 외에도 페르시아와 아랍 등지에서 데려온 많은 장인이 전력을 다해 전 세계에서 들여온 수십 종류의 보석으로 타지마할의 벽면과 내부를 장식했다.

1621년 사파비 왕조가 칸다하르를 점령하자 자한기르는 쿠람의 동생 샤리야르에게 탈환 원정 명령을 내리고 쿠람의 영지에서 나오는 지대 일부를 그에게 할당했다. 쿠람은 이에 반발해 반란을 일으키지만, 장군 마하바트 칸의 군대에 패해 항복한다.

이후 황위 계승을 둘러싸고 혈육 간 다툼이 일어나는데, 여기서 쿠람이 승리해 1628년 '세계의 황제'를 의미하는 '샤 자한'이라는 이름으로 즉위식을 열어 제위에 오른다. 샤 자한은 제국의 내정을 가장 안정시켰으며, 인도 이슬람 문화를 번성시켰다. 대외적으로는 1636년 데칸 술탄 왕조의 국가 중 하나인 아마드나가르 술탄국을 병합해 영토를 확장했다. 아프가니스탄에서 사파비 왕조와 충돌했지만, 전투는 그다지 많이 일어나지 않았다.

뭄타즈 마할이 세상을 떠난 후 20년 넘게 호색에 빠져 최음제를 복용한 탓에 건강이 매우 나빠진 샤 자한의 병세가 나아질 기미가 보이지 않자 아들들은 왕위 쟁탈전을 벌였고 이후 성에 유폐당한다. 타지마할이 보이는 방에서 사랑하는 황후의 영묘를 바라보는 생활을 보내다 1666년 병이 재발해 서거한다.

좀 더 깊이 알고 싶은 독자를 위한 추천 도서
- 「무굴 황제」, 이옥순, 틀을깨는생각

라마 1세 (Rama I, 1737년~1809년)
태국의 현왕조인 짜끄리 왕조를 세운 왕

후에 라마 1세가 되는 톤 두원은 아유타야 왕가의 피를 이은 귀족의 아들로 1737년에 아유타야에서 태어났다. 아유타야 왕조는 1767년에 버마(오늘날 미얀마)의 꼰바웅 왕조에 의해 멸망하지만, 딱신 대왕이 톤부리 왕조를 세워 태국인 왕조를 부활시킨다. 톤 두원은 딱신의 부하였다. 그는 많은 무훈을 세워 용장으로 불리며 군의 최고 사령관에 오른다. 1782년 캄보디아 원정 중에 딱신이 정신 이상을 일으킨 탓에 원정을 중지하고, 이후 왕을 처형한 톤 두원은 짜끄리 왕조를 열어 초대 국왕 라마 1세가 된다. 그해 수도를 톤부리에서 방콕으로 옮긴다. 1805년부터 1808년에 걸쳐 『삼인법전』을 편찬하지만, 다음 해인 1809년 방콕에서 사망한다. 72세였다.

라마 1세는 무인으로서 평가가 높다. 국왕이 되어서도 자주 국외 원정을 가 승리를 다수 거머쥐었다. 그리고 여러 선정을 펼쳐 국내를 안정시켰다. 나누어 보면 다음 세 가지 정책으로 나뉜다. 첫 번째는 행정 조직의 정비, 두 번째는 종교의 존중, 세 번째는 인프라 정비다.

첫 번째 정책으로 그는 아유타야 왕조의 제도를 가장 이상적으로 보아 중앙 집권화를 추진했다(하지만 실제로는 왕권이 지방에까지 미치지 못했다.). 두 번째 정책으로 라마 1세는 『삼인법전』의 편찬과 왓 마하탓이라는 승려를 위한 학교를 건설해 불교의 발전에 기여했으며 더불어 왓 수탓이라는 브라만교 사원도 건설해 종교를 존중하는 모습을 보였다. 세 번째로 라마 1세는 방콕이라는 신수도 정비를 위해 사판 프라 풋따욧파(메모리얼 브릿지라고도 불린다.)라고 불리는 대교 등을 건설했으며, 많은 사원을 재건하거나 건설도 했다.

라마 1세가 세운 짜끄리 왕조는 지금까지 이어져 내려오고 있다. 이 왕조는 19세기 후반부터 20세기 전반 동안 아시아 국가들이 차츰 식민지가 되어가는 흐름 속에서 태국의 독립을 계속해서 유지하는 원동력이 되었다. 라마 1세는 강력한 중앙 집권 국가를 실현하는 데까지는 성공하지 못했지만, 독립 국가를 유지하기 위한 초석을 쌓았다. 그래서 그는 지금도 태국인들에게 명군이라 불리며 추앙받고 있다.

완복영(阮福映, 1762년~1820년)
베트남 최초 통일 국가를 만든 황제

베트남 응우엔 왕조의 초대 황제. 베트남 최초의 통일 국가를 세운 인물로 알려져 있다. 그는 베트남을 통일한 뒤 청나라에 사신을 보내 청의 황제로부터 남월국 국왕으로 인정받았다. 완복영(응우엔푹아인)은 1762년 광남 왕조 최후의 왕인 정왕의 조카로 태어났다. 하지만 광남 왕조를 만든 응우엔 일족은 1777년 떠이선 당의 난으로 인해 완복영을 제외한 전원이 떠이선 왕조에 의해 죽임을 당하고, 1785년 샴(태국의 옛 이름)의 지원을 받아 락검-쏘아이멋 전투에서 떠이선 왕조군과 싸우지만 패배한다. 1789년에 완복영은 프랑스인 선교사 피뇨 드 베엔이 조직한 용병 군대의 협력을 얻어 주요 도시를 차례차례 공략해 나갔고, 1802년 베트남 전 국토를 공략하는 데 성공해 응우엔 왕조를 탄생시켰다. 1804년에는 청나라의 가경제로부터 월남국 국왕으로 봉해졌으며 1806년에 황제를 칭하며 가륭제가 된다. 그리고 1820년 수도 후에에서 57세의 일기로 숨을 거둔다.

완복영은 베트남 역사에서 처음으로 통일 왕조를 세운 것으로 역사에 이름을 남겼다. 그의 정책을 살펴보면, 외교적으로는 청에 정기적으로 조공을 보냈으며, 라오스와 캄보디아를 베트남의 조공국으로 삼았다. 또한, 인도차이나 파견을 둘러싸고 샴과 자주 대립해 사소한 분쟁을 일으키기를 반복했다. 내정적으로는 중앙 집권화를 강화하기 위해 6부를 설치하고 지방 행정 기구로써 전국을 23진 4영으로 나누어 중앙에서 관리인을 파견해 통치했다. 이처럼 그는 강력한 통일 국가 건설을 위해 노력했다.

하지만 떠이선 왕조를 쓰러뜨리기 위해 프랑스의 지원을 받은 것 때문에 훗날 프랑스에 의한 베트남 식민지화의 길이 열리게 된 것도 사실이다. 완복영 사후 응우엔 왕조는 기존의 정책과는 다른 배외주의에 기초한 정책을 내세워 기독교도를 박해했기에 프랑스는 1858년에 스페인 선교사 살해 사건을 구실 삼아 스페인과 함께 군대를 보냈다. 이때를 시작으로 베트남은 점차 프랑스의 식민지로 변해 가게 된다.

완복영은 어렸을 적 멸문당한 일족의 원수를 갚고 베트남 역사상 처음으로 강력한 통일 왕국을 세워 베트남 역사에 길이 남을 황제가 되었다. 하지만 그가 이후에 베트남이 식민지로써 겪어야 했던 굴욕의 씨앗을 심은 것도 사실이다. 그는 위대한 통일을 달성한 황제라는 긍정적인 측면과 후세 베트남 민중에게 고통의 원인을 제공했다는 부정적인 측면을 모두 가진 인물이었다.

좀 더 깊이 알고 싶은 독자를 위한 추천 도서 ──────

▪ 『베트남 역사 탐구』, 송정남, 한국외국어대학교출판부 지식출판원
▪ 『베트남의 역사』, 유인선, 이산

무하마드 알리 [이집트] (Muhammad Ali, 1769년~1849년)
이집트 독립을 이뤄 국력을 확대한 군주

무하마드 알리(오스만어로는 메흐메드 알리)는 오스만 튀르크 제국이 파견한 이집트 총독이었지만, 이집트를 독립 국가로 이끌고 무하마드 알리 왕조의 시조가 되었다.

무하마드 알리는 1769년에 오스만제국령의 카발라(오늘날 그리스 테살로니키 근교)에서 태어났다. 아버지는 비정규 경비부대 대장이었다고 전해진다. 18세 때 아버지의 일을 이어받고 1801년에 알바니아인 비정규부대 부사령관으로 이집트에 파견된다. 1805년에 이집트 총독이 된 후 이집트를 오스만 튀르크 제국으로부터 사실상 독립시켰고 이후에도 이집트 발전을 위한 기초를 다졌다.

무하마드 알리는 이집트를 오스만 튀르크의 지배로부터 해방했을 뿐만 아니라 이집트의 근대화에도 공헌한 군주였다. 일본의 메이지 유신 정책처럼 그는 부국강병과 식산흥업을 핵심 2대 정책의 목표로 삼았다. 먼저 농업을 안정화하고, 대규모 관개 공사를 실시하면서 식량 안정화도 꾀했다. 그리고 서양 나라들에 적극적으로 유학생을 보내 서구의 선진 기술을 흡수하고 이에 맞춰 나라가 운영하는 공장도 다수 세웠다. 나폴레옹 전쟁에서 실각한 프랑스 군인을 고문으로 초빙해 근대 전술을 빠르게 익히는 등 군사 훈련 및 지도에도 신경 썼다.

무하마드 알리는 나라의 근대화와 함께 원정을 추진하여, 강화된 군사력으로 수단, 시리아를 점령해 영토를 확대해갔다. 과거 종주국이었던 오스만 튀르크 제국과 대등하게 맞서 싸울 수 있을 정도로 국력을 키운 것이다.

무하마드 알리가 없었더라면 이집트의 독립도, 근대화도 있을 수 없었다. 이러한 의미에서 그는 근대 이집트 국가의 견고한 기초를 쌓은 군주였다고 말할 수 있다. 그가 연 무하마드 알리 왕조는 그의 사후에도 100년 넘게 계속 이어진다.

좀 더 깊이 알고 싶은 독자를 위한 추천 도서
- 『메흐메드 알리』, 칼레드 파흐미, 일조각

호세 리잘(Jose Rizal, 1861년~1896년)

독립을 위해 목숨을 바친 필리핀 건국의 아버지

필리핀의 의사, 소설가, 혁명가였던 호세 리잘. 그는 필리핀의 독립을 위해 적극적으로 운동에 가담했다는 이유로 스페인 군관에 의해 총살당했다. 그는 국민적 영웅으로 필리핀 사람들의 존경을 한 몸에 받고 있다.

호세 리잘은 1861년 스페인령 인도 루손섬 칼람바에서 부유한 사탕수수 재배업자의 아들로 태어났다. 8세에 타갈로그어와 스페인어를 습득하고 1877년에 훗날 아테네오 데 마닐라 대학이 되는 아테네오 학원에 입학해 농업을 배운다. 이후 세인트 토머스 대학에서 의학을 배우고 1882년에 스페인 마드리드 중앙 대학으로 가 의학과 고전 문학을 배운다. 1887년 첫 소설 『놀리 메 탄게레(나를 만지지 마라)』를 쓰고 필리핀으로 귀국했으며 이후 반식민지 운동을 전개하다 위험을 느끼고 다시 유럽으로 건너간다(일본, 미국을 경유해 영국으로 간다.). 1891년 두 번째 소설 『체제 전복』을 쓴다.

1892년에 귀국해 독립 운동의 기반이 되는 필리핀 민족 동맹을 결성하지만, 스페인 당국에 체포되어 민다나오섬 다피탄으로 유배된다. 1896년 스페인 해군의 군의관이 되어 임지 쿠바로 향하던 도중 바르셀로나에서 헌병에게 체포되어 마닐라로 이송되고, 군법회의에서 총살형을 선고받은 뒤 그해 말인 12월 30일에 마닐라에서 처형된다. 35세였다.

혁명가로서 그가 지금도 존경받는 이유는 필리핀 독립 운동에의 길을 연 것도 있지만, 무엇보다 무력을 사용한 독립을 목표로 하지 않았다는 점에 있다. 그가 민다나오섬으로 유배 보내진 이유는 필리핀 민족 동맹을 결성했다는 이유에서였는데, 이 조직은 필리핀 사람들의 상호부조와 평화적 통일을 위한 것이었지 무장 투쟁을 목표로 설립된 조직이 아니었다. 호세 리잘의 이러한 평화적 저항 자세는 평생 바뀌지 않았다.

그의 사상은 필리핀만이 아니라 인도네시아 공화국의 초대 대통령인 수카르노에게도 큰 영향을 주었다. 그리고 기자이자 저술자인 스에히로 덴초는 호세 리잘을 주인공으로 한 정치 소설 『필리핀 대파란』을 썼다. 이처럼 아시아의 여러 나라에 호세 리잘의 이름은 널리 알려져 있다. 호세 리잘은 일본을 방문하기도 했는데, 긴자와 신주쿠 사이에 있는 히비야 공원에 그의 방문을 기념한 조각상이 세워져 있다.

좀 더 깊이 알고 싶은 독자를 위한 추천 도서 ────────

• 『나를 만지지 마라』, 호세 리잘, 눌민

무하마드 알리 진나(Muhammad Ali Jinnah, 1876년~1948년)
건국의 아버지라 불린 초대 파키스탄 총독

인도 무슬림 연맹의 지도자였던 무하마드 알리 진나. 그는 파키스탄이 독립한 후에 초대 총독이 된다. 그는 '콰이드 에 아잠(가장 위대한 지도자)'이라고 불리며 지금도 파키스탄 건국의 아버지로 존경받고 있다.

무하마드 알리 진나는 1876년에 영국령 인도 제국의 카라치(지금은 파키스탄령)에서 상인의 아들로 태어났다. 구자라트어를 모국어로 배웠으며 영어와 쿠치어, 신디어도 습득했다. 카라치의 미션 스쿨을 졸업한 뒤에 뭄바이 대학에 입학한다. 1892년에 영국에 갔으며 1896년에 변호사 자격을 획득한다. 이후 인도 국민회의파에 들어가 적극적으로 활동하던 진나는 1913년에 인도 무슬림 연맹에 가입하고 1916년에는 연맹의 대표로 선출된다. 1915년에 간디가 인도에 귀국해 독립 운동을 시작했지만, 진나는 그의 힌두교도 중심의 독립 운동을 비판하고 국민회의를 탈퇴한다. 이후에도 무슬림과 힌두교도의 대립이 계속되자 진나는 1940년 무슬림 연맹 라호르 대회에서 두 민족론을 전개한다. 1947년 독립 군주제 국가 파키스탄이 세워지자 그는 초대 총독이 된다. 하지만 1948년 오랫동안 앓고 있는 결핵 때문에 카라치에서 71세의 일기로 사망한다.

진나가 남긴 역사적인 공적은 역시나 파키스탄 독립에 매진했다는 점일 것이다. 그는 인도가 무슬림과 힌두교도가 공존하는 통일 인도가 되기를 바랐다. 하지만 두 집단 사이의 골은 너무나 깊어 끔찍한 살육을 저지르기에 이른다. 그래서 결국 인도와 파키스탄은 따로따로 독립해 힌두교 국가 인도와 이슬람 국가 파키스탄이 탄생하게 되었다. 당초 이 문제의 원인이 진나에게 있다고 비판하는 의견도 있었지만, 오늘날에는 그가 하나된 인도를 목표로 삼았지만, 이것이 불가능하다는 것을 알고 분리 독립 쪽으로 돌아섰다는 것이 정설로 받아들여지고 있다.

무하마드 알리 진나, 그가 없었더라면 오늘날의 파키스탄이라는 나라는 존재하지 않았을 것이다. 그는 파키스탄을 위해 살았고, 파키스탄을 위해 죽었다고 말해도 과언이 아니다. 무슬림과 힌두교도가 하나로 어우러진 인도라는 그의 바람은 실현되지 않았지만, 파키스탄 사람들은 그의 공적을 절대 잊지 않을 것이다.

좀 더 깊이 알고 싶은 독자를 위한 추천 도서 ────

• 『인도와 파키스탄』, 조길태, 민음사

무스타파 케말[Mustafa Kemal Ataturk, 1881년~1938년]
튀르키예의 근대화를 추진한 건국의 아버지

무스타파 케말 아타튀르크(아타튀르크는 '튀르크인의 아버지'라는 뜻으로 의회에서 그에게 헌정한 성이다)는 튀르키예 제국의 군인이었으나, 술탄제를 폐지하고 튀르키예 공화국 초대 대통령이 된 인물로 알려져 있다. 이런 이유로 그를 튀르키예 건국의 아버지라 부른다.

무스타파 케말은 1881년에 오스만제국령 셀라니크(현재 그리스령 테살로니키)에서 세관원의 아들로 태어났다. 1905년에 이스탄불 육군 대학을 졸업한 후 1911년에 이탈리아-튀르크 전쟁, 1912년 제1차 발칸 전쟁 그리고 다음 해 제2차 발칸 전쟁에도 참전했다. 그리고 1914년에 제1차 세계대전이 발발하자 여기에도 참전한다. 이후 1920년에 앙카라에서 튀르키예 대국민 의회를 개설하고 같은 해 8월에 오스만 왕조 술탄 정부에 반기를 든다. 1992년에 술탄제를 폐지하고, 다음 해 튀르키예 공화국 초대 대통령에 취임해 이후 3기(1923년~1938년)에 걸쳐 대통령을 지냈다.

무스타파 케말이 이룬 가장 큰 역사적 업적은 튀르키예 공화국을 건설한 데에 있다. 술탄제를 폐지하고 그 자리에 세속주의, 민족주의, 공화주의를 핵심으로 하는 공화국을 세웠다. 더불어 무스타파 케말은 서구화 정책을 펼치고 이슬람교를 국교로 한다는 조항을 헌법에서 삭제했으며 터번과 페즈 착용을 금지했다. 그리고 아라비아 문자를 폐지하고 라틴 문자를 도입했다. 이러한 튀르키예 근대화 정책은 튀르키예 국민의 강한 지지를 받았다.

하지만 무스타파 케말의 근대화는 민주주의를 의미하지 않았다. 그는 공화인민당 일당 체제를 이끌었고, 이를 바탕으로 강력한 독재 정권을 휘두르며 반대파를 혹독하게 탄압했다. 이처럼 그가 정치적으로는 부정적인 측면을 가지고 있는 것은 분명하지만, 그의 지도 아래 정치적으로도 경제적으로도 안정된 국가 운영이 이루어졌으며 튀르키예가 조금씩 근대화되었다는 점도 의심할 여지가 없는 사실이기도 하다.

무스타파 케말 아타튀르크. 그 없이는 현재의 튀르키예는 존재할 수 없었다. 생전 그는 "우리는 튀르키예인 이외에는 아무것도 아니다."라고 몇 번이나 말했다고 한다. 무스타파 케말은 튀르키예를 사랑하고 튀르키예를 위해 행동했다. 그렇기에 튀르키예 국민은 지금도 그를 '건국의 아버지'라고 부르며 칭송하고 있는 것이다.

좀 더 깊이 알고 싶은 독자를 위한 추천 도서 ────

- 『처음 읽는 터키사』, 전국역사교사모임, 휴머니스트
- 『오스만 제국의 영광과 쇠락, 튀르키예 공화국의 자화상』, 조윤수, 대부등

호찌민(Ho Chi Minh, 1890년~1969년)
불굴의 투지를 가졌던 베트남 건국의 아버지

호찌민(본명은 응우옌신꿍(阮生恭))은 베트남 건국의 아버지로 불리는 베트남 혁명가이자 정치가다. 북베트남 리더로 프랑스, 미국과의 전쟁에서 승리해 현재의 베트남 사회주의 공화국의 초석을 다진 베트남의 위인이다.

호찌민은 가난한 유학자의 아들로 베트남 중부 응에안성에서 태어났다. 관리자 양성 학교인 꾸억 혹에서 공부하다 징세 반대 운동에 참여했다는 이유로 학교에서 쫓겨난다. 이후 해운 회사의 요리사가 되어 배를 타고 세계 각지를 돌아다니다 1919년에 프랑스 사회당에 입당하고, 1920년에 프랑스 공산당 기관지인 『위마니테』에 실린 레닌의 '민족 문제와 식민지 문제에 관한 테제 원안'에 감명을 받아 프랑스 공산당 결성에 참여했다. 1923년 소련으로 가 코민테른 제5회 대회에서 아시아 담당 상임 회원이 되었으며, 1941년 베트남 독립 동맹회(베트민)를 결성하고 당시 베트남을 지배하고 있던 일본을 대상으로 무장 투쟁을 개시했다. 1945년의 무장 봉기로 성립된 베트남 민주공화국 임시 정부에서 호찌민은 총리 겸 외상에 취임한다.

하지만 옛 식민지배국인 프랑스는 베트남 민주 공화국의 독립을 인정하지 않았고, 결국 1946년 제1차 인도차이나 전쟁이 발발해 국가 주석이 된 호찌민의 주도 아래 베트남도 프랑스와 전투를 벌였다. 1954년 제네바 협약에 따라 프랑스군이 철수하지만, 공산주의 확장을 우려한 미국은 반발한다. 1955년 응오딘지엠을 대통령으로 하는 베트남 공화국(남베트남)이 수립되어, 1961년 케네디 대통령의 명령으로 미국군과 남베트남군이 남베트남 민족 해방 전선과 전투 태세에 돌입한 것이 베트남 전쟁으로 이어진다. 호찌민은 안타깝게도 1969년 그렇게 염원하던 조국의 통일을 보지 못한 채 심장마비로 생을 마감했다.

베트남 현대사와 호찌민의 인생을 보고 있노라면, 그가 걸어온 길은 언제나 베트남 민족의 독립과 자유를 위한 싸움의 길이었음을 알 수 있다. 이 점은 1966년 라디오 연설 도중 한 "독립과 자유만큼 소중한 것은 없다."라는 말에 단적으로 드러나 있다. 독립 전쟁을 위해 많은 베트남 사람들을 희생시켰다며 호찌민을 비판하는 목소리도 존재한다. 하지만 호찌민이 없었더라면 지금의 베트남이란 나라는 있을 수 없었을 것이다. 이러한 점에서 그는 분명 베트남 사람들에게 건국의 아버지이다.

좀 더 깊이 알고 싶은 독자를 위한 추천 도서 ──────

- 『호치민 평전』, 찰스 펜, 자인
- 『베트남, 왜 지금도 호찌민인가』, 후루타 모토오, 한고방

수카르노 (Haji Mohammad Sukarno, 1901년~1970년)
독립을 이룬 인도네시아 건국의 아버지

수카르노는 네덜란드와의 독립 전쟁을 승리로 이끌어 인도네시아의 독립에 크게 기여했고, 인도네시아 공화국 초대 대통령이 되어 역사에 이름을 새겼다. 더불어 독립 후 인도네시아의 기반을 만들기 위해 많은 노력을 기울였다.

수카르노는 자바섬 동부의 수라바야에서 태어났다. 아버지는 초등학교 교사로 부모 모두 귀족 계급 출신이었다. 어렸을 적부터 네덜란드어를 배우고 1926년에는 반둥에 있는 고등 기술 대학(오늘날의 반둥 공과대학)을 졸업한다. 졸업 후 수카르노는 네덜란드의 식민지 정책에 반발해 1927년에 동지들과 함께 인도네시아 국민당을 결성한다. 1945년 일본군이 패전하자 수카르노는 곧바로 독립 선언을 발표하고 네덜란드와의 독립 전쟁에 돌입한다. 그리고 1949년 헤이그 협정 체결로 독립을 이루어낸다.

독립 후 수카르노는 1955년 자바섬의 반둥에서 제1회 아시아·아프리카 회의를 개최하는 등 제3세계의 중심인물 중 한 명으로 활약한다. 하지만 그가 인도네시아 공화국 초대 대통령이 되어 실시한 여러 가지 경제 정책이 효과를 보지 못해 국민들 사이에서는 이에 대한 불만의 목소리가 높아져갔고, 1965년 끝내 쿠데타가 일어난다. 그러나 쿠데타는 육군 지휘관 중 한 명인 수하르토가 진압해 실패로 돌아간다. 이렇게 어수선한 정세 속에서 수카르노는 어떻게든 정권을 유지하기 위해 노력하지만, 결국 1967년 대통령을 사직하고 대신 수하르토를 중심으로 한 군사 정권이 들어선다. 1970년 수카르노는 실의에 빠져 지내다 사망한다.

수카르노가 이룬 가장 큰 업적은 인도네시아 독립으로, 그의 전반생은 이를 위해 소비되었다고 해도 과언이 아니다. 독립 후에는 국가의 안정을 위해 노력했다. 여러 종교, 민족, 이데올로기를 뛰어넘어 하나가 되는 것을 목표로 한 나사콤 정책을 펼치고, 일본을 제외한 서방 국가들과 거리를 두었다(일본인인 데비를 세 번째 부인으로 맞아들였을 정도로 수카르노는 일본과 가까운 관계를 맺었다.). 하지만 이 때문에 군부가 반발해 쿠데타가 일어났다. 수카르노는 건국의 아버지였지만, 그가 원하던 것과는 달리 인도네시아의 통일은 도중에 기세를 잃고 중단되었다.

좀 더 깊이 알고 싶은 독자를 위한 추천 도서 ―――
- 『수카르노와 인도네시아 현대사』, 배동선, 아모르문디

호메이니(Ayatollah Ruhollah Khomeini, 1902년~1989년)
이란 혁명을 지도한 이슬람교 법학자

루홀라 호메이니는 이슬람교 시아파의 고명한 법학자다. 그는 팔레비 국왕의 독재 체제를 무너뜨린 이란 혁명의 지도자로 역사에 이름을 새겼다.

호메이니는 이란 중부의 작은 마을인 호메인에서 예언자 무함마드의 직계 자손 가계의 자녀로 태어났다. 그가 생후 5개월이 됐을 때 법학자인 아버지가 살해당했기 때문에 어머니와 숙모로부터 교육을 받으며 자란다. 이란의 시아파 성지 쿰에서 이슬람 법학을 배운 뒤 시아파의 상급 법학자(아야톨라)의 칭호를 얻는다.

제2차 세계대전 도중 이란 국왕의 정치를 강하게 비판하다 1964년에 국외 추방을 당한 호메이니는 튀르키예에 잠시 머무르다 프랑스로 망명했다. 1979년 반체제 운동이 최고조에 달하자 결국 팔레비 국왕은 이집트로 망명한다. 그리고 호메이니는 15년 만에 돌아와 이슬람 평의회를 조직하였고, 공화국으로의 이행을 묻는 국민 투표에서 98%의 지지를 받아 이란 이슬람 공화국을 수립하고 신국가의 최고 지도자에 오른다. 하지만 주이란 미국 대사관 인질 사건과 이란·이라크 전쟁 등으로 외교 위기에 직면하였으며, 이 위기를 어찌어찌 넘긴 1989년 끝내 사망한다. 당시 호메이니의 나이 86세였다.

호메이니는 군주제를 쓰러뜨리기 위한 정신적 지도자였으며, 이란 혁명이 성공한 후에는 최고 지도자로서 이슬람 국가 건설을 위해 노력했다. 하지만 그는 애초에 정치가가 아니라 이슬람 법학자였기 때문에 국민에게도 엄격한 이슬람교 교리를 실천하는 생활을 강요했다. 또한 팔레비 체제와는 반대로 서구 측을 적대시했다. 그리고 자신에게 반기를 드는 반체제 운동가들을 무자비하게 탄압해 많은 이란인이 비밀 경찰의 고문과 처형에 고통을 받아야 했다.

호메이니 자신은 엄격한 무슬림으로, 최고 지도자가 됐어도 이전과 마찬가지로 검소한 생활을 계속하며 절대 사리사욕을 취하지 않았다. 하지만 이슬람 교리를 엄격하게 지킬 것을 자신뿐만 아니라 모든 국민에게 요구했기 때문에 경제적으로도 외교적으로도 이란을 독립시켰다고 말할 수는 없다.

팔레비의 독재 체제를 타파했다는 점은 호메이니의 가장 큰 업적이지만, 이후 이란이 호메이니가 꿈꿨던 이상 국가로 향했는지는 의문이 남는 문제다. 호메이니의 이슬람 혁명의 성과는 지금도 이란이 해결해야 하는 문제 중 하나다.

좀 더 깊이 알고 싶은 독자를 위한 추천 도서 ─────

• 『이슬람 혁명의 아버지』, , 호메이니, 유달승, 한겨레출판

사다트 (Anwar El Sadat, 1918년~1981년)
중동 평화를 위해 노력했으나 암살당한 대통령

사다트는 이집트 아랍 공화국 세 번째 대통령으로, 그는 오랫동안 적대 관계였던 이스라엘과 역사적인 평화 조약을 체결해 이스라엘의 베긴 총리와 함께 노벨 평화상을 받았다. 이로써 중동 평화를 위한 첫걸음을 뗄 수 있었다.

사다트는 가난한 수단계 이집트 가정의 아들로 태어났다. 1937년에 카이로 왕립 사관학교를 졸업하고 군에 들어갔으며 조국을 영국으로부터 독립시키고 싶다는 생각을 안고 제2차 세계대전 중 독일군에 호응하려고 했지만, 발각되어 붙잡히나 탈옥한다. 그는 1948년의 제1차 중동 전쟁 후에 결성된 자유 장교단에 참가해 1952년 쿠데타를 일으켰다. 다음 해 이집트는 공화국이 되었고, 나세르 정권이 등장한다.

1954년 사다트는 국무총리가 되었다. 1958년 이집트와 시리아가 합병해 아랍 연합 공화국이 등장하지만, 1961년에 시리아가 탈퇴하면서 이 공화국은 3년 만에 사라졌다. 1960년에 사다트는 제2대 인민 의회 회장에 올라 1964년부터는 부통령을 맡았는데, 그러던 중 1970년에 나세르 대통령이 사망하자 나세르의 뒤를 이어 대통령이 되었다. 그리고 1973년 제4차 중동 전쟁을 주도한다.

1974년부터는 정책을 반미에서 친미로 전환한다. 1977년 이스라엘의 베긴 총리를 카이로로 초대했고, 자신도 이스라엘을 방문한다. 그리고 다음 해 미국의 카터 대통령의 중개로 캠프 데이비드 협정을 맺어 중동 평화의 물꼬를 튼다. 이 공적으로 그해 노벨 평화상을 받지만 많은 아랍 국가와 이집트 국민 대다수는 이 평화에 반대했다. 그러자 사다트는 1981년에 반정부를 외치는 국민과 지식인을 탄압했고, 이 일련의 사태로 급증하기 시작한 국민의 불만이 같은 해 사다트의 암살로 이어지게 된다.

사다트는 대통령 취임 후 아랍 세계의 지도자로서 반이스라엘, 반미주의의 중심적 역할을 했지만, 태도를 바꿔 친미, 이스라엘과 공존할 수 있는 길을 열었다. 이 일대 전환에 대해 찬성하는 의견도, 반대하는 의견도 있어 단순히 평가할 수는 없다(이 평화가 팔레스타인 문제를 유보시켰다는 문제도 있다.). 단지 "이스라엘과의 사이에 평화가 성립되었다. 이것으로 나의 인생은 끝났다. 남은 것은 그저 하늘나라로 가는 날을 기다릴 뿐."이라고 수기에 적었을 정도로 암살당할 것을 각오하면서까지 중동에 평화가 오기를 바란 그의 바람만큼은 진심이었다. 그리하여 사다트라는 이름은 평화로 가는 거대한 한 발걸음으로 확실히 역사에 기록되었다.

아라파트 (Yasser Arafat, 1929년~2004년)

팔레스타인 독립과 자치를 위해 전진한 남자

제3대 팔레스타인 해방 기구(PLO)의 집행 위원회 의장이었던 야세르 아라파트는 그때까지 대립하던 이스라엘과 평화 교섭을 체결하고 1993년에 팔레스타인 과도 자치 정부를 수립했을 때의 지도자였다. 아라파트는 이 공적으로 다음 해 이스라엘의 라빈 총리와 함께 노벨 평화상을 받았다.

아라파트는 예루살렘의 명문가 출신이라는 설이 유력하다(이 외에 카이로에서 태어났다는 설도 있다). 카이로 대학에서 공학을 공부하고 1956년에 이집트군에 들어가 같은 해 공병 중위로 제2차 중동 전쟁에 참전했다. 전후에는 쿠웨이트에서 기술자로 일하는 한편 훗날 PLO의 중심이 되는 정당 파타를 결성하여, 이스라엘과의 무장 투쟁을 지휘하는 리더로서의 길을 걷기 시작한다. 그리고 1969년 PLO 의장에 취임하면서 이스라엘과의 무장 투쟁을 본격적으로 벌인다. 1988년 팔레스타인 국가 독립을 선언하고 아랍 세계의 승인을 얻는다.

1989년에 팔레스타인 자치 정부의 초대 대통령이 되었고, 1993년에는 이스라엘과의 무장 투쟁 방침을 바꿔 이스라엘과의 평화 교섭에 나선다. 팔레스타인과 이스라엘의 공존을 모색한 합의가 바로 오슬로 협정이다. 하지만 1995년에 교섭 상대였던 라빈 총리가 암살당하는 사건이 발생한 뒤로는 다시 이스라엘과 대립한다. 특히 강경파인 샤론 총리가 등장한 후 팔레스타인과 이스라엘의 대립은 더욱 심해져 2001년부터 팔레스타인 대통령 관저는 이스라엘군에 의해 포위된다. 그리고 2004년 저녁을 먹다가 갑작스럽게 쓰러져 파리 근교의 한 병원으로 이송되지만, 결국 사망하고 만다.

팔레스타인 국가 건설 과정에서 아라파트의 존재는 매우 크다. 이스라엘과의 무력 투쟁에서도 물러서지 않고 끈기 있게 싸우는 등 독립 국가 건설을 위해 노력했다. 그리고 무력 투쟁만이 아니라 오슬로 협정이라는 평화적인 방법도 모색했다는 점은 매우 큰 역사적 의의를 지닌다. 하지만 라빈 총리 암살로 인해 이 평화 공작은 실패로 돌아가고, 이스라엘군이 진격해 오자 팔레스타인 국가 내에서 지도자로서의 위치도 흔들리게 되었다. 실제로 이 실패를 아라파트의 책임으로 보는 사람도 많다. 그리고 자치 정부 수립 후에는 권력을 사물화했다는 비판도 존재한다.

아라파트에 대한 평가는 혁명가로서는 뛰어났지만, 통치자로서는 뒤떨어졌다는 의견이 많다. 하지만 그가 없었더라면 지금의 팔레스타인 자치 정부는 존재할 수 없었다.

좀 더 깊이 알고 싶은 독자를 위한 추천 도서 ─────

• 「눈물의 땅, 팔레스타인」, 김재명, 미지북스

토머스 에드워드 로런스 [Thomas Edward Lawrence, 1888년~1935년]
'아라비아의 로런스'로 유명한 군인

영국 군인이자 고고학자이기도 했던 토머스 에드워드 로런스. 그는 제1차 세계대전 중 오스만 튀르크 제국을 향한 아랍의 반란을 지원했다. 또한, 영화 『아라비아의 로런스』의 모델로도 알려져 있다.

로런스는 제7대 채프먼 준남작의 아들로 웨일즈 트리머독에서 태어났다. 부모는 정식으로 결혼하지 않았기 때문에 로런스는 어머니 쪽 성을 쓴다. 1907년에 옥스퍼드 대학 지저스 칼리지에 입학하고, 졸업 후에는 대영 박물관의 조사단원으로 튀르키예와 시리아의 국경선이 맞닿아 있는 카르케미시에서 고고학 조사와 관련한 일을 한다.

1914년에 제1차 세계대전이 발발하자 로런스는 육군에 소집된다. 1916년에 아랍국으로 전속되어 정보 장교로서 아라비아반도로 가 오스만튀르크로부터 독립을 꾀하는 지도자들과 만난다. 이후 시리아 국왕과 이라크 국왕이 되는 파이살과 손을 잡고 게릴라전을 전개했으며, 1917년 아카바를 점령하고 1918년에는 다마스쿠스를 점령하는 데에도 성공한다.

제1차 세계대전 후인 1921년 파리 강화 회의에서는 파이살의 통역 겸 고문으로 참가하지만, 결국 중근동 지역은 영국과 프랑스의 위임 통치 하에 놓이게 되어 아랍의 독립은 이루어지지 못했다. 이후 영국 육군 및 공군에서 근무하다 1935년에 제대했는데 제대 2개월 뒤 영국 남부 보빙턴에서 오토바이를 타고 가다가 전복 사고를 일으켜 의식불명에 빠졌으며, 이후 의식이 돌아오는 일 없이 세상을 떠났다.

로런스는 아랍의 독립을 위해 노력했다는 설이 일반적이지만, 실제로는 정보 장교로서 영국군의 전략적 우위를 확보하기 위해 행동한 것이라고도 한다. 어느 쪽이 올바른 설명인지는 제쳐두고 로런스의 게릴라 전술이 튀르키예군을 교란시켜 연합국군의 승리에 크게 기여했다는 점은 역사적인 사실이다. 그리고 그가 혼자서 아라비아로 가 아라비아인들과 함께 싸웠다는 점도 틀림없는 사실이다.

로런스가 아라비아에서 벌인 활약과 이와 관련한 여러 일화는 『아라비아의 로런스』라는 제목의 영화로도 만들어졌다. 많은 각색이 가미된 작품이지만 전 세계의 수많은 사람이 보았을 정도로 많은 화제를 불러일으켰으며, 그의 인생은 '아라비아의 로런스'로 지금도 살아 숨 쉬고 있다.

좀 더 깊이 알고 싶은 독자를 위한 추천 도서 ────

- 『사막의 반란』, T. E. 로렌스, 범우 등
- 『아라비아의 로렌스』, 스콧 앤더슨, 글항아리

이븐할둔 (Ibn Khaldun, 1332년~1406년)
중세 이슬람 세계 최고의 천재 역사학자

이슬람 세계를 대표하는 역사학자, 사상가인 이븐할둔. 그가 집필한『이바르의 책』은 이슬람 세계의 역사를 체계화한 것으로 유명하다.

이븐할둔은 튀니스(튀니지아)에서 태어났다. 할둔 가문은 명문 귀족이었기에 그는 튀니스의 이슬람 학자에게서 여러 가지 학문을 익혔다고 전해지지만, 기록이 많지 않아 자세히는 알 수 없다. 이후 모로코, 이베리아반도, 이집트의 여러 술탄을 섬겼다. 시리아 원정 중인 티무르를 알현했다고도 전해진다.

하지만 머지않아 은둔하며 역사서『이바르의 책』(워낙 많은 권수로 이루어진 책이어서 서론과 제1장만 뽑아 만든『역사서설』이 독립된 책으로 널리 읽힌다.)을 완성한다. 이후 현재 카이로에서 73세의 나이로 사망한다.

이븐할둔의 역사 철학은『역사서설』에 쓰여 있듯이, 문명이란 무엇인가, 역사를 안다는 것의 의미란 무엇인가를 탐구하는 것이었다.

그는 역사란 외면적으로는 보고로서의 의미 이상을 가지고 있지 않지만, 내면적으로 보면 역사는 사색이며, 진리의 탐구이며, 상세한 설명이며, 깊은 지식이라고 주장한다.

이러한 그의 역사 철학의 기초가 되는 개념이 '아사비야'다. 아사비야란 '집단의 연대' 또는 '부족주의'를 의미하는 것으로, 이것이야말로 역사를 움직이는 원동력이라고 그는 생각했다. 예를 들어 사막에 사는 사람들의 집단은 강인함과 단결력을 가지고 있어 도시에 사는 사람들의 집단을 힘으로 굴복시켜 왕조를 세운다. 하지만 세대가 바뀌면서 이들의 강건함과 단결력은 약해지고, 사막에서 온 다른 민족이 이들을 정복한다. 이것이 이븐할둔이 제창한 역사 흐름의 근본성이다.

이븐할둔의 이러한 역사 분석은 그때까지 이루어지지 않았던, 역사적 움직임의 동력을 깊이 고찰하고 있다는 점에서 중요하다. 영국의 역사가 아널드 토인비는 이븐할둔을 중세 최고의 역사가라고 칭찬하며, 마키아벨리, 비코, 콩트와 같은 선구자로서 매우 높게 평가하고 있다.

중세 이슬람 세계에서 이븐할둔은 분명 엄청난 학문 연구를 펼치며 역사란 무엇인가라는 문제에 대해 심원한 고찰을 했다. 그렇기에 그의 이름은 아랍 세계의 천재로서만이 아니라 세계사상 가장 위대한 대학자 중 한 명으로 꼽히며 지금도 회자되고 있다.

좀 더 깊이 알고 싶은 독자를 위한 추천 도서 ────────

• 『역사서설』, 이븐 할둔, 까치
• 『역사를 보는 이슬람의 눈』, 이브 라코스트, 알마

이븐시나 (Ibn Sina, 980년?~1037년)
중세 이슬람 세계의 위대한 의학자, 철학자

이슬람 세계를 대표하는 철학자, 과학자, 의사인 이븐시나. 그는 이슬람 세계만이 아니라 서양 세계의 철학, 의학 분야에도 매우 큰 영향을 미쳤다. 이 때문에 그는 '제2의 아리스토텔레스'라고도 불린다.

이븐시나는 현재 우즈베키스탄에 있는 부하라에서 징세관의 아들로 태어났다. 당시 부하라는 이란계 이슬람 왕조 사만 왕조의 수도였다. 그는 10세 때에 이미 코란을 암송했으며, 이후 철학, 천문학, 의학 등을 배우고, 16세에 환자를 보았다고 전해진다. 사만 왕조 군주의 병을 치료해 왕실 부속 도서관을 자유롭게 사용할 수 있는 권한을 얻었는데, 18세에 모든 장서를 독파했다는 일화가 전해 내려오고 있다. 18세에 최초의 저서『여러 학문의 집성』을 쓰고, 21세 때에 총 20권으로 이루어진 백과사전『공정한 판단의 서』를 완성한다. 22세 무렵부터 여행을 떠나 여러 곳을 유랑하다 하마단의 군주 샴스 알 다울라의 시의가 되었고 이후 재상의 지위에까지 오른다. 1020년경 그리스·로마의 의학을 체계화한 『의학전범』을 완성했고 철학서『치유의 서』도 이 시기 집필했다. 현대 이란의 하마단에서 1037년 사망한다. 원인은 위암 혹은 이질이라고 알려져 있다.

이븐시나의 업적은 크게 철학과 의학 두 분야로 나눌 수 있다. 철학 분야에서의 업적은 아리스토텔레스의 철학을 발전시켜 존재는 본질에 대한 우유(偶有. 우연히 갖추어진 성질)이며, 존재의 모든 상은 제1원인, 즉, 필연적인 존재자인 신으로부터 유출된다고 설명했다는 점을 꼽을 수 있다. 이러한 사고는 이탈리아의 철학자 토마스 아퀴나스의 사상에 큰 영향을 주었다.

의학 분야에서의 업적은『의학전범』안에서 병의 원인을 질료인, 형상인, 기동인, 목적인 총 4가지로 구분하고, 이 원인을 기관, 체약, 성질, 구조, 능력이라는 측면에서 체계화한 점을 들 수 있다. 또한, 고통을 15종류로 구별해 생명력이야말로 가장 중요하며, 생명력은 생명 활동의 근원으로 신으로부터 유출되는 것이라고 주장했다. 그의 이러한 의학 이론은 이후 6세기에 걸쳐 이슬람 세계만이 아니라 서구 세계에서도 매우 중요하게 다뤄졌다.

좀 더 깊이 알고 싶은 독자를 위한 추천 도서 ─────

• 『정치철학 1 : 그리스로마와 중세』, 곽준혁, 민음사

CHECK ☐

바르다마나 [Vardhamana, 기원전 549년?~기원전 477년?]
철저한 불살생을 설파한 자이나교의 시조

고대 인도의 사상가로 자이나교의 시조인 바르다마나. 그는 브라만교를 강하게 비판하고 새로운 종교로써 자이나교를 창시해 마하비라(위대한 용자)라고 불렸다.

바르다마나는 현재 인도 비하르주(당시 마가다국)의 자무이에서 크샤트리아 계급의 아버지의 아들로 태어났다. 결혼해서 딸을 한 명 낳지만, 30세에 출가한다. 영혼의 구제를 추구하며 13개월 동안 명상한 끝에 모든 의복을 버리고 벌거벗는 등 자신이 소유한 모든 것을 버렸다. 12년 동안의 극심한 고행을 거친 후 주림비카 마을의 사라쌍수 아래서 깨달음을 얻어 마하비라로 불리게 된다. 이때부터 30년 동안 인도 각지를 돌며 포교 활동을 벌인다. 그러다 기원전 477년경에 마가다국의 파와('파와푸리'라고도 알려져 있다.) 마을에서 자발적으로 단식해 72세에 목숨을 끊었다고 한다.

위에서 소개한 것처럼 바르다마나는 자이나교의 교조인 만큼, 먼저 그가 연 자이나교란 어떤 종교인지를 설명할 필요가 있을 것 같다. 이 종교는 만물은 정신적인 것과 물질적인 것으로 이루어져 있다는 이원론 시점을 가지고 있다.

또한, 우주는 생명을 가진 것과 생명을 가지지 못한 것으로 구성되어 전자는 꾸준히 상승하는 성질을 가지고 있으며, 다른 생명을 괴롭히거나 죽이면 악한 카르마(업)에 물들게 되는데 이는 행복으로 정화할 수 있다고 보았다. 자이나교의 핵심 교리로 생명이 있는 모든 것에 대한 살생을 엄격히 금하는 불살생이 있는데, 바로 이를 위한 교리다. 후자는 꾸준히 하강하는 성질을 가지고 있고 윤회의 원인을 만든다고 여겼다. 이것이 자이나교의 근본 원리다. 그리고 인간이 윤회에서 벗어나기 위해서는 올바른 생활을 보내는 것과 고행으로 카르마를 없애는 것이 필요하다고 바르다마나는 주장했다.

이러한 바르다마나의 가르침은 인도 전역으로 퍼져 많은 신자를 배출했으며, 후에 탄생할 불교와 힌두교에도 매우 큰 영향을 주었다. 그리고 불살생 사상은 간디의 비폭력 사상에도 크게 반영되어 있다고 한다.

바르다마나는 당시로써는 획기적인 불살생의 사상을 설파하고, 죄 많은 인간이 해탈하기 위한 길을 명확히 제시했다. 그의 사상은 종교적일 뿐만 아니라 사회적, 문화적인 측면에서도 중요한 의미를 가졌다. 그렇기 때문에 지금도 인도 각지에서 많은 사람이 바르다마나의 가르침을 따르고 있는 것이다.

좀 더 깊이 알고 싶은 독자를 위한 추천 도서 ───────

▪ 『인도 불교와 자이나교』, 김미숙, CIR

무함마드 이븐압둘라(Muhammad ibn ʿAbd Allah, 570년?~632년)

이슬람교 최후, 최고의 예언자

무함마드 이븐압둘라는 오랫동안 영어식인 마호메트로 불렸던 이슬람교의 창시자다. 그는 알라신의 계시를 받아 이슬람교를 전파했다.

무함마드는 570년경 아라비아반도의 메카에서 상인의 아들로 태어났다. 아버지의 일을 이어받은 무함마드는 25세에 결혼해 매우 평범한 생활을 보냈다. 하지만 610년(40세 무렵이라고 한다)에 알라의 계시를 받고 자신이야말로 예언자라는 사실을 자각한다.

613년 메카에서 포교 활동을 시작하지만, 초기 무슬림은 박해를 심하게 받았던 탓에 622년 박해를 피해 메디나로 탈출했다. 이것을 헤지라(聖遷, 성천)라고 부르고 이 해를 이슬람 기원 원년으로 삼는다. 630년 무함마드가 이끄는 군대가 메카를 점령한다. 이후에도 세력을 착실히 키워 아라비아반도 전체를 정치적으로도 종교적으로도 이슬람의 지배하에 두었으나 632년 62세 때 메디나에서 병사한다.

무함마드는 이슬람교를 창시한 것으로 역사에 이름을 남겼으니만큼 여기서는 그가 퍼뜨린 이슬람교의 대략적인 특징을 이야기하고 넘어가고자 한다.

이슬람교는 유일신교로, 우상숭배를 금지하고 유일신 알라에의 봉사와 신도들 간의 상호부조 관계를 중요시 여기는 종교다. 이러한 가르침은 무함마드의 말씀을 적은 『코란(꾸란)』에 적혀 있다. 무슬림이 해야 하는 신앙 행위는 신앙 고백(샤하닷), 예배(살라트), 희사(자카트), 금식(사움), 순례(핫즈) 다섯 가지다. 여기에 성전(지하드)을 넣을 때도 있지만, 일반적으로는 이렇게 다섯 가지를 무슬림의 의무로 본다. 이와 더불어 이슬람교 세계에서는 정치와 종교를 분리해서 생각할 수 없기 때문에 서양 근대주의의 기본인 정교분리는 무슬림 세계에서는 성립하지 않는다는 점도 기억해두자.

이렇게 무함마드가 설파한 이슬람교의 가르침은 아라비아반도를 중심으로 전 세계로 퍼져 나가 세계 3대 종교 중 하나가 되었다. 이슬람교가 상호부조의 정신과 종교적 관용을 내세운 종교였기 때문에 가능한 일이었다.

세계 종교가 된 이슬람교의 교조이자 위대한 예언자인 무함마드. 지금도 많은 무슬림은 그의 말씀에 귀를 기울이고 있다. 그의 가르침이 좋은 세상을 만들 것이라고 믿으면서. 이처럼 그는 지금도 이슬람 세계에서 큰 정신적 지주로 남아있다.

좀 더 깊이 알고 싶은 독자를 위한 추천 도서

- 『마호메트 평전』, 카렌 암스트롱, 미다스북스
- 『코란(꾸란)』, 김용선, 명문사

나나크 [Guru Nanak, 1469년~1538년?] 1539년에 사망했다는 설도 있음.

카스트 제도를 비판하고 시크교를 연 구루

인도의 구루 나나크는 시크교의 창시자이자 초대 구루('스승'이라는 의미)다. 힌두교의 개혁을 호소했던 그가 만든 시크교는 종교적으로 강한 영향력을 발휘했을 뿐만 아니라 카스트 제도를 부정하면서 인도 사회의 토대를 개혁하려 했다는 점에서 이후 인도 사회에 큰 영향을 주었다.

나나크는 오늘날 파키스탄의 라호르 근교에서 힌두교도 부모 사이에서 태어났다. 가정은 상위 카스트에 속했으며 아버지는 이슬람교 지주의 회계관이었다. 나나크는 어렸을 때부터 힌두교 성전인『베다』에 통달했다고 전해지며, 10세 때에 학교를 그만두고 명상으로 하루하루를 보냈다. 그는 이 시기부터 이미 여러 기적을 일으켰다고 한다. 진리를 깨달은 나나크는 펀자브 지방에서 포교 활동을 시작하면서 인도 각지를 돌아다녔으며 펀자브 지방 카르타르푸르에서 사망했다.

나나크가 세운 시크교는 일신교인데, 다른 일신교에 비해 특이한 점이 있다면 시크교에서의 신은 정해진 형태도 이름도 없다는 것이다. 그리고 우상 숭배를 금지했으며 카스트 제도를 부정했다. 더불어 '평등, 우애, 겸손'을 중시하고 노동에도 가치가 있다고 보았다. 시크교는 절이나 수도원을 세우지 않고, 시크교도의 공동체는 일상적으로 직업에 종사하면서 서로 돕는다.

그와 시크교는 인도 사회에 엄청난 영향을 끼쳤는데, 바로 평등과 자립을 중시하는 교리 때문이었다. 특히 평등의 정신에 따라 인도 사회 전체에 큰 문제였던 카스트 제도를 비판하면서 인간에게는 태어나면서부터 정해지는 계급은 존재하지 않는다고 주장해 민중들의 많은 지지를 받았다. 그리고 노동을 존중하는 자립의 정신을 통해 각자가 적극적으로 사회를 지탱하기 위해 노력해야 한다고 설파했다. 이와 같은 나나크의 사상은 그보다 먼저 카스트 제도를 비판했던 종교 지도자 카비르의 사상과 이슬람 신비주의의 영향을 받았다고 전해진다.

이처럼 나나크는 한 명의 종교 지도자로서만이 아니라 종교 개혁이라는 측면에서도, 나아가서는 가르침과 이를 몸소 실천하는 모습으로 인도 사회에 막대한 영향을 주었다. 그리고 나나크의 가르침을 믿는 많은 시크교도는 이후 영국에 의해 식민지화된 인도의 독립을 위해 전면에 나서 싸우게 된다.

좀 더 깊이 알고 싶은 독자를 위한 추천 도서 ─────

▪ 『시크교』, 서민수, 시공사

무함마드 이븐 압둘 알와하브(Muhammad ibn Abd alWahhab, 1703년~1792년)
타우히드를 외친 이슬람교 종교 개혁가

무함마드 이븐 압둘 알와하브는 예언자 무함마드의 말씀만을 따라야 한다고 주장하며 이슬람교 종교 개혁을 펼친 인물로 알려져 있다.

이븐 압둘 알와하브는 아라비아반도의 알 우야이나 마을에서 이슬람 법학자 아버지의 아들로 태어나 어렸을 적부터 아버지로부터 이슬람과 여러 학문을 배웠다. 그리고 메카와 메디나를 순례하며 공부에 힘썼으며, 이후 무함마드 이전의 오래된 습관이 뿌리 깊게 남아있었던 당시의 아라비아반도의 문제를 개혁하고자 악습을 철저히 없애는 운동을 펼친다. 1744년 무렵 오스만튀르크로부터 독립한 사우드 제1왕국(디리야 토후국이라고도 한다.)이 성립하자 같은 고향 출신의 호족 무함마드 이븐사우드의 보호를 받으며 자신의 사상을 널리 퍼뜨렸다. 1792년에 사우드 왕국의 수도인 디리야에서 사망했다.

이븐 압둘 알와하브는 자신의 종교 운동을 이슬람을 순화하기 위한 노력이라고 여겼다. 이 운동은 무슬림을 그가 믿는 신앙의 기본 원칙으로 되돌아오도록 만드는 것이었다. 그는 다신교나 우상숭배를 철저히 배척하고 알라만을 믿는 타우히드(신의 유일성 원리)를 강하게 주장했다. 이 사상은 곧 아라비아반도 전체에 강력한 영향력을 발휘해 알와하브의 사상을 따르는 와하브파가 생겨난다.

이슬람교 특유의 정치와 종교의 결합으로 인해 사우드 왕국의 통치를 거부하는 자는 알와하브로부터 배교자, 이교자로 간주되어 지하드의 대상이 되었다. 더불어 와하브주의자는 유대교나 기독교 같은 타 종교도 철저히 배격했다. 그리고 이렇게 엄격한 이슬람교 순화 자세는 이슬람 원리주의의 핵심 기반 중 하나가 되었다.

이븐 압둘 알와하브는 이슬람교의 종교 개혁자로서 무슬림 사이에서는 지금도 높이 평가를 받는 사상가다. 그의 종교 개혁은 타성에 젖고 규율이 느슨해진 이슬람교를 바로잡고 『코란』의 가르침과 타우히드로의 회귀를 강하게 주장함으로써 신앙의 원점을 제시했다는 점에서 이슬람교 역사 속에서 매우 중요한 의미를 지닌다.

붓다 (佛陀, 기원전 463년?~기원전 383년?)

삶의 고통 속에서 깨달음을 얻은 불교의 창시자

기독교, 이슬람교와 함께 세계 3대 종교 중 하나인 불교의 창시자는 여러 가지 이름으로 불린다. '붓다'는 깨달음의 최고 경지, 부처의 깨달음을 얻은 사람을 말한다. 하지만 오늘날에는 그 경지에 오른 사람이 한 사람밖에 없다고 보아 사실상 불교의 창시자를 가리키게 되었다.

붓다보다 사람들이 일반적으로 부르는 이름은 '석가(釋迦)'일 것이다. 이것도 원래는 고대 인도의 한 부족을 뜻하는 이름이다. 그가 이 부족 출신이었기 때문에 이렇게 불린다. 그의 정식 이름은 '석가모니(釋迦牟尼)'다. 또한 '석가세존(釋迦世尊, 줄여서 석존)'은 그의 존칭이다. '고타마 싯다르타'는 아명이라고 생각해도 좋다. 여기서는 '붓다'라는 표기를 중심으로 문맥과 그의 생애에 맞춰 그때그때 이름을 바꿔 설명하려 한다.

기원전 5세기경 인도에는 많은 도시 국가가 세워져 있었다. 그중에서 소국인 카필라국에서 태어난 인물이 고타마 싯다르타였다. 어머니 마야 부인의 오른쪽 겨드랑이에서 태어났다는 설이 있다.

사실 고타마가 언제 태어났는지는 확실하지 않아 기원전 563년(사망년도는 기원전 483년)이라는 설도 있다. 고타마는 왕자로 태어나 전혀 부족함 없는 환경에서 자랐으며, 16세(19세라는 설도 있다.)에 결혼해 아이도 얻었다. 고타마는 왕족으로 한가로운 생활을 보내고 있었지만, 어느 순간 인간으로서 겪을 수밖에 없는 고통(사고四苦: 생, 사, 노, 병)을 알게 되어 모든 것을 버리고 29세에 출가했다.

그는 깨달음을 얻기 위해 여러 가지 고행을 했다. 이것은 당시 인도에 퍼져 있었던 브라만교의 영향을 받은 행동으로 여겨진다. 단식과 같이 육체를 혹사하는 방법도 썼지만, 과도한 쾌락이 부적절한 것과 마찬가지로 과도한 고행도 의미가 없다는 것을 깨달았다.

고타마는 35세 때 붓다가야의 보리수 아래에서 명상에 들어간다. 이윽고 깨달음에 닿아 붓다가 되었다. 그는 중생에게 자신의 법(가르침)을 설파하기로 정하고 개교(開敎)를 결의했다.

그는 북인도, 특히 갠지스강 중류 지역에서 포교 활동을 펼쳤다. 당시 강한 힘을 가지고 있던 나라가 마가다국이었는데, 이 나라의 군신과 촌장 그리고 브라만교 신도까지 붓다의 설교를 듣고 불교로 귀의했다. 브라만교에 있던 차별적인 카스트 제도에 대해 붓다가 인간의 평등을 주장한 점도 이들이 귀의한 큰 이유 중 하나였다. 붓다의 전도 생활은 말년까지 계속되었다.

붓다는 여든이 되는 해 쿠시나가라에 있는 사라수 아래에서 옆으로 누워 편안한 죽음을 맞이했다. 죽기 전 마지막으로 남긴 말은 "여러 가지 현상은 지나가는 법이다. 게으름 피우지 말고 수행을 완성하라."였다고 한다. 참고로 불교에서는 죽음을 '입멸'이라고 하며, 붓다의 입멸을 그린 그림을 '열반도'라고 한다.

붓다 사후 그의 가르침이 '불교'가 되었고, 제자들이 붓다의 가르침을 '경전'으로 편찬해 중생들에게 전했다.

붓다는 삶을 고통으로 보았고, 수행으로 이 고통에서 해방될 수 있다고 가르쳤다(깨달음과 해탈). 해탈하기 위해서는 세상의 무상함을 자각하고 고통의 원인인 네 가지 진리(四諦)를 밝혀야 할 필요가 있다. 제행(諸行, 깨달음을 얻기 위한 모든 선행)은 결국 없어지는 것이다. 그 과정에서 물건이나 인간에게 집착하지 않고 올바른 마음을 가지는 것으로 고통을 없앨 수 있다. 이를 위한 올바른 생활의 실천을 팔정도(八正道)라고 한다.

초창기 불교는 다른 종교와 달리 신과 인간의 관계를 묻는 것이 아니라 사람과 사람 사이의 생활 속에서 인간 자신의 더욱 나은 삶을 찾는 것이 목적이었다.

당시 불교는 출가주의여서, 각자의 생활을 버리고 상가(僧伽)라고 부르는 출가 집단을 형성하고 있었다. 처음에는 잘 통솔되던 상가였지만, 붓다 사후 100년 이상 지나자 불교는 여러 파로 나뉘어 분열되었다(부파불교).

그리고 기원 전후가 되자 이러한 부파불교와는 다른 큰 움직임이 등장한다. 붓다의 유골을 담았다고 하는 사리탑(스투파)을 믿는 재가 집단이 '대승불교(大乘佛敎)'를 열었다. 풀어서 쓰면 '커다란 탈 것'이라는 뜻의 '대승'은 널리 중생의 구제를 우선한다는 의미를 지녔다. 이에 대해 부파불교는 출가자의 해탈만을 목적으로 한 종교이기에 '소승불교'라고 불렀다. 하지만 이 호칭은 이들을 비하하는 의미가 담겨있기 때문에 '상좌부불교(上座部佛敎)'가 올바른 명칭이다.

상좌부불교가 스리랑카나 태국 등의 동남아시아에서 번성한 한편, 대승불교는 아시아 전체로 퍼졌다. 한편 석가가 태어난 인도에서의 불교는 7세기 이후 힌두교와 이슬람교의 압박으로 쇠퇴한다.

불교 조각은 기원전 1세기경부터 만들어지기 시작했다. 상좌부불교에서는 개개인이 수행을 통해 자신을 높이는 것이 목표였기 때문에 애초에 불상이라는 우상은 필요하지 않았다. 하지만 대승불교에서는 중생들에게 불교를 믿게 만들고, 구제를 바라게 만들기 위해 불상이 매우 필요했던 터라(상좌부불교에서 불상을 만들지 않는다는 뜻은 아니다) 석가를 모티프로 한 불상이 많이 만들어졌다. 현재의 불상은 여래, 보살, 명왕, 천부 네 부류로 나뉜다. 이 중 여래가 가장 높은 지위에 있다. 수행을 완성해 깨달음을 얻은 사람을 가리키기 때문이다. 여래상은 많은 종류가 있지만, 현세에서 깨달음을 얻은 실존 인물은 석가 한 사람뿐이다. 이를 나타내는 '석가여래상', 또는 좌우에 협시(脇侍, 불상에서 본존인 여래의 곁에서 본존을 보시는 상)가 붙어 있는 '석가삼존상'이 주로 만들어지고 있다.

좀 더 깊이 알고 싶은 독자를 위한 추천 도서
- 『붓다』, 데즈카 오사무, 학산
- 『인간 붓다, 그 위대한 삶과 사상』, 법륜, 정토출판

오마르 하이얌 [Omar Khayyām, 1048년?~1131년?]

『루바이야트』를 쓴 만능형 지식인

오마르 하이얌은 천문학, 수학, 철학 등 여러 학문에 정통했던 셀주크 튀르크의 학자였으며, 『루바이야트』의 저자로도 유명한 시인이기도 하다.

　오마르 하이얌의 생애는 베일에 싸인 부분이 많은데, 페르시아 북서부의 니샤푸르에서 태어났다는 점은 확실하다. 아버지의 직업은 천막 제작 장인이었다고 한다. 26세 때 셀주크의 왕 말리크샤를 섬기고 태양력의 일종인 잘랄리력을 고안했다. 아라비아어로 된 많은 과학서를 쓰는 한편 『루바이야트』도 완성했다. 이 외에도 여러 가지 활약을 펼치다 고향인 니샤푸르에서 사망했다.

　오마르 하이얌의 역사적인 공적은 두 가지가 있다. 하나는 『루바이야트』의 집필이고, 다른 하나는 잘랄리력의 고안이다. 『루바이야트』는 루바이, 즉, 4행시를 여러 개 모은 시집으로, 오마르 하이얌이 쓴 『루바이야트』는 쉬운 단어를 사용하면서도 철학적 심원함도 가지고 있고, 여러 가지 감정을 다양한 색채로 그려낸 아라비아 문학사상 최고의 작품이라고 불릴 정도로 뛰어난 시집이다. 괴테도 이 시집을 읽고 깊은 인상을 받았으며, 19세기 중반에는 영국의 시인 에드워드 피츠제럴드가 영어로 번역해 근대 영시에 큰 영향을 주었다. 이처럼 『루바이야트』는 아라비아만이 아니라 세계 문학의 걸작으로 높이 평가받고 있다.

　잘랄리력은 오늘날 이란력의 기본이 되는 달력으로, 1년의 길이를 365.24219858156일로 계산한 달력이다. 현재 세계 각지에서 사용되고 있는 그레고리력이 1년의 길이를 365.2425일로 정한 것보다 정밀도가 높다. 하지만 셀주크 왕조의 쇠퇴와 함께 이슬람 세계에서도 이슬람력(히즈라력)이 사용되게 되었다.

　오마르 하이얌을 두고 이슬람 세계의 레오나르도 다 빈치라고 보는 의견도 있다. 다방면으로 재능을 가진 만능형 지식인이었기 때문이다. 그가 후세를 위해 남긴 업적은 위대한 것이었지만, 안타깝게도 그의 학문이 어느 정도의 수준에 도달했는지는 알 방법이 없다. 그러나 그의 이름이 아라비아 세계만이 아니라 전 세계에 널리 알려졌다는 것은 틀림없는 사실이다.

좀 더 깊이 알고 싶은 독자를 위한 추천 도서 ─────

▪ 『루바이야트』, 오마르 하이얌, 지식을만드는지식 등

잘랄 앗딘 루미 [Jalāl ad-Dīn Muhammad Rūmī, 1207년~1273년?]
페르시아 문학사상 최고의 신비주의 시인

페르시아 문학사상 최고의 신비주의 시인이라고 불리는 잘랄 앗딘 루미. 그는 튀르키예의 신비주의 교단인 메블레비 교단의 창시자로도 유명하다.

루미는 1207년 고명한 신학자의 아들로 현재 아프가니스탄 북부의 발흐에서 태어났다. 1217경 현재 튀르키예 중부에 있는 말라티아로 옮긴 뒤 또다시 튀르키예 중부의 코냐로 이주한다. 이슬람 신학과 이슬람교 수니파의 법학 중 하나인 하나피파의 법학을 공부한 그는 1229년 무렵 그곳에 메블레비 교단을 설립한다. 1244년 신비주의 탁발승 샴스 알딘과 만나고 그 뒤부터 시를 쓰기 시작해 1261년까지 수많은 서정시를 남겼는데, 1261년부터 사망 시까지 신비주의 서사시의 걸작이라고 불리는 총 6권, 2만 6,000구로 이루어진 『정신적 마스나비』를 창작한다. 1273년 코냐에서 중병에 걸려 66세에 사망했다.

루미가 남긴 업적은 크게 두 가지다. 이슬람파 신비주의 시인으로서 많은 시를 창작했으며 메블레비 교단을 창립했다. 그의 시는 서정시 시대인 전기와 『정신적 마스나비』를 쓴 후기로 나뉜다. 전기의 작품은 간결하지만, 서정미가 풍부해 읽는 사람의 마음을 움직이는 시를 주로 썼다. 이 시기의 작품으로는 『샴세 타비즈 시집』과 『4행시집』 등이 있다. 후기의 대작 『정신적 마스나비』는 우화, 비유, 이야기가 쉬운 문체로 쓰인 데다가 깊은 철학적 사상도 내포하고 있어 '신비주의의 성전'이라는 평가를 받고 있다. 또한 이 시집은 신비 사상의 근본성을 체계적으로 보여주는 책이라고도 말할 수 있다.

두 번째 메블레비 교단 창립에 대해서는 다음과 같이 말할 수 있다. 이 교단은 무도 교단이라고도 불리며 치마를 입은 신자가 음악에 맞춰 춤을 춤으로써(이 행위를 '세마'라고 한다) 신과 하나가 될 수 있다고 믿는다. 정열적이고 행동적인 루미의 사상이 구현화한 것 중 하나로 볼 수 있다.

수피 이븐 알 아라비와 함께 이슬람 신비 사상의 거장으로 불리는 잘랄 앗딘 루미, 그는 자신의 사상을 이론이 아니라 시와 춤을 통해 표현한 위대한 사상가였다.

이븐바투타(Ibn Baṭṭūṭah, 1304년~1368년)

『3대륙 주유기』를 남긴 14세기 여행가

유럽의 대항해시대는 15세기부터 16세기였다. 콜럼버스와 마젤란, 엔히크 항해 왕자에서 소개했다시피 이 시기는 항해 기술이 발전해 대형 선박으로 대서양을 건너는 새로운 항로를 개척한 모험가들이 앞다투어 등장했다.

하지만 대항해시대 이전에도 모험가는 존재했다. 그중 한 사람은 유명한 마르코 폴로다(마르코 폴로 참조). 그리고 그와 마찬가지로 육로를 사용해 동쪽으로 향한 인물이 아랍 세계에도 있었다. 바로 이븐바투타다.

바투타는 마르코 폴로보다 십수 년 후의 인물이다. 모로코인인 그는 모험가, 탐험가라기보다 여행가였다. 그는 새로운 땅을 발견하겠다는 의식 같은 것은 없었고, 그저 자신의 견문을 높임과 동시에 알려지지 않은 세계를 많은 국민에게 알리고 싶어 여행을 떠난 것이었다.

바투타는 1325년 21세에 이집트를 경유해 메카 순례를 위한 여행을 떠났다. 이 여행을 시작으로 그는 이란, 시리아, 흑해, (당시의) 킵차크 칸국, 중앙아시아, 인도, 스마트라, 자바를 거쳐 중국(당시는 원나라) 심지어 오늘날의 베이징에까지 발걸음을 옮겼다. 그리고 1349년에 일단 귀국한 후 다시 이베리아반도와 사하라 사막, 서아프리카의 말리 왕국을 여행했다.

1354년 집으로 돌아와서 주위의 권유에 따라 여행에서의 기록을 받아쓰게 했다. 이 구술을 바탕으로 만든 책이 아라비아어 여행 문학의 걸작이라고 불리는 『3대륙 주유기』다. 그의 여정은 총 10만km나 된다고 하며 문자 그대로 유럽, 아프리카, 아시아를 거친 획기적인 여행이었다.

좀 더 깊이 알고 싶은 독자를 위한 추천 도서 ─────

• 『이븐 바투타 여행기』, 이븐바투타, 창작과 비평사

타고르 (Rabindranath Tagore, 1861년~1941년)

아시아인 최초로 노벨상을 받은 벵골 시인

라빈드라나트 타고르는 인도 벵골주의 캘커타(오늘날의 콜카타)에서 태어났다. 할아버지가 대상인인 부유한 가정이었고, 어렸을 때부터 시와 친했던 그는 영국 유학을 떠난다.

1890년에 타고르는 가문이 소유한 영지 관리의 일환으로 농민의 생활을 체험한다. 이때 벵골 지방의 신비주의 음유시인들인 '바울'과 만나는데, 이때의 경험은 그가 시를 창작하는 데에 큰 영향을 주었다. 타고르는 1909년 시집『기탄잘리』를 발표한다. 이것은 무려 100편이 넘는 벵골어로 쓰인 시를 본인이 영어로 번역한 작품이다. 1913년 타고르는『기탄잘리』로 아시아인 최초로 노벨 문학상을 받았는데, 그의 시에는 동양의 신비주의와 휴머니즘, 사랑으로 가득 찬 인생관이 넘쳐흐른다.

또한, 그의 인생과 작품에는 벵골 지방의 영향이 강하게 묻어나 있다. 벵골은 인도와 방글라데시에 걸쳐있는 지역이라 방글라데시 사람들도 타고르를 무척 존경한다. 타고르가 작사한『나의 금빛 벵골』을 방글라데시의 국가로 채택했을 정도다.

타고르는 일본에도 관심을 가져 미술 사상가인 오카쿠라 덴신과도 교류했고 타고르 자신도 일본을 몇 번 방문했다. 하지만 중일 전쟁으로 향하는 일본의 군국주의에 대해 서구 문명의 독에 물들었다며 비판했다.

이처럼 그의 자세는 거의 동시대를 산 마하트마 간디와 닮은 점이 있다. 간디는 비폭력, 불복종의 자세로 인도 독립을 이루어냈다(간디 참조). 타고르는 문학자인 로맹 롤랑, 물리학자 아인슈타인과도 친분을 쌓았는데, 모두 평화를 희망하고 파시즘을 비판한 위인들이다.

타고르와 같은 벵골 지방 출신의 영화 감독으로 사티야지트 레이가 있다. 그는『대지의 노래』등으로 알려진 세계적인 영화 감독이다. 그는 타고르를 찍은 다큐멘터리『시성 타고르』도 남겼다.

시인인 타고르는 명언을 많이 남겼다. 그중에서도 "사람들은 잔혹하지만, 사람은 상냥하다."라는 말은 제국주의를 경험했던 사람들에게 더욱더 깊은 울림을 남긴다.

좀 더 깊이 알고 싶은 독자를 위한 추천 도서

- 『기탄잘리』, R. 타고르, 범우사 등
- 『타고르의 문학과 사상, 그리고 혁명성』, 박정선, 산지니

세계사 명언 연대기

세계 역사를 통틀어 봤을 때 현대에 전해지는 옛 명언은 무척 많다. 예를 들어 기원전 100년에 태어난 가이우스 율리우스 카이사르(영어명 시저)는 주옥같은 명언을 정말 많이 남겼다. 이것은 훗날 셰익스피어가 『율리우스 시저』에서 그렇게 묘사했기 때문도 있다.

카이사르는 갈리아 원정 후 원로원에 반기를 들고 로마 내전에 몸을 던진다. 이탈리아 북부를 흐르는 루비콘강을 넘어 로마로 향할 때 "주사위는 던져졌다."라는 명언을 남겼다. 이후 이집트를 평정하고 클레오파트라와 가까워진 카이사르는 기원전 47년에 오늘날의 튀르키예에서 벌인 젤라 전투에서 승리한다. 이때 "왔노라, 보았노라, 이겼노라."라는 명언을 남겼다. 그리고 기원전 44년 암살당해 죽기 직전 깊이 믿었던 사람인 브루투스의 배신을 알고 "브루투스, 너마저?"라는 명언도 남겼다고 한다.

이번에는 중세로 눈을 돌리자. 12세기 말에 로마 교황으로 취임한 인노켄티우스 3세는 "교황은 태양, 황제는 달."이라고 말하며 교황의 절대적인 권력을 주장했다. 이러한 중세의 시대 "아담이 밭을 갈고 이브가 베를 짜던 때에 누가 귀족이었는가?"라고 영국의 존 볼은 말하며 인간의 평등을 설파했고 이는 와트 타일러의 난의 불씨를 지폈다. 반란은 진압당하고 볼은 처형당했다.

"양이 인간을 잡아먹고 있다."라고 말하며 목양업을 위해 귀족이 공유지를 사유지화한 인클로저 운동을 비판한 영국인 토머스 모어도 있다. 이때의 왕은 헨리 8세. 그의 이혼을 비판했던 토머스 모어는 1535년 잔학하게 처형당한다. 헨리 8세의 딸 메리 1세는 영국 왕으로서 개신교를 학살해 '블러디 메리'라고도 불렸는데, "나의 심장을 찢으면, 심장에는 칼레가 있다."라는 말을 남겼다. 프랑스에 있던 영국령 칼레를 프랑스에 빼앗긴 것이 너무나도

분했던 것이다.

"국왕은 군림하되 통치하지 않는다."라는 명언을 말한 사람은 얀 자모이스키다. 폴란드의 귀족으로 16세기 말의 인물이다. 이 말은 훗날 영국 입헌군주제의 이념이 되었다.

"짐은 곧 국가다."는 1661년에 루이 14세가 한 말이다. 그야말로 시대는 절대왕정이었다. 이에 대해 러시아에서는 예카테리나 2세가 1767년에 "군주정치의 진정한 목적은 백성의 자유를 빼앗는 것이 아니라, 그들을 올바르게 이끄는 것이다."라고 말했다. 그녀가 계몽전제군주였기에 가능한 말이었다. 이 말을 현대에 맞게 바꿔보면, 민주정치의 목적은 정치가를 바로 이끄는 것이라고 해도 되지 않을까. 그녀와 마찬가지로 계몽전제군주였던 프로이센의 프리드리히 2세 역시 "군주는 국가의 첫째가는 하인이다."라는 말을 남겼다고 한다.

1789년 유럽에서는 프랑스 혁명이 일어난다. 이와 관련해 "혁명 전야의 삶을 겪어보지 못했던 자는 삶이 얼마나 달콤한지 모른다."라는 명언은 프랑스의 외무장관 탈레랑이 한 말이다. 혁명 후 나폴레옹이 등장해 "내 사전엔 불가능이란 단어는 없다."라고 말한다. 이 나폴레옹을 무찌른 사람이 넬슨이다. 그는 1805년 트라팔가르 해전에서 "신에게 감사한다. 나는 내 의무를 다했다."라고 마지막 말을 남긴 뒤 눈을 감는다. 나폴레옹 전쟁 이후 유럽의 질서 회복을 논의하기 위해 열린 빈 회의의 광경을 본 리뉴 후작이 "회의는 춤춘다. 그러나 진전은 없다."라며 냉소했다는 일화도 전해 내려오고 있다.

제6장

동아시아

시황제 [始皇帝, 기원전 259년~기원전 210년]
중국 전체를 아우르는 대제국을 처음으로 세운 황제

기원전 221년 진 왕정(진시황)으로 중국 통일을 달성하고 후에 2천여 년이나 이어진 황제 정치의 기초를 다진 사람이 시황제다. 재위 기간은 진나라 왕으로서는 기원전 247년부터 기원전 221년, 그리고 진제국의 초대 황제로서는 기원전 221년부터 기원전 210년에 이른다.

진의 왕자였던 아버지 자초(시황제 즉위 후에는 장양왕)가 휴전 협정에 따라 인질로 조나라에 있었을 때 조나라의 수도 한단(중국 허베이성 한단시 부근)의 진정에서 태어났다. 진나라의 진(秦)은 여기서 따왔다. 역사서 『사기』를 보면 시황제의 본명이 나라를 다스린다는 뜻의 정사 정(政) 자를 쓴 조정이라는 기록이 있는데, 후베이성 원멍현 성문 부근의 수호지 근방에서 발견된 진나라 시대의 묘군에서 출토된 『조정서』에는 바를 정(正)자를 쓴 조정이라고 되어 있다.

자초는 스무 명 넘게 있던 진나라 왕자 중 한 명으로 왕위를 계승할 가능성이 거의 없어서 인질로서의 가치가 낮았다. 이 점에 주목한 사람이 자초의 후원자이자 한(韓)나라의 대상인이었던 여불위다. 그는 훗날 막대한 보상을 약속받고 자신의 첩인 조희를 자초에게 바친다. 두 사람 사이에서 태어난 아들이 바로 조정이다. 『사기』에는 조정의 친아버지가 여불위라고 쓰여 있는데, 최근 연구를 거치며 이를 부정하는 견해가 많아지고 있다.

조정은 아버지인 자초(장양왕)가 사망하자 대를 이어 13세에 진나라 왕이 되고, 여불위는 상국(승상을 의미)의 자리에 올라 어린 조정을 대신해 섭정을 했다. 전국시대의 진나라는 위수강 유역을 다스리는 제후에 불과했지만, 인공 강인 정국거를 만드는 등 관개 수로를 정비하면서 국력을 키워갔다.

조정은 어머니인 조태후의 시중을 들던 환관이 일으킨 난과 여불위의 실각, 암살 미수 사건 등의 위기를 잘 넘기면서 군비를 증강했으며, 법가 사상가인 이사를 등용해 경제 활동과 정치 개혁을 실행했다. 이러한 과정을 통해 기원전 237년 무렵부터 탄탄히 쌓은 독재 권력을 내세우며 황제 정치의 기초를 다졌다. 그가 펼친 내정을 살펴보면, 먼저 주나라 이래의 봉건제를 폐지하고 중앙관제를 정비했으며 전국을 36개 군으로 나누고 그 안에 현을 두는 군현제를 실행함으로써 중앙 집권 체제를 확립했다.

넓은 국토를 지배하기 위해 가장 필요했던 것은 지역에 따라 중구난방으로 사용하던 도량과 제도를 하나로 합치는 통일 사업이었다. 그래서 각 나라에서 각자 발행했던 청동 화폐를 폐지하고 반량전이라는 통일 화폐를 발행했다. 통화 통일은 중요한 경제 정책으로, 교환 가치 기준이 확실히 정해진 통화 제도를 전국에서 사용함으로써 조정의 힘이 잘 닿지 않는 원격지나 벽지에서의 물류를 촉진하는 효과도 기대할 수 있었다. 도량형으로는 길이의 단위인 1보를 6척으로 정하고 양과 무게를 재는 계량기 진권을 만들어 전국으로 배포했다. 이 것도 중요한 정책으로 역시나 원격지와 벽지에서의 물류, 경제를 활성화하기 위함이었다.

또한, 문자는 진에서 사용되었던 서체인 대전을 바탕으로 간략체를 만들어 소전이라 이름 붙이고 전국에서 공통으로 사용하는 서체로 정했다. 재미있는 정책으로는 마차의 바퀴 크기를 통일(이를 차궤 통일이라고 한다)시켜 모든 마차가 같은 바퀴를 사용해 달리게 한 것이 있는데, 이 정책으로 마차의 공업적 생산성, 효율성을 올리고 동시에 차체의 내구성도 높였다.

기원전 230년경부터 주위 여섯 개 나라의 공략을 시작해 기원전 221년에는 중국 역사상 처음으로 모든 나라를 통일했다. 그리하여 오늘날 중국의 국토에 필적하는 지역에 진 왕조를 수립하고 역사상 최초로 새로운 호칭 '황제'를 사용해 '시황제'라고 불리게 되었다.

통일 후 시황제는 대규모 지방 순행을 성대하게 펼쳤다. 국가의 변방에까지 자신의 위엄을 알리는 동시에 삼황오제와 관련한 각지의 유명한 유적에 들러 자신의 공적을 밝히고 신들에게 기도드리는 의례적인 의미도 있었다. 이 전국 순행은 기원전 210년에 그가 사망할 때까지 총 5번에 걸쳐 행해졌다.

통일된 제국을 지배하기 위해 새로운 외적도 상정했다. 북방 유목민족인 흉노와 남방의 남월(베트남)이었다. 기원전 215년에는 장군 몽염에게 50만 군을 주어 흉노를 토벌하기도 했다. 이후 몽염은 흉노의 남하를 막고자 만리장성을 건설하고(전국시대 때 각 나라가 세웠던 성벽을 연결했다), 오르도스 지역(중국 서북쪽 지역, 오늘날 내몽골 자치구에 속한다.)을 남북으로 횡단하는 도로를 정비했다.

기원전 213년에는 분서갱유를 통한 사상 통일이 시행되었다. 실용서를 제외한 사상서를 금서로 지정해 소각하는 분서를 벌였고, 다음 해에는 정치에 비판적인 유학자와 방사(신선술을 닦는 도인)를 산 채로 묻어버리는 갱유를 단행했다. 이것은 흉노와 남월과의 전쟁을 추진하기 위한 전시 사상 통제의 의미도 강했다.

그다음 해인 215년에는 30만의 군을 남월에 파견했다. 중국 남부에 남해군, 계림군, 상군 3군을 두고(모두 베트남 북부) 영토를 확대했으며 남월 출병을 위한 운하도 건설했다.

그리고 수도 함양에 전국의 호족 12만 호를 이주시켜, 이곳을 중심으로 전국으로 뻗어 나가는 도로를 건설했다. 함양성을 위수강 남쪽 언덕에까지 확장하고 그 안에 궁전과 영묘를 지었다. 영화를 누리던 국력을 국내외에 과시하기 위함이었다.

조정은 진왕으로 즉위했던 기원전 247년부터 자신의 무덤이 될, 흙으로 만든 등신대 군인 모형인 병마용으로 가득 채워져 있는 여산릉(진시황릉) 건조를 위해 죄인 70만 명을 동원했다. 하지만 이러한 대규모 토목사업과 출정은 국민에게 엄청난 부담을 지울 수밖에 없어서 결국 농민 반란이 일어나는 원인이 되었다.

기원전 210년 시황제는 제5차 순행에서 돌아오는 길에 병에 걸린다. 전설에 의하면 학자와 의사들이 처방한 불사의 효과를 가져다주는, 수은이 들어간 약을 먹고 있었다고 한다.

좀 더 깊이 알고 싶은 독자를 위한 추천 도서 ─────
- 『진시황제의 무덤』, 웨난, 크림슨
- 『진시황 평전』, 장펀톈, 글항아리

무제 (武帝, 기원전 156년~기원전 87년)
흉노를 무찌르고 전한의 최전성기를 이끈 황제

전한 제7대 황제인 무제. 그는 황제로 있으면서 중앙 집권화를 강화하고 흉노 세력을 꺾었으며, 서역을 지배하에 두는 등 전한의 최전성기를 실현한 황제로 중국 역사에 이름을 남겼다.

무제는 기원전 156년에 태어났다. 성명은 유철이다. 4세 때 교동왕이 되고, 기원전 141년에는 전한의 황제에 즉위했다. 무제의 치세는 54년이나 이어졌는데, 이는 청나라의 강희제(재위 기간 61년), 건륭제(재위 기간 60년)에 이어 중국 역사상 세 번째로 긴 기간이었다. 그래서 여러 공적을 쌓은 한편 악정도 펼쳤다.

공적으로는 크게 보아 제국 영토의 확대, 중앙 집권 확립, 재정 안정화 이렇게 세 가지를 꼽을 수 있을 것이다. 첫 번째 제국 영토 확대를 보면, 무제는 무력을 앞세운 무단정치로 흉노의 힘을 억누르고 서역, 남월, 한반도에까지 영토를 넓혔다.

두 번째 중앙 집권 확립은 군현제를 통해 중앙 정부가 파견한 관료가 지방을 통치할 수 있게 했다. 당시 유학의 국교화도 중앙 집권화에 긍정적으로 작용했다.

세 번째 재정 안정화와 관련해서는 소금, 철, 술의 전매제를 시행해 나라의 재정을 강화한 점, 오수전으로 화폐 제도를 통일한 점 등을 꼽을 수 있다.

악정으로는 장기 정권에서 흔히 볼 수 있는 것으로, 말년에 무제는 호색에 빠져 통치에 소홀해졌다. 이로 인해 악화한 재정을 만회하기 위해 세금을 가혹하게 거두었는데, 이 때문에 각지에서 농민 반란이 다수 발생하고 황태자를 죽게 만든 무고(巫蠱)의 난도 일어났다. 치세 후반 나라를 혼란으로 빠뜨린 무제를 비판하는 역사가도 많다.

하지만 무제가 54년 동안 정권을 계속 유지한 능력은 높이 평가받아야 하며, 그가 외적을 압도하는 대제국을 세운 것도 사실이다. 전한의 무제, 그는 중국 역사에 이름을 남길 여러 정책을 펼쳐 강대한 한 제국을 세운 황제였다.

좀 더 깊이 알고 싶은 독자를 위한 추천 도서

▪ 『한무제』, 길천행차랑(요시카와 고지로), 명문당
▪ 『한무제강의』, 왕리췬, 김영사

사마염 [司馬炎, 236년~290년]

삼국시대를 끝낸 통일 왕조 서진의 황제

사마염은 위나라의 진왕이자 오늘날 총리에 해당하는 상국이었던 사마소의 장남으로 236년에 태어났다. 265년에 아버지가 사망하자 사마염이 진왕과 상국의 지위를 이어받는다. 같은 해 위나라 황제인 원제에게 선양을 강요해 제위를 얻고 새로운 왕조의 이름을 '진(晉)'으로 짓는다. 268년에 법 제도를 정비하고 진시율령을 완성했으며 280년에 오나라를 멸망시켜 삼국시대를 끝내고 통일 왕조를 세운다.

중국을 통일할 때까지의 사마염은 젊었을 때부터 '관대하고 자애롭고 어질고 후덕하며 도량이 깊다'고 평가됐을 정도의 위인으로, 통일을 위해 정력적으로 활동했다. 정치 체제에도 큰 변화를 일으켜 법을 정비했으며 금지된 후한, 위나라 시대의 황족 임관도 부활시켰으며, 조지와 제갈량의 후손처럼 뛰어난 인재를 등용했다.

오나라를 무너뜨린 후에도 사마염은 한동안 적극적으로 국정을 펼쳐나갔다. 대표적인 것이 점전법, 과전법, 호조식이라는 세제다. 점전법은 소유할 수 있는 토지의 최고 한도를 정한 것으로 남자 70묘, 여자 30묘를 한도로 했고, 관리는 관품에 따라 상한을 정해두었다. 과전법은 농민에게 국가 소유의 토지를 할당해 경작하게 한 제도이며, 호조식은 사람 수에 따라 징수했던 세금을 호(집)에 따라 징수하도록 한 제도다. 또한, 군대 제도에서도 주와 군의 상비병을 대폭 줄이는 개혁을 단행했다.

하지만 이렇게 적극적으로 국정에 참여하던 그의 모습은 그가 여색에 빠지면서 사라졌다. 1만 명에 달하는 후궁을 들인 뒤 매일 밤 달구지에 타 후궁들의 방 앞을 지나가다 소가 멈춘 방의 후궁과 밤을 보내는 나날을 보냈다. 이 때문에 국정은 엉망이 되었다. 그리고 사마염은 황족을 각지의 왕으로 봉하면서 군권도 주었기 때문에 사마염이 사망한 뒤 황족 간 다툼이 발생했다. 특히 291년에 발생한 팔왕의 난은 국내의 질서를 크게 어지럽혔다.

후기 치세의 추락으로 인해 사마염에 관한 후세의 평가는 좋지 못하다. 하지만 그가 분단된 국토를 하나로 합치고 삼국시대를 종식했다는 점은 역사적인 사실이다. 또한, 여러 참신한 제도를 도입한 것도 사실이다. 만약 그가 여색에 빠지지 않고 꾸준히 국정을 살폈더라면 명군이 되었을지도 모른다.

좀 더 깊이 알고 싶은 독자를 위한 추천 도서 ─────

• 『서진 흥망사 강의』, 쑨리췬, 그러나

양제(煬帝, 569년~618년)
중국 역사상 보기 드문 폭군이었던 수나라 황제

수나라 제2대 황제인 양제. 그는 중국 역사상 보기 드문 폭군으로 알려져 있다. 사치를 즐겼을 뿐만 아니라 잔혹한 처형을 일삼고, 대운하 건설을 위해 백성을 혹사시켰다. 이렇게 악정을 일삼은 탓에 근위병에게 암살당하는 최후를 맞이한다.

양제는 수나라 초대 황제인 문제의 차남으로 569년에 태어났다. 604년 문제가 사망하자 양제가 황제에 올랐다(양제가 아버지를 죽이고 제위를 빼앗았다는 설도 있다).

양제는 세 가지 이유로 악명이 높았다. 첫 번째는 사치를 즐기는 성격과 잔인성. 두 번째는 대운하 건설을 위해 백성을 혹사시킨 점. 세 번째는 대외 전쟁을 반복했다는 점이다.

첫 번째 문제점에 관해 이야기하자면, 황태자 시절의 양제는 검소한 생활을 보냈지만, 황제가 되자 곧바로 사치를 즐기는 생활을 보냈다. 여기에 더해 여색에 빠지고, 조정에 맞서려는 사람은 차례차례 잔인한 방법으로 처형시켰다.

두 번째 문제점인 대운하 건설을 보자. 양제는 605년에 통제거를, 608년에는 영제거를 개통시켰다. 길이가 무려 2,500km에 이르는, 대운하를 뛰어넘는 거대 운하였다. 이 대운하를 단시간에 완성하기 위해 여성까지 포함해 100만 명이라는 사람들이 동원되었다. 이렇게 백성들이 중노동에 시달리다 보니 자연스레 이들의 생활도 궁핍해졌다.

세 번째 문제점은 빈번한 대외 전쟁이다. 양제는 제국의 확장을 위해 몇 번이나 원정을 감행했고 결국 병사들은 피폐해졌다. 특히 고구려 원정은 세 차례나 이루어졌지만, 이렇다 할 성과를 내지 못하고 모두 실패로 돌아갔다. 이로 인한 불만이 근위병에 의한 양제 암살로 이어졌다는 설도 있다.

하지만 폭군 양제라는 평가는 사실이 아니라는 의견도 있다. 대운하 건설은 이후 중국 경제 발전에 큰 공헌을 했으며, 여러 차례 시행된 원정도 양제만이 아니라 중국의 많은 황제가 했기 때문이다. 양제가 폭군이었는지 아닌지는 제쳐두고서도, 그가 중국 역사에 남을 황제였다는 점만큼은 확실하다.

좀 더 깊이 알고 싶은 독자를 위한 추천 도서 ──────

▪ 『수양제』, 미야자키 이치사다, 역사비평사

태종[이세민](太宗, 598년~649년)
정관의 치를 이룬, 명군으로 불린 당의 황제

후에 당의 태종이 되는 이세민(李世民)은 고조 성황제와 함께 당나라 창설에 매진한 인물로 알려져 있다. 제위를 계승해 태종이 된 후에는 정관의 치라고 불리는 선정을 베풀었다.

이세민은 598년에 고조가 되는 이연의 아들로 함양에서 태어났다. 16세가 되는 해 수나라의 양제가 돌궐(튀르크계 유목민족)군에게 포위당한 것을 구조해준다. 617년에 이연이 거병하자 이를 도왔고, 618년에 당나라가 세워졌을 때 재상에 필적하는 상서령이 된다. 626년에 고조의 후계자 자리를 둘러싸고 형제간 다툼인 현무문의 변이 일어나자, 이세민은 형 이건성과 측근을 살해하고 황제의 자리에 올라 태종이 되었다. 627년 원호를 정관으로 바꾼 뒤 본격적인 치세를 시작했으며(649년까지 이어진 태종의 치세를 정관의 치라고 부르며 많은 칭송을 받았다.) 630년 동돌궐을 멸망시키고 640년에는 고창국을 무너뜨린다. 641년 토번(티베트에 있던 나라)의 왕 송첸캄포에게 딸을 시집보내 친화 정책을 폈다. 649년 51세 때 이질로 인해 장안(현재의 시안)에서 서거했다고 전해진다.

태종은 무장으로서의 재능이 뛰어나 여러 전투에서 승리를 거머쥐었는데, 특히 동돌궐을 멸망시킬 정도로 거센 공격에 능했다고 한다. 하지만 그가 이름을 남길 수 있었던 최고의 공적을 말한다면 역시나 정관의 치일 것이다. 정관의 시대 태종은 부역과 형벌을 경감하고, 치안을 잘 유지해 제국 전체에서 백성들이 안심하고 생활할 수 있었을 정도였다고 역사서인 『자치통감』과 『구당서』에 적혀 있다. 행정적으로는 삼성육부제를 정비했다. 이 제도는 황제 밑으로 칙령의 입안과 기초를 맡은 중서성, 조칙이나 문안을 심의하는 문하성, 상소문 처리를 심의하는 상서성(尙書省)이라는 세 가지 성을 두고, 각각의 성 아래에 두 개씩 부를 두는 제도다. 이 제도로 행정 직무가 효율적으로 정비되었다.

정관의 시대는 국내만이 아니라 외교적으로도 여러 가지 정비가 이루어진 시대였다. 강력한 외적이었던 돌궐의 힘을 억눌렀을 뿐만 아니라 서역의 고창국을 멸망시킴으로써 당의 세력권을 서역에까지 넓혀 의미가 크다. 더불어 태종은 앞서 언급했다시피 토번과도 우호 관계를 맺는 등 적극적으로 외교를 전개했다. 문화적으로도 그는 많은 역사서를 편찬했으며, 『서유기』의 삼장법사의 모델이 된 현장이 인도에서 돌아오면서 가져온 법전의 한역도 그의 시대에서 이루어졌다.

태종이 통치한 시대는 중국의 왕조 역사상 가장 안정되고 평화로운 시대였다고 한다.

좀 더 깊이 알고 싶은 독자를 위한 추천 도서 ─────

▪ 『정관정요』, 오긍, 글항아리 등
▪ 『당 태종 평전』, , 자오커야오 등, 민음사

현종 [玄宗, 685년~762년]
양귀비를 지나치게 총애해 나라를 어지럽힌 당나라의 황제

중국 당나라의 제6대 황제인 현종. 그는 치세 전기 선정을 펼쳐 백성들은 이때를 개원의 치라고 부르며 칭송했다. 하지만 후기에는 국정을 혼란에 빠뜨려 안사(安史)의 난이 발생하는 원인을 만들었다.

현종은 당의 제5대 황제인 예종의 셋째 아들 융기(隆基)로 장안에서 태어났다. 684년에 아버지 예종이 즉위하지만, 690년에 측천무후에 의해 폐위당한다. 그리고 705년에 측천무후는 중종에게 제위를 양위한다. 710년에 중종이 죽고 상제가 즉위하지만, 겨우 1개월 뒤 폐위당하고 융기의 아버지인 예종이 다시 황제에 오르면서 자연스레 융기는 또다시 황태자가 된다. 712년에 예종이 서거함에 따라 융기가 27세에 황위를 이어 현종이 되었다. 이후 선정을 펼치나, 740년 현종의 아들 수왕의 비인 양옥환(훗날의 양귀비)을 본 뒤, 현종은 정치를 재상 이임보에게 맡긴 채 양귀비에게만 빠져 사는 바람에 국정은 엉망이 되었고 끝내 안녹산의 반란이 일어난다. 안녹산의 부하 사사명도 반란을 일으켜, 이 두 사람의 반란은 안사의 난으로 역사에 기록된다. 756년에 황태자 이형이 현종의 동의를 얻지 않은 상태에서 황제에 올라 숙종이 되었으며, 현종은 태상황이 되지만 거의 연금 상태로 있다가 762년 실의에 빠진 채 장안에서 사망했다.

현종의 치세는 전기와 후기로 완전히 평가가 갈린다. 전기는 개원의 치라고 불릴 정도로 선정을 펼쳐 국가를 안정시켜 평온한 시대를 연 명군으로 칭송받았다. 태종의 정관의 치를 본받는 정치를 한 현종의 주위에는 뛰어난 신하들도 많아서 관리가 지켜야 할 규율을 바로잡고 재정 긴축에 힘써 백성들의 부담을 경감시켜주었다. 또한, 변경의 경비를 강화하기 위해 총사령관인 절도사를 파견해 국경선의 경비도 탄탄하게 다졌다. 이러한 정책은 국토의 안정과 번영을 가져와 수도 장안의 인구는 100만 명을 넘었고, 서양의 상인들도 다수 거주한 국제도시로 발돋움했다. 더불어 이 시대, 중국 문학을 대표하는 이백과 두보 같은 시인이 활약해 문화적으로도 번성한 시기였다.

양귀비를 알게 된 후인 현종의 후기 치세는 전기와는 완전히 반대되는 양상으로 흘러갔다 (두 사람이 처음 만났을 때 현종은 56세, 양귀비는 22세였다고 한다.). 양귀비의 미모에 완전히 사로잡힌 현종은 국정을 전혀 돌보지 않았을 뿐만 아니라, 양귀비의 친척인 양국충을 중용한다. 이렇게 궁정이 혼란에 빠진데다가 변방에서 절도사의 힘이 세지면서 결국 절도사 중 한 명인 안녹산이 반란을 일으키기에 이른다. 756년 안녹산이 수도 장안을 점령하자 현종과 양귀비, 양국충은 촉나라로 도망가지만, 도망치는 도중 불만이 폭발한 병사들의 손에 양국충은 살해당한다. 병사들은 여기에 그치지 않고 양귀비의 처형도 바라, 그녀는 이들을 달래기 위해 스스로 목을 매어 죽었다(이때 양귀비는 37세였다.). 양귀비를 잃은 현종이 권좌에서 내려온 후에도 반란이 일어나 당나라 전체가 혼란에 휩싸인다. 이러한 이유로 현종의 후기 통치를 신랄하게 비판하는 역사가도 많다.

황제로서의 현종이 아니라 현종 개인에 대해서도 언급할 필요가 있을 것 같다. 그는 스포츠와 음악에 뛰어난 재능을 가졌다고 한다. 스포츠로는 토번(티베트)에서 전해진 폴로를 좋아했고 뛰어난 재능도 보였다. 음악으로는 관현악기 연주를 잘해 황제이원제라는 악단을 만들어 종종 음악회를 즐겼다. 이원이란 현재의 연예 기획사에 해당하는 기관으로, 현종은 이원을 통해 문화적인 정책도 적극적으로 펼쳤다.

이렇게 정치적으로도 문화적으로도 뛰어난 황제였던 현종이었으니, 양귀비에게 반해 완전히 애욕에 사로잡혀 문란한 생활에 빠져버린 것은 그야말로 당나라의 비극이었다고 말할 수밖에 없을 것이다. 하지만 현종이 정치적으로 실패한 원인을 단순히 양귀비에게서만 찾는 것은 성급한 생각이다. 시대적인 이유도 존재하기 때문이다. 예를 들어 군사적인 측면을 보면, 이 시대는 징병제를 유지하는 것이 어려워져서 모병제로 군사 제도를 바꾸었는데 반대급부로 변경을 지키는 절도사만 군사적으로 강력한 힘을 가지게 되었다. 이러한 배경이 있었기에 안녹산이 반란을 일으킬 수 있었던 것이다.

현종과 양귀비의 이야기는 문학에서도 여러 번 다뤄졌는데, 그중에서도 특히 백낙천(본명은 백거이)의 시 『장한가』가 유명하다. 이 시에서 백낙천은 두 사람의 영원한 이별을 '天長地久有時盡, 하늘과 땅이 장구하다 한들 끝이 있건만 / 此恨綿綿無盡期, 이 한은 끊길 기약 없이 끝없이 이어지네.'라고 노래해 두 사람의 연애사를 비극적이면서 아름다운 로맨스로 멋지게 묘사해냈다.

역사에 '만약'은 없다고 자주 말하지만, 현종이 양귀비를 '만약' 만나지 않았더라면 중국사의 흐름은 완전히 달라졌을 것이다. 위대한 황제가 우제로 전락한 예로 현종만 한 예를 중국사에서 아무리 찾아보려 해도 달리 찾을 수가 없을 만큼 현종의 통치 전·후기는 극명한 차이를 보였다.

현종, 개원의 치로 국민에게 안정과 행복을 가져다준 황제. 하지만 그는 양귀비를 향한 욕망 때문에 나라를 망쳤으며, 마지막에는 유폐되어 실의 속에서 죽어간 황제이기도 했다. 그의 일생은 그야말로 변화무쌍했다. 하지만 그 자신이 시대를 크게 변화시킨 것 역시 역사적인 사실임을 우리는 잊지 말아야 할 것이다.

좀 더 깊이 알고 싶은 독자를 위한 추천 도서 ─────

▪ 『사마르칸트의 황금 복숭아(대당제국의 이국적 수입 문화)』, 에드워드 H. 셰이퍼, 글항아리
▪ 『당현종』, 염수성 등, 서경문화사

측천무후(則天武后, 624년~705년)
대악녀로 알려진 중국 역사상 유일한 여제

중국 역사상 유일한 여성 황제가 된 인물이 바로 측천무후다.

이주 도독 무 씨와 양 씨의 차녀로 태어난 측천무후(본명은 무조武照라고 한다). 무씨는 대대로 자산가였기 때문에 무조도 높은 교양을 익혔지만, 12세 때 아버지가 사망하면서 637년 태종의 후궁으로 들어간다.

무조는 문예, 가무를 익혀 후궁을 섬기는 여관 '재인(才人)'이 되나, '무조의 총명함이 당나라에 재앙과 환난을 가져올 것'이라는 소문이 퍼졌고, 이 때문에 태종의 관심을 끌지 못한다. 대신 태종의 아들인 이치(고종)의 눈에 무조가 들어온다. 그러나 태종이 붕어함에 따라 그녀는 황실의 관례대로 비구니가 되어 여생을 보낼 처지에 놓인다.

태종 사후 이치가 제위를 이어 고종이 되는데, 이 시기 황후 왕 씨와 고종이 총애하는 소숙비 사이에서 암투가 발생한다. 황후는 고종의 관심을 소숙비로부터 돌리기 위해 출가해있던 무조의 입궁을 추천한다. 하지만 황후의 바람과는 달리 환궁한 무조는 고종의 모든 총애를 독차지한다.

무조는 이윽고 고종의 아이를 낳는다. 이를 축하하고자 황후가 무조의 방을 방문했는데, 그녀가 방에 없었던 탓에 아기를 달래주고는 돌아갔다. 무조는 이를 놓치지 않고 자신의 아이를 목 졸라 죽인 뒤 그 죄를 황후에게 뒤집어씌웠다. 655년 고종은 무조를 황후에 책봉하고 왕 황후와 소숙비는 황제의 아이를 독살한 죄를 물어 투옥시킨다. 왕 황후와 소숙비는 황후 무측천이 된 무조에 의해 곤장 백 대를 맞고, 양손과 다리가 잘린 뒤 술독에 담겨 처형당했다고 한다. 무측천은 병약한 고종을 대신해 664년부터 정치의 실권을 쥐고 수렴청정(수렴을 치고 그 뒤에서 황후가 황제를 대신하는 정치)을 한다. 그녀가 펼친 정책 중에 과거를 친 관료의 등용을 강화하는 등 유능한 인재를 신흥 계층에서 발탁해 정치, 사회, 문화 각 방면에 새로운 기운을 불러오는 뛰어난 시책도 많았지만, 한편으로는 공포 정치를 펼쳤다. 반항하는 중신들에게 모반의 죄를 뒤집어씌워 스스로 목숨을 끊도록 강요하거나 처형시켰으며, 고종 사후 제위를 이은 자식들을 친자임에도 폐위시켰다. 그리하여 690년 스스로 황제 자리에 올라 국호를 주(周)로 고치고 도읍을 낙양으로 옮겼다.

705년 노령으로 인해 아들인 중종에게 양위하고 국호도 당으로 되돌린 뒤 그해 사망한다.

좀 더 깊이 알고 싶은 독자를 위한 추천 도서

▪ 『측천무후』, 산 사, 현대문학
▪ 『측천무후 – 중화제국 역사상 유일한 여성 황제』, 우지양, 학고방

양귀비(楊貴妃, 719년~756년)
아름다웠기 때문에 당나라를 멸망으로 이끈 미녀

중국사를 통틀어 4대 미녀로 알려진 여인들은 춘추시대의 서시, 전한 시대의 왕소군, 삼국시대의 초선(초선은 『삼국지연의』에 등장하는 가공의 인물) 그리고 양귀비다. 이들 중에서도 양귀비는 중국 역사상 최고의 미녀로 꼽힐 뿐만 아니라 세계사적으로 봐도 클레오파트라에 버금가는 미녀 라고 한다.

양귀비는 촉주 출신으로, 어렸을 때 부모가 사망해 숙부 밑에서 자 랐다. 뛰어난 용모로 735년에 당 황제인 현종의 제18황자인 수왕의 비가 되지만, 740년에 현종과 만난 뒤 현종의 두 번째 부인이 된다. 현 종은 양귀비를 무척 편애해 개원의 치로 명군이라고 불렸던 면모를 완전히 잃어버릴 정도로 국정에 관심을 끊었고, 결국 755년 안녹산의 난이 발생한다. 양귀비는 현종과 함께 수도 장안 에서 도망쳐 촉으로 피난 간다. 하지만 도중 현종을 따르던 병사들이 양귀비의 처형을 요구 해 목을 매어 사망한다.

양귀비는 비파를 비롯한 음악, 더불어 춤에 뛰어났다고 알려져 있다. 이는 그녀가 아름다 운 용모는 물론 예술적으로 높은 재능을 뽐냈기 때문에 현종이 그녀에게 빠질 수 있었다는 의미다. 하지만 현종의 양귀비에 대한 편애는 양귀비만이 아니라 양씨 일족 전체로 퍼졌다. 이 때문에 국정의 실권이 양씨 일족에게 넘어가고, 이들이 사리사욕을 채우면서 국정은 혼 란에 빠진다. 그래서 안녹산의 난이 발생한 것이다.

양귀비를 둘러싼 일화는 많다. 열대 과일 리치를 좋아해 영남에서 장안까지 빠른 말로 운 송했다는 일화나 그녀가 가지고 있던 경(磬)이라는 악기는 남전 지역에서 나는 녹옥을 갈아 만들었으며 장식의 화려함은 비교할 만한 것이 없었다고 전해진다. 또한, 그녀는 여름이 되 면 땀을 많이 흘려 이 때문에 피부가 붉게 되었는데, 땀을 닦으면 천이 붉게 물들었다는 일 화도 남아있다.

양귀비는 절세의 미인으로 불렸다. 예술적인 재능도 뛰어나 당대에서 으뜸가는 음악가였 고 무용가였다. 하지만 이러한 재능을 국정에 도움되는 방향으로 발휘한 것이 아니라 나쁜 쪽으로 사용했다. 백성의 고통을 전혀 생각하지 않고 누린 호사스러운 생활은 그녀가 가진 예술가 기질이 원인이었을지도 모른다. 이 같은 현실감각의 결여가 그녀와 당나라에 비극 을 불러왔다고 볼 수도 있겠다.

좀 더 깊이 알고 싶은 독자를 위한 추천 도서 ────

• 『당현종』, 염수성 등, 서경문화사

쿠빌라이 칸 (Khubilai khan, 1215년~1294년)

역사상 보기 힘든 대제국을 세운 원의 황제

원나라 초대 황제인 쿠빌라이 칸은 몽골의 영웅 칭기즈 칸의 손자다. 쿠빌라이 칸은 칭기즈 칸이 세운 몽골 제국의 세력을 더욱 키워 대도(현재의 베이징)를 수도로 한 원나라를 열었다.

쿠빌라이 칸은 칭기즈 칸의 4남 툴루이의 아들로 태어났다. 1251년에 형 몽케가 몽골 제국의 황제 지위를 잇고 쿠빌라이는 남몽골 고원, 화북 지역의 군 지휘관이 되어 대리국을 항복시켰다. 이후 남송 작전의 지휘를 맡지만 경질된다. 그러다 몽케가 급사한 뒤 발생한 제위 쟁탈전에서 승리해 1264년 몽골 제국 전체의 황제가 된다. 1267년부터 대도를 건설하고 1271년에 국호를 원으로 정했다. 1276년에는 사실상 남송을 멸망시키고 1279년에는 세계의 4분의 1에 달하는, 인류 역사상 보기 힘든 대제국을 세웠다. 하지만 1294년에 생애를 마감한다.

쿠빌라이는 많은 군사적 침략을 벌였는데, 일본에도 1274년(분에이의 역), 1281년(고안의 역) 두 차례 원정을 왔다. 하지만 태풍을 만나 침공군 대부분이 괴멸당해 그의 야망은 실현되지 못했다. 또한, 사할린, 베트남 자바 등에도 군대를 파견했지만 실패했다. 이 같은 과도한 원정은 국가 재정을 압박하는 큰 원인이 되었다. 그리고 비대해진 제국 내부에서는 1276년 시리기의 난, 1286년 나얀의 난, 같은 해 일어난 카다안의 난 등 대규모 반란이 몇 번이고 일어나 제국의 체력을 소모시켰다.

쿠빌라이는 정치적으로는 많은 색목인(서역 출신자)을 등용했고, 이렇게 등용된 그들은 정치, 군사, 경제 등 여러 분야에서 활약했다. 이들의 활약은 세계를 상대로도 영향을 발휘해 색목인 상인은 원나라의 국제 무역의 핵심 존재가 되었다. 더불어 확실한 증거는 없지만, 마르코 폴로를 비롯한 많은 유럽인이 쿠빌라이를 알현했다고 한다.

쿠빌라이는 칭기즈 칸이 만든 몽골 제국의 힘을 더욱 키워 원이라는 역사상 보기 힘든 대제국을 건설했다. 그는 군사적으로 뛰어난 역량을 가졌으면서 정치적으로도 뛰어난 관료를 등용해 국가의 경제 활동을 활발하게 만들어 원의 최전성기를 준비했다. 이러한 공적으로 역사에 남은 황제가 될 수 있었다.

좀 더 깊이 알고 싶은 독자를 위한 추천 도서

- 『몽골 제국』, 리스 로사비, 교유서가
- 『몽골 제국과 고려』, 김호동, 서울대학교출판문화원
- 『결단의 리더 쿠빌라이 칸』, 김종래, 꿈엔들

주원장[朱元璋, 1328년~1398년]

역사상 가장 강한 독재 체제를 만든 명나라 초대 황제

주원장은 가난한 농부의 아들에서 출세해 명나라 초대 황제가 된 인물이다. 1328년 호주 종리현에서 빈농의 막내아들로 태어난 주원장은 8번째 아이였기 때문에 중팔(重八)이라고 불렸다.

기근과 흉작이 빈번히 발생한 탓에 17세 때 주원장의 가족도 아사했다. 홀로 남은 중팔은 황각사에 몸을 의탁하고 탁발승이 되어 간신히 살아남았다고 한다. 그래도 승려로 지내며 교양을 익힐 수 있었다.

1351년 백련교도 집단이 모여 각지에서 홍건적의 난을 일으켰는데, 이로 인해 황각사가 불에 타 사라지게 된다. 이후 중팔은 주원장으로 이름을 바꾸고 곽자흥이라는 수령이 이끄는 반란군에 가담한다. 그 안에서 두각을 나타내 독자적인 부대를 이끌고 장강 하류에 있는 옛 수도 건강을 점령한 뒤 응천부(오늘날의 난징)로 이름을 고쳤다. 주원장은 곽자흥의 양녀 마 씨를 아내로 맞이했는데, 그녀가 훗날 마황후가 된다.

이 시기에 주원장은 훗날 계략에 뛰어난 신하가 되는 이선장에게서 "어지러운 천하를 다스릴 사람은 당신이다."라는 말을 듣고 자신이 갈 길을 돌아본 듯하다. 1364년에는 오왕을 칭하며 홍건적과는 결별하고 농민 반란을 진압하는 쪽으로 돌아서 백련교의 지도자 한임아를 죽이는 데 성공한다.

1367년 원나라를 쓰러뜨리기 위해 북벌을 개시하고 다음 해에 응천부에서 즉위해 홍무제(태조)가 되었으며 국호를 명으로 정했다. 재위 기간은 1368년부터 1398년까지다. 중국 역사상 농민에서 황제가 된 사람은 한나라의 유방과 명나라의 주원장 두 사람뿐이다.

홍무제는 황제 권력을 강화하는 데 힘써 중앙 집권제를 확립한다. 몽골의 지배와 원 말기의 동란으로 황폐해진 농촌을 회복시키고 명률(明律), 명령(明令)을 제정했으며, 주자학의 이념을 담은 도덕 규범인 육유(六諭)를 적은 『교민방문』을 배포해 체제 유지를 도모했다. 대외 정책으로는 1371년 송, 원의 무역 추진 정책을 버리고 해금 정책을 채택했다. 조공 무역만 가능하게 한 이 정책을 통해 홍무제는 중화 제국의 재현을 꾀했다.

홍무제를 그린 초상으로, 유교에서 가장 이상적으로 보는 제왕의 위덕을 가진 인물의 초상과 곰보 자국투성이에 턱이 발달한 추한 외모를 가진 인물의 초상 두 종류가 있다. 이는 황제의 권위를 과시하는 동시에 빈농 출신이라는 사실을 숨기고 싶어 했다고도 해석할 수 있다.

홍무제는 역사상 가장 강한 독재 체제를 구축했지만, 말년에는 이 과격한 체제에 맞서 몇 번이나 모반을 일으키려는 움직임이 일어나 수만 명이나 되는 공신과 노장을 숙청해야만 했다. 이렇게 남을 강하게 의심하고 시기한 탓에 황태자마저 잃게 되자 정신이 불안정해져 병사하고 만다.

좀 더 깊이 알고 싶은 독자를 위한 추천 도서 ─────

▪ 「주원장전」, 오함, 지성문화사

CHECK ☐

정화 [鄭和, 1371년~1434년]

고대 중국에서 세계의 바다로 원정을 하러 간 지휘관

고대 중국 명나라(1368년~1644년)의 장수로 7번에 걸쳐 남해 원정을 지휘한 인물이 정화다.

정화는 윈난 출신으로 본래 이름은 마화(馬和)인 무슬림이었다. 태어난 해인 1371년 중국 본토를 다스리던 나라는 명나라였는데, 윈난은 원왕조의 피를 이은 양 왕국의 지배를 받고 있었다. 하지만 양 왕국은 명에 의해 점령당했고, 이때 당시 10세였던 정화는 포로가 된다. 이후 환관이 되어 당시의 연왕(훗날 영락제)에게 바쳐진다. 1399년부터 시작된 내란 정난의 변에서 공적을 올려 환관으로서는 최고 지위인 '태감'으로 임명된다. 1404년에는 성씨 '정'을 하사받아 정화라는 이름을 사용하게 되었다. 1405년 영락제는 명이 통치하는 지역 외의 곳에 환관을 파견하는데, 국위 선양과 조공 무역 확대를 통해 중화 제국을 재현하려 한 정화를 남해로 파견한다. 2만 수천 명의 승무원을 태운 대함대에는 많은 병사도 동승해 현지 세력과 교전을 벌이기도 했다. 이 대항해가 가능할 수 있었던 이유는 중국 상인이 먼바다로 진출함에 따라 자연스레 발달한 조선 기술과 나침반의 도입, 천체 관측을 이용한 항해술, 무슬림 상인의 정보망 덕분이었다. 정화가 항해의 책임자로 임명된 것도 무슬림 상인들에게 쉽게 다가갈 수 있었기 때문이라고 여겨진다.

정화의 함대는 동남아시아, 인도, 스리랑카에서 아라비아반도를 넘어 가장 먼 곳으로는 아프리카 동해안의 말린디(오늘날 케냐의 말린디)까지 도달했다고 한다.

제4차 남해 원정에는 함대 일부를 나누어 몰디브섬을 경유해 아프리카 대륙으로 보냈다. 이들은 상아와 금을 찾는 무슬림 상인들이 거주하는 모가디슈, 브라바, 말린디 등의 항구에 기항했다. 말린디의 상인들은 이 함대를 통해 중국으로 사절을 보냈는데, 이때 선물로 살아 있는 기린을 데리고 갔다. 기린은 현지 소말리어어로 '목이 긴 초식동물'이라는 뜻의 '게리'라고 불렸는데, 이 발음이 전설상의 기린과 매우 비슷해서 중국에서는 기린이라고 부르게 되었다.

영락제 말년에는 거액의 재정 부담을 동반하는 대함대 파견에 반대하는 의견이 많아져 영락제 사후인 1430년 제7차 원정을 마지막으로 더는 원정이 이루어지지 않았다. 마지막 항해에서 귀국한 정화는 얼마 지나지 않아 사망하고, 난징의 우두산에 묻혔다. 이후 명나라는 원나라처럼 해금 정책을 강화했으며 1449년 몽골에 패한 이후 만리장성을 수리해 강력한 폐쇄 정책을 펼치게 된다.

좀 더 깊이 알고 싶은 독자를 위한 추천 도서

- 『영락제』, 단죠 히로시, 아이필드
- 『신이 된 항해자 – 21세기 말레이 세계의 정화 숭배』, 강희정 등, 국립아시아문화전당
- 『정화의 남해대원정』, 미야자키 마사카쓰, 일빛

세종[조선의 왕] [世宗, 1397년~1450년]

역사상 가장 안정되고 번영한 시기를 이룩한 조선의 왕

조선의 제4대 국왕이 세종이다. 본명은 이도(李祹)이며 재위 기간은 1418년부터 1450년까지다.

제3대 국왕인 태종의 세번째 왕자로 태어난 세종은 1406년에 성인이 되자 충녕대군(왕의 적자에게 내리는 직관)에 봉해져 심 씨(후에 정비 소헌왕후)와 혼인했다. 당시 태종은 건강이 좋지 않아 몇 번이나 양위하려고 했으나 외척과의 불화와 장자인 양녕대군의 성격 문제로 실행하지는 못했다. 1418년 태종은 장남에게서 세자(왕태자) 자격을 박탈하고 세종에게 양위했다. 즉위한 뒤 4년 동안은 상왕인 태종이 정치의 실권을 쥐고 있었지만, 1422년 태종의 서거로 친정을 시작한다.

세종은 궁 안에 학문 연구소인 집현전이라는 관청을 만들어 여러 가지 기술을 개발하는 데에 힘썼다. 대표적으로는 천문관측기와 해시계, 물시계를 만들어 설치했다. 더불어 집현전은 세종의 정책 자문 기관으로도 기능했다. 세종은 집현전에서 농서『농사직설』부터 유학서, 역사서『고려사』, 의학서『의방유취』까지 여러 분야에 걸쳐 편찬 작업을 주도했다. 유교 경전으로 민중을 교화하려 했지만, 서민들은 한자를 읽지 못했기 때문에 말소리를 그대로 문자로 나타낼 수 있는 한글을 창제했다. 놋쇠 활자도 개량해 많은 서적을 출판했다.

대외적으로는 북방에서 건주 여진에 대한 북진 정책을 벌여서 두만강 방면을 조선의 영토에 편입시켰다. 또한, 동북부(함경도)의 개척 사업도 벌였다. 일본과 관련해서는 조선의 해안에서 빈번히 출현하던 왜구를 궤멸시키기 위해 1419년에 대마도를 공격했다.

더불어 불교에 관한 정책을 보면, 종파를 선종과 교종 두 종파로 통합하고 사찰도 18곳을 제외하고는 모두 없애는 폐불 정책을 시행했다. 이 정책으로 불교 세력은 이 시기에 크게 쇠퇴했다. 하지만 말년의 세종은 잔병을 자주 앓아 탄압했던 불교에 의지한다.

1437년에는 건강 문제도 있어 정치 체제를 의회제와 비슷한 '의정부 서사제'로 변경했다. 이는 권력을 분산시켜 왕이 국사에서 얻는 부담을 실질적으로 경감시키려는 의도였다.

1450년 53세에 붕어한 세종은 태종의 능인 헌릉 근처에 부인인 소헌왕후와 합장되었다(훗날 예종 때 천장遷葬해 지금의 영릉에 묻혔다.). 세종이 통치한 15세기 전반은 조선이 가장 안정되고 번영한 시기였다.

좀 더 깊이 알고 싶은 독자를 위한 추천 도서 ────

- 『한 권으로 읽는 한국사』, 김양기, 휴머니스트
- 『한 권으로 읽는 조선왕조실록』, 박영규, 웅진지식하우스

강희제 [康熙帝, 1654년~1722년]
청나라 최전성기의 기초를 쌓은 제4대 황제

강희제는 청의 제4대 황제로 재위 기간은 1661년부터 1722년이다.

순치제의 세번째 왕자로 태어난 본명 현엽(玄燁)은 어렸을 적에 천연두에 걸려 성 밖의 한 수수한 집에서 유모의 손에 자랐다. 그의 어머니는 한군 팔기 출신이고, 할머니 효장문황후는 몽골인이다. 효장문황후의 엄격한 교육을 받은 현엽은 만주어, 중국어, 몽골어 3개 국어를 사용하게 되었다.

1661년 천연두에 걸려 병세가 악화하던 아버지 순치제는 천연두를 극복하고 생환했다는 점과 엄격한 교육을 받았다는 것을 이유로 어린 현엽을 황태자로 지명했다. 순치제가 24세 때 붕어하자 8세의 현엽이 황제에 즉위해 강희제가 되었다. 순치제의 유언으로 즉위 직후에는 중신 4명의 합의로 정권이 운영되었지만, 도중에 가장 전횡을 일삼았던 대신인 오보이를 종신 연금시키면서 16세 때에 친정을 시작한다.

청의 최대 문제점은 거의 독립적인 왕국이나 다름없었던 번왕(작위와 봉지를 받은 왕)의 존재였다. 강희제가 특히 강한 세력을 자랑하고 있던 세 번을 평정하기 위한 준비에 들어가자 윈난의 오삼계는 다른 두 번과 결탁해 1673년에 삼번의 난을 일으키고 일시적으로는 양쯔강 이남을 지배하에 두었다. 하지만 1678년에 오랜 기간 내전을 경험한 강희제는 교묘한 용병술로 민중의 지지를 얻지 못했던 세 번을 무너뜨리고 반란을 진압하는 데 성공한다. 더불어 반란을 평정하는 동안 1683년에 정씨 일족이 독립적으로 지배하고 있는 대만도 제압해 전 국토를 아우르는 강고한 지배 체제를 확립했다. 뒤이어 몽골의 준가르 지역을 제압하고 티베트의 달라이 라마 정권도 쓰러뜨리며 영토를 확대해갔다.

같은 시기에 러시아가 시베리아에 활발하게 진출하면서 표트르 대제의 러시아군이 헤이룽강(黑龍江, 러시아어로는 아무르Amur강)을 넘어 만주를 침입하기 시작한 탓에 강희제는 이를 물리치기 위해 대군을 파견해 3년에 걸쳐 전투를 벌인다. 1689년에 네르친스크 조약을 체결해 국경을 확정하고 두 나라 사이의 통상을 결정했다.

내정으로는 황허의 치수에 노력했으며 몸소 중국 남부를 시찰하고 공사를 독려했다는 기록이 남아있다. 또한, 궁정의 지출을 억제해 세금 경감을 실현했으며, 사회의 안정과 산업의 발전을 불러왔다. 더불어 해외와의 무역을 장려한 덕에 국내로 은화가 대량으로 유입되자 이를 통화로써 사용했다. 이렇게 나라 안팎의 정책이 성공해 18세기의 청은 인구가 급증했다. 이처럼 강희제는 청나라의 전성기를 이끈 황제였다.

좀 더 깊이 알고 싶은 독자를 위한 추천 도서

▪ 『강희제의 편지』, 오카다 히데히로, 경인문화사
▪ 『강희제 평전』, 장자오청 등, 민음사

서태후 [西太后, 1835년~1908년]
청나라 말기를 지배하고 개혁파를 탄압한 중국 3대 악녀 중 한 명

청나라 말기의 황후로서 실권을 쥔 인물이 서태후다. 함풍제의 두 번째 부인인 '동태후'와 대립하는 호칭이다. 황제의 아들, 애신각라재순(동치제)을 낳은 서태후에 비해 동태후는 황제의 정실이지만 후계를 낳지 못했다. 그런데도 서태후는 아들을 낳았음에도 유교 윤리와 관례 때문에 의귀비로 승급했을 뿐 태후는 될 수 없었다.

서태후의 출생지는 정확히 알 수 없지만, 최근의 연구로 베이징에서 태어났다는 설이 유력해졌다. 아버지인 혜징은 청나라의 중견 관리로 1853년에 안후이성의 부임지에서 태평천국의 난에 휘말리게 되었고, 이때의 고생으로 진강에서 병사했다고 한다. 아버지가 병사하기 전 해, 17세였던 서태후는 자금성에서 열린 황후와 귀비를 뽑기 위한 시험인 '선수녀'에 합격했고, 다음 해 함풍제의 후궁으로 들어가 난귀인이 되었다. 1861년 결핵으로 함풍제가 사망함에 따라 아들인 동치제가 즉위하고, 이에 따라 황제의 어머니인 그녀도 황태후가 되어 '서태후'로 불리게 되었다.

서태후의 지배는 그녀가 사망하는 1908년까지 약 50년에 걸쳐 계속됐다. 처음에는 어린 황제를 대신해 수렴청정했고, 동치제가 친정을 시작한 1873년에는 일단 정치 일선에서 물러나지만, 다음 해 동치제가 병에 걸려 급사하자 4세였던 조카 광서제를 옹립하고는 다시 국정의 실권을 쥐었다. 1881년 동태후가 사망하자 서태후는 청나라에서 절대적인 지위를 확립했다.

1887년 광서제가 친정을 시작하면서 서태후는 은퇴했지만, 광서제가 개혁을 추진하고자 황제파를 형성하자 '황후파'로 불리는 세력을 이끌고 황제를 견제했다. 청일 전쟁에서 패배한 후에 광서제는 일본의 메이지 유신을 본떠 체제 개혁을 추진하는 변법자강운동(무술변법 또는 100일 유신이라고도 한다.)을 일으켰다가 쿠데타로 인해 유폐당한다. 이 운동을 이끈 두 핵심 인물(캉유웨이와 량치차오)은 일본으로 망명해 목숨을 건지지만 가담했던 다른 6명은 처형당한다.

1900년 의화단 운동이 발발하자 서태후는 '부청멸양'을 내세운 국수주의적 성향을 지닌 의화단을 지지하며 외국 세력에 선전 포고를 하나, 8개국 연합군에 베이징이 공격당하자 궁정 전체가 시안으로 피난갔다. 이후 강화를 체결한 뒤 베이징에 돌아와 자세를 바꿔 서양 문명을 받아들이는 데에 힘쓰고, 헌법 제도를 도입해 청나라의 연명을 꾀했다. 하지만 쇠퇴는 급속히 진행되어 러일 전쟁 때 중국이 두 나라의 전장이 되는 것을 피할 수가 없었다.

서태후는 1905년 유폐 상태였던 광서제를 시해한 다음 날 입헌 운동이 점점 본격적으로 펼쳐지려 할 때 숨을 거둔다. 그녀가 사망하고 약 3년 뒤에 청나라는 신해혁명으로 멸망하고 만다.

좀 더 깊이 알고 싶은 독자를 위한 추천 도서 ───────

• 「서태후와 궁녀들」, 진이 등, 글항아리

네루 (Jawaharlal Nehru, 1889년~1964년)
인도 독립을 추진한, 전후 제3세계의 리더

자와할랄 네루는 인도의 갠지스강 중류에 있는 도시 알라바하드에서 변호사의 아들로 1889년에 태어났다. 여담이지만, 이 해 히틀러와 채플린도 태어났다.

아버지는 국민회의파에 들어가 활발히 운동을 펼친 운동가로, 간디의 협력자였다. 이러한 가정에서 자란 그는 영국으로 유학 가 케임브리지 대학에서 서양 문화를 공부하면서 변호사 자격도 취득했다.

1912년에 귀국했을 당시 영국의 식민지였던 인도에서는 간디의 사티아그라하 운동(비폭력 불복종)이 펼쳐지고 있었다. 네루는 간디에게 감명해 이 운동에 가담한다. 그러나 영국에서 유학하면서 서양 사상, 특히 사회주의 사상의 영향을 받았던 네루는 간디의 동양 사상(인도 사상)을 중심으로 한 사고방식을 완전히 받아들이지 못한다.

1929년 국민회의파 대회에서 의장이 된 그는 인도의 완전 독립을 운동 방침으로 정했다. 그는 간디와 함께 독립 운동을 전개하다 영국 당국에 잡혀 몇 번이나 옥중 생활을 보내야 했다.

제2차 세계대전 후인 1947년 인도는 파키스탄과의 분리 독립을 이루었다. 그리고 네루는 인도 연방(현재 인도 공화국)의 초대 총리가 되었다. 1949년에 인도 헌법을 제정하면서 그는 민주주의, 정교분리, 사회주의 경제(계획 경제)를 추진했다.

1952년에 실시된 총선거에서 국민회의파가 압승을 거둔다. 네루는 비동맹주의를 제창하며 미국과 소련에 의한 동서 냉전이 계속되는 시대 속에서 제3세계의 존재를 주장했다. 1954년 네루는 중국의 저우언라이와 평화 5원칙을 발표했다. 1955년에는 인도네시아에서 아시아·아프리카 회의(반둥 회의)를 열고 제3세계의 관점에서 반제국주의, 반식민주의를 외치며 평화 10원칙을 정했다. 이 회의에는 저우언라이, 인도네시아의 수카르노, 이집트의 나세르 등도 출석했다.

이렇게 평화 노선을 주도한 네루였지만, 인도와 파키스탄이 독립했을 때부터 문제가 되었던 카슈미르 귀속 문제를 둘러싸고 1947년에 인도-파키스탄 전쟁이 발발하는 것을 막을 수는 없었다. 또한, 1959년 티베트에서 중국에의 반란이 발생하자 중국과 우호 관계를 맺었음에도 중국을 강하게 비판해 끝내 1962년 인도-중국 국경 분쟁이 일어난다. 이 충돌에서 열세였던 인도는 미국에 원조를 부탁하면서 사실상 비동맹주의를 파기했다. 그리고 1964년 네루는 심장 발작으로 사망했다.

좀 더 깊이 알고 싶은 독자를 위한 추천 도서

- 『네루 평전』, 샤시 타루르, 탐구사
- 『네루 자서전』, 자와할랄 네루, 간디서원

스기하라 지우네[杉原千畝, 1900년~1986년]
유대인 6,000명을 구한 외교관

제2차 세계대전 중 리투아니아에 있던 외교관 스기하라 지우네는 독일의 박해로 서유럽 각지에서 도망쳐 온 유대인 난민들에게 일본을 통과할 수 있는 비자를 독단으로 발급해 이들의 망명을 도운 인물로 알려져 있다. 같은 시기 자신의 공장에서 일하는 많은 유대인을 구한 독일인 기업가 오스카 쉰들러에 빗대 그를 '일본의 쉰들러'라고도 부른다.

1900년 기후현에서 태어난 스기하라는 대학을 중퇴한 후 관비 유학생 자격으로 만주(현재 중국 동북부)에서 러시아어를 배운 뒤 외무성에 채용된다. 만주, 핀란드 등에서의 근무를 거쳐 1939년에 리투아니아 수도 카우나스의 일본 영사관에서 영사 대리로 부임한다.

'생명의 비자'가 처음 발급된 때는 1940년 여름이었다. 폴란드에서 쫓겨난 엄청난 수의 유대인 난민들이 제3국으로 출국하려 했지만, 튀르키예 정부가 비자 발급을 거부한 탓에 팔레스타인으로 향하는 길이 닫혀버려 시베리아 철도로 극동을 경유하는 탈출로밖에 남아있지 않은 때였다. 당시 소련의 점령하에 있던 리투아니아에서는 소련이 각국에 자국의 영사관과 대사관을 폐쇄할 것을 요청한 상태였다. 이 때문에 아직 업무를 계속 보고 있던 일본 영사관에 일본 통과 비자를 구하려는 난민이 대거 몰려들었다.

스기하라는 요건을 채우지 못한 피난민에게도 인도적으로 비자를 발급해줘야 한다고 외무성에 호소했으나 받아들여지지 않았다. 사실 머지않아 일본·독일·이탈리아 삼국 군사 동맹 체결이 이루어질 시기였기 때문에 피난민이 일본으로 오는 것을 막으라는 비밀 명령이 정부로부터 내려와 있었다. 스기하라는 고민 끝에 단독으로 비자를 발급해주기로 결단을 내린다.

영사관이 폐쇄되기까지 약 1개월이라는 시간 동안 기록에 남은 것만 해도 2,139장이 발급되었다. 당시에는 한 가족당 비자 한 장이 발급되었다. 그가 도중부터 몇 장을 발급했는지 기록을 남기지 않아 얼마나 많은 사람이 그가 발급한 비자로 탈출할 수 있었는지는 정확히 알 수 없지만, 일설에 따르면 약 6,000명이라고 한다.

베를린으로 가는 열차 안에서도 비자를 수기로 계속 발급한 스기하라는 열차가 움직이기 시작하자 피난민들에게 "미안합니다. 저는 더는 쓸 수가 없습니다. 부디 무사하시길 바랍니다."라고 말하며 고개를 숙였다고 한다. 피난민은 1940년 7월부터 일본에 입국해 1941년 9월에는 전원이 출국했다.

이후 스기하라는 체코, 루마니아 등지에서 근무하다 종전 후인 1946년에 귀국한다. 다음 해 훈령을 위반한 비자를 발급했다는 이유로 면직당했다. 이 일화가 알려지게 된 것은 1969년 이스라엘 정부가 스기하라에게 훈장을 수여하면서부터다.

쇼와 천황 [昭和天皇, 1901년~1989년]
'신'에서 '인간'이 된 인물

일본 제124대 천황으로 나루히토 일왕의 할아버지에 해당하는 인물이다. '쇼와'는 그가 다스린 시대를 나타내는 원호임과 동시에 사후 붙여질 시호로 본명은 미치노미야 히로히토(迪宮裕仁)라고 한다. 아버지인 제123대 다이쇼 천황이 병약했던 탓에 1921년 20세에 섭정으로 취임한 뒤부터 '섭정관'이라고도 불렸다.

다이쇼 천황의 사망으로 미치노미야는 1926년에 쇼와 천황으로 즉위하지만, 제1차 세계대전으로 경기가 반동해 생긴 불황, 1923년에 발생한 간토 대지진으로 촉발된 쇼와 금융 공황에 도호쿠 지방의 대흉작 등 여러 사건이 겹치고 겹쳐 당시 경기는 최저, 최악의 상태였다. 이 때문에 군부는 대륙 진출에 박차를 가해 1931년에는 만주 사변을 일으킨다.

신화 속 아마테라스 오미카미의 후예라고 알려진 일본 천황은 메이지 시대에 제정된 대일본제국헌법에 따라 '신성하고 침해할 수 없는' 존재로 정의되어 현신인(現人神)으로 신성시되었다. 또한 헌법에 따라 천황은 육·해군의 통수권을 가지나, 국무대신의 보좌가 없으면 국책을 결정할 수 없도록 군주로서의 권력을 제한당했다. 즉, 쇼와 천황은 영국 왕과 마찬가지로 '군림하되 통치하지 않는' 교육을 어렸을 적부터 받아온 것이다. 정치의 부패를 염려해 천황의 친정을 희망하는 '황도파'의 청년 장교들이 1936년 '군주 옆의 간신'인 정부 수뇌진을 습격한 2·26 사건이 일어났을 때 쇼와 천황이 청년 장교들을 반란군으로 보고 이들의 제의를 거절한 것은 이러한 교육을 받은 영향 때문이다.

2·26 사건으로 황도파가 일소된 군부는 더욱더 정치에 개입하기 시작하면서 1937년에 일본 전쟁, 1941년에는 태평양 전쟁을 일으킨다. 싸움을 좋아하지 않는 성격인 쇼와 천황은 일련의 흐름을 탐탁찮게 여겼으나 결국에는 찬성했다는 의혹이 남아 있으며, 이 전쟁들은 쇼와 천황이 포츠담 선언을 수락할 것을 결심하고 1945년 8월 15일에 직접 방송에 나와 종전을 알리는 조서를 읽음으로써 비로소 종결되었다.

전후 쇼와 천황은 패전국의 원수로서 전쟁 책임을 받아들이려 했다. 하지만 전후 일본을 점령 통치한 측에서 천황을 처형하거나 천황 제도를 폐지하는 것은 일본 국민의 반발을 불러올 수 있다고 해석해 도쿄 재판에서도 쇼와 천황은 소추를 피할 수 있었다.

1946년 1월 1일 쇼와 천황은 자신의 신성을 거부하는 조서, 통칭 '인간 선언'을 발표했다. 이것으로 전쟁 전에는 신으로 여겨졌던 천황이 국민과 같은 인간이 되어 일본의 민주화에 큰 영향을 주었다. 더불어 같은 해 12월에 공포된 일본 헌법에 천황을 '일본의 상징이며 일본 국민 통합의 상징'으로 정의됨으로써 쇼와 천황은 일본 최후의 입법 군주이자 최초의 상징적 천황이 되었다.

좀 더 깊이 알고 싶은 독자를 위한 추천 도서 ─────
• 『쇼와천황과 일본패전』, 고케츠 아츠시, 제이앤씨

김일성 [金日成, 1912년~1994년]

항일 빨치산이 되어 싸우고 북조선의 국가 최고 지도자가 되어 독재 정치를 편 인물

김일성은 조선민주주의인민공화국(북한)이 건국됐을 때부터의 지도자로, 만주와 북한이 맞닿아있는 국경지대에서 조선 인민 혁명군을 이끌고 항일 무장 투쟁을 벌였다고 한다.

김일성은 평양 서쪽 지역인 하동 칠골에서 태어나 만경대에서 유년 시절을 보냈다. 부친은 항일파 또는 이를 지지하는 사람이었다고 알려져 있으며 '3·1 운동'이 일어난 다음 해인 1920년 김일성을 데리고 중국 동북부의 남만주로 이주했다. 평성의 소학교에서 공부한 뒤 군사 학교인 화성의숙에 입학했지만 얼마 지나지 않아 중퇴한다. 길림성의 중국인 중학교에서 마르크스·레닌주의를 접하고 청년 학생 운동에 참여했다. 1931년 공산당에 입당해 중국 공산당이 지도하는 항일 빨치산 조직의 북동 인민 혁명군에 가담한다. 동북 항일 연군의 대원에까지 이르렀다고 한다.

다음 해 김일성 부대가 조성 함경남도 보천보 마을을 야습한 사건을 계기로 김일성의 이름이 유명해지게 된다. 현재 북한의 기록으로는 일본 측이 김일성에게 거액의 현상금을 걸었다고 되어 있는데, 실제로는 현상금이 달린 여러 지도자 중 한 명이었고, 전투도 모두 소규모였으며 동북 항일 연군도 중국 항일군과의 연합군이었다고 한다.

이후 일본 측의 귀순 공작과 토벌 작전으로 동북 항일 연군은 괴멸 상태에 빠졌고, 김일성은 독자적인 판단으로 부하 수십 명과 함께 소비에트 연방령으로 도망친다. 1945년 소련군이 한반도 북부를 점령하자 귀국한 그는 조선 노동당에 가입했고 1948년에 조선민주주의인민공화국이 성립되자 초대 주석 자리에 오른다. 1950년에는 남북통일을 노리고 남한을 침공해 미국군이 주체인 유엔군과 한국 전쟁(6·25 전쟁)을 벌였지만, 정전 협정을 맺고 북조선은 한반도의 북쪽만을 지배하게 되었다.

이후 김일성은 정치적 숙적을 배제하면서 노동당 내에서 독재적인 지위를 확립했고 1960년대 말까지 자신의 우상화와 북한의 군사 국가화를 진행해 독재 체제와 권력 세습의 기반을 완성했다. 그리고 마르크스·레닌주의를 창조적으로 발전시켰다고 하는 '주체사상'을 국가의 공식 이념으로 삼았다.

김일성이 지배하던 1970년부터 80년대에 걸쳐 북한은 자국의 공작원을 이용해 일본인 17명을 북한으로 납치하는 사건을 일으켰고, 1987년에는 공작원이 비행 중인 대한항공의 여객기를 폭파시킨 테러 사건을 일으켰다. 이후 1994년 평안북도 향산군 묘향산 관저에서 병사했다.

좀 더 깊이 알고 싶은 독자를 위한 추천 도서

• 『독재자가 되는 법 – 히틀러부터 김일성까지, 20세기의 개인숭배』, 프랑크 디쾨터, 열린책들

박정희 (朴正熙, 1917년~1979년)
군사 쿠데타로 권력을 장악한 뒤 자유를 탄압해 독재 정권을 쌓은 군인

박정희는 대한민국의 군인이자 제5대부터 제9대까지 대통령을 지낸 인물이기도 하다. 재임 기간은 1963년부터 79년까지다.

한반도는 청일 전쟁에서 승리한 일본에 의해 한층 더 강해진 제국주의의 지배하에 놓였다. 그러다 제2차 세계대전 후 한반도에서 일본군이 퇴각하자 남한에는 미국군이 주둔하고 북한에는 소련군이 주둔했다. 남한에서는 이승만이 초대 대통령으로 뽑혔다. 1948년 한반도는 남과 북으로 나뉘어 북한(조선민주주의인민공화국)과 한국(대한민국)이라는 각각 새로운 국가가 건국되었다. 1950년 북한과 한국 사이에서 한국 전쟁이 발발한다. 이 전쟁에서 북한은 한때 압도적인 승세를 타 부산까지 진격해갔지만, 유엔군(사실상 미군)이 반격을 펼쳐 남한 지역을 탈환한다. 그리하여 1953년에 정전 협정을 체결하고 북한과의 군사 국경선(38도선)이 확정됐다.

이승만 정권은 독재정치를 펼쳤으나, 여기에 반대하는 학생들을 중심으로 한 민주화운동(4월 혁명)으로 1960년 붕괴했다. 이렇게 혼란스러운 와중 1961년 군인 박정희가 군부 쿠데타를 일으켜 권력을 장악했다. 1963년에 대통령이 된 박정희는 반공 자세를 강화하고 헌법을 개정해 자신의 독재 정치를 공고히 했다. 박정희는 미국의 베트남 전쟁에 협력하는 한편, 1965년에는 한일기본조약을 체결했다. 사실 박정희는 전쟁 전 일본군에 소속되어 있었다. '메이지 유신'의 사상을 지지하고 만주의 관동군에서 군무를 보았던 그였기에 전쟁 후 구성된 일본의 이케다 내각은 박정희가 실권을 잡은 지금이야말로 국교 회복의 기회라고 보았다.

박정희는 한편으로 북한과도 극비리에 교섭해 1972년에 남북공동성명을 발표했다. 내정으로는 신헌법을 제정해 자신의 권력을 더 강하게 만들었고, 중앙정보부를 통한 첩보 활동을 벌여 반대파를 철저히 단속했다. 1973년에 야당 지도자인 김대중을 도쿄에서 납치한 '김대중 사건'이 바로 대표적인 예이다. 이 사건은 주권 침해로 국제 사회에서 비판받았다. 그는 자유주의 국가로서는 이례적일 정도로 언론 탄압을 벌여 검열도 매우 엄격하게 시행한 한편 '한강의 기적'이라는 경제 성장을 실현하기도 했다. '개발 독재'라고 부르는 정책으로, 여기서부터 한국의 근대화가 진행되었다고 평가하는 목소리도 있다.

1979년 10월 박정희는 중앙정보부 부장 김재규에 의해 61세에 암살당했다. 한국은 이후 '서울의 봄'이라고 부르는 민주화의 시대를 맞이하지만, 1980년 5월 전두환이 쿠데타를 일으킨다. 이후 전두환이 5·18 광주 민주화 운동을 진압해 한국의 민주화에 제동이 걸리기도 했다. 2013년에는 박정희의 장녀 박근혜가 대통령에 올랐으나, 세월호 침몰 사고와 최순실 등 민간인에 의한 국정농단 의혹 사건 등으로 인해 2017년 대통령에서 파면되었다.

좀 더 깊이 알고 싶은 독자를 위한 추천 도서

• 『유신 오직 한 사람을 위한 시대』, 한홍구, 한겨레출판사

칭기즈 칸[Chingiz Khan, 1162년~1227년]

대몽골 제국을 건설한 초원의 푸른 늑대

몽골의 영웅일 뿐만 아니라 중앙아시아 여러 나라에서 지금도 많은 존경을 받는 칭기즈 칸. 그는 중국, 중앙아시아, 동유럽에 걸쳐 세계 역사상 보기 힘든 대국가의 기반을 쌓은 몽골 제국의 초대 황제다.

칭기즈 칸은 어렸을 적 테무친(Temuchin)이라고 불렸다. 그가 등장하기 이전 몽골 민족은 뛰어난 무용을 가진 기마 민족이었으나, 부족 간의 대립이 심해 민족으로서는 통일이 되지 않은 상태였다.

테무친은 많은 전투를 치러 부족을 통일한 뒤 칭기즈 칸이라는 이름을 썼다. 칭기즈 칸은 당시 중국을 지배하고 있던 금나라에도 손을 뻗쳐 금의 세력을 쇠퇴시켰다(금나라는 칭기즈 칸의 아들, 몽골 제국 2대 황제인 오고타이에 의해 1234년에 멸망한다). 그리고 중국만이 아니라 중앙아시아에도 진출해 호라즘 왕국과도 싸웠다. 이처럼 칭기즈 칸은 몽골 세계 제국 실현을 위한 매우 중요한 첫발을 내디딘 몽골의 영웅이었다.

칭기즈 칸이 이렇게 전쟁에서 거듭 승리할 수 있었던 이유는 무엇일까.

먼저 몽골인은 유목 민족이기에 당시 군대의 주력이었던 기병의 수적·질적인 측면에서 다른 나라에 비해 압도적인 우위에 있었다는 점을 들 수 있다. 그리고 몽골 제국은 군국주의 국가였기 때문에 제국의 구성원 전원이 엄격하게 통제되었다는 점도 이유로 꼽을 수 있다. 또한, 그는 수집한 정보에 기초한 심리전에도 뛰어났으며, 마지막으로 기마대와 화약, 투석기 등을 조합해 활용했다는 점도 있다. 이처럼 칭기즈 칸은 용맹하고 과감한 무인이었을 뿐만 아니라 천재적인 전술가이기도 했다.

『몽골비사』에서 칭기즈 칸은 '푸른 늑대'로 불린다. 이 명칭은 몽골 민족의 선조라고 하는 전설상의 늑대를 가리키는데, 전설상의 존재를 빗대어 그를 불렀을 정도로 몽골인뿐만 아니라 타민족 사람들도 그를 두려워하고 숭배했다는 점을 알 수 있다. 이 명칭은 그야말로 칭기즈 칸이 가진 무인으로서의 잔학함을 표현함과 동시에 위대함도 선명하게 묘사하고 있다.

좀 더 깊이 알고 싶은 독자를 위한 추천 도서 ─────

▪ 『몽골 제국』, 리스 로사비, 교유서가

항우 [項羽, 기원전 232년~기원전 202년]
숙적 유방과 싸운 서초의 패왕

진나라를 쓰러뜨리기 위해 반군을 만들고 그 군대를 이끌어 끝내 진을 멸망시킨 '서초의 패왕'이라 불린 인물이 항우다. 재위 기간은 기원전 206년부터 기원전 202년이다.

항우는 초의 장군이었던 항연의 손자로, 항씨 가문은 대대로 장군을 지냈지만, 『사기』에 따르면 항우는 문자를 읽지 못했고 검술도 그다지 뛰어나지 않았다고 한다. 숙부인 항량에게서 교육을 받던 항우가 "문자는 이름만 쓸 줄 알면 충분하고 검술은 한 사람과 싸워 지지 않을 정도면 됩니다. 저는 만인을 상대할 수 있는 학문을 배우고 싶습니다."라고 호기롭게 말하자 항량은 기뻐하며 집단전 병법을 가르쳤다고 하며, 성인이 된 항우는 키가 2m에 가깝고 힘도 무척 세서 모두가 두려워했다고 한다.

진나라 말기였던 기원전 209년, 진승·오광의 난이 발생하자 항우도 초나라 부흥을 외치며 강남에서 거병한다. 탁월한 지도력으로 각지의 반란군 중에서도 중심 세력으로 두각을 나타내, 상대 무장인 유방과 누가 먼저 진을 쓰러트릴지를 두고 경주하게 되었다. 기원전 206년 유방은 진왕의 항복을 받아냈지만, 진왕의 처분은 항우가 입성하고 나서 이루어졌다. 항우는 진나라 최후의 왕인 자영과 그 일족, 신하까지 모조리 죽이고 수도 함양의 파괴와 약탈 명령을 내렸다. 이것으로 진나라는 멸망하고 만다.

초나라를 재건한 항우는 의제를 옹립한 뒤 자신을 서초의 패왕이라고 칭한다. 그리고 장강 하류의 팽성을 수도로 삼고, 유방을 내륙 깊숙한 곳인 한수 상류 지역을 다스리는 한왕으로 임명한다. 이를 두고 어느 논객이 지리적 이점이 있는 함양을 도읍으로 삼으라고 진언했지만, 항우는 듣지 않고 오히려 고향으로 돌아가고자 했다. 그리고 논객이 "초인(楚人)은 원숭이가 관을 쓰고 있는 것이나 다름없다고 하는데, 정말 그러하다."라고 중얼거리자 항우는 논객을 붙잡아 솥에 넣어 삶아 죽였다고 전한다. 그야말로 폭군 그 자체다.

얼마 지나지 않아 항우가 초의 의제를 살해하자, 항우를 토벌할 구실을 얻은 유방은 기원전 202년에 제후들에게 항우 토벌을 외치면서 초한 전쟁이 시작된다. 처음에는 항우의 세력이 압도적으로 우세했지만, 두 사람의 공방이 계속되는 와중 유방이 백성의 민심을 장악한다. 궁지에 몰린 항우는 결국 기원전 202년에 벌어진 해하 전투에서 패배한다. 이때 제후 연합군이 30만이었던 데에 비해 항우 측 군사는 10만 명에 불과했다. 전투 도중 포위당한 항우의 성밖, 서쪽에서 항우의 고향인 촉나라의 노래가 들려온 것이 사자성어 '사면초가'의 유래다. 패한 항우는 강남으로 도주하지만, 도중 장강 북쪽의 오강에서 한나라 추격군과 맞닥뜨려 전투를 벌이게 되고, 이 전투에서 자살한다. 이때 항우의 나이는 고작 31세였다.

좀 더 깊이 알고 싶은 독자를 위한 추천 도서 ──────
- 『사서로 읽는 항우와 유방』, 신동준, 인간사랑

도고 헤이하치로[東鄕平八郎, 1848년~1934년]

일본의 지위를 끌어올린 연합 함대 사령장관

메이지, 다이쇼, 쇼와 모든 시기에 걸쳐 활약했던 옛 일본 해군의 군인이 도고 헤이하치로다. 일본 해군의 지휘관으로 청일 그리고 러일 전쟁에서 승리하는 데에 크게 공헌해 일본의 국제적 위상을 '5대국'의 일원으로까지 끌어올린 한 명으로, 국내외에서 압도적인 명성을 자랑한다.

도고는 사쓰마번 가고시마군의 가지야초에서 사쓰마 번사(무사)의 4남으로 에도 시대에 태어났다. 아명은 주고로(仲五郎)로 14세 때 관례를 치르고 헤이하치로 사네요시가 되었다.

1862년 사쓰마 번사로 영국-사쓰마 전쟁에 참여했고, 1868년에 발발한 보신 전쟁에서는 사쓰마 번이 영국으로부터 산 군함 가쓰가마루에 타 니가타, 하코다테까지 전전해 아와 해전과 하코다테 전쟁, 미야코만 해전에서 싸웠다.

메이지 시대 때 해군 사관으로 임관해 1871년부터 영국으로 군비 유학을 가 고스포트에 있는 해군 예비학교 버니즈 아카데미와 상선학교인 우스터 협회에서 공부했다. 1894년 청일 전쟁에서는 첫 전투에서 '나니와'의 함장을 맡아 풍도 해전, 황해 해전, 웨이하이 해전에서 활약했으며, 이후 소장으로 진급해 상비 함대 사령관이 된다. 풍도 해전에서는 유학 때 배운 국제법이 큰 도움이 되는데, 영국의 상선 '고승호' 선내에서 청나라 군사의 반란이 일어날 기미가 보여 나니와가 경고하지만, 고승호가 응답하지 않아 국제법에 따라 적합한 방법으로 고승호를 격침했다. 국제법을 따랐으므로 영국은 이에 항의하지 않았다.

러일 전쟁이 열리기 전인 1903년 해군 대신 야마모토 곤노효에의 호출을 받아 상비 함대 사령장관이 되었으며 같은 해 12월에는 제1함대 겸 연합 함대 사령장관으로 임명되었다, 이 인사의 이유를 묻는 메이지 천황에게 야마모토는 "운이 좋은 남자니까요."라고 답했다고 한다.

1904년 러일 전쟁이 개시되자 기함 미사카에서 러시아 해군 태평양 함대 기지의 여순항 개항 작전과 황해 해전 등의 작전 전반을 지휘했다. 다음 해 유럽에서 극동을 향해 회항한. 당시 세계 굴지의 전력을 자랑하던 로제스트벤스키 제독이 이끄는 러시아 제국 해군의 발트 함대를 대범한 T자 전법(적 앞에서 뱃머리를 크게 돌려 진로를 바꾸는 전술, 해외에서는 도고 턴이라고 부른다)으로 일방적으로 공격해 물리치면서 세계에 'The admiral Togo(해군 제독 도고)'로서 이름을 널리 알리게 되었다.

이후 군령부장, 군사참의관을 거친 뒤 제일선에서 물러났고, 1934년 후두암, 방광 결석 등이 악화해 만 86세의 나이로 사망했다.

후쿠자와 유키치(福沢諭吉, 1835년~1901년)
유교적 사상을 비판하고 서양 근대주의를 보급한 사상가

후쿠자와 유키치가 태어난 곳은 부젠국 나카쓰번(현재 오이타현 나카쓰시)으로, 이곳의 하급 무사(번시), 후쿠자와 햐쿠스케의 5남이었다.

그는 지금의 오사카로 가 난학자이자 의학자이도 했던 오가타 고안이 세운 학교 데키주쿠에서 난학을 공부했다. 당시는 에도시대 초기였기에 쇄국 정책의 영향으로 서양의 학문은 난학(네덜란드에서 전해진 서양의 의학과 과학지식을 연구한 학문)만이 일본에서 발전하고 있었다. 1859년 요코하마의 외국인 거주지를 방문한 그는 영어의 필요성을 통감하고 독학으로 영어를 공부한다. 1860년 간린마루에 탄 후쿠자와는 미국으로 건너간다. 그리고 1862년에는 유럽을 시찰하며 파리와 런던 같은 도시를 방문하고, 뛰어난 근대 자본주의 문명을 목격했다. 이리하여 그는 서양 학문의 필요성을 실감함과 동시에 후진적인 아시아에서 벗어나자는 탈아입구론을 지향한다.

후쿠자와는 귀국한 뒤『서양사정』을 발표하고 근대화로의 계몽 활동을 펼쳤다. 하지만 이때는 존왕양이 세력이 매우 강해 서양인과 이들에게 동조한 사람을 대상으로 한 테러가 빈번히 발생하고 있었다. 존왕양이는 일본을 신국으로 여기며 천황을 존경(존왕)하는 동시에 외국인을 배척, 습격(양이)하려는 독선적인 사상이었다. 이러한 흐름 속에서 1863년에 조슈번이 열강 4개국 상대로 벌인 시모노세키 전투는 조슈번의 참패로 끝이 났다. 이후 양이 운동은 내리막길을 걷게 된다. 후쿠자와는 존왕양이를 '허탄의 망설', 조슈번을 '장적'이라 불렀다.

1867년 다시 미국에 갔다가 돌아온 그에게 들린 소식은 조정이 왕정복고를 선언했다는 것이었다. 그는 신정부의 초청을 거절하고 관직에 나가지 않았다. 에도 바쿠후가 쓰러지고 들어선 메이지 정부와 협력해 요직에 앉은 사람이 많았지만, 후쿠자와는 이들과는 선을 긋고 학문에만 전념했다.

1868년 그가 연 란가쿠주쿠는 게이오기주쿠(오늘날의 게이오 대학)로 개명한다. 한편 폐번치현(廃藩置県, 영주인 다이묘가 다스리던 번을 폐지하고, 이를 중앙 정부가 통제하는 부府와 현縣으로 일원화한 행정 개혁)을 인정하면서도『분권론』을 집필해 이 책을 통해 지방분권을 주장했다. 세이난 전쟁에서의 사이고 다카모리를 옹호하는『정축공론』도 발표했다.

그는 1872년『학문 권장』을 발표한다. 미국 독립 선언을 번역한 "하늘은 사람 위에 사람을 만들지 않았고, 사람 밑에 사람을 만들지 않았다."는 명언으로 지금도 전해지고 있다. 유교적 정신을 부정하는 대신 개인의 자유, 평등이 천부적인 것이라는 민주주의 사상이 깃들어 있는 말이다. 그런데 사실 저 뒤에 문장이 더 있다. 후쿠자와는 '하지만'으로 문장을 이으며 인간에게는 학문을 익혔는지 아닌지에 따라 귀천이 있다고 썼다.

좀 더 깊이 알고 싶은 독자를 위한 추천 도서

▪ 『후쿠자와 유키치 – 일본을 제국주의로 몰고 간 후쿠자와 유키치, 탈아론을 외치다』, 정일성, 지식산업사

공자 [孔子, 기원전 551년~기원전 479년]

석가, 그리스도, 무함마드와 함께 4성인 중 한 명

공자는 오늘날 산둥성에 자리한 노나라에서 신분이 낮은 무사(지배 계급 최하위)의 가정에서 태어났다. 당시는 춘추전국 시대였다. 아버지를 일찍 여의어 편모 가정에서 자란 공자는 15세가 되던 때 학문으로 살아야겠다고 다짐한 뒤 학문에 힘썼고, 30세 무렵 사립 학원을 연다. 당시에도 학원은 있었지만, 대부분 귀족을 위한 폐쇄적인 것들이었다. 이에 비해 공자의 학원은 개방적이었다. '떠나는 사람은 잡지 않고 오는 사람은 막지 않는다'는 말은 그야말로 공자의 학원을 가리키는 것이었다.

공자는 제자들에게 관리로서 필요한 과목을 가르쳤다. 인간으로서 훌륭한 행위를 할 수 있을 것(덕행), 우아한 말을 쓰면서 상대가 이해할 수 있는 표현을 할 것(언어), 관리답게 정무를 맡을 것(정사), 학식 경험을 쌓아둘 것(학문) 네 가지다. 이러한 과정을 거치며 그는 제자백가의 선구자가 되었다.

공자의 사상 중심에 있는 것은 '인'이다. 이것은 모든 사람을 자신과 같은 존재로 보고 타인을 존중하는 사상으로, 매우 간단히 설명하면, 거대한 인간애다. 그리고 인간에게 그 진심(충)과 언행일치(신)를 기대했다. 이를 위해 인간을 이해하고, 윤리적 결단을 행하는 것으로 '인'이 완성된다고 보았다. 이처럼 공자의 '인'의 사상은 인간을 믿는 인간을 최상의 인간으로 보았다. 많은 고대 사상이 신 같은 초월적 존재에게 의존하는 경향이 있는 것과는 매우 다른 성향을 가진 사상이다.

한편 공자는 사람이 살아가기 위한 지침으로 윤리를 강하게 주장했다. 가정의 윤리로는 '효제'를 제창했다. 이것은 부모를 존경하는 것이다. 공자의 사상은 제자나 후계자들에 의해 가부장제 사상으로 이어졌지만, 공자 자신은 반드시 아버지에게 굴종할 것을 이야기하지 않았다.

더불어 사회 윤리로는 '예'를 주장했다. 예의 정신을 중히 여기고 실천하면 '인'에 도달할 수 있다고 보았다. 이 사상 역시 이후에는 유가보다 군국주의의 사상으로 이어졌지만, 공자는 위정자는 반드시 유덕자여야만 하며, 그런 위정자여야만 백성이 따를 것이라고 주장했다. 맹목적으로 위의 의견에 복종해야만 한다는 사고방식과는 조금 다르다. 위에 선 인간은 절대적이고 여기에 의문을 가지면 안 된다는 생각은 현대에도 매우 위험한 생각이다.

공자에게서 나온 일파를 '유가'라고 하고, 그의 말을 정리한 것이 『논어』다. 그의 사상은 그의 사후 '유교'로 종교화되었다.

좀 더 깊이 알고 싶은 독자를 위한 추천 도서 ──────

- 『공자 평전』, 안핑 친, 돌베개
- 『논어』, 공자, 홍익

노자 [老子, 생몰년불명]

20세기 융 심리학에 영향을 준 도교를 창시하고 '도'를 추구한 인물

노자는 도교의 시조이자 중국의 춘추 전국 시대에 활약한 사상가(철학자)다. 그의 사상은 제자백가 중 하나인 도가로써 이후 종교화되었다.

노자는 초의 현, 오늘날 허난성 저우커우시에서 태어나 주나라에서 서고의 기록관으로 일했다. 오랫동안 주나라에서 지냈지만, 결국 그곳을 떠난다. 이때 관문의 관리인에게 『노자도교경로』를 남겼는데, 이후 그의 행방은 아무도 알지 못한다고 한다. 사실 그에 관한 자료가 거의 없어 실재했는지조차 확실치 않은 한편 불로장수해서 기원전 4세기까지 살았다는 설도 있다. 기원전 1세기경에 살았던 역사가 사마천도 노자에 관해서는 모호하게 기록했다.

노자의 대표적인 저서는 『노자』다. 공자의 유교가 나라와 사회를 어떻게 다스릴지를 논한 것이라면, 노자는 '무위자연'으로 인간의 작위를 부정하고 태고적의 '도'에 접할 것을 중시했다. 도교의 목적은 '도'를 밝혀내는 것이다.

'도'란 '천지의 본체로서의 근원'을 의미하며 물질이면서 동시에 신인 존재다. 이 '도'는 고정된 것이 아니라 끊임없이 꿈틀거리고 변화하고 돌며 삼라만상을 생성한다. 이러한 종교 사상은 세계의 종교 중에서도 매우 특이하다. 기독교를 비롯한 종교 대부분이 '신'이 모든 것을 창조했다고 보는 것과 달리 반은 신이고 반은 물질인 '도'가 모든 것의 시작이라는 생각은 20세기 심리학자 융에게 영향을 주었다. 융은 인간에게 집합적 무의식이 있다고 주장했다. 즉, 누구나 마음속에 알지 못하는 사이 태곳적부터 가지고 있던 잠재의식과 접촉한다는 것이다. 이것을 '아니마', '아니무스'처럼 무의식의 다양한 원형으로써 공통적으로 표현하려 했다. 앞서 언급한 '무위자연'도 집합적 무의식과 조화롭게 살고자 하는 모습이라 생각할 수 있다.

또한, 노자는 대국을 부정하고 목가적인 농촌 공동체 사회인 '소국과민'을 가장 이상적인 나라로 보았다. 이것은 오늘날 공동체주의와도 일부 통하는 부분이 있다. 당시 대국을 지향한 유가와 묵가(제자백가 중 하나)와는 달리 사실상 나라의 확대를 거부한 노자는 오늘날 반세계화 사상과 닮은 부분도 보인다. 후세에 도교는 불교와 대립하다 1255년 논쟁에서 밀리게 되어 관련한 많은 서적들이 불에 타 사라졌다.

노자의 명언 중에는 지금도 인용되는 것들이 많다. '대기만성', '부드러움은 강함을 이긴다.', '하늘의 법망은 큼직큼직하여(天網恢恢, 천망회회) 소홀해 보이지만 놓치지 않는다(疏而不失, 소이불실).' 등이 있다.

한편 노자와 마찬가지로 도교의 시조 중 한 사람으로 여겨지는 장자(莊子, 기원전 369년경~기원전 286년경)는 『장자』를 남겼다. 노자와 장자의 도교 사상을 묶어 '노장사상'이라고 부른다.

좀 더 깊이 알고 싶은 독자를 위한 추천 도서

▪ 『노장사상과 인성』, 장종원, 서현사
▪ 『불교와 노장사상』, 삼삼수심랑, 경서원

맹자 [孟子, 생몰년불명]

성선설을 주장해 유가의 사상을 발전시킨 제자백가 중 한 사람

중국 춘추 전국 시대에는 제자백가로서 뛰어난 많은 사상가(철학자)가 탄생했다. 그중 가장 대표적인 인물이 공자이며, 그의 제자들에 의해 유가가 성립되었다. 이러한 유가의 흐름 속에서 새로운 사상을 창출해 낸 인물로 맹자를 들 수 있다.

맹자는 산둥 출신으로 공자의 손자에게 배웠다. 제나라의 수도로 이주한 맹자는 거리를 방문하는 학자들과 의논을 하며 학문의 완성도를 높여갔다. 당시 중국에서는 유가와 묵가 사이에서 국가의 치세에 관해 격렬한 의논이 벌어지고 있었다. 묵가의 사상은 묵자가 만든 것으로, 박애주의를 기본으로 한 것이었다. 맹자는 유가와 묵가의 논쟁을 극복하는 것을 목표로 성선설에 기초한 정치 통치론을 주장했다.

그의 대표 저서는 『맹자』다. 이 책에 따르면 사람은 인, 의, 예, 지라는 덕목을 누구나 가지고 있다고 보았다. 또한 공자가 '인'을 설파한 데에 반해 맹자는 '인의'를 설파했다. 인의는 현대에도 쓰이는 단어인데, 맹자의 말에서 유래했다.

맹자는 성선설도 주장했는데, 이 역시 지금도 쓰이는 단어다. 인간의 본질을 선으로 보는 것으로, 그 근거로 물에 빠져 죽으려는 사람을 보면 누구나 그 사람을 말리고 위로하는 것을 꼽을 수 있다.

반대로 사람을 믿지 않는 성악설이 있다. 성악설을 주장한 사람은 순자(荀子, 기원전 313년경~기원전 238년경)다. 순자의 사상은 인간은 가만 놔두면 인, 의, 예, 지라는 덕목을 몸에 익힐 수 없음으로 법치주의에 따라 나라를 다스려야 한다는 법가의 사상으로 이어진다.

간혹 맹자의 성선설(또는 순자의 성악설)을 사람은 가만 놔두면 좋은 일(혹은 나쁜 일)만 한다는 의미라고 간단하게 생각하는 사람을 보는데, 이는 잘못된 이해다.

맹자의 사상에서는 군주를 덕을 지닌 자로 보았다(덕치주의). 그리고 인심에서 멀어진 군주는 '역성혁명'으로 결국엔 쓰러진다. 또한, 정도(政道)를 덕에 의한 '왕도'와 무력에 의한 '패도'로 나누어 왕도를 이상적으로 보았다.

여담이지만, 지금도 쓰이는 맹자와 관련한 고사성어로 '맹모삼천지교(孟母三遷之敎)'라는 말이 있다. 맹자의 어머니(맹모)가 아이인 맹자에게 좀 더 교육적으로 도움 되는 장소를 찾아 세 번이나 이사했다는 뜻이다.

좀 더 깊이 알고 싶은 독자를 위한 추천 도서 ──────

▪ 『맹자』, 맹자. 홍익 등

사마천 [司馬遷, 기원전 135년~기원전 86년경]

무제에게 아부하지 않고 『사기』를 써서 남긴 역사가

중국의 역사가 사마천이 태어난 때는 전한, 무제의 시대다. 사마천의 아버지 사마염은 태사령이라는, 궁정 안에 있는 서적을 관리하고 기록을 정리하는 일을 했다. 아버지는 아들에게 고문서 읽는 법을 가르치고 국내 여행을 가도록 했다. 이 덕분에 사마천은 어렸을 때부터 견문을 꽤 많이 쌓을 수 있었다.

이 시기 무제가 무거운 병역과 과한 세금을 부과하는 등 중앙에서 펼치는 강한 억압 정치가 지방을 압박하고 있었다. 이 점은 후에 사마천이 저서 『사기』에서 무제의 정책을 비판하는 것으로 이어진다. 사마천은 28세 때 3년 전 사망한 아버지의 뒤를 이어 태사령이 된다. 그는 역법을 개정하는 작업에 돌입했고, 이것이 일단락된 뒤 『사기』를 정리하는 작업을 시작한다. 이것은 유명 가문의 역사를 기록으로 남기고 싶어 한 아버지의 바람을 이어받은 것이었다. 즉, 황제나 정부의 명령으로 집필한 것이 아니고 권력자를 돋보이기 위한 역사 기술을 한 것도 아니다. 왕조의 연대기를 쓴 것이 아니라 개인의 전기를 쓴 경향도 강해 이 점에 대한 평가가 높다. 물론 글로 쓴 이상 완전히 객관적, 중립적으로 역사를 쓴 것은 아니고, 사마천이 주관적으로 평가한 인물과 혹평하는 인물의 차이가 크다는 단점도 있긴 하지만, 지성을 갖춘 한 관리가 조사한 역사라는 의미에서의 가치는 지금도 매우 큰 의미를 지닌다.

사마천은 높은 뜻을 가진 인물을 공들여 소개하는 경향이 있었다. 반대로 권력자인 무제에게 빌붙는 관료나 무장들을 혹독하게 평가했다. 특히 전란이 끊이지 않던 시대에 굶주리는 종군 병사를 돌보지 않고 사치를 부리는 상관에게는 신랄한 비판을 가했다. 이러한 사마천의 자세는 이윽고 무제와 대립한다. 적에게 항복한 전한의 장군 이릉을 옹호한 사마천에게 분개한 무제는 그를 궁형에 처했다. 즉, 생식기를 절단해 환관으로 만든 것이다. 이것을 '이릉의 화'라고 부른다.

환관이 된 사마천은 심한 굴욕을 느끼며 고뇌했던 것으로 알려졌으나, 『사기』를 완성하는 것에서 살아갈 이유를 발견해 결국 모두 완성한 뒤 숨을 거뒀다. 『사기』는 중국 건국 신화에 나오는 전설적인 군주인 황제(黃帝)를 시작으로 하, 은, 주, 각을 거쳐 한의 무제에까지 이르는 제왕들의 기록인 '본기'를 중심으로 '표'와 '서', '세가', '열전' 등으로 이루어져 있다. 이 중에 '열전'은 관료와 서민의 전기를 다루고 있다. 협객과 상인까지 긍정적으로 써 내려간 점은 후세의 유가적 관료들로부터 비난받았지만, 그렇기 때문에 사마천만의 인간관을 느낄 수 있다.

좀 더 깊이 알고 싶은 독자를 위한 추천 도서

• 『사기열전』, 사마천, 민음사 등

주희 [朱熹, 1130년~1200년]

봉건 사상의 기초가 된 주자학을 탄생시킨 학자

주희(주자)는 유교의 정통 후계자인 주자학을 일으킨 학자다. 주희가 태어난 때는 남송 시대였다. 푸젠성의 서기에 임명된 그는 북송의 철학자 이행의 밑에서 공부하면서 자신만의 학문을 쌓아 올려 나갔다. 하지만 생전에는 인정받지 못하고, 생애 대부분을 지방의 하급 관리로 지냈다.

주희는 존재론으로 '이(理, 본질, 이데아)'와 '기(氣, 만물을 구성하는 요소)' 두 가지 요소를 사용해 세상의 모든 일과 사물을 설명했다. 주희는 이원론에 따라 물질과 우주가 구성된다고 보았다.

그리고 윤리학도 추구했다. 성선설을 기본으로 그는 '성즉리', 즉, 인간의 '성(인간이 가지고 태어난 본성)'은 그 자체가 '이'이며, 인간의 본래 성은 '선'으로 보았다. 주희는 더 나아가 '성'은 아프리오리(선천적)인 것과 기질의 영향에 따라 변하는 아포스테리오리(후천적)인 것으로 나뉘어 나타난다고 생각했다. 따라서 성에 영향을 주는 기질(맑고 깨끗한 기와 그 반대인 탁하고 더러운 기)을 잘 받아들이는 수양이 필요하며, 그 상태에 따라 사물의 격이 생기고 앎에 다다른다는 '격물치지' 논리를 전개했다.

주희는 고전의 주석학도 공부했다. 그는 『사서집주』를 집필해 과거의 『대학』, 『중용』, 『논어』, 『맹자』 사서를 유교(주자학)를 배울 때 필수적인 책으로 여겼다.

주희는 자신의 학문이 일상 속에서 활용되는 실학으로써의 학문이 되기를 바랐다. 특히 위정자가 올바른 마음을 지니고 지배해야 한다고 주장했다. 그는 대의명분론을 강력하게 지지하며, 외교에서는 강경론을 폈다. 이 대의명분론은 공자가 가정에 관한 이야기를 하며 논한 문제였지만, 주희는 주로 위정자의 관점에서 어떻게 질서를 유지할 것인지를 강조하고, 피지배자의 입장에 관해서는 거의 고려하지 않았다. 그의 학문은 당시 정통 학문이 아니라며 부정당했지만, 그는 이에 굴하지 않고 일부 몇몇 문하생에게 강의를 계속하다 70세에 세상을 떴다.

주자학은 원나라 시대에 들어와 번성했다. 14세기에는 조선에도 전해져 그때까지 주류 세력이었던 불교를 몰아내고 국가의 지지를 받는 학문이 되었다. 주자학에는 (양명학과는 다른) 질서를 지향하는 경향이 강해 권력자가 이것을 잘 이용한 경우를 역사에서 종종 볼 수 있다.

그리고 주자학의 존재론은 서양의 형이상학과 비슷한 성질을 지녔다. 서양에서 형이상학이 포스트모던 등의 사상에서 비판받았던 것처럼 주자학도 이후 비판받았다.

좀 더 깊이 알고 싶은 독자를 위한 추천 도서
- 『주희의 사유세계』, 호이트 틸만, 교육과학사
- 『사서입문』, 주희, 육문사

니토베 이나조 [新渡戸稲造, 1862년~1933년]
국제 연맹 사무차장을 지낸 일본의 교육자

일본의 교육자이자 사상가인 니토베 이나조는 국제연맹 사무차창을 지냈으며, 저서 『무사도』는 지금도 많은 사람이 읽는 책이다.

니토베는 무쓰국 이와테군 모리오카조카마치(오늘날 모리오카시)에서 모리오카번 무사의 3남으로 태어났다. 어릴 적 이름인 이나노스케(稲之助)는 아버지와 할아버지가 갔던 산본기하라를 개척해 수확한 벼에서 따왔다고 한다. 이나노스케가 5세 때 아버지가 사망해 어머니로부터 교육을 받고 자라다 이윽고 사쿠진칸(현 모리오카시 니오 초등학교)에 입학한다. 동시에 니토베 집안의 단골 의사로부터 영어를 배운다. 니

토베 집안에는 서양에서 만들어진 물건이 무척 많아서 이나노스케는 어렸을 적부터 외국에의 동경심을 품고 있었다. 더불어 이나노스케는 이 지역을 순행 중이었던 메이지 천황이 니토베 가문의 삼본기하라 개척을 칭찬하며 "아버지 대부터 이어져 내려온 생업을 이어 농업에 힘써야 한다."라고 말했던 것을 계기로 농학에도 뜻을 두게 되었다고 한다.

9세 때 할아버지의 추천으로 도쿄에서 공부하기 위해 숙부인 오타 도키토시의 양자가 되어 상경한다. 이때 이름을 이나조로 바꾸어 오타 이나조가 된다. 원(元)모리오카 번주인 난부 도시유키가 연 '고칸기주쿠'라는 학교에 입학하고 기숙사에 들어가지만, 그다지 열심히 공부하는 학생은 아니었다고 한다.

13세 때 이제 막 생긴 도쿄 영어 학교(도쿄 대학의 전신 중 하나)에 입학한다. 그리고 이곳에서 평생 우정을 나눌 기독교 사상가 우치무라 간조, 식물학자 미야베 긴고를 만난다.

이후 농학을 공부하기 위해 1877년에 우치무라, 미야베와 함께 삿포로 농학교(후의 홋카이도 대학)에 입학한다. 삿포로 농학교는 당시 일본에서 유일하게 학사 학위를 수여 하는 고등 교육 기관이었다. 다음 해에는 세례를 받아 기독교인이 되어 신앙과 면학의 나날을 보낸다. 이나조가 입학했을 즈음에 학교를 떠난 초대 교장 윌리엄 스미스 클라크가 학교에 남긴 기독교 정신에 영향을 받았기 때문이다.

재학 중이었던 1878년 인간 때문에 동면에서 깬 불곰이 개척민을 습격해 사망자 3명, 중상자 2명이라는 일본 역사상 네 번째로 큰 피해를 낸 유명한 '삿포로오카다마 사건'이 발생한다. 이 사건을 일으킨 불곰을 해부한 사람이 이나조였다.

18세 때 10년 만에 삿포로를 떠나 기쁜 마음으로 고향에 가지만, 그가 봐야 했던 것은 어머니의 미소가 아니라 차게 식은 어머니의 시신이었다. 고향에서 어머니가 위독하다며 전보를 쳤지만, 이 전보는 그가 고향행 열차에 탄 뒤에 도착해 받을 수가 없었다.

농학교를 졸업한 뒤에는 상급 관리로서 홋카이도청에 채용되어 메뚜기 이상 발생 대책을 연구했다. 이후 창립한 지 얼마 되지 않은 도쿄 제국 대학(현 도쿄대학)에 진학한다. 그러나 이 대학의 연구 수준이 낮은 탓에 퇴학하고 1884년에 미국으로 사비 유학을 떠난다. 유학 도중

에 독일에서 박사 학위를 취득하는 조건으로 삿포로 농학교 조교수로 임명되어 존스 홉킨스 대학을 중퇴하고 관비로 독일로 유학, 최종적으로는 할레 대학(현 마틴 루터 대학 할레 비텐베르크 대학)에서 박사 학위를 취득한다.

그 전 해에 형이 사망해 이나조가 집안을 잇게 되어 성을 오타에서 니토베로 되돌린다. 이 무렵 미국인 메리 엘킨튼과 결혼한다.

귀국 후 삿포로 농학교 교장으로 취임한다. 바쁜 나날을 보내지만, 이제 막 태어난 외아들 도오마스가 사망하고, 엘킨튼 가에서 맡은 고아 여성이 사망하는 등 불행이 계속됐다. 마리코로 개명했던 부인은 고아에게서 받은 유산 1,000달러로 근로 청소년을 위한 야간 학교 '엔유야 학교'를 설립한다. 자원봉사자들로만 운영된 이 야간 학교는 50년 동안 운영되었으며 중퇴자를 포함하면 6,000명이나 되는 학생이 이곳에서 배웠는데, 훗날 군사 훈련을 거부했다는 이유로 폐교당한다.

1901년 민정 장관을 지내고 있던 고토 신페이와 농상무대신의 강력한 요청으로 대만 총독부 기사로 임명되어 농작물 생산 증가 사업에 참가한다. 이나조가 제출한 『제당업 개선 의견서』를 바탕으로 대만의 제당업 진흥이 진행되었고, 이는 재정 독립에 크게 공헌한다.

1906년에는 제일 고등학교 교장으로 7년간 재직했다. 1909년부터는 겸임으로 도쿄 제국대학교수로 식민정책을 강의했다. 이나조는 서구적이고 혁신적인 교육 방침으로 많은 인재를 배출했지만, 학교 내외의 보수파들로부터 비판을 받아 결국 퇴임하고 만다.

1918년에는 도쿄 여자 대학 학장이 되었다. 그러다 제1차 세계대전이 끝나고 1920년에 국제 연맹이 결성되자 이나조는 '태평양의 다리가 되겠다'는 신념으로 1920년부터 1926년까지 국제 연맹 사무차장을 맡아 제네바에 체류했다. 1922년에는 교육, 문화의 교류, 저작권 문제 등을 심의하는, 노벨 수상자가 대거 참여한 지적 협력 위원회를 발족시켰다. 이 위원회는 오늘날 유네스코의 전신이다.

1929년부터 1933년까지는 태평양 문제 조사회 이사장으로서 활약했다. 하지만 이때 일본이 만주 사변을 일으켜 일본과 미국의 관계는 악화 일로를 향해 갔다. 관계를 개선하기 위해 후버 대통령, 스팀슨 국방부 장관과도 회담을 했지만, 이렇다 할 결과는 얻지 못해, 결국 일본은 국제 연맹을 탈퇴한다. 일련의 과정을 지켜본 이나조는 평화를 바라며 캐나다에서 열린 태평양 회의에 참석했으나, 병으로 쓰러져 캐나다에서 사망한다. 이후 제2차 세계대전이 발발한다.

이나조는 일본의 농업 정책과 관련한 학문의 선구자였으며, 이상주의, 인격주의 사상가로도 이름을 남겼다. 그리고 교육자로서도 '인격교육'을 중시하는 모습을 꾸준히 보여주어 제자들에게 인격적으로 큰 감화를 끌어냈다. 그는 자기 저서 『무사도』, 『수양』을 통해 상식의 중요성을 설파해 많은 청소년에게 큰 영향을 주었다.

좀 더 깊이 알고 싶은 독자를 위한 추천 도서 ───────

• 『무사도란 무엇인가』, 니토베 이나조, 동문선

달마 [達磨, ?~528년]
한국과 일본 모두에게 매우 친숙한 선종의 창시자

일본에서 행운을 부르는 빨간 달마 인형으로 유명한 달마는 중국 선종을 처음으로 열었다고 하는 인도인 불교승이다. '달마'란 산스크리트어로 '법'을 뜻하는 단어다.

그의 출생에 관한 정확한 정보가 없는 만큼 여러 가지 설이 있는데, 제자 담림이 전한 바에 따르면 달마는 남인도의 서역 남천축국 국왕의 3남으로 태어났다고 한다. 원래 이름은 보리다라(菩提多羅)라고 한다.

어느 전설에 따르면, 보리다라가 7세 때 반야다라라는 승려가 나라를 방문했다고 한다. 보리다라를 포함한 세 왕자들은 그로부터 고귀한 불교의 가르침을 받은 뒤 감사의 뜻으로 보주를 보시했다. 이때 반야다라는 왕자들의 지혜를 시험하고자 세상에 이 보주보다 더 귀한 것이 있겠느냐고 물었다. 두 왕자는 보주를 최고의 것이라고 말했지만, 보리다라는 "지혜의 빛이야말로 최고로 귀한 보물입니다."라고 답했다. 이에 감탄한 반야다라는 보리다라에게 출가를 권유했고 국왕도 허락했다고 한다.

6세기 초반 달마는 배를 타고 중국 남쪽에 도착한 뒤 각지에서 선(禪)을 가르쳤다. 당시 중국은 남북조로 나뉘어 있었는데, 남조의 양나라 무제는 천축에서 온 이 고승을 환영했다. 하지만 불교를 보호하면 공덕이 얼마나 쌓이는지를 묻는 무제에게 달마는 번뇌하며 한 일에 공덕은 없다고 대답했다. 무제는 이 대답을 달가워하지 않았고, 달마도 북위로 떠났다고 한다.

북위의 수도 낙양에서 달마는 쑹산의 소림사에 머무르며 벽을 마주 보고 앉아 9년에 걸쳐 좌선을 수행했다. 이 좌선으로 손과 발이 썩어버렸다는 전설이 내려오는데, 이를 따라 한 것이 일본의 장난감인 달마 오뚝이다. 어느 날 쑹산 소림사에 한 승려가 가르침을 청하러 왔으나 달마는 내쫓는다. 승려는 왼팔을 잘라 달마에게 건네주어 입문을 허락받았고, '혜가'라는 이름을 받아 제자가 되었다.

528년 달마는 150세에 천화(고승의 사망을 이르는 말)했다. 일설에 따르면 달마의 고명을 질투한 보리류지와 광통율사에게 독살당했다고도 전해진다.

달마는 전설이 많은 인물인데, 일본에도 왔다 갔다는 이야기가 전해 내려온다. 고서 『일본서기』에 따르면, 613년 쇼토쿠 태자가 나라현의 가타오카산에서 넝마를 걸치고 옆으로 누워있는 노인과 만났다고 한다. 쇼토쿠 태자가 음식과 옷을 건네며 "가타오카산 / 해진 옷에 밥 굶고 / 옆으로 누운 / 부모 없는 그 노인 / 참으로 안타깝네."라고 단가를 읊조리자 노인은 "이카루가의 / 시냇물이 말라서 / 사라진다면 / 대군의 이름 역시 / 사라질 것일지니."라고 답가했다. 다음 날 노인은 사망해 땅에 묻혔다. 이후 쇼토쿠 태자가 그의 무덤을 찾아왔더니 시신은 온데간데없고 그가 준 옷만이 잘 개어 있었다고 한다. 그 노인이 달마라고 한다.

좀 더 깊이 알고 싶은 독자를 위한 추천 도서 ─────

- 『달마와 그 제자들』, 우봉규, 살림

노구치 히데요 [野口英世, 1876년~1928년]
노벨상 후보에도 올랐던 일본 세균학자

노구치 세이사쿠(野口清作)는 후쿠시마현 야마군 미쓰와무라(현 이나와시로마치)의 가난한 농가에서 태어났다. 1세 때에 이로리(마루 정중앙에 있는 사각형 화로)에 떨어진 세이사쿠는 왼쪽 손에 큰 화상을 입어 손가락이 붙어버리는 장애를 입는다. 미쓰와 소학교에 입학한 뒤에는 손을 사용할 수 없어 '덴보(조막손)'라고 놀림도 당하지만, 학문에 전념해 살아가라는 어머니의 말씀에 따라 열심히 공부해 우수한 성적을 올려 이나와시로 고등 소학교에 입학한다.

이때 교사와 동급생들 사이에서 모금이 이루어졌고, 그렇게 모인 돈으로 왼손 수술을 받는다. 이에 감격한 세이사쿠는 의사가 되기로 마음먹고 학교를 졸업한 후 와타나베 가나데가 경영하는 가이요 의원에서 잡일을 하면서 의학의 기초를 배운다. 참고로 와타나베는 그의 왼손 수술을 집도한 의사로, 샌프란시스코에서 개업한 경험이 있었다. 세이사쿠는 와타나베의 친구이자 치과 의사인 지와키 모리노스케의 원조를 받아 21세에 의사 면허를 취득했다(22세에 히데요英世로 개명).

이 무렵 히데요에게는 큰 문제가 있었는데, 바로 낭비벽이었다. 사람에게 돈을 빌려 방탕하게 다 써버리는 일을 반복했다. 하지만 여러 가지 문제를 일으키면서도 1900년 미국으로 유학(이때의 유학 비용도 일본에서 약혼한 여성의 지참금이었다.)을 떠난다. 이후 유럽을 거쳐 다시 미국의 록펠러 의학 연구소에 들어간다. 방대한 실험을 반복해 데이터를 얻는 연구 스타일로 매독 스피로헤타와 소아마비, 광견병을 연구했다. 같은 시기 미국인 여성 메리와 결혼한다.

1914년에는 연구소 정식 직원으로 승진하고, 이 해부터 3년 연속 노벨 의학상 후보에 올랐다. 이후 록펠러 재단의 의향을 받아들여 아직 백신이 없었던 황열병 연구를 위해 여러 나라를 방문한다. 아프리카의 영국령 골드 코스트(오늘날의 가나)로도 출장을 가나, 다음 해 히데요 자신도 황열병에 걸려 51세의 나이로 사망하고 만다.

사실 히데요의 연구는 당시 현미경의 성능으로는 발견하기 불가능했던 것이 많았기 때문에 그가 남긴 연구 성과의 대부분이 훗날 추가 검증을 거쳐 부정당했다. 하지만 여러 개발 도상국에 가서 벌였던 헌신적인 치료는 현지 사람들에게 감명을 주어 히데요의 이름을 딴 연구 기관과 교육 기관이 세워져 지금까지 이어지고 있다.

히데요와 메리 부인은 맨해튼 섬 북부 끝의 브롱크스에 있는 우드론 묘지에 그의 위업을 적은 비석과 함께 잠들어 있다.

좀 더 깊이 알고 싶은 독자를 위한 추천 도서 ────

• 『노구치 이야기』, 정지아 등, 웅진주니어

이백(李白, 701년~762년)
당대에 살았던, 술을 더없이 사랑한 시선

두보와 함께 당대(唐代)만이 아니라 중국 문학사상 최고의 시인으로 평가받는 이백. 다양한 빛깔의 언어를 조화롭게 섞어내는 시풍으로 '시선(詩仙)'이라고도 불린다. 오늘날에도 그의 시는 중국만이 아니라 전 세계의 사랑을 받고 있다.

이백은 701년에 서역에서 태어났다. 아버지는 대상인이었다고 한다. 이후 쓰촨성의 면주에 정착해 이곳에서 유소년기를 보냈다. 도교의 영향을 받아 25세 무렵부터는 방랑 생활을 계속하지만, 742년 당나라의 수도 장안으로 가 관리가 된다. 하지만 현종의 측근인 환관 고역사의 미움을 사 궁정에서 쫓겨나 다시 방랑 생활을 보내는데, 이 방랑의 시기에 두보와 만나 1년 반 정도 함께 여행한다. 757년 영왕의 군대에 참가한 탓에 구이저우성의 야랑국으로 추방당했으나 도중에 사면을 받아 이후 자유롭게 각지를 돌아다녔다. 762년 오늘날 안후이성 마안산시에서 병사했다고 전해진다.

『촉도난』, 『장진주』, 『옥계원』, 『정야사』, 『월하독작』 같은 유명한 시를 남긴 이백은 생애 1,000개 이상의 뛰어난 시를 창작했다고 한다. 그의 시의 특징은 호쾌하면서도 섬세함을 내포한 변화무쌍함에 있는데, 이백은 특히 기·승·전·결의 4수로 이루어진 한시체 절구에 뛰어났다. 예를 들어 『아미산월가』는 '峨眉山月半輪秋, 아미산에 반달이 걸린 가을 / 影入平羌江水流, 달빛이 평강강의 수면에 비쳐 흐르고 있구나. / 夜發清溪向三峽, 밤에 청계를 떠나 삼협으로 가는 나는 / 思君不見下渝州, 그대를 만나지 못하고 유주로 내려가고 있네.'라는 내용의 시로, 다섯 군데의 지명에서 긴 여로임을 상상할 수 있어 그야말로 이백의 활동적이면서도 서정적인 정취가 넘쳐흐르는 대표적인 작품이다.

이백의 시가 가진 영향력은 후세의 중국 문학사에 깊이 새겨져 있다. 가장 많은 영향을 받은 시인은 역시나 겉은 시대의 시인 두보일 것이다. 두보는 이백과 여행하면서 이백의 시적 창작 기술을 당사자에게서 직접 배웠다. 이백의 영향을 받아 한국 달타령에 "이태백(태백은 이백의 자)이 놀던 달" 등의 가사가 들어가는 등, 중국 문화를 넘어 세계 문화에도 널리 영향을 미쳤다.

이백은 술에 취해 강에 떨어져 죽었다는 일화가 남아있을 정도로 술을 더없이 사랑한 애주가였다. 당 시대의 대시인으로 자유와 술을 사랑한 시선, 이백. 그는 중국 문학사에 길이 남을 많은 위대한 시를 만들어냈다.

좀 더 깊이 알고 싶은 독자를 위한 추천 도서

- 『이백 시전집』, 이백, 지식을만드는지식 등
- 『중국 시와 시인 – 고금 중국 삼대 시인 이백과 두보와 왕유』, 송영주, 시간의물레

두보(杜甫, 712년~770년)

중국 문학사에 찬연히 빛나는 업적을 남긴 시성

당을 대표하는 시인, 두보. '시성'이라고 불리며 동시대의 이백과 함께 당대만이 아니라 중국사상 최고의 시인으로 칭송받고 있으며, 그의 시는 후세에도 극히 높은 평가를 받고 있다.

두보은 712년에 현재 허난성 정저우시 궁이시에서 지방 관리의 아들로 태어났다. 725년에 낙양에서 문인의 반열에 오른다. 이후 과거 시험을 치르지만 합격하지는 못했고, 대신 낮은 신분의 관리가 된다. 안녹산의 난 때 반란군에게 사로잡히는데, 이때의 상황을 시로 쓴 『춘망(봄날의 소망)』은 중국 문학사상 최고라고 불리는 시가 되었다. 760년 관직을 떠나 청두 근처의 계곡 환화시(浣花溪)에서 자그마한 암자를 세우고 산다. 768년 이후 2년 동안 후난, 후베이를 방랑하다 770년에 배 안에서 객사했다.

시성으로 존경받는 두보는 시선이라 불리는 이백이 절구에 뛰어났던 것에 반해 8구로 되어 있는 율시에 뛰어났다. 작풍은 대구를 많이 사용하는 특징을 가져, 대상을 대조적으로 묘사하는 구성의 작품이 많다. 또한, 시의 주제도 자연이나 일상적인 것보다 시대적인 사회 문제를 끌어올린 작풍이 많다. 그중에서도 『춘망』이 백미다.

'國破山河在, 당나라는 무너졌지만 산과 강은 그대로네. / 城春草木深, 장안에는 봄이 찾아와 초목이 무성하구나. / 感時花濺淚, 세상의 어지러움을 느끼니 꽃을 보아도 눈물이 넘쳐흐르고 / 恨別鳥驚心, 가족과의 이별을 원망하니 새소리만 들어도 마음이 아프도다. / 烽火連三月, 석 달이 지나도록 전화는 사라질 기미 보이지 않으니 / 家書抵萬金, 가족의 편지가 가장 귀한 보석이네. / 白頭搔更短, 백발 머리는 자르면 자를수록 짧아져 / 渾欲不勝簪, 비녀조차 꽂을 수 없을 지경이 되었도다.'라는 내용의 『춘망』은 비극적인 사건을 상징적으로 묘사한 작품으로, 자연의 생동감과 어두운 현실이 대비되어 두보가 느끼는 절망감이 더욱 마음에 와닿는다. 그야말로 중국 문학사상 최고로 꼽을 수 있는 걸작이다.

두보는 중국의 긴 역사를 통틀어서 유달리 뛰어난 재능을 가진 시인이었다. 그의 훌륭한 시는 후세 시인들의 찬사를 받으며, 이들에게 많은 영향을 주었다. 그렇기에 두보는 중국 문학사에서 운문의 최고 거장이라는 칭호를 이백과 나눠 가지고 있는 것이다.

좀 더 깊이 알고 싶은 독자를 위한 추천 도서

- 『두보전집』, 두보, 서울대학교출판문화원 등
- 『중국 시와 시인 – 고금 중국 삼대 시인 이백과 두보와 왕유』, 송영주, 시간의물레

무라사키 시키부 [紫式部, 생몰년불명]
세계에서 가장 오래된 소설을 쓴 작가

헤이안 시대 중기(10세기~11세기)의 중류 귀족 후지와라노 다메토키의 딸로, 세계에서 가장 오래된 소설이라는 『겐지모노가타리(겐지 이야기)』의 작가다. 어렸을 적부터 명석해 당시 남성에게 필수적인 교양이었던 한문에 뛰어난 재능을 가지고 있어서 그녀가 남자였다면 하고 한탄했다는 일화가 전해 내려오고 있다.

무라사키 시키부는 998년 무렵에 아버지뻘인 후지와라노 노부타카와 결혼해 딸 가타이코(훗날의 다이니노산미)를 낳았다. 하지만 1001년경에 노부타카가 사망한 탓에 친정으로 돌아와 『겐지모노가타리』를 집필하기 시작했다고 여겨진다. 천황의 아들이지만, 어머니의 신분이 낮아서 신하의 신분을 가져야 했던 히카루 겐지(光源)를 주인공으로 한 『겐지모노가타리』는 귀족 여성들의 마음을 붙잡아 순식간에 엄청난 인기를 얻었다. 그리고 그 평판을 들은 당시의 유력자 후지와라노 미치나가의 요청을 받아들여 그녀는 1006년경부터 미치나가의 딸 쇼시의 시녀(뇨보) 겸 가정교사가 되었다고 한다. 참고로 무라사키 시키부는 시녀로서의 호칭으로, 『겐지모노가타리』의 여주인공인 '무라사키노우에'와 아버지 다메토키의 과거 관직명 '시키부'에서 유래한 것으로 본명은 알 수 없다.

무라사키 시키부가 섬겼던 쇼시는 999년에 11세라는 어린 나이에 제66대 이치조 천황에게 시집을 가 필연적으로 시키부도 천황이 사는 황거(궁중)에서 일한다. 무라사키 시키부가 재녀라고는 하나 첫 직장이 황거라는 것은 있을 수 없는 일이므로 최근에는 미치나가나 그의 정실인 미나모토노 린시를 원래부터 섬기고 있었을 가능성도 있다고 보고 있다.

당시 대귀족은 천황에게 딸을 시집보내고, 딸이 낳은 아들이 다음 천황으로 즉위하면 외척으로써 권력을 쥐는 것이 일반적이었다. 이 때문에 미치나가가 무라사키 시키부에게 딸을 섬기게 한 최대 이유는 8세 연상인 이치조 천황에게서 총애받고 있다고는 보기 힘들어 아이를 낳지 못하고 있는 쇼시를 지켜주기 위함이었다.

천황의 관심을 쇼시에게 돌리기 위해 미치나가가 참고한 사람이 이치조 천황이 가장 사랑한 여성 후지와라노 데이시였다. 데이시는 미치나가의 형 후지와라노 미치타카의 딸로, 높은 교양을 지녀 『마쿠라노소시』를 쓴 세이쇼나곤을 시녀로 고용해 화려한 살롱을 운영하고 있었다. 재녀를 모아 데이시보다 훨씬 빛나는 살롱을 운영하는 것으로 미치나가는 황거에서 쇼시의 존재 가치를 높이려 했던 것이다.

그 결과 쇼시는 무라사키 시키부만이 아니라 이즈미 시키부, 아카조메에몬 등 헤이안 문학에 이름을 남긴 재녀들을 시녀로 두게 되었고, 그녀들 덕분에 '뇨보 문학'이 만개했다.

무라사키 시키부의 존재가 얼마나 큰 영향을 주었는지 알 방법은 없지만, 쇼시는 1008년에 아쓰히라 친왕(후에 제68대 고이치조 천황), 1009년에 아쓰나가 친왕(후에 제69대 고스자쿠 천황)을 출산해 미치나가가 권력을 장악할 토대를 쌓았다. 그리고 무라사키 시키부는 아쓰히라 친왕이 탄생했을 때의 광경을 상세히 『무라사키 시키부 일기』에 기록했다. 그녀의 이 일기는 당시 문화와 풍속을 후세에 전하는 좋은 사료다.

참고로 『무라사키 시키부 일기』에는 미치나가의 권유를 거절했다는 기록도 남아있어, 이 기록에서 무라사키 시키부가 미치나가의 첩이었을 가능성도 유추된다. 『겐지모노가타리』는 허구이긴 하지만, 황족과 대귀족이 등장하는 연애 소설로 당시 사람이 읽으면 등장인물의 모델을 추측할 수 있어 조금은 위험한 책이었다. 이러한 배경을 생각해보면 무라사키 시키부가 미치나가의 첩이었다는 설을 그저 황당무계한 이야기로 치부할 수만은 없다.

일기 문학의 걸작 중 하나로 꼽히는 『사라시나 일기』의 저자 스가와라노 다카스에노 무스메를 비롯해 당시의 귀족들을 마음을 사로잡은 『겐지모노가타리』가 후세에 미친 영향은 매우 커서 노와 가부키 같은 전통 예능의 소재로 사용되었을 뿐만 아니라, 회화와 같은 여러 예술에서도 작품의 모티프가 되었다. 특히 짚고 넘어가야 할 것은 현대의 2차 창작 동인지같이 『겐지모노가타리』 본편에서는 그려지지 않았던 이야기가 후세 사람들의 손에서 다수 창작되었다는 점이다. 이것은 다른 고전 문학에서는 거의 보이지 않는 경향으로 일본의 문화에서 『겐지모노가타리』의 존재가 얼마나 큰지를 보여주고 있다.

또한, 외국으로 눈을 돌려봐도, 11세기 쓰인 장편 연애 소설은 발견되지 않아 세계 문학사에서도 『겐지모노가타리』는 매우 희귀한 존재로 볼 수 있다.

하지만 살아있을 때의 무라사키 시키부는 『겐지모노가타리』의 저자라는 점을 빼면 중류 귀족 출신의 평범한 여성에 지나지 않아 그녀의 인생 대부분은 베일에 싸여 있다. 심지어 그녀가 언제 사망했는지에 대해서도 여러 설이 있다. 그녀의 딸인 후지와라노 가타이코가 1017년경에 국모가 된 쇼시의 시녀로 고용되었기 때문에 모녀 2대에 걸쳐 쇼시의 신뢰를 얻었다는 점만큼은 확실하다.

가타이코는 고스자쿠 천황의 첫째 황자인 지카히토 친왕(후에 제70대 고레이제이 천황)의 유모가 되었고, 지카히토 친왕이 즉위할 때에 그때까지의 공적으로 종 3위의 위계를 받는다. 이것은 당시 중류 귀족 여성으로서는 가장 이상적인 출세 과정으로, 다카스에노 무스메도 천황의 유모가 되는 것을 꿈꾸어 고스자쿠 천황의 셋째 황녀 유시 내친왕을 섬겼다. 하지만 『겐지모노가타리』를 동경했던 『사라시나 일기』 작가의 꿈이 『겐지모노가타리』의 작가의 딸이 키운 지카히토 친왕의 즉위로 인해 무너지기에, 이 또한 역사의 아이러니가 아닐까 싶다.

좀 더 깊이 알고 싶은 독자를 위한 추천 도서 ──────

• 『겐지 이야기』, 무라사키 시키부, 나남출판 등

소식 (蘇軾, 1036년?~1101년)

당송 8대가 중 한 명으로 송대 제일의 사대부

소식(호가 동파東坡여서 소동파라고도 부른다)은 북송의 정치가이면서, 이 시대를 대표하는 사대부(문인 관료)이기도 하다. 그는 시, 서예, 회화 등 각각의 분야에서 훌륭한 작품을 남겨 후세의 예술가에게 큰 영향을 주었다.

소식은 1036년경 쓰촨성의 메이산에서 지주의 아들로 태어났다. 학문에 힘써 21세 때 과거 시험에 합격해 지방관으로 일하며 관료의 길을 걷기 시작한다. 이후 중앙 정계로 진출하지만, 문인 화가로도 유명한 신법당의 왕안석의 개혁에 반대해 구법당의 대표로 오인되어 좌천당하고 만다. 말년에도 하이난섬에 유배 보내지는데, 66세 때에 휘종이 황제가 되면서 용서받아 수도로 돌아오는 도중 창저우에서 사망했다.

그의 정치가로서의 일생은 정치 투쟁에 휘말려 자주 좌천당하거나 유형에 처해지는 등 참으로 다사다난했다. 이랬던 그가 역사에 이름을 남길 수 있었던 이유는 정치가로서의 업적이 아니라 문인으로서의 업적 덕분이었다. 앞에서 언급했듯이 소식은 시가만이 아니라 회화에도, 서예에도 뛰어나 당시 초일류의 실력을 자랑했다. 그가 쓴 시 중 대표작으로는 『제서림벽』, 『적벽부』가 있으며, 서예로는 『황주한식시권』이 있고 문인화도 다수 남겼다.

소식의 시, 서예, 회화에 공통으로 나타나는 특징은 웅장하면서 유머러스한 측면을 담고 있으면서도 슬픔을 채운 표현에 있다. 이 같은 표현의 미묘한 차이가 자아내는 아름다움으로 가득 찬 작품은 그야말로 당시 문인 예술의 최고봉이라고 할 만하다. 또한, 그는 당송 8대가로 칭해질 정도로 문호로서 지금도 많은 존경을 받고 있는데, 8명에는 그의 아버지인 소순과 동생 소철도 뽑혀 있다. 즉, 소가는 예술에 매우 뛰어난 가계였던 것이다.

북송의 재상을 지낸 왕안석과는 정적의 관계였지만, 문인으로서는 서로 교류가 있어서 시문을 주고받았다고 한다. 일반적으로 소식의 문체는 부드럽지만 호기롭다고 보는 데에 반해 왕안석의 문체는 단단하면서 명쾌하다고 한다. 두 사람의 성격의 차이가 문체에서도 잘 드러난 것이라고 할 수 있겠다.

정치가로서의 소식은 절대 순탄하지는 못했지만, 문인으로서의 그는 자신이 가진 재능을 유감없이 발휘했고, 그렇게 탄생한 훌륭한 예술 작품으로 지금도 많은 사람의 기억에 남은 문인이 되었다는 점은 의심할 여지가 없는 사실이다.

좀 더 깊이 알고 싶은 독자를 위한 추천 도서

• 『소동파 시집』, 서동파, 서울대학교출판문화원 등
• 『중국의 문호 소동파』, 왕수조, 월인
• 『쾌활한 천재』, 임어당, 지식산업사

왕희지 [王羲之, 307년?~365년?]
동진 시대의 정치가이자 서예의 성인

왕희지는 동진 시대에 정치가로도 활약했지만, 서예가로서의 명성이 훨씬 더 높다. 그는 해서, 행서, 초서라는 세 가지 서체를 완성해 후세에 서성(書聖)으로 불렸다. 그는 중국만이 아니라 일본에서도 많은 존경을 받고 있다.

왕희지는 307년경 산둥성 린이시의 문벌 귀족의 가문에서 태어났지만, 아버지를 빨리 잃어 작은아버지 밑에서 자랐다. 7세 때부터 위 부인에게 글씨를 배웠는데, 단순히 배우는 데에서 그친 것이 아니라 계속 발전시켜 나갔다. 그는 정치 능력도 뛰어나 정서 장군 부참군이 되었고, 나아가 우군 장군, 수도 부근의 지방 장관인 회계 내사에도 임명된다. 하지만 355년부터 관직에서 물러나 은둔 생활을 보낸다. 365년경 현재 저장성 사오싱시에서 사망했다고 전해지고 있다.

왕희지는 공적으로는 관리였지만, 그의 이름이 후세에까지 남을 수 있었던 이유는 그가 뛰어난 서예가였기 때문이다. 그의 친필은 존재하지 않지만, 윤곽을 얇게 딴 뒤 그 안에 먹을 흘려 넣어 만든 사본인 쌍구전묵본으로 『상란첩』, 『공시중첩』이, 각본으로서는 『십칠첩』, 『성교서』가 남아있다. 서예를 완성한 자로서 세 가지 서체를 만들어 냈고, 후세의 서예가들이 전부 왕희지의 글씨를 본보기 삼아 공부한 것만 보아도 그의 글씨가 얼마나 위대한 영향력을 가졌는지 알 수 있다.

특히 그의 힘차고 웅장한 서체는 서예가뿐만이 아니라 때로는 권력자들마저도 매료시켰다. 송의 태종과 당의 태종, 청의 건륭제 같은 황제들이 왕희지의 서예를 공경해 열정적으로 수집한 것은 잘 알려진 사실이다. 또한, 왕희지의 아들 왕헌지도 서예로 역사에 이름을 남겨, 이 부자 2명은 서예계의 두 왕이라고 부른다.

왕희지의 서예는 중국은 물론이고 한국, 일본에서도 많은 존경을 받고 있다. 많은 서예가가 그를 시성으로서 숭앙했다.

왕희지는 서체의 예술성을 높였고, 그 예술의 우수성을 극한에까지 끌어올렸다. 그렇기에 그는 중국 역사상 최고의 서예가로 칭송받을 가치가 충분히 있다. 그의 서체는 앞으로도 많은 사람에게 경애받을 것이다.

좀 더 깊이 알고 싶은 독자를 위한 추천 도서 ─────

- 『왕희지집자성교서』, 배경석, 서예문인화
- 『왕희지 평전』, 궈렌푸, 연암서가

가쓰시카 호쿠사이 [葛飾北斎, 1760년~1849년]
세계에서 가장 유명한 일본인 화가

에도시대 후기의 에도에서 꽃 핀 가세이 문화(경제적으로 성장한 상인 및 수공업자(조닌)들을 중심으로 번성한 문화. 화려하며 세속적이었다.)를 대표하는 우키요에 화가 가쓰시카 호쿠사이. 사실 가쓰시카 호쿠사이는 화가로서의 호로 본명은 데쓰조(鉄蔵)라고 한다. 단, 호쿠사이는 호를 자주 바꿔 '가쿄진(画狂人)'이나 '만지(卍)' 등 현대인의 눈으로 보면 조금 꺼림칙한 호를 사용하기도 했다.

무사시노국 가쓰시카군 혼조(현재의 도쿄도 스미다구 가메자와 부근)에서 태어났다. 현재 이곳의 '가쓰시카로(路)' 옆에는 '스미다 호쿠사이 미술관'이 개관해있다.

세밀한 묘사의 미인화로 유명한 가쓰카와 슌조 밑에서 그림을 공부했지만, 다양한 화풍을 공부하고 싶은 욕심에 슌조 몰래 가노파의 화법을 배운다. 이 때문에 훗날 가쓰카와파에서 파문당했다고 한다. 인체를 정확히 묘사하기 위해 접골의의 제자로 들어가 골격과 근육의 위치 및 형태를 배우기도 했다. 이 외에도 호쿠사이는 중국 회화와 서양 회화의 기법도 흡수해 실력을 확실히 키웠다. 네덜란드 의사인 지볼트가 일본에서 돌아올 때 가지고 온 작자 미상의 서양 회화 6점은 뛰어난 완성도 때문에 서양인이 그린 것이라고 여겨졌지만, 최근 연구로 호쿠사이의 작품임이 판명 났을 정도다.

호쿠사이의 실력을 이야기할 때 빠질 수 없는 것이 대표작 『후가쿠 36경(후지산 36경)』 중 하나인 『가나가와 해변의 높은 파도 아래』일 것이다. 거칠게 몰아치는 파도의 묘사가 초고속 카메라로 찍은 실제 파도의 움직임과 거의 일치해, 이것을 근거로 호쿠사이가 아스퍼거 증후군을 앓아 사진 기억(직감상기억) 능력을 지닌 인물일 가능성이 높다는 연구 결과도 있다. 이를 뒷받침하는 또 다른 예로, 호쿠사이는 그림을 위해서는 노력을 전혀 아끼지 않는 한편 정리가 서툴러서 집안은 항상 쓰레기투성이였으며, 대인관계에서도 문제를 자주 일으키는 모난 성격이었다. 이와 관련해 제11대 쇼군 도쿠가와 이에나리의 어전에 불려 나왔을 때 호쿠사이는 붓으로 쪽빛 선을 길게 그린 당지 위에 발에 붉은 안료를 바른 닭을 풀어 족적을 찍은 뒤 "이것이 바로 다쓰타가와(단풍의 명소)의 경치일지니!"라고 말했다는 일화가 전해 내려오고 있다.

호쿠사이의 작품에 사용된 선명한 감청색을 '호쿠사이 블루'라고도 부르는데, 사실 이 색의 정체는 18세기 초반에 프로이센에서 발명한 화학 안료인 프러시안블루(베를린블루)다. 이윽고 중국에서도 제조하기 시작한 프러시안블루는 일본에 대량으로 수입되어 호쿠사이가 활약했던 시기에는 싼 가격에 구할 수 있었고, 이 안료의 뛰어난 발색력 덕에 '베로아이'라는 이름으로 순식간에 널리 보급되었다. 이러한 이유로 호쿠사이와 마찬가지로 서양에서 인기를 끈 우키요에 화가 우타가 히로시게도 프러시안블루를 자주 사용했다고 한다.

19세기 후반 유럽으로 건너간 우키요에는 현지 사람들에게 충격을 선사해 예술의 도시 파리를 중심으로 자포니즘(일본 취미)이 대유행하게 되었다. 특히 호쿠사이의 대표작인 『후가쿠 36경』과 그림본 『호쿠사이 만화』는 클로드 모네, 에드가르 드가, 폴 세잔 같은 프랑스 인상파 화가들에게 영감을 주었다. 이 때문에 호쿠사이의 작품은 국제적으로 인기를 끌어 미국의 『LIFE』가 실시한 '1,000년 사이 가장 중요한 업적을 남긴 세계의 인물 100인'이라는 기획에서 일본인으로서는 유일하게 선정되기도 했다.

인기 우키요에 화가는 일반적으로 춘화도 그렸는데, 호쿠사이는 이 분야에서도 걸작 『문어와 해녀』를 남겼다. 아름다운 해녀가 문어 두 마리에게 습격당하고 있는 장면을 그린 이 작품은 다리로 해녀의 몸을 교태롭게 옭아맨 문어가 해녀를 애무하고 있는 모습에서 포르노그래피에서의 '촉수물'이라는 장르의 선구적인 역할을 했다고 여겨지고 있다.

또한, 희작(통속적인 읽을거리의 총칭)의 삽화도 많이 그려 교쿠테이 바킨이 집필한 인기 작품에 빛을 더했다. 하지만 호쿠사이는 화가로서 자부심이 강해 바킨의 밑그림의 오른쪽에 그려져 있는 것을 왼쪽에 그리는 등 지시에 따르지 않을 때가 많았다고 한다. 그래서 바킨은 호쿠사이에게 일부러 반대로 지시를 내려 결과적으로 자신이 정말로 바랐던 구도의 삽화를 그리게 했다고 한다.

우키요에는 기본적으로 판화인데, 호쿠사이는 손으로 한 점만을 그린 작품도 다수 남겼다. 족자나 병풍으로 만들어진 것뿐만 아니라 신주 오부세(현재 나가노현 오부세마치)의 간쇼인에 그려져 있는 『팔방을 노려보고 있는 봉황도』같이 천장화로 남아있는 작품도 있다.

호쿠사이는 제자를 많이 두어 가쓰시카파라고 불리는 우키요에 유파를 형성했다. 그중에서도 유명한 사람이 호쿠사이의 딸 오에이로, 가쓰시카 오이라는 호를 쓰며 화가로 활약했다. 그녀는 특히 미인화에 뛰어났다. 대표작 『요시와라의 격자 앞 풍경』에서는 빛과 어둠의 묘사를 매우 절묘하게 사용해 최근에는 '에도의 렘브란트'라고 불리며 대중들 사이에서 인기가 높아지고 있다. 또한, 호쿠사이의 문하생은 아니지만, 요괴와 고양이를 소재로 한 우키요에로 유명한 우타가와 구니요시, 고흐의 『탕기 영감의 초상』의 배경에 그려진 유녀의 우키요에에 작자인 게사이 에이센 등 후세의 화가들에게 지대한 영향을 주었다.

89세라는, 당시로써는 이례적으로 장수를 누린 호쿠사이였지만, "하늘이 앞으로 5년만 더 내 목숨을 늘여준다면, 진정한 화공이 될 수 있었을 텐데."라고 한탄하며 마지막 순간까지 자신의 재능에 만족하지 않았다고 한다.

좀 더 깊이 알고 싶은 독자를 위한 추천 도서 ─────

▪ 『우키요에』, 오쿠보 준이치, AK커뮤니케이션즈

오즈 야스지로 [小津安二郎, 1903년~1963년]

독자적인 영상미와 보편적인 주제를 추구해 세계 영화사상 최고의 걸작을 남긴 영화 감독

현재 세계에서 가장 존경받는 영화 감독 중 한 명에 오즈 야스지로가 있다고 해도 과언이 아니다. 2012년 영국 영화 협회가 전 세계의 영화인을 대상으로 설문조사를 벌여 영화사상 올 타임 베스트를 발표했는데, 1위를 오즈의 『동경 이야기』가 차지했다. 참고로 2위는 큐브릭의 『2001년 오디세이』, 3위가 오슨 웰스의 『시민 케인』이었다. 벤더스, 허우 샤오시엔, 카우리스마키, 페드로 코스타, 짐 자무시……. 오즈를 존경하는 세계의 영화 감독은 일일이 셀 수가 없을 정도다. 어떻게 그는 세계 사람들을, 그것도 시대를 뛰어넘어 매료시킨 것일까?

오즈는 고토구 후쿠가와에서 태어났다. 옛 제도 하의 중학교를 졸업한 뒤 몇몇 고등학교 (현재의 대학)의 입학시험을 치렀지만, 합격하지 못하고 소학교의 교원으로 들어갔다. 그곳에서 1년 정도 일한 뒤 1923년에 쇼치쿠카마다 촬영소에 입사했다. 1927년에 첫 감독 작품인 『참회의 칼』을 찍는다(현존하지 않음.). 이것은 그가 찍은 것 중에 유일한 시대극이었다. 1928년 이후 현대극을 차례로 양산한다. 현존하는 최초의 필름은 1929년의 『젊은 날』이다. 이 작품은 봄방학 때에 스키를 타러 간 대학생들이 여성과 교제하기 위해 서로 경쟁하는, 지금도 통하는 러브 코미디로, 1929년(쇼와4년)이라는 옛 시대가 느껴지지 않는다.

이후에도 오즈는 무성영화를 차례차례 발표한다. 이 영화들 대부분이 소시민을 주인공으로 했기 때문에 '소시민 영화'로도 불린다. 1932년의 『태어나기는 했지만』은 이 주제의 대표작이다. 상사에게 아첨하는 샐러리맨인 아버지와 이것을 알고 환멸을 느끼는 아이들의 세계를 그린 무성 희극 영화의 걸작이다. 이러한 작품군을 발표하는 한편, 1933년에는 『비상선의 여자』라는 현대적인 갱 영화도 발표했다. 하지만 제2차 세계대전은 그의 자유로운 창작을 중단시켰다. 전쟁 영화 촬영을 위해 싱가포르에 간 오즈는 그곳에서 패전을 맞이한다.

전후 얼마 지나지 않아 오즈의 시대가 찾아온다. 1948년 대표작인 『만춘』을 발표한다. 이 작품은 류 지슈와 하라 세츠코라는 오즈 영화의 2대 스타가 아버지와 딸로 공동 출연해 화제를 모았다. 이 작품을 계기로 훗날 오즈가 감독한 여러 작품의 시나리오를 담당하게 되는 각본가인 노다 고고가 오즈와 만나 함께 각본을 쓰는 등 '오즈식 영화'의 효시가 된 기념비적인 작품이기도 하다. 주제도 시집가는 딸 노리코와 딸을 보내는 아버지라는, 이후에도 오즈 자신이 몇 번이고 반복하는 주제이며, 후술할 오즈 감독만의 독특한 촬영 기법을 사용해 빚어낸 영상미가 완성에 가까워져 있었다.

오즈는 이후에도 걸작을 계속 찍었다. 1951년에 발표한 『초여름』도 일본 영화사에 이름을 남겼다. 이 작품에서도 하라 세츠코가 분한 노리코가 시집을 가는데, 어찌 보면 부녀 이상으로 가까워 보이는 아버지와 딸, 두 사람의 인간관계에만 중점을 둔 『만춘』과는 달리 복수의 인간이 만들어내는 더욱더 넓은 가족 관계를 기타가마쿠라의 아름다운 풍경과 함께 그렸다. 이것을 상징하려는 듯 오즈 작품에서는 유일하게 크레인으로 모래사장에 있는 여성 두 명을 찍은 부감 쇼트를 사용했다. 그리고 1953년 오즈는 최고의 대표작『동경 이야기』를 찍는다. 1958년에는 오즈가 첫 컬러 영화『피안화』를 발표한다. 붉은색 주전자 같은 특징적인 색을 가진 소도구를 배치해 컬러리스트로도 일류의 솜씨를 뽐낸 작품이다. 1962년에는『꽁치의 맛』을 발표한다. 말년의 대표작이라고 불리는 이 작품이 그의 유작이 되었다. 오즈는 환갑 생일날인 1963년 12월 12일에 암으로 세상을 뜬다. 그는 평생 결혼하지 않았다.

『동경 이야기』에는 그의 매력이 가득 담겨있는데, 역시 최고로 꼽히는 것은 주제일 것이다. 가족의 이합집산은 동서고금을 막론하고 현실의 문제다. 이 문제와 진지하게 마주해 빈곤과 같은 부수적인 주제는 일절 다루지 않고 (이것도 훌륭한 주제 중 하나이기는 하지만) 어디까지나 가족의 모습을 카메라에 담았다.『동경 이야기』에는 명대사도 많다. 남편이 전사했다고 생각하는 노리코와 시누이(가가와 교코)와의 대화 장면을 보자. 노리코가 말한다. "아버지들은 아버지들만의 세계가 있는 거예요. 차츰 그렇게 변해가는 거죠." "그럼 새언니도?" "네, 그렇게 되고 싶지 않지만요." "참 싫네요. 세상살이라는 게." "맞아요. ……싫은 것투성이에요." 그리고 다른 신에서 노리코는 시아버지(류 지슈)에게도 말한다. "이대로 혼자 있다 보면 앞으로 대체 어떻게 되는 걸까 하고 밤중에 문득 생각하거나 해요. 하루하루가 아무 일 없이 지나가는 것이 너무나 외로워요. 어딘가 마음 한구석에 무언가를 가지고 있어요." 이것은 결혼하지 않고 일하는 많은 현대 여성(남성도)에게도 통하는 대사일 것이다.

오즈는 독자적인 영상미도 만들어냈다. 아츠타 유우하루의 카메라는 다다미 쇼트(일본에서는 이것을 로우 포지션이라고 부른다)로 일본의 가정을 촬영했다. 이 쇼트를 사용할 때는 카메라를 절대로 움직이지 않고 앵글을 약간 위로 향하게 해 등장인물을 찍었다. 그 결과 인물들은 고압적인 인간이 아니라 공감할 수 있는 날것의 인간으로 그려졌다. 이것만이 아니다. 두 사람이 마주 보고 대화를 나누는 장면에서는 기존의 영화 문법을 일부러 무시했다. 쇼트를 컷백 (여러 장소에서 동시에 일어나는 쇼트를 연결하는 몽타주 기법)할 때 보통 그 장면들은 대칭적이며 시선이 교차하는 (것처럼 보이는) 데에 반해 오즈는 자주 교환되지 않게, 거의 정면에서 찍었다. 여기에서 이화 효과(관객들에게 낯선 시각으로 대상을 바라보게 함으로써 친숙하던 사물이나 현상을 다시 생각하게 하여 그 본질을 이해할 수 있게 한다.)를 주기도 하고, 아무도 없는 풍경의 쇼트(하늘 쇼트)를 자주 끼워 넣어 여백의 맛을 느끼도록 만들었다. 이렇게 특별한 연출법을 사용해 그는 영화 내에 독특한 긴장과 이완을 가져왔고, 자신만의 리듬으로 마음을 울리는 이야기를 펼쳐나갔다.

보편적으로 통하는 주제와 독특한 영상 기법. 이는 쉽게 모방할 수 없는, 오즈만이 만들어낼 수 있는 것들이었다. 그를 모방한 작품이 없는 것은 아니지만, 그저 패러디에 그쳤을 뿐, 그 이상의 효과를 거둔 작품은 없다.

좀 더 깊이 알고 싶은 독자를 위한 추천 도서 ─────
- 『감독 오즈 야스지로』, 하스미 시게히코, 한나래

미조구치 겐지[溝口健二, 1898년~1956년]
냉철한 사실주의로 여성들의 삶을 그린 거장

일본 영화의 거장은 구로사와 아키라, 오즈 야스지로, 미조구치 겐지 세 사람이다. 네 번째를 꼽는다면 나루세 미키오일 것이다. 일본 영화의 황금시대를 처음으로 쌓은 거장으로는 미조구치가 손꼽힌다. 현대극도 찍었지만, 전국시대와 에도 시대를 무대로 한 작품도 많고 이국적인 정서도 담아 해외에서도 빠르게 주목받았다.

미조구치는 작품에 봉건적·가부장제가 남아있는 일본 사회를 있는 그대로 사실적으로 담았다. 대부분이 비극으로, 웃긴 부분이 단 한 군데도 없다. 그의 고지식하고 거만한 성격에 기초한 결과로 오즈와 대조적인데, 미조구치는 여성이 주인공인 작품을 많이 찍어 여성영화의 거장이라고도 불린다.

그의 작품에서 여성은 자주 사회에 농락당해 '순교'한다. 여기에는 미조구치의 여성 숭배와 여성의 신성화가 있다. 한편 같은 여성 영화의 거장으로 불리는 나루세의 작품에서는 여성이 신세 한탄을 하는 등 자주 속된 인간성을 드러내고 있어, 대조적인 모습이 매우 흥미롭다. 하지만 미조구치는 나루세의 영화사에 남을 걸작『부운』을 보고 "나루세에게 불알이 달려 있기는 한 건가."라고 비판했다고 한다.

미조구치는 도쿄에서 태어났다. 소학교를 나온 뒤 그림을 공부한 그는 1920년에 닛카츠 영화사에 입사해 1923년에 영화 감독으로 데뷔한다(후에 여러 회사에서 작품을 남겼다.). 표현주의 영화와 경향 영화(상업 영화 중 프롤레타리아 영화) 등을 남긴 후 1933년에는 최초의 대표작『폭포의 흰 줄기』를 찍는다. 1936년에는『오사카 엘레지』,『기온의 자매』라는 걸작을 발표한다. 1941년에는『겐로쿠 주신구라』를 발표한다. 그는 이 작품에서 소나무 복도를 재현하는 등 완벽주의에 따라 촬영했다. 1952년에는 다나카 기누요 주연인 대표작『서학일대녀』를 찍었다. 그리고 1953년 드디어『우게쓰 이야기』를 발표한다. 이 작품은 베네치아 국제 영화제 은사자상(준 그랑프리)을 수상해 세계 영화사에 남을 걸작이 되었다. 이후에도『산쇼다유』,『지카마쓰 이야기』 등의 작품을 남기고 58세에 백혈병에 걸려 세상을 뜬다.

미조구치는 세계 영화 감독들에게 극찬을 받았는데, 특히 고다르는 그를 가장 좋아하는 영화 감독으로 꼽았다. 미조구치의 영화 기법에 가장 특징적인 것은 롱테이크다. 그는 자주 한 신, 한 쇼트를 구사했다. 이렇게 컷을 나누지 않는 수법으로 긴장감이 넘치는 영화를 만들어 냈다.『우게쓰 이야기』의 마지막에는 돌아온 남편을 맞이하는 아내(의 유령, 환각)가 한 쇼트로 카메라가 촬영하는 도중에 사라져버리는, 영화사에 남을 장면을 보여준다. 또한, 미조구치는 클로즈업도 하지 않아 관객이 더 객관적으로 드라마를 감상할 수 있도록 극적이면서도 친화성이 높은 영상을 만들어냈다.

좀 더 깊이 알고 싶은 독자를 위한 추천 도서 ────

▪『미조구치 겐지』, 김치훈, 시네마테크부산

구로사와 아키라(黒澤明, 1910년~1998년)

『7인의 사무라이』와 『라쇼몽』 등의 걸작을 남긴 '세계의 구로사와'

구로사와 아키라는 오늘날의 시나가와구에서 태어났다. 구(舊)중학교를 졸업한 뒤 화가가 되려다 단념하고 1936년에 PCL에 입사해 영화 인생을 시작한다. 구로사와는 조감독을 거쳐 1943년 『스가타 산시로』로 감독으로서 데뷔한다. 전후 『우리 청춘 후회 없다』, 『멋진 일요일』을 발표하면서 민주주의 사회에서 자유롭게 자신의 행복을 추구하며 살아갈 수 있는 기쁨을 표현했다.

1950년 『라쇼몽』을 발표한다. 이 작품은 베네치아 국제 영화제에서 금사자상을 수상했다. 이 작품에서는 헤이안 시대를 배경으로 하나의 사건에 대해 여러 사람이 서로 다른 증언을 해 진실은 언제나 하나라고 단정 지을 수 없는 현실을 그려냈다. 미야가와 가즈오의 카메라로 찍은, 나뭇잎 사이로 비치는 햇빛을 묘사(당시의 상식에 저항하고자 카메라로 태양을 직접 찍었다.)한 장면도 있어 아름다운 흑백 영상미를 만들어냈다. 그후 그의 황금시대가 시작된다. 1952년의 『살다』는 암에 걸린 초로의 낮은 직위의 공무원인 주인공이 남은 시간을 열심히 살아가는 휴머니즘을 담은 걸작으로 이 작품 역시 높은 평가를 받았다.

1954년에는 『7인의 사무라이』를 발표했다. 사실적인 빗속 전투신 등을 담은 이 작품은 군상 시대극의 최고 걸작으로 현재까지도 세계에 그 이름을 떨치고 있으며, 2018년 BBC에서 발표한 '역사상 최고의 외국어 영화' 베스트 1에도 선정되었다. 구로사와는 이후에도 『거미의 성』 같은 걸작을 발표했다. 1960년대에는 시대극 『요짐보』와 서스펜스 영화 『천국과 지옥』 등의 걸작을 만들어냈다. 이후 제작 속도가 떨어지고, 1971년에는 자살 미수를 일으키는 등 불안한 시기를 보내기도 했지만, 『데르수 우잘라』와 『카게무샤』를 남겼다. 1990년대까지 창작 활동을 계속하다 88세에 일생을 마감했다.

그는 복수의 카메라를 동시에 사용하는 멀티 캠 수법을 도입해 『7인의 사무라이』 같은 작품에서 현장감 넘치는 전투신을 찍었다. 한편으로 인물 설정은 비교적 단순해 복잡한 인간의 심리 묘사를 의도해서 그린 작품은 적다.

구로사와는 많은 영화인에게 영향을 주었다. 대표적으로 루카스, 스필버그, 코폴라, 이스트우드, 스코세이지 등이 있다. 이들은 할리우드의 상업 대작 오락 영화를 찍는 감독이다. 오즈에게 영향을 받았던 감독으로 유럽의 영화인이 많은 것과는 대조적이어서 이 점도 무척 흥미롭다.

좀 더 깊이 알고 싶은 독자를 위한 추천 도서

- 『구로사와 아키라 자서전 비슷한 것』, 구로사와 아키라, AK커뮤니케이션즈
- 『구로사와 아키라의 영화세계』, 이정국, 서해문집

미야자키 하야오 (宮崎駿, 1941년 ~)

전 세계의 사랑을 받는 작품을 계속 만들어 낸 천재 애니메이션 감독

미야자키 하야오는 일본이 낳은 천재 애니메이터이자 애니메이션 감독이다. 그가 만든 작품은 일본만이 아니라 전 세계의 사랑을 받고 있다. 그는 '미야자키 항공 흥학'의 임원으로 일하는 가정의 4인 형제 중 차남으로 도쿄에서 태어났다. 전쟁 중이었음에도 불구하고 미야자키 가문은 전쟁 특수로 부유했다고 한다. 이것은 후에 그에게 마음의 짐이 되었고, 결국 그의 좌익적 사상과 결부되어 엄격한 이상주의자라는 측면으로 나타나게 된다.

원래 데즈카 오사무의 영향으로 만화가를 지망했지만, 고등학생 때 도에이 동화가 제작한 『백사전』에 감동해 애니메이션에도 관심을 가지게 된다. 그리고 대학을 졸업한 뒤 도에이 동화에 입사한다. 다카하타 이사오 감독이 만든 『태양의 왕자 호루스의 대모험』(1968년)에 참여해 장면 설정, 레이아웃, 원화 등에서 맹렬한 활약을 보였다.

이후 다카하타와 함께 즈이요 영상(훗날 '일본 애니메이션')으로 이적해 1974년에 TV 애니메이션 『알프스의 소녀 하이디』를 제작한다. 여기서 미야자키는 모든 화, 모든 컷의 레이아웃을 혼자서 담당했다. 이어서 『엄마 찾아 삼만 리』, 『빨간 머리 앤』에서도 다카하타를 뒷받침하며 뛰어난 활약을 보인 미야자키였는데, 아이러니하게도 이것은 미야자키 하야오의 애니메이션 작가로서의 재능을 죽이는 결과가 되었다. 미야자키는 만화 영화 특유의 용기가 넘쳐흐르는 이야기에서 진가를 발휘하는 사람이어서 사실주의를 추구하는 다카하타의 연출과는 조금 맞지 않았기 때문이다. 훗날 미야자키가 "청춘을 모두 다카하타에게 바쳤다."라고 말했을 정도로 다카하타가 가진 거대한 재능 때문에 세상으로 나가는 것이 늦어졌다.

이후 1978년 미야자키 하야오는 사실상 첫 감독 작품인 TV 애니메이션 『미래소년 코난』을 발표한다. 이 만화가 보여주는 탁월한 연출력은 일부 사람들의 시선을 끈다. 다음 해 첫 장편 영화 『루팡 3세 칼리오스트로의 성』을 발표했다. 흥행 성적은 좋지 않았지만, TV에 방영되고 나서부터는 점점 인기를 얻게 된다. 이후 생각한 것만큼 작품이 만들어지지 않는 불우한 시대를 보냈으나, 만화 잡지 『아니메쥬』에 연재한 『바람 계곡의 나우시카』를 1984년에 영화화해 높은 평가를 얻는다. 그 이후 스튜디오 지브리를 활약의 거점으로 삼고 『천공의 성 라퓨타』, 『이웃집 토토로』, 『모노노케 히메』, 『센과 치히로의 행방불명』 같은 많은 히트작을 내놓아 일본을 대표하는 애니메이터, 애니메이션 감독이 되었다.

미야자키 애니메이션의 매력은 뭐니 뭐니 해도 캐릭터와 기계가 종횡무진 돌아다니는 질주감에 있다. 그리고 여기에는 미야자키 애니메이션의 단골 장면인 비행 장면에서 느낄 수 있는 압도적인 비행감도 포함한다. 생명을 불어넣는다는 '애니메이션'의 본래 뜻대로 미야자키 애니메이션은 세계의 거장이 만들어낸 생생한 움직임으로 가득 차 있다.

좀 더 깊이 알고 싶은 독자를 위한 추천 도서 —————

- 『미야자키 하야오(출발점 1979–1996)』, 미야자키 하야오, 대원씨아이

데즈카 오사무 (手塚治虫, 1928년~1989년)
세계에 자랑할 만화와 애니메이션을 만들어 낸 '만화의 신'

현재 세계 여러 나라에서 일본의 만화책과 관련 상품이 판매되고 있고, 또 높은 인기를 얻고 있다. 이 대중문화를 낳은 부모가 바로 '일본 만화의 신' 데즈카 오사무다. 곤충을 정말 좋아해 펜네임에 '벌레 충(虫)'을 넣었다.

어렸을 적부터 만화를 그렸으나, 안타깝게도 제2차 세계대전이 발발한다. 구제도 중학교에 입학하지만, 군국주의 시대였던 만큼 만화를 그렸다는 이유로 교관에게 맞는 나날을 보낸다. 1944년에는 군수공장에서 일하다 공습을 받았는데 구사일생으로 살아남기도 했다.

이러한 비참한 전쟁 체험은 후에 생명을 존중하는 자세와 반전사상으로 이어졌다.

1946년 그는 만화가로서 데뷔한다. 1947년에는 사카이 시치마가 구상하고 이를 데즈카가 그린 장편 만화 『신보물섬』이 발간된다. 획기적인 구성을 가진 이 작품은 스토리 만화의 원점으로 여겨지며 『도라에몽』의 작가 후지코 후지오 같은 많은 만화가에게 영향을 주었다. 이후 『메트로폴리스』와 같은 초기 대표작을 차례로 발표했으며, 1950년대에 들어와 만화 잡지의 시대가 열리자 데즈카는 『밀림의 왕자 레오』와 『리본의 기사』 같은 대표작을 연재한다. 1952년에는 『철완 아톰』의 연재를 시작했고, 1954년에는 『불새』를 발표한다. 그는 이 작품을 말년에까지 비정기로 계속 발표한다.

한편 디즈니를 존경했던 데즈카는 애니메이션 제작에도 도전한다. 그가 세운 무시 프로덕션에서 만들어 1963년부터 방영한 TV 애니메이션 『철완 아톰』은 대히트를 기록한다. 이로써 애니메이션 분야에서도 데즈카는 위대한 역사를 쌓아 올렸다.

하지만 아무리 대단한 데즈카라고 해도 언제나 최전선에 있을 수만은 없는 법. 만화가 발전함에 따라 데즈카의 작풍과는 다른 극화가 유행하게 되어 1970년 전후로는 침체기에 빠지게 된다. 1973년 초 연재한 『블랙 잭』도 처음에는 전혀 독자들의 주목을 받지 못해, 심지어 담당 편집자는 "데즈카의 죽음을 지켜보라."라는 말까지 들었다고 한다. 하지만 의학이라는, 당시로써는 매우 참신한 소재와 뛰어난 휴먼 드라마를 담고 있다는 점이 독자들의 지지를 받아 이 작품은 그의 대표작이 되었고 덕분에 그도 부활한다. 시간이 흘러 데즈카는 위암으로 60세라는 이른 나이에 죽음을 맞이했지만, 병상에서도 창작 활동을 멈추지 않았다.

그의 작품을 관통하는 주제는 휴머니즘이다. 생명을 존중하고 인간의 어두운 부분을 비판하면서도 그 안에서도 희망이 있음을 끊임없이 외친다. 그의 이야기는 사후 30년 이상 지난 지금에서도 보편성을 가져 우리에게 많은 메시지를 전한다.

좀 더 깊이 알고 싶은 독자를 위한 추천 도서 ─────

• 『만화가의 길』, 데즈카 오사무, 황금가지

인명 색인

주요 집필자 소개

미즈노 하루히코(水野春彦)

1967년 야마가타현 출생. 와세다 대학 대학원 문학연구과 석사 과정을 중퇴했다. 이후 학습연구사(현 학연플러스)에서 사전과 학습 참고서, 축구책 편집·집필에 관여했다. 현재는 프리랜서 집필가로 활동 중이다.

편집·집필한 책으로는 『바로 쓸 수 있는 소논문 키워드 2500』, 『말 고르기 실용 사전』, 『크리에이터를 위한 네이밍 사전』, 『초등학생 만화 가타카나어 사전』, 『초역 일본 문학 명언 명구 사전』, 『마음의 골네트를 흔든 일본 대표 감독 8명의 말』(이상 학연플러스), 공저로는 『교양으로써의 세계의 명언 365』, 『사고의 기본을 처음부터 알 수 있다! 논리적 사고를 볼 수 있는 노트』(이상 다카라지마사) 등이 있다. 『인물로 읽는 세계사 교양 수업 365』에서는 미술, 영화, 경제, 문학, 스포츠. 칼럼 등을 담당했다.

히게 이쿠히코(髭郁彦)

1961년 홋카이도 출생. 파리 제5대학 인간사회학부 언어학과를 졸업하고, 파리 제5 대학 언어학 박사 학위를 취득했다. 우나미 아키라 현대 철학 연구소의 일원이다. 주오 대학, 도요 대학 등에서 시간 강사로 활동 중이다. 전공 분야는 언어학, 기호학, 대화 이론.

주요 저서로는 『Dialogue, interprétation et mouvement discursif』(Presses Universitaires du Septentrion), 『다언어 다문화 학습 추천』(공저·아사히출판사), 『프랑스어학 개론』, 『프랑스어학 소사전』(이상 공저·스루가다이출판사) 등이 있으며, 논문으로는 『아돌프 뵐플리의 회화와 아르 브뤼의 지평』, 『한 초상화를 둘러싼 시선의 역사』, 『뭉크가 살았던 시대』, 『전쟁화와 프로파간다』 등 다수가 있다. 『인물로 읽는 세계사 교양 수업 365』에서는 정치, 군사, 철학, 문학 등을 담당했다.

그 외의 집필자

마쿠타 게이타, 야마시타 다카코, 사토 유지

인물로 읽는 세계사 교양 수업 365

1판 1쇄 인쇄 2022년 10월 21일
1판 1쇄 발행 2022년 11월 7일

감수 사토 마사루
지은이 미즈노 하루히코, 히게 이쿠히코, 마쿠타 게이타, 아마시타 다카코, 사토 유지
옮긴이 김윤정
펴낸이 김기옥

문학팀 김세화　**마케팅** 김주현
경영지원 고광현, 김형식, 임민진

표지디자인 곰곰사무소　**본문디자인** 고은주
인쇄·제본 (주)민언프린텍

펴낸곳 한스미디어(한즈미디어(주))
주소 (04037) 서울시 마포구 양화로 11길 13(서교동, 강원빌딩 5층)
전화 02-707-0337　**팩스** 02-707-0198　**홈페이지** www.hansmedia.com
출판신고번호 제313-2003-227호　**신고일자** 2003년 6월 25일

ISBN 979-11-6007-628-8 (03900)

한스미디어 소설 카페 http://cafe.naver.com/ragno　**트위터** @hans_media
페이스북 www.facebook.com/hansmediabooks　**인스타그램** @hansmystery